简明
中国宗教史
读本

牟钟鉴 张践 著

中国社会科学出版社

图书在版编目(CIP)数据

简明中国宗教史读本/牟钟鉴,张践著.—北京:中国社会科学出版社,2015.9(2025.3重印)

ISBN 978-7-5161-6722-9

Ⅰ.①简… Ⅱ.①牟…②张… Ⅲ.①宗教史—中国—通俗读物 Ⅳ.①B929.2-49

中国版本图书馆 CIP 数据核字(2015)第 174012 号

出 版 人	赵剑英
责任编辑	侯苗苗
特约编辑	刘 同
责任校对	侯惠香
责任印制	李寡寡

出 版	中国社会科学出版社
社 址	北京鼓楼西大街甲 158 号
邮 编	100720
网 址	http://www.csspw.cn
发行部	010-84083685
门市部	010-84029450
经 销	新华书店及其他书店

印 刷	北京君升印刷有限公司
装 订	廊坊市广阳区广增装订厂
版 次	2015 年 9 月第 1 版
印 次	2025 年 3 月第 7 次印刷

开 本	710×1000 1/16
印 张	38.75
字 数	628 千字
定 价	86.00 元

凡购买中国社会科学出版社图书,如有质量问题请与本社营销中心联系调换
电话:010-84083683
版权所有　侵权必究

序

牟钟鉴

20世纪90年代，我与张践教授用九年时间合写了一部《中国宗教通史》，约九十余万言。2000年出版以来，受到社会好评，一版再版，市场需求旺盛不衰。社会宗教事务管理部门把本书作为干部培训的教材。许多高校采用它为哲学宗教学研究生重要学习参考书。社会各界关心中国宗教文化的人们也有兴趣通过阅读本书了解中国各种宗教发展的梗概。中国宗教学理论开拓者吕大吉先生在为该书写的序言里指出，"一种具有普遍意义的宗教学体系，必须建立在广泛的宗教史实基础之上"，而"想赋予普遍性的宗教理论以中国民族的特色，则只有熟悉并通盘把握中国宗教的历史"，他认为"本书满足了中国宗教学科体系建设的需要"，"构建了一个规模宏大、结构严整、层次分明、脉络清晰的中国宗教通史学术体系"。在该书成稿过程中，张践教授承担了一半左右的写作任务，我二人也由此结下深厚友谊。由于该书篇幅较大，广大读者尤其是外国读者需要一本简明的中国宗教史，因此应出版社的要求，张践教授在《中国宗教通史》的基础上进行提炼、压缩和局部调整，遂形成这部《简明中国宗教史读本》，我们希望它同样能够受到读者的欢迎。

中国宗教史是中国文化史的有机构成，又是其中一个神奇微妙而又异彩纷呈的领域，它记录着中国人向往神圣、追求超越、探索奥秘的漫漫长途，天上与人间、出世与入世、高雅与民俗、神秘与科学、幻想与实用、一体与多元，彼此又对立又统一，构成一幅幅生动感人的画面，它浓缩着社会的苦难，又寄托着人生的希望。中国历史上的宗教，不免常常被某些社会势力所利用和扭曲，其主流则能够启迪人们的善心、智慧和灵感，充实和引导着社会精神生活，创造出光辉灿烂的文化。中国的政治史、经济史、思想史、伦理史、民族史、民俗史、文学艺术史、科学史以及中外交流史，无一不与中国宗教史血肉相连。所以要了解中国人、中国社会和中国文化，就不能不了解中国宗教史。而在这个领域里，中国学人的研究起步很晚，成果不多。民国年间，陈垣的《南宋初河北新道教考》，汤用彤的《汉魏两晋南北朝佛教史》，可以称为开拓性之作，但都是断代性质的专史。许地山的《道教史》和傅勤家的《中国道教史》则是中国道教通史的起步之作。王治心的《中国宗教思想史大纲》具有综合性，但太过简略。20世纪80年代末有香港陈佳荣的《中国宗教史》出版，90年代初有王友三主编的《中国宗教史》出版，各有特色和成就，但综合性与贯通性或有不足。西方宗教学百余年间的发展，依赖世界范围的宗教史资料（文献与田野调查）而不断丰富，却恰恰缺少中国宗教史资料。其后果有二：一是西方宗教学所总结出来的一般性原理原则，缺乏充分的普遍价值；二是西方学人在涉及中国宗教历史特点的认识上，存在着模糊和误解。当代中国宗教学学者有责任用世界比较宗教学的眼光，系统而深入地研究中国自己的宗教史，并从中总结出正确和明晰的理论观点，为建立中国特色宗教学提供中国宗教经验。从现实性来说，今日中国是历史中国的发展，中国人的信仰尽管发生了巨大变化，却仍然在心理结构上保留着某些历史传统的文化基因，形成稳定的民族特征。研究中国宗教史，准确把握它的历史特点，对于当代中国社会和人们处理好与宗教的关系，并在今后重建中国人的信仰，无疑有着重要的借鉴作用。

《简明中国宗教史读本》论述了中国历史上存在过的并发生过大范围影响的各种宗教；叙述了这些宗教发生发展的全过程，以及彼此的关联和对社会的影响，力求呈现中国宗教史的全貌。它还努力揭示不同历史时期各种宗教相互关系的整体特征，以便把握中国宗教史的阶段性。本书除了一般宗教史都要关照的原始宗教、道教、佛教、伊斯兰教和基督教之外，还着力开挖了具有国家民族宗教性质的宗法性传统宗教，即敬天法祖教，视之为中国人的基础性信仰，并叙述其一贯到底的发展过程，这是前人未做过的工作。本书打破以往不把民间信仰作为宗教的偏见，论述了它的发展演变和历史地位。本书着重揭示中国宗教的多样性、人文性，政教关系的政主教辅样式，及宗教关系的和谐性、包容性，在儒家"和而不同"理念的引导下，各种宗教包括外来宗教都渐行渐近，能够和平相处，共同导人向善去恶，致力于社会道德教化。虽然也发生过摩擦、冲突，但主流是会通、和睦。佛教的和平传入传出及其与儒学、道学的融合，成为世界宗教传播的典范。本书以儒、佛、道三教关系为中轴展开中国宗教史的画面，旁及其他宗教，以便体现中国人信仰文化的主体性与开放性和中华民族的多元一体格局。本书用理性的、客观的态度对于中国宗教的社会文化功能作多侧面的立体化的表述，兼顾其正负两方面的作用而以其贡献为主，尽量避免简单化和片面性。

中国宗教史的客观内容实在是太丰富多彩了，本书不仅不可能详尽无遗，也不可能在细节上比各门宗教专史更具体翔实，它的任务是将一部经过加工提炼的简要而又综合的中国宗教史呈现在读者面前；读者一卷书在手，即可观览中国宗教发展概况，了解其整体特色和内外互动的过程。本书在为读者提供中国宗教的基本知识的同时，也希望构建出中国宗教发展的独特模式，并提供一些宗教学意义上的理论思考。本书吸收和参考了前人和时贤的大量研究成果，在此深表感谢。中国宗教史研究永远是进行时，我们愿意随时聆听读者的批评建议，继续在这一领域探索下去。

目　录

第一章　原始宗教 …………………………………………………（1）
第一节　概述 ………………………………………………………（1）
第二节　自然崇拜 …………………………………………………（3）
　　一　宗教观念的发生和自然崇拜的形成 ………………………（3）
　　二　天象山川动植物崇拜 ………………………………………（5）
　　三　农业祭祀 ……………………………………………………（7）
　　四　自然崇拜与原始人的物质文化生活 ………………………（9）
第三节　鬼神崇拜 …………………………………………………（11）
　　一　灵魂与鬼魂观念 ……………………………………………（11）
　　二　母系氏族社会的葬俗及其社会意义 ………………………（12）
　　三　父系氏族社会的葬俗及其社会意义 ………………………（15）
　　四　葬俗与原始文明 ……………………………………………（17）
第四节　图腾崇拜 …………………………………………………（18）
　　一　图腾崇拜是典型的氏族宗教 ………………………………（18）
　　二　考古学中的图腾资料 ………………………………………（19）
　　三　文献学中的图腾资料 ………………………………………（20）
　　四　民俗学中的图腾资料 ………………………………………（21）
　　五　图腾崇拜的社会文化意义 …………………………………（22）
　　六　图腾崇拜与龙凤文化 ………………………………………（23）
第五节　祖先崇拜 …………………………………………………（26）
　　一　生殖崇拜与祖先观念的产生 ………………………………（26）

二　女始祖崇拜与感生传说 …………………………………（28）
　　三　男始祖崇拜与英雄神话 …………………………………（29）
　　四　祖先崇拜与传统伦理 ……………………………………（31）
第六节　原始祭祀、巫术、占卜 …………………………………（33）
　　一　祭坛、祭器 ………………………………………………（33）
　　二　巫术 ………………………………………………………（34）
　　三　占卜 ………………………………………………………（35）
第七节　中国原始宗教的历史特点 ………………………………（36）

第二章　夏、商、周宗法宗教的高度发展及其转化 …………（38）
第一节　夏、商、周宗教综述 ……………………………………（38）
第二节　古代宗教的形成时期——夏、商 ………………………（40）
　　一　传说中的夏代宗教生活 …………………………………（40）
　　二　商人的"上帝"及其"帝廷" ……………………………（41）
　　三　古代宗教与宗法血缘制度 ………………………………（43）
　　四　职业巫师及其社会作用 …………………………………（45）
第三节　古代宗教的鼎盛时期——西周 …………………………（47）
　　一　商、周之际的社会变革和宗教变革 ……………………（47）
　　二　"以德配天"的宗教伦理化 ……………………………（50）
　　三　周代祭祀制度及其社会作用 ……………………………（52）
　　四　周代政教合一的"明堂"制度 …………………………（56）
第四节　古代宗教动摇与转化时期——春秋战国 ………………（59）
　　一　"礼崩乐坏"——宗教大厦的崩颓 ……………………（59）
　　二　儒家"敬鬼神而远之"的宗教观 ………………………（61）
　　三　墨子"明鬼"、"兼爱"的宗教观 ………………………（64）
　　四　道家"以道莅天下,其鬼不神"的宗教观 ……………（66）
　　五　法家的宗教观 ……………………………………………（67）
　　六　战国时期的"五帝"崇拜和神仙方术之学 ……………（69）

第三章　秦汉宗法宗教的法典化与佛教、道教的初兴 …………… (72)

第一节　概述 ………………………………………………………… (72)
第二节　秦王朝的宗教信仰 ………………………………………… (73)
　　一　秦的宗教祭祀 ………………………………………………… (73)
　　二　秦朝的官方宗教信仰 ………………………………………… (74)
　　三　秦始皇的方仙崇拜 …………………………………………… (75)
第三节　汉代的国家宗教 …………………………………………… (76)
　　一　五帝和太一神崇拜 …………………………………………… (76)
　　二　国家宗教典制的修建与《三礼》中的宗教理论 ……………… (77)
　　三　阴阳灾异说与谶纬的流行 …………………………………… (80)
　　四　《白虎通》与宗法性宗教的法典化 …………………………… (84)
第四节　道教的孕育与产生 ………………………………………… (85)
　　一　道教的来源与产生的社会背景 ……………………………… (85)
　　二　《太平经》与《周易参同契》 …………………………………… (87)
　　三　太平道与五斗米道 …………………………………………… (90)
第五节　佛教的传入与初兴 ………………………………………… (94)
　　一　佛教的始传与流行 …………………………………………… (94)
　　二　佛经的传译 …………………………………………………… (95)
　　三　《理惑论》与三教争论的肇始 ………………………………… (98)

第四章　魏晋南北朝勃兴发展的宗教 ……………………………… (101)

第一节　概述 ………………………………………………………… (101)
第二节　国家宗法宗教的整顿 ……………………………………… (103)
　　一　宗法宗教的神鬼系统 ………………………………………… (103)
　　二　宗庙祭祀系统 ………………………………………………… (105)
　　三　宗法宗教的政治文化功能 …………………………………… (107)
第三节　道教的成熟与定型 ………………………………………… (108)
　　一　道教主要流派的演变及道书大量涌现 ……………………… (108)
　　二　《黄庭经》的道教内养理论 …………………………………… (112)

三　葛洪《抱朴子》中的长生修炼论 …………………………（115）
　　四　寇谦之对北魏天师道的清整 ……………………………（117）
　　五　陆修静对南天师道的整顿 ………………………………（119）
　　六　陶弘景集南北朝道教之大成 ……………………………（121）
第四节　佛教的迅速传播和发展 …………………………………（123）
　　一　佛教迅速传播的社会文化背景 …………………………（123）
　　二　道安与早期般若学上的"六家七宗" ……………………（125）
　　三　鸠摩罗什和僧肇的大乘空宗思想 ………………………（129）
　　四　慧远的神不灭论和因果报应说 …………………………（132）
　　五　道生的涅槃佛性说 ………………………………………（134）
　　六　佛教与中国传统文化 ……………………………………（137）
第五节　儒、释、道三教的冲突与融合 …………………………（141）
　　一　三教的状况与相互关系 …………………………………（141）
　　二　儒、释、道三教几次大的理论冲突 ……………………（142）
　　三　三教冲突的政治表现——限佛、灭佛与兴佛 …………（146）
　　四　儒、释、道三教融合的理论与实践 ……………………（148）

第五章　隋唐时期发达的多元宗教 ………………………………（152）
第一节　概述 ………………………………………………………（152）
第二节　三教并奖政策与三教并习风气 …………………………（153）
　　一　三教并奖政策的确立 ……………………………………（153）
　　二　三教之间的斗争 …………………………………………（155）
　　三　三教融合与三教兼修 ……………………………………（157）
第三节　宗法性国家宗教祭礼的整饬 ……………………………（159）
　　一　宗教祭礼的规范化 ………………………………………（159）
　　二　祭天仪制的讨论与修订 …………………………………（161）
　　三　祭祖仪制的讨论与修订 …………………………………（163）
　　四　其他宗教祭祀仪制的讨论与修订 ………………………（165）
　　五　国家宗教与唐代文化 ……………………………………（167）

第四节　佛教的繁荣与衰落 …………………………………（168）
　　一　君主的狂热崇佛与会昌灭佛 ……………………………（168）
　　二　佛教经籍的翻译与撰述 …………………………………（172）
　　三　隋代盛行的天台宗、三论宗和三阶教 …………………（175）
　　四　玄奘西行与唯识宗 ………………………………………（181）
　　五　注重理论思辨的华严宗 …………………………………（185）
　　六　中国化的佛教流派——禅宗 ……………………………（188）
　　七　律宗、净土宗和密宗 ……………………………………（193）
　　八　唐蕃和婚与藏传佛教前弘期 ……………………………（199）
　　九　佛教与隋唐文明 …………………………………………（201）
第五节　道教的隆盛 ………………………………………………（205）
　　一　皇室崇道情况 ……………………………………………（205）
　　二　道教清修无为理论的发展 ………………………………（208）
　　三　外丹道的兴盛、危机与钟吕内丹道的兴起 ……………（211）
　　四　道教与隋唐文化 …………………………………………（214）
第六节　西来新宗教的流行 ………………………………………（216）
　　一　景教的流行 ………………………………………………（216）
　　二　伊斯兰教的初传 …………………………………………（218）
　　三　祆教的流传 ………………………………………………（220）
　　四　摩尼教的流传 ……………………………………………（221）
　　五　西来宗教的流传与唐代文化 ……………………………（223）

第六章　辽、宋、金、西夏时期的宗教 ……………………………（225）
第一节　概述 ………………………………………………………（225）
第二节　辽代的原始信仰及佛教的盛行 …………………………（227）
　　一　民族传统信仰及其汉化倾向 ……………………………（227）
　　二　佛教的流行及其特点 ……………………………………（229）
　　三　辽地佛教与社会文化 ……………………………………（233）
第三节　宋朝诸教的融合与发展 …………………………………（235）

一　国家宗教祀典的修订 …………………………………（235）
　　　二　佛教的禅教并重与佛儒合流 …………………………（241）
　　　三　道教的兴旺 …………………………………………（261）
　　　四　摩尼教、伊斯兰教、犹太教与祆教的状况 …………（270）
　第四节　西夏王朝以佛教为主的宗教信仰 …………………（275）
　　　一　原始巫术与神灵崇拜 ………………………………（275）
　　　二　佛教的传入与发展 …………………………………（278）
　　　三　西夏文大藏经的产生与历史地位 …………………（284）
　第五节　金朝宗教的兴盛 ……………………………………（285）
　　　一　女真宗教旧俗和国家宗教礼制的建立 ……………（286）
　　　二　佛教的继续流行 ……………………………………（289）
　　　三　河北新道教的出现和发展 …………………………（293）
　　　四　西藏佛教的再弘传及宗派的形成 …………………（304）

第七章　元代繁荣发展的宗教 …………………………………（312）
　第一节　概述 …………………………………………………（312）
　第二节　官方宗教礼仪的建设与特点 ………………………（313）
　第三节　国家帝师制度与汉地佛教 …………………………（316）
　　　一　蒙古贵族的崇佛政策 ………………………………（316）
　　　二　佛教的发展及其管理制度 …………………………（317）
　　　三　独特的帝师制度 ……………………………………（320）
　　　四　汉地佛教继续发展 …………………………………（322）
　　　五　佛教与元代文明 ……………………………………（325）
　第四节　云南上座部佛教 ……………………………………（326）
　　　一　上座部佛教的传入 …………………………………（327）
　　　二　理论与经典 …………………………………………（328）
　　　三　教派、僧阶与寺院制度 ……………………………（329）
　　　四　上座部佛教与傣族社会文化 ………………………（332）
　第五节　全真道的繁荣与江南道教的流行 …………………（334）

一　丘处机与全真道的兴衰 …………………………………（334）
　　二　江南正一道 ……………………………………………（339）
　　三　江南净明道 ……………………………………………（341）
　第六节　也里可温教、伊斯兰教、犹太教的振兴 ……………（344）
　　一　也里可温教——基督教的第二次传入 ………………（344）
　　二　伊斯兰教的盛行 ………………………………………（346）
　　三　犹太教士的增加 ………………………………………（350）
　第七节　白莲教的崛起与元末社会变革 ………………………（350）

第八章　明代多元融合与民间化过程中的宗教 …………（353）
　第一节　宗法宗教祀典的后期发展与完备 ……………………（353）
　　一　郊祀 ……………………………………………………（355）
　　二　社稷、日月、先农、先蚕和高禖 ……………………（356）
　　三　神祇坛和天上之神与地上之神 ………………………（357）
　　四　历代帝王、圣贤、功臣之祀 …………………………（358）
　　五　宗庙 ……………………………………………………（359）
　　六　丧礼与丧服之制 ………………………………………（360）
　第二节　三教融合中的佛教 ……………………………………（360）
　　一　宗教政策及管理制度 …………………………………（361）
　　二　宗喀巴的宗教改革 ……………………………………（363）
　　三　禅宗两大派系及其代表人物 …………………………（366）
　　四　其他诸宗 ………………………………………………（372）
　　五　明末佛教四大家 ………………………………………（374）
　第三节　道教的世俗化与符箓派的荣盛 ………………………（379）
　　一　王室与道教 ……………………………………………（379）
　　二　两大教派及其思想 ……………………………………（382）
　　三　《正统道藏》与《万历续道藏》 ……………………（386）
　第四节　基督教的再次传入及其与传统文化的冲突 …………（388）
　　一　传教士想方设法进入中国 ……………………………（388）

二　天主教的儒学化 …………………………………………（390）
　　三　基督教与中国文化的第一次冲突 ………………………（392）
　　四　明末传教事业的再度兴盛 ………………………………（393）
第五节　伊斯兰教的新发展和儒化倾向 ……………………………（395）
　　一　明王朝与伊斯兰教 ………………………………………（395）
　　二　经堂教育的兴起 …………………………………………（398）
　　三　汉文译著的出现 …………………………………………（399）
第六节　民间宗教的活跃与发展 ……………………………………（401）
　　一　民间宗教的兴旺与白莲教的演变 ………………………（401）
　　二　罗教及其衍支东西大乘教与老官斋教 …………………（403）
　　三　黄天教和弘阳教 …………………………………………（406）
　　四　三一教及其特点 …………………………………………（409）
　　五　明代民间宗教的共性及其对社会文化的影响 …………（411）

第九章　清前期的国家宗教政策与诸教的分化发展 ……………（414）

第一节　国家宗教祭祀与民间祖先崇拜 ……………………………（414）
　　一　清代《礼典》的修订与规格 ……………………………（414）
　　二　尊孔与祭孔 ………………………………………………（416）
　　三　满族宗教旧俗的保存和演化 ……………………………（417）
第二节　佛教的发展与转衰 …………………………………………（419）
　　一　诸帝的崇佛活动及管理制度 ……………………………（419）
　　二　禅宗的派系及流衍 ………………………………………（422）
　　三　其他各宗 …………………………………………………（424）
　　四　藏传佛教的发展及清廷的管理政策 ……………………（426）
第三节　道教的延续与道教文化的扩散 ……………………………（430）
　　一　正一道的衰落 ……………………………………………（430）
　　二　全真道的中兴 ……………………………………………（431）
　　三　《道藏辑要》和新道书 …………………………………（434）
第四节　民间宗教在镇压中继续勃兴 ………………………………（435）

一　民间宗教发展概况与清廷的禁灭政策 ……………… (435)
　　二　八卦教（含清水教、天理教）的兴衰 ……………… (437)
　　三　其他教派的活动 ……………………………………… (442)
　　四　民间宗教的社会文化意义 …………………………… (447)
　第五节　伊斯兰教的演进与磨难 …………………………… (447)
　　一　清廷对伊斯兰教的政策 ……………………………… (448)
　　二　伊斯兰教中国教派和门宦的形成 …………………… (450)
　　三　伊斯兰教汉文译著的活跃 …………………………… (454)
　　四　伊斯兰教与回民起义 ………………………………… (457)
　第六节　基督教与中国文化的碰撞及清廷的禁教 ………… (459)
　　一　清初基督教的顺利传播 ……………………………… (459)
　　二　教会内部的礼仪之争与康熙政策的转变 …………… (462)
　　三　雍、乾、嘉三朝的禁教与教案 ……………………… (464)
　　四　东正教及基督教新教的传入 ………………………… (466)

第十章　清后期的宗教 …………………………………………… (470)
　第一节　宗法性传统宗教的晚景 …………………………… (471)
　　一　国家宗教祀典的若干变动 …………………………… (471)
　　二　祭孔的升格和孔府的祭事 …………………………… (472)
　　三　民间祭天祭祖及其他宗教风俗 ……………………… (473)
　　四　宗法性传统宗教的终结与流延 ……………………… (476)
　第二节　佛教僧团的衰落与佛学研究的勃兴 ……………… (477)
　　一　清代后期佛教发展大势 ……………………………… (477)
　　二　佛教宗派的苟延 ……………………………………… (479)
　　三　居士成为佛学的主流 ………………………………… (483)
　　四　世俗学者的佛学研究 ………………………………… (485)
　第三节　道教的衰微与延续 ………………………………… (489)
　　一　道光以后正一道天师状况 …………………………… (489)
　　二　晚清之全真道 ………………………………………… (490)

三　道教文化继续向社会扩散 …………………………………（494）

第四节　伊斯兰教的厄运和搏进 ………………………………………（497）

　　一　穆斯林起义与清廷的高压政策 …………………………………（498）

　　二　伊斯兰教教派和门宦的流变 ……………………………………（500）

　　三　伊斯兰经学与汉文译著的成就 …………………………………（501）

第五节　近代社会矛盾旋涡中的基督教 ………………………………（504）

　　一　鸦片战争前后传教士的作用 ……………………………………（504）

　　二　基督教各派在华传布 ……………………………………………（505）

　　三　基督教与太平天国 ………………………………………………（507）

　　四　风起云涌的反洋教斗争和义和团运动 …………………………（509）

　　五　教会对西方文化的传播 …………………………………………（512）

第六节　民间宗教与秘密会社 …………………………………………（513）

　　一　八卦教的后期演变及其与农民运动的关系 ……………………（513）

　　二　天地会、哥老会与太平军、辛亥革命 …………………………（514）

　　三　义和团运动与民间宗教信仰 ……………………………………（516）

　　四　真空教、斋教、一贯道 …………………………………………（518）

第十一章　民国时期的宗教 …………………………………………（521）

第一节　概述 ……………………………………………………………（521）

第二节　佛教的"复兴"与改良运动 …………………………………（522）

　　一　开始向现代宗教形态过渡的佛教 ………………………………（522）

　　二　敦煌藏经洞的发现与敦煌学的兴起 ……………………………（525）

　　三　佛教大师的活动与思想 …………………………………………（527）

　　四　著名学者卓有成效的佛学研究 …………………………………（532）

　　五　藏传佛教在诸多矛盾中艰难发展 ………………………………（535）

第三节　道教的衰微与复苏 ……………………………………………（537）

　　一　政治时运影响道教命运 …………………………………………（537）

　　二　道教学者重建道教理论的努力 …………………………………（538）

　　三　近代教外道教学术研究的兴起 …………………………………（541）

第四节　伊斯兰教的新气象 ……………………………… (543)
  一　进入转折和动荡时期的中国穆斯林 ……………… (543)
  二　穆斯林宗教社会团体的产生与发展 ……………… (544)
  三　伊斯兰学术文化事业的蓬勃发展 ………………… (545)
  四　著名中国穆斯林学者的活动和贡献 ……………… (547)
  五　新疆的伊斯兰教及杨增新的宗教政策 …………… (550)

第五节　民间宗教信仰概貌 …………………………………… (554)
  一　宗法性传统宗教的余波与散化 …………………… (554)
  二　民间秘密宗教的流衍与公开化 …………………… (556)

第六节　基督教加速发展及其社会作用 ……………………… (560)
  一　基督教顺利发展的内外条件 ……………………… (560)
  二　基督教各派的流布 ………………………………… (562)
  三　基督教与民国政治 ………………………………… (567)
  四　基督教文化、福利事业的发展及其贡献 ………… (571)

第十二章　中国宗教史的简要回顾 …………………………… (574)
第一节　中国宗教史的发展阶段 ……………………………… (574)
  一　原始时期 …………………………………………… (574)
  二　三代时期 …………………………………………… (574)
  三　秦汉时期 …………………………………………… (575)
  四　魏晋至宋元时期 …………………………………… (575)
  五　明清时期 …………………………………………… (576)
  六　民国时期 …………………………………………… (577)

第二节　中国宗教的历史特点 ………………………………… (577)
  一　原生型宗教的连续存在和发展 …………………… (577)
  二　皇权始终支配教权 ………………………………… (578)
  三　多样性和包容性 …………………………………… (579)
  四　人文化和世俗化 …………………………………… (581)
  五　三重结构的衔接与脱节 …………………………… (582)

六　汉族与少数民族的宗教信仰有明显差异 …………… (584)
第三节　中国宗教的历史作用 ………………………………… (585)
　　　一　宗教与中国政治 …………………………………… (585)
　　　二　宗教与中国经济 …………………………………… (589)
　　　三　宗教与中国哲学 …………………………………… (590)
　　　四　宗教与中国道德 …………………………………… (593)
　　　五　宗教与中国文学艺术 ……………………………… (596)
　　　六　宗教与中国科学技术 ……………………………… (598)
　　　七　宗教与中国民俗 …………………………………… (600)
　　　八　宗教与内外文化交流 ……………………………… (601)

第一章 原始宗教

第一节 概述

宗教是人类特有的社会历史现象，它经历了漫长的年代。从最早的宗教观念发生算起，至少已有 10 万年以上的历史。但是宗教并非与人类同时诞生，它是人类社会发展到一定阶段的产物。目前世界各地考古学发现的早期宗教遗迹是在旧石器时代中期，而多数具有明显宗教特征的遗迹则发现于旧石器晚期以后。若同数百万年的人类全部历史相比，宗教也只能算作晚生的事物。不过人类发展的早期演化过程极为缓慢，"二十年等于一天"；只是在古人类整个历史的百分之几的近期之内，人类才充分显示了高于动物的特性和能力，形成高度发达的人类社会的文明，从而完全取代了动物，成为地球的主人。而宗教恰恰就兴起在人类社会演化过程中开始加速的关键时期，它与文明的曙光一起来到人间。生活在当代的人们，很容易把原始宗教与先民的愚昧、狭隘和幼稚联系起来；倘若从宏观的高度考察全部人类发展史，我们就会发现，宗教的出现是同先民摆脱动物性之后开始探讨人生与自然的奥秘、向往神圣美好的目标联系在一起的，人类从无知无识进化到这一步经历了悠悠的岁月。因此原始宗教的出现和兴盛是人类文明发轫的一个重要标志。

100 多年来的西方宗教学，在研究欧洲、美洲、澳洲和亚洲若干地区的原始宗教方面，积累了丰富的资料和理论成果。相比之下，中国原始宗教的研究起步较晚，资料的收集和理论的探讨比较单薄、冷清和粗糙，近些年始有转机。这一研究工作存在着巨大的困难：先民的宗教信仰、宗组织和活动没有文字记录；凝结和标烙在器物上的宗教遗存又少得可怜，尚有待于进一步发掘和发现；靠习惯性的口传身教习染而延续下来的宗教古俗，在几千年的时间里受到人们的损益、改造，已经发生许多变异；靠追忆传说而形成的早期文献，其文化积层多而混杂，要经过认真考辨才能从中提炼出原始宗教的资料。但是我国是地下文物蕴藏极为丰富的国家，已发表的考古资料累千盈万，远未得到充分运用，而这些恰恰是研究中国原始宗教第一位的科学依据。对于原始宗教研究具有重大意义的考古发掘，除了已有的新石器时代黄河流域的仰韶文化遗存、龙山文化遗存、大汶口文化遗存等以外，在最近十余年间又有许多重要的发现，其中最引人注目的是红山文化东山嘴祭坛和陶塑孕妇像，牛河梁女神庙和彩塑女神头像及积石冢，丹东后洼数十件动物与图腾石雕陶塑，它们为中国原始宗教的研究提供了极有价值的新鲜资料。中国还拥有丰富的古代岩画，如内蒙古阴山岩画、江苏连云港将军崖岩画、云南沧源岩画等。岩画往往能够形象化地描绘宗教人物与活动场面，但它们的绝对年代不易确定。考虑到中国古代文明发展的不平衡性和多源性，只要岩画的相对年代处在当地私有制社会以前，它仍然可以被用来说明原始宗教。在古代文献方面，诸如《山海经》、《竹书纪年》、《诗经》、《左传》、《三礼》、《吕氏春秋》、《淮南子》、《史记》、《帝王世纪》等书，虽然都是春秋战国至汉魏间的作品，但内中保存较多的神话传说，源头相当古老，只要善于辨析和透视，仍不失为中国原始宗教的重要资料。我国是一个多民族的国家，各民族的社会发展具有突出的多样性和不平衡性，有些民族由于种种原因发展迟缓，直至 20 世纪中叶仍然残存着若干氏族社会遗风，他们的民族传统宗教里许多成分直接承袭原始宗教而来，这是研究古代社会及其宗教的难得的活资料。考古文物、文献记述有了民族学的资料相佐证，它们的本来意义往往能够显露出来，为今人所理解。这样，我们凭借着已有的考古学资料、文献记载和民族学调查，通过相互印证和综合考查，便可以给中国原始宗教勾勒出一个粗略的轮廓。随着考古学和民族学资源的进一步开发，中国原始宗教的面貌将会更加清晰地显现于世人面前。

第二节 自然崇拜

一 宗教观念的发生和自然崇拜的形成

宗教是人类在自然力量和社会力量压迫之下，探寻自然与人生奥秘而又不得其解，企图摆脱外部力量的压迫而又无法成功的情况下，通过幻想而产生的。人类把强大的盲目力量想象成能力高于自身又在支配着人间的神，从膜拜神灵的活动中获取生存与发展的信心和力量，因此宗教的产生，需要人类对外部环境具有主观回应能力、思考能力、想象能力和神秘感、敬畏感。同时，宗教信仰又要表现为有组织的社会崇拜活动，因此宗教的产生，又需要人类从原始人群发展出氏族的组织形式。而这些条件不仅为动物所不具备，就是在刚刚脱离了动物界的早期原始人类那里也没有创造出来。我国旧石器时代初中期的元谋人、蓝田人、北京人、马坝人、长阳人、丁村人等，从他们的头骨构造推断，他们的大脑结构简单，语言极不发达，感情也不复杂，生活在原始人群之中。他们的思维活动只能紧紧围绕着谋求生存、抵御侵害、制作石器来进行，思考的客体通常只是他们正在做的事情，还不会去想象一系列较大的问题，也不会联想间接的较远的事物，因此难以产生宗教观念。在这一段上古时期，考古学还没有发现任何宗教迹象。

目前已知的中国最早的宗教遗迹，是北京山顶洞人的墓葬。山顶洞人处在旧石器时代的晚期，正在从原始人群走向母系氏族社会。他们已经学会人工取火，第一次支配了一种伟大的自然力。他们制造的石器工具比北京猿人精巧，会用骨针缝制兽皮衣服，又能造出五颜六色的石珠、钻孔兽牙、鱼骨等装饰品。由于生产技术的进步和长期食用熟兽肉，他们的大脑较为发达，脑量为1300—1500毫升，已在现代人脑量的变异范围之内。山顶洞人开始按一定规矩埋葬死者，死者伴有随葬装饰品，其身体四周撒有赤铁矿粉粒，这表明已经产生某种宗教观念。由于思维能力的改善和感情世界的扩展，他们开始思考死后的问题，并安排亲人的葬事，认为人在死后会以另外一种方式继续生活下去，因此才有日用品随葬和赤粉保护尸体的必要，否则这些做法便毫无意义。这标志着中国人开始进入一个智力蓬勃发展的新时期，其特点是对自然与人生从熟视无睹到疑问丛生，不仅思考做什么和怎么做的问题，而且经常思考为什么和哪里来去的问题。怀疑是求知的驱动力。当先民从蒙昧中艰难地走了出来，好像发现了一个新的世界，对周围的一切都感到新鲜好奇，如同刚刚懂事的孩子，头脑里堆积着大量的问号，不断地向成年人发问。儿童得到的回答是成年人已经积累起来的现成常识，原始人只能自我发问和回答，结果便是幻想的宗教和神话。当原始人稍稍拉开视距，把自然界作为一个客体加以观察和思考的时候，首先看到了一个有生气的运动变化着的世界。日月在运行，昼夜在更替，以及风吹雨降，电闪雷鸣，江流海腾，禽翔兽走。原始人在理解大自然时，最初和最方便的思路，便是凭着自我感受去推想自然物，认为它们也同人一样，有活的生命，有思想、感情和意志，这就是用人格化的方法来同化自然力，形成普遍性的物活论的观点，这应该是原始人最早的自然观。但这还算不上宗教观念，因为开始时还没有崇拜意识，这正像儿童在某个发育阶段把周围一切事物看成活着的、同自己的感受差不多的东西，但并不敬畏它们。不过自然界绝不只是原始人平等相处的伙伴，它还表现出支配人类生存的巨大威力。一方面它表现为人类的恩赐者，给人们提供阳光雨露、山珍水产、果实火种，以及各种生产生活资源；另一方面它又表现为人类的压迫者，寒冬酷暑、毒蛇猛兽、山崩地震、洪水久旱、狂风林火、瘟疫疾病，都在无情地威胁和摧残人们的生命和家园。人们在自然界面前显得极其脆弱渺小，逐渐产生出对自然物和自然力的敬畏感、依赖感、神秘感，认为万物背后都有一个活生生的主宰，它的能力高于人类，可以给人类赐福或降祸，这便是神灵，人们对自然神灵必须祭祀膜拜，才能获得它们的护佑。这样，物活论发展为神灵观念，原始的自然宗教便出现了。万物有灵论暂时解释了自然现象的多样性、变动性和喜怒无常的情态；自然崇拜及其祭祀活动又暂时找到了一条协调人与自然之间关系的途径，在整个原始时期都被当作普遍真理。我国新石器时代从早期到晚期，考古学提供的自然崇拜遗迹越来越多，并呈现由低级到高级、由简单到复杂的发展趋势。文献与民族学资料也提供了大量的佐证。从这些资料中我们得知，在中国先民眼里，自然界是一个充满神灵的世界，祭拜自然神灵是先民物质与精神生活的不可分割的有机组成部分。

二 天象山川动植物崇拜

原始人的生活环境有三个层次：上层是天象，包括日月星辰、风雨雷电；下层是大地，包括江河湖海、原野山陵；中层是与人相伴的植物动物。与此相适应，原始人的自然崇拜对象也形成天象、山川土地、动植物三大类别。大汶口文化莒县陵阳河出土的陶尊上，刻有形符号，是日、月、山的形象，山形符号是为了衬托日、月的高悬，可以视为日月崇拜的遗迹。江苏将军崖岩画，有日月星辰图案，有大地草木图案，有星象人面兽面复合图案，表示了先民对天体、大地、动植物的崇敬以及人对自然的依赖关系。内蒙古阴山岩画中，有非常丰富的天体图像，其中有一幅拜日图，一人跪向太阳，两臂上弯合掌做礼拜状，非常形象地再现了当时祭拜日神的情态。其他画面多数为动物形象，如马、羊、鹿、骆驼等，有群像有个像，内中有些图像是具有幻想成分的奇异动物，如双头羊之类，这是先民将所崇拜的动物进一步神化，使之具有非凡的形体和能力。

我国古文献中有关先民祭祀自然百神的记载很多。《尚书·尧典》说：舜"肆类于上帝，禋于六宗，望于山川，遍于群神"。马融说"六宗"指天地四时，贾逵说"六宗"是"天宗三——日月星；地宗三——河海岱"。从崇拜对象的层次分列上说，"六宗"应是天体气象类。《周礼·大宗伯》说："以禋祀祀昊天上帝，以实柴祀日月星辰，以槱燎祀司中司命风师雨师，以血祭祭社稷五祀五岳，以貍沈祭山林川泽，以疈辜祭四方百物。"祭祀昊天上帝和五祀五岳等活动当是后起的祭礼，而祭祀自然百神的活动则是原始宗教的传统，不过后来更加制度化和复杂化罢了。先民崇拜自然神灵的动机可从两方面说，一是为了感恩，二是为了消灾。《国语·鲁语》说："加之以社稷山川之神，皆有功烈于民者也；及前哲令德之人，所以为明质也；及天之三辰，民所以瞻仰也；及地之五行,所以生殖也;及九州名山川泽,所以出财用也。"总之,自然百物皆因其有功于民而为之建立祀典,它们都是人民赖以生存的外部条件。而当气候反常、天灾频生、疫疾流行的时候,自然祭祀就成为驱疫弭祸的祈祷活动,《左传·昭公元年》说的"禜祭",就是禳除灾疫的祭祀仪式。求福免祸是人类信仰宗教的基本动因,当人类还不能够通过自身的努力来改善生存条件时,只有把理想和希望寄托于大自然的恩赐。在往后的发展中,自然界的各种神灵逐渐脱离了自然物的原型,进一步被人格化为活灵活现的人形神,并获得专有名号;如驭日之神为羲和,月御为望舒,水神为河伯,风神为飞廉,火神为祝融,云师为丰隆等,衍生出许多美丽动听的神话传说。

1949年以前,在信奉着古老的传统宗教的少数民族中,普遍流行着自然物和自然力的崇拜活动,日月星辰、雷电风雨、山川木石、水火动植,举凡自然界的一切物象,均被视为有神灵主宰,皆可成为崇拜对象。纳西族的东巴教信奉山水日月风雨雷电等自然诸神,这些神灵主宰人间一切事物,既可造福于人,也可作祟于人,所以要杀牲献祭,祈福去祸。保持较多原始宗教成分的北方萨满教,流行于满族、鄂温克族、鄂伦春族、赫哲族、锡伯族和蒙古族之中,长期崇拜自然百物。他们住在山林地带,对于深山的神秘感和对于森林的依赖感,形成强烈的山神崇拜观念与禁忌,认为猎户的安全和狩猎的成功都取决于对山神的敬祭。祭"敖包"是自然崇拜的一种形式,"敖包"原是供祭山神的地方,后来演变成祭祀自然诸神的场所。如蒙古族在"敖包"祭祀的自然神灵就有天神、土地神、河神、雨神、风神、羊神、牛神、马神等,每年按季节定期供祭。火是广泛受到崇拜的主要对象之一,崇拜火神成为萨满教祭祀活动的中心仪式,在日常生活中,火神万万不能触犯。鄂伦春人禁止玩火、踩火、泼火,进餐和饮酒之前,往火里扔点酒肉,表示敬奉火神。黎族敬牛,家家藏有称为"牛魂"的宝石,有些地区要过牛节。羌族拜羊神、牛神、六畜神、树神。德昂族祭蛇神树鬼。上述自然崇拜活动在广大汉族的农村,长期以来也普遍存在,只是在整个复杂化了的宗教祭祀中,它们的地位比较次要并具有附属性。

大自然是人类之母，它不仅孕育出这群具有灵性的儿女，还不断用自己的乳汁哺养着他们生长繁衍。虽然大自然经常是喜怒无常和滥向人类施以惩罚，毕竟她给予人类的实在太多了。人类在自我意识萌动的初期对自然之母怀抱着崇敬的心理，极其爱护自然环境，尽管在认识上是出于无知和幼稚，但热爱自然的感情却是真挚可贵的，不应该被后人抛却。

三 农业祭祀

如果说自然崇拜普遍发生在原始采集和狩猎时代，那么它的高级形态——农业祭祀则兴盛于原始锄耕农业成为人们衣食主要来源之后。中国地域以温带为主，适于发展农业，中华文明从开始就具有农业文明的鲜明特征，反映在自然宗教上，对于土地和谷物的崇拜受到特殊重视，而对天体、气象、山川等自然物象的崇拜，也大多是围绕着农业祭祀来进行，主要目的是祈求自然神灵的帮助，清除和避免各种旱涝风雹灾害，获得风调雨顺、五谷丰登、六畜兴旺。

古文献关于宗教祭祀的资料里，"社稷"是一大项目。社是土神，稷是谷神。《孝经纬》说："社，土地之主也，土地阔不可尽敬，故封土为社，以报功也；稷，五谷之长也，谷众不可遍祭，故立稷神以祭之。"由此可知，社祀不是一般的大地崇拜，它只祭拜本氏族或部落管辖范围内的土地；稷祀也不是一般的植物崇拜，它只祭拜人工培育的粮食作物，即五谷（稻、麦、菽、稷、黍），而以稷为代表。社稷之神最初也许就是指土地和谷物的神魂，后来则升华为人格神，并与传说中的英雄祖先合为一体。据《左传·昭公二十九年》中所说，共工氏之子句龙为后土，后土为社；烈山氏之子柱为稷，夏代以前祀之；周弃为稷，自商以来祀之。按照《淮南子》的说法，"禹劳天下，故死而为社；周弃为稼穑，死而为稷"。这样来看，不同族群，不同时代，社神和稷神的代表人物便不一样。社往往以某种树木或灵石为神主的象征，《论语·八佾》说："哀公问社于宰我，宰我对曰：夏后氏以松，殷人以柏，周人以栗。"《淮南子·齐俗训》说："殷人之礼，其社用石。"殷人或用柏，或用石，大概是支系不同习俗各异所致。中国进入私有制社会后继续以农业为本，社稷就成为国家政权的象征和同义语。在社稷之外，中国古代还尊奉一位农业大神神农氏，他被认为是农耕事业的创造者，《周易》说他就是炎帝。如果说社稷之神只是农业生产资料与果实的神化，那么神农氏则是对领导早期农业有功的部族酋长的神化。神农氏世世代代被奉为农业宗神，其祭祀活动称为祭先农。

先民进行农业祭祀的情况仅能从考古学资料中略窥一二。有人认为，江苏将军崖岩画中有关土地、植物和人面的图案，反映了人的生存与耕地、作物息息相关，表现当时人们崇拜"谷灵"和"地母"的宗教意识。红山文化辽西东山嘴发现了平台式祭坛，有人认为是我国东部地区最原始的祭社遗址。社神有生殖五谷的功能，祭社活动在某种意义上就是崇拜土地的生殖力，而祭坛出土的若干孕妇陶塑在象征生殖功能上恰与土地的生殖力相一致。上文提到古文献中有以石为社主的记载，而东山嘴祭坛有成组成群的长条立石，是祭坛的中心崇拜物，很可能就是社神的标志。《周礼》、《礼记》、《五经通义》等古籍记载社坛的中心格局是中间设有方坛，四周砌有垣墙，不设屋顶，而东山嘴祭坛的建构形制颇与之相吻合，很可能是先民祭祀农神或"地母"的场所，它的时代距今已有5000多年了。

我国一些以农业为主的少数民族在20世纪还保留着较原始的农业祭祀风尚。农业祭祀一年多次，名目繁多，隆重而热烈，在民族的宗教活动中占据显著地位。台湾地区高山族有集体定期参加的农事祭，包括粟祭、早稻祭、薯祭、芋祭等，目的在答谢农神并祈求来年丰收，也附带祈求人丁繁盛与生活安乐。祭祀活动在农事每一阶段上都举行，其中以播种祭与收获祭为主，其他还有开垦祭、除草祭、开仓尝新祭等。彝族崇拜地神，定期贡献祭品，进行焚香祈祷活动。昆明西山区彝族在播种前举行土主大会，土主以两棵"神树"作为象征，杀猪祭祀，尔后还要祭拜地母，收割时则祭五谷神。景颇族传统信仰中，定期祭祀土地，并为各种自然神祇建立"能尚"居所，"能尚"中神祇的主要职能是主管谷物丰收和人畜兴盛，所以"能尚"的基本性质是农业祭祀。德昂族认为庄稼是地鬼所赐，所以要祭地；谷则有谷魂，俗称"谷娘"，当祭之时，由妇女喊"谷魂归来"，求得丰产丰收。哈尼族的农业祭祀首先是祭地母，地母通常以巨形"神树"为象征，称为"米桑"，围以石块，制定保护条规，不准亵渎。这大约是看重大树的长寿与魁伟,能体现土地滋养生物的神奇力量,对它进行祭拜也就是敬颂土地的生殖功能,以祈求人畜两旺、谷物丰收。

四 自然崇拜与原始人的物质文化生活

自然崇拜是具有双重性质的文化现象。一方面它表现了古人对自然环境的高度依赖性和认识上的无知,不利于增强人们改造自然的勇气;另一方面,它又表现了古人企图改善自身生存条件的热切愿望和对于自然的尊重。崇拜自然完全是为了人的生产和生活,所以自然宗教的祭祀活动总是与生产活动相联系乃至相伴随,成为物质生产过程的有机组成部分。自然崇拜看起来是以自然神灵为中心,人向神顶礼膜拜,实际上是企图通过祭献影响自然力,使之为自己造福,崇拜的对象和方式是以人的需要为转移的。文献学和民族学的资料表明,崇拜天象、大地、水火、风雨、动植物,是各地的普遍现象,因为它们是人类共同的生活环境和生存条件。但在不同地区、不同时期,由于生产的重心不同,崇拜的重点对象也有所差异。山区人民特敬山神,海边人民特敬海神,江河沿岸人民又特敬江河之神。在狩猎和采集时代盛行动植物崇拜,在农耕时代则兴起以崇拜土神和谷神为中心的农业祭祀。我国云南省地貌复杂多样,社会经济发展又多种形态同时并存,各民族所保存的原始自然崇拜便呈现出千姿百态,既有对日月星辰、山川草木、风雨雷电等自然物的祭拜,又有农、林、牧、猎、渔等各行业的宗教祭祀,各地的自然宗教都具有该地区民族经济所固有的特点。在人们控制自然的能力低下、基本上不了解自然规律的情况下,生产前后及过程中的宗教祭祀,借重于神灵的威慑力量,可以起到增加信心、组织生产活动、安排生产程序的积极作用。在这个意义上,崇拜自然就是崇拜生产资料和生产条件,崇拜自然成为改造自然的一种形式和手段。同时自然宗教的信仰与禁忌,可以使人们对自然资源采取尊重保护的态度,做到取之有时,取之有节,限制掠夺和破坏。云南哈尼族崇拜神林,视为圣地,严禁滥伐乱砍,起到了保护原始森林的作用。《吕氏春秋》十二纪记载一年四季十二个月按时祭祀农业诸神,有亲耕、祈年、报恩等活动,与粮食耕作、管理、收获的全过程结合非常紧密。这些宗教活动与其说是为了满足人们的信仰，不如说首先是为了组织农事活动，使之不违农时，并保护生态，调节一年的作息节奏。例如春季主要是"祈谷"、"祈实"和敬桑，为一年农事做好准备，开始春耕春种。还规定要"祀山林川泽"，勿滥伐猎，"无作大事以妨农功"。夏季将新麦新黍"先荐寝庙"，"祈祀山川百原"，"雩祭祈雨"，"无起土功，无发大众，无伐大树"。秋季将新稻谷"先荐寝庙"，行傩逐疫，"祭禽于四方"，同时修建城邑，教习戎猎。冬季"命太卜，祷祠龟策占兆，审卦吉凶"，"大割祠于公社及门闾，飨先祖五祀，劳农夫以休息之"，"祈祀四海大川名原渊泽井泉"，同时"出五种"，"计耦耕事，修耒耜，具田器"，为来年农事做好物质准备。十二纪里与月令相配置的政令和宗教祭祀活动，就其主要方面而言，不过是一个农业社会一年中生产活动的时间程序表，从远古时代积累下来的农事管理经验，凝结为这样一种大致固定的程式，这里没有什么神秘难解的内容，都是实实在在的社会生产实践，只不过借助于宗教祭祀可以更有效地实施罢了。

自然崇拜给予原始人的精神生活的影响是巨大的。我们既可以说原始人在具有一定想象能力之后才形成自然神灵的观念，又可以说正是对自然的崇拜激发了原始人的想象力和思考力。他们将自己对大自然的全部丰富的感情，包括热爱、畏惧、依赖、赞美、敬佩等复杂的情怀，倾注到宗教形式下的精神创造活动中去，催生出原始舞蹈、音乐、美术、神话，形成一整套原始文化，而宗教就是这种原始文化的包罗万象的纲领和普遍根据。从云南沧源岩画中，可以看到先民狩猎丰收后欢聚舞蹈以娱神灵的生动场面。从仰韶文化的陶器和红山文化的玉器上，可以看到先民创造的鹜、鹗、鱼、鹳、龟、虎等栩栩如生的动物形象。古代神话是自然崇拜与民间创作相结合的产物。《山海经》中关于昆仑山的神话、太阳和乌鸟的神话，《淮南子》中关于月亮与蟾蜍的神话，《庄子》中关于鲲鹏的神话，都是在远古自然崇拜的基础上衍生出来的美丽动听的文学故事。抽象思维能力比想象能力更难提高，所以原始人便首先片面强化了形象化的联想和幻想能力，使得他们的精神世界里充满了各色各样的虚幻的事物和情节。他们创造出的艺术品天真古朴生动，具有永久的魅力。

对自然诸神和农业神的祭祀活动本身，也构成原始社会文化生活的重要内容，使先民的内在感情有了宣泄的机会，无论是未遂的心愿，还是成功的喜悦，通过祈祷、歌舞等活动，可以淋漓尽致地加以表露。云南沧源岩画，其绝对年代未必很早，但反映出的社会生产生活水平还在原始阶段，其中有几幅描绘欢庆狩猎成功的场面，规模相当宏大，有人民膜拜神灵和巫师舞蹈作法的形象，有叠人、顶杆、舞锤的杂技表演，有持盾、箭作军事舞蹈的情状，人们在欢呼雀跃，呈现一派喜气洋洋的气氛。由此推知，原始的宗教祭祀也是原始人的节日，人们在此时暂时放下了生活的重担，把全部精力集中在祭拜和娱神活动上，身心得到某种调节。寻找一定的精神生活方式来安顿心灵，这是人类所特有的行为。原始人最初找到了自然宗教，它给处在恶劣环境中的人们带来了某种安慰和希望，而人们通常只有怀抱着希望才能有勇气活下去。

第三节　鬼神崇拜

一　灵魂与鬼魂观念

原始社会初期，人们还没有思考生死大事的能力，对自己同类的感情也比较淡薄，所以人死无葬俗，尸体弃之荒野，至多像某些高级动物那样将尸体运至隐蔽处掩埋而已。随着人类意识的复杂化和高级化，原始人开始思索生从何来死往何去的问题，对亲人的死亡给予强烈关切。这时的人们对自身生理构造和精神活动现象不理解，感到奇妙困惑。一是睡眠和做梦，以为是寓于体内的独立存在的灵魂的作用，睡眠是灵魂暂时离开肉体，做梦是灵魂随处遨游。二是生病和死亡，以为生病是灵魂与肉体不能复合，便出现类似睡眠做梦的状态，或者由凶死者鬼魂附体所致，死亡则是灵魂永远离开肉体。与此同时，古人意识到自身生命之可贵，感受到亲人团聚之欢乐，产生出越来越强的恋生恋亲之情，希望人的死亡不是一切断灭，生命最好以另一种形式继续下去。认识上的无知和感情上的需要相结合，便形成了灵魂不死的观念。不死的精神生时为灵魂，死时便成为鬼魂。但鬼魂毕竟是看不见摸不着的东西，人们能够接触和加以安置的只是其象征物——失去生命的尸体，所以鬼魂崇拜主要体现在埋葬和祭祀死人的仪式上，以此寄托生者的哀思和心愿，形成先民的葬俗。如果说自然崇拜是人类最原始的自然观，那么灵魂和鬼魂崇拜便是人类最原始的形神观和生死观，两者交渗的结果，造就了原始宗教中的鬼神世界。

我国古代有土葬、水葬、火葬和鸟葬等丧葬形式。中华民族地处温带，长期以农业为主，视土地为生存之本，认为人死入土才是返本归根，灵魂才能得到安宁，于是土葬逐渐兴盛发达，成为主流，而其他葬式或被淘汰，或只在局部地区流行。土葬在所有葬式中是唯一可以留下完整遗迹的葬法，中国的地理条件又便于保存墓葬。地上的原始社会永远地消失了，但由于中国古代墓葬普遍而丰富，先民却给我们留下一个原始社会的地下博物馆，这是值得庆幸的。原始墓葬群可以称之为无字地书，它能够告诉我们先民鬼魂崇拜的若干情况及其演变，亦可以宣示原始社会人际关系、人情风俗和文明发展的程度。

二 母系氏族社会的葬俗及其社会意义

山顶洞人的墓葬，除了随葬品可以证实当时已有鬼魂观念外，值得注意的是死者周围撒上赤铁矿粉的意义。据一些古人类学家分析，红色是血液和火焰的颜色，象征着熊熊不息的生命，给死者撒上红色的粉末表示祈望死者获得再生；篝火在生活中给人以温暖，又能驱兽自卫，那么红色也就可以保护死者，使之免受侵害。此后，红色成为一种崇拜的对象，经常包含宗教的特殊意义。仰韶文化元君庙墓地有的头骨前额染有红色。齐家文化甘肃永靖大何庄遗址有三座墓的骨架头部和两股骨上都涂抹或撒上赭石末，色彩鲜艳。河南王湾先夏文化墓葬遗骸，头骨上涂朱现象比较普遍，这都是红色崇拜影响下形成的习俗。后世有以血衅鼓衅钟，宫墙涂以丹赤的风气。少数民族中有用血涂祭器和涂身防鬼的风俗。这些应是原始时代宗教风俗的衍变。

中国在山顶洞人之后逐步进入新石器时代，原始人群过渡到母系氏族社会。经济上除狩猎采集以外，出现了原始农业和畜牧业。到了黄河中游兴起的仰韶文化时期，母系民族社会已进入繁荣阶段。目前已发掘出属于仰韶文化时期的墓葬2000余座。这些墓葬是多种多样的，但它们有着一些共同的特征：

第一，氏族皆有公共墓地，一般在居住区附近特定区域内，墓葬集中，连成一片或数片。半坡遗址共发现墓葬250座，其中成人墓174座，绝大多数集中在居住区以北的墓地之中。北首岭氏族公共墓地在遗址南部，共400多座墓葬。姜寨遗址发现早晚期墓葬600多座，绝大多数在居住区围沟之外的东北、东南两片墓地上，少数在居住区内。横阵墓地位于遗址的东南，共24座墓葬，其中15座分别套在三个大集体埋葬坑内，各大坑中又套有若干小坑，人骨架的数目不等。母系氏族社会是以母系血缘为纽带形成的社会群体，它是每个民族成员赖以生存的保护力量。没有氏族，在强大的自然灾祸、禽兽袭击、异族掠杀面前，单个成员不能幸免于灭亡。共同的劳动、一致的利害形成民族内部紧密团结互相依存的人际关系。反映在墓葬上，便是氏族内部的死者葬在一起，氏族公墓为同一民族的鬼魂提供了在阴间共同生活的场所。公墓地下的墓坑，成为氏族居住区地上社会的副本和缩影。横阵墓地三个集体葬坑是该氏族先后实行三次集体葬仪的结果，各大坑中所套的小坑，分属于各母系家族，小坑内死者分层分排的安葬，反映着死者间辈分的差别。氏族成员的死亡一般是单个和参差发生的，每次只能个别安葬，既多占土地，又不可能规整地表现死者生前的社会关系；而二次合葬却能为先民按氏族规则放置众多尸骨提供绝好的机会，所以二次合葬墓往往更体现氏族血缘关系的特征。

第二，同一墓地上的墓葬方向，即墓坑和头向，大体一致。半坡墓葬多数与正西方向相差不超过20°，少数方向有异。横阵墓葬大多数二次葬的人骨头向东方。史家墓地墓向朝西。下王岗墓葬，长方土坑墓方向西北，排列井然有序。王湾第一期文化层土坑墓，成人头向西北。民族学资料表明，墓向可能与鬼魂的去向有关。景颇族的丧葬中有送魂的仪式，将死者的鬼魂按祖先迁徙的路线送回老家。仰韶文化墓葬的头向，可能反映传说中本氏族的故土方向，这样的葬法便于死者的鬼魂找到回归故乡的道路。墓向的一致性不仅表现了氏族的内聚性，还说明当时的人们有了鬼魂飘动和"叶落归根"的观念。

第三，儿童一般实行瓮棺葬，不进入氏族公共墓地。半坡共发现73座幼儿墓葬，绝大多数埋于住房周围，形成两大瓮棺群。葬具以瓮为主，另用盆或钵做盖，在盆或钵的底部往往凿出小孔。北首岭遗址居住区内发现近60座儿童瓮棺葬。姜寨墓地略有不同，相当多的儿童实行土坑葬，但自成儿童墓群，不与成人墓混杂。其他仰韶文化儿童墓葬多同于半坡。上述儿童葬式可以做这样的解释：儿童尚未成年，未行"成丁礼"，不被当作氏族正式成员，所以夭折后尸体不埋入氏族成人墓地；同时儿童备受爱护与优待，以瓮为葬具，埋于活着的亲人近旁，葬具上有小孔，弱小灵魂可以随时出入，便于亲人照顾和在想象中交流感情。云南元谋大墩子遗址地处偏远边陲，但幼童亦行瓮棺葬俗，可见这是具有普遍性的历史现象。民族学调查资料证实了葬具凿孔与灵魂观念相关。云南永宁纳西族的骨灰袋底部要剪开或抽出底线，说是便于灵魂出入。当地普米族用陶罐盛骨灰，口部和罐底也有意凿出小洞，放置到墓地，也是便于灵魂进出。

第四，葬式多数为单人仰身直肢葬，也有同姓合葬，但没有男女配偶合葬。半坡、姜寨、北首岭、横阵、元君庙、史家等遗址的葬式，绝大多数为单人仰身直肢葬，看来是处理正常成人尸体的通行方式。半坡还有一座女性4人合葬，一座男性2人合葬。这里值得注意的是同性合葬和男女分葬。同性多人合葬是母系氏族社会血缘关系紧密的反映；男女分葬于氏族公共墓地，既说明他（她）们都是同一氏族的成员，又说明当时实行族外婚制，只有对偶家庭，没有形成稳固的专偶小家庭，配偶双方分属于两个不同的氏族，所以死后不能葬在一起，要运回本氏族墓地埋葬。

第五，对老人和女性（特别是幼女）实行厚葬，反映了母系氏族社会长者和女性享有崇高的社会地位。半坡一座埋有三四岁女孩的墓葬，随葬品较一般墓丰富精致。元君庙458号墓为男性老人的单人二次葬，墓穴底有二层台，台上堆砌数层砾石，形成石棺，随葬7件陶器，颇为隆重。429号墓为两女童二次合葬，墓底用红烧土块铺得平坦整齐，随葬品中有骨珠785颗。420号墓为一妇女与两幼女合葬墓，随葬品相当丰富，仅一幼女即随葬骨珠1147颗。马家窑文化花寨子墓地对女性实行厚葬：地巴坪58号墓，中年女性，随葬彩壶、彩罐、彩瓮等17件，及石纺轮和骨珠205颗；花寨子23号墓，青年女性，随葬彩壶、盆、单耳罐、双耳罐等18件陶器，还有石纺轮1件，骨珠448颗；临潼姜寨7号墓的墓主人是一位约17岁的少女，随葬品有陶、石器18件，骨管1件，玉坠饰2件和由8577枚骨珠组成的项链。这些都说明当时妇女和老人极受人尊敬，所以其尸体和鬼魂也得到优待。

第六，少数坟墓实行屈肢葬、身葬、割肢葬和成人瓮棺葬。考古界一般认为这是处理凶死者的方式。屈肢葬的含义稍有复杂，既可能是凶死者的葬式，也可能是地区性习俗。云南纳西族、独龙族就有将成人尸体捆成坐式，下肢屈折，装入白口袋里火葬的习俗，说是使死者像生时一样坐着，只是在长眠而已。成人瓮棺葬则极可能是用于凶死者的。总之，当时人们的鬼魂观念里，已经分化出正常鬼魂与凶邪鬼魂，其所以用特殊方式埋葬凶死者，大约是为了使凶邪鬼魂转凶为吉，或者防止凶魂危害活人。我国许多民族中都有防止恶鬼作祟的种种办法。羌族对于坠崖而死者，将一只羊从死者坠处丢下去，作为"替死魂"，火化的时间不能与家人生日时辰相同，否则对生者不利。彝族认为恶死者的灵魂变鬼以后能在人间作祟，所以要禳灾驱鬼。拉祜族、纳西族、阿昌族、怒族都有对付恶鬼的种种方法，不外乎献祭讨好和控制驱除两类。由此可以推想，母系民族社会的人们除了以特别的葬式处理凶死者的尸体之外，还会有种种相应的巫术与禁忌，丧葬的习俗进一步复杂化了。

三 父系氏族社会的葬俗及其社会意义

考古学界一般认为，黄河中游大汶口文化中后期才确立了父权制，由大汶口文化发展而来的龙山文化和黄河上游的齐家文化更具有父系氏族社会的典型性质。这一时期的墓葬出现一些新的特征，反映了鬼魂崇拜发生了历史性的变化。

首先，出现了男女合葬墓，男性的亡灵在鬼魂世界中占据了主导地位。大汶口中期以后的墓地发现了8座合葬墓，经过性别鉴定的4座均为男左女右一次入葬。这说明一夫一妻制的稳固家庭已经出现，以男性为家长，女性配偶从属于丈夫，并为他殉葬。黄河上游齐家文化的绝对年代较晚。但相对地说，仍处于原始社会晚期。皇娘娘台、大何庄、秦魏家、尕马台、柳湾等地发掘的齐家文化墓葬共 800 多座。合葬墓中以成年男女两人合葬为主，最常见的葬式是：男子为仰身直肢葬；女子为侧身屈肢葬，面向男子。皇娘娘台若干一男二女合葬墓，男性居中，二女分列左右侧屈其旁。这都生动地显示了男子占据统治地位和女性屈从男性的家庭关系，并说明妻妾殉葬业已流行。

其次，随葬品更加丰富，然而在不同墓葬之间，优劣多寡有了明显的差别。同时，出现了氏族下的相对独立的家族墓群。山东大汶口墓地西北一组、东部一组都是富墓，南部一组却是穷墓，表明由于私有财产的出现而发生了家族之间的富贫分化。柳湾墓地已发掘的 564 座墓葬，随葬品在 30 件以上的富墓不及 1/5，其中最多的一座葬品多达 91 件，仅精美的彩陶壶类就有 73 件，而多数墓葬随葬品简陋，屈指可数。山东大汶口墓地已发掘的 133 座墓中，随葬品在 30 件以上的不到 15%，出土的 1000 多件陶器中，1/4 集中出于 5 座大墓。秦魏家墓地有一墓随葬猪下颌骨 68 副，这是死者拥有众多财富的标志。当畜牧业发展起来时，家畜成为一种重要财富。纳西族的习俗是把猪头挂在屋内象征富有，并用猪头随葬。父系氏族社会在墓葬规模和随葬品上的巨大差异，说明当时的鬼魂世界已经出现等级，有富鬼也有穷鬼，有高贵的鬼，也有低贱的鬼，虚幻的阴间处在向天堂和地狱的裂变之中。

再次，随葬品的种类和质量较之以前有重大进步。大汶口文化中期以后墓葬有大型石锛、有段石锛、有肩石铲，可用于翻地、中耕。在大墩子、大汶口、三里河发现了鹿角锄、各类镰刀及石镐，反映出农业生产工具的进步。刘林、大墩子早期墓中有用整狗殉葬的，中期以后盛行殉猪，而且数量巨大，说明家畜饲养业得到很大发展。大汶口文化的制骨工艺相当发达，如骨雕筒、骨梳、象牙筒等十分精致，骨雕品达到相当高的水平。随葬陶器种类增多，器形也富于变化创新，出现了动物形象的陶容器。死者的装饰品趋于复杂，王因、大墩子墓葬中，死者口含石球、陶球，一般头有发饰，项有穿孔雕花骨珠串，臂有陶镯，手有指环。龙山文化随葬的黑陶器制作技术、工艺美术及繁多品种都是高度智慧的结晶。只有人们的现实生活丰富了，才会去丰富墓葬；只有人们的审美水平提高了，才会去打扮死去的亲人，希望死者在阴间生活得更好一些。

四 葬俗与原始文明

鬼魂崇拜及其表现为葬俗的消极作用是显而易见的，它代表着愚昧、虚假、浪费，甚至残酷。然而当原始人的葬俗沿着从无到有、从简单到复杂的方向演化的时候，我们也从中看到了原始文明发展的轨迹。原始人开始是混沌少知的，他们一旦获得了足够的思考力，便面临着两大根本问题：一是主宰自然环境的力量是什么，一是人生的最后归宿在哪里。他们对第一个问题的回答就是自然神灵，从而引起普遍的自然崇拜；对第二个问题的回答就是鬼魂世界，从而引起普遍的鬼魂崇拜。答案是错误的，但原始人探索人生奥秘的努力却极为可贵，表明他们开始成长了。只有低能的懒惰的和绝望的人才满足于稀里糊涂的生活。

原始葬俗的文明意义可作如下分析。第一，葬俗的出现和演化意味着原始思维在加速发展，早期的人生观在形成之中。灵魂观念和鬼魂世界的出现，意味着形神的二元化和世界的二重化观念已经产生，后来文明时代一切宗教都根源于这种将人体和世界二元化的原始思维。鬼魂世界是现实世界的影子，现实世界的变化总要引起鬼魂观念的改变。葬俗每增添一项新的内容，就意味着人的头脑里出现了一种新的观念，原始思维的理解力和想象力在这里得到锻炼和充实。第二，葬俗的复杂化和丰富化说明人们之间感情上的联系在加强。在氏族内部，做到生有所养，死有所葬，人们的思亲哀亲之情有所寄托。当死去的亲人通过丧葬仪式加以安顿以后，生者的情绪可以较快地从悲痛中解脱出来，把注意力转回到现实生活之中。第三，葬俗的规范化和它的种种禁忌，在当时有利于巩固氏族社会制度，维持正常的社会生活。例如，母系氏族社会对女性厚葬能加强妇女的社会地位，而严格的族内葬规又可以巩固族外婚制。父系氏族社会的夫妻合葬和妻妾殉葬则强化了男性的权威。对氏族墓地的种种保护措施和祭祀仪规无形中起到凝聚氏族成员的作用。

第四节 图腾崇拜

一 图腾崇拜是典型的氏族宗教

"图腾"是北美印第安人奥季布瓦族的方言 totem 的音译，意谓"它的亲族"。图腾氏族认为本氏族起源于某种特定的动物、植物或无生物（主要是动物），与它们有血缘关系，视其现存物类为亲属，对之顶礼膜拜。氏族以某种图腾为标志或徽号，把图腾作为本氏族的保护神，形成相应的礼仪、制度、禁忌和风俗。经过西方宗教学者格雷、麦克伦南、摩尔根、斯宾塞、泰勒、林梦南、史密斯、弗洛伊德、杜尔凯姆、施特劳斯等人的研究，图腾学逐渐兴盛，其民族学资料来源遍及澳洲、美洲、北非和亚洲。最先把"图腾"概念引入中国的是严复，尔后图腾学在中国得到发展。迄今为止，对于图腾崇拜的普遍性，尤其是它在中国原始时代是否普遍存在过的问题，一直有不同看法。笔者认为，图腾崇拜是原始宗教的主要形态之一，它是由自然崇拜发展出来的一种更高的形式，并与氏族组织共生，是世界性的，中国并不例外。人类要维持生存和争取发展必须进行两种生产：一是物质资料的生产，一是人口的生产和种族的繁衍；前者表现为社会经济的发展，后者表现为家庭和婚姻制度的演变。如果说在农业生产需要的刺激下，从自然崇拜中发展出农业祭祀，那么在氏族自身繁盛强固的需要的刺激下，便从自然崇拜中发展出图腾崇拜。两者在本质上都表现了人对自然生殖力的崇拜和对自身生命力的热爱。人们开始追寻氏族的来源，在图腾崇拜中注入祖先崇拜的因素。一旦人们把追寻的目光从自然界转向人类自身的历史时，祖先崇拜便破壳而出，成为图腾崇拜之后的主要原始宗教形态。一般来说，图腾崇拜发达于母系氏族社会，祖先崇拜发达于父系氏族社会，在部落联盟后期，开始有天神崇拜出现。

从目前考古发掘的资料看，以仰韶文化为代表的中国原始母系氏族社会的生产水平还是比较低下的。虽然在若干江河流域的平原地区出现了原始锄耕农业，但经济生活在很大程度上还要靠狩猎、采集和家畜饲养，在山区就更是如此。当时的自然界还是动植物的天下，人在自然中的位置处在动植物之下。一方面人要依赖动植物而求得生存：野生的和家饲的动物是人们必不可少的生活资源，动物的骨骸、牙齿还可以加工成生产工具与武器，植物的果实供人食用，而构木为巢、刳木为舟、燃火煮饭都离不开植物。另一方面动植物又显得比人更具有威力，它们的天然器官的功能远胜于人类的肢体，凶禽猛兽毒蛇出没于林岗洞穴，时刻威胁人的安全，原始林海幽深辽阔，时时发出怒吼，有毒植物又能致人死命。人们既依赖于动植物，又畏惧动植物，便将它们奉之为神明。当这种敬畏心理同人们探索氏族祖先的意向和维系氏族集团的需要结合在一起时，图腾崇拜便发生了。由于动物表现出植物所不具有的高级智慧、移动行为、袭击能力以及对人更宝贵的使用价值，于是动物便成为主要图腾物。总之，自然崇拜演变为图腾崇拜，关键在于动植物崇拜与氏族组织直接结合，使崇拜的动植物偶像成为该氏族独有的神灵，代表着该氏族的共同生命体。所以说图腾崇拜就是氏族的宗教。

根据已有的资料，图腾崇拜在中国古代的发展呈现出三大阶段性：第一阶段是直接认同动植物，崇拜它们，与它们建立起幻想的血亲关系；第二阶段是在人兽同祖的观念之上建构半人半兽的图腾形象，开始重视母祖，但母祖与兽祖是结合的；第三阶段是图腾物不断被综合化和艺术化，失去氏族宗教的严格性质，演变为华夏氏族文化的象征。这三大阶段并非截然分开，而是有并行和交叉现象，它们在考古、文献和民族学资料中都能找到证据。

二 考古学中的图腾资料

新石器时代的考古发掘中，发现许多动物形象的绘画、雕塑。如仰韶文化出土的彩陶上绘有鹿、鸟、鱼、蛙、龟等图案，红山文化胡头沟出土的玉龟、玉鸟、玉鸮及丹东后洼出土的龙、虎、鸟等石雕与陶塑，虽未必全是图腾形象，但其中应有作为图腾神物加以崇拜的，至少人们把鸟兽作为吉祥物，否则便不会如此精雕细刻并埋入墓中随葬。半坡彩陶上的人面鱼纹图表示人与鱼的结合，大约是一种鱼图腾。红山文化龙形玉的发现表明，龙的形象诞生于原始社会。内蒙古三星他拉村出土龙形玉饰，辽西东山嘴出土双龙首玉璜，牛河梁出土猪龙形玉饰，建平县出土类似龙的兽形玉，其时代皆距今四五千年，显然是作为灵物对待的，很可能是当时辽河流域氏族的图腾标志。良渚文化浙江余杭反山墓地及其他遗址多处发现以"兽面纹"为主题纹饰的玉器及纹饰，实质上是神人和兽面结合的形象，是良渚人的"神徽"，具有图腾的性质。

汉代画像石中，作为华夏远祖的伏羲女娲的形象屡见不鲜，通常上身为人身，着汉代服饰，下身是蛇躯或龙躯。有的分别刻在相对应的两块石上，有的合刻在一起，两条蛇尾紧紧地交缠着，表示两性的结合，创造着后代。透过这些石刻画像的汉代色彩，可以看到古老的传说和遗风。从画像半人半兽的形象和男女两性平等合作的特点来推断，神话传说的源头在母系社会向父系社会过渡的时期之中，表明华夏先祖的一支曾以蛇为图腾，把自己看成蛇祖的后裔。此外，连云港将军崖 A 组岩画中，大地生长着禾苗，禾苗上连接着人面，这是半人半植的形象，表明该处氏族以植物为图腾，人的生命由此而来。

三 文献学中的图腾资料

应该承认，目前考古学关于图腾的资料不够丰富，但将这些资料与文献记载加以对照，便容易说明问题，甚至相得益彰，图腾崇拜的存在便不必怀疑。古代氏族的姓氏，有一些来自图腾崇拜，例如由蛇图腾而演变为夏后氏姒姓，由象图腾而演变为有虞氏妫姓，由羊图腾而演变为炎帝之后的姜姓，这些姓氏声旁古文为动物形象，皆有"女"字偏旁，说明起源于母系氏族社会。《山海经》里有十分丰富的先古图腾传说，有龙、虎、豹、鸟、蛇、马、羊、猪、狼、鹰、犬、蜂等图腾名称及各种仪式活动。许多动物图腾由几种动物组合而成，以表示它们有不同于一般动物的神性，如鸟身龙首、龙身鸟首、彘身蛇尾、马身龙首、牛状马尾等。图腾物既然具有神性，比其原型总要有所夸张，这是普遍现象。《山海经》里还有一类是人与兽组合而成的图腾，在人性与兽性的结合中产生出超自然的神性，这比单纯组合动物又高了一层。如龙身人面、人面马身、人面牛身、人面蛇身、龙首人身、羊角人身、人面豕身、人面鸟身等。著名的西王母，"其状如人"，却"豹尾虎齿而善啸"，看来也是从动物图腾升格而为神的。《山海经》成书于战国时期，但内中许多神话传说起源于史前时代。看起来是荒诞无稽的怪异传说，事实上却是早期华夏族的正统信仰，如备受推崇的"三皇"之一的伏羲，《史记·补三皇本纪》说是"蛇身人首"，炎帝据《帝王世纪》说是"人身牛首"。这是最早的祖先神形象，它由图腾崇拜而引发。从考古发掘、文献记载看，在中国史前图腾崇拜中，半人半兽的祖神最为普遍，这是中国图腾崇拜的一个特色。类似记载还见于《庄子》、《竹书纪年》、《淮南子》、《风俗通》等书。有些记载前已提到，这里不再赘述。

四 民俗学中的图腾资料

根据民间神话和近代民族学调查资料，我国许多民族的传统宗教信仰中，都保留着图腾崇拜的遗风。如高山族、怒族崇拜蛇，黎族崇拜蛇和猫，瑶族、畲族崇拜犬，苗族崇拜龙和犬，傈僳族、纳西族崇拜虎（永宁纳西族崇拜猴），布朗族崇拜蛙，哈萨克族崇拜狼，彝族崇拜竹、葫芦、虎，鄂温克族、赫哲族、鄂伦春族崇拜熊。在这些民族中还流传着由图腾物衍生出人类的神话故事，日常生活中保留着敬畏和祭祀图腾的习俗。有的民族不同分支则崇拜不同的子图腾。如傈僳族以虎为图腾，又有熊、猴、羊、鸟、鱼、鼠、蜜蜂、蛇等子图腾，代表着不同的氏族。虎氏族的传说，一只猛虎变作男子与傈僳族女子结婚，其后代便是虎氏族，该民族成员禁止猎虎，逢虎年还要向虎图腾的木刻神像祭祀。猴氏族的传说，一位姑娘与猴子婚配而繁衍出猴氏族，该氏族成员均不许猎猴。四川凉山彝族自治州德昌县城南土门子，在20世纪40年代仍保留着图腾崇拜的古俗。该地彝族按宗族分为柏树和黑竹两大支，从柏树分衍出李树、稻谷、熊、羊、狼、鹰、獐、雉八支。黑竹以鼠为姓氏，下又分衍出黑、白、花、臭、田、松、小眼睛等12种鼠，即以其为姓氏。云南哀牢山和乌蒙山上段的彝族大多数自称"罗罗"，也就是虎，而在祭祀时特重母虎祖先，可推断此种习俗起源于母系氏族社会。鄂温克人以熊为图腾，把熊当作他们的祖先，称呼公熊为"合克"（对父系最高辈的称呼），称呼母熊为"鄂我"（对母系最高辈的称呼)。鄂温克人的图腾观念到了近代已有所淡薄,开始猎吃熊肉,但要遵守许多禁忌并假哭致哀,表示猎食是不得已而为之。哈萨克族中有"小伙子和姑娘"的传说,牧羊人与白母狼结婚,其后裔为哈萨克族,狼在哈萨克族心目中是勇敢的象征。怒族蛇氏族的传说,姑娘与变成美男子的蛇结婚而繁衍出蛇氏族。苗族、瑶族、畲族中流传着犬"槃瓠"祖先的神话,而《风俗通》中也有少女配槃瓠而繁衍出蛮夷的记述。图腾观念较重的民族往往有文身的习俗。文身起因于图腾观念,在身上刻画图腾象纹,表示图腾祖先神灵附着于身体,可以发生神奇的力量,保护人的生命,避免图腾物或外物的侵害。《汉书·地理志》记载"粤(越)地文身断发,以避蛟龙之害"。《淮南子》:"九疑之南,陆事寡而水事众,于是人民断发文身,以象鳞虫。"高诱注:"文身,刻画其体,纳默其中,为蛟龙之状,以入水蛟龙不能害也。"后世文身含义逐渐广泛,其要不出于借助动物神力和形象来强化和美化自己,并以此形成个体或团体所特有的识别标志。

五 图腾崇拜的社会文化意义

图腾崇拜在原始社会生活中有着巨大的生命力和社会作用,它的影响渗透到社会生活的每个角落。首先,它维系着氏族的团结,成为氏族成员共同的精神支柱。同一图腾的氏族成员的利益一致、信仰一致、标志一致,大家都为本氏族的生存发展奋斗,同时也受到本氏族的保护和照顾,个人和氏族融为一体,氏族成员具有强烈的认同感,这是一个氏族在艰险的环境中得以存活的重要保证。其次,图腾崇拜与族外婚是互为因果、同步形成的,它对于巩固外婚制起了不可估量的作用。图腾禁忌中最重要的是婚姻禁忌,崇拜同一图腾的男女间严禁发生性关系,这就意味着具有同一血亲关系的氏族内部不得通婚,一个氏族的男女必须到另一氏族中寻找配偶,这是氏族社会两性关系的基本准则。由于避免了乱伦行为,氏族后代体质的强化得到婚姻制度上的保证,在婚姻道德上也提高了层次,人类向文明的方向又前进了一大步。《国语·晋语》说:"同姓不婚,恶不殖也。"《左传·僖公二十三年》文:"男女同姓,其生不蕃。"这是我国人民从长期经验中积累起来的关于两性关系的积极认识成果。1949年前的鄂温克人还保留着外婚制的古俗。从其中两个家庭的家谱看，本氏族的男子，其妻子都是外氏族的女性，而本氏族的女子统统出嫁给外氏族的男子。这种外婚制在实际生活中得到严格执行，不能有丝毫违犯。另外，图腾崇拜及其祭祀活动还是氏族社会精神生活的重要内容，在彝族、畲族、白族地区流行着与人生有关的图腾仪式。如以兰竹为图腾的彝族，孩子生下来时，要把胎衣胎血取些放进竹筒，盖以芭蕉叶，吊在兰竹枝上，以示婴儿是兰竹的后裔。在长大以后，要举行图腾入社仪式。有些地方人死时，要将图腾或图腾皮一并下葬或烧毁。在图腾观念影响下，各族都出现许多包含图腾祖先内容的神话和歌谣，世世代代流传下来。如畲族有《高皇歌》，苗族有《古歌》，侗族有《侗族从哪里来》，壮族有《玛拐歌》，普米族有《去赛叽》，怒族有《开天辟地的故事》，彝族有《梅葛》，瑶族有《密洛陀》等，都生动地体现了人类童年时代丰富的想象力和天真烂漫的心灵。还有，原始的造型艺术和歌舞音乐，无一不与图腾崇拜有关，信仰的真诚，激发了先民进行艺术创造的热情，使他们的艺术构思能力大增，借助于想象，意识得以驰骋于天地之间，成就了数不清的具有高度艺术价值的作品，人们的形象思维也因此而得到飞速的升华。

六　图腾崇拜与龙凤文化

中国原始社会的图腾种类很多，随着氏族扩大为部落和部落联盟，随着部族的不断融合，诸多图腾也发生了变化，有的消失了，有的改变了，有的合并了，从中逐步演化出龙、凤两大综合性图腾灵物系列，形成越来越大的优势，给予中华民族的文化以深刻的影响。龙凤是中华文明的象征。龙、凤不是现实世界实有的动物，但它却是在若干动物族类的基础上，经过图腾崇拜的阶段，逐渐综合加工而成的。从原始社会的早期龙凤图腾，经由夏、商、周三代社会，演化到中世纪的高度艺术化了的龙凤形象，这个过程从一个侧面说明了中华文明的长期连续性。同时龙凤是通过若干地区性图腾文化的发展渠道，多元地演化，逐渐地汇聚到一起，形成全国性的大致统一的形象，这个过程又恰好同中华民族的多元起源并向中原汇聚，以及中原向四周辐射的过程相一致，说明了中华民族文明的博大的宽容性和强烈的融合性。

先说龙。龙的起源是多元的，主要有这样几支：第一，鳄龙类，即古籍中所说的蛟龙，现实中的鳄鱼。《左传·昭公十七年》文："太皞氏以龙纪，故为龙师而龙名。"太皞族发祥于江淮一带，其龙图腾可能是《竹书纪年》所说的"水龙"即湾鳄和扬子鳄。商族是少昊皞族的后裔，其龙的象形文字和青铜器上的形象明显类似鳄鱼。湖北屈家岭文化出土的陶盘上绘有扬子鳄头。在水族中成为龙的原型的，除鳄鱼外，还有鲵鱼及其他水生动物，甘肃武山西坪出土的鲵龙纹彩陶瓶可以资证。第二，蛇龙类，即现实中的蟒蛇。根据《楚辞》、《山海经》和汉代画像石，被视作华夏始祖的伏羲女娲是人首蛇身，那么在长江黄河流域的先民有以蛇为图腾的大氏族或部落，当无疑义。后世龙的长而弯曲自如的身躯显然是模仿蛇躯而来的。第三，豕龙类，其特点在龙首，系由猪首演化而来的。红山文化出土一批豕形玉饰，其中从内蒙古巴林右旗羊场公社出土的豕形玉雕，经过辽宁省文物店收集的小型兽形玉的中介，再到三星他拉玉龙，三者形成由豕到龙的演化序列。三星他拉玉龙口闭吻长，鼻端前突，上翘起棱，端面截平，有并排鼻孔二，这是猪首的特征。其颈脊耸起长鬣，是猪体形象的标志。但它是蛇躯，细而长，整个造型已经高度概括化了。第四，闪龙类。龙是动物图腾与天象图腾相互作用而产生的。古人看到闪电形状弯曲不定，细长而又分出支杈，酷似有角有足的长蛇，便将两者加以互渗，形成龙的形象。闪电总是伴随着浓云雷雨，"龙"的读音由"隆隆"雷声谐音而来，故《楚辞》称雷师为"丰隆"。《论衡·龙虚》说："雷龙同类，感气相致"，"蛟龙见而云雨致，云雨致则雷电击"。所以龙的形象联系着风雨，故有"云从龙"、"水从龙"的说法。《周易》说："飞龙在天"，又说："云行雨施，品物流行，时乘六龙以御天。"《淮南子》说："龙举而景云属。"后人在先民闪电崇拜的基础上，创造了龙王的形象，将它视为雨神。在以上四支以外，还有马龙、夔龙、火龙等说法，可知龙所综合的动物及品物形象是多种多样的。这样，龙的形象的演化大体经历了三大阶段：最早是各种单独的动物或天象图腾，它们与原型相距不远；然后是互渗互融的综合性图腾，仍然是部落或部落联盟的标志与神物；最后是高度艺术化了的青龙或黄龙，以蛇与闪电为基本形态，兼有兽类的四足，猪与马的头、鬣、尾，鹿的角，狗的爪，鱼的鳞、须，此时的龙已基本失去图腾的性质，成为中华民族统一文化的艺术象征，并进而成为帝王专用的标志。

次说凤。凤是由几种禽类图腾聚合发展而成的，其图腾来源至少有以下几支：第一，雄鸡凤类。鸡日将出而鸣，呼唤太阳照耀大地，故有"丹凤朝阳"的说法。余姚河姆渡一期遗址出土的骨匕上有四只鸟，状如雄鸡，身上载着闪光的太阳。还有一件象牙雕刻，上有双凤朝阳的图案。良渚文化吴县草鞋山墓葬中的带盖贯耳壶上，刻有鸟纹，整体形象似鸡。鸡被作为图腾物之后就变成凤凰。第二，鹜凤类。据《左传·昭公十七年》文："我高祖少皞挚之立也，凤鸟适至，故纪于鸟，为鸟师而鸟名。"所列20多个鸟氏族图腾物中，鹜类占8个。鹜即鹰鹗，红山文化出土的玉饰，常以之为图案。连云港将军崖岩画中，有鹗鸟的形象，旁有太阳，这与太皞族的鹜图腾有关。第三，燕凤类。燕子是一种玄鸟，曾作为商族先人的图腾。庙底沟型仰韶文化的陕西华县柳子铒泉护村遗址标本，有太阳与玄鸟的复合形象，其中有的像燕子，有的像乌鸦。河南陕县庙底沟出土的彩陶残片上，则有踆乌（三足鸟）与太阳的形象。马王堆汉墓出土的帛画，以日配乌鸦，以月配蟾蜍。《淮南子·天文训》则有"日中有踆乌"的说法。《左传·昭公十七年》文："炎帝以火纪，故为火师而火名。"《鹖冠子》说："凤，火鸟也"，那么可以推断炎帝族早期曾以日中玄鸟为图腾。第四，鸾凤类。凤凰冠羽，多作三羽，尾巴迤地舒卷，多作三五羽，其羽翎及整体形象最类孔雀。孔雀古称鸾鸟，五彩缤纷，向为吉祥之禽，多产于南方和西方，被傣族和许多民族视为神鸟。商周甲骨文与金文中，凤字的形象颇似飞腾或奔走的孔雀，头、身、翅、爪、冠、尾皆具，尤注意刻画孔雀状冠羽和长尾。在以上四类禽鸟外，还有鹄凤，以鹳、鹭为祖型，还有以鸳鸯为祖型的。以上各类鸟图腾，经过长期交融改铸，逐渐失去代表氏族的性格，升华为秦汉时期的四大灵物（青龙、白虎、玄武、朱雀）之一的朱雀，直到明清时期，才定型化为今日常见到的凤凰形象。凤鸟本无雌雄，很晚才分出凤为雄，凰为雌；用凤来作为雄龙的雌性配偶，成为皇后衣饰的主题图案，也是较晚的事情。

龙凤的演化史表明，我国原始图腾种类虽然繁多，蛇图腾与鸟图腾却一直是两大主系，因而得以超越各种图腾物而成为后来中华民族大共同体的主要吉祥物和标志。龙凤形象寄寓了先民向往幸福生活，追求真、善、美的热切心愿，也表现出中华民族卓越的艺术创造力。龙和凤的形象代表着中华民族文化的矫健腾跃和丰富多彩的特性。可是自有帝制以来，龙凤文化分裂为二。在上层，龙凤为帝王后妃所垄断，代表着至高的权威和尊严，与人民形成对立。在民间，龙凤文化一直存在着，龙舟、龙灯、龙舞，以及龙凤系统的民间文艺作品，充实着民众的精神生活。当这种阶级的对垒消失之后，龙凤文化再度成为全民族的文化，它必将在新的时代条件下发展到一个前所未有的高度。

第五节　祖先崇拜

一　生殖崇拜与祖先观念的产生

人口繁衍对于氏族的延续是仅次于解决吃饭问题的大事。由于生活艰辛、疾病流行、灾害频降，原始社会儿童的夭折率极高，成人的平均寿命极低，加之氏族间战争的破坏，保护和增殖人口成为氏族维持生存的严峻任务。氏族要巩固强大，人丁兴旺是必不可少的，因此先民重视生殖，崇拜生殖之神，希望它能像大地繁育植物那样使人们多育多生。当人类有能力探寻人口生殖的奥秘时，首先看到的一个基本事实就是人人皆生于母亲，于是把女性神化，让女性充当生殖之神，这是很自然的，而这一信仰又为母系氏族社会尊重妇女的风尚所巩固。先民崇拜女性主要是崇拜她们的生殖力，很自然地便把崇拜重点放在女性身体的生育部位，并用造型艺术加以表现。这是一种世界性的史前宗教现象，已为考古资料所证实。国外考古发现多处史前女性裸体浮雕和圆雕。如法国手持牛角的"洛赛尔维纳斯"，奥地利的"温林多府维纳斯"，苏联的"加加里诺"女性裸像，及"科斯丹克维纳斯"。这些雕塑的共同特征是乳房丰满、腹部腰部臀部大腿部肥大夸张，阴部明显而面部却无细微刻画，足部则被忽略，这正是为了突出女性的性特征与生育功能。我国近些年在红山文化考古中首次发现了可以与上述国外雕塑相比拟的女性裸体塑像，有力地证实了女性生殖崇拜在中国原始社会的存在。辽西喀左县东山嘴发掘出约5000年前的祭坛和陶塑女像，其中两件小型孕妇塑像为裸体立像，头及右臂均残缺，腹部隆起，臀部肥胖，左手贴于上腹，有表现阴部的记号。其中一件乳房损缺，另一件右乳房残留下部，呈耸起状。这显然是为祈求生育而雕塑的女神像，象征着多孕多育。西藏任姆栋1号岩画中有非常突出的两性生殖器，有成排的绵羊，是祈求人畜兴旺而举行祭祀的写照。崇拜生殖女神的风俗仍流传在若干民族地区之中。云南永宁泸沽湖畔的摩梭人膜拜干木山，赋予该山以女神的形象，并把山间一条峡谷视为女神的生殖器。在干木山南侧有一神龛，供有女神，摩梭人对干木的祭祀非常隆重，称为"干木古"，意即祭女神之山，为的是祈求女神保佑人畜兴旺、农业丰收和妇女的健康、婚姻、生育。云南省的纳西、哈尼、佤等民族中，既流行着早期女性生殖崇拜，多以自然石、钟乳石、山、川、洼、谷、幽泉、岩穴等象征女阴，并予拟人化，作为生殖女神，又流行着晚期女性生殖崇拜，表现为用人工制作的石器、木器象征女阴，如大理剑川石宝山石窟中的女阴石雕和哈尼、佤族寨门神的女阴木雕。

  人类最早崇拜的祖先是作为图腾物的动植物及无生物，但它们存在于幻想的血缘关系之中，不是真正意义上的祖先。人类崇拜具有真正血缘关系的祖先则始于女性。在女性生殖崇拜观念之中，包含着氏族成员对于同自己有着直接血缘关系的上代母辈的崇拜，也包含着对于整个氏族的女始祖的崇拜，后者是前者的必然产物。可以说，祖先崇拜是从生殖崇拜中孕育出来的，它是适应氏族社会传宗接代的需要和为了回答氏族是从哪里来的困惑而出现的。确定了祖先，就确立了氏族共同体的根本。当人们确认这个根本直接来自自然界某物类时，便是图腾崇拜，当人们通过生殖崇拜的桥梁而过渡到确认氏族本源在人类自身时，便是祖先崇拜。正是由于生殖崇拜做中介，最早的祖先只能是女性，而后由于父权的建立，男性祖先才取而代之，占据了统治地位。我国佤族地区有着"出人洞"的传说，说是人类（实际上是当地氏族）都是从称作"司岗里"的"出人洞"里走出来的。这个山洞象征着女始祖的性器官，是放大了的女性生殖崇拜对象。这一传说很生动地说明了从生殖女神崇拜向女始祖崇拜的演进。

二 女始祖崇拜与感生传说

女性祖先崇拜可分为近祖崇拜与始祖崇拜两部分。女性近祖崇拜的表现形式是丧葬仪式和相应的祭祀活动，前面论述母系氏族社会葬俗时已经涉及。女始祖崇拜的表现形式则是一般化了的女神祭祀和女始祖感生神话。代表女始祖的女神已经不只是生殖女神，她还具有保护氏族的多种功能，因此她的形象就与生殖女神不同，不特别突出生育体位，而有着女性的完整的形象。红山文化辽西牛河梁发现的女神庙和女神头像，是崇拜始祖女神的典型例证。女神面部器官完好、生动，类同真人，双眼中嵌淡青色圆饼状玉片为睛，炯炯有光彩，头像及相关的其他体位部分塑件，对于人体都有真实、准确的表现，比例适当，据专家鉴定为典型的蒙古人种的女性。这尊女神头像的发现，使我们第一次看到了5000年以前女祖先的具体形象。从女神庙出土的其他偶像残件看，这里曾有一批女神塑像，这尊有头像的女神不过是其中之一；也许她们是当地民族成员记忆中的女始祖系列的物化偶像。这些女神也有乳房等生育器官，但不被有意夸大，创作者着眼于表现女性的整体美，所以她们便不是原来意义上的生殖女神，人们给予她们更多的神性，希望她们发挥多方面的超人功能，保佑子孙后代平安幸福。

中国古文献中记载着许多感生神话，它们为了衬托部落男性英雄首领的非凡性，常说这些英雄一出世就很奇特，不像一般人那样由父母婚姻结合而生，却是由他们的母亲与某种神物相感应而怀孕生出的。例如《太平御览》引《诗含神雾》文说华胥踏大人迹而生伏羲，《河图稽命徵》说，附宝见大电光感而生黄帝，《史记·补三皇本纪》说女登感神龙而生炎帝，《太平御览》引《春秋合诚图》文说庆都遇赤龙而生尧，《太平御览》引《帝王世纪》文说握登见大虹意感而生舜，修己吞神珠如薏苡而生禹，《史记·殷本纪》说简狄吞玄鸟卵而生契，《史记·周本纪》说姜嫄践巨人迹而生后稷，《史记·秦本纪》说女修吞玄鸟卵而生大业。这些感生神话都崇拜一个女始祖,相信女始祖生下了英雄人物,才开创和建立了该部族的基业,并不是英雄的父亲生下英雄的儿子,男性的生育作用被排除在外,所以上述神话表现了母系氏族社会的女始祖崇拜的特点。但是其中仍然保留了相当浓厚的图腾崇拜色彩,即女性必须与某种图腾物相感应才能够生出超人。图腾物或是动物,或是植物,或是自然现象。这意味着神话作者在承认女性祖先的同时,还部分地承认图腾祖先,只不过生育的主体已在女始祖,图腾物的作用是给母体注入一种灵性。另外,上述神话崇拜女始祖是为了让人们更好地崇拜她们生下来的半人半神的男性祖先,正是这些男性英雄使部族发达兴旺起来,所以上述神话的最后形成当在父系氏族社会甚至更晚。

民族学的资料也表明,图腾崇拜与女始祖崇拜的相互结合,是若干具有古老遗风的民族的生育观念与祖先观念的特点。傈僳族"腊扒"氏族认为他们是女始祖与虎婚配而衍生的后裔,"弥扒"氏族则是女始祖与猴子婚配而繁衍兴盛的。哀牢山有些彝族一直保留着妇女与龙石接触以求孕子的习俗。女始祖崇拜与图腾崇拜并行,说明人们在寻找生育奥秘的过程中,已经意识到女性的伟大作用,然而还不了解两性生殖的基本知识,特别是不了解男性在生育中的作用。

中华民族有一个普遍公认的女始祖,这就是女娲。《风俗通》说女娲抟黄土创造了人类,《淮南子·览冥训》说她又曾炼五色石以补苍天。她的丰功伟绩被人们传颂,名声远播,经久不绝。女娲造人的传说应起于女性受尊重的母系氏族社会,抟黄土造人是根据中国古人抟土制器的经验联想出来的,应起源于制陶业发达的时代。这个神话不同于一般的感生神话,不限于追溯本部族的起源,还进而探讨和回答所有人类的总起源问题,因而它是女始祖崇拜达到高潮时产生的神话。炼石补天的传说可能产生于父系氏族社会初期,其时妇女只能补天,不能开天,但补天的作用仍然是伟大的。

三 男始祖崇拜与英雄神话

男性祖先崇拜起源于男性生殖器即"祖"崇拜。一方面,随着原始经济的发展，男性在生产中的作用日益显著，赶上或超出女性；另一方面，对偶婚和一夫一妻制先后出现，人们逐渐意识到两性的结合是生儿育女的关键所在，缺一不可，因之，《周易》有"男女构精，万物化生"的说法，这种认识应比《周易》一书的形成早得多。与此种认识发展的过程相适应，单纯的女性生殖崇拜过渡为两性生殖崇拜，女阴崇拜与男"祖"崇拜同时并存，男女交媾受到特别重视。内蒙古乌兰察布岩画中，除有女性裸体舞、孕妇舞外，还有男女裸体恋爱舞。阴山岩面中有表现两性性器官和两性交媾的画面。在新疆类似岩画亦多有发现。汉代画像石的女娲与伏羲蛇尾相交图，其含义就是男性祖先与女性祖先交配共同生育繁衍了华夏族子孙。文献记载和民间故事中都有兄妹匹配为夫妇，繁衍出人类的传说。罗泌《路史》引《风俗通》说："女娲，伏希（羲）之妹"；卢仝《与马异结交诗》中说："女娲本是伏羲妇"。这种传说可与汉代画像石相互印证，既表现了原始的婚姻方式，又表现了两性性崇拜的观念。人类社会从杂乱性群婚向族外婚过渡中间，曾有过血缘家庭，婚姻集团按辈分划分，兄弟姊妹可以结为配偶。上述神话传说从婚姻形式上说更古老一些，从性崇拜上说比单纯女性崇拜则晚一些。

当男性在社会生产及日常生活中占据了支配地位而女性降到从属地位以后，人们更加重视父系的传宗接代。随着父权制的建立和私有财产的出现，社会需要确立和巩固父系血缘关系来保证财产由直系男性子孙继承，这就为男性祖先崇拜代替女性祖先崇拜创造了社会条件。首先出现的是"祖"崇拜。甲骨文和金文的祖字皆像男阴。史前考古中，在许多地方发现石祖或陶祖，也有木祖。发现"且"造型的地方有：陕西省临潼姜寨四期文化、铜川李家沟遗址、华县泉护村遗址、西安客省庄遗址，河南淅川下王岗仰韶文化、信阳三里店遗址、郑州二里岗遗址，山西省万荣荆村遗址，山东省潍坊市鲁家口遗址，甘肃甘谷灰地儿遗址、临夏张家嘴遗址，湖北京山屈家岭遗址、江孜关庙山遗址，湖南安乡度家岗遗址，广西坛楼、石产遗址、钦州独料遗址，新疆罗布淖尔遗址等，除少数为仰韶文化晚期外，大部分相当于龙山文化，也就是说处在父系氏族社会时期。四川木里卡瓦村的摩梭人在 20 世纪 50 年代初还有石祖崇拜，其崇拜物是天然钟乳石柱，位于洞穴内，高80厘米，呈圆锥状，下部较粗，直径90厘米，摩梭人称为"久木鲁"，意为生孩子的石头。在"久木鲁"顶端有一凹坑，深15厘米，直径20厘米，其中的积水称为"哈机"，与"达机"（精液）含义同。求子妇女要举行祭山仪式，在丈夫和伴娘陪同下，向石祖叩头，喝"哈机"水，并于当晚夫妻同床，这样就能怀孕。由此可知，"祖"崇拜主要与人们乞求生育相关联，所以崇拜物只是男性性器官，与后来成熟的男性祖先崇拜有所不同。但祖崇拜乃是男性祖先崇拜的前奏。既然男子性器官在生育活动中起决定作用，那么它的主体——男性公民也必然要在民族的繁衍中起主导作用。作为祖先崇拜的灵魂——由代代生育而形成的血缘链条，其性别特征由女性换成了男性，标志着男性的胜利和女性的失败。当这种男性崇拜用在对氏族始祖的理解上时，男性始祖崇拜便应运而生。

在父系时代，每个氏族或部落都有其传说中的男性始祖，他具有神力，有着光荣的业绩，是不平凡的英雄人物。例如，传说中的炎帝、太皞、少皞、颛顼（高阳氏）、帝喾（高辛氏）、黄帝等等。至于尧、舜、禹，作为陶唐氏、有虞氏、有夏氏部落的男性先祖和圣贤，则更是不断受到后代崇敬、颂扬而能流芳于百世。

在男性始祖崇拜的气氛中，诞生出盘古氏开天辟地的宇宙创始神话。这一神话形诸文字较晚，但起源不应晚于父系氏族社会，因为盘古作为男性创造之神，还不是人为宗教那种超自然、超人性的永恒之神，他完成了开辟天地的功业之后便死去了。从男性始祖创生氏族或部落，到男性始祖开创整个宇宙，这一进展表示了人们眼界的扩大和思考联想能力的加强。创世神话在各民族中多有流行，情节上彼此有异，但有着一个共同性的见解，即认为天地万物最初从混沌未分的原始状态中生成，宇宙在发展中几经曲折才演变到今天。这是一种朴实的原始宇宙发生论，它对于后世的哲学和天文学都发生了巨大的影响。

四　祖先崇拜与传统伦理

祖先崇拜的内容可以用"慎终追远"四个字来概括："慎终"指按

照一定的礼仪来操办上辈的丧葬,"追远"指按时祭祀和悼念较前的远祖,以示崇本重源之意。远祖可以是始祖,也可以是有功的先祖,总之与现实之间有较大的时间阻隔,只具有象征的意义。近祖则仅指数代先辈,其中人们能够亲自料理丧事的大概主要是祖辈和父辈,因此近祖的丧葬祭拜与现实生活十分切近,是祖先崇拜的重心所在。男性近祖崇拜是在父权制度发达和鬼魂观念加深的基础上形成和发展的,在中国古代最受重视,表现为男性家长丧葬的隆盛。上文已列举大汶口文化和龙山文化若干以男性为中心、妇女陪葬的墓葬,是父权家长制存在的证明(见"鬼魂崇拜"一节)。还有一座很典型的墓葬,即河南濮阳西水坡45号墓,墓主为一壮年男性,仰身直肢葬,位于墓室正中,另有3具年龄较小的骨架,分别埋于墓室东、西、北三面小龛内,当为主人殉葬者,墓主骨架左右两侧是用蚌壳摆塑而成的龙虎图案,具有灵物保护主人的宗教含义。整个墓葬充分显示了男主人生前的权势,和龙、虎图腾变为灵物后从属于祖先崇拜的新格局。此墓是父权制的产物当无疑义,而具体时代在学术界尚有不同看法。

中国人历来重视祭祖敬祖。《礼记·郊特牲》说:"万物本乎天,人本乎祖",这是中国人对自然人生本源的基本观念,是自然崇拜和祖先崇拜在情理上的依据。由于自然界给了我们衣食,祖先给了我们生命,所以要报本答恩,报答的方式便是敬天祭祖。中国人从来很少相信人的生命是某种神灵创造的,只是实实在在相信身体发肤受之父母,父母又受之父母,以至先祖,这个根本不能忘记,更何况祖先魂灵还在冥冥之中保护着子孙,更应礼敬不懈。这种礼敬是贯彻始终的,即生事之以礼,死葬之以礼,祭之以礼。生事之以礼属于伦理道德范畴,丧葬与祭祀便是宗法性传统宗教的事情。丧葬及祭祖仪规随着父权社会的发展而复杂化系统化。《礼记·坊记》说:"修宗庙,敬祀事,教民追孝也。"孝道由男性近祖崇拜而兴,其实际意义在于巩固一姓血缘关系,继承和发扬祖先的余泽,使家族延绵发达。后世儒家所阐扬的传统道德,均以男性祖先崇拜所重视的家族内的生殖功用和血缘联系为基础。《易·序卦》说:"有天地然后有万物,有万物然后有男女,有男女然后有夫妇,有夫妇然后有父子，有父子然后有君臣，有君臣然后有上下，有上下然后礼义有所错。"《荀子·大略》也说："夫妇之道不可不正也，君臣父子之本也。"由此可知，中世纪所谓的"五伦"："君臣有义，父子有亲，夫妇有别，长幼有序，朋友有信"，实际上总根源是来自上古的祖先崇拜。宗法等级社会各种社会关系都是家族关系的延伸和扩大。祖先崇拜在原始时代是一种世界性现象，进入中世纪以后，它也并非中国所独有。但它在中国不是走向削弱，而是越来越兴旺，发展到一般国家所不及的高度，成为中国宗法性传统宗教的基本信仰，一直延续到清末，极大地影响着中国社会的民俗和精神生活。

第六节　原始祭祀、巫术、占卜

一　祭坛、祭器

中国原始宗教除了观念形态方面的内容，还有组织活动方面的内容。后一方面的有关遗存极少，我们只能根据有限的遗址和文物做粗略的描述。宗教活动必有场所。临潼姜寨的母系氏族村落遗址上，有5片住房。每片中必有一个方形大房屋，可能供氏族集会和进行宗教活动之用。辽宁东山嘴发现一座红山文化大型祭坛，附近无居住遗存，很可能是部落或部落联盟公共的用于宗教祭祀的场所，平时人们居住在他处，祭祀时从四面八方来到此地举行规模较大的宗教仪式。从祭坛兴建在山嘴上和出土孕妇塑像等情况推断，祭祀的对象大约有山川之神、生殖女神和土地神。祭坛南圆北方，恰与古文献中郊祀的礼制相符。牛河梁的女神庙与积石冢是另外两种式样的宗教场所。女神庙是具有相当规模的宗教庙宇，安放着雕塑得栩栩如生的女神群像，在设计、技术与艺术上都显示出很高的成就。积石冢带有墓祭的性质，结构复杂，冢内排列石棺墓，大小有别，墓内随葬玉器，墓外排列彩陶筒形器，冢与冢相连，规模亦很可观。这是一个较大的宗教活动中心，参加者亦远远超出氏族的范围。甘肃永靖大何庄遗址发现"石圆圈"5处，用天然的扁平砾石排列而成，附近分布着许多墓葬，圈旁有卜骨和牛羊骨架，大约是当时进行丧葬仪式或其他宗教祭祀的场所。

祭器的出现是原始宗教由低级向高级发展的标志之一。早期墓葬和遗址中，器物都是生产工具和生活及装饰用品。后来才出现了专用于宗教祭祀的器具，说明人们的宗教意识强化了，宗教祭祀精化了。河南淅川下王岗早二期遗址的随葬品多为专做的明器，早一期则用实用品随葬。大汶口墓地死者有一种奇特的佩戴物即龟甲，有的仅有甲背，有的背腹甲成对，有的穿孔，有的内置石子或骨针，可能具有避邪驱鬼的宗教意义。在若干墓葬中，还发现獐牙和獐牙钩形器，多放置在死者手中或近旁，可能是借助于獐的勇猛性灵，保护死者的遗体。龙山文化三里河墓葬，出土了成组玉器，像是专用于宗教祭祀的礼器，制作极为精美。红山文化出土的玉琮玉璧以及若干陶器石器，没有生产或生活的实用价值，也不是装饰品，应属礼器类，是宗教用品。以玉为葬，以玉为祭，是红山文化的显著特征，它使宗教文化与审美意识的发展结合起来，由粗陋走向高雅，积淀着人类的智慧。

二　巫术

《说文解字》说："巫，祝也，女能事无形，以舞降神者也。"巫是人与神之间的中介者，女为巫，男为觋，能上达人的祈愿，下达神的旨意。通过念咒、跳舞、祭拜等手段，调动鬼神之力为人消灾致福，诸如医病、解梦、预言、祈雨、占星等事项都属于巫觋的职业范围。巫觋的职业技能就是巫术，它在原始社会生活中的作用十分广泛。

前文已提到《尚书·吕刑》中有颛顼"乃命重黎绝地天通"的说法，《国语·楚语》载观射父答楚昭王问，认为古代有专职巫觋交通人神，后来民神杂糅，家为巫史，颛顼命重黎绝地天通乃是禁绝巫职冒滥，恢复古制。观射父受崇古思想的影响，把古史解释错了。其实原始宗教是全氏族成员的共同信仰，早期巫职并不固定，家为巫史是司空见惯的。后来宗教事务日繁，活动方式既神秘又复杂，不是一般氏族成员所能担任的，于是出现了少数精通宗教仪式、谙熟宗教知识的专职宗教人员，他们可以带领氏族一般成员进行宗教祭祀活动。这些人在社会上占有很高的地位，往往同时就是氏族、部落的首长，至少也是他们的重要助手。巫觋是中国最早的知识分子和思想家，他们把宗教观念系统化，为人们编造关于未来生活的幻想。颛顼的"绝地天通"，大约是在父系氏族社会后期进行的一次宗教改革，从此人神交通为少数宗教职业者所垄断，古老的全民的宗教开始了等级性的分化。

从早期绘画中我们可以窥知古代巫术面貌之一二。在沧源岩画里，有头饰牛角或羽翎的体态硕大的人物，正在作舞状，大约是巫师在跳神。阴山岩画中有仿牲舞蹈图，也是在巫师带领下进行的娱神活动。广西壮族花山岩画中有一群小人在向一个作舞状的大人欢呼，该大人左上方有一件类似铜鼓的神器，腰间横挎一口大刀，威风凛凛，大约是部落的祭司，情景相当生动。20世纪80年代初，在甘肃秦安大地湾遗址中发掘出一座绘有地画的房基遗迹。地画正中有一个身躯魁梧的男性人物，手持尖棒状器物，作舞步；左侧有一女性，细腰突胸，体形略小，手亦持一尖棒状器物，姿态与男性人物同；地画下部画一木棺状长方框，内有两个卧的人物（一说像动物），棺状物左前方有一反"丁"字形器物。发掘工作队认为该地画表现的是家庭中祖神崇拜的情状，方框内是供奉神灵的牺牲。也有的学者认为它是原始社会的一次巫术活动记录。我们认为后一种解释比较合乎情理，但又不尽然，需要重新加以说明。大地湾地画描绘的是一幅巫觋为凶死者驱除邪魂、保佑生者平安的巫术场面。女者为巫，男者为觋，皆右手持法器，左手置头部，作巫舞状，正在施行法术。长方形木棺内是两具凶死者的尸体，故其状不安祥。反"丁"字形器物是除祟的巫术用具，这种驱邪除祟场面恰好与许多民族请巫师作法解除凶死者身上恶鬼的风俗相一致，是原始巫术的形象画面。巫术总是与治病驱邪相联系的，既表现出当时人们的愚昧盲信，又表现出人们想控制鬼神的愿望，和消除灾难、追求幸福的热切心态。

三　占卜

我国发现的年代最早的卜骨是仰韶文化晚期的河南淅川下王岗遗址，其次是龙山文化山东龙山城子崖遗址，用的是牛或鹿的肩胛骨，上面有示兆的裂纹，大约是用烧灼的办法造成的，有的还钻了孔。在邯郸涧沟遗址中，发现大量卜骨，用猪、羊、鹿和牛的肩胛骨做成，有火灼痕迹，表明占卜活动的规模在扩大。齐家文化甘肃永靖大何庄遗址发现卜骨14扶，均为羊肩胛骨，有灼而无钻、凿痕迹。占卜的出现意味着先民已不满足于应付眼前的事务，还要对未来的吉凶做出预测。然而占卜所依据的不是经验事实，而是甲骨上裂纹的偶然性，所以不能形成科学的认识，充满了主观的比附和臆断。尽管如此，占卜毕竟是人类最早的"预测学"，表现了人类试图掌握事物因果联系的愿望。占卜术一方面披着鬼神的外衣，依靠并不可靠的甲骨纹兆；另一方面在实际的占卜活动中，人们又不能不把实际生活经验和在这种经验基础上观察分析得出的积极成果，渗入吉凶的预测之中，从而使占卜成为迷信与科学交互纠缠的一个领域。例如从原始占卜中发展起来的殷代的占卜辞，其中包含着十分丰富的社会史资料与认识史资料。周人还在占卜的基础上发展出《周易》这样高级的思想体系。

第七节　中国原始宗教的历史特点

世界文化的发展，越早期共性越大，越晚期个性分化越著，如一棵大树同根而千枝万叶，宗教文化的发展亦复如是。中国原始宗教有着与各国原始宗教一致的性格，这些共性主要是：第一，自发性，自然而然形成，不是某教主有意地创造，不具有欺骗的成分；第二，氏族性，即它是氏族全体成员的共同信仰，个人没有选择的余地，氏族神的管辖范围不能超出氏族界域；第三，地域性，所崇拜的主要神灵皆与氏族生活的自然环境有关，在山祭山，在海祭海，在平原祭土地，具有自然宗教的特点；第四，功利性，崇拜神灵的主要目的还不是为了精神上的解脱，而是为了让神帮助解决现实生产与生活问题，消灾免祸，治病祛邪，人丁兴旺，五谷丰收，六畜繁盛；第五，直观性，崇拜的神灵以感性的自然物或自然力为主，再将其人形化，成为有具体形象的各种神灵。

由于中华民族的特殊社会条件、地理环境和人种差异，在宗教文化得到初步发展以后，便显露出某些独特的性质，至少在崇拜重心上与其他异国民族有所不同。这些特质在当时也许处在萌芽状态，然而它们后来的充分发展，却对中国传统文化造成巨大影响。因此，用沿流溯源的逆向观察方法，较易于把握中国原始宗教的特点。这些特点是：第一，农业祭祀特别发达。这与中国地处温带，中原地区早就进入锄耕农业社会有关。自然崇拜明显地以农业神崇拜为核心，自然诸神的神性皆与农业收成利害攸关。第二，图腾崇拜呈融合趋势。这又是与中华民族文化的多元互渗性有关。本来图腾具有严格的氏族性，不同图腾之间是排斥的。但在中国，氏族间的融合优势一直很强烈，较早形成大的部族，文化在较广的领域交流，又以黄河、长江流域为中心形成主流文化。于是许多图腾发生组合，渐渐形成龙凤文化。第三，祖先崇拜占有显著地位。表现为注重丧葬仪规，原始墓葬的分布普遍而丰富。在远祖崇拜的基础上发展出圣贤崇拜，在近祖崇拜的基础上，发展出成熟的宗法主义。

中国原始宗教不仅是夏、商、周三代宗教的直接来源，而且影响到后来的儒家、道教、宗法性传统宗教和民间风俗。儒家将其中的祖先崇拜转化为系统的宗法理论。道教将它的巫术转化为道术。宗法性传统宗教保持和发展了它的自然崇拜、祖先崇拜，形成郊社、宗庙等一整套高级的宗法性宗教理论与仪规。中世纪的世俗迷信，很多都是继承上古宗教遗风而形成的，是由于若干高级形态宗教的出现，它们才降格为一般宗教民俗。

中国原始宗教是维系中国原始社会的重要精神力量。没有信仰的世界只能是动物的世界。当人们还没有创造出更为高等的精神生活方式来的时候，宗教生活便是主要的精神生活。原始宗教又是原始文化滋生的温床，在宗教的激发下，先民的智慧、心理、情感、审美意识得到开拓，创造出具有永恒魅力的原始艺术和器物，孕育着哲学与科学。原始宗教是原始文明的投影。

第二章　夏、商、周宗法宗教的高度发展及其转化

第一节　夏、商、周宗教综述

夏、商、周三代的宗教，产生于原始社会之后的私有制和国家建立的初期。原始宗教中的自然崇拜和祖先崇拜径直被保留下来，并且被赋予了宗法等级性，形成了由国家直接掌握的以天神崇拜、祖先崇拜为核心的宗法性国家宗教，这种宗教在周代达到成熟阶段。虽然到了春秋战国时期宗法性宗教的垄断地位被打破，世俗文化因而繁荣兴盛，但由于我国始终是宗法等级社会，宗法性宗教也就不可能消亡，它在秦汉以后仍然是国家正宗宗教，是民众的基本信仰，只不过它的神学理论没有发达起来，在学术文化领域不再起主导作用，而为儒学所取代。

与原始宗教相比，夏、商、周三代的宗教的最显著的新特征是从自然崇拜中发展出天神崇拜，在众神之上出现至上神，或称为"帝"，或称为"天"，它是万物和人间的主宰，是君权的授予者、支持者和监督者，这是私有制和专制君权在宗教上的表现。三代的天神崇拜和祭天礼仪制度渐趋成型，为尔后长达2000多年的敬天祭天活动奠定了基础。其次，从原始的祖先崇拜中发展出相当完备的宗庙祭祀制度，并且有了严格的等级界限，不同身份不同阶层有不同的规格，不得混淆超越。宗庙祭祖体现以父兄权威为特征的宗法制度的规定，同时又直接为巩固宗法制服务。然而祖先崇拜又强调同宗同祖的亲密性，给上下等级差异罩上了家庭般的和谐气氛，具有稳定社会秩序、凝聚各方人群的作用。再次，农

业祭祀中的社稷崇拜进一步提高了地位,成为国家宗教的重要内容,社稷成了政权的代名词。三代皆以农业立国,农业生产决定着国家的命运,所以极重社祭,祭祀自然百神的主要目的之一是为了乞求风调雨顺,保证农业丰收。由此可以看出,三代宗法宗教与君权、族权和父权紧密结合在一起,实行政教合一,宗教祭祀活动是国事活动的有机组成部分,是宗教生活的重要内容,从国到家的宗法等级组织起着宗教教团的作用,兼行宗教祭祀的功能。虽然从原始巫觋中发展出一批巫、祝、卜的宗教职业队伍,但他们始终处在君权和族权的支配之下,在宗教祭祀中扮演司仪和助手的角色,绝不能充当主要角色,主祭者必须是君王或宗子。因此三代宗教没有独立的教团组织,它紧紧依附在宗法等级组织上面。三代的社会制度和人们的行为规范,经过周公之手,凝结为周礼,而作为宗教行为的祭祀与丧葬之礼,便成为周礼的重要成分。周人先礼而后鬼,不特别追究鬼神世界的具体情状而看重宗教的道德化功能,强调敬天法祖和忠君孝亲的信念,所以有"神道设教"的说法。这种宗法宗教便与礼俗融为一体,视祭祀为礼教。注重规格、仪式,而忽视宗教理论的建设,其宗教性常常被世俗礼教的形式所淹没。但也正是由于宗教与礼俗的结合,使它获得了政权的直接支持和民间习俗的广泛配合,因而能够盛行不衰。再者,宗法性宗教满足于天命鬼神的一般性观念和典制上的完备,而把宗法主义理论的创造发挥拱手让给儒家,因而使得儒学得以从哲学和伦理角度去说明和改良古代社会,形成强大的学派,而不与宗法性宗教发生剧烈的冲突,在多数情况下两者之间的互相配合强于互相批评,因为它们共同以宗法等级社会为土壤,又都具有相同的伦理观念和强烈的现实主义精神。

夏、商、周三代是中国传统宗教的奠基时期,代代相承,但也有因有革。《礼记·表记》说:"夏道尊命,事鬼敬神而远之,近人而忠焉";"殷人尊神,率民以事神,先鬼而后礼";"周人尊礼尚施,事鬼敬神而远之,近人而忠焉"。换言之,夏代信天命,殷代尚鬼神,周代重祭礼。夏代资料稀少,只能略述;殷代有甲骨文和青铜器,可以稍详;周代开始有文献资料佐证,其宗教制度又比较成熟,故着重加以介绍。

第二节 古代宗教的形成时期——夏、商

一 传说中的夏代宗教生活

关于夏王朝的宗教生活，目前仍处于传说阶段，尚无足够的文字和考古资料加以证明。《尚书·多士》载："惟殷先人有册有典"，可见夏朝尚无文字。但是，根据当时的社会生活和传说，可以对夏代的宗教进行一些描绘。

首先，夏代大约已经开始形成了至上神的观念。《墨子·兼爱下》引《尚书》佚文《禹誓》说："济济有众，或听朕言，非唯小子，敢行称乱。蠢兹有苗，用天之罚，若予既率尔群对诸群，以征有苗。"《禹誓》中提到的"天"是天地万物及人类生活的主宰，是一个至上神。当时夏王朝已经建立了地上统一的王权，在天上再塑造一个至上神保护自己的特殊利益，把自己对周围其他民族的征伐战争称为用天命、行天罚是完全可能的。

其次，夏朝的宗教从原始宗教中继承了祖先崇拜和鬼魂崇拜的思想。孔子说："禹吾无间然矣，菲饮食而致孝乎鬼神，恶衣服而致美乎黻冕。"（《论语·泰伯》）众所周知，孔子是对鬼神持存疑态度的，而且坚决反对"非其鬼而祭"。但是对大禹崇敬自己祖先的灵魂，自己恶衣恶食，却华冠美服，隆重丰盈地搞祭祖活动却大加赞美。这事说明，夏代已存在鬼魂崇拜，而且这个鬼魂就是自己的祖灵。

最后，夏人在原始鬼魂崇拜的基础上巩固和发展了阴间世界和灵魂不死的观念。有鬼神便有鬼魂生活的世界；地上有人祭祀，天上便必然有享受祭品的鬼灵。从代表夏文化的河南偃师县二里头文化遗址的墓葬中，我们可以看到夏人关于彼岸世界的某些观念。在二里头墓葬遗址中，已明显地存在着阶级对立。贵族的墓穴，墓主仰身直肢，随葬物品有鼎、盉、觚、爵等陶器，有的还有玉、贝等饰物。

另一类则是乱葬坑，骨架叠压堆积，躯体残缺不全。显系被砍杀肢解。有的身屈肢，可能是被缚手足活埋的。这类死者大多属于殉葬的奴隶和战俘。丧葬形式反映了人们对死后世界的想象，从夏人遗址不同等级的墓穴

中，不难看出鬼魂世界的等级性。显然，人们头脑中的彼岸世界不过是现实世界的假想延伸。同时墓主陪葬如此多的生活日用品，是由于他们相信人的灵魂是不会死的，他们到了彼岸世界仍然要过生前那种生活。

二 商人的"上帝"及其"帝廷"

自从1898年在河南省安阳县发现"龙骨"以后，人们对商代宗教的了解有了进一步的认识，我们的信史又向前推移了600年。甲骨是商代中后期宗教巫师们为商王占卜吉凶的工具，甲骨文详细记载了商代朝廷的宗教生活。商人当时已经形成了以"上帝"为最高神，与宗法血缘制度紧密结合的国家宗法宗教。

殷墟出土的卜辞甲骨约有几十万片，都是祭祀问卜的记录。商人问卜的对象分三大类，即天神、地示、人鬼。而在一切神示鬼魅之中，威信最高、权力最大的神便是上帝。上帝是宇宙的主宰，万王之王，管理自然及人间一切事物，商人对他崇拜已极。根据卜辞的内容，上帝的能力可以分成几大类。第一类是支配自然界的能力，上帝能够"令雨"、"令风"、"令蠦"（霁）。商代已经进入农业社会，风调雨顺就意味着五谷丰登，人们在神圣的殿堂中关心的仍然是最世俗的问题。据统计，贞问气象的卜辞所占比重最大。第二类是主宰人类祸福。上帝具有"降莫"、"降食"、"降祸"、"降歔"（假作潦，大水）等能力。由于当时人类对自然的认识水平极其低下，改造自然的能力更低，因此人们便对庞大的自然异己力量产生了一种畏惧、无奈的心理，把自己的命运全都交给了上帝，只能虔诚地向上帝乞求。第三类是决定战争的胜负，政权的兴衰。当时的社会部族繁多，战争频繁。统治者每逢战争便令巫师贞问上帝，看看"帝若"（允许）或者"帝不若"，然后才敢行动。在日常生活中，商王也不断对上帝搞"神意测验"，看上帝是否支持自己的统治。卜辞中有许多这样的文字"帝缶于王"，"帝弗其福王"，"帝ナ若"。第四类是主管兴建土木、出行、做买卖等日常事务。在卜辞中有"帝降邑"，"帝弗犾兹邑"，"帝囗贝"等记载。

在商人的宗教中，不仅有至上神"上帝"，而且还有个"帝廷"供其使役。上帝统率日、月、风、雨、雷等天空诸神和土、地、山、川等地下诸神。日月是最容易引起人们注意的天体，卜辞中祭日月的条目也比较多。如"乙巳卜宾日"，"丁巳㞢日"等等。另外还有"尞于东母三牛"，"㞢于东母，西母，若"。据考，"东母"、"西母"就是日、月的别名。尞与㞢都是商人最重要的祭法，属于火祭，将牺牲投于烈火之中，使之焚化的青烟上达天庭。对于同属天空神的风、雨、云、雪诸神也多用火祭。如"祀于帝云"，"祀雨，不㐆雨"，"其尞于雪，又大雨"等。相反，祭山川等地上神祇则多用沉埋之法。《尔雅·释天》说："祭川曰浮沉。"《周礼·大宗伯》说："以貍沈祭山川林泽。"《礼记·祭法》说："瘗埋于泰圻祭地也。"许多出土卜辞证明这些古文献是正确的。如一片卜辞刻着："酻于河五十牛，……五人卯五牛于二珏"，表示祭河所沉物品包括牛羊、玉璧以及奴隶。在地上神祇中，以地神祭祀最为隆重。对于一个农业民族来讲，土地是与气象同等重要的生存条件，因此大地便成了他们头脑中重要的神灵。在卜辞中祭地有时也写成祭土，甲骨文土写成Ω或凵，像土块之形。周代以后的社祭就是从商代的土地之祭发展而来的。

可以说。中国古代宗教的主要观念在商代已经形成。不过，许多神的形象、性质在以后的历史时代中不断地损益变化。其中，至上神"上帝"的变化最为突出。在甲骨文出土以前，人们都是用周初产生的几部典籍去研究夏、商两代的历史，因而难免将周人的观念安到了商人的头上。周人把至上神称为天，他们便理所当然地把商人的至上神也称为天。但是在殷墟卜辞出土以后，人们便发现商、周两代至上神的区别。

第一，商人的上帝并不是天。在甲骨文中天是一个象形字，写作"ㄍ"，是覆盖在人们头顶上的苍天，与"帝"或"上帝"并不混用。郭沫若在《先秦天道观之进展》中列举 8 条卜辞证明天并没有神性，不是商人崇拜、祭祀的对象。这并不难理解。原始人和早期文明人的头脑是相对简单的，缺乏抽象概括能力，只有具体有形的事物才自能引起他们的注意。日月星辰、风雨雷鸣能够直接影响他们的生活，所以从原始社会便成了人们崇拜的对象。而天空并不对人类生活造成直接影响，只能被看成一片空无，很难成为崇拜对象。从卜辞对上帝的描述看，他是相对于"下帝"的人格神，有思维，有情感，有意志。他主宰一切的神性主要是地上王权在天上的投影与放大。所以商人塑造的上帝的神性中自然属性是主要的，社会属性是次要的。上帝呼风唤雨，支配自然的能力不过是商王社会职能在想象中的延伸。

第二，上帝与商王并无血缘关系。在卜辞中，从未称商王为天子，祭祀祖先，也不包括上帝。陈梦家指出："卜辞并无明显的祭祀上帝的记录。"（《殷墟卜辞综述》）这一点也是与周代宗教观念具有显著差异。在商代宗教中，人的灵魂是不死的，也没有轮回转世之说，鬼魂永恒地留存于天地之间。但是只有商王死后"宾于帝"，灵魂回归帝廷随侍上帝。时王只能通过祭祖把自己的意志转达上帝。同时上帝也不直接作祟于时王，而是通过先公先祖之灵对世人降祸、降福。因此先王之灵便成了连接天国与现实的唯一桥梁。祖先崇拜不仅仅是维系宗族内部团结的需要，也是上帝崇拜的必要环节，所以祭祖是商代宗教中最重要、最隆重的活动。

三　古代宗教与宗法血缘制度

商代宗教的特点是，迷信鬼神，实行鬼治。商人崇敬的鬼神并非一般的山魂野鬼，而是自己祖先之灵。他们相信凡人是不能直接与神交通的，祖灵是联系时王与上帝的唯一渠道，敬祖是取悦上帝的唯一方法，所以商人祭祖虔诚、隆重、频繁。根据殷墟卜辞记载，商人祖先都是以忌日天干为庙号的，祭日与忌日相应。由于先公先妣较多，同一个干日去世的先王有好几位，于是就要轮开，每1旬的1天只能祭1位，下一代的只好在下个旬日安排。这样按祀统轮祭1周就要12旬。商代宗教，祭祀祖先共有羽、彡、叠3种祭法。到了商代末年，用3种祭法轮祀3周，共要祭先公先妣168次，1年中商王平均2天就要祭祖1次，无疑要花费大量的精力。从物质方面看，商人的宗教活动浪费也是惊人的。为了取悦于祖灵，他们采取了多多益善的策略。用作牺牲的家畜有牛、马、羊、豕、鸡等，数量多时可达上百，方法为燎、埋、沉（河）、卯（削木贯穿）、俎（置于木制台上）。这些祭法还不同于后代的祭法，鬼神领情，活人吃肉，而是毫不吝惜地将辛辛苦苦生产出来的物质财富糟蹋掉了。对社会生产力影响最大的还是杀人祭神和杀人殉葬。卜辞中有这样的文字："芍（辜）十人又五，王受又，弐，王受又。""大吉，五牢。吉，卅人。大吉。"这就是杀15人，30人祭神的记录。在河南安阳西北冈商王大墓区发现了191座葬坑，其中所埋无头尸体，全躯人骨、人头、祭器等物，证明是商王室祭祀祖先的公共祭场，一般每坑有十几具尸骨，与卜辞可以互为验证。商王墓穴杀殉的情况更是惊人，1次可多达数百人。被杀者除了少数亲属、随从，多是奴隶和战俘。此外，商代的贵族们建宗庙要杀人奠基，出征打仗要砍头祭旗，为了获得大量牺牲又要不断对邻近部落发动掠夺战争。如此大批杀戮劳动者，必然是对社会生产力的极大破坏。商代宗教具有早期宗教的落后、蒙昧、野蛮等特点。

古代宗教作为当时社会唯一的意识形态，又是和宗法血缘制度紧密结合的，对于维系宗族团结，稳定社会发挥着重大作用。根据目前已收集到的殷墟卜辞看，商人已经初步形成了宗法等级制度，王位的继承以王族男性血统为依据，虽然还没有形成严格的嫡长子继承制，而多行兄终弟及，但重辈分，重长兄长子，王室的世系仍然是清楚的。与此相适应，商人也形成了一套宗法祭祀制度。商人祭祖制度可以概括为两大类，一类是"周祭"，即用羽、彡、叠3种祭法轮祭所有先祖先妣。另一类是"选祭"，1次合祭5世之内直系先祖先妣若干名。周祭为我们提供商代全部先王先妣名单，选祭提供了直系线索。所以卜辞清晰、准确地记载了商王23世37位帝王的传承关系。（见《史记·殷本纪》世系表）关于商代的继统法，王国维在《殷周制度论》中指出："商之继统法以弟及为主而以子继辅之，无弟然后传子。"陈梦家进一步指出：商代的继统法除了兄终弟及、无弟传子规律外，还显示出如下特色：一、前期弟传兄子，以兄为直系（大丁至祖丁）；二、中期弟传己子，以弟为直系（小己至康丁）；三、后期则完全是传子制，与周代相同，可见宗法等级制度处在逐步成熟和完备之中。如此复杂的直系、旁亲血缘图，就通过宗教祭祀制度确定、传承下来。商王供奉于祖庙的神主称为"示"，"大示"是直系先王，"小示"是旁系先王。祭祀"大示"用牛牲，祭祀"小示"用羊牲。宗教在这里起了区别亲疏、团结内部的作用。

商王凡遇战争、迁徙、祭祀、婚姻、田猎等重大行动，都命令巫师占卜，为自己的意志披上一件神意的外衣。如盘庚想把都城从耿地迁往殷地，不少民众表示反对，于是他便用宗教来做民众的思想工作。他说：先王们都是依照上帝的意志办事，他们已经迁了 5 次都，所以国家才兴旺发达。这次我也经过了占卜，"卜稽曰：其如台"，可见迁都的计划得到了上帝的允许，并非我个人的意愿。你们必须服从上帝的意志，否则我要把你们的罪行报告我在阴间的祖先。你们祖先死后仍然是我祖先的奴仆，我祖先之灵就要报告上帝，惩罚你们祖先的灵魂。盘庚的威慑恫吓起了作用，商民们乖乖地在他指挥下迁到了殷地。当然，维持统治最根本的手段还是政权和军队，宗教只是起辅助作用。不过有了宗教这层烟幕，现世的惩罚便蒙上了天国的色彩，宗教理论可以放大统治者的威慑力量，又能减轻被统治者的痛苦。不过，世上的事物都是有两面性的，盘庚迁殷是历史的一大进步，推动了社会生产力的发展。所以我们可以说古代宗教作为一种官方的意识形态，在客观上也能产生积极的效果。

四 职业巫师及其社会作用

宗教行为与组织是构成宗教的重要因素，商代宗教在组织结构上特别体现它的国家宗教的特色。中国古代宗教的国教化是通过"绝地天通"的宗教改革完成的。这次改革的实质就是由国家任命的职业神职人员垄断了宗教活动，古代宗教的组织系统成了国家政权的一个分支。商代文化官员有两种，一种叫作史，一种叫作祝，巫师便属于祝一类。巫觋在原始社会中就存在，随着原始宗教向古代宗教的转化，原来自愿业余为部落民众服务的巫觋便成了职业神职人员。

在古代宗教中，包含了许多原始巫术的内容，同时为了适应社会的需要，巫觋们又增加了许多新本领。由于宗教是当时社会唯一的意识形态，巫觋是中国最早的知识分子，所以他们肩负了当时社会的全部文化功能。如果说祭祀活动主要是礼节性、象征性的，那么在占卜活动中，巫觋们便有了更多地参与社会政治决策的机会。占卜起源于原始宗教中的前兆迷信，古人经常把自然或社会生活领域中的某些怪异现象当成吉凶的征兆，用以指导自己的行为。占卜活动也可以分成两大类，一类是对已出现但意义不明的现象做出解释，梦占、星占、气象占都属于此类。《尚书·说命上》记录了商代一个传说，高宗武丁梦见上帝告诉他将派一个贤相辅佐他，后来他便根据梦中所见地点、相貌找到了傅说，果然成为一代名相。

占卜的另一类是在进行战争、建造、祭祀等重大行动前，自然界并未出现什么征兆，但统治者对自己的行动感到没有把握，犹豫不决，他们也会命令巫觋来占卜。在原始社会便存在着动物卜、植物卜等多种形式；到了商代，巫觋们便将原属动物卜的骨卜加以创造发展，形成了以卜辞为代表的殷商文化。不过原始人的骨卜是简单的，没有什么前期加工准备过程，用过便丢掉了。商代的巫觋把这种简单的骨卜发展成一个复杂的过程。商人骨卜多用龟甲或牛肩胛骨。这里以龟卜为例。龟甲烧灼后的裂纹是很不规则的，巫师们虽曾经就对一些裂纹的含义做过某些规定，如《尚书·洪范》中记有5种兆象："曰雨，曰霁，曰蒙，曰驿，曰克。"但是贞问的问题种类是很多的，几种规定解释远远不够用。因此，巫觋在占卜活动中便有很大的发挥余地，他们既可以按照统治者的愿望去欺骗麻醉人民，也可以根据历史经验或实际的观察，利用兆象对统治者进行规劝和制约，社会作用很大。由于他们是上帝的代言人，所以在商代社会中巫觋有很高的社会地位。在殷墟卜辞中记录了130多位觋师的名字，其中伊尹、巫咸、伊涉、巫贤、甘盘等人都是朝廷的重臣，他们生前都有"格于上帝"，保护时王的能力，死后与商朝先王一样"宾于帝"，是商王祭祀的对象，具有"耋年"、"耋雨"的功能，一同于先公先祖。

巫觋在古代社会中不仅能够发挥直接的政治作用，而且具有促进文明发展的社会作用。神职队伍的专业化标志着体、脑劳动的分离，一批专业人员摆脱了繁重的体力劳动，有条件专门对自然及社会问题进行思考，并通过甲骨卜辞对思考的结果保存积累，从而成为古代文明发展的一个重要契机。

通观商代的宗教，显然它还处于一个较低的水平，处处带有原始宗教的痕迹。商人虔信鬼神，祭祀频繁，重鬼治而轻人治，尚未形成宗教伦理，对人民仅仅靠鬼神的威慑力量。这说明当时社会上人的地位还很低，没有主体人格，自然也没有伦理道德可言。总之，古代宗教的初级阶段是与古代文明的初级阶段相适应的。

第三节　古代宗教的鼎盛时期——西周

一　商、周之际的社会变革和宗教变革

周公姬旦不愧是一代英明的政治家，他认识到：要巩固周王朝的统治，首先必须消化、吸收商人全部的先进文化。他采取了"周因于殷礼"的政策，继承了商代的宗法制度和以上帝崇拜、祖先崇拜为核心的宗教信仰以及职业的巫觋队伍，同时也对"殷礼"加以"损益"，进行改革。商周之际的这场宗教变革不是周公个人意志的产物，也非完成于一时，但他毕竟是这场变革的倡导者。周公宗教改革的内容如下。

第一，占卜方式的变革。商人以骨卜为主，而周人以筮卜为主。当然这不是说商人便不用筮卜，周人不用骨卜。陕西扶风出土的 15000 余片卜骨证明周人在灭商以前也是以骨卜为主的，而且在周代筮卜时兴以后，骨卜依然流传。不过，一个民族、一个朝代在占卜方式上可能有所侧重，周人发明的筮卜随着军事胜利从西部走向了全国。筮卜也称易占，运用 50 根蓍草和《易经》卦书来占卜吉凶。据《易·系辞》说：《易经》完全出自圣人之手。伏羲仰观天象，俯察地理，远取诸物，近取诸身而作八卦。周文王将八卦相叠演成六十四卦，并在被商纣王囚禁时写了 64 条卦辞和 384 条爻辞，整理出中国最早的这部卦书。根据现代学者的考据，《周易》未必出于一两个人之手，但用阴阳八卦占卜确实是生活在我国西部的周人专利。根据《易·系辞》的说法，算卦时，卜史先从 50 根蓍草中取出 1 根不用，然后将 49 根在手指间分倒 3 次，看余数是奇数还是偶数，便得到 1 个阳爻，或 1 个阴爻。然后依上述方法继续搬动蓍草，得出其余五爻，所谓"十有八变而成卦"。由于蓍草在手指间的搬动是随机的，阴爻和阳爻出现的概率各占 50%，但不论以何种形式组合，都可以构成六十四卦中的一卦。以后，再根据《易经》上的卦、爻辞解释占问事项的凶吉。《周易》卦爻辞的内容主要是商周之际社会历史事实和生活习俗，如"帝乙归妹"、"康王番马锡候"属于著名史实，而"其亡、其亡，系乎苞桑"是一具体

生活场景，还有的内容意义已不可详考，这样就给卜史留下了较大的发挥余地。特别是每一卦所含的6条爻辞，都包含了好与坏两方面的内容，而且好坏吉凶又都是有条件的，因而卜史更不易陷入无言以对的窘境。本来占卜属于前兆迷信，硬是人为地把两件没有内在因果联系的事情拉在一起指导人们的社会行为，当然只会起到阻碍人们实事求是地认识事物本来面貌的作用，其主导的方面是消极的。不过筮卜与骨卜相比又是一个历史的进步，其预测方式更加规范化了，在占卜的形式下，也容纳了许多丰富的历史与生活的经验。更重要的是《周易》按照阴阳两爻的排列组合，形成八卦、六十四重卦和三百八十四爻的系统，体现了数学上的某种规律，深刻地反映了宇宙在结构和运动方面的某些奥秘，其中包含的许多辩证思维方式，如系统思想、均衡思想、序列思想、转化观念等。它把一切事物都看成运动的、有条件的，使人把握起来更加灵活，有较多的思考选择余地。《周易》本身还是宗教的占卜之书，但是许多古代的科学与哲学都从这块沃土上诞生，成为中华文化的重要源头。占卜是一种世界性的现象，而从中发展出如《周易》这样高级的占卜体系，则是独一无二的。

第二，至上神的变化。商人称至上神为上帝，它是商王在天空的投影。在商人心目中上帝是一位人格神，主宰着自然与社会上的一切事物。周人继承了商人的宗教，但出于他们自己的宗教文化传统，也出于使自己与前朝相区别的政策性考虑，他们逐渐地在改变着至上神的名称和神性。在周代青铜铭文中，上帝、皇上帝、皇天上帝、皇天王、天等名称是混用的，以后天的称谓越来越多，周人把苍天就视为至上神、上帝。这个变化表面看来只是个称谓问题，实质上反映了商、周两代人对至上神性质认识的差异。首先，从上帝到天的转化反映了人对宇宙统一性认识的提高。商人还不能从日、月、风、雨等具体天象中概括出一个抽象的"天"。而周人随着对具体天象运行规律观察的深入，发现这一切天体气象都包含在一个统一体之中，他们推测天不仅蕴含自然，而且在暗中操纵指挥着自然及社会一切事物的运动，所以他们把至上神直接呼为天。由于"天"是茫茫太空的神化，它在被赋予至上神性以后，仍然保留了其本来的浩渺性和覆盖性，显得包容无边，天比之上帝，有更高的抽象性和概括性。其次，至上神从上帝变成了天，人格性减少了，理论性增加了。商代的天国简直就是地上王国的照搬，上帝就像商王一样指手画脚，活灵活现。但如果神太人性化就难以显扬它的超人的神圣性，因此需要加以抽象化。周人的天虽未完全放弃人格性，可毕竟向非人格化方向前进了一大步，更接近一个命运之神，类似某种在冥冥中决定着自然和人类运行的规则，更神秘、更玄奥，因而也就更加高深莫测。这种天神容易被泛化为"天命"、"天道"等概念。

第三，赋予天神崇拜以更多的祖先崇拜的色彩。周王把至上神"天"作为自己的父母来看待和供奉。周王一开始就自称为"天子"。即"天之元子"。这一转变首先是出于解释以周代商合理性的需要。周公讲："呜呼！皇天上帝，改厥元子兹大国殷之命。"（《尚书·召诰》）天包含万物，派生万物，人都是天的儿子，而王则是天的嫡长子。因此，王有替天行道、主宰万民的责任与义务。可是商王作为皇天元子，却骄奢淫逸，暴虐万民。当臣下规劝商纣王时，他骄横地说，"我不有命在天乎？"（《尚书·西伯戡黎》）按商人的观念，只有商王祖先之灵可以"宾于帝"，因此上帝便会永远保佑商王。周人却指出上帝有革除某一姓氏天命，改变嫡长子的权力，因纣王无道，改小国周为元子。"有王虽小，元子哉，其丕能诚于小民，今休。"（《尚书·召诰》）周王得了天命，被天立为嫡长子，所以能以小胜大，以弱胜强。其次，天神与祖神结合，也是宗法制度变革的需要。商人的继统法兄终弟及，无弟传子，较多地反映了原始氏族社会的痕迹。因为在父系氏族社会中，同辈男人对财产有平等的权利，推举年长的男人为首领对维护共同财产有好处，故有兄终弟及制。但是随着私有制的发展，家庭关系的明确，兄终弟及制显得越来越不适应社会发展的需要。为了制止兄弟相争造成的混乱，周公制定了嫡长子继承制，而嫡长子继承制的确立，正是宗法等级制度成熟的标志。在这里他本人起了一个表率作用，武王死，成王幼，按前朝惯例应由周公继承王位。但是周公只是为成王辅政，并在成王长大后还政。世俗宗法的变革要求宗教也相应变化。把天神视为祖神，正是为了突出嫡长子的特殊地位，把周廷的宗子说成是天之元子，正是为兄权披上了一件神圣的外衣，强迫其他诸子臣服。最后，天神与祖神的沟通，反映了西周宗教中人文主义精神的勃兴。在商代人与神没有血缘关系，人只能通过祖灵向上帝转达自己的请求,鬼治重于人治。而周代天为人之祖先,人可以直接祭天,向天祈祷,摆脱了鬼魂对人的主宰,抬高了人的地位。

周公对古代宗教最大的改革,还在于他为宗教增加了德道伦理方面的内容。

二 "以德配天"的宗教伦理化

在周公的推动下,古代宗教走上了伦理化的发展方向。在西周的宗教伦理中,有从商朝继承来的"王权神授"思想,借天的权威论证君权的合理性。周公说:"天乃大命文王,殪戎殷,诞受厥命。"(《尚书·康诰》)所以周人才能夺取商人的天下。面对时时骚乱不安的商朝遗族和四方之国,周朝的新贵们大力宣扬"天命不僭"(《尚书·大诰》)的理论,迫使对手在思想上也接受"皇天既付中国民越厥疆土于先王"的事实,安于臣民的地位。但是在周公等少数清醒的政治家头脑中,他们并不完全相信宗教宣传中的"天命不僭"。殷鉴不远,如果真是"天命不僭",商便不会亡国,周也不能代兴了。从历史经验中他们总结出:"天命不易,天难谌"(单靠占卜是了解不了天命的)。天不可信,"惟天命不于常"(《尚书·康诰》)。在面对周王子侄的内部场合,周公又表露出"天命靡常"的隐忧。于是"天命不僭"和"天命靡常"便构成了周公内心最深刻的矛盾。为了解决这一矛盾,周公提出了"以德配天"的思想。

许多专家学者指出,"在殷墟卜辞中没有发现带有道德伦理意义的文字"。可是到了周代,泛道德主义已经成了占统治地位的社会意识形态。有人比较了商周两代君主的名字,商王的名字都冠以甲乙丙丁等干号,只是个忌日的标志。而周王的名字上都加之文、武、恭、孝,充满了道德色彩。更重要的是,周人把道德色彩赋予了天神,认为道德是天的神性中最重要的成分。商人的上帝主要是一位自然神,威严肃穆,喜怒无常,令风令雨,降祸降灾,使人恐怖畏惧。这说明商代人感到异己力量的压迫主要来自自然界。而周人的天降福降祸,行赏行罚则是有原则的,"皇天无亲,唯德是辅"(《尚书·蔡仲之命》),老天只辅助有德之君。周人的天,神性已主要转向了社会方面。当人们支配自然的能力有所增强以后,他们便感到社会生活领域中有许多陌生的领域需要神的帮助,所以他们塑造了一个天神作为伦理道德的最后保障。进而天神的意旨成了人的理性可以了解的对象。商人的上帝喜怒无常,使人无所适从,唯有虔诚地祈祷贞问,并通过祖神贡奉丰厚的祭品以取悦于上帝。而周人则认识到:"享多仪,仪不及物,惟曰不享。"(《尚书·洛诰》)天神不会仅仅因多献牺牲而保护某人,有德之君才能得到天命眷顾。"惟克天德,自作元命,配享在下。"(《尚书·吕刑》)相反,暴民丧德则会失去天命。周公告诫他的子侄们:"我不可不监于有夏,亦不可不监于有殷,……惟不敬厥德,乃早坠厥命。"(《尚书·召诰》)因此必须注意:

第一,要"明德修身",不断提高自身道德修养水平。如"文王维克厥宅心,……以克俊有德"(《尚书·立政》)。"德裕乃身","聿修厥德","其德克明"等等。此外周公还提出了一些行为上的伦理要求:"继自今嗣王,则其无淫于观,于逸,于游,于田。以万民惟正之供。"(《尚书·无逸》)

第二,要"明德慎罚",为政廉明。对人民以教育为主,教之以德,"其汝克敬德,明我俊民。"(《尚书·君奭》)。另一方面慎用刑罚,量刑要宽严适度。周公在《吕刑》中提出了偶犯与累犯、过失与故意犯罪等概念,对于累犯和明知故犯,小罪也要从重惩处,对于偶犯或过失犯则可从轻发落,从而达到教育人民的目的。

第三,要"敬德保民"。《尚书·无逸》说:"怀保小民,惠鲜鳏寡。"像对待子女一样爱护人民,保护,教育,使他们能够安居乐业,子孙繁盛。同时要特别优恤残疾鳏寡之人,这是巩固江山的根本措施。可见,民本主义思想在西周宗教改革的过程中已经逐渐形成。

第四,宗教道德与宗法道德相结合,为世俗的宗法道德披上了一件"天赐民彝"的神圣外衣,为巩固宗法分封制度服务。周代首创嫡长子继承制,把宗族分成大宗、小宗。嫡长子继承王位,其他诸子分封在各地为诸侯,拱卫天子。孝道维护父权,悌道维护兄权,宗法制度稳定了,国家政权也就稳定了。所以宗教道德、宗法道德在当时具有社会公德的意义。

商周之际的宗教变革最突出的成就是建立了一套具有人文精神的宗教道德体系。正如《易传》所言："观乎人文，以化成天下。"古代宗教开始走上了一条伦理化的道路。商代宗教没有道德伦理方面的内容，对人民只有一副威严狰狞的冷峻面孔。这反映了商代人的地位还很低。经过武王伐纣这场战争，西周统治者已经认识到人民的力量，天命转移是通过人心向背实现的。因此周代人的地位相对提高，宗教中增加了道德教化的内容。在注重鬼神祭祀的宗教仪式下，人文主义和理性主义的因素在不断增加。可以说，从周公的宗教改革开始，就为古代宗教的世俗化留下了契机。

三 周代祭祀制度及其社会作用

周代宗教不仅在观念上增加了新的内容，在仪式上也更加程式化、规范化了，主要表现在祭天、祭祖、祭社的活动上。儒家经典"三礼"（《周礼》、《仪礼》、《礼记》）详细记述了周代的礼仪制度。

祭祖 商人的祖先祭祀非常发达。不过，商人祭祖虽然规模宏大，次数频繁，但规则却相对简单。周祭、选祭的对象往往变化不定，未成定制。这显然是当时社会宗法制度尚未成熟的反映。周代建立以嫡长继承和五世而斩为基础的宗法淘汰原则。对此《礼记·大传》有一段清楚的表述："别子为祖，继别为（大）宗，继祢者为小宗。有百世不迁之宗（指大宗），有五世则迁之宗（指小宗）。"六世以上为始祖，其下历代大宗陈陈相因，香火不绝，以纪念始祖开创之功。而五世高祖以降的小宗们，五世之内视为宗亲，五世以上香火斩断，不再为之服丧。相应地，在宗教祭祖活动中也进行了严格的规定。一条是庶子不祭祖制度。"庶子不祭祖者，明其宗也。"（《礼记·丧服小记》）嫡长子世世代代处于主祭地位，以确立他的权威。另一条是庙制。《礼记·王制》规定："天子七庙。三昭三穆，与太祖之庙而七；诸侯五庙，二昭二穆，与太祖之庙而五；大夫三庙，一昭一穆，与太祖之庙而三；士一庙，庶人祭于寝。"朱熹以诸侯五庙为例，解释了庙制与宗法淘汰制的关系。"太祖之庙，百世不迁。自余四庙，则六世之后每易一世而一迁。"也就是说每一位新丧祖先立庙，五世以上便取消一位祖庙，将其神主迁入太祖之庙合祀。庙制起到了区别宗法的作用。

周人祭祀祖先的礼仪可分成凶礼和吉礼两大类。凶礼主要指丧葬礼，表现近祖崇拜，对象为新丧亲人。一般是祖辈与父辈，整个仪式在服丧期间举行。周代丧礼亦从商代继承而来，但进行了重大的改革。商人重鬼，不仅大搞杀殉，而且将大量生活用品随葬。周人重人，杀殉逐步减少而代之以俑，随葬品也大为减少，而更重视丧礼的仪式性和情感性，把丧礼变成了一种"慎终追远，民德归厚也"（《论语·学而》）的宗教教育活动。周礼对棺椁的重数、随葬品多寡都依死者身份进行了详细规定，不得僭越。家人穿上丧服为成服礼。从文化人类学的观点看，周人在丧礼中穿粗衣、吃粗食、停沐浴、不修面等都表示服丧者的心情与平日不同，世界其他民族也存在类似情况。

吉礼则是除丧之后祭祖仪式，表现远祖崇拜。如果说凶礼是"慎终"的话，那么吉礼就是"追远"，缅怀祖先的开创之功。祖先祭祀分成禘祫和时享两种。禘祫是集合远近祖先的神主于太庙合条，一般三年一次，规模隆重。时享则是宗庙四时之礼，规模不大，按时进行。时享又称"馈食"，即向祖先奉献熟食。春祭曰祠，祠犹食也。春物始生，孝子思亲，继嗣而食之。夏祭曰禴，又曰礿，麦始熟曰礿，以新麦奉献祖先。秋曰尝，以秋食供祖先品尝。冬曰烝，冬季农作物丰藏，处于农闲，能够较隆重地祭祀祖先。祭祖先的祭品是分等级的，如天子用太牢（牛、猪、羊），诸侯、大夫只能用少牢（猪、羊）。周礼规定："淫祀无福"，不许僭越。祭祖仪式由大宗嫡长子主持，其他成员在他率领下向祖先牌位焚香、祈祷。在祭祖活动中有一项极有特色的"立尸"制度，最能反映古代宗教中的灵魂观念。子孙祭祀时希望祖先之灵降临，但祖灵无声无息，看不见，摸不着，未免使人遗憾，于是古代宗教规定通过卜筮，从宗族中选孙辈孩童一人担任尸的角色。代表祖灵接受子孙们的祝祭。祭祖活动中九饭三献的活动都围绕尸来进行。《尚书·洛诰》描述了周武王的一次祭祖活动，"王入太室裸"，疏曰："裸者，灌也。王以圭瓒酌郁鬯王酒以献尸，尸受祭而灌于地。因奠而不饮，故谓之裸。"尸代替祖灵受祭，但接受了祭酒而不饮，又奠于地，这是祭祖活动中的主要环节。在夏、商、周三代宗法社会中，祭祖活动成了人们维系宗法、团结民族的重要活动。

祭社 社祭是古代宗教又一项重要仪式。关于社祭的原始意义，多数学者认为起源于原始的农业崇拜。神话中最早的农神是神农氏，相传是他教人制作耒耜，种植五谷。可是在古神谱系中神农氏被政治化了，成为五帝之一。在农业祭祀中的地位，不如谷物与土地崇拜。职业农神是土地神和谷神，它们分别代表农业生产资料和成果。周代有以后土为社神的传说，又因大禹平治水土有功，死而为社神，主治山川。周人视后稷为农业神。稷本是古代人民种植的五谷（稷、黍、稻、麦、菽）之一。《说文》曰："稷，五谷之长"，可能因其发现最早，在黄河流域种植最广，对人们生活影响最大，故从植物崇拜的对象上升为农神。周人因农业发达而著名，故他们把稷奉为自己的祖先。《史记·周本纪》说周人祖先原名弃，因善种五谷，受到帝尧奖赏，封为后稷。以后周人又将农神稷与土地之神相结合，社稷并提，形成了社祭。《周礼·春官》记载，社的位置在宫廷的"中门之外，外门之内"即左宗庙，右社稷。周代一年春、秋、冬祭社3次。"春籍而祈社稷"，（《诗·周颂·载芟》）"秋报社稷"（《诗·周颂·良耜》）及"孟冬之月大割于公社。"（《礼记·月令》）祭日为每季的甲日、祭祀方法为血祭。《周礼·大宗伯》载："以血祭社稷。"血祭不仅包括杀牲献祭，也包括杀人献祭。秋天还要用丰收果实和歌舞献祭，感谢大地恩赐。《周礼·地官》有"舞师，……教帗舞，帅而舞社稷之祭祀"的记载。《诗·小雅·甫田》则以文学的形式描写了周初的社祭："琴瑟击鼓，以御田祖，以祈甘雨，以介我稷黍，以谷我士女"，热烈而又隆重。

周代社祭是官民皆可参加的宗教活动，从官方的立场看，祭社的作用在于使政权具有神权的性质，起到巩固统治的作用。每年春天天子亲临社稷坛"躬耕"，秋天到秋社感恩，冬天到冬社主持隆重庆典，可以唤起整个统治阶级对农业生产的重视。特别是在发生天灾的时候，祭社祈神可以起到安定人心，稳定社会的作用。另外，社也是出征、田猎、巡狩、献俘仪式之地。《尚书·甘誓》有"用命，赏于祖；弗用命，戮于社"的战争誓词。《诗》中有勇士们获胜后祭社的诗歌（如《云汉》、《泮水》等）。所以在某种程度上社稷又成了国家、祖国、江山等概念的同义语，成为培养人民爱国精神和疆土意识的地方。在民间，社祭是人民重要的精神生活。

周礼规定百姓只有祭祖和祭社的权利，祭祖在一门一户之中，祭社则有千家万户共同参与，热闹非凡。《老子》中有这样一段话，"众人熙熙，如享太牢，如登春台"，春台是春社的另一种说法。民众参加社祭，除了祈祷和感恩等宗教外，还有重要的精神调剂功能。中国古代的春社有点像西方的狂欢节，先民青年男女可以在此时自由恋爱和发生性关系。《周礼·地官》载，古代的社祭中有所谓的"高禖仪式"，"禖氏……以仲春之月，会合男女。于是时也，奔者不禁"。《墨子·明鬼》中也说："燕之有祖泽，当齐之社稷，宋之桑林，楚之云梦也。此男女之所乐而观也。"古籍中这些只言片语的记载，证明三代还处处存在原始群婚的痕迹，所以群众才如此"乐观"。

祭天 周代宗教中最隆重的仪式莫过于祭天。根据"天无二日，民无二主"的政治理论和"庶子不祭"的宗法原则，祭天是天子的特权。天子祭天主要有三种形式，一曰明堂报享，二曰郊祭，三曰封禅大典。明堂报享亦称庙祭，是一种常礼，并不引人注目。每年较为隆重的祭典是郊祭，因最初是在郊外野地里举行而得名。郊祭本来春、秋两季举行，即孟春祈谷之祭和冬至报天之祭，这两次大祭还保留着原始农业祭祀的遗风，一为播种节，一为丰收祭。后孟春祈谷仪式渐并入春社祭，所以冬至南郊祭天便成了一年中最隆重的宗教活动。在祭祀当天要精心选择供品。周人用作祭品的牲畜主要有牛、羊、猪三牲。其中牛最受重视，要仔细选出，精心饲养。到了祭日，人们前呼后拥、载歌载舞地将披锦挂彩的祭牛牵到祭坛，君主必须亲自相迎。君主身穿黑裘参加郊祭。因为黑色代表北方，北方是天道的象征。君主祭完象征天的苍璧以后，随后将其置于火上焚烧，即禋祀。禋祀起源于商代的燎祭，即火祭。随着烟雾冉冉上升，人们相信他们的虔诚之情也上达于天了。祭天完毕，众人分享祭品。通过祭天仪式，君主相信自己王朝的统治已经得到了上天的首肯。在"一人有庆，兆民赖之"的观念支配下，还要大赦天下，犒赏三军，厚赉群臣、后妃。因而祭天便成了国家的一次重要庆典。

还有一种更为隆重的祭天仪式是封禅。《史记·封禅书》"正义"解释说："此泰山上筑土为坛以祭天，报天之功，故曰封；此泰山之下小山上除地，报地之功，故曰禅。"由于是在泰山筑祭坛，并由天子率大队人马前往，劳民伤财，不似郊祭可以年年进行。所以必在天下易姓，或有大功大德的帝王才有资格封禅。在古代中原地区，泰山是最高峰，有"一览众山小"之势，因此在古代神话中泰山是一座神山，在泰山祭天最为神圣。《尚书·尧典》载："舜在璇玑玉衡，以齐七政，遂类于上帝，禋于六宗，望山川，遍群神。……东巡狩，至于岱宗，泰山也。柴，望秩于山川。"这大概是最早的封禅记载吧？所以司马迁将其列于《封禅书》之首。相传周代以前即有72位帝王封禅，管仲自称记得12家，不过皆微茫难考。春秋时礼崩乐坏，天下混战，周天子也无力封禅了。直到秦始皇统一天下，自以为立下了盖世丰功，一般常礼不足于炫耀，又想起了封禅礼。

以上我们简单地描述了周代祭祖、祭社、祭天的宗教活动。透过宗庙祭坛上的袅袅青烟，我们在令人眼花缭乱的仪式背后看到一个根本精神——礼。《礼记·礼运》讲："故礼行于郊，而百神受职焉；礼行于社，而百货可及焉；礼行于祖庙，而慈孝服焉。"周礼即蕴藏于宗庙山川祭祀之中。通过祭祖明确宗法亲疏，通过祭天、祭社明确社会等级，所以有学者在评价西周这些宗教礼仪时说："礼是一种特殊的政权形式，……这种制度藏在尊爵彝器的神物之中，这种宗庙社稷的重器代替了古代法律。"（范文澜《中国思想通史》）周礼集宗教、政治、道德三位一体，是周公的治国大纲，周礼藏于宗教礼仪之中，即所谓"道在器中"。

四　周代政教合一的"明堂"制度

中国古代宗教在周代达到鼎盛的重要标志就是形成了宗教、宗法、政治、社会意识形态一体化的"明堂制度"。春秋战国时期，随着宗教血缘体制的瓦解，建于其上的意识形态"大厦"——明堂也土崩瓦解了。明堂制度是了解周代社会中央政治体制的重要环节，因此对明堂遗址的"考古"从汉代便开始了。

明堂从建筑到功能都是一个不断发展的过程。关于明堂的起源，《大戴礼·盛德》说："明堂者，古之有也。"而《淮南子·主术训》则认为起源于神农氏，"昔神农氏之治天下也，岁终尝谷祀于明堂之制，有盖而无四方，风雨不能袭，寒暑不能伤"。远古的明堂就是一个有顶无墙，四面开放式的大房子，是古人进行宗教活动的场所。例如，西安半坡村遗址，村落正中便有一个大房子的痕迹，是否就是先民们集合议事、搞宗教活动的场所呢？随着朝代更替，明堂的名称也在不断变换。《周礼·考工记》载："神农曰天府，黄帝曰合宫，陶唐曰衢室，有虞曰总章，夏曰世室，殷曰阳馆，周曰明堂。"明堂只是周代的称谓，其他各代虽称谓不同，但都是强调它是一个四面通风的大房子。随着社会生产力的提高，建筑技术的发展，明堂的建筑规模越来越大，建筑格局越来越复杂。根据古籍中的零星描述，近代学者搞了一个明堂复原图。周代的明堂已经是一座巍峨的宫殿了，雄伟壮观。中间一座大殿，上有圆顶，四通八达。周围四座配殿，各有侧室，每殿有几十平方米。《礼记·明堂位》详细说明了明堂用途。据说天子平日居住在明堂四周的宫室中，每月换1个地方，1年轮转1周。中间的大殿则是天子祭祀天神、祖先，朝会诸侯、听政办公的地方。

周人在前代明堂的基础上，渐成一种明堂制度，反映了周代文化的特质。清人阮元《明堂论》对此解释甚精。他指出："明堂者，天子所居之初名也。是故祀上帝则于是；祭祖先则于是；朝诸侯则于是；养老、尊贤、教国子则于是；飨射、献俘馘则于是；治天文告朔则于是；抑且天子寝食恒于此。"也就是说，以明堂为核心，形成了一个政教合一的政治体制和宗教、宗法、政治、伦理、教育一体化的意识形态，明堂在古代具有综合性的多样性的功能。以下我们从宗教、政治和教育三方面加以叙述。

明堂中央大殿是周人祭天、祭祖的宗教殿堂。明堂报享本是周人祭天的三种形式之一，是一种常祭。关于明堂祭和郊祭的关系，《孝经》说："周公郊祀后稷以配天，宗祀文王于明堂以配上帝。"朱熹解释说："为坛而祭谓之天，祭于屋下而以神祇祭之故谓之帝。"（《文献通考·郊社六》）周人天、帝同用，在郊外野地里筑坛而祭，称上帝为天，在明堂中则将天视为人格神上帝。可见明堂与郊祭对象、性质相同，仅地点、规模、次数差异而已。由于周人心目中的至上神"天"具有模糊性，它容纳了商人"上帝"的观念，所以至上神有了两种身份和称呼。其次是祭祖，中国古代社会是宗法社会，父系血缘是联结人们的主要纽带，因而祭祖仪式受到统治者的特别重视。同时统治者又通过祖灵将天神垄断以利于自己统治。《大戴礼·盛德》干脆称"明堂者,文王之庙也"。在明堂制度中宗教与宗法合一,天神与祖神合一,宗法制度由宗教而获得了神圣的光辉。

明堂第二方面的重要作用表现在行政方面,明堂是国家的政治中枢。郑玄注《孝经》:"明堂者,天子布政之堂也。"在政教未分的年代,宗教圣所也是王朝执政的殿堂。《明堂月令》记述周天子在明堂处理的日常行政事务包括:"每月当行之政,施惠于百姓,养老存孤,尊贤折狱,整饬农事,论国典"等。此外,明堂也是天子朝会诸侯的地方,"大会诸侯明堂之位,……明堂者,明诸侯之尊卑也。"(《逸周书·明堂》)周代实行分封制,诸侯分守四方,并不常在京城。诸侯朝觐天子是当时朝廷加强中央与地方联系的隆重礼节。大家都是文王的子孙,在兼作祖庙的明堂会见也是顺理成章的。最后,明堂还是颁行历法的地方,"古诸侯朝天子,受月令以世,每月告朔朝庙,出而行之。"(《明堂月令》)西周已经是农业社会,天文历法对农业生产影响极大。中国古代历法属阴阳合历,以太阴(月亮)纪月,以太阳纪年。为使阴阳合节,观朔望、置闰便成了一门重要技术。而且,出于维持国家统一的政治需要也必须统一历法,于是在明堂每月公布朔望便成了王朝政治生活中的一件大事。

教育也是明堂的一个重要职能,周代教育与宗教、政治合一。《大戴礼·盛德》曰:"明堂外水曰辟雍。"辟雍就是朝廷的学校,天子将未成年的贵族子弟集中于此,通过明堂中的宗教祭祀活动教子侄们宗教知识和宗教伦理;通过明堂中的政治活动教子侄们学会掌握政权,控制臣属的知识;通过耕稼了解生产知识,知稼穑之艰难;通过狩猎学会骑马打仗,练武用兵……所以荀子总结明堂制度时说:"下以教诲子弟,上以事祖考。"(《荀子·成相》)明堂制度又将教育与养老尊贤结合起来。《礼记》中有养老于上庠、东序、西序、左学、右学、东胶等提法,这些名词都是太学的称谓。在古代没有多少文字资料,老人的经验就是青年最好的教材,养老于学正好让他们把知识传给下一代。在西周,"天子曰辟雍,……诸侯曰泮宫"(《礼记·王制》),不仅在中央一级政治、宗教与教育合一,在地方上也层层如此,即所谓"学在官府",形成了一个从上而下的知识垄断网络。周代只有少数贵族子弟才能受教育，统治者层层包办教育的体系又反过来保障了意识形态一体化的推行。

明堂制度的建立标志着古代宗教发展的最高水平。宗教成为占统治地位的意识形态，笼罩了社会生活的各个方面。祭天、祭社、祭祖成了人民主要的精神生活；"天命不僭"是政治统治依以存在的根本依据；"以德配天"，天成了道德伦理的终极依据，道德生活彻底宗教化了。在官场上，卜、祝、宗、史等宗教祭司是国家的重要官员；在学校里，祭祀占卜成了教育青年的主要课程。国家一切重要活动都必须祭告天地，乞求天神佑护。《左传·成公十三年》说："国之大事，在祀与戎"，宗教与军事，一文一武，是巩固国家政权的两项基本手段，宗教祭祀在古代社会生活中的重要性，也就可想而知了。

第四节　古代宗教动摇与转化时期——春秋战国

一　"礼崩乐坏"——宗教大厦的崩颓

春秋时代，随着铁器和牛耕的普遍使用，劳动者生产能力提高了，传统的宗法制度已不再适应社会发展的新形式，经济结构的变革改变了人们的社会地位和阶级属性。一些大宗嫡子贫困没落了，而一些小宗庶子却田连阡陌，富甲王侯。这些变化，极大地动摇了作为宗法制度意识形态的古代宗教。

首先，它表现在礼仪制度方面，教规教义不断遭到破坏，"僭礼"事件频频发生。周礼本为严格等级宗法制度而设，但对于它的制定者周公却网开一面，给予了特殊照顾。周公及其后代在其封地"鲁国"可以行天子之礼，祭天、祭泰山。这种法外特权在王朝兴盛时期仅仅是特例，而且必须有天子批准的手续。东周以后，周礼便被破坏殆尽了，这便是孔夫子痛心疾首的"礼崩乐坏"的局面。鲁国的诸侯可以祭天，齐国的诸侯为什么不可以？天子可以用64人仪仗，鲁国大夫季孙氏也要"八佾舞于庭"。甚至弑父弑君、篡国夺权的事情也时有发生。总之，层层的违礼行为把古代宗教的礼仪、规范等物质层面搞乱了。

其次，表现在宗教组织上，巫觋社会地位下降和学术下移。春秋以后，随着王室和贵族势力的衰落，他们培养的教职势力也衰落了。有些流入民间为士人操办红白喜事，唱诗赞礼，成为以相礼为职业的"儒"；有些授徒讲学，以知识谋生，成为学问之"儒"；有些则为新旧贵族收养，成为替他们出谋划策，奔走效命的"士"。古代宗教的另一大支柱——宗教职业队伍也瓦解了。

古代宗教根本的动摇还在于信仰的动摇。宗教从本质上讲是一种意识形态，信仰是宗教的核心与灵魂，而宗教的其他要素都是从信仰中派生出来的，并反映信仰需要的。中国古代宗教信仰的核心是天神崇拜，但现实与宗教理论的矛盾使人们越来越感到天神可疑。古代宗教宣扬天地为民父母，"降福穰穰"，养育万民，可现在为什么"天降丧乱，饥馑存臻"？天神本应耳聪目明，无所不知，大公无私，扬善惩恶，可现在为什么要"会彼有罪，既伏其辜；若此无罪，沦胥以铺"（《诗·雨无正》），专门降罪无辜呢？天子本为天之嫡长子，统领万邦，可现在天下混乱，诸侯侵夺，"昊天不平，我王不宁"，为什么天并不佑王呢？由怀疑天神进而怀疑祖神，"群公先王，则不我助，父母先祖，胡宁忍予"（《诗·云汉》）。祖先之灵为什么要看着子孙受难而不拯救呢？

由怀疑转而诅咒，"昊天不佣，降此鞠凶；昊天不惠，降此大戾。"（《诗·节南山》）老天真是不公平啊，降大灾来害人民；老天真是不恩惠，对人民如此乖戾。"威辟上帝，其命多辟"（《诗·荡》），上帝虽然很威武，力量强大，但你的命令多是错误的。"浩浩昊天，不骏其德"（《诗·雨无正》），这就是说老天爷你真缺德，从而根本否定了天神的道德属性。

由诅咒又转而思考，"如何昊天，辟言不信？如彼行迈，则靡所臻"（同上）。为什么老天不听良言，专行暴虐呢？似你这样行动迟缓又能有什么作为呢？"民今方殆，视天梦梦"（《诗·正月》），人民正在受难，老天昏昏如睡梦，天神的主宰能力何在？从思考中生出了一种对天命神权的否定，并导致无神论思想的发生。对天的疑怨、诅咒虽然言辞激烈，但还是以有天神存在为基础，还停留在感情阶段。而无神则进了一步，他们的理论建立在理性思考的基础上，把一切因果都归之于自然。

春秋时期宗教内部的疑天思潮和外部的无神论思想从两个方面施加压力,终于导致了古代宗教信仰至高无上权威的丧失。

二 儒家"敬鬼神而远之"的宗教观

儒本来是专为人主持宗教仪式的人,从巫觋中转化出来。这一职业使孔子比较熟悉周礼,了解古代宗教。孔子生活的时代诸侯混战,民不聊生。孔子对社会抱有强烈的忧患意识和高度的历史责任感,他希望国家安定,人民富庶。他的宗教观和其他思想一样,都服务于"治国平天下"这个最高理想。

春秋以来,宗教问题的争论主要集中在两个焦点上。一个是天人关系问题,即是否承认天神主宰人类社会;另一个是形神问题,即人死后是否有灵魂,是否成鬼的问题。在这两个问题上,周公"以德配天"的思想给予孔子很大影响,孔子继承并发展了周公的人文主义思想。

在天人关系上,孔子承认主宰之神"天"的存在。可以说孔子把宗教问题哲理化了,把商周以来那个活生生的上帝变成了一条看不见、摸不着的规则——天命。同时孔子又对"天"的作用加以限制,其主宰作用仅限于生死寿夭、富贫贵贱和事业成败的范围内,而在修身、为政上面,自我努力则起决定作用,即使在事业上,也要先尽人事而后听天命。

与高度理性化的天命观相联系,在形神关系上孔子怀疑鬼神的存在。"季路问事鬼神,子曰:'未能事人,焉能事鬼。'曰:'敢问死?'曰:'未知生,焉知死。'"(《论语·先进》)孔子对人死后的世界给予了不可知的回答。孔子"不语怪、力、乱、神。"(《论语·述而》)

不论孔子对古代宗教观念、宗教信仰持什么态度,对各种祭祀活动他却是积极参加,大力提倡的,他主要从一种政治实用的角度来看待宗教。在政治上孔子主张恢复等级宗法制度。从维护宗法血缘制度的考虑出发。孔子从不公开否认鬼神的存在。因而尽管他对鬼神心存疑虑,但对祭祖的宗教仪式的重要性却是毫不怀疑的。"所重:民、食、丧、祭"(《论语·尧曰》),除了吃饭,丧祭便是最大的事情。他把宗教祭祀活动当成是宣扬孝道、团结宗族的极好机会。从巩固宗法等级的角度考虑,孔子认为不仅要搞宗教祭祀活动，而且必须严格遵守其中的礼仪规范。他认为社会如此混乱就是由于一部分人违反周礼，犯上作乱引起的。所以他把严格执行古代宗教中的一切礼节当作培养人民等级观念的重要事情。子贡欲去告朔之饩羊，孔子加以阻止，说"尔爱其羊，我爱其礼"。在祭祖时多只羊少只羊好像是个小事，但从一点违礼的小事就可能酿成弑父弑君的大祸。

孔子一方面怀疑鬼神的存在，另一方面又主张搞宗教祭祀活动，因而难免陷入"执无鬼而学祭礼"（《墨子·公孟》）的尴尬处境。为了摆脱这种两难局面，孔子建立了"敬鬼神而远之"的宗教观。教人们以虔诚的心情去从事宗教活动，但不必刨根问底地思考鬼神是否存在的问题。"祭如在，祭神如神在。子曰：'吾不与祭，如不祭'。"（《论语·八佾》）孔子强调宗教活动参与者的主观感受和心理满足，并不去探究祭祀对象的真假有无。人信神有神便有，不信神有神便无，极大地突出了宗教活动中的主体作用，鬼神的主宰地位让位给了人。孔子"敬而远之"的态度根本改变了中国文化的发展方向。

首先，"敬"鬼神的态度使儒家大多数成员并未走上反对传统宗教的道路，而是促使传统宗教向礼仪化、世俗化的方向转化。春秋战国时期"礼崩乐坏"，疑天、怨天思潮遍及各地，骂天辱神者也大有人在。但传统宗教并没有彻底消亡，而是转型发展，这是和儒家子弟收集整理，坚持弘扬分不开的。不过经过孔门弟子整理的《三礼》，已经充满了儒家的人文主义精神，人道胜于天道。所以，后世许多人不再把它看成是宗教，而把它视为纯粹的礼俗。

其次，对鬼神"远之"的立场，使儒学本身与传统宗教相区别开来。宗教立足于情感，而哲学立足于理智。儒家虽然也讲天，但消除了人们对天的亲近感、依赖感，这些情感恰恰是宗教赖以存在的基础。孔子要求人们与鬼神保持一定距离，用一种冷静、理智的态度思考宗教的社会作用，以便合理地利用它们。

再次，对鬼神、来世"存而不论"的方式，把人们的注意力引向了现实的社会和人生。无论何种宗教，其本质都是相信并向往彼岸世界的。而孔子强调"未知生，焉知死"，不以彼岸为终极关怀。他建立了以"仁"

为核心的哲学体系，"约礼入仁"，把宗法礼教的依据，从对天神、祖神的迷信，转向了对人际亲情的反思。儒家教育人在为家、国、天下尽义务的过程中超越生死，实现生命的价值。"立德、立功、立言"的三不朽精神构成了儒家的生命价值观。

最后，孔子对鬼神存而不论的怀疑主义态度，使无神论也成为儒家的传统之一。大多数学者的无神论立场虽不坚定，但是能够抵制各种迷信、巫术活动，使国家意识形态在理性化的方向上发展。佛教、道教、伊斯兰教和基督教都无法在中国取得"国教"的地位，从而确保了儒学的"独尊"地位。少数思想家的无神论立场比较彻底，激烈抨击各种有神论的观点，在社会上也未受到严重迫害，形成了中国人与世界上众多全民信教民族的重大心理差异。

孔子以后，儒家学者继承、发扬了孔子的宗教观。其中有神论者肯定天命，承认有一个至上神主宰着人类社会。比如孟子，他认为天会安排世人的生死存亡，功名富贵。他说："天将降大任于斯人也，必先苦其心志，劳其筋骨，饿其体肤，……增益其所不能。"（《孟子·告子下》）君子当强力为善，"若夫成功，则天也"。不过孟子进一步强调天的义理性、客观性，缩小天的神秘性、人格性。他讲："诚者，天之道也，思诚者，人之道也。"（《孟子·离娄上》）天道是一种真实无妄的法则。"莫之为而为者，天也；莫之致而致者，命也。"（《孟子·万章上》）天命是一种人力所不能支配的客观力量。人性禀赋于天道，所以天人相通、天人一体，他主张通过自我意识的反省来认识人的本性，又通过对人性的把握来认识天道，故说："尽其心者知其性也，知其性则知天矣。"（《孟子·尽心上》）齐宣王欲毁明堂，孟子劝谏说："王欲行王政，则勿毁之"（《孟子·梁惠王下》），他并不是用鬼神去恫吓齐宣王，而是从宗教活动对巩固宗法等级制有利去劝导齐宣王，儒家宗教观的实用性于此可见一斑。

《易传》提出的"圣人以神道设教，而天下服矣"（《易·观卦·彖》）的观点，概括了儒家从社会教化功能看待宗教的基本态度。荀况进一步重教化而轻神灵，他不仅否定鬼神的存在，而且连天神也否定。在他眼中天仅仅是人类生活的自然环境，"天行有常，不为尧存，不为桀亡"，天不仅与人世治乱无涉,而且人还可以"制天命而用之"。但是无神论者荀况并不反对祭天、祭祖、占卜等宗教活动。他指出:"卜筮然后决大事,非以为得求也,以文之也。君子以为文,小人以为神。以为文则吉,以为神则凶。"(《荀子·天论》)荀子认为求神问卜等宗教活动并非真有实效,它的作用在于修饰人性,规范人的社会行为,不必真去信它。荀子是一个性恶论者,他认为必须用反映社会等级的礼去改造人们的本性,使社会全体人员都安于自己的等级地位,这叫作"化性起伪"。而"礼有三本。天地者,生之本也;先祖者,类之本也;君师者,教之本也"。(《礼论》)宗教活动恰恰起到了对礼的固本作用。荀子为儒家的厚葬久丧辩护,认为棺椁的厚薄,随葬品的多寡都是人们等级身份的标志,应始终如一地坚持,从而达到培养人们忠孝品质的目的。在祭祀活动中,他特别强调周礼对祭祀对象的规定,认为一点不可僭越。"郊止乎天子,而社止于诸侯,道及士大夫,所以别尊者事尊,卑者事卑"(《礼论》)。通过宗教活动中的等级礼仪,实现政治上"隆法尊君",建立中央集权的封建帝国。在荀子身上我们可以集中看出孔子宗教观对士大夫的影响,他们主要是从社会功效上考虑宗教的意义,促使古代宗教走向世俗化的道路。

三 墨子"明鬼"、"兼爱"的宗教观

墨子和儒家孔子所处文化环境完全相同,"孔子墨子俱道尧舜,而取舍不同"(《韩非子·显学》),形成对立的学派,宗教观上的情况也是如此。孔子崇拜周公,因为周公制礼作乐明确人们的身份等级。恢复周礼符合孔子所代表的贵族统治集团的利益,但却不符合墨子所代表的小生产者的利益,因而墨子虽也尊尧、舜、禹、汤、文、武为圣人,却从不提周公。在宗教观上墨子打出了"背周道而用夏政"的旗帜,主张用原始宗教、鬼神巫术来代替周代等级森严的宗法宗教。墨子的宗教观以"明鬼"为旗帜,以"兼爱"为其实质。

墨子也是从治理国家、恢复社会秩序的角度来看待宗教的。他说:"国家淫辟无礼,则语之尊天事鬼"(《墨子·鲁问》),用重振宗教的办法来治理国家。他认为当时的社会所以会混乱到如此程度,就因为人们不信鬼神

所致。他特别批评执无鬼论的儒家学者公孟子。公孟子是中国古文献上第一个公开宣扬无鬼论的思想家，显然是对孔子怀疑思想的发展。不过公孟子站在儒家立场上又肯定"君子必学祭礼"。墨子抓住了儒学宗教观上的重要漏洞，指出："执无鬼而学祭礼，是犹无客而学客礼也，是犹无鱼而为鱼罟也。"(《公孟》)墨子用经验主义哲学的"三表法"系统论证了鬼神的存在。首先，"上本于古者圣王之事"，在古文献中记载有大量人死为鬼的实例，如《左传》中记有周宣王错杀杜伯，杜伯的鬼魂击杀周宣王报仇的故事。既然圣贤经典中有之，就可以作为确凿的证据。其次，"下原察百姓耳目之实"。墨子指责无神论思想家们，你们为什么不到乡下去看看，去听听，那里许多人亲眼见过鬼魂之形，听过鬼魂之声，这些直接经验是最可靠的。最后，"发以为刑政，观其中国家百姓人民之利"。宣扬有鬼论可以使人民相信鬼神是天的使者，具有赏善惩恶的无限威力，即使是"深溪博林，幽闭无人之所"，鬼神亦无所不在，监视人们的言行，使人不敢为非作歹。因此统治者只要大力宣扬"明鬼"的主张，用宗教教育人民，便可以"兴天下利，除天下害"，实现国家安定、人民团结的理想。

由于鬼神的意志和力量不过是它的创造者的意志和力量的颠倒、夸张的反映形式，墨家与儒家所代表的阶级利益是相互对立的，因而它们宗教观所反映的实质内容也是根本对立的。儒家强调古代宗教的宗法等级性质，而墨子则把反映小生产者利益和要求的政治主张"兼相爱、交相利"披上了宗教神学的外衣。由于劳动人民缺少实现自己政治理想的现实手段，所以他们只能借助于幻想中的天志、鬼神的力量。他们希望宗教神学势力对统治者的行为有所限制。比如在当时社会条件下对人民生命财产最大的威胁和损害莫过于战争。在《非攻》篇中。墨子指出：各国的诸侯为了一己之私利，攻城略地，攘夺人口，破坏庄稼，耽误农时……这都是天所不容的，必将受到天神的惩罚。另外，他把许多小生产者的社会要求都说成了"天志"，希望统治者采纳、推行。总之，墨子将他一切社会政治主张都抹上了宗教的色彩，用他自己的话讲："子墨子置天志以为法仪，若轮人之有规，匠人之有矩也"(《墨子·天志下》)，直言不讳地承认宗教是他手中的工具。墨子的宗教观比儒家的宗教观更为落后，但由于他的宗教观代表了人民的利益，与古代宗教所反映的等级宗法精神是南辕北辙的。所以，墨家虽然是古代宗教的积极鼓吹者，实质上也是在对古代宗教的瓦解起促进作用。秦汉以后，古代宗教按儒家的思想重塑，而墨家的则失传了。

四 道家"以道莅天下，其鬼不神"的宗教观

先秦道家的代表人物是老子和庄子。他们的宗教观有一个共同倾向，即抬高自然的、形而上学的哲学本体"道"，压低社会的、人格化的神"天"或"上帝"。中原的宗法宗教主要旨趣都集中在人文问题上，只关心社会伦常，"六合之外，圣人存而不论"，缺少探索自然奥秘的兴趣。江汉流域的荆楚地区文化开发较晚，是在中原文化扩张的影响下急速进入文明时代的。面对中原文明所带来的一系列消极结果，他们怀念昔日与自然同一的混沌生活。因而，他们对以周礼为代表的等级伦理持批判态度。在思想上偏重于探讨世界万物的起源、构成、人与自然的关系。他们对自然的事物歌颂备至，而对现实的人伦日用、政治生活采取轻蔑态度，鼓吹人类返归自然。所以他们把自然的规则"道"称为宇宙的主宰。道从道路之道引申而来，是一种"视而不见"、"听而不闻"的自然规则。老子把规则从具体事物中抽象出来，变成一个超绝时空的本原。老子说："有物混成，先天地生，寂兮廖兮，独立而不改，周行而不殆。可以为天下母，吾不知其名，字之曰道。"（《老子》五章）道至高无上，自本自根，不仅宇宙万物，就是"天"、"帝"也是它的派生物。"道冲而用之或不盈，渊兮似万物之宗，……吾不知谁之子，象帝之先。"（《老子》四章）庄子也说："夫道有情有信，无为无形，……神鬼神帝，生天生地。"（《庄子·大宗师》）由于道是天地神鬼的派生者，是道赋予它们神性，所以掌握了最高规则道也就是认识了鬼神的本质，"能无卜筮而知吉凶"。（《庄子·庚桑楚》）进而道家反对社会上流行的各种宗教迷信活动。老子说："以道莅天下，其鬼不神。非其鬼不神，其神不伤人。"（《老子》六十章）庄子则用寓言故事的形式讽刺了社会上流行的占卜、算命等巫术活动。道家抬高自然，压低鬼神的思想给后世许多无神论者以启发。

在对宗法性宗教功用的认识上，道家与儒、墨两家也是迥然异趣的。

儒家强调宗法宗教维系社会、教化万民、严明等级、和睦宗族的作用。而荆楚地区宗法势力不如中原强大，在道家的价值观中，就比较明显地含有个人主义倾向，以个人的生命超越、精神自由、个性解放为人生的最高理想。老子对古代宗教所反映的等级宗法以及儒家由此而演绎出的宗法伦理进行了尖锐的批判。"天下失道而后德，失德而后仁，失仁而后义，失义而后礼，夫礼义者，忠信之薄而乱之首也。"(《老子》三十八章)这个礼便是反映古代宗教基本精神的周礼。庄子进一步指出：等级宗法是对人性的歪曲和异化，如同"落马首，穿牛鼻"一样有违天道自然的精神。他羡慕不受世俗约束的射姑山上的神仙，"肌肤若冰雪，绰约若处子。不食五谷，吸风饮露，乘云气，御飞龙，而游乎四海之外"(《庄子·逍遥游》)，追求精神上的绝对自由，使心灵达到"堕肢体，黜聪明，离形去知，同于大通"(《庄子·大宗师》)，与天道合一的境界。实现个体生命的超越和精神的绝对自由。

道家试图用哲学理论否定古代宗教，超越古代宗教，但他们体系中还是借用了古代宗教中天、命、鬼、神等观念，他们宣扬清净无为，有强烈的避世倾向，其"静观"、"玄览"、"抱一"的修养方法颇接近宗教的内修方式，其"谷神不死"、"长生久视之道"等说法包含着神仙思想。由于有这些宗教的因素，汉代以后，老庄的道家被发展成了道教。道家与道教有着原则的区别，但又有千丝万缕的联系。

五 法家的宗教观

在先秦诸子中，只有法家是旗帜鲜明地反对宗教的。他们不仅否定宗教信仰，而且反对一切宗教活动。法家所以能够采取如此坚决的无神论立场，是由于他们在当时激烈的社会变革中是激进派，坚决主张打破宗法血缘制度，这一点是儒家无神论者不可比拟的。法家由管仲开其源，中经商鞅、慎到、申不害的发展，由韩非集其大成。法家主张以法治国，"以吏为师，以法为教"，"法后王"，把全体人民的思想都集中到君主个人意志上来。因而除了政令和法律以外，他们排斥一切意识形态，宗教也不例外。法家的宗教鬼神观包括以下内容。

第一，否定天神权威，把天看成自然界。管仲说："天不变其常，地不易其则，春夏秋冬不更其节，古今一也。"（《管子·形势》）显然在他眼中天只是按一定规则运行的自然界，并不神秘。商鞅说："天地设而民生"（《商君书·开塞》），天地是人类生存的自然环境。韩非则说："天有天命，人有人命"（《韩非子·扬权》），天有天的规律，人有人的规律，两者互不相干。"非天时，虽十尧不能冬生一穗。"（《韩非子·功名》）不论什么圣贤也不能违背自然规则。韩非子主张发挥人的主观能动性，认识自然规则——天道，并用以改造自然。他说："循天则用力寡而功立。"（《韩非子·用人》）总之，法家所理解的天与古代宗教之天是根本不同的。

第二，法家坚决否定鬼神迷信。韩非是一个无神论者，他幽默地说：画鬼容易画马难。因为他相信鬼并不存在，画成什么样子都无可对证。韩非还运用当时社会已有的医学和生理学知识，分析了鬼神思想产生的原因。墨子说世界上许多人见过鬼的形象，听过鬼的声音。韩非指出："人处疾则贵医，有祸则畏鬼。"（《韩非子·解老》）鬼神不过是人在重病中头脑里出现的一种幻象而已。韩非还探讨了鬼神观念产生的社会根源，"内无痤疽瘅痔之害，而外无刑罚法诛之祸，其轻恬鬼神也甚。"（同上）阶级的压迫，社会的动荡不安也是鬼神观念产生的温床。"上不与民相害，而人不与鬼相伤。"（同上）消除了统治的腐败，鬼神对人的压迫便也可以清除了。相反，如果统治者不能正确认识自然与社会运行的规律，内则骄奢淫逸，外则装神弄鬼，国家必然危亡。"用时日，事鬼神，信卜筮而好祭祀者，可亡也。"（《韩非子·亡征》）

第三，反对各种宗教巫术活动。战国末年，神仙方术之学盛行，许多方术之士以献长生不死药或教长生不死术来骗取君主钱财。韩非机智幽默地批驳了他们的谎言。据说有人要教燕王"不死之术"，燕王十分高兴，马上派使者去学。可是使者未到，术士自己却先死了，其骗术暴露无遗。韩非写道："不能自使其无死，安能使王长生哉？"（《韩非子·外储说左上》）韩非还反对占卜龟筮之术。自古以来人们便相信这是了解神意的好方法，韩非却不信这一套。他以燕赵两国的一次战争为例。战前，两国的巫师都算出大吉，结果却是赵胜燕负，这怎么能解释得通呢？所以韩非总

结说:"故曰:龟策鬼神,不足取胜。"(《韩非子·饰邪》)

第四,战国时期,一批具有法家思想倾向的政治家,以实际行动沉重打击宗教势力。这是理论家们"批判的武器"能力所不及的。魏国的西门豹便是其中的杰出代表。西门豹为邺令期间,召集当地长老,"问民所疾苦。长老对曰:'苦为河伯娶妇,以故贫。'"(《史记·滑稽列传》)可见宗教迷信活动已经成为影响当地人民生活安定、富裕的重要障碍。河伯娶妇当天,西门豹亲自前来参观,他借口新娘长得不漂亮,要求另选。并派巫师弟子、巫师、当地长老及当地官员到河里去给河伯送信,让河伯不要着急。西门豹这一招吓坏了当地的长老、官员,他们连忙下跪求饶,并保证不敢再用"河伯娶妇"的办法聚敛钱财,伤害百姓了。西门豹惩治了迷信势力以后,又发动百姓修了12条大渠,防涝排灌,人民大得其益。

战国末年,随着法家思想影响的扩大,统治者对包括宗教在内的旧思想、旧风俗进行了一次大扫荡。法家思想在促使旧事物衰亡、新事物产生方面具有不可磨灭的贡献。不过法家对宗教等传统文化的批判过于简单,主要是借助行政力量强行禁止。但是宗法制度并没有消失,在社会生活的各个方面仍然发挥着重要作用,所以古代宗教也不会消亡,它改变形态以适应新的环境。

六 战国时期的"五帝"崇拜和神仙方术之学

春秋以降,古代宗法宗教的理论和信仰都发生了极大的动摇,传统宗教组织的瓦解和离散,使宗教巫术活动在民间更是大得其道。根据目前掌握的材料,当时最突出的变化就是"五帝"崇拜的出现和神仙方术之学的兴起。

"五帝"崇拜和神仙方术都与战国时期邹衍的阴阳学说有关。邹衍把《尚书·洪范》中关于五行的思想推及人类社会,便得出了"五德终始"的理论。邹衍认为:历代王朝的兴替,帝德的变迁,亦如同物质世界的五行一样,相生相克,循环无穷。《吕氏春秋》的《应同》篇记载了他关于"五德循环"的思想。邹衍的"五德终始"说把自然界五种物质的某种相关规则在人类社会作了不恰当的引申,认为新朝君王都是应运而生,给历史的发展、朝代的更替涂上了一层命运论的神秘色彩，又仿佛使它具有某种"规律性"的外观。阴阳家的学说也深受传统的古代宗教影响，把五德循环的秩序，变化的征兆统统说成是由"天"规定的。战国末年，各诸侯国的君主为了争得一统天下，取代周王朝的地位，都很重视邹衍的学说，对他礼如上宾。尔后历代开国君主都采用此说，称自己取天下是奉天承道，理所当然。在"五德终始"说的影响下，传统的上帝崇拜为"五帝崇拜"所代替。

在商代，古代宗教中便有"四方"崇拜。殷墟卜辞中有不少祭祀四方之神的记录，其祭祀方法与祭先公先祖相同，非常隆重。四方之神的地位仅次于上帝。到了周代，规定"天子祭天地，祭四方"，"诸侯方祀祭山川"。（《礼记·曲礼下》）四方之神也是只有天子才可以祭祀的，表示天子对天下四方的神圣主权。但商周时代，四方之神并没有名字，其神性主要是土地之神。四方之神的名字出现较晚，春秋初年，秦国为了给自己称霸西方制造舆论，开始把四方之神称为帝。到了战国时代，随着王权下移，诸侯称霸，在五行思想流行中，原来统一的天神逐渐分化成东、南、西、北、中五帝。战国末年，吕不韦著《吕氏春秋》，进一步将五帝、五德、五行、五色、五方系统化，制造了完整的"五帝崇拜"的宗教模式。《吕氏春秋·十二纪》把传说中的几位圣王神化，说他们死后都成了主宰一方的天帝。东方天帝是太皞，辅臣为句芒，属木德，主春，木为青色亦称青帝。南方的天帝是炎帝，号曰神农，辅臣是祝融，属火，主夏，火为赤色，亦称赤帝。西方天帝是少皞，辅臣是蓐收，属金，主秋，金为白色，亦称白帝。北方的天帝是颛顼，辅臣是玄冥，属水，主冬，水为黑色，亦称黑帝。四方帝再加上居中央、主土德、尚黄色的黄帝，正好五帝。五帝按照阴阳家发现的"五德终始"的规律循环更替。在秦王朝吞并六国，建立中央集权的大帝国的过程中，"五德终始"说是他们的指导思想和舆论宣传工具。秦始皇按照五行生克的理论推算，秦王朝应主水德，尚黑色，称天下百姓为"黔首"。"五帝崇拜"是秦王朝的正式宗教信仰，在秦汉两代有重大影响。

春秋以后，职业巫觋队伍受到了很大冲击，民间巫术则进一步发展，到战国时代从中逐渐形成了有很大影响的神仙方术流派。《庄子》一书提到不少神仙方士,他认为人如果掌握了最高的原则"道",再加上一定的修养锻炼,便可以成为不食人间烟火、凌云飞行、长生不老的神仙。以后神仙方术与阴阳学说相结合,有人根据五行生克的理论,配制长生不老的仙药,说人吃了便可以成仙。那些自称掌握了不死仙方的人,就被称为方士。战国末年的宋毋忌、正伯桥、充尚、羡门高等人,"为方仙道,形解销化,依于鬼神之士"(《史记·封禅书》),都是当时著名的方士。方士们还告诉统治者,东海里有蓬莱、方丈、瀛洲3座神山,"诸仙人及不死药皆在焉,其物禽兽尽白,金银为宫阙"(同上),是人间的仙境。封建统治者依靠手中的权力,享尽了人间的富贵,只有死生大限他们无法超越。因而神仙方术一出,各国诸侯极为迷信,纷纷延请方士,视为上宾。齐威王、齐宣王、燕昭王都曾派人入海求不死药。神仙方术在当时不是成熟的宗教,更不是官方宗教,具有分散活动、私人信仰的性质,但它对后世宗教的影响颇大。到了汉代,形成方仙道,它是道教的直接来源和核心成分,同时,也是佛教早期传播和中国人接受这种外来文化的介质,因此在中国宗教史上占有重要地位。

第三章 秦汉宗法宗教的法典化与佛教、道教的初兴

第一节 概述

秦始皇建立起中国历史上第一个多民族的封建统一帝国，创立了中央集权的君主专制政治体制和郡县管理制度。汉承秦制，又吸收秦朝速亡的教训，不断改进统治方式，变秦朝单纯使用强力刑法为文武兼施，尤其注意文治教化，制礼作乐，尊崇儒学，建立起一整套适合宗法等级社会的文化体系，使得大一统的汉帝国得以稳定和持续发展，这其中就包含着对宗教的提倡和利用。

秦王朝国运短促又偏重法制，来不及建立系统而缜密的大型宗教。汉代继承了周代的宗法性传统宗教，并建立起相应的理论和制度，使这一官方宗教的活动成为国家礼典的重要组成部分。《仪礼》、《礼记》、《周礼》在先秦遗文旧说的基础上将古代宗教祭祀和丧葬礼仪整理出一个系统，第一次给予以天神崇拜、祖先崇拜和社稷崇拜为核心的宗法性宗教以较深刻的理论说明和仪式上较周备的规定，其中包含着若干理想的成分，却成为尔后延续2000多年的宗法性国家宗教的具有权威性的经典依据。董仲舒和若干今文经学家依凭天神观念和阴阳五行思想，把罕言天道、不语怪力乱神的先秦儒学，改造成为大讲天人感应和阴阳灾异的儒家神学，起了直接配合宗法性国家宗教的作用。《白虎通》进而以国家法典的庄严形式肯定了儒家神学和宗法性宗教。以阴阳五行观察自然万物，以阴阳五行处理社会人事，成为汉代思维方式的最普遍最显著的特点。除了官方宗教外，还

存在着由古代流传下来的民间巫术、占卜、占星，发生于先秦并日益兴盛的神仙方术，秦汉之际出现并于东汉日渐流行的黄老崇拜。先秦的道家（主要是老子），在与神仙方术、民间巫术逐渐合流的过程中，孕育着早期的道教，至东汉末在上层有《太平经》、《周易参同契》等道教经典出现，在下层有太平道、五斗米道诞生。两汉之际，印度佛教由西域传入内地，东汉时期它与道术相结合，并与黄帝老子一起受到崇拜。随着译经事业的发达，小乘与大乘佛法开始流布，儒、释、道三家的争论也因之而萌生。总之，汉代是中国宗教史上一个极重要的时期，宗法性国家宗教在此期间形成中世纪的模式，儒学在此期间被引向神学的道路，道教在此期间之末正式产生，佛教在此期间传入并于汉末三国时期开始勃兴，道教史与中国佛教史的首章都得从这里写起。同时，由于佛教的传入，中国历史上第一次大规模的中外文化交汇于是发生，印度佛教文化与中国传统文化相互碰撞和相互吸收的结果，使中国文明的发展注入了异质的新鲜的文化营养，因而焕发出更加辉煌的光彩。

第二节 秦王朝的宗教信仰

一 秦的宗教祭祀

故秦地居岐西，宗教祭祀与内地有同有异。据《史记·秦本纪》，周平王迁都洛邑后，封秦襄公为诸侯，赐之岐以西之地，襄公"乃用骝驹、黄牛、羝羊各三，祠上帝西畤"。"畤"是秦人对祭神坛的称呼。按《封禅书》的说法，襄公"自以为主少皞之神，作西畤，祠白帝"。可知秦人崇拜上帝，并认为白帝即是上帝之一，故有此两说。其时五行说已渐流行，按照五行学说，五行与五方、五色相配的模式是：金配白色、西方，木配青色、东方，水配黑色、北方，火配赤色、南方，土配黄色、中央。但这种系统而周备的观念在《吕氏春秋》十二纪中才正式形成，在此之前大约只有不完整的五行观念，又因秦地偏西，故开始时只祠白帝，以为西方之天神。其后，秦文公作鄜畤，用三牲郊祭白帝；秦德公建立雍地诸祠；秦宣公作密畤于渭南祭青帝；秦灵公作吴阳上畤祭黄帝，作下畤祭炎帝；秦献公作畦畤于栎阳而祀白帝。到秦始皇统一中国时为止，秦人有了白、青、黄、炎（赤）四天帝之祭，分别祀于不同地点之神坛，因地理位置的关系特重西方白帝，唯无北方黑帝。《括地志》说："秦用四畤祠上帝，青、黄、赤、白最尊贵也。"上帝的观念是殷周传下来的，而四帝崇拜显然是在五行说影响下使上帝观念发生分化的结果，这种分化逐步发生、逐步落实到了宗教祭祀上。秦人崇拜的神，在上帝之外便以陈宝为贵，《封禅书》说："唯雍四畤上帝为尊，其光景动人民唯陈宝。"则上帝之祀主于王室，陈宝之祀及于下民，故民众乐为之。陈宝当是宝鸡之神，为秦地所特有。至于雍地诸祠，有日、月、参、辰、南北斗、荧惑、太白、岁星、填星、辰星、二十八宿、风伯、雨师、四海、九臣、十四臣、诸布、诸严、诸逑之属，百有余庙。西地有数十祠。湖地有周天子祠。下邦有天神祠。沣、滈有昭明、天子辟池。杜、亳有三杜主祠、寿星祠。杜主是周右将军，在雍地亦有祠，被秦中视为诸鬼中最神灵者。（以上见《史记·封禅书》）以上诸天神、人鬼、地祇大都是古代传统信仰的崇拜对象，表现出多神教的特点。

二 秦朝的官方宗教信仰

秦始皇是靠武力吞并六国而有天下的，他很迷信个人的威势，而对于鬼神之说并不热心，所以在他的诸多颂德石碑文中，没有凭借鬼神之威等语句，只反复强调"皇帝临位，作制明法"、"皇帝之功，勤劳本事"、"皇帝明德，经理宇内"、"皇帝奋威，德并诸侯"。（《秦始皇本纪》）但是由于故秦有宗教传统，秦始皇个人亦不能摆脱其影响，何况他统一了中国，正需要依靠神权来巩固政权，因此他继续祭祀天神，并实现了齐桓公想做而未成的封禅之举。据《封禅书》，自古受命帝王，皆应行封禅大典，即在泰山上筑土为坛以祭天，报天之功，曰封；在泰山下小山上除地，报地之功，曰禅。管仲对齐桓公说，古者封泰山禅梁父者七十二家，而夷吾所记十二家。实际难以考验，故始皇欲封禅时，并无成说可据，召集齐鲁儒生博士七十人而不能定其仪节。据《封禅书》记，"其礼颇采太祝之祀雍上帝所用，而封藏皆秘之，世不得而记也"。看来秦始皇是用故秦祭上帝之礼来行封禅的,他在泰山上还有封藏,且秘不示人,如此做法后为汉武帝所效法。秦始皇相信自己上应天命,故《玉玺文》曰:"受天之命,既寿永昌"(《全秦文》卷1)。

与天神崇拜相联系的是继续祭祀天地日月山川诸神,以承古制。始皇东游海上,因齐地已有的宗教祭祀而用之,行礼祠名山大川及八神。八神是:一曰天主,祠于天齐;二曰地主,祠于泰山梁父;三曰兵主,祠于蚩尤;四曰阴主,祠于三山;五曰阳主,祠于之罘;六曰月主,祠于莱山;七曰日主,祠于成山;八曰四时主,祠于琅邪。以上所立之祠皆在齐地,用以补充故秦诸神之祠。名山大川之神,自崤山以东有太室、恒山、泰山、会稽山、湘山和济水、淮水;自华山以西有华山、薄山、岳山、岐山、吴岳、鸿冢、渎山和黄河、沔水、湫渊、江水。陈宝神祠应节来而祀。名山大川及八神,始皇经过则祠,去则止。天子祭神,有祝官为导,郡县远方神祠,民各自奉祠,祝官不与。可知秦朝廷设有祠官祝官专司祭祀。

祖先崇拜亦是秦朝官方的主要信仰之一,表现为对宗庙的重视。秦始皇在统一之初,回述他的功德并议帝号时,不谢其他鬼神,唯常念及先祖,曰:"赖宗庙,天下初定"(见《秦始皇本纪》)。可见秦始皇确实认为他自己征服天下有赖于历代先王的庇护,尊祖是发自内心的。秦先王庙或在西雍,或在咸阳,二世时,立始皇庙,尊以为祖庙,并按古庙制立七庙。

此外,秦始皇有一大发明,就是把邹衍的五德终始学说引入官方信仰,用以论证秦代周而立的合理性。

三　秦始皇的方仙崇拜

神仙传说可追溯到战国时期,一出自荆楚文化,一出自燕齐文化。楚人好幻想,《庄子》、《楚辞》中都有神仙的美妙形象。神仙的特点,其一形如常人而能长生不死,其二逍遥自在又神通广大。燕齐地临大海,海天的明灭变幻,海岛的迷茫隐约,航海的艰险神秘,都引发出人们丰富的联想遐思,因而出现三神山的神话传说。三神山指蓬莱、方丈、瀛洲,在渤海中,能见而难至,其上有仙人和不死之药。齐威王、齐宣王、燕昭王都曾使人入海求此三神山。这种神仙信仰对于帝王和贵族无疑具有极大吸引力，因为他们人生之大欲已得到满足，所欠缺的是不能永远富贵，所以总幻想着突破生死大限，实现个体永生。于是便有迎合这种奢望的方士与不死之药出现。秦始皇并有天下后，方士纷聚其周围。齐人徐福等上书，愿斋戒，与童男女求三神山和仙人，于是派遣徐福发童男女数千人，入海求仙人。又使韩终、侯公、石生求仙人不死之药。回报都说为风所阻，未能至而望见之，秦皇为私欲所蔽，甘受方士的愚弄。秦皇多次东巡，除有视察政治、强固政权的意图外，其重要驱动力是亲自游于海边，企遇神山奇药，故东巡黄、渤，到成山，登之罘，游碣石，过丹阳，至钱塘，临浙江，上会稽，望于南海，把大部分时间都用在追求长生不死上面。三十二年，始皇至碣石，使燕人卢生求羡门、高誓，皆古仙人。徐福数岁不得神药，诈曰蓬莱之行为大鲛鱼所阻，始皇便亲至之罘射杀一鱼。方士卢生又欺骗说，求仙药而不遇，是恶鬼为害，人主应微行以辟恶鬼，所居宫勿令人知，然后真人可至，不死之药可得。始皇果然隐秘其行止，自谓"真人"，不称"朕"。后来侯生、卢生等不满始皇专横而亡去，引发了坑儒的惨案。但始皇并非有悔于方术之事而戮儒生，只是因为他们有"诽谤"之言，不为己所用。

神仙方术是秦始皇的个人信仰，并未列为国典，不具官方性质，但大批方士的出现和活动，无疑推动了方仙道的发展，许多文化事业如民间文学、航海技术等也附着于方仙道而有所推进。

第三节　汉代的国家宗教

一　五帝和太一神崇拜

汉高祖刘邦起兵时曾制造神话，说他是赤帝子下凡，杀白帝子（化为蛇），当为新天子。这也许因秦尊崇白帝，故欲以赤帝崇拜代之。立为汉王时，以十月为年首，色尚赤。但《史记·封禅书》又说刘邦东击项羽而还，入关时询问故秦时上帝祠何帝，对曰："四帝，有白、青、黄、赤帝之祠。"刘邦又问："吾闻天有五帝，而有四，何也？"莫知其说。于是刘邦即说："吾知之矣，乃待我而具五也。"乃立黑帝祠，命曰北畤。看来秦时虽流行五帝之说，实则只有四帝之祠，自刘邦立黑帝祠后，五帝祭祀才周备，也就意味着古代至上神天帝正式一分为五。刘邦先奉赤帝，后又崇黑帝，说明他的宗教观念尚带有一定的任意性，并不成熟，但他很重视传统的宗教信仰，并力促其臻于完美，故补足五帝祭祀，又恢复保持秦朝已有的宗教祭祀。汉文帝祠雍五畤，并于渭阳立五帝庙，一宇五殿，其方位与门色各按五行说安排，又于长门立五帝坛，继续五帝崇拜。但汉廷对于汉代应尚五德中何德有不同看法。汉初尚水德，重黑帝。贾谊以为汉继秦统，应尚土德，色尚黄，数用五。鲁人公孙臣亦以为秦得水德，则汉当土德。但丞相张苍认为汉乃水德之始，以黄河决堤为水德之符应，直到武帝太初元年，才正式按土德改制，色尚黄，以寅月为岁首，官名更印章以五字。可知五帝崇拜及所尚五行之德的确立，不仅仅是宗教事宜，也直接影响到政治典制和社会生活的格调，使之涂有五行的色彩。

五帝崇拜用五行观念充实了天神崇拜的内容，但同时却模糊了至上神的观念，削弱了它的唯一性，不利于地上中央政权的统一和巩固。武帝时，出现了再建天界主神的创造活动。《封禅书》说，亳人谬忌奏祠太一方，曰："天神贵者太一，太一佐曰五帝。古者天子以春秋祭太一东南郊，用太牢，七日，为坛开八通之鬼道。"于是，武帝令太祝立"太一祠"于长安东南郊，敬奉甚诚。从此，五帝不再与上帝同位，而降为至上神太一的辅佐之神。"太一"一词，见于《庄子·天下》、《吕氏春秋·大乐》、《淮南子·诠言》、《礼记·礼运》，又称作"道"，是秦汉之际宇宙生成论中表示天地混沌未分时的原初状态的术语，此时则把它神化，变成天界的主神。这样，以太一神为首，以五帝神为佐，统领着其他日月山川风雨诸神，一个新的天神系统于是形成。后来历朝的天神崇拜，除了将太一改称昊天上帝外，其他一从西汉人尊崇的天神格局，五帝的地位大致被放置在昊天上帝之下和众神之上，偶尔也与上帝混同。

二　国家宗教典制的修建与《三礼》中的宗教理论

汉代从开国起即重宗教祭祀，继承了传统的天神崇拜、祖先崇拜、社稷崇拜和自然崇拜，同时不断加以修补和增设。高祖入关，悉召故秦祝官，复置太祝、太宰，按旧时礼仪行事，又令县立公社。下诏曰："吾甚重祠而敬祭。今上帝之祭及山川诸神当祠者，各以其时礼祠之如故。"立国后，在长安置祠祝官、女巫，作为专职的国家宗教事务官。其梁巫，祠天、地、天社、天水、房中、堂上之属；晋巫，祠五帝、东君、云中君、司命、巫社、巫祠、族人、先炊之属；秦巫，祠社主、巫保、族累之属；荆巫，祠堂下、巫先、司命、施糜之属；九天巫，祠九天；皆以岁时祠宫中。几乎将先秦及秦时宗教祭祀都完好保存下来。文帝时增加祭祀的规格和用品，他认为有"赖宗庙之灵，社稷之福，方内艾安，民人靡疾，……皆上帝诸神之赐也"。所以他要用祭祀报答神灵。武帝起，对官方宗教有较多的制作。除增立太一祠外，还亲郊祀天，又立后土祠于汾阴。元封元年（前110），武帝至泰山行封禅大礼，绌群儒不用，亦不同于始皇，自定礼仪，封泰山下东方，如郊祠太一之礼，封下有玉牒秘书，上泰山亦有封，禅肃然山，如祭后土礼，因信方士神仙之说，欲效黄帝以接仙人，故其封禅自与传统祭天有所不同。武帝又采济南人公玉带之议，于汶上立明堂，有殿无壁，以茅盖，环水，祠太一、五帝、后土。据《汉书·郊祀志》，成帝时曾将甘泉泰畤、河东后土祠徙置长安南北郊。王莽时南郊合祭天地。刘秀称帝后，在洛阳城南建天地祭坛，后又建北郊祭坛专祭地祇。

在祭祖方面，惠帝时叔孙通定宗庙仪法。元帝以刘邦为太祖，文帝为太宗，景帝、昭帝、宣帝俱为昭，惠帝、武帝为穆，行祫祭礼，从此昭穆有序。王莽时有九庙之制。至汉末献帝时，四时所祭，高庙一祖（太祖刘邦）二宗（文帝太宗、武帝世宗），及近帝四人，共七帝。

在社稷崇拜方面，从汉高祖起即重社祭，保留旧有枌榆社、天社、巫社等祭祀，又立太社官社，配以夏禹，是谓王社，民间里社自便。但西汉一直未立官稷。平帝时因王莽建言而在官社之外立官稷，以夏禹配食官社，以后稷配食官稷。东汉光武建武二年（26），立太社稷于洛阳，在宗庙之右，方坛无屋，一岁三祠。又于郡县置社稷。遇有日食，鼓用牲于社以救之。其他，日月之祭汉廷无定制；名山大川之祭，汉宣帝神爵元年（前61）令祠官定祀江海百川之大者，每岁常祀，为天下祈丰年，从此五岳四渎皆有常礼。

汉代的官方宗教祭祀，对后世影响昭著者还不在实际典制的修建方面，而在于宗教祭祀理论的系统建立，主要体现在《三礼》中有关吉礼和丧礼的说明上，它们成为后来两千年宗教祭祀典制修订的经典依据。成书于汉初的《礼记》、《周礼》以及稍早的《仪礼》，保存着先秦宗法制度的遗文旧说，又加工整理有所提高。《三礼》中关于宗教祭祀的论述，是中国宗法性传统宗教最精辟的理论部分，它把古代以天神崇拜、祖先崇拜、社稷崇拜为核心，以日月山川崇拜为羽翼，以其他鬼神崇拜为补充的传统宗教的典制与祭仪，整理成比较完备的系统，又从天道人情的高度对它们作了理论上的论证，还对它们在社会生活中的重要性做了较充分的说明。《曲礼》对祭典有明确规定："天子祭天地，祭四方，祭山川，祭五祀，岁遍。诸侯方祀，祭山川，祭五祀，岁遍。大夫祭五祀，岁遍。士祭其先。"《祭法》说："有天子者祭百神。诸侯，在其地则祭之，亡其地则不祭"，"王自为立七祀"，"诸侯自立五祀"，"大夫立三祀"，"适士立二祀"，"庶士庶人立一祀，或立户，或立灶"。这些祭祀上的规定，反映了宗法等级的差别，不同等级，其祭祀的对象、规模都有差别，不能混淆。关于丧祭的意义，《礼记》认为这是人类报本返初的行为。《郊特牲》说："郊之祭也，大报本反始也"，"万物本乎天，人本乎祖，此所以配上帝也。"《大戴礼记·礼三本》认为，天地是生之本，先祖是类之本，君师是治之本，所以应该"上事天，下事地，宗事先祖而宠君师"，这就是后来封建社会敬祀"天地君亲师"的滥觞。礼是整个社会借以维系的行为规范，而丧与祭便是礼的重心所在，所以《礼记·昏义》说："夫礼，始于冠，本于昏，重于丧祭，尊于朝聘，和于射乡，此礼之大体也。"《祭统》说："凡治人之道，莫急于礼。礼有五经，莫重于祭。"丧与祭之所以重要，正在于它可以神道设教，改良社会风气，巩固现有秩序。《祭统》说："上则顺于鬼神，外则顺于君长，内则孝于亲，如此之谓备。"《礼运》说："陈其牺牲，备其鼎俎，列其琴瑟管磬钟鼓，修其祝嘏，以降上神与其先祖，以正君臣，以笃父子，以睦兄弟，以齐上下，夫妇有所，是谓承天之祜。"以上所论，皆着眼于以祭祀行道德教化，加强宗法社会的稳定性，并不是对鬼神本身有强烈的迷信。但是为了真正获得教化的良好效果，要求祭祀者必须对祭拜对象怀有虔诚的真实的感情，不能应付差事。《祭统》说："夫祭者，非物自外至者也，自中出生于心也，心怵而奉之以礼。是故唯贤者能尽祭之义"，"身致其诚信，诚信之谓尽，尽之谓敬，敬尽然后可以事神明，此祭之道也"。从若干西汉墓葬的壁画看，人们认为先人死去不是断灭，他们的灵魂能进入天国。例如长沙马王堆汉墓和临沂金雀山汉墓的帛画，都绘有死者升天的画面，马王堆 1 号墓漆棺画，除升天外又有驱邪的内容，这是对死者灵魂的保护。卜千秋墓壁画上，有伏羲、女娲、日象、月象、仙人及双龙、白虎、朱雀、枭羊等灵物，表现墓主人乘龙、凤升天的景象，并与神仙信仰相结合。东汉晚期墓的壁画则开始有佛教信仰的因素。

《礼记·月令》采《吕氏春秋》十二纪，以政令配月令，宣传天人感应，诱发出汉一代最为流行的思维方式。《中庸》由"至诚配天"发展到"至诚如神"："祸福将至，善，必先知之；不善，必先知之。故至诚如神。"《中庸》的上述思想表明，即使儒学中最具思辨色彩的哲学，亦不能完全摆脱宗教的渗透。

《三礼》对于宗法性宗教的祭天、祭祖、祭社稷、祭山川日月星辰以及丧葬的制度、仪礼，如郊祭、庙制、丧服等，都有详细的规定，一部分是古礼，一部分是构想。《三礼》作为儒家经典不能归结为宗教神学，但其中论述祭祀丧葬的内容，正为宗法性宗教奠定了理论基础。它们在汉代开始被付诸实践，却也并没有都转化为现实存在，但在《三礼》的基础上形成了儒家经学中最实用的一支，即礼学，礼学对于后来历代王朝宗教祭祀制仪的修建有直接的参与作用。

三 阴阳灾异说与谶纬的流行

阴阳五行学说在汉代大为流行，它影响到儒学、道家以至全社会，无论是士文化还是俗文化无一不呈现阴阳五行的色调。长沙西汉初期墓葬帛书中，就有《篆书阴阳五行》和《隶书阴阳五行》，可知当时的风气。阴阳五行学说与传统的宗教信仰相结合，便出现了阴阳灾异和天人感应学说，董仲舒拿它来改造儒学，遂一度使儒学偏离人学的轨道，变成官方神学，与宗法性国家宗教联络成为一体。董仲舒的神学观点主要记录在《春秋繁露》一书中，主要有如下要点。第一，宣称"天"是至上神，有人格意志感情，是百神之长官。天的意志通过四季而表现，天有仁德的本性："仁之美者在于天；天，仁也"（《王道通三》），仁的具体表现是生养万物以满足人类的需要："天地之生万物也，以养人"（《服制象》）。天既有恩德，还能刑杀，天是万物和人的共同创造者和主宰者："天者，万物之祖，万物非天不生"（《顺命》）。此外，五行相生相胜也体现天的恩德与刑罚，并兆示社会的治乱兴衰。董仲舒把孔孟天命论的抽象性减弱，努力恢复和强化天神的人格形象特征，又用阴阳五行来表现天神的意志与行为，这是对传统天神崇拜的新发展。第二，君权天授和灾异谴告。他说："王者承天意以从事，故任德教而不任刑"（《对策》），但是，君王如无德而行暴，即违背天意，天就显示灾异给予警告："天地之物，有不常之变者，谓之异。小者谓之灾。灾常先至，而异乃随之。灾者，天之谴也；异者，天之威也"，"国家之失，乃始萌芽，而天出灾害以谴告之。谴告之而不知变，乃见怪异以惊骇之。惊骇之尚不知畏恐，其殃咎乃至"（《必仁且知》）。君王若能及时革弊图治，殃祸便可救除："五行变至，当救之以德，施之天下，则咎除"（《五行变救》）。改革的措施主要是薄赋敛、减刑杀、振困穷、举贤良、远小人等。董仲舒认为《春秋》的一个重要原则是："屈民而伸君，屈君而伸天"（《玉杯》）。从这条原则可以看出董氏神学的社会意义，既要借神道控制民众，又要借神谴抑制君王，不使其为所欲为。在帝制时代，君王的权威是至上的，人间再也没有超出者，君王唯一有所敬畏的只是天神，所以历代一些忠臣和言官，向皇帝进言时往往借助于阴阳灾异以增强说服力，争取实行一些改良措施。因此阴阳灾异学说有其历史的进步性。第三，人副天数。人的精神意志、道德品质、生理构造与功能都来源于天，并且是按照天的模式组建而成的复制品。人身"小节三百六十六，副日数也；大节十二分，副月数也；内有五脏，副五行数也；外有四肢，副四时数也"（《人副天数》）。第四，圣王感生，与凡人殊器异体，皆天之所授。由此，天人感应，灾异符瑞，社会上下均谈论不休，并用于实际社会生活。两汉统治者在施行赏刑、颁布诏令时，都要考虑如何调阴阳、顺四时、合五德，此种风气愈晚愈烈。《汉书》设《五行志》，将历年发生的自然灾异与政治变故，次第列出，附以董仲舒、刘向、刘歆及其他经学家的说明，以为执政者改革政治做借鉴，后来的官修史书多仿此而作《五行》，成为传统。汉代今文经学形成很强烈的神学化的趋势，依附于宗法性传统宗教，共同为宗法等级社会的长治久安服务。如翼奉，明经术又好律历阴阳之占，元帝时发生地震，奉奏封事，谓"人气内逆，则感动天地；天变见于星气日蚀，地变见于奇物震动"，根据"阳用其精，阴用其形"的道理，眼下阴气太盛，后党满朝，不合天道，宜减其制，"此损阴气应天救邪之道也"。如"异至不应，灾将随之。其法大水，极阴生阳，反为大旱，甚则有火灾"。第二年孝武园白鹤馆果有火灾，翼奉又借机上疏陈述皇室应削减寝庙宫室苑囿之费，以救民困，以顺天道。李寻好阴阳灾异之学，他有鉴于灾异频生、汉家中衰，便游说大司马王根，以天时之变异督促当权者应拔擢贤士、斥退奸佞。提出"四时失序，则辰星作异，今出于岁首之孟，天所以谴告陛下也"，宜"尊天地，重阴阳，敬四时，严月令"，抑外亲，拔英才以救之。时成帝外家王氏显贵，哀帝外家丁、傅新贵，李寻所言皆有所指，若不借阴阳以言之，则无人敢于指陈，以天道言之，或可有所戒惧。此种言事方式，东汉尤盛。借神道而除弊，本是不得已之举，无奈有些皇帝就连灾异谴告也不在意。国事之非只好任其发展，至于不可收拾。

谶纬是两汉神学的重要组成部分。谶起源于先秦，与纬本不相同，在成帝以后二者合流，成为一股神学思潮，极大地影响了经学，并常为各派政治力量所利用。西汉末年王莽执政，谶纬正式得到朝廷承认，取得与今文经学、古文经学并立的地位。东汉时期，谶纬更为泛滥。图谶可以任人制造和利用，纬书多荒诞不经之言，不能成为稳定宗法秩序的有力手段。东汉朝廷尽管利用谶纬，并一度宣布为官方神学，但在重建统治思想时仍不能不以儒家传统经学和宗法性传统宗教为主，只是辅以谶纬而已。一些学者如姜肱、景鸾、任安、杨厚等皆以谶纬教学，但以学术为主，不直接影射政治。纬书渗透到学术文化各领域，如道家、道教和儒学，特别是汉末经学，如兼采今古文、遍注群经的经学大师郑玄，其经注就多采纬书，足见当时的学界风气。魏晋南北朝时谶纬乃有余波，北方多于南方。晋、宋、梁及前秦、北魏各代均曾下令禁绝。至隋炀帝，"乃发使四出，搜天下书籍与谶纬相涉者，皆焚之，为吏所纠者至死。自是无复其学"。（《隋书·经籍志》）

董仲舒时起即将孔子由师推尊为王，增加了孔子的神性。纬书进而大量制造关于孔子的神话。

汉代有七经之纬书，以《易纬》影响最大，保存下来的资料也较完整。《易纬》出自孟喜、京房之易学，它给象数之学增添了更多的神秘色彩。孟、京之易重卦气说，以六十四卦与四时、八方、十二月、二十四节、七十二候、三百六十日相配，按日以候气，分卦以征事，占验人事吉凶，预言政治成败。《易纬》则进而将卦气说依附于神学。《易纬·乾坤凿度》说"圣人凿开天路，显彰化源"，"次凿坤度"，"章流立文"，并相继传授于天老氏、混沌氏、天英氏、天怀氏、神农氏等。易纬认为卦气的运行流转体现神意，假如有参前错后的反常现象出现，即意味着天神向人发出谴告。应当指出，纬书的主要内容虽是讲灾异符命，但它的体系极为庞杂，除了宗教神学，也还有不少哲学理论、训诂成果及自然科学资料，其内容是精华与糟粕混杂的。此外，在天文、历法、数学、生物、气象、政教、史籍等方面，都包含着许多积极的认识成果，因此受到后代许多学问家的重视。

两汉之际，神鬼观念充斥社会上下，神话与宗教禁忌盛行。从成书于明、章时代的《论衡》所批判的对象看，当时流行的世俗迷信，除天人感应、符瑞灾异以外，还有以下几种：其一为圣人感生说，如尧母感赤龙，禹母吞薏苡，契母吞燕卵，后稷母履大人迹，汉高祖之母与蛟龙遇，汉光武生时凤凰集于地、嘉禾生于屋等，以此证明"圣则神矣"，其出生即与凡人不同，故而能成大气候。这是原始时代的图腾观念——人兽同祖观念的遗留。其二为神仙方术，如黄帝铸鼎骑龙升天，淮南王得道全家升天，老子逾百岁度世成真人，王子乔辟谷不食遂为仙人，还有飞升、尸解、食气、辟谷、服药等方术流传。其三为宗教禁忌，如"四讳"——讳西益宅，讳被刑为徒者上丘墓，讳妇女乳子，讳举正月、五月子。举凡起功、移徙、祀祖、丧葬、行作、入官、嫁娶，都要择吉日、占卜祷神。其四为各种巫术，如土龙求雨、祭祖解除等。还流行《葬历》、《沐书》、《移徙法》、《图宅术》等带有宗教迷信色彩的生活用书。这些鬼神巫术信仰本是上古时代宗教思想与活动的延续，在中世纪的宗法性国家宗教形成以后，它们降为非官方的世俗信仰，但没有减弱，反而滋生出各种新的花色，在社会上到处蔓延，成为官方正统宗教的重要补充。

四 《白虎通》与宗法性宗教的法典化

东汉章帝为了统一今文经学、谶纬经学和古文经学之间的纷争，在白虎观召开经学会议，讲论五经同异，形成一部贯通五经大义的《白虎通》（又称《白虎通义》）。《白虎通》以法律条文的方式把统治阶级意志加以统一，使之规范化，把纲常名教法典化。虽然它不等于一部神学法典，但其基础部分是用天神崇拜和阴阳五行学说论证三纲五常的合理性和神圣性，具有极浓厚的神学色彩。如果说《三礼》的吉礼、凶礼部分为宗法性宗教的祭祀活动提出系统说明与规定，董仲舒为宗法性宗教建立起神学理论体系，那么《白虎通》便是由最高执政者出面为宗法性宗教建立起钦定法典，标志着汉代官方宗教的完善和成熟。《白虎通》并无太多创造发明，它的工作是把已经流行于世的种种宗法等级制度和礼仪，把存在于官方宗教祭祀活动、阴阳灾异家学说和谶纬经学中的宗教神学和祭祀方式，加以整理、提炼，去其矛盾、芜杂之处，存其根本性要义，用定义式的表述方式著于典籍，颁于社会，让人们遵照执行。其优点是整齐划一，简明易行，具有法律的强制性；其缺点是过分法典化，减弱了道德上的感染力，过多依赖神性，忽略了人性的基础，而且充满着谶纬与诡秘之说，所以它虽然畅行于一时，终于没有成为后世不变的宗法法典。汉以后，它便失势了。但它在神学外衣下所阐述的宗法制度的核心——三纲五常，却没有因时代变迁而动摇，反而越加巩固和发展。

总起来说，汉代的宗教，其核心部分即天神崇拜、祖先崇拜和社稷崇拜，是上有所承下有所继，并且在理论、教义和制度上都进行了一番重建的功夫。它的特色在于大量渗入阴阳五行和谶纬的成分，形成汉代独有的格调和气息，它是汉代礼乐文化不可分割的组成部分。

第四节 道教的孕育与产生

一 道教的来源与产生的社会背景

一种大的宗教，其正式产生需要具备这样几个基本条件：第一要形成特定的宗教信仰，第二要形成特定的宗教理论，第三要形成特定的宗教实体，第四要形成特定的宗教活动。依此标准来考察道教的产生，大致可以把《太平经》和《周易参同契》、《老子想尔注》三书看成道教信仰和道教理论形成的标志，把太平道和五斗米道看成道教实体和道教活动出现的标志。但是道教是根植于中国古代文化的大型宗教，它源远流长，孕育的过程是多源头和多渠道逐渐会合、逐步形成的，因此起源可以追溯到很早的时期。其主要来源有五。第一，来源于古代宗教和民间巫术。中国自古以来就崇拜天地日月山川百神，其中许多后来被道教所吸收，成为道教的尊神。如天帝演为玉皇大帝，后土皇地祇直接成为四御之一，天、地、水三神演为三官，北方七星宿神演为玄武（真武），他如东岳大帝、四海龙王、城隍土地、门神灶神最初都是民间信仰的神灵，后转而成为道俗共祭的偶像。古代巫术盛行，多与降神、祈雨、治病有关，道教的符箓派正是承接古代至汉的巫术及鬼神祭祀所形成的符咒、斋醮、拜仪而来的。长沙马王堆西汉墓中的帛书，已有《符箓》书，可知画符驱鬼一类术数兴起甚早。第二，来源于战国至秦汉的神仙传说和方士方术。长生不死、得道成仙是道教的核心信仰，而这一核心正是来源于长期流行于世的神仙方术。在荆楚文化的《庄子》、《楚辞》中有生动的神人或神仙的故事，在燕齐文化中有三神山的传说。神仙不同于一般鬼神，不是生活在冥冥之中的精灵，而是形如常人却长生不死，而又逍遥自在、神通广大的超人，它们又有不死之药可以超度世人。秦始皇求仙人仙药而不可得。据《封禅书》，汉武帝最热心于神仙方术，如李少君以祠灶、谷道、却老方见宠，谓"祠灶则致物，致物而丹砂可化为黄金，黄金成以饮食器则益寿，益寿而海中蓬莱仙者乃可见，见之以封禅则不死，黄帝是也"。少君之后，有栾大，谓"黄金可成，而河决可塞，不死之药可得，仙人可致也"。又有公孙卿，编造黄帝铸鼎、骑龙升天的神话，谓宝鼎复出，汉主封禅"能仙登天"，引得武帝大发感慨，谓"吾诚得如黄帝，吾视去妻子如脱屣耳"。皇帝一人好之，上下万人趋之，"齐人之上疏言神怪奇方者以万数"，"自此之后，方士言神祠者弥众"。此风沿至东汉不衰，它不仅为道教信仰的建立做了直接准备，也为丹鼎派的出现做了队伍上的准备，大批方士即是道士的前身。东汉晚期山东的一些画像石墓，画像内容突出反映神仙思想，如仙人骑白鹿、仙人云车以及各种奇禽异兽，说明神仙崇拜已成为风俗。第三，来源于先秦老庄哲学和秦汉道家学说。《老子》和《庄子》都不讲炼丹和符箓，亦不追求肉体的长生不死、羽化成仙，因此它们本不是道教经典。但老庄推崇超乎形象的宇宙最高法则——道，宣扬清净无为、脱俗超世，又极重养生和炼神。道教正是抓住、借用、发挥、膨胀了这些思想，使"道"成为至上神，把离俗倾向推上出世境地，从养生论中发展出长生论，从而形成了道教的理论体系。道教不借助于道家不能成为大型宗教，但道家又不同于道教，所以两者一直是不即不离的关系。老子既然是道家的创始人，道教在推崇道家的同时自然要神化老子，把它奉为本教教主和尊神，而有太上老君、道德天尊等称号。汉代黄老之学演变为黄老崇拜，东汉时社会上下都流行黄老祭祀，它为道教的老子信仰打下了基础。汉末道教主要神化《老子》，汉以后又神化《庄子》、《淮南子》，唐代又推尊《列子》、《文子》，宋以后的《道藏》几乎将道家著作网罗无遗。从一定意义上说，道教是道家发展过程中出现的一个旁支。第四，来源于儒学与阴阳五行思想。早期道教，除了张角、李弘等农民起义所利用的民间道教组织外，其他所有上层的和地方性的道教，都把维护宗法礼教作为头等教戒。如《太平经》强调为道要忠君、孝亲、敬长。《老子想尔注》也肯定忠孝仁义。阴阳五行是汉代影响最为普及的学术思潮，不仅儒家从中汲取营养，道教也以阴阳五行为自己神学的有机组成部分。如《太平经》的自然观就是阴阳观。《周易参同契》以卦爻配阴阳五行，借以阐述炼丹用药与火候。第五，来源于古代医学与体育卫生知识。道教修炼长生，首先要祛病健身，故特重养生术，很注意吸收古代医药学与养生学的知识。《庄子》书中有"导引之术"、"吐故纳新"之术以及辟谷之法。《楚辞》中有"食六气而饮沆瀣"的食气法。长沙马王堆汉墓帛书中有《养生图》、《导引图》。《史记·留侯世家》云张良功成后欲从赤松子游,"乃学辟谷,导引轻身"。《三国志·华佗传》说:"古之仙者,为导引之事,熊颈鸱顾,引挽腰体,动诸关节,以求难老。"这些健身之术互相配合,为道教所吸收,成为积精累气的重要方法。此外,古医经《黄帝内经》的饮食起居、调摄精神之道,古代以节欲养生为宗旨的房中术,皆成为道教炼养术的思想营养。

道教酝酿于汉代,诞生于汉末,亦有其时代的原因。第一,汉代是有神论高涨的时期,朝野上下弥漫着鬼神崇拜的神秘气氛,最有利于创建宗教。第二,统治阶级大力提倡神道方术,尤其武帝在位50余年,终生好仙,求药不止,造成社会上求仙修道的浓重风气,无形中培养出一大批方士,直接推动了丹鼎派的形成。第三,汉末社会动荡不宁,统治集团腐败没落,人民陷于深重灾难,不再寄希望于刘氏王朝,而要求新的社会归属。于是民间道教应运而生,它通过教内互助以济民生,又给予教民以新的信仰和希望,民众乐得信从。第四,汉末儒家经学发生危机,陷于荒诞、繁琐,统治者的行为践踏了儒家的治国之道,儒学已不能维持正常的社会精神生活,人们纷纷到儒学以外寻找新的精神支柱。于是佛教转盛,道教兴起。第五,佛教的传入与兴盛对于道教的诞生有刺激和推动作用。一方面道教徒要创立民族宗教以对抗外来宗教,另一方面道教吸取佛教教义与组织形式,因而能在魏晋间迅速崛起。

二 《太平经》与《周易参同契》

《太平经》是流传至今的最早的道教经典,它的思想属于东汉后期社会批判思潮的一部分。据《后汉书·襄楷传》记:琅玡人宫崇向顺帝上其师于吉所得神书百七十卷,号《太平清领书》。"其言以阴阳五行为家,而多巫觋杂语。有司奏崇所上妖妄不经,乃收藏之。"桓帝时,襄楷复献此书,谓其"专以奉天地顺五行为本,亦有兴国广嗣之术"。据此,可以断定《太平经》出于于吉、宫崇等道士之手,时当安、顺之际。《太平经》提出两个神学系统。一个是天地阴阳系统,天意体现于阴阳五行,"天乃为人垂象作法，为帝王立教令"，人必须"案考于天文，合于阴阳之大诀"。根据"阴顺于阳，臣顺于君"的原则，敬事其上是顺天之道，反之则是逆天之恶。但"天道法，孤阳无双"，君臣民、男女之间是"相须"关系，所以不得残害妇女、女婴以顺天之道。又根据天道恶杀好生的道理，为政要尚德抑刑，"刑者其恶乃干天，逆阴阳"。人间政治清明则天地喜，天地喜则阴阳顺畅；人间政治昏乱则天地怒，天地怒则阴阳失调。故云："王者行道，天地喜悦；失道，天地为灾异"，"日月为其大明，列星守度，不乱错行，是天喜之证也；地喜则百川顺流，不妄动出，万物见养长好善也"，相反，"天下之灾异怪变万类，皆天地阴阳之变革谈语也"，其中日月之蚀"是天地之大怒"。《太平经》有时沿用西汉土德为主的说法，但更多地采用东汉火德说，谓"火能化四行，自与五，故得称君象也"。其次尚木，"木之精为仁"，象征着生养。金、土、水 则应予抑制，因为"兵者金类也"，"大起土者是皇后之宫也"，"水，太阴也，民也"，这三样都不可过盛，否则即是五行失序，必有兵刑、酒害及后宫犯事之灾。以上观点显系汉代最流行的神学观点，《太平经》不过采纳以用之。但该书毕竟是道教经典，它不满足于传统信仰，又提出一套独特的神仙系统，共分六等："一为神人，二为真人，三为仙人，四为道人，五为圣人，六为贤人"。这个系统如同衔接天地的云梯，最初两级是人间的最高层次，再往上便超出人间，高耸于神仙世界。这个神仙系统与天地阴阳系统相平行而又对应，故云："神人主天，真人主地，仙人主风雨，道人主教化吉凶，圣人主治百姓，贤人辅助圣人"，"此皆助天治也"，可知作者是把神仙放在助天为治的位置上，也就是把道教放在官方宗教的辅佐位置上。后来的道教也都继承了这一敬天崇神尊仙的传统。不过在《太平经》里，神人与天都还不是最高的神，神人之上还有"无形委气之神人"，天之上还有元气，"元气自然乐，则合共生天地"，而"委气神人乃与元气合形并力"，这大约就是"道"的状态。《太平经》用"承负"说来解释人间的遭际。"承者为前，负者为后"，承是后人承受先人的功绩或过失，负是先人的行为连累子孙有负于后生，"力行善反得恶者，是承负先人之过，流灾前后积来害此人也。其行恶反得善者，是先人深有积畜大功，来流及此人也"。虽然"人生各有命"，但只要学道力为，便可在命运允许的范围内得到最好的结果，多数人可以"竟其天年"，"上贤力为之，可得度世；中贤力为之，可为帝王良辅善吏；小人力为之，不知喜怒，天下无怨咎也"。修道的原则是养性与积德并重，"内以致寿，外以致理"；具体地说有如下数项：要忠君、敬师、孝亲，不孝不能升天；守一，即守护身体主要器官和守神，使形神合一；食气服药；叩头悔过；丹书吞字、祝谶召神等。《太平经》提出"天下太平"的社会理想，这也许是该书留给后人最美好的东西。"太者大也，平者正也"，太平世界是最公正和谐的世界，自然界日月星辰各得其宜，风调雨顺，万物繁茂，社会上君臣民、父母子三者同心共处，此即中和之道。显然这是在承认等级制度前提下的社会改良思想，虽不能够实现，但"太平"的理想却引起乱世人们的共鸣，特别为农民起义所追求，因而有"太平道"、"太平军"和"太平天国"出现，《太平经》是道教理论的肇始者，后来的道教正是沿着它的内以炼养长生、外以治国济世的路线走下去的，书中若干道术，也为后来丹鼎派和符箓派所吸收。

《周易参同契》是流传至今的最早的道教炼丹专著。其书名的含义是：以《周易》为立论根据；以《周易》、黄老、炉火三事相掺和，故曰参同；契者书也。作者是东汉道士魏伯阳，其时稍晚于《太平经》，当在顺、桓之际。该书的中心思想是运用《周易》的阴阳之道，结合黄老自然之理，讲述炉火炼丹之事，基本上是一部外丹经，当然也有内养的内容。首先在用药，即以铅、汞为原料，铅又称河车、白虎、金砂，汞又称青龙、水银，两者按一比一加以调和。"二八应一斤，易道正不倾，铢有三百八十四，亦应火候爻象之计"，汞八两，铅花八两，合一斤，三百八十四铢，以应三百八十四爻之数。然后"水火为伍，四者混沌"，鼎内注水，鼎下起火，此为炼丹之始。其次在火候，火候的掌握是炼丹成败的关键，其基本要求是遵阴阳相推之道，顺四时变化之节，合五行相关之序，应晦朔隐显之律，不得错违。《鼎器歌》说："首尾武，中间文。始七十，终三旬，二百六，善调均"，就是说开始七十天要用武火，中间二百六十天要用文火，最后三十天复用武火，前后正是一年。具体地说，一月中用卦气、纳甲二法调节火候。卦气法以两卦当值一日，自月初至月底，六十卦轮流当值。纳甲法将一月分为六节,与六卦、十天干相配合,炼丹时要依此六节阴阳的消长来控制火候的升降。一年中用十二消息卦来调节火候,即复、临、泰、大壮、夬、乾、姤、遁、否、观、剥、坤十二卦,配十一月、十二月、一月、二月、三月、四月、五月、六月、七月、八月、九月、十月。《参同契》以十一月复卦为正息卦,阳气始生,至来年十月坤卦,阴阳消长恰好一周,炼丹时应按此季节和阴阳的变化进阳火和退阴符。再次为服药。作者认为金丹有不朽之性,吞入后变成雾状物,以丹气滋润全身,然后用内修之功温养金丹,熏陶躯体,便可成就仙道。《参同契》行文多恍惚之词、类比之喻,文字古奥难通,其真义不易捉摸。后世之道教学者诠解其书,推演出许多新的丹鼎之学,注家分成内丹与外丹两大派,形成丹学大系,不仅对道教的发展产生重大影响,而且成为古化学和气功学的重要资料库。

三 太平道与五斗米道

早期丹鼎派道士只关心少数上层贵族的命运,并依赖于贵族提供的丰厚财力进行炼丹,与一般民众无缘,因此不能形成以民众为基本信徒的道教教团组织。处在艰难困苦中的民众,长生成仙是遥远的梦想,而解除穷困、疾病、天灾、战祸带来的痛苦才是最直接最迫切的需要。由民间巫术发展起来的符箓派道教,其主要宗教活动是符水治病、祈祷禳除、积德行善,又提倡教内互助共济、救穷解困,能救穷民燃眉之急。特别在汉末社会黑暗动乱的年代,民众更急需社会保护和精神依托,符箓派民间道教组织恰能提供这种物质条件和精神食粮,所以能很快拥有广大下层信徒,从而发展起来。

据《三国志·张鲁传》注引《典略》,在东汉灵帝之世,社会上出现了三股较大的民间宗教势力:"熹平中,妖贼大起,三辅有骆曜。光和中,东方有张角,汉中有张脩。骆曜教民缅匿法。角为太平道。脩为五斗米道。太平道者,师持九节杖为符祝,教病人叩头思过,因以符水饮之,得病或日浅而愈者,则云此人信道,其或不愈,则为不信道。"看来太平道的主要宗教活动是依托神道为人治病,由太平道师作符祈祷,病者先须叩头思过,作一种忏悔仪式,然后吞食符水,心诚则灵,否则不灵。《后汉书·皇甫嵩传》记载了太平道更详细的活动情况。张角自称"大贤良师",以解救苦难的善士身份活动于世,所以其道称"善道"。符水治病与《典略》所载同。由此深得人心,"百姓信向之",故能在十余年间发展到数十万人。记叙他"奉事黄老道"是说张角倾心于黄老崇拜,而正式教名应如《典略》所言是"太平道"。他倡言"苍天已死,黄天当立",这不仅是政治上表示根本变革的口号,也标示出太平道的宗教信仰与官方传统天神崇拜的对立。"苍天"即是"昊天",从《诗经》起就是人们对至上神的称呼,君权是它所授予。太平道认为这个传统的"天"已经灭亡,它将为"黄天"所取代。太平道崇信黄老,故称天神为黄天,黄主土居中央,"黄天当立"含有夺取中央政权而据有天下之义。据《三国志·魏书·武帝记》注引《魏书》,初平年间,黄巾军移书曹操说:"昔在济南,毁坏神坛,其道乃与中黄太乙同。似若知道,今更迷惑。汉行已尽,黄家当立。天之大运,非君才力所能存也。"太平道将传统太一信仰与黄老崇拜相结合,在"太乙"前加"中黄",表示居中而行黄道,这样"中黄太乙"就不同于传统天神,而成为太平道独有的最高偶像。太平道前期以宗教活动为主,扩大队伍;后期转为以准备武装起事为主,宗教组织与军事组织合一。这次起义以黄巾为标志。张角称天公将军,其弟张宝称地公将军,宝弟张梁称人公将军,"旬日之间,天下响应,京师震动"(《皇甫嵩传》),斗争持续了20多年,虽然终归于失败,但却震撼了刘氏王朝的根基。

关于太平道与《太平经》的关系,《后汉书·襄楷传》记载"张角颇有其书(指《太平经》)",可知张角读过《太平经》。在宗教信仰上,《太平经》的道教神学和道术对于太平道确有影响。例如,黄巾军的天公、地公、人公三将军称号与《太平经》的天地人三名同心相通;中黄太乙神与《太平经》宣扬的五行观念有关;叩头思过、符水治病正是《太平经》中已有的"巫觋杂语";黄巾军起义择在甲子年,而《太平经》即推尊甲子岁,说"凡物生者,皆以甲为首,子为本"。在社会思想方面,太平道的名称很可能来自《太平经》的太平理想,但两者的基本倾向是不同的。《太平经》社会有批判,不过不出改良的范围,它强调行中和之道,主张阶级和等级之间的调和,反对犯上作乱。太平道则奉行暴力革命的路线,

"杀人以祠天",烧官府掠聚邑,诛暴杀吏,目的是推翻刘氏汉王朝的政权。两者之间的差别是明显的,所以《太平经》作为安王之大术受到后世上层的重视,而太平道作为不可赦的叛逆遭到贵族武装联合一致的镇压,终致彻底灭绝,后世遂无传者。太平道作为最早出现的民间道教组织,在动员和领导民众起来武装造反、冲击腐朽政权的斗争中,起了重大作用,深得民众拥护,这是了不起的业绩,是中国早期道教史上光彩夺目的篇章。

与太平道同时或稍晚,在巴郡汉中一带兴起了五斗米道。《三国志·张鲁传》说:"张鲁字公祺,沛国丰人也。祖父陵,客蜀,学道鹄鸣山中,造作道书以惑百姓,从受道者出五斗米,故世号米贼。陵死,子衡行其道。衡死,鲁复行之。"但张鲁得五斗米道领导权,却非继承其祖、父的教权而来。《张鲁传》记:"益州牧刘焉以鲁为督义司马,与别部司马张脩将兵击汉中太守苏固,鲁遂袭脩杀之,夺其众"、"鲁遂居汉中,以鬼道教民"。该传注引《典略》称:"汉中有张脩","脩为五斗米道","后角被诛,脩亦亡。及鲁在汉中,因其民信行脩业,遂增饰之"。张陵之道至张衡时已经不振,故张衡事迹史书从略。张衡之妻是位巫师,受到刘焉宠信,故张鲁得以成为刘焉属下的司马,掌握一定兵权。直到张鲁在汉中袭杀张脩并夺其众之后,才掌握了五斗米道教权并扩及巴郡。张脩应是前期五斗米道的真正领袖。张脩领导的五斗米道比太平道在教义教规上要复杂一些,除叩头思过、符水治病外,还设静室,作三官手书,最令人注目的是学习《老子》五千言,这是中国道教史上第一次把《老子》作为教徒必修的经典,标志着道家理论与宗教实体的正式结合。张脩曾响应黄巾军的起义而反叛朝廷,《后汉书·灵帝纪》载,中平元年张角造反不久,"秋七月,巴郡妖巫张脩反,寇郡县",注引刘艾《纪》曰:"时巴郡巫人张脩疗病,愈者雇以米五斗,号为五斗米师。"可知起义的张脩即是五斗米道师的张脩。后来张脩依附于地方割据势力刘焉,当上别部司马,在桓帝朝末,率其徒众与张鲁一起进击汉中,得手后为张鲁所杀,于是张鲁掌握了教权,五斗米道进入后期也是最兴盛的时期。

张鲁在张脩的基础上对五斗米道加以补充发展。张鲁依靠军事力量夺得教权,又依靠教权建立起政、教、军合一的地方割据政权。他自号"师君",集政教大权于一身,其下以祭酒代官长,实行政教一体化管理。他还设立了义舍,给流民提供米肉。又用神道推行道德教化,教人诚信不欺。由此以来,在战乱不息的汉末岁月,巴、汉一带却形成相对稳定的社会局面,生产生活得以正常进行,人们精神上也有依托,所以"民夷便乐之",时间长达30余年。由于汉廷软弱,鞭长莫及,只得加以容忍,封张鲁为镇民(一说镇夷)中郎将,领汉宁太守,通其贡献。张鲁统治下的五斗米道不再有公开武装反叛行为,张鲁降曹后,官拜镇南将军,封阆中侯,邑万户,次年死于邺城。

五斗米道的教义、教诫集中反映在《老子想尔注》一书中。该书《隋志》、《唐志》均未著录,独陆德明《经典释文·序录》录有《老子想余注》二卷,注云:"不详何人。一云张鲁,或云刘表。""想余"显系"想尔"之误。刘表倾心儒学,不可能用道教思想注(老子)。张鲁继承张脩修习《老子》的传统,将诸祭酒讲解《老子》的说教集中起来,形成一部《老子》注,倒是十分可能的。《想尔注》在内容和文字上的宗教情绪及粗陋浅显特色,也与五斗米道的活动水平相符合。而且后来社会上有张镇南《老子》古注本流行。因此,可以把《想尔注》当作五斗米道教义理论的史料。《想尔注》是中国历史上第一部站在宗教立场上用神学注解《老子》的书。它首先将《老子》的形而上之"道",解释成"至尊"的神,"道"即是"一",它可以散形为气,聚形为太上老君,老子被神化,成为道的化身。《想尔注》借用《老子》反复宣扬"致长生"、"得仙寿",说:"欲求仙寿天福,要在信道"。这些都是《老子》原书所无的。《老子》本来对仁义忠孝采取批评态度,认为它们的出现是大道衰落的产物;《想尔注》则肯定仁义忠孝,认为道用时,人"行仁义","家家孝慈","臣忠子孝",说明张鲁五斗米道维护宗法等级秩序,因而也肯定儒家的道德规范。《想尔注》同《太平经》一样,在修道方法上也讲内外双修,内以"积精成神",外以"积善成功"。但是《想尔注》作为五斗米道的理论著作是面向下层信徒的,所以反对"仙自有骨录"之说,不像《太平经》那样只把成仙的希望给予少数贵族,而要给予一切虔诚信徒。也正是由于五斗米道是民间的道教,是有实体存在、有实际活动的道教,所以特别看重教诫,有严密的组织纪律和行为规范，以便于信众遵守。它认为"诚为渊，道犹水，人犹鱼"，人离道则死，道离诚则散。它制定了许多道诫，如："竞行忠孝"，"守中和之道"，"与不谢，夺不恨"，"喜怒悉去"，"诚知止足"，"勿贪宝货"，"施惠散财除殃"，"学知清静"，"不为式过"，"禁祭餟祷祠"，"道重继嗣"等，这些道诫概括起来说便是："奉道诫，积善成功，积精成神，神成仙寿"，"百行当修，万善当著"。在内修积精和外修积善两者中，善行更为根本，所以它说："人当积善功，其精神与天通"，"精并喻象池水，身为池堤封，善行为水源"，这表明五斗米道注重实行。重继嗣，不独身，这正是符箓派道教的特点。从《想尔注》的内容看，五斗米道在教义上容纳许多儒学思想，不反对宗法制度与道德，因此存在着向上层道教转化的内在可能性。它的遭遇果然与太平道不同，得到上层贵族的宽容。魏晋以后出现上层信奉者，以天师道的名义不断扩展流布，在南北朝及其以后经过一番改造，终于成为全国性的正宗道教。

第五节　佛教的传入与初兴

一　佛教的始传与流行

佛教发源于古印度，它传入中国的时间有种种不同说法，一般认为在两汉之际，主要经由西域传入中国内地的。西汉武帝时张骞通西域，从此开辟丝绸之路，印度佛教便经由中亚诸国，顺着这条经济、文化渠道而进入中原，这是合乎情理的。据《三国志》卷30注引《魏略·西戎传》称："天竺又有神人，名沙律。昔汉哀帝元寿元年，博士弟子景卢受大月氏王使伊存口受《浮屠经》，曰复立者，其人也。《浮屠》所载临蒲塞、桑门、伯闻、疏问、白疏间、比丘、晨门，皆弟子号也。"又据汉末牟子《理惑论》，东汉明帝梦见神人，傅毅认为是天竺得道者，号曰佛，于是遣张骞、秦景、王遵等去大月氏写得佛经四十二章而归，并于洛阳城西雍门外起佛寺，是为佛教传入之始。两说一为西汉末，一为东汉初，模糊一点说就是两汉之际。《魏书·释老志》增益《理惑论》之说，谓明帝派蔡愔、秦景使于天竺，愔与沙门摄摩腾、竺法兰东还洛阳，立白马寺于洛城雍门西。

东汉初年，上层权贵已有信佛者，但将佛陀依附于黄老崇拜。《后汉书·楚王英传》说，楚王英晚年"更喜黄老，学为浮屠，斋戒祭祀"。汉明帝诏书中亦有"楚王诵黄老之微言，尚浮屠之仁祠"等语，将黄老与浮屠并提。在一般人心目中，佛教教义类似于黄老之学，佛陀类似于神通广大的神仙。袁宏《后汉记》说佛教"专务清静"，"息意去欲，而欲归于无为也"，"佛身长一丈六尺，黄金色，项中佩日月光，变化无方，无所不入，故能通百物而大济群生"。直至东汉后期，佛教在人们心目中仍是黄老一类的宗教形象。东汉桓帝延熹九年（166），襄楷上疏说："又闻宫中立黄老浮屠之祠，此道清虚，贵尚无为，好生恶杀，省欲去奢"，依然将黄老浮屠混而为一（见《后汉书·襄楷传》）。至于一般民众信奉者，东汉之世无有明载。十六国时后赵王度说："汉明感梦，初传其道，唯听西域人得立寺都邑，以奉其神；其汉人皆不得出家"（《高僧传·佛图澄传》），可知信奉者多是西域僧人。由于佛教依附于黄老道术，未能显示自身的特色和力量，故未曾引起社会强烈关注。这种情况直到汉末始有改变，其时在地方和民间佛教信徒日渐增多。据《三国志·吴书·刘繇传》载，徐州牧属官丹阳人笮融，"大起浮屠祠，以铜为人，黄金涂身"，建起可容三千人的重楼阁道，诵读佛经，"每浴佛，多设酒饭，布席于路，经数十里，民人来观及就食且万人，费以巨亿计"，这种崇拜的规模及吸引的民众已经相当可观了。

二 佛经的传译

东汉时期是佛教传入中土后第一个阶段，其特点是外在的活动不多，而把主要力量用在传经译经、积蓄力量上面。最早汉译佛经当为《四十二章经》，明帝永平十年（67）取回，由摄摩腾、竺法兰合译，它是从《阿含经》中选辑而成，类似佛经集要读本。安息国僧安世高于桓帝间来洛阳开始译经，在20多年中共译经34部40卷，主要有《安般守意经》、《阴持入经》、《人本欲生经》、《大十二门经》、《小十二门经》、《道地经》等，介绍小乘禅法，如"四谛"、"五阴"、"八正道"、"十二因缘"、"四禅定"等佛教基本教义及禅定之法。"五阴"：色、受、想、行、识，五者包括了人的生理构造和精神活动，人是五阴和合相续而成，本无自性，假名为人，故应破除"我"执。"四谛"：苦、集、灭、道。人生无时不苦、无事不苦，是为苦谛；推究苦因在业与烦恼，是为集谛；断绝苦因，进入涅槃，可获得彻底解脱，是为灭谛。按"八正道"的途径修行才可超脱轮回，是为道谛。"八正道"：正见、正思维、正语、正业、正命、正精进、正念、正定，总的要求是按"四谛"修习，便可超凡入佛。"十二因缘"：无明（贪、嗔、痴）、行（种种善恶诸业）、识（诸业引出的生命主体）、名色（胎儿的身心状态）、六处（生出眼、耳、鼻、舌、身、意六种感觉器官）、触（人开始与外界接触）、受（因接触外境引起的苦乐感受）、爱（产生对事物的贪爱和欲望）、取（由贪爱引起追求）、有（有种种作业，种下来生果报之因）、生（今生之业引起来世再生之果）、老死（既有来世之生，必将老病而死）。以上12个环节，构成因果相生的链条，使众生在过去、现在、未来三世中轮回流转，称之为"三世两重因果"。"四禅定"：即四静虑，它规定了在超脱"欲界"的基础上继续修习的心理发展四阶段，它要求修禅者行四种观想——一谓非常想，以灭贪想；二谓苦想，以灭情感；三谓非身想，以灭意识自主；四谓不净想，以灭色欲，总称之为"四意止"，这是安世高介绍的小乘禅法最看重的理论。

　　月支僧人支娄迦谶（支谶）于桓帝末年至洛阳，灵帝间译出佛经14部27卷，如《般若道行品经》、《首楞严经》、《般舟三昧经》等，都是大乘佛教经典，向中国人首次介绍了印度大乘般若学的理论。大乘佛教是印度后起的佛教，它贬称原始佛教与部派佛教为小乘，自称大乘。在教义上，小乘重在破我执，即"人无我"，大乘重在破法执，即"法无我"；小乘注重修持者个人解脱，大乘则要"普度众生"。大乘空宗的般若学，主张运用一种特殊的智慧即般若，达到成佛的目的，其中心思想是树立一种"假有性空"的宇宙观，亦即觉悟到万有的存在是虚幻的，皆无自性，故不真实，从而看破一切。般若学的缘起说认为，一切事物皆是因缘（主要条件与辅助条件）和合而成，缘散即灭，所以没有它自身的真实本性，是无常的，不值得留恋追求，但万有作为一种现象是存在的，只是不真，故名假有，应行其中道，不落空有两边。支谶《道行经》译本受《老子》影响把

"真如"译成"本无"。"真如"是佛教大乘说中关于永恒真理或绝对本体的概念,后世又译为"性空"、"法性"、"实相"、"佛性"、"法身"等。"本无"理论的主要目的是揭示世上一切事物皆为假象,在破除了视假象为真实的妄见之后,就能达到对绝对本质——本无的认识。"本无"学虽然否定假象的真实性,却不否认假象的存在,而认为"本无"通过"假有"而存在。为了达到对本无的把握,人应摒弃一般的思维方式,而运用直觉,做到"心无所住",无住于心,无住于物,不着想,不动念,无任何牵累。另一方面又要避免"入空",要行般若方便,在世俗生活中证得性空。这些思想对于魏晋佛教产生极大影响。

支谦是支谶的再传弟子,在吴地译经30余年,译出佛经36部48卷,有《大明度无极经》、《维摩诘经》、《大阿弥陀经》、《本起经》、《首楞严经》、《大般泥洹经》等,进一步介绍大乘般若学,并开始突出"佛身"论,讲述修习成佛的过程,其中引人注目的是《维摩诘经》,它反映了佛教以"中道"为理论口号而不断世俗化的趋势。维摩诘是位在家居士,他一方面享受着高水平的华贵的富豪生活,另一方面又对佛法有甚深的理解,精神境界高尚超迈。《维摩诘经》认为"佛国"、"净土"就在现实世界之中,关键在于自己能否自净,能否修持菩萨行,即持戒、忍辱、精进、禅定、智慧,以至行三十七道品,便可成就自己的佛土。该经在南北朝十分流行,对于禅宗的形成也起过巨大作用。

康僧会是吴国僧人,受安世高小乘佛学和支谦大乘佛学的双重影响,又接受孔孟儒学的熏陶,所编译的《吴品》、《六度集经》,体现了中印文化融会的精神。《六度集经》强调菩萨行的度世心怀,即"我当为十方人作桥,令悉蹈我上度去"(《道行般若品》)。康僧会强调"正心治国",以"仁道"释佛道,谓"诸佛以仁为三界上宝,吾宁殒躯命,不去仁道也","王治以仁,化民以恕",可知康氏在编译佛经时以佛宣儒,又借儒明佛,并把中国传统的神不灭思想糅合其中,为佛教的中国化做出了贡献。

三国时魏地僧人朱士行,西行至于阗,取得梵本《大品般若经》90章,遣弟子送回洛阳,西晋时由竺叔兰等译为汉文。朱士行是内地西行求法的第一人。

支谦译《大阿弥陀经》，康僧会译《无量寿经》，于是阿弥陀净土信仰传入内地，它们把现实世界的苦难加以突出，把西方极乐世界说得美妙无比，又提出了简便易行的修持方法，即一心专念无量寿佛，或者兴修各种功德，便可在死时往生西方净土。这对于下层缺少文化的劳动人民有极大吸引力，于是净土信仰逐渐深入民间。

三 《理惑论》与三教争论的肇始

佛教是印度外来文化，儒学和道教是中国传统文化，两者分属不同类型的文化体系，差异性是很大的，其中最主要的差别是对于家国持相反态度。佛教主张弃家离国，破除人伦关系的樊篱，以求得超脱人间苦难；儒学要齐家治国，以忠孝为基本道德，君臣大义、父子之亲决不可废；道教虽然讲个人超度成仙，但将忠孝作为修道的戒条，对纲常名教持肯定态度。当佛教初传中国，力量微弱并依附于黄老崇拜时，儒家学者尚能容忍，不加关注。但当汉末佛教作为一种新思潮活跃于社会并逐渐增大影响时，儒学为了维护自身的正统地位，必然要排击佛教。佛教与道教也要为争夺中国宗教的思想阵地而互相斗争。儒道之间在理论及利害上也有许多矛盾，也要引起纷争。所以三教之间的斗争是不可避免的。但是儒、释、道三家都必须在中国这块宗法社会共同的土壤上求得生存和发展，而它们在理论上也本来有相通的地方，所以三教在斗争的同时又必然相互渗透、贯通，走向融合。如何认识三教的性质和作用，如何正确处理三者之间的关系，是当时政治家和思想家遇到的新课题。

产生于汉魏之际的牟子《理惑论》，最先体现了由儒术独尊到儒释道并存这种时代精神的转换，反映出当时三教在理论上的对立和中国佛教学者渴望三教会同的心态。作者回述自己从学习儒家经传进而锐志于佛道，于是遭到世人的种种责难，他根据自己对于佛教的理解，一一做了回答。其主要内容是：

第一，关于佛教学说自身的估价。有人责难："佛经卷以万计，言以亿数"，"烦而不要"。答曰："佛经前说亿载之事，却道万世之要"，"佛悉弥纶其广大之外，剖析其寂窈妙之内，靡不纪之，故其经卷以万计，言以亿数"。有人责难，佛教"其辞说廓落难用，虚无难信"。答曰："大道无为，非俗所见，不为誉者贵，不为毁者贱。"

第二，关于佛教与传统儒家名教的关系。有人责难："佛道至尊至大，尧舜周孔曷不修之乎？七经之中，不见其辞。"答曰："书不必孔丘之言，药不必扁鹊之方，合义者从，愈病者良"，"五经事义，或有所阙"。又责问：沙门"违貌服之制，乖搢绅之饰"。答曰：有德不在服饰，"尧舜周孔修世事也，佛与老子无为志也"，"君子之道或出或处，或默或语"。

第三，关于佛教与孝道的矛盾。有人责难："沙门剃头"，"违圣人之语，不合孝子之道"。答曰："苟有大德，不拘于小。沙门捐家财，弃妻子，不听音，不视色，可谓让之至也，何违圣语、不合孝乎？"又责难：沙门绝嗣无后，"违福孝之行"。答曰：许由、夷齐避世，"孔圣称其贤"，"沙门修道德以易游世之乐，反淑贤以贸妻子之欢"。又责难："须大拏（太子名，佛之前身）不孝不仁，而佛家尊之。"答曰："须大拏睹世之无常，财货非己宝，故恣意布施以成大道。父国受其祚，怨家不得入，至于成佛，父母兄弟皆得度世。是不为孝，是不为仁，孰为仁孝哉？"

第四，关于佛教神不灭论。问难："佛道言人死当复更生。仆不信此言之审也。"答曰："魂神固不灭矣，但身自朽烂耳"，"有道虽死，神归福堂；为恶既死，神当其殃"。又问："生死之事，鬼神之务"，非圣人所语。答曰："《孝经》曰：'为之宗庙，以鬼享之，春秋祭祀，以时思之'，又曰：'生事爱敬，死事哀戚'，岂不教人事鬼神、知生死哉？""佛经所说生死之趣"皆如此类。

第五，关于佛教的非正统性与沙门的卑行问题。有人责难：舍"尧舜周孔之道"，"更学夷狄之术，不已惑乎？"答曰："昔孔子欲居九夷"，"禹出西羌而圣喆，瞽叟生舜而顽嚣"，"（传）曰：'北辰之星，在天之中，在人之北'，以此观之，汉地未必为天中也"。又问：沙门有邪伪之行，"而佛道谓之无为邪？"答曰："圣人能授人道，不能使人履而行之也"，"譬之世人，学通七经，而迷于财色，可谓六艺之邪淫乎？"

第六，关于佛教与道教、道家的关系。有人问："王乔、赤松、人仙之箓，神书百七十卷，长生之事，与佛经岂同乎？"答曰："道有九十六种，至于尊大,莫尚佛道也。神仙之书,听之则洋洋盈耳,求其效犹握风而捕影。"又问:"为道者或辟谷不食,而饮酒啖肉,亦云老氏之术也。然佛道以酒肉为上戒,而反食谷,何其乖异乎?"答曰:"吾观老氏上下之篇,闻其禁五味之戒,未睹其绝五谷之语","辟谷之法,数千百术,行之无效,为之无征,故废之耳"。

从《理惑论》中可知佛教在汉末确有较快发展,经卷以万计,并且开始摆脱黄老而自立,其活动受到社会广泛评论,其信徒中有了像该书作者那样的士大夫阶层。但称赞者不多,"世人学士多讥毁之"。攻击佛教的主要言论来自儒家学者,他们批评佛教为"夷狄之术",周孔不言,五经不载,背离孝道,乖违礼仪,妄言生死,烦而不要,难信难用,沙门有污秽之行等。《理惑论》作者的回答有两种方式。一种是跳出儒学的圈子,公开扬佛抑儒,说学问不得以周孔五经为限,汉地不为天中,不应重夏轻夷,这对于中国士人来说,显然是一次思想的解放,不再固守传统的文化标准了。一种是佛儒认同,将佛教说成符合中国传统文化的精神,如说佛教不违孝道,而且是大仁大孝,佛儒皆主神魂不灭之说。作者赞美《老子》五千文但否定道教辟谷成仙之说,认为道教乖违老庄之旨,这也是后来不少佛教学者对道家与道教所持的分别对待的态度。由此可知,《理惑论》既反映出三教之间的斗争,同时也表现出中国学者重新解释佛教,"以经传理佛之说",沟通儒佛与道家的努力,对外来优秀文化持开明吸收的态度。《理惑论》中讨论的问题,大都是后来魏晋南北朝三教争论的问题,后来的沙门敬王与服饰之争、白黑论之争、夷夏论之争、神灭论之争,在这里都可以看到其雏形。《理惑论》拉开了三教在理论上争论和交融的序幕,是一篇具有划时代意义的重要论文。佛教文化的介入,三教之间的争论,给中国文化注入新的因素和活力,中国文化正是在内外不同的文化体系之间的碰撞和吸收中,加速朝前发展,更加丰富,更加生动,更加光彩夺目。

第四章　魏晋南北朝勃兴发展的宗教

第一节　概述

魏晋南北朝是一个宗教文明勃兴的时期。长时期的分裂、战乱造成了广大人民群众生活的极度痛苦，现实世界的黑暗使幻想中的彼岸世界大放光明，宗教成了这一时期社会精神文明的中心。

传统的宗法宗教在魏晋时期得到了进一步的调整和充实。王肃对郑玄的驳议纠正了汉代神学经学在宗法宗教中添加的复杂因素，天神的地位在诸神体系中更加突出，宗法血缘关系在祖先祭祀中得到强调，宗教的教化作用更加明显，宗法宗教成为整个统治政策的一个组成部分。自从东周社会意识形态一体化结构解体以后，宗法宗教便与它的哲学理论发生了一定程度的分离。宗法性宗教离开了意识形态核心的地位，隐没在儒学的巨大身影之后，经常被视为儒家"礼学"的一部分。不过，宗法性宗教毕竟有自身的源流，是由国家法典正式认可的国家宗教，有独特的祭祀礼仪系统，并不完全受理论思潮变迁的左右，而且还能够超越学术思潮影响的范围，直接左右社会心理习俗的各个层面。其基本观念——敬天法祖重社稷，一直是多数中国人的正统信仰基础。在魏晋南北朝社会大动荡，民族大融合，文化大交流，儒学权威相对下降的形势下，宗法性传统宗教发挥了稳定中华文化内在价值的巨大作用。

魏晋南北朝是道教的成熟时期。张角领导的黄巾起义被镇压、张鲁的巴汉割据被招抚以后，魏晋统治者对道教采取了严格限制的政策，导致道教从民间宗教向上层宗教的转化。经过寇谦之、陆修静、陶弘景等人的整顿，道教变成了一种完全符合封建规范的纯粹宗教组织。葛洪撰写了《抱朴子》，对道教长生久视、肉体成仙的基本信仰进行了系统论证，阐述了道教哲学观念以及政治态度，并详细记载了炼制金丹的方法，为道教的发展奠定了理论基础。以后，上清、灵宝、三皇、楼观等道教流派相继诞生，道书大量涌现。陆修静对社会上流行的各类道书加以整理，分门别类，编出经目。陶弘景编造了道教的神仙谱系，撰写了早期道教史。至此，道教的创教工作基本完成，作为一种完整的宗教组织确立了自己在中华文明史上的地位。

佛教是一种外来文化，魏晋南北朝时期，乘政治、文化动荡之机，假魏晋玄学清谈余韵，获得了长足的发展。佛教经典大批地、高质量地译出来，吸引了众多信徒，上至帝王将相，下至平民百姓趋之若鹜。到南北朝，僧尼人数大增，寺院经济急剧膨胀，石窟大量开凿，佛教在中国文化土壤中已经牢牢地扎下了根。特别是佛教内部关于般若空观、涅槃佛性、因果报应等问题的讨论，吸引了大批名僧名士参与，佛学成了当时学术思潮的中心，对中华文明的发展产生了举足轻重的影响。

此时期中外宗教交流史上还有一件事值得一提，即祆教的传入。祆教亦称"拜火教"、"火祆教"、"火教"，为公元前7世纪古波斯宗教改革家琐罗亚斯德所创，故也被称为琐罗亚斯德教。此教因圣火崇拜而闻名，南北朝时经西域传入我国，北魏、北齐、北周帝王皆有奉祀者。不过在当时影响并不大。

佛、道二教的急剧发展，必然引起彼此之间互比高下的摩擦，也必然引起它们与传统的宗法性宗教及儒学的矛盾，由此爆发了儒、释、道三教冲突。理论的冲突主要围绕着佛教这种外来文化在中国存在的合理性问题展开，实质上所争的是文化的民族性与开放性、继承性与发展性、一元性与多元性能否统一和如何统一的问题。儒、释、道三教在论战中互争优劣、彼此揭露对方的弊端，证明自己对于巩固封建统治的重要意义。尽管在三教冲突中发生过北魏太武帝灭佛、北周武帝灭佛两次极端事件，但从整体上讲冲突的方式多为和平的争辩，冲突的结果导致了三教的融合。道教因此而提高了理论素质，儒学因此而获得了较为开阔的文化视野，佛教因此而逐步中国化了。魏晋南北朝时期的三教冲突与融合，为封建社会后期"儒学为主、佛道为辅"的文化格局与文化政策进行了理论探讨和先期试验，积累了经验教训，也为隋唐时期中华文明的鼎盛准备了思想条件。

第二节　国家宗法宗教的整顿

继秦汉古代宗教复兴的余波，国家宗法宗教在魏晋南北朝时期进一步调整，总的方向是朝着更加理性化、礼仪化、世俗化的方向发展。

一　宗法宗教的神鬼系统

中国传统的宗法宗教也有一个完整的神鬼系统，构成了相对于人间的天国世界。殷周以来，神鬼世界的大轮廓已经划定，可是在局部问题上的争议还是时有发生。秦汉至魏晋就是变化比较大的时期之一。这场变革主要导源于郑玄与王肃在经学上的争议。而理论冲突的背后则是曹氏与司马氏两大士族集团的政治斗争，宗法宗教与政治的紧密关系于此可见一斑。

郑玄关于宗法宗教的见解的影响是比较大的，他的见解主要表现在"三礼"注疏中。他的观点对汉、魏之际宗教礼仪的修订具有指导性。郑玄对"三礼"的注疏虽然在训诂考据上下了极大功夫，集汉代今、古文经学之大成，但是也带有明显的时代局限性。郑玄受汉代流行的谶纬神学思潮影响，盲目迷信圣人经典和纬书，对经文产生年代和可靠性缺少批判精神。他认为经典一律出于先秦圣人之手，忽略汉儒在收集整顿经典过程中，杜撰假冒的可能性。结果郑注在许多地方混淆了汉代的宗教与周代的宗教，导致了宗教理论与实践的混乱。

魏晋时期，王肃首先向郑玄的权威地位提出挑战，王肃也是一位博采众家、遍注群经的大学者，而且不囿旧说，善于独立思考。他虽未能提出汉代经文的真伪问题，却努力透过谶纬神学散布在经籍上的层层迷雾，追寻古代宗教的本来面目。郑、王二人在宗教神学问题上的主要争议集中在昊天与五帝的关系问题上。

《孝经》有"周公郊祀后稷以配天，宗祀文王于明堂以配上帝"之说，则天帝有二，郑玄主其说。汉代崇拜五天帝，加上昊天上帝，遂有"六天"之说，郑玄亦主之。郑玄试图用经书中记载的几种祭祀形式说明一天、二天与六天的差别。他把天神一分为三，认为应在圆丘祭昊天，在南郊祭上帝，在明堂祭五帝，导致了圆丘与郊两种祭祀仪式的分离，昊天与上帝的分离。为了调和这一新的矛盾，郑玄又指出圆丘所祭为昊天上帝，南郊所祭则是感生帝。根据五德终始说，每一个朝代感生一帝一德。如周代感生东方青帝灵威仰，主木德，余下类推。如此解释又导致了感生五天帝（灵威仰、赤熛怒、白招拒、叶光纪、含枢纽）与明堂所祭五人帝（太皞、少皞、颛顼、黄帝、炎帝）的矛盾，究竟谁是五帝？郑玄由于过分迷信经典和纬书，结果导致自己体系内部的矛盾。

曹魏时期，曹氏集团采纳了郑玄之说。魏明帝景初元年（237）始营南委粟山为圆丘，祭昊天曰皇皇帝天。自称曹氏出自帝舜，以帝舜配。于方丘祭皇皇后地，以舜妃伊氏配。南郊祭天曰皇天之神，以太祖武皇帝配，北郊祭皇地之祇，以武宣皇后配。以高祖文皇帝祭于明堂配上帝。曹魏政权的这个天神祭祀系统不仅从理论上导致了神权的紊乱，政治上也不利于"神道设教"这个大目标，因而受到王肃及其门徒的猛烈攻击。王肃作《圣证论》，集中批驳郑玄的观点。他认为古代宗教中圆丘与郊同为祭天之处，昊天与上帝不容有二。古代并无感生帝之说，五帝就是五人帝，原是古代五位圣王，五帝非天。王肃之女适司马昭，生晋武帝司马炎，于是随着王朝的变迁，王学与郑学的地位也相应转换。晋武帝希望借政治统一的机会对宗教神学观念进行一番整顿，再反过来保证政治上的统一。他完全采纳了王肃的主张，认为五帝乃昊天之气在五方的不同表现，实为一神所化，天上只有昊天上帝为最高神，不仅要除汉代五郊祭祀，且于南郊、明堂除五帝之座。这样便简化了祭祀天地的礼仪，将冬至圆丘祭昊天合并于正月上辛（第一个辛日）南郊祭天，夏至方泽祭地祇合于北郊祭地。有时两郊与宗庙还同时进行。

南北朝时期。南朝的祀天礼典基本承继晋制。北朝少数民族统治者推崇郑玄经学，汉儒的"感生说"影响很大。为了论证自己入主中原的合理性，少数民族统治者请儒生帮助推算本朝感生何帝、何德。如北魏主土德、北齐尚木德、北周也尚木德。在祭祀制度上采纳郑玄说,北魏道武帝将郊丘分开,正月上辛南郊祭天,冬至圆丘祭上帝。到了北齐又改为冬至圆丘祭天,正月上辛祠感生帝灵威仰于南郊,仍保留了汉代的感生帝祭祀。

魏晋时期日、月祭祀逐渐定型。魏明帝太和元年(228)二月丁亥朔,朝日于东郊,八月己亥夕月于西郊,史官评价"始得古礼"。至北周,于东郊筑日坛,西郊筑月坛,东、西郊礼于是确立。

在社稷祭礼问题上,魏晋之际也曾发生过一场争论。汉代有太社、王社之别,太社有稷而王社无稷,形成了两社一稷的格局。其理论根据是太社为民所立,有祈谷的内容,故设谷神稷,王社乃王自为立社,仅为帝系祈福,表示国王的权力,故无稷。魏晋之际的王学认为这也是一种支离,晋武帝欲从王肃议,并两社为一社。理由是《尚书·召诰》曰:"社于新邑,唯一太牢",可见只有一社。反对派虞翻、付威则根据《礼记·祭法》"王为群众立社为太社,王自为立社为公社",反对并社。结果晋武帝采取了动不如静的策略,"社实一神,而相袭二位,众议不同,何必改作,其便仍旧,一如魏制"。(《晋书·礼上》)

宗法宗教的诸神谱系中,还包括农事崇拜之神。在古代宗教中,孟春祈谷,冬至报享等天地祭祀活动中已包含了农事崇拜的成分。中世纪宗法宗教发展得更为繁琐,单独出现了先农与先蚕两位农神。汉文帝以降,每年初春天子亲耕藉田,皇后率后宫佳丽去桑园采桑,并在先农坛、先蚕坛祭祀两位农神,以示国家对农业生产的重视。此外,国家宗法宗教还包括高禖(禖神,帝王祀以求子)、八腊(先啬、司啬、农、邮表畷、猫虎、坊、水庸、昆虫等农事神)、五祀(门、户、井、灶、中霤)诸神祭祀,得到国家礼典的确认。其他淫祠杂祀,国家法律明令禁止。

秦汉以后,神仙方术之学盛行,淫祠杂祀甚众,魏文帝、晋武帝都曾严令禁止国家祀典以外的宗教崇拜活动,以防有人借宗教组织聚众起事。北方少数民族也从草原带来了不少原始的宗教信仰,北魏道武帝、孝文帝曾借汉族祀典,禁民间杂祀,加速了汉化过程。

二 宗庙祭祀系统

宗庙祭祀活动是国家宗法宗教重要组成部分。比起天神崇拜、自然崇拜来，祖先崇拜对社会生活的影响更实在、直接，自周公制礼以来变动也相对较小。

魏晋南北朝，宗庙祭祀问题上最大的一场争论发生在天子庙制问题上。代表人物仍然是郑玄与王肃。《礼记·王制》规定："天子七庙，诸侯五庙"，但在对天子七庙的理解上却发生了歧义。郑玄根据《礼纬·元命包》认为，天子为五世之祖立庙，同于五服之制，五代以上亲缘断绝。郑玄此论使天子在宗法血缘上与臣民同于五世而斩的原则，宗法观念比较统一，但他却忽略了庙制在规定人们等级尊卑上的意义。王肃作《圣证论》诘难郑玄，考《周礼》本意，每差一等而减两庙，是为了显示人们的身份等级。不然大夫三庙，士一庙，庶人无庙，岂不成了三世而斩、一世而斩，或者无亲不服了？在这个问题上王肃的理解比较合理。

魏晋时代，门阀士族势力强大，社会极重门第血缘，因而在庙制问题上也越搞越复杂，最典型的例子便是晋朝的宗庙。晋武受禅，泰始二年（266）命有司议庙制，从王肃义，追封七世先祖，下诏立一庙七室。这样便一直上溯到汉征西将军司马钧。由于汉魏以后帝王多出身草莽，为了神其祖，魏自称是舜的后裔，晋自称为高阳氏之孙重黎之后。皆荒诞无稽，无谱系可考。真正的受命之君未必是始祖，故魏晋以降多采取虚太祖位的方法，后进一位，则从上边迁一位远祖。当时门阀贵族垄断了社会政治、经济和法律全部权力。宗庙中每迁一祖，就意味着一批皇亲国戚被划出皇族，失去大量特权。因此随着晋室兄弟相争、骨肉相残，皇族内部各个集团地位、利益也变迁不定。并连累得祖先之灵也不得安宁，祖宗牌位在宗庙内进进出出。

南北朝时期，宗法祭祀受外来宗教的影响，还发生过一次大的变化，即梁武帝的素食祭祖。宗庙祭祀一年五次，春祠、夏礿、秋尝、冬烝及腊月，将时鲜农产品献于祖先，称为祭祀时享。天子庙有太牢血食奉献。梁武帝是个虔诚的佛教徒，受佛教普度众生、慈悲为怀思想影响，认为杀牲祭祖"无益至诚、有累冥道"，故建议以大脯代牲。左丞相司马筠认为这样还不彻底，奏议用大饼代大脯，余皆用菜疏。帝从之。自此至梁亡，宗庙不血食。这是佛教信仰对传统的宗法宗教最严重的一次冲击。

三 宗法宗教的政治文化功能

魏晋南北朝，玄学清谈发达，佛教理论鼎盛，而儒家哲学理论却缺少相应的发展，失去了时代"精华"的地位。但是儒学也并没有消失，儒学经学，特别是与宗法宗教有关的"三礼"之学反倒特别发达。魏晋南北朝的统治者对"礼学"倾注了极大的热情。南方的门阀士族要利用宗法宗教团结宗族、区别亲疏、巩固身份等级制度。同时也需要用天上的神权论证自己政权的合法性。从魏至陈300余年间，南方政权六易其主，每一次政权转移都是以"禅让"的形式实现的。这实质上都是以武力为后盾的和平逼宫，不过为了"名正言顺"，他们都穿起了古代衣冠，演出一场场"禅让"的滑稽剧。这也是南方门阀贵族统治的一大政治特色。新王朝建立之初，首先都要筑坛祭天，向天下四方诏告自己政权合于天意民心，理应为天下共主。天神、祖灵是各朝统治的精神支柱。

北方少数民族入主中原，是落后的草原游牧文化对相对发达的河流农耕文化的一种军事征服。为了巩固军事胜利的成果，对政治、经济、文化相对发达的人民施行统治，少数民族统治者更需要宗法宗教的礼仪向臣民们显示自己政权的正统性。比如第一个在北方建立后汉政权的匈奴人刘渊，为了表示自己在血统上不外于中土，自称为汉代和亲的公主之后，"冒姓刘氏"，上承刘汉政权。晋永兴三年（306）自封为汉王，也效仿汉族统治者的样子在南郊筑坛告天。并修宗庙，"立汉高祖以下三祖五宗神主而祭之"。（《晋书载记第一·刘元海》）后赵的石勒、石虎因"佛是戎神"，大兴佛教，但他们敬天法祖的虔诚丝毫不亚于崇奉佛陀。石勒从自立为赵王时，便建社稷、立宗庙、起明堂辟雍、亲耕藉田、建大小学、立经学博士，其礼仪与南方政权毫无二致。北方少数民族统治者正是在学习、实践宗法宗教礼仪的过程中，逐渐接受了中原文化的价值观念。他们巩固政权的过程便成了一个民族文化大融合的过程。

从中国文化发展史的角度看，宗法宗教在魏晋时期还发挥了一项极为重要的文化功能，即稳定了华夏文化的基本价值。魏晋南北朝时期，儒学的"春秋大一统"、"等级名分"、"纲常伦理"思想遇到了严重挑战。士人纷纷转入了以道注儒、清谈玄理之路。有的遁迹山林，放浪形骸，有的轻贱礼法，蔑弃人伦。中土文化的削弱导致异域文化的大传播，南北朝时期佛教的"苦空"理论和涅槃思想吸引人们去寻求个人的精神解脱。但中国文化却没有因此而沉沦，流为异域文化的附庸。其原因除了儒学根基深厚，能同化佛、道，而不失其主脉外，国家宗法宗教在此社会结构巨变、民族融合、中外文化激烈碰撞的条件下也起到了维系国家、民族和文明的作用。宗法宗教与儒学是根植于农业经济和宗法等级制度基础上的文化同构体，儒学主要以哲学理论的形态表达宗法社会的纲常伦理观念，宗法宗教则以情感的、礼仪的形式表达了宗法社会人们之间的亲疏尊卑。两者具有的基本价值观念相同，只是反映同一对象的文化方式与层次不同。相比较而言，宗法宗教具有更大的稳定性、广泛性和普遍性。魏晋南北朝时期，儒学发展相对停滞，而儒学文化中的基本价值却借助宗法宗教的形式得以延续，中华文明仍以容纳百川的气势奔腾向前。

第三节　道教的成熟与定型

一　道教主要流派的演变及道书大量涌现

东汉末年，道教开始形成，出现了张角领导的太平教和张鲁领导的五斗米教（因其创始人张陵、张修、张鲁以天师自居，亦称天师道）。早期道教主要以民间宗教的形式活动，在东汉末年政治腐败、社会矛盾激化的情况下，终于导致了张角发动的黄巾起义和张鲁的五斗米教汉中割据，道教思想和组织成了农民反抗的工具。汉献帝初平三年（192）黄巾军被东汉军击破，张角所发动的太平教起义遂告终结。建安二十年（214）曹操攻汉中，张鲁受招安，五斗米教也受到了沉重打击，道教的发展受挫。三国时代，统治者担心道教活动再次成为农民起义的掩护，因此对道士活动严加限制。江北的曹操把甘始、元放、左慈等著名道士"聚而禁之"，不许他们在社会上自由活动。江东的孙策诛杀道士于吉，因其"能幻惑众心，远使诸将不复顾君臣之礼"。（《三国志》卷46注引《江表传》）统治者严厉的宗教政策基本上达到了控制民间道教发展，防止教徒起义的目的。但是道教并没有从此销声匿迹。道教的民间组织和活动随着太平道被镇压及五斗米教被招抚而严重受挫，曹魏时期道教活动受到严格控制。但道教到两晋至南北朝时期仍然迅速发展起来，成为一支有全国影响的宗教势力。究其原因，大致有四。第一，道教在中国社会中有其不可替代的文化价值，体现了社会人士对生死问题的普遍关注。人生必有死，但对生存的欲望与死亡的恐惧，又推动人们想方设法超出生死大限，各种宗教和哲学流派都试图解决这个问题。如果说儒学偏重于人在社会生活中自我价值的实现，使人潜隐在心灵深处的欲望通过社会道德实践得以升华和转化；那么佛教则是通过否定现实社会生活价值的方法，把人们的精神引向虚幻的彼岸世界，从而排遣生存的苦闷和对死亡的恐惧；而道教则弘扬人类的生存意志，迎合人们追求生命永恒的心理。炼丹的宗旨迎合了贵族统治者永远享受富贵荣华的心理，符水治病满足了缺医少药的下层劳动者的生活需要，养生健身理论则符合大多数人增强体质、健康长寿的共同愿望。这样一种全方位、多层次的社会功能是儒、佛两家无法取代的。第二，道教文化具有极大的开放性和兼容性，它不仅将中国的古代宗教、老庄思想、阴阳五行、神仙方术、医药卫生、民间巫术、纲常伦理统统吸入自己的体系内，而且能够吸收外来的佛教的教规教义、组织形式、经籍体系，从而显示出兼容并包、丰富多彩的理论特色。故道教能在中国文化，特别是在俗文化层面上占一席之地。第三，当时社会、文化的动乱为道教的崛起提供了客观环境。上层统治者得失无常，祸福无定，广大劳动人民流离失所，饱受战争之苦。当人们完全丧失了把握自己命运的能力时，理性主义的儒学便失去了"独尊"地位。乱世中人们的宗教兴趣与日俱增，道教虽不如佛教理论缜密，但却有华夏正统的牌子，故也能迅速发展。第四，此时期出现了葛洪、寇谦之、陆修静、陶弘景等一大批道教活动家，他们能够根据时代的变化，逐步改革道教的组织结构和理论，剔除其平民性和地方性，突出其贵族性和正统性，以维护纲常名教的鲜明姿态，取得了统治者的支持与信任，使道教迅速变成了统治阶级的思想工具。统治者的支持和利用是道教发展的重要因素。

魏晋南北朝时期，道教的成熟与定型主要表现在两个方面，一是道教组织的整顿与改革，形成了具有全国性影响的道教流派；二是道教理论的建设与完善，出现了一大批奠定道教发展方向的经典著作。

先看第一个方面。曹魏时代，曹操收编张鲁以后，为了防备五斗米道教徒们在汉中地区重新聚集，"拨汉中民数万户以实长安及三辅"。（《三国志·张既传》）从此五斗米道活动处于相对分散和低潮状态，但也因此获得了一个向全国传播的机会。虽然曹魏政权对著名道士"聚而禁之"，其实他们本人也是希望长生不老的。史料记载曹操曾多次向甘始、左慈辈寻讨不死的仙方。"上有所好，下必甚焉"，文武百官纷纷与道士交结，控制政策的结果反而使道教获得了向上层统治者传播的机会。到了两晋，世家大族中信奉道教者更多，大姓如郗、王、殷、沈等家族，皆世代奉信之，五斗米道因而身价倍增。不过，在张鲁死后，五斗米道始终没有形成全国性的组织，各地区的道教组织处于不同程度的组织涣散、纲纪松弛、各奉异法、各置祭酒的混乱状态。许多祭酒和教民男女混杂，出现了大量腐败现象，大大影响了道教的声誉。更为严重的是五斗米道在民间亦有传布，如江南的李家道、帛家道、于君道都与天师道有联系，巴蜀地区发生的陈瑞天师道起义，李特、李雄领导的流民起义都与流入四川的五斗米道徒有关。对当时社会造成最大震动的还是孙恩、卢循事件。这究竟是一次农民起义，还是门阀贵族利用五斗米道发动的一次内乱史学界尚有争议，但与道教有密切关系却是无可置疑的。这次起事人数多达数十万，对东晋政权造成了极大冲击，从而也引起了统治者对道教发展的警觉。在这种情况下，五斗米道在全国进行了两次大规模的宗教改革运动。一次是北魏寇谦之领导的"清整道教"活动。他利用北魏道武帝和重臣崔浩的信任，借助国家政权的力量整顿道教组织，除三张伪法及租米钱税，立坛宇，设科仪，使北方的道教组织进一步完善化，更符合封建统治需要。经寇谦之整顿过的五斗米道亦称"北天师教"或"新天师教"。另一次改革发生在稍后的刘宋时代，江南道人陆修静重整南方天师道组织，规定神职人员的升降制度，为教民置治录籍，规定斋戒科仪。经陆修静整顿的天师道称为"南天师道"。

在天师道改革的同时，南方还出现了上清和灵宝两大派系。上清派的创始人是杨羲、许谧、许翙等人。据《真诰·叙录》说：晋哀帝兴宁二年（364），魏夫人华存和众真人下降句容许宅，授杨羲上清经，杨用隶书写出，共31卷。魏华存实有其人，笃信道教，但众仙下凡是不可能的。可能是杨、许等人用扶乩法制造了上清系早期经典。东晋末年许氏后人传与王灵期，王"窃加损益，盛其藻丽"，扩充成50卷，在世上流行。上清派也因此逐渐形成。梁代陶弘景对上清经进行了广泛的收集，进一步发扬光大。由于陶弘景和弟子长期在茅山讲学修道，故上清派又称茅山宗。上清派的经籍与天师道不同，不是以太上老君为最高神，而是以元始天王为最高神。在修行方法上强调个人修炼，特重存神服气，辅以诵经修功德，贬斥房中术，对天师道特重的符箓斋醮也不太重视，受早期神仙家影响较大。

灵宝派的创始人是葛洪的玄孙葛巢甫，于东晋初年创立。关于灵宝经的出现，道书中有许多神话，说元始天尊授太上大道君，大道君遣天真皇人授帝喾，下传至禹。再经若干年，太上遣徐来勒等三真人将经授给葛玄，于是灵宝经便成了葛氏的家传之学。但葛洪的《抱朴子》从未提及其从祖葛玄受灵宝经一事，可见这些神话不过是葛巢甫自神其说而已。不过东晋以前确有古灵宝经出现，《抱朴子·内篇》中有一些灵宝经的篇名。可能是葛巢甫在古灵宝经的基础上新造了灵宝经30卷，以后王灵期将之增至50卷，在社会上传播，渐成灵宝派。刘宋时著名道士陆修静对灵宝经进行了整理编定，同时制定斋醮科仪100卷，这些便构成了灵宝派教士信奉的主要经典。后世把陆修静也视为灵宝派的重要代表人物。灵宝派信奉的神灵与天师、上清各有异同，他们把上清的元始天王改成了元始天尊，把天师道的最高神太上老君降到了第三位，中间再加上太上大道君。这种排列格局以后便演化成了后期道教公认的"三清"（玉清元始天尊、上清灵宝天尊、太清道德天尊）次序。在修道方法上灵宝道士除讲存神诵经、修功德外，特别重视斋醮科仪和集体修道，轻外丹和房中术，受早期符箓派影响比较大。

除上述三派外，陕西还有一个楼观派独立存在。楼观派道士自称其创始人是周康王的大夫关令尹喜，老子出关时将《道德经》留给了尹喜，故成一派。这类远古传说无证可考，比较确凿的史料只能证明楼观派创立于北魏太武帝时期，在孝文帝时期有较大发展，隋唐达到鼎盛，安史之乱后渐趋衰微，元代合并于全真教。楼观派在修炼方术、组织结构上并无特殊之处，在道教史上它以崇奉《道德经》、《西升经》和《老子化胡经》，与佛教争正统地位而闻名。楼观派道士坚持认为，老子出函谷关西去化胡，在西域创立了佛教，所以道教的圣人高于佛教的圣人。道教应处于中国宗教的正统地位。这反映了中国本土宗教与外来宗教在交往过程中的冲突和矛盾。两晋至北周。楼观派著名道士有王浮、严达、王延等。

魏晋南北朝道教的成熟还有一个重要标志，即理论的完善和道书大量涌现。东晋初年葛洪作《抱朴子》，为道教构造了一个比较完整的理论体系。其内篇论证了人能成仙的依据，研究了人成仙的具体方法，包括采集方药、炼制金丹、存神养气等多种道教方术，代表了金丹派的最高水平。外篇讲道教为人处世的原则，是重要的道教哲学著作。上清派的道书《黄庭经》，详细探讨了气功修炼的问题，代表了道教内炼术在当时的最高水平，奠定了内丹派以后的发展方向。以后道书大量涌现，葛洪作《抱朴子》时所见道书仅282种，刘宋陆修静修订《三洞经书目录》时记道书有1090卷。《隋书·经籍志》著录道书377部1216卷。道书在短时期内大量涌现说明道教对理论建设的重视，它要以此与具有庞大经籍体系的佛教竞争。宗教竞争的结果推动了整个民族文化和理论思维水平向纵深发展。

二　《黄庭经》的道教内养理论

《黄庭经》是上清派诸经之一，由内、外两篇构成，全名为《太上黄庭内景玉经》和《太上黄庭外景玉经》。据专家考据：两篇文章风格有别，产生时代相近。似《外景经》产生在先，始行于西晋，当时就称为《黄庭经》。东晋初年《抱朴子·遐览》著录其名。因东晋又发现了《内景经》，才改为《外景经》。《外景》多谈男子修炼之事，《内景》兼及女子修炼之术。

《黄庭经》为内养派的修道之书，它将宗教思想与医学、生理学、气功学相糅合，以七言韵文诗的形式阐述了健身长生的理论和方法，对祖国的医学和气功发展都做出了贡献。

作为一部健身长生的著作，《黄庭经》吸收了当时中医的脏腑理论，并结合古道书中人身脏腑有主神说，提出了"八景二十四真"的人体结构理论。它把人体分成上中下三个部分，认为每一部分都有八景神镇守。这些神各具名称服色，其名号与该器官性状相应。如"发神苍华字太元"、"脑神精根字泥丸"、"眼神名上字英玄"、"鼻神玉垄字灵坚"、"耳神空闲字幽田"、"心神丹元字守灵"、"肺神皓华字虚成"、"肾神玄瞑字育婴"等。这里所指的神不是"精神"之神，而是神妙之神。《黄庭经》所以把人的脏腑功能称为神，大约是由于古人惊异于人体器官的精密组织与功能，从认识上又无法理解，感到神秘，遂发生了器官崇拜，是自然崇拜内部化、微观化的结果。"八景二十四真"说，既有对人体科学的努力探索，又有把生理知识神秘化的宗教倾向。

进而，《黄庭经》又提出了三黄庭和三丹田说，《黄庭经》也因此而得名。黄庭分上、中、下三宫，与三丹田相一致。黄庭与丹田是对同一部位的不同称谓，从真神居处角度着眼称宫，从炼养修真角度考虑称田。上黄庭即上丹田在脑中，两眉间入三寸处，又称泥丸，对上身和面部诸器官有支配作用。中黄庭即中丹田，一说为心，一说为脾，似有自相矛盾之处。心主血脉流通，行气和表，而脾主消化吸收功能，向身体各部分输送营养。道教特别注重的是下黄庭或下丹田，在脐下三寸，又称下关元。此乃男子藏精、女子藏胎之处。炼精结气，都要沉入下丹田，积之既久，体固精盛，便可长生不老。从现代医学角度看，脐下三寸是小肠部位，并非生命的特殊关节。但道教的气功学却把下丹田当作关键的关键，认为真气的运行和调动以下丹田为出发点和归宿，并在实践中确实获得了健身、祛病的功效。这也说明下丹田的生理作用对于现代医学仍然是一个未知的领域。

在生理结构研究的基础上，《黄庭经》提出了一套完整的内养修炼方法。主要包括积精、累气和存神致虚三种方法。

积精是修炼的初级阶段。从积极的方面说，要漱咽津液，灌育灵根；从消极的方面说，要闭关守室，固精勿漏。《黄庭经》认为，津液为人体精华，要使之不断产生，滋润五脏灵根。修炼者可用升降吐纳之功，干漱之法，使唾液源源而生，然后徐徐吞咽，便可祛病延年。《内景经》说：

"口为玉池太和宫，漱咽灵液灾不生，体生光华气香兰，却灭百邪玉炼颜，审能修之登广寒。"肾脏则是人体下部的津液来源，《内景经》说："肾部之宫玄阙圆，中有童子冥上玄，主诸六腑九液满，外应两耳百液津。"肾脏又与下丹田相连共为藏精之所，道教最重留胎止精。肾生精，精不可泄漏，所以要戒慎男女房事。若纵欲无节，则精气枯竭，灾病旋至。"结精育胞化生身，留胎止精可长生。""长生至慎房中急，何为死作令神泣。"《黄庭经》的这些思想与中医强调的护持元阳，不使泄漏的理论是一致的。古人认为精液乃生命之精华，过多泄漏将对人体造成极大损害，从性科学角度看也有几分道理。不过其中也有对精液作用的夸大，是古代生殖崇拜思想的孑遗。

积精的同时还要累气，主要指调节呼吸，断谷服气，最后做到胎息而仙。《外景经》认为：一般人"食谷与五味"，只能维持生命，修道者却"独食太和阴阳气，故能不死天相既"。太和之气又称"胎气"、"精气"、"玄气"，是自然界阴阳二气融汇而成的清清之气，最讳五谷臭腥，所以累气的修炼必须"辟谷"。《内景经》说："百谷之实土地精，五味外美邪魔腥，臭乱神明胎气零，那从反老得还婴。三魂忽忽魄靡倾，何不食气太和清，故能不死人黄宁。"累气主要以肺为主，加以鼻腔配合，即可调息补气。《外景经》说："呼吸庐间入丹田"，"幽阙侠之高巍巍，丹田之中精气微"。"服食玄气可遂生。""庐间"指鼻，以鼻吸气，使之达于灵根（下丹田），入多出少，使精气存结于丹田之中，久之便可返老还童。《内景经》说："结精育胞化生身，三气右回九道明，正一含华乃充盈"，"延我白首反孩婴"。修炼到一定水平，不用鼻肺即可使气出入流行全身，如母腹中的胎儿，便为"胎息"成仙。

积精累气都属于炼形，要想成神还得炼神，即"存神致虚"。存神要求修道者将整个心身思都集中于体内真神身上，存想体内脏腑诸神，培养对神灵敬畏的宗教情感，从而达到排除杂念的目的。存神要求返观内照，使精神进入虚寂状态，致虚入静。《内景经》说："方寸之中念深藏，不方不圆闭牖窗，三神还精老方壮。"精神内守而不外流，便可以超脱世俗的名位利禄，行无为之道，安于恬淡朴素的生活。《外景经》说："扶养性命守虚无，恬淡无为何思虑。羽翼已成正扶疏，长生久视乃飞去。"存神致虚从老子"致虚极"、"守静笃"发展而来，也就是道教的守一入静之法。在当时阶级矛盾、民族矛盾异常尖锐的情况下，贵贱殊异，死生无常，看破身外的功名利禄乃是维持内心平和，促进身心健康的必要前提。

《黄庭经》的修炼理论受到后世内丹派的重视，逐渐发展出筑基与炼精化气、炼气化神、炼神还虚、炼虚合道等几层功夫，其基本思路已由《黄庭经》奠定，故《黄庭经》被尊为内丹派经典，从问世以后便受到道教内外人士的欢迎。晋王羲之曾楷书《黄庭经》，为世所珍。唐宋间黄庭之学甚盛，郑樵《通志》中著录黄庭门有3部57卷之多。宋代欧阳修删正《黄庭外经》，苏轼曾手书《黄庭内经》，又仿其文体作赞词。陆游作诗赞道："白发始悟颐生妙，尽在《黄庭》两卷中。"《黄庭经》所以能受到古今道俗人士的普遍重视，乃是因为它是一部包含了宗教、哲理、生理、医疗、气功等多学科丰富内容的著作。但是《黄庭经》的作者宣扬内养成仙的宗教思想，并且行文曲折，在许多地方故弄玄虚，经常使用隐语，又常双关，结果使许多本来合理的思想反而迷离扑朔，歧义分呈，降低了科学价值。不过《黄庭经》在神秘外衣下包含着科学的内容，特别是气功修炼方法对于祛病健体、延年益寿确有功效。道士们追求长生久视、羽化成仙的副产品，倒是在历史上发挥了积极作用，成为中华文明史上的瑰宝。

三　葛洪《抱朴子》中的长生修炼论

葛玄曾学道于左慈，并将炼丹秘术传给了郑隐，郑隐又传与葛洪。故葛洪特精于道教金丹之术。葛洪一生著作宏富，影响最大的当推《抱朴子》，含内篇20卷，外篇50卷。他自称："其内篇言神仙方药，鬼怪变化，养生延年，禳邪却祸之事，属道家；其外篇言人间得失，世间臧否，属儒家"。(《抱朴子·自叙》)这部书包括了道教的宇宙观、人生哲学、政治思想、宗教观念、炼丹方术、养生之道，成为道教史上的理论奠基之作。

一种宗教要想成为有重大影响的完整宗教，不仅要有基本信仰，而且要有论证其信仰的理论体系。早期道教虽然提出了以"长生久视"、"肉体成仙"为核心的基本信仰，但还缺乏系统论证。魏晋正值道教从民间宗教向官方宗教转型时期，要说服统治者接受道教，并使广大群众相信，就必须从早期道教水平上有所前进。《抱朴子》正是这一转折关头出现的里程碑式的著作。

葛洪首先对早期道教的理论进行了整顿和改造。第一，取金丹神液理论，弃淫祠巫祝说。在早期道教中普遍存在用符箓、巫祝等宗教仪式为人治病的活动，这是太平道和五斗米道在下层劳动群众中吸引信徒的重要手段。后来也有人鼓吹用这种方法求取长生。葛洪受神仙道影响，主金丹学，且重医药，否认祭祀祝巫能使人长生。"长生之道不在祭祀鬼神事也"（《抱朴子·金丹》以下凡引此书仅注篇名）。他认为王者应用严刑峻法，"致之大辟"来制止民间道教的这类巫术活动。第二，赞富贵神仙，斥民间道教。葛洪出身富贵之门，贵族气质较浓；生当两晋多难之世，对现实人生多所不满，遂走上了追求长生成仙的道路。在《抱朴子》中，他描绘了神仙逍遥自在、唯意所适的幸福生活，"或升太清，或翔紫霄，或造玄洲，或栖板桐，听钧天之乐，享九芝之馔，出携松羡于倒景之表，入宴常阳于瑶房之中。"（《明本》）在鼓吹富贵神仙的同时，他又激烈抨击被农民起义利用的民间道教："曩者有张角、柳根、王歆、李申之徒，……纠合群愚，进不以延年益寿为务，退不以消灾治病为业。遂以招集奸党，称合逆乱。"（《道义》）这些观点充分说明了葛洪的立场，就是要消除早期道教的人民性，把道教改造成为统治阶级服务的工具。

在纠正了早期道教的"偏失"以后，葛洪系统论证了道教"长生久视"的基本信仰。首先，葛洪用经验、归纳、比附等方法证明神仙的存在。他宣扬：神仙虽未必亲闻亲见，但传说已久，典籍多载，必非虚言。个人的认识能力有限，仙凡路异，常人难以察见仙人的神通广大，不过人可以从多数物品有生有灭，少数物品却可以不朽推知长生不死的神仙存在。

其次，葛洪认为仙人可学。"仙人禀异气"、"仙人有种"并非说这些人生来就是神仙，仙人是通过积精累气、服食仙丹的修炼而达到的。他说："至于仙者，唯须笃志至信，勤而不怠，能恬能静，便可得之。"（《辨问》）这样便为全体信徒打开了长生不老、肉体成仙的大门。

最后，葛洪论证了金丹大药使人长生的依据。他受中草药可以治病，可以调剂补养身体的启示，惊异黄金耐腐蚀、高熔点的化学稳定性，推论金丹具有使人不朽的滋补作用。

既然人有长生不死的可能性，下一步便是探讨肉体成仙的方法。葛洪根据由外及内的原则，排列出如下一些修道方法：（1）积善立功，（2）草木药饵，（3）屈伸导引，（4）宝精行气，（5）金丹大药。

一个人成了仙，长生不老，固然可以表现他的超自然力量，但在整个宗教神学体系中他还是一个有限者，还要面对无限的宇宙。换言之，无论肉体如何修炼，在精神上仍然是不完满的。道教虽侧重于肉体成仙，但也不能不顾及精神修炼和解脱的问题。葛洪的道教理论由此切入宗教哲学领域。他借助老庄道家和魏晋玄学的一些哲学范畴，建立了道教哲学本体论。葛洪极重视传统道教中"守真一"的精神修炼法。通过这种修炼，人便可以把天、地、人，人与道，主、客观统一起来，在精神上突破有限个体的束缚，与无限的宇宙合一。葛洪的宗教哲学虽然思辨水平不高，不过在重视经验的道教理论中，毕竟填补了抽象思维领域的空白，使之更为丰满。

四　寇谦之对北魏天师道的清整

寇谦之长期在北魏从事宗教活动，影响很大。太武帝崇信道教，崔浩是旧儒学领袖，以寇谦之为师，寇谦之是新道教教宗，两者结合，反映了北方政权政教合一的特点。太延六年（440），寇谦之声称太上老君降临，授太武帝太平真君之号。太武帝大喜，遂改年号为太平真君元年，并亲赴道坛，受符箓，封寇谦之为国师，道教在当时实际取得了国教的地位。寇谦之利用统治者的支持和信任，借助国家政权的力量对道教进行了整顿，使道教成为一种积极干预社会生活，可以由上而下统一掌握的社会力量。寇谦之"清整道教"的活动大致可概括为以下几个方面。

改造早期道教的民间性质，使其成为为封建统治服务的宗教工具。《魏书·释老志》载寇谦之的宗教改革主要内容有："除去三张伪法、租米钱税，及男女合气之术。"张鲁死后，五斗米道处于分散状态，未能形成全国性的统一组织和相对独立的教内权威。寇谦之对五斗米道的改造采取了如下行动。首先，编造宗教神话、尊奉太上老君，他自称太上老君授其真经和天师职位。为自己确立了新天师的地位。他坚决反对天师职务的世袭制，强调"天道无亲，唯贤是授"。其次，除"租米钱税"。五斗米道因教徒入会要交五斗米会费而得名。在北魏，五斗米道变成了新天师道，获得了国家及贵族的支持，便不需要信徒交米了。而且，封建国家也不允许其他组织另收租米，这一改革是维护封建王朝经济上垄断地位的重要措施。再次，将五斗米道政教合一的组织形式改造成单纯的宗教组织。张鲁割据汉中时，用宗教组织代替行政组织，自号为君师，以祭酒代州、县官，下设治头、鬼卒等。"至寇谦之始窃道士名号，私易祭酒之名。"（《魏书·释老志》）使道教组织与政权组织划清了界限，防止有人利用道教组织反叛朝廷，实行割据。最后，除去"男女合气之术"。早期道教中有"房中术"一门，存在男女界限不甚严格，轻浮淫乱的状况。这种情况遭到了儒家士大夫和佛教徒的攻击。寇谦之认识到，为维护封建的宗法家族制度，断然除去"房中术"。

整顿道教组织。寇谦之将分散于民间、不同系统的天师道集中统辖起来，使其变成为封建皇权服务的宗教团体。他宣称新天师道"专以礼度为首"，把服从纲常名教作为第一信条。要求教徒"不得叛逆君王，谋害国家"，要安于现状，"勿以贫贱求富贵"。他直接为北魏政权的合理性造舆论，他说"魏氏承天驱逐，历便其然，载在河洛，悬象于天"（《正一法文天师教戒科坛》），尊魏太武帝为太平真君。这些理论得到了太武帝的赏识，在太武帝的扶植下道教大盛，北魏国都之郊的道坛成了北方天师道活动的中心。

重制教仪教规，规范教徒行为。教仪是教徒表达宗教观念的主要活动，缜密繁复的教仪可以增加宗教活动的神秘性和庄严性。在五斗米道时期，道教也有一些简单而不固定的教仪。寇谦之在早期道教教仪的基础上，吸收佛教仪制，为道教创立了一套完整教仪。其主要的有：奉道受戒仪式，求愿时所行仪式（包括厨会求愿和烧香求愿），为死亡人请祈仪式，为消除疾病的祈祷仪式，宥过的祈请仪式，三会仪式（即"三元会"，于正月初七、七月初七、十月初七举行）。这套教仪对于教徒有近于法律的神圣效力，如有违反被视为亵渎神灵，故每条后都写有"明慎奉行如律令"。为了改变道教组织涣散、科律废弛的状况，寇谦之还重申、增订了许多戒律。其中包括道教中原先固有的，如"行无为，行柔弱，行守雌，勿先行"，"戒勿费精气"，"戒勿忘道法"等。有从佛教转借来的，如不杀生、不偷盗、不邪淫、不妄语、不饮酒等。也有从儒家照搬来的纲常名教，如"不得违戾父母师长，反叛不教"，"不得叛逆君王，谋害国家"等。在寇谦之所定戒律中，明显地具有儒、释、道三教融合的色彩，表现了道教文化开放性特色。

寇谦之在道教发展史上的主要贡献，主要是整顿道教组织和制定科律教仪，此外他也强调"服食闭炼"。在修养方法上，他将服饵修炼之术与符水禁咒之术合而为一，内外炼养并重。不过在总体上，他并没有超出《黄庭经》和《抱朴子》的成就。

五　陆修静对南天师道的整顿

陆修静（406—177），字元德，出身南朝士族。及长，弃绝妻子，入山修道。后入京师市药，得到宋文帝召见，为文帝讲论道法，深得欢心，宋明帝时令袁粲组织儒释道三家辩论，陆修静标理约辞，解纷挫锐，大张道教声威。陆修静是一个知识广博的宗教学者，所学不囿于一家。后人概括他一生功绩为"祖述三张，弘衍二葛"（道宣语），对道教各派皆有继承发展。我们将他一生的宗教活动概括如下。

整顿道教组织，重建南天师道。魏晋以降，五斗米道在南方的活动也处于混乱状态，要想使天师道存在下去，必须改革。陆修静的宗教改革包括：

整顿组织系统，建全"三会日"制度。"三会日"指正月初七、七月初七和十月初七。每年到这三日，规定凡教民"各投集本治师，当改制集录，落死上生，隐实口数，正定名簿。三宣五令，令民知法"。（《陆先生道门科略》）"治"是原五斗米道的基层组织，陆修静重新进行调整，分天下为二十四治，类似基督教的教区。教民逢会日要去教区参加活动，申报家庭人口，并听道官宣布科律。会日制度成了联系道教组织和教民的桥梁，使宗教活动正规化、制度化。

整顿名籍，加强"宅录"制度。"宅录"如同教民的户籍册，教民入教，须将全家人口登录入册。以后凡有死生增减须向本治师报告改录。但张鲁死后"宅录"弛废，教民生死而不投报，以致闹出"百岁童男，期颐处女"的笑话。陆修静重申并加强了"宅录"工作。

禁止道官自行署职，健全道官晋升制度，巩固教内等级制。当时道教组织松散，道官自为加官晋爵更加剧了天师道内部的混乱。陆修静建立了"依功受箓，接级晋升"的组织制度。庶民三勤（为道教做三件好事）为一功，三功为一德，三德之后便可署箓，正式入教。以后从"十将军箓"，逐次升为"散气道士"、"游治"、"下治"、"配治"，再由天师子孙保举可封为下、中、上"八职"。得"上八职"以后，再加以修炼，便可担任道教中最高的"阴平、鹿堂、鹤鸣"三职了。如此繁复的等级制度，完全是现实社会生活的投影。

编制灵宝斋仪，创立灵宝派。陆修静虽整顿了天师道组织，但他又崇信灵宝经法，被视为灵宝派的实际创始人。灵宝派的修炼方法特重斋醮科仪，认为"斋直是求道之本"。陆修静所修100卷斋仪书，真正奠定了灵宝派的发展基础。所以陆修静以后灵宝派大发展，成了与天师、上清并列的重要道教流派。陆修静首先论证了斋戒是使人长生的根本法门。他认为人"生之所赖，唯神与气"。神是五脏真神，气是体内精气，两者相合相辅人便长寿。要使两者结合，不仅要炼养行气，进行个人的身心修炼，而且更需要道德修养。使心无杂念"虚心以原道理"。使气不躁动于外，"静气以期神灵"。陆修静提出必须用斋戒来约束人们的行为和心思，进而为教徒规定了十戒：（1）香汤沐浴，（2）废弃俗务，（3）中食绝味，挫割嗜欲，（4）谨身正服，（5）闭口息语，不得妄言，（6）涤除心意，不得邪想，（7）烟香奏烟，鸣鼓召神，（8）忏谢罪愆，请乞求愿，（9）发大慈悲，愍念一切，（10）进止俯仰……稽颡忏悔。十戒把个人的身心修养与道德修养，把道教的长生不死和佛教断俗因缘、调伏六根、生死解脱结合了起来，使道教的"养生成神"说进一步理论化、伦理化了。陆修静还为斋戒活动设计了一套程式，如设坛摆仪、焚香、化符、宣戒、上章、诵经、赞诵，并配以烛灯、禹步、斋醮音乐等。他本人身体力行，主持各种斋戒活动。

编制《三洞经书目录》，对道教经典分类整理。中国自古重视历史，因而也重视经籍的编纂，二十四史中有《艺文志》、《经籍志》。佛教传入中国后继承了这一传统，东晋初有道安的《综理众经目录》，梁有僧祐的《出三藏记集》。道教受传统文化的影响，也很重视经籍的整理。葛洪的《抱朴子·遐览》记有道经670卷，并附500余卷书名。他自称亲眼见过282种。不过葛洪整理经典并未分类、考订。陆修静利用自己广博的知识和天师、灵宝、上清诸派皆通的优势，对当时社会上流行的所有道教经典分类编整。他先对灵宝派经典进行了考辨整理，经过细心、艰苦的考索，终于将其编成35卷，并编出《灵宝经目》，于宋元嘉十四年（437）上呈皇帝。以后他又分头对上清和三皇派经典加以整理，共收集道家经书，并药方、符图等1090卷行于世，总括为"三洞"，于宋太始七年（471）上呈皇帝。所谓"三洞"、"洞真"，指上清派经书，"洞玄"指灵宝派经文，"洞神"指三皇派经文。陆修静的《三洞经书目录》虽已亡佚，但他开创的分类系统直接影响到《道藏》的编纂，对道教发展起了促进作用。

由于陆修静"总括三洞"，"祖述三张"，"弘衍二葛"，对道教各派的发展都有重大影响，故受到后世道教的普遍尊重。天师道称他为"陆天师"，上清派尊他为第七代宗师，灵宝派把他视为始祖之一。到了宋徽宗时，又加封为丹元真人。

六　陶弘景集南北朝道教之大成

陶弘景（456—536）是梁代著名的道教理论家、活动家和医学家。齐武帝永明二年（484）从陆修静弟子孙游岳学道教符图经法。后游茅山，得杨羲、许谧、许翙手迹，成为上清系重要传人。他编著《修诰》，对上清经系的传授有系统记述。因他长期在茅山炼丹传道，把茅山建设成了全国的上清系中心，故陶弘景以后上清系也称茅山宗。陶弘景不仅精通道教，也了解佛教和儒学，归隐前曾为《孝经》、《论语》、《三礼》、《尚书》作注。他关心政治，与梁武帝交厚。萧衍称帝时，陶弘景援引图谶和童谣"水刃木"，认为"梁"字为受运之符，遂定为国号。梁武帝对陶弘景深加信重，屡以礼聘，皆被婉拒，但每逢吉凶大事还是派人向他咨询，时人称之为"山中宰相"。陶弘景晚年多次炼丹未成，转向佛教寻求解脱。他"敬重佛法"，"恒读佛经"，"在茅山立佛道二堂"。并于"鄮县阿育王塔受戒"。卒前遗令，死后穿道士的冠巾法服，以大袈裟覆含蒙首足。于此可见陶弘景思想上兼融佛、儒的特色。陶弘景的著作有80余种，涉及儒学经典、天文、地理、医学、兵学、史学、方术等诸方面，对道教和祖国文化做出了巨大贡献。陶弘景的活动我们简略介绍如下：

总结早期道教、编造神仙谱系 宗教的实质是对超自然神灵的信仰，每种宗教都有自己的神灵观念和神仙谱系。但是，道教创始后长期在民间流传，魏晋以后又形成了许多派系，因而各个地区、各个派别信奉的神灵各有异同，始终没有形成统一的神仙谱系，从而导致了神灵观的紊乱。陶弘景深感编造神仙谱系的重要性，为此，他写了一部《真灵位业图》，把能够搜罗到的道教传说中的诸神以及地上的圣王、帝君、名士、道人统统排入七个等级，每一级有一位主仙，左、右两仙相配。如最高级主仙为元始天尊，左为高上道君，右为元皇道君。以下等级除正副三主神外，还设有女真位、散位、地仙散位等座次。道教史上的著名道士魏华存、杨羲、许谧、许翙、张陵、葛洪、陆修静；儒家尊奉的圣贤黄帝、尧、禹、孔丘、颜回以及秦始皇、汉高祖、李广、何晏等，也皆列其中，共四五百位。陶弘景说："虽同号真人，真品乃有数。具目仙人，仙亦有等级千亿。"天上的圣殿同样是等级森严，完全是地上门阀士族等级制度的倒影。陶弘景编造的神仙谱系对道教理论的成熟产生了重大影响。

养神与养形兼顾，内丹与外丹并用 陶弘景继承了道教各派的养生学传统，强调形神双修。他说："生者神之本，形者神之具，神大用则竭，形大劳则毙。"（《养性延命录》）人只要通过主观努力，便可以使寿命得以延长，甚至长生。他认为七情（喜、怒、忧、思、悲、恐、惊）、六欲（生、死、耳、目、口、鼻）都是伤神之物，必须节制，以保持心灵清静。其次是养形。要做到饭食有节，起居有度，并加以行气、导引。"以鼻纳气，以口吐气"，"闭气不息，于心中数至二百，乃口吐气出去。日增息，如此身神具、五脏安"。（同上）他又作《御女损益篇》，总结研究了房中术，指出男女房事不可不有，又不可不慎。"房中之事，能生人，能煞人。譬如水火，知用之者可以养生，不能用之者立死矣。"（同上）故要求房中节欲，注意交合方法，遵行房中禁忌。陶弘景对中医、中药也很有研究，对中草药治病、防病、滋补身体的作用进行了多方面的探讨和论证，反映了当时医学的最新、最高成就。陶弘景也是炼丹术的积极推崇者，一生多次炼制神丹，著有炼丹著作多卷。尽管这些著作多已散失，但仍可从其他著作中看到他在化学实验方面的一些成果。

融儒援佛，力促三教合同　陶弘景在理论上立三教均善说，他认为儒、释、道三教是天下至善之教，人应该"崇教惟善，法无偏执"。他通过形神关系论证了三教相互联系、相辅相成的关系。形神相合就是现实的人生，正是儒家纲常伦理研究的领域。形神相离形成了鬼神崇拜，正是宗法宗教活动的范围。形神非离非合即是佛教所谓"非有非无"的般若空观。形神亦离亦合则有天仙与尸解的仙道之法，是道教追求的最高境界。三教各有精神寄托，各有社会功用，真正悟道的真人应该将道教的炼形、佛教的澄神、儒家的道德融为一体。陶弘景的一生做了大量援儒、佛入道的工作，他的著作本身就是三教合流的典型。这是三大文化潮流几百年冲击融合的结果。

第四节　佛教的迅速传播和发展

一　佛教迅速传播的社会文化背景

佛教发源于印度，两汉之际传入东土，但规模和影响都不大。中国统治者及士大夫将佛教视为一种神仙方术，任其自生自长。但魏晋南北朝时期，情况发生了根本的变化。一时间僧尼成群，寺院遍地，士人出家，王侯舍身，佛教组织成为一支谁也不能漠视的社会力量，佛教文化成为左右全国人民文化——心理结构的重要因素。魏晋南北朝是佛教这种外来宗教在中国生根开花的时期。

佛教迅速传播是有其深刻的社会文化背景的。魏晋南北朝特殊的社会环境造成了社会各阶层人士的不同心态。从统治阶级方面看，得势者可以占有无穷的社会财富，过着极情纵欲、腐朽奢靡的生活。但是政治赌场得失急剧，一朝失势就会身首异处，诛灭九族，物质的享乐弥补不了统治者极度的精神恐惧与空虚。在士大夫方面，"九品中正制"堵死了庶族平民进入统治阶层的道路。读书无用，报国无门，儒学经世致用的传统价值观受到了严重的挑战，清谈玄风由此而起。可是老庄之学"美则美矣"，"然未尽善"，仍不能为人们提供终极的价值寄托。在劳动人民方面，社会上一切苦难最终都要转嫁到广大农民身上。极度的社会苦难使他们在现实社会中看不到一点解脱的希望，他们只能将目光转向彼岸天国。佛教作为一种世界性宗教，因具有较高的信仰素质、深奥的思辨理论、形象生动的传教方式以及严密的宗教组织而见长。因此它能适应当时不同阶级人们不同的心理需要，迅速在中国文化土壤中生根、开花。

佛教迅速传播还有一个重要的文化因素不容忽视，即魏晋玄学的发展为中国士人接受佛教哲学准备了思想基础。传统儒学以道德伦理、经世致用见长，却拙于哲学思辨。因而两汉佛教初传之际，中国士人与西域僧侣之间缺少彼此交流的思想媒介，难以理解佛教精髓。玄学以道注儒，何晏、王弼等人提出了"本末"、"体用"、"有无"、"一多"等一系列本体论哲学范畴，极大地提高了中国士人的理论思维能力。"无"与"空"，"体用"与"二谛"，……中国哲学与佛教哲学之间找到了一种可以互相转译、理解的共同语言，可以彼此对话了。

统治者的宣传利用，更是佛教大发展的直接动力。在南朝，由于政治腐败，200余年五易王朝，几乎不到10年便有一次大的人民起义或贵族动乱。统治者感到需要一种思想武器来"揉化人心"。佛教善于把粗俗的宗教迷信和精巧的哲学思辨结合起来，具有"内可以系心，外可以招劝"的社会功效，故得到了统治阶级的赏识。在最高统治者的提倡和扶持下，东晋至南朝陈时期佛教组织急剧发展，在梁代达到极盛。有史料表明，当时全国有寺院2846所，僧尼82700余人。① 仅京师一地就有寺院500余所，故知晚唐诗人杜牧《春日绝句》中"南朝四百八十寺，多少楼台烟雨中"

---

① 此数字出自唐法琳《辩正论》卷3。为当代多数佛教史专家引用，但似与北朝僧尼200万相距太远。南梁郭祖琛上奏梁武帝说："都下佛寺五百余所，穷极宏丽，僧尼十余万。"（《南史·郭祖琛传》）仅京师一地僧尼即十余万，全国近三千寺院，何止8万？另《广弘明集》卷19萧子显《御讲摩诃般若经序》载，梁武帝在同泰寺讲经，与会僧俗人士319642人。依此推算，梁代僧尼应在几十万人。

绝非夸张。同时寺院经济急剧膨胀，和尚不仅占有大量良田，"资产丰沃"，且荫占大量农民，"天下户口，几亡其半"（郭祖琛语）。北朝少数民族统治者礼拜佛教同样虔诚、狂热。出于落后民族入主中原的一种自卑心理，他们对外来文化佛教却有一种认同的亲切感。他们以"佛是戎神，正所应奉"（石虎语）为名，大力弘扬。后赵石勒、石虎建寺庙800余所，前秦苻坚发兵十万攻襄阳以迎名僧道安。后秦姚兴出征西域夺得鸠摩罗什。在北魏佛教传播也出现了一个高潮，仅首都洛阳一地就有寺院1367所，全国僧人200万，译经1900余卷。举世闻名的敦煌、云岗、龙门三大石窟也是此时期开始开凿的。

二 道安与早期般若学上的"六家七宗"

三国、西晋时期，佛教由于受到了统治阶级的重视而加速发展。魏明帝曹叡曾大兴佛寺，陈思王曹植也喜欢读佛经，吴主孙权则在江东大建佛塔。在宫廷奉佛的影响下，民间佛教发展势头方兴未艾。西晋时，仅洛阳、长安两京就有寺院180所、僧尼3700人。

三国西晋时期佛教理论的传播还是以翻译为主。三国时期最著名的经师是支谦，其先世为月氏人，早年受学于支谶，汉献帝末年避乱入吴，为孙权译出大、小乘佛经凡88部、118卷。其中著名的有《维摩诘经》、《大明度无极经》、《太子瑞应本起经》等。他还为自己译的《了本生死经》作注，此为注经之最早者。康僧会也是当时著名的西域经师，译有《小品般若经》、《六度集经》，又注《安般守意》、《法镜》、《道书》三经。这一时期中土沙门开始了西行求法运动，魏时僧人朱世行是其先驱者。他因钻研《般若经》，感到旧译本文意不贯，翻译未善，故发誓往西域求取真经。他从雍州（今陕西长安）出发，越过流沙到了于阗（今新疆和田县），写得《大品般若经》90章60多万言，于晋武帝太康元年（291）遣弟子送回洛阳，由竺叔兰译成著名的《放光般若经》。他本人留在于阗，80岁圆寂。西晋译经以竺法护最为著名，他祖籍月氏，出家后随师出游西域诸国，通36国文字，译出《光赞般若经》、《贤劫经》、《正法华经》等154部309卷，多属大乘。此外，中印度律学沙门昙柯迦罗，于250年游学洛阳，译出《僧祇戒心》,在中国首倡受戒度僧制度。从此中国僧人有了戒律、正式剃度出家。后世昙柯迦罗被律宗尊为始祖。

东晋到南北朝,佛教发展史上出现了第一个高潮,道安正是在东晋初年推进这一高潮的第一位名僧。道安(314—385),俗姓卫,常山扶柳(今河北翼县)人。后赵时入邺(今河北临漳),师事佛图澄,后受请到武邑开讲,弟子极多。东晋兴宁三年(365),道安为避兵乱、率弟子500余人到湖北襄阳,住了15年,每年宣讲《放光般若经》两次,推动了南方般若学的展开。东晋太元四年(379)前秦苻坚攻击襄阳,将道安及弟子习凿齿迎入长安,常以政事咨询。道安在长安住五重寺传法,受学僧众数千。从此直至385年逝世,翻译了大量佛教经典,制定了"僧尼轨范",从理论上和组织上将佛教推上了一个较高的水平。道安一生对佛教的主要影响有以下几个方面。

整理佛教经典 佛教初传中国时翻译质量是比较低的。道安到了长安以后,利用帝王的政治支持,组织僧伽提婆、昙摩难提、僧伽跋澄等人翻译了小乘一切有部的《阿含经》及有关的论。西域沙门昙摩诗译出了《十诵戒本》、《比丘尼大戒本》、《教授比丘二岁坛文》等佛教戒律。在翻译活动中道安亲自主持,与西域僧人诠定音字,详核文旨,提高了佛经的翻译质量。此外,道安还首次编定汉译佛经录目《综理众经目录》,对当时流行的诸经译本一一详考。道安以严肃认真的态度从事这项工作,必须目见经本乃可入录,"遇残出残,遇全出全",绝不盲从苟且,对于伪造经典详加考订,列入《伪经录》,这为佛教以后的发展奠定了基础。

建立教规教仪 佛教传入中国后的相当一段时间,一直被视为一种方术式的左道旁门。这一方面是由于中国士人对佛教缺乏了解,另一方面也是由于中国僧侣本身缺乏严格的戒律,未建立严密的组织。东晋时随着佛教戒律的大量译出,道安发起整顿佛教组织的工作。他主张僧侣废除世俗姓氏,出家人一律以释为姓。他自称为"弥天释道安",此制为后世僧人遵行。道安还为僧侣的日常生活规定了轨仪规范,使天下僧侣的行为趋于统一,宗教组织规范化。

探索般若智慧,创立本无宗 般若是梵文 Prajña 的音译,意译为智慧、智、明等，为区别于世俗的智慧，故用音译。《般若经》的全名是《大般若波罗蜜多经》，乃是印度大乘佛教中一个部派编集的论文集，汉代支谶就曾译出，社会上流行不同版本。"般若波罗蜜多"意译为智度、明度，为佛教六度之一，谓通过智慧达到涅槃的彼岸。在佛教中这是一种极高的境界，要领在于抛弃凡人的世俗智慧，用般若洞照诸法实相，了悟现实世界的虚幻不真，把握诸法真如实际。因此般若经通篇内容都是诱导人们认识一个空字。但如何解空却在中国僧人中引起了很大的争论，形成了早期般若学中的"六家七宗"之学的争论。

中国僧侣早期译经、讲经多采用一种叫作"格义"的方法，即把佛教理论与中国传统理论相比较，用某些类似的中国概念去与佛教概念比附、连类，以获得两种文化间的沟通。一般讲这在吸收外来文化的初期是难免的，甚至是必要的。在中国文化母体中，老庄道家思想与佛教一致性较多，所以僧人首先是用道家思想去与佛教"格义"。从支谶的译本开始就把"真如"译成"本无"。魏晋玄学兴起以后，以无解空更是形成了一股社会思潮，各家从不同角度解释般若空观，一时竟有六家七宗之盛，形成玄学化的佛学。

本无宗 在六家七宗里，道安的本无宗影响最大。他在襄阳研讲《般若经》多年，撰写了大量解释著作，如《光赞析中解》、《光赞抄解》、《放光般若析疑难》、《实相义》、《性空论》等，有很深刻的见解。他反对"格义"旧法，沿用玄学"有无"、"本末"等概念，致使他的空观带有明显的玄学色彩。另外，他以"至静"、"至常"来描述真如本体，也不符合大乘空观。

本无异派 本无宗中一个支系，代表人物竺法深。在用本无阐述般若空观的原理上他与道安观点基本相同，但思辨水平却比道安低一个层次。道安明白"无中生有"对任何唯心主义者是一个陷阱，极力规避。竺法深则属于落在陷阱中尚不自知者。

心无宗 代表人物支愍度，东晋僧人，晋成帝时和康僧渊、康法畅等人一起到江南讲心无义。心无宗的核心观点是："无心于万物，万物未尝无。"（《肇论·不真空论》）即不于外境起心，外物是否存在不必去管它。

这是一种空心不空境的小乘观点，从大乘角度看是很不彻底的，有可能导致对客观物质世界的肯定。故心无论一起便遭到了江南僧众的批驳。

即色宗 代表人物支遁（字道林，314—366），东晋名僧，与谢安、王羲之等名士交往甚深。其核心观点认为："即色者，明色不自色，故虽色而非色也。"（《肇论·不真空论》）就是说人们在认识中看到的只是事物的现象（色），而非事物的本质（真如），所以认识上虽然有所感知，但客观上未必存在着那么一种事物。支遁在《集妙观章》中进一步解释说："夫色之性也，不自有色。色不自有，虽色而空。"色作为事物的现象，须待缘会（条件）而有，要依赖其他事物，故无自性，虽色而空。从支道林的论证看，他已离开了玄学的旧范畴，直接用佛教哲学名相分析的方法来论证般若空观，比前几家有进步。但在思维方式上他还受玄学"本末"对峙，割裂本质与现象思维定式的影响，不符合大乘空宗的"中观"思想。

识含宗 代表人物于法开，其核心观点认为：三界如梦幻，悉起于心识。此论与心无宗正相反，空境不空心。认为万法皆因心识所生，随缘漂流，如梦所见。大梦方醒，神识既觉，识悟三界本空，便可成佛。当然不空自心也不是彻底的空观。

幻化宗 吉藏《中论疏》说壹法师持此论，大约是竺法汰的弟子道一。此论亦有空境不空心的弊病，从正统的般若空观角度看有可能导致对自我灵魂的执着。

缘会宗 代表人物于道邃。他们以因缘和合理解诸法性空符合般若经本意。不过缘会宗的理论只证明了世界"不有"的一面，而未注意"不无"的一面，仍不完善。

通观六家七宗说，其立论的枢纽全在于解释真、俗二谛。他们基本上都是以真谛为无、为本；以俗谛为有、为末，其目的是教人识破俗谛的虚空，息情灭欲，向往佛国乐土。不过由于小乘及玄学的影响，他们都没有体会到般若经中"不即不离"的"中观"思想，论说总有偏执。这一点在鸠摩罗什来华后中国僧人才有所认识。

三　鸠摩罗什和僧肇的大乘空宗思想

鸠摩罗什（344—413），祖籍天竺，出生于龟兹。七岁随母出家，当时龟兹流行小乘佛法，罗什深有研究。后随母周游罽宾、沙勒，遇莎车国大乘名僧，改学大乘，尤精龙树、提婆所创空宗理论，名震西域。后秦弘始三年（401），国主姚兴派人将罗什迎入长安，待以国师之礼。从此至413年逝世于长安是罗什一生中最光辉的十年。当时全国名僧云集长安，使北方佛教文化事业达到了一个空前的高度。南方的慧远多次写信向他请教，僧肇、僧叡、道生、道融等南北朝时期名僧皆出其门下。罗什所译经典，所宣传的大乘空宗理论对当时佛教理论的发展具有极大的影响。罗什对中国佛教的贡献可以概括为以下几个方面。

首先，高质量地翻译了大量佛教经典。罗什到达长安以前，译经是私人事业。罗什到达以后，国主姚兴组织了大规模的译场，并亲自参加校雠，使译经成为国家文化事业的一个重要组成部分。罗什精通汉语和西域多国语言，并了解中、西各国的文化背景。因此他译的经文不仅意义准确，且行文流畅，采用意译，不用直译，远远超过了汉魏水平。在译场中罗什边读、边译、边讲，众弟子笔录，译经本身就变成了一种研讨和宣讲佛学理论的活动。11年间他们翻译了《大品般若经》、《维摩诘经》、《阿弥陀经》、《金刚经》等经典，《中论》、《百论》、《十二门论》、《大智度论》等大乘空宗学者撰写的论文。这批经文的翻译对解决般若学的争论有指导意义，并成为以后三论宗的渊源。他所译《成实论》是小乘空宗向大乘空宗过渡的重要经典，也是佛教徒的初级课本，后由此发展出了成实师。罗什所译经典总数，《出三藏记集》记为35部294卷，《开元释教录》记为74部384卷，说法不一，但对罗什译文的质量则"众心惬服、莫不欣赞"。

第二，破斥小乘，宣扬"毕竟空"的主张。罗什不仅是卓越的佛教翻译家，而且也是重要的佛教理论家，他在理论上主要是介绍印度龙树、提婆的中观学说。小乘佛教主张"众生空"，又名"人空"，他们把人身分解成"五蕴"、"四大"，指出它无实。大乘认为这还是很不够的，不但要"众生空"，还要看到"法空"。罗什点出了大、小乘理论上的这种根本差异。大乘学者理论思维已经达到了本体论的高度，他们不满足于小乘学者仅侧重于宣传解脱个人的苦难，而是从世界观的高度观察世界，探讨宇宙本原。大乘空宗提出"八不缘起"说来讲空，《中论》说："不生亦不灭，不常亦不断，不一亦不异，不来亦不出。能说是因缘，善灭诸戏论"。"八不"包含了四对范畴，"生灭"指世界的产生与灭亡；"常断"指世界运动的连续性与间断性；"一异"指世界的统一性与多样性；"来出"指世界的转化。《中论》驳斥了小乘与外道关于世界起源的诸种"戏论"，认为世界不是"自在天"所生，亦不是"四大"所生。整个世界无生亦无灭，是一团不可言说的，因缘假有的存在。小乘以生灭为常义，大乘以不生不灭为常义。所以大乘空宗提倡"毕竟空"，超绝生灭，有无，"言有而不有，言无而不无"，"本言空以遣有，非去有而存空。若有去而存空，非空之谓也"。（《注维摩经》卷3）空宗的空观侧重于教人们一种观法，即扫除一切名相，在有、无之际不着两边，亦不舍两边。这种"无定相"的观法关键是告诉人们不存在一个超然物外的神秘实体。如果把现实世界看成"有"，把"真如"实体当作派生万物的"无"，那么便是以"无相为有相"，仍然做不到物我双忘的解脱。空宗的"中观"思想在中国佛学史上产生了很大影响。

第三，破除"神我"有神论，宣扬无我义。自汉代以来，我国僧人都执灵魂不灭论，认为人有一个不死的灵魂，是承受轮回业报的主体，一旦成佛便可以彻底解脱。这种中国式的佛教思想，一方面是传统宗法宗教灵魂观影响的结果；另一方面佛教中确也存在着承认灵魂不死的派别。从大乘空宗的角度看，人的灵魂自然也是一个空，生死、苦乐都是非常的表现，并通过一系列二律背反，否定不死灵魂的存在。不过，尽管他们百般解释，实则只是把灵魂换了个名称而已，徒增僧俗群众理解上的困难，因而在中国佛学界并未引起多大重视。慧远在庐山大讲"神不灭论"，有神与无神便成了他与罗什思想上的重大分歧。

罗什从西域带来的大乘空宗思想对中国佛学界产生了很大影响，尤其在传播般若空观思想的过程中，他的弟子僧肇发挥了关键性的作用。罗什来华前僧肇已是关中名僧。后投罗什门下，跟从受学，协助译经。他写了一些阐述大乘空观的经注、经序，深得罗什赏识，被誉为"秦人解空第一"。僧肇的主要著作为《肇论》一书，包括《不真空论》、《物不迁论》、《般若无知论》、《涅槃无名论》4篇论文，近人考据后一篇为伪作。此外还有《维摩经注序》、《长阿含经序》、《百论序》。僧肇的著作以弘扬龙树、提婆《中论》、《百论》、《十二门论》中的大乘空观思想而著名，成为后世"三论宗"的始祖之一。

在《不真空论》中，僧肇对六家七宗进行了批判性总结。他认为心无宗没有真正否定客观世界，达到大乘物我两空的境界。在对即色宗的批判中他指出即色宗把世界分成本质与现象两个部分，强调现实世界仅仅是现象，没有自性，故为空。僧肇认为这种割裂现象与本质的思维方式不符合中观思想。从中观的方法看，现象与本质是统一的，整个世界就是因缘和合而成的，没有自性，用不着再区分现象、本体来确认其空。僧肇的批判着墨最多的是本无宗。道安的本无派是玄佛思想结合的代表，实质上是以无注空，以为佛教所说的空就是一种绝对的虚无，它忽视了现象世界还有存在的一面；同时，也有割裂本质与现象的倾向，把本质看成了现象以外的存在。这种有无对峙的思想并不符合"中观"，是"以无相为相"的好无之谈。在"有相"的对面设置一个"无相"，"犹逃峰而之壑"，还是不得解脱。按照大乘空宗的见解，空并不是无，而是假。人类所面对的现实世界皆因缘和合而成，缘起故有，缘散故无，万物没有自性，是虚假不真的存在，不真故空。但这个空却不是虚无，它"非有非非有，非无非非无"，处于一种"假号"的存在状态。现实的世界如同魔术师变现出来的幻影，虚假不真，可又确实存在着。僧肇认为正确的空观应该是"即万物之自虚"，通过对现象世界的直观透视而得到"万法皆空"的觉悟。与六家七宗相比，僧肇的空观是把有无问题换成了真假问题，这样似乎与人们生活经验的矛盾更少，也与佛教经典更接近，故为大多数佛教徒所接受。不过从辩证唯物主义的角度看，他硬说客观世界是虚假的也没有什么道理。

僧肇还作《物不迁论》宣传真如佛体动静一如，即体即用。人应该"即动以求静"，在断灭无常、变动不居的现实世界中去把握真如本体。作《般若无知论》阐述"实相无相"、"般若无知"的道理，叫人们放弃世俗的"惑智"，学会超情遣知、洞照性空的般若智慧，"以无知之般若，照彼无相之真谛"，从而达到大彻大悟的涅槃境界。

总之，由于罗什及其弟子们的努力，大乘空宗非有非无、即动即静、知即不知、体用一如、人法两空的空观思想在中国佛学界得以确立。罗什和僧肇去世后不久，长安便陷于连年战乱之中。译场因而散伙，义学南迁，般若空观及大乘其他理论因此流向全国。佛教义学的中心开始转向南方。

四　慧远的神不灭论和因果报应说

慧远（334—416），雁门烦楼（今山西宁武）人。21岁时因中原战乱，以经术报国无门，从道安出家。听道安讲般若经，乃恍然大悟，叹曰："儒、道九流，皆秕糠耳。"他潜心于般若学研究，24岁可以独立开讲般若经，为了便于听众领悟，"乃引《庄子》义为连类"，得到了道安称赞。后辞别道安，于东晋太元六年（381）入庐山定居，住东林寺传法，弟子甚众。庐山成为南方两大佛教中心之一（另一为建业）。在庐山期间。慧远延请罽宾名僧伽提婆译出《阿毗昙心论》、《三法度论》等小乘经典，为毗昙学的传播奠定了基础。又延请伽毗罗卫僧佛陀跋陀罗译出《达摩多禅经》，使得小乘禅数学在南方也得以传播。元兴元年（402），慧远与弟子刘遗民、周续之等123人于龙泉精舍无量寿佛前发誓，共期往生西方净土，以摆脱轮回之苦。同时他们还在东林寺建立莲社，倡"弥陀净土法门"，宣称只要口念佛号，死后便可往生西方净土，所以慧远被后世的净土宗奉为始祖。

慧远在佛教理论中国化方面做出了很大贡献，他的理论主要有法性不灭、灵魂不死和因果报应三点。法性不灭是慧远佛学的理论基础。在《法性论》一文中他指出："至极以不变为性，得性以体极为宗。""体极"乃对"顺化"而言，"在家奉法，则是顺化之民"，但是顺化之民受情欲的牵扰，终不免世俗之累，"是故反本求宗者，不以生累其神；超落尘封者，不以情累其生。不以情累其生则生可灭，不以生累其神则神可冥，冥神绝境，故谓之泥洹"。泥洹即是涅槃，乃佛教待追求的至高无上的、永恒不变的终极境界，也就是至极不变的法性。法性是佛教的最高实体与精神修炼的最高境界的结合。

慧远从法性不变论出发，宣扬灵魂不灭论。他认为学佛修道的人，精神与法性本体相冥合，精神便转为佛的法身。凡人的精神随物所化，在人死之后便转附到另一个形体之上。他说："神也者，圆应无生，妙尽无名，感物而动，假数而行。感物而非物，故化物而不灭。"（《沙门不敬王者论》）灵魂问题是中国思想史上有神论与无神论争论的老问题，慧远继承了中国传统宗教的灵魂观，强调灵魂的非物质性和永恒性。为了反对无神论者精神必须依赖物质，"薪尽火熄"的论点，他提出了"薪尽火传"的命题。"火之传于薪，犹神之传于形。火之传异薪，犹神之传异形。"（同上）一个肉体消亡了，灵魂就会转移到另一个肉体上去。犹如一堆柴燃尽了，火种又传到另一堆柴上。这种灵魂的传递便是佛教中的轮回说。

中国古代本来就有因果报应的思想。《周易·坤卦·文言》说："积善之家，必有余庆；积不善之家，必有余殃。"但传统的因果报应思想比较简单，往往得不到验证。慧远将佛教的轮回思想与之结合，便大大提高了因果报应思想的神秘性、复杂性和诱惑性。慧远强调必须从主体自身的活动建立因果报应说。他讲："三业体殊，自固有定报。"（《三报论》）"三业"是印度传来的佛教观念，指人的身、口、意，即行为、语言、思想。业有三种性质：善、恶、无记，佛教认为人的一念一行皆有价值属性（当然慧远评判恶善的标准是按现行的封建伦常划定的）。人作业不同，报应亦不同，"业有三报，一曰现报，二曰生报，三曰后报"。（同上）现报指今生作业今生报应，生报是今生作业来生报应，后报则是今生作业，经百世乃至千世后受报。反正人有一个不死的灵魂，轮回不息，"善恶到头终有报，只争来早与来迟"。慧远的"三业三报"说比传统的福善祸淫说，具有极大的灵活性，为各类不同地位和境遇的人们都提供了争取未来幸福的希望，因而历代统治者大力提倡，一般人也乐于接受，并通过文学、艺术的多种形式深入社会的每一个角落，在历史上造成了极深的影响。

最后我们还要指出一点，慧远的因果报应说是以灵魂不死为依据的，严格讲并不符合印度传来的大乘佛教的教义。鸠摩罗什破"神我"论，主要就是为了纠正中国僧侣这类偏见。从大乘的角度看，承认个人灵魂不死就是犯了小乘"我执"的错误，迷恋自我灵魂不舍，求善的出发点便是为来世修福田，动机仍然是功利的，所以还算不得真正的解脱。不过罗什所宣讲的正宗印度佛教理论毕竟玄虚深奥，不易为中国人接受。慧远的因果报应说通俗易懂，更便于发挥辅助王道的教化作用。结果还是慧远的中国式的佛教理论大得其道。这件事从一个侧面反映了中国宗教重视社会功用的特点。

五 道生的涅槃佛性说

道生（？—434），巨鹿（今河北平乡）人。他一生的宗教活动可以分成三个时期。他397年去庐山向慧远求学，见僧伽提婆，学习《阿毗昙经》等小乘教义，在庐山幽栖7年，此为第一时期。后获悉罗什在长安译经、讲经、于404年西入长安，学习大乘《般若经》，与僧肇、僧叡、道融共称"什门四哲"，参与了大、小品《般若经》的翻译工作，此为第二时期。407年道生返回建业，以为"言以寄理，入理则言息"，开始大力宣传涅槃学，此为第三个时期。自道安以来，佛经翻译事业大为兴盛，社会上流行的主要经典有僧伽提婆弘阐的《毗昙经》、鸠摩罗什倡导的《般若经》和昙无谶宣扬的《涅槃经》，由于道生的特殊经历，他成为集三家大成的佛教思想家。特别是由于他从般若入涅槃，故能在涅槃经的核心——佛性问题上融会贯通，阐发新意。道生以"实相无相"、"佛无净土"、"善不受报"、"一阐提人亦有佛性"、"顿悟成佛"等一系列骇世之论轰动江南佛教界，被尊为"涅槃圣"。道生晚年一直在庐山讲《涅槃经》。道生著作不少，但多已散失，如《泥洹经义疏》、《小品经义疏》、《二谛论》、《法身无色论》、《佛无净土论》、《顿悟成佛义》、《佛性当有论》等仅存篇名。现存文章仅《妙法莲华经疏》和《答王卫军书》。我们只能从僧肇、谢灵运的著作中看到道生思想的一些片段。

晋宋之际，佛学正处于从般若热向涅槃热过渡时期，道生恰恰成为转折的关键人物。般若学的主旨在于扫除名相，教人识破万法皆空。但是大乘空宗为了把自己的理论贯彻到底，最后把彼岸的最高境界涅槃也说成了空，这种彻底的空观对于慧根深的人有所启发，但对于大多数文化水平较低的信徒却造成了信仰危机和修习上的困境。既然彼岸世界也是一片空无，追求它还有什么意义呢？所以道生认为《般若经》并不是佛教的最高境界，而只是佛陀说法的"方便法轮"。佛经的次序应该是《阿含》、《般若》、《法华》、《涅槃》。修习者不应总停留在般若学对诸法观照的水平上，还应返回实相，即佛的法身。佛教从道生这里由空转有。

"法身"是相对于佛的"生身"而言。释迦牟尼从生到死，他的肉体生身消亡了，但他所悟的真理，所传布的言教合称为"法"，是永存的。有法才有佛在，佛以法为身，故称法身。关于法身有相还是无相，佛教内部存在着分歧，甚至佛经本身就有自相矛盾之处。在道生看来，宇宙本体实相就是道或理。"理者是佛，乖则凡夫"，"佛为悟理之体"，所以佛不是别的什么，而是对宇宙性空之理的体悟，佛即是真理的化身。从般若学"实相无相"的观点看，"法身"应该无形无色，并不存在观念中像人一样的佛，佛经中所谓丈六金身之类的说法不过是为了立教的方便。同理，"佛无净土"，成佛在于返归实相，返归自身佛性，并非在超绝众生之处别树境界。佛经中净土之说也是为了立教方便，相对于凡夫未觉悟时有秽、有惑的境界而言。进而道生又推出了"善不受报说"、"无为是表理之法，故无实功德利也"。（《注维摩诘经》）道生认为因果报应说以功利诱人，是与绝形色、离合散、去美恶、舍罪福、彻悟人生真谛的涅槃境界相矛盾的。道生这些观点显然是针对慧远的净土信仰和因果说而来的，反映了佛教理论在雅文化层次和俗文化层次上的差异。由于问题本身是虚构的，所以并无正误之分。但这些观点可以在不同层次上发挥作用，又可以并行不悖。

道生所说的实相不仅包括宇宙实相，也包括人身自有的佛性。佛性一词的梵文为 Buddhala，原意指"如来性"、"觉性"，后来发展成成佛的可能性，因性，种子。心中有佛性，才有反观自悟的可能。在佛性问题上，印度佛教本身就有大小乘的分别。小乘不承认众生皆有成佛的可能性，而大乘却为苦难众生开了"成佛"的希望之门。《大涅槃经》讲："一切众生，皆有佛性。"但在晋宋之际中国僧侣对于这个"佛性我"还不了解，有人从般若学的"空"怀疑佛性之"有"，有人则将佛性等同于人不灭的灵魂。道生对此都提出了批评，"理既不从我为空，岂有我能制之哉？则无我矣。无我本无生死中我，非不有佛性我也"。（《注维摩诘经》）也就是说，佛教的无我指无"四大"构成的物质性的自我，但不能因此而否定"佛性我"。道生认为佛性是众生最完善的本性，最高的智慧，最真的实体。佛性非空，亦非神明。因为佛性亦是宇宙的本体，本体只有一个，不能成为个人神明。众生成佛也就是与本体会一，达到一种自证无相之实相，万物与我同一的境界。涅槃既不像道教所追求的肉体我不死，也不同于世俗之人所理解的使个人灵魂转化为"人佛"，而是在生死过程中对生死意义的超越。

从众生皆有佛性，道生得出了那个在佛学界引起轩然大波的结论，首倡一阐提（即善根断尽）人也有佛性。法显所译6卷本《涅槃经》明言："如一阐提懈怠懒躲，尸卧终日，言当成佛，若成佛者，无有是处。"所以道生之论一提出，即为拘守经文之辈群起而攻，逐出建业。但道生凭借其对经意的深刻理解，不为经典个别文字所困扰，坚持一切众生皆有佛性的观点。道生的"悟性"主要来自他对中国传统文化的深厚素养及对佛教宗旨的正确理解。道生的佛性论不过是孟子性善论的另一种表达方式，一阐提人皆可以成佛不过是"涂之人皆可以为尧舜"的翻版而已。一些旧论的维持者担心承认一阐提人可以成佛会动摇封建的等级宗法制度，而道生却领悟到，承认众生在成佛这个虚假问题上的平等权利，恰恰是对现实世界森严的等级制度最好的巩固。道生的佛性论受到重视的原因也就在于此。

道生在佛教史上还有一个著名论点——"顿悟成佛"。涅槃佛性论讲成佛的根据问题，顿悟成佛论则是讨论成佛的方法问题。这个问题早就有争论，安士高一派的禅数学侧重于精神修炼的宗教实践，认为成阿罗汉也要累世修行，因而主张渐悟。而支谶、支谦一系的般若学者侧重于义解，直探实相本性，提出了小顿悟的观点。他们认为菩萨修行要经过"十住"阶次，在"七住"以前都是渐悟过程，到了"七住"才能树立坚定不移的认识，证得"无生忍"（安住于无生无灭而不动摇），这就达到了小顿悟。再往后修习，便能达到大顿悟而成佛。支道林、道安、僧肇、慧远都持此论。道生提倡大顿悟说，认为必须到"十住"的最后一念生"金刚道心"，一下子把一切妄惑断尽，悟解佛理，当即成佛。从般若学的角度看，实相无相，无生无灭，玄妙一体不可分割，要么证悟它，要么未证悟它，没有中间状态可言，不能与其逐步合一。再从涅槃佛性的角度看，众生皆有佛性，觉悟就是返归本性，见性成佛，这也是一个真性自然发显，真理顿悟的过程。不过，如同道生强调佛性是成佛的正因，但并不排除成佛还要修习缘因一样；他主张顿悟，但也不反对"七住"以内的渐悟过程，即"悟不自生，必藉信渐"。

通观道生的佛学理论，可以说他把般若学与涅槃学结合了起来；把宗教哲理与信仰结合了起来；把佛教与以儒家为核心的传统文化结合了起来，成为中国佛教史上的一大转折。从此，佛学摆脱了玄学的框架，走上了独立发展的道路。道生以后，般若学渐歇，涅槃学大兴，大乘空宗在佛学界的核心地位让给了有宗。涅槃学、俱舍论、瑜伽地师论等偏于"有"的佛教理论大行其道。中唐以后，道生的佛性论直接启迪了禅宗这个纯粹中国化的佛教流派产生，并间接地影响了宋明理学，尤其是陆王心学，其影响可谓深远。

南北朝时期，佛教发展中还有一个重要现象值得一提。佛经大量翻译，中、西僧人为之作了大批的注疏，阐述自己的理解。但是佛教经典玄理深奥，字义艰涩，导致了理解上歧义纷呈。大批的僧侣和士大夫围绕经典的"宗致"展开了长期的讨论，形成了南北诸家师说。南北方皆有的是成实师、涅槃师、毗昙师、摄论师；南方独有的是三论师、十诵律师；北方所独有的是地论师、四论师、四分律师、楞伽师等。这些师说虽然各有师承，可不像隋唐以后的佛教宗派那样有严格的系谱关系，所以一般不把他们称为宗派。不过有些师说与后来的宗派有着明显的渊源关系，如三论师与三论宗、楞伽师与禅宗等。南北诸家师说是形成中国佛教宗派的前奏曲，在佛教发展史上有承前启后的作用。

六 佛教与中国传统文化

佛教作为一种外来文化，不仅在中国封建社会这块古老的土壤中扎下了根，而且生根开花，结出了硕果。佛教对于中国经济、政治、学术、民俗、文学、建筑、雕塑、绘画、音乐等物质文明与精神文明各个方面都发生了深远的影响。

佛教与文学方面 随着佛经的大量翻译和流传，僧人与名士的交往，佛教对中国文学的各方面都产生了很大影响。无论诗歌、散文、小说，魏晋以后较之秦汉以前都有显著的差异。佛教经典中的文体，佛教理论中的价值观、生活观、生命观显然是造成这种转变的主要因素。佛教对魏晋南北朝时期文学的影响主要有以下几个方面。

首先，随佛教而传入的印度声明学（古代印度学者研究的一种学问，近于语言学中的训诂和词汇学），导致南朝音韵学上"四声"的发明的诗词格律"八病"的制定。齐梁时文学家王融、沈约与沙门昙济过从甚密。他们受佛教徒读佛经时梵音三声区别的启示，把中文字音依声调高低规定成平、上、去、入四声，用于诗词格律，世称为"永明体"。沈约撰有《四声谱》，强调作诗应避忌八项音律上的弊病，即平头、上尾、蜂腰、鹤膝、大韵、小韵、旁纽、正纽，称为"八病"。诗词格律的制定，促成了唐宋诗词创作高潮的出现。

其次，儒家重人事，其文风质朴平实；道家老庄的散文富于玄想，达观宏远，顺应自然；汉赋侧重描绘山川风物，词汇华丽。佛教则不同，主张就人生观其无常苦空，就宇宙观其转变幻化，从而为文人开拓了新的意境和新的创作题材。魏晋诗坛借"玄言诗"的余波，掀起了"般若诗"的新浪潮。支道林就是当时著名的佛教诗人，《全晋诗》中存其18首，直述佛理。孙绰、许询、王羲之等著名文士皆与其有所唱和。晋宋之际的大诗人谢灵运，对佛教亦有精深的研究，他将对玄理的探索与对自然山水的描绘结合起来，使读者可以获得一种明心见性、怡然自得的心境。此外，王齐之的《念佛三昧诗》、慧远的《庐山东林杂诗》、梁武帝的《净业赋》等，皆为一时佛教诗的佳作。

最后，佛教为中国文学界注入了超越时空、富于幻想的浪漫主义因素，为文学创作提供了新思维、新意境、新语汇、新素材。中国古典文学偏重于写实、教化，除了庄子，一般都缺乏浪漫色彩。即使是列仙传、神仙传也显得简单拘谨。佛教则不同，它不受现实生活的时空观的约束，上三十三天，入十八层地狱，恒沙积劫，无边无际，表现了浓烈的浪漫色彩，推动了中国浪漫主义文学的发展。在南北朝时期形成了侈谈鬼神，称道灵异的社会风气，从而产生了许多志怪小说。如干宝的《搜神记》、颜之推的《冤魂志》、吴均的《续齐谐记》等，把我国神话小说推到了一个新水平。

佛教与中国建筑方面　佛教建筑主要指佛殿与佛塔两种。佛教殿堂是从中国古代建筑中逐步发展而来的。东汉大兴"浮图寺",至东晋时期汉式寺院建筑格局基本定型。它采用中国世俗建筑的院落式格局,院落重重,常至数十。回廊周匝,廊内壁画琳琅,引人入胜。殿堂采用木结构式,飞沿斗拱,形似宫宇。隋唐以前,寺院中多有塔,以塔为中轴线。如果说佛寺殿堂以传统建筑艺术为主的话,那么佛塔则是个引进项目。佛塔起源于印度,本指坟冢,梵文为 stūpa,音译为窣堵波、佛图、浮图,意译为圆冢、方坟、灵庙。相传释迦牟尼去世后,佛教徒在埋葬佛骨的地方建塔顶礼膜拜。从此塔便成了佛教徒们崇拜的对象和葬身的坟墓。佛塔与佛经一起传入我国,并和我国传统建筑艺术相合,形成了楼阁形塔的新形式,南北朝的佛塔基本采用这种形式。为了解决传统木结构建筑方形与印度佛塔圆形的矛盾,中国的能工巧匠们创造性地采用了介于两者之间的八角形或多角形,形成了中国佛塔的建筑特色。

佛教与雕塑方面　佛教雕塑指寺院和石窟中雕刻塑造的尊像,所用质料为金、玉、石、木、陶、土等,是宗教宣传的重要工具。佛教传入中国以前,我国的雕塑艺术已达到了很高的水平,佛教以其丰富多彩的宗教想象给雕塑艺术以极大的推动,使中国的雕塑在内容上以表现人和动物为主变成了以表现佛和诸神为主,在艺术形式上由简明朴直发展为精巧圆熟。在风格上由雄劲挺拔发展为庄严富丽。南朝的佛教雕塑多以金、玉等昂贵材料为质地,形体虽小,但精巧细致。宋孝武帝、宋文帝曾铸无量寿金佛,梁武帝铸纯银佛,豪门贵族还雕刻了大量玉佛,门阀士族的奢侈于此可见一斑。北朝的佛像则以石刻为主,举世闻名的敦煌、云岗、龙门三大石窟都是北魏时期开始开凿的。由于石雕巨大,不会丢失,石像坚固,不易朽蚀,因此以三大石窟为首的石窟艺术群体便成为传世的珍宝。三大石窟都是在几百年的时间中雕刻完成的,不仅展示了中华文明的绚丽光彩,也记载了中印雕塑艺术相互融合的过程。在早期佛教雕塑中,往往是以印度艺术为母范的,甚至直接取法于印度的佛像,越往后发展,佛像也越中国化。

佛教与绘画艺术方面　绘画对于引发教徒的宗教情感,扩大佛教的影响有重要作用。把佛教画挂在寺院殿堂或信徒家中礼拜、敬奉,可以形象地传播佛教教义，因而在印度就很受重视。印度佛教绘画技术一传入我国，便迅速与传统绘画技巧相互融合，获得了高速发展。汉代画佛画的人还不多，到魏晋时便相继有佛画名家出现，南北朝时佛画已成了绘画艺术的主要题材。佛教绘画的内容可以分为像和图两大类。像主要是佛像、菩萨像、明王像、罗汉像、鬼神像和高僧像等。图则有佛传图（绘画释迦牟尼一生教化事迹）、本生图（释迦牟尼为菩萨时教化众生的种种事迹）、经变图（描绘某一佛经的全部或部分内容）、水陆图（悬挂在水陆法会殿堂上的画）等。佛教绘画中，凡是内容与中国传统伦理观念相吻合的便流行得特别快。如"睒子本生图"，讲迦夷国王入山游猎，误射中正在修行的睒子，睒子临终时念念不忘双目失明的父母无人奉养，后来感动了佛，得神药死而后生。这个宣扬孝道的故事在南北朝时期极为流行，而且和其他孝子的故事混在一起，被编入了孝子图中。

佛教与音乐方面 中国古代统治者一向重视音乐的教化作用，《孝经》说："移风易俗，莫善于乐。"而印度的佛教徒则用一种被称为"呗"的音乐赞颂佛和诸神。它富有艳逸的音韵，旋律性强，对教徒和群众有很大的吸引力和感染力。南北朝时，佛教音乐逐渐融宫廷音乐、民间音乐与宗教音乐于一炉，在朝野广为传诵。南齐竟陵王萧子良曾"招致名僧，讲论佛法，造经呗新声"。（《南齐书·萧子良传》）梁武帝多才多艺，也是宗教音乐家，曾制《善哉》、《神王》、《灭过论》、《断苦轮》等10篇歌词，"名为正乐，皆述佛法"。北朝的佛教音乐也很流行，在金碧辉煌的佛教殿堂里，"梵呗屠音，连檐接响"蔚为壮观。

通观诸种宗教艺术，其主旨都是为了把人们的注意力引向虚幻的天国，对文明的发展是有消极作用的。但是艺术自身又有相对独立的性质。千百年来，无数有名或无名的艺术家塑造佛教天国的艺术形象时，总是把自己对现实世界真、善、美的追求和理解寓含其中，以审美的形式反映了在神权禁锢下人类主体意识的朦胧觉醒。这些艺术作品表现了人的真诚、善良和美丽，给人新鲜活泼、丰富多彩的美感享受。所以，佛教艺术与世俗艺术一样，闪烁着古代艺术家们智慧的光芒，是中华文明史上的无价珍宝。

第五节 儒、释、道三教的冲突与融合

魏晋南北朝是一个宗教大发展的时代。道教在理论上和组织上趋于成熟，从民间宗教转向社会上层。佛教则从一种外国传来的"方术"变成了一支对中国文化思想有全局影响的意识形态和社会力量。而儒学则无太大的进展，玄学经学以道解儒经，偏重义理之学，此外便是训诂之学和礼制之学，未能形成统一的儒家新理论体系，影响相对降低，儒术独尊变成了儒、释、道三教并存。可以说这是封建统治阶级探索适应宗法等级制度的意识形态的时期，因此发生了儒、释、道三教的冲突与融合。

一 三教的状况与相互关系

魏晋南北朝时期儒学虽然丧失了独尊的权威，但仍然保持了思想文化上的正统地位。这是由中国宗法社会的性质决定的。儒家思想以忠孝为核心，把三纲五常作为不可动摇的天道人伦秩序。提倡内圣外王之道，以修身为起点，进而齐家、治国、平天下。在理论上宣扬天命崇拜、祖先崇拜和圣贤崇拜，用天命神权为君权辩护，用道德伦理为社会教化立极，用圣贤之道为知识分子树本，可以说儒学代表了中国封建宗法等级制度的根本利益，因此无论"正始玄风"多么强劲，佛、道崇拜多么狂热，都不可能取代儒学的正统地位。表现之一：君道至尊，皇权至上，佛、道二教必须依附皇权存在，接受政府管理。即使在梁武帝佞佛、北魏太武帝佞道时期，也没有发生过教权超越皇权，政权转移于宗教领袖手中的情况。表现之二：宗法宗教活动（如祭天、祭祖、祭社等）始终作为国家宗教存在，由皇帝亲自主持，列入国家礼典，受到政权保护。表现之三：执政者皆视儒学为治国之道，在行政上贯彻推行。儒学仍被确定为官方教育的重要内容，作为培养和选拔人才的标准。表现之四：社会道德风俗主要受儒家纲常伦理指导，不仅为士民尊重，各种教徒也不得违逆。由于儒学实际上仍然处于官方哲学的地位，因此当佛教、道教发展过快、过猛，在经济上侵犯世俗地主集团利益，在政治上干扰封建国家机器运行，在行为上冲击世俗伦常

的时候，便会受到儒家学者的攻击。当然，在佛、道二教表示顺从封建纲常，并接受政府调节管理的情况下，儒家对佛、道二教也表示了很大的宽容。

道教是中国土生土长的宗教，但它理论上相对薄弱，在辨析名理方面不足以与佛教抗衡，在政治上又不如儒家与宗法社会联系紧密。而且道教的神仙体系庞杂、肤浅、信徒较少，长生成仙说又不能兑现，所以容易受到攻击。但是道教也有它的文化优势。它本身是中国古代宗教、神仙方术和道家学说的混生物，是传统文化的组成部分，因此在价值观念、思维方式上与以儒家为代表的主流文化倾向一致。为了求得自身的生存，道教经常与儒学结成同盟军，反击代表外来文化的佛教。华夏正统是道教自我标榜的主要资本，因此在反佛运动中它们甚至表现得比儒家学者更尖锐、更极端。

三教中佛教在哲学理论上占有明显的优势。它有博大精深的理论体系，其宇宙论宏廓，物性论玄妙，人生论超脱，不仅高于古代儒学，较之儒道合流的玄学亦高出一筹。因此在东晋玄学衰微以后，佛教便成了哲学界关注的中心。不过佛教毕竟是外来的文化体系，在价值观、人生观、伦理观、思维方式以至生活习俗等方面都与中国文化传统存在着矛盾，所以佛教徒在反击儒、道两家的攻击中一方面展示自身存在的价值，另一方面也在逐渐地对自身理论加以修正，使之适应中国的国情。

二　儒、释、道三教几次大的理论冲突

第一次大的理论冲突发生在东晋，冲突主要发生在儒、佛两家之间，庾冰与何充，桓玄与慧远围绕着沙门要不要跪拜王者问题进行了两次讨论，争论的实质是宗教与政治的关系问题上中外文化的差异如何调解。在印度，佛教徒有很高的社会地位，他们只礼拜佛祖释迦牟尼，而对世俗任何人，包括帝王和父母都不跪拜，甚至还可以接受在家的父母的跪拜，这些教仪便与我国的纲常伦理发生了冲突。东晋成帝（321—342年在位）时，庾冰、何充辅政，庾冰反佛，何充崇佛。庾冰代皇帝下诏，令沙门跪拜王者，坚决维护王道的尊严。何充却认为沙门虽然礼仪有殊，但尊重王权，"五戒

之禁，实助王化"，不必过分勉强出家人。结果庾冰议寝，沙门竟不施拜。东晋安帝元兴二年（403），掌握朝廷大权的桓玄再次下令沙汰沙门，并勒令和尚跪拜王者。针对庾冰、桓玄，慧远作《答桓太尉书》、《沙门不敬王者论》，系统阐述了佛教的社会功用，力图调和宗教礼仪与封建纲常的矛盾。他向统治者说明，佛教的基本教义与儒家的忠孝伦理并不矛盾。"佛经所明，凡有二科，一者处俗弘教，二者出家修道。处俗则奉上之礼，尊亲之敬，忠孝之义表于经文。"（《答桓太尉书》）其实佛经很少提倡忠孝之理，但慧远还是肯定在家的佛教徒应该尽忠尽孝，以便换得统治者对出家僧人有特殊宽容。"凡在出家，皆隐居以求其志，变俗以达其道。"所以出家的僧人当然要与世俗人士礼仪不同。但是出家人有他们的特殊作用，"拔幽根于重劫，远通三乘之津，广开人天之路，是故内乘天属之重，而不违其孝，外阙奉主之恭，而不失其敬"。慧远把宗教信仰提高到关系皇权稳定和教化大业的高度上来认识，指出穿袈裟的僧侣与戴儒冠的书生都是国家的维护者，对巩固宗法等级制度有同等作用，不能说沙门是徒沾恩惠而不施敬礼。"如令一夫全德，则道洽六亲，泽流天下。虽不处王侯之位，亦已协契皇极，大庇生民矣。"他劝统治者目光放远大一点，不必计较仪礼上的少许差异。在慧远的劝说与影响下，桓玄放弃了沙门必须跪拜的要求。这当然不能说明佛教获得了超越王道控制的权力，只能说明佛教在实质上开始与儒家纲常相结合。

　　第二次理论冲突发生在刘宋时期。还俗沙门慧琳作《白黑论》，设白学先生代表中国传统文化，设黑学先生代表佛教，借白学先生之口对佛教哲学及因果报应说进行了多方面的批评。以后宗炳和何承天继承了这一讨论，并把理论引向深入。白学先生批评佛教的般若空观，指出："今析豪空树，无伤垂荫之茂；离材虚室，不损轮奂之美"，佛教的空观思想完全违背客观事实。白学先生还批评了佛教的因果报应说，"美泥洹之乐，生耽逸之虑；赞法身之妙，肇好奇之心。近欲未弭，远利又兴。虽言菩萨无欲，群生固已有欲矣"，佛教以空无立义，因果说又以福乐设教，岂不自相矛盾？黑学先生辩解说："物情不能顿至，故积渐以诱之"，认为报应说是出于设教的方便，主要是对初学者而言。白学先生又指出这是手段与目的背离，

"道在无欲，而与有欲要之，北行求郢，西征索越"，是南辕北辙。宗炳与何承天围绕着《白黑论》提出的问题继续讨论。宗炳作《明佛论》系统论述儒、道、佛优劣。他认为佛理精深玄奥，高于并包含儒、道两家，所以佛教在德功上超过儒教，在玄虚上超过老庄。且佛教眼界开阔，看宇宙则"无量无边之旷，无始无终之久"，"布三千日月，罗万二千天下，恒沙阅国界，飞尘纪积劫"。儒家的眼光则要狭小得多，"《书》称知远，不出唐虞；《春秋》属辞，尽于王业"。他确切指出了儒学在宇宙论上的不足。何承天在这方面难以反驳，于是他集中力量攻击佛教的因果观，从而突出了儒、佛两家在人生观上的矛盾。他作《达性论》，用儒家的天、地、人三才说反对佛教的众生说。他认为人在天地万物中有特殊地位，佛教徒所谓杀生受报完全是无稽之谈。佛教徒说，被白起、项羽坑杀的 60 万士卒乃是由于他们杀生食禽，故有此果报。何承天认为这岂非太因轻果重了。况且果报可在百世、千世之遥，不可捉摸，这还有什么意义？以后又有南齐的范缜与萧子良关于因果的争论。到梁陈之际，朱世卿著《法性自然论》，沙门真观作《因缘无性论》，仍在反刍这个问题。儒家学者的批判虽然机智而又犀利，但在解释阶级社会中不合理的社会现实方面，还不如佛教的因果论更具有圆通性，因此难以驳倒佛教。

  第三次大的理论冲突发生在宋末，道士顾欢作《夷夏论》，借儒家"夷夏之防"的民族观否定佛教在中国传播的合理性。而佛教徒则全力反击，以求获得中土文化对佛教的认同。双方的争辩把三教冲突推向了一个新的高潮。顾欢在《夷夏论》中列举了华夏与诸夷在文化、习俗上的种种差异，认为中华是礼仪之邦，人性温良敦厚；西域是蛮貊之域，人性刚勇强悍，对于不同人性的人民应用不同方法进行教化。他借机抬高道教，认为"佛是破恶之方，道是兴善之术。兴善则自然为高，破恶则勇猛为贵。"顾欢表面上不否定佛教有存在的权利，但仍以国情不适而拒绝让佛教在中国传播。《夷夏论》强调了文化的民族性和地域性，要求保持中华文化的民族特点有可取之处。但其理论中又有严重的狭隘民族主义和文化保守主义倾向，其尊夏贱夷、道优佛劣的种种说法都是妄生分别，没有多少道理，不利于中外文化交流，也不利于传统文化的更新。《夷夏论》一出，立即受到佛教信徒的反击。朱广之著《咨顾道士夷夏论》,反对顾欢的民族沙文主义。他认为夏夷风俗虽异,并无美恶之别,不能用"狐蹲狗踞"、"虫嚯鸟眰"之类语汇辱称其俗。这些观点包含了一种民族平等精神和文化上的宽容态度。朱昭之在《难顾道士夷夏论》中认为:圣道"无近无远","无偏无党",不分夷夏,皆可通用。明僧绍作《正二教论》认为:夷夏风俗虽殊,但是人性不异,故"在夷之化,岂必三乘;教华之道,何拘五教"。"既华夷未殊,而俗之所异,孰乖圣则?"佛教徒的反批评符合"一致而百虑,殊途而同归"的文化开放传统,在民族观上也表现得比较公允明达,因而在理论上占了上风,为佛教的传播减少了阻力。同时佛教徒借助自身理论上的优势,对道教进行了反击。谢缜之作《与顾道士书》、《重与顾道士书》,指出:"佛法以有形为空幻,故忘身以济众;道法以吾我为真实,故服食以养生",把佛、道二教在宗教信仰和追求上的差异点了出来。他说:"道家经籍简陋,多生穿凿。至如《灵宝》、《妙真》,多采摄《法华》,制用尤拙。"明僧绍在《正二教论》中指出:佛教"济在忘形","寂灭而道常","圆应无穷",可以使人得到精神的解放。而道教"其炼映金丹,餐霞饵玉,灵升羽蜕,尸解形化,是其托术,验而竟无睹其然也"。相形之下,道教的弱点暴露了出来。佛教徒的反批评争得了在中土传播的合理性,但夷夏论的影响也未绝迹,每当反佛活动高潮中必有其回声。南齐道士作《三破论》,激烈地攻击佛教"入国破国"、"入家破家"、"入身破身",为羌胡之教,应当禁绝。刘勰作《灭惑论》,僧顺作《释三破论》,玄光作《辨惑》,反击道教,基本上是《夷夏论》争辩的余波,不过言辞更加极端而已。

第四次大的理论冲突发生在齐梁之际,唯物主义思想家范缜作《神灭论》批评佛教。早在齐代,范缜在宰相萧子良门下为宾客,子良精信释教,而缜盛称无佛。子良问曰:"君不信因果,世间何得有富贵,何得有贱贫?"萧子良用社会上的贫富差异证明佛教所说的因果关系存在。缜答曰:"人之生譬如一树花,同发一枝,俱开一蒂,随风而坠,自有拂帘幌坠于茵席之上,自有关篱墙落于粪溷之侧。坠茵席者,殿下是也;落粪溷者,下官是也。贵贱虽复殊途,因果竟在何处?"范缜的回答非常机智,萧子良无以作答。但是范缜的偶因论也不能正确解释社会上富贫悬殊的现象，还不能从根本上驳倒因果论。范缜感到仅仅用偶因论批判佛教的因果论很不彻底，"退而论其理，著《神灭论》"，对因果报应说的理论基础"神不灭论"进行了深刻的批判。针对慧远"薪尽火传"的形神之喻，范缜从"形质神用"的角度举了一个更恰当的例子。"神之于质，犹利之于刃；形之于用，犹刃之于利。利之名非刃也，刃之名非利也。然而舍利无刃，舍刃无利。未闻刃没而利存，岂容形亡而神在也。"薪和火毕竟是两种不同的事物，尚有分离的可能，而刀刃与锋利是一种事物与它的功能，功能是绝对不能离开事物而存在的。精神与肉体的关系，就是物质与功能的关系，也是不能分离的。这对于佛教是不太好回答的问题。《神灭论》一出，"朝野喧哗"，佞佛帝王梁武帝组织高僧、名士66人，撰写了75篇论文对《神灭论》进行围剿，在中国思想史上形成了一次关于形神关系的大讨论。可范缜"辩摧群口，日服千人"（《广弘明集》卷9），锐不可当。曹思文只得上疏武帝承认"思文情识愚浅，无以折其锋锐"。不过在辩论中，反对《神灭论》的名僧、名士也指出，儒家并非无神论，范缜为了反对佛教而大张旗鼓地宣扬无神论，就难免影响了儒家"神道设教"对于政治的稳固作用。所以在批评范缜"神灭论"的时候，一些佛教徒直接指出，"害政"的不是佛教的"神不灭论"，而是范缜的"神灭论"。梁朝司农卿马元和批判范缜说："且慎终追远，民德归厚。有国有家，历代由之。三才之宝，不同降情。神灭之为论，妨政寔多。"（《弘明集》卷10）从稳定政治的角度考虑，梁武帝机智地决定"言语之论略成可息"，暂时搁置了这场争论。此后佛教的神不灭论迅速在中国传播，家喻户晓，成为政治文化的重要组成部分。佛教的灵魂不灭、六道轮回的思想，丰富了中国古代宗教中关于彼岸世界的想象，强化了政治文化中赏善罚恶的心理机制。

三 三教冲突的政治表现——限佛、灭佛与兴佛

魏晋南北朝时期，儒、释、道三教的理论冲突始终不断，当冲突超出理论争辩的范围时，就表现为政治上的限佛、灭佛和兴佛运动。

在激烈的阶级斗争和民族斗争中，南北方的统治者都认识到佛教是

"揉化人心"、"弘扬教化"的极好工具，且西方佛国的极乐世界，又可以为今生享尽荣华富贵的贵族们提供精神寄托，因此统治者大力扶植佛教。但是佛教的过度发展又在封建社会中引出了新的问题。寺院经济的急剧膨胀，荫占了大量的农田和人口，形成了地主阶级内部一个新的集团——僧侣地主集团。他们与世俗地主集团争财力，争人口，造成了严重冲突，并导致国家经济实力的下降。大量信徒出家，不仅冲击了传统的忠孝伦理观念，而且也造成了人口再生产的障碍。寺院不受人间法律的约束，成了一些罪犯的避难所。高级僧侣生活的奢华、淫乱的丑行……这一切现象都导致了世俗地主集团及广大人民群众对佛教的不满，当理论批判不足以阻止佛教发展势头时，反攻便转入政治领域。

一般讲，由于南朝的士人与僧侣都具有较高的文化素养，因此反佛运动主要表现为政治的批判以及限制佛教发展的行政命令。在南梁时期，大臣郭祖琛上疏皇帝，指出佛教过度发展对国家造成的危害，他揭露了佛教徒的寄生性及佛教对国家经济造成的危害。他请求武帝下诏精简僧尼道人，以避免"处处成寺，家家剃落，尺土一人，非复国有"的后果。由于郭祖琛未从根本上否定佛教，也未冒犯皇帝本人，故为武帝容忍。与郭同时代的荀济批佛言辞则要激烈得多，他上疏皇帝，把佛教看成乱国乱家的根苗，指责佛教叛离三纲五常，指斥佛教的"五不经"，"僧尼不耕不偶，俱断生育，傲君陵亲，违礼损化"。他担心"从教不耕者众，天下有饥乏之忧"，甚至危言耸听地说佛教窃拟朝仪，倾夺朝权，不可不防。他直接批评梁武帝违背传统祭仪，素食祭祖，舍身佛寺，私人执役，有失帝王尊严，终为武帝不容，避祸投奔了北魏。南朝的桓玄、宋文帝等人虽也搞过几次沙汰沙门的运动，对佛教发展有所限制。但总的来说，南方的政治批判不过是上纲上线，要求统治者对佛教的发展规模加以限制，相对还是温和的。

相比之下，北朝统治者对佛教的批判则不像南方文人那样温文尔雅、文质彬彬。如同北方人信仰宗教时侧重于宗教实践一样，北方的禁佛也是行政命令重于理论。中国佛教史上"三武一宗"四次灭佛事件，两次发生在北朝。第一次是北魏太武帝灭佛。太武帝东征西伐的累累战功使他过分迷信个人威力，他希望借助行政手段实现意识形态中的统一。正好在长安佛寺中搜出了弓矢和贵室妇人。太武帝大怒，于是在太平真君七年（446）下诏诛长安沙门。幸得太子从中缓冲，"四方沙门，多亡匿获免"，"金银宝像及诸经论，大得秘藏"。但宫室佛寺大多毁坏殆尽。第二次是北周武帝灭佛。周武帝本想重新调整三教关系，通过抬高儒教，压低佛教而振兴国力。他多次组织群臣、沙门、道士讨论三教优劣，本意是想建立一个儒教第一，道教第二，佛教第三的高低轻重秩序。但是儒、道两家在理论上不仅没有驳倒佛教，而且甄鸾作《笑道论》，道安作《二教论》，倒是把道教的弱点批得体无完肤，周武帝亲自出马也无济于事。沙门慧远金殿辩君，弘扬佛教的种种好处，甚至直斥武帝"恃王力自在，破灭三宝，是邪见人"，将受"阿鼻地狱"之苦。佛教徒护教的大无畏精神使周武帝恼羞成怒，说："但令百姓得乐，朕亦不辞地狱之苦"（见《广弘明集》卷10），下了灭佛的决心，于至德三年（574）下诏毁法，兼及灭道，勒令200万僧尼、道士还俗，三宝福财散给臣下，寺观佛塔赐予王公，对佛教的发展势头是一次沉重打击。

但是佛教并没有因两次毁法事件而消失，历史一再证明，对于像佛教这样一种社会意识形态，光靠行政命令是禁绝不了的。两次灭法事件后不久，又掀起了兴佛运动，佛教变本加厉大发展。其根本原因就在于，佛教的社会功能并非真与封建宗法社会水火不相容，太武帝与周武帝的行为也不代表整个统治阶级的根本利益。灭法行动仅仅是他们错误宗教政策的结果，就是他们的儿子也是反对灭佛的。因此等老皇帝一升天，佛教很快便在原有基础上复兴。

四 儒、释、道三教融合的理论与实践

魏晋南北朝时期，三教间理论斗争尽管激烈，但完全否定对方存在价值，提倡排斥异教的还是少数。大多数学者或僧侣只是为自己信奉的教派争名次。因此三教冲突的结果是相互吸收，相互渗透，在碰撞中各自改变着自己的形态。三教冲突的过程也是三教融合的过程。三教融合的理论主要有三大类，一为本末内外论，二为均善均圣论，三为殊途同归论。

本末内外论 玄学家在探讨儒、道两教时便立此论，沙门借内外论来

说明儒、佛关系。东晋慧远说:"求圣人之意,则内外之道可合而明矣。"(《沙门不敬王者论》)孙绰在《喻道论》中讲:"周孔即佛,佛即周孔,盖内外名之耳。"道教徒亦多用本末论。东晋李充在《学箴》中说:"圣教救其末,老庄救其本。"葛洪在《抱朴子·明本》中说:"道者儒之本也,儒者道之末也。"所以他把研究道教方术的文章编为《内篇》,研究社会问题的论文编为《外篇》。佛、道二教都是站在出世主义的立场上,把注重现世统治之术的儒视为末,把探讨彼岸、来世的宗教看成本。儒家的立场正相反,从社会功用的角度研究三教关系,把儒学当作治国之本。晋傅玄认为:"夫儒学者,三教之首也。"(《晋书·傅玄传》)宋何承天说:"士所以立身扬名,著信行道者,实赖周孔之教。"而佛教不过是治术的支流,"善九流之别家,杂以道墨慈悲爱施"。(《答宗居士书》)三教对本的解释不同,且都有自我中心的倾向,但也承认其他教在中心以外的存在。

均善均圣论 此论较之内外本末论有更强的调和三教关系倾向。它承认三教各有利弊,可以互补,故都有存在的必要性。如宋慧琳所作《白黑论》又名《均善论》,主张"六度与五教并行,信顺与慈悲并立"。梁代名士沈约作《均圣论》,说:"内圣外圣,义均理一。"王褒论三教特点时说:"儒家则尊卑等差,吉凶降杀。""道家则堕肢体,黜聪明,弃义绝仁,离形去智;释氏之义,见苦断习,证灭循道,明因辨果,偶凡成圣。"可以说他在一定程度上抓住了三教巩固封建宗法制度的不同作用。他表示自己"既崇周孔之教,兼循老释之谈"。(《梁书·王规传》)他的思想实际代表了当时统治者三教并重的文化政策。

殊途同归论 当时的人借用《周易·系辞》中"天下同归而殊途,一致而百虑"的说法,为文化开放、三教兼容进行论证。东晋慧远说:"道法之与名教,如来之与周孔,发致虽殊,潜相影响;出处诚异,终期则同。"(《沙门不敬王者论》)顾欢的《夷夏论》排佛最烈,但也承认:"道则佛也,佛则道也。其圣则符,其迹则反"。佛、道二教最终还是同一的,北周道安《二教论》说:"三教虽殊,劝善义一。涂迹诚异,理会则同",三教最后同于劝善化俗。在巩固宗法等级制度这个大目的,实际也就是在儒家纲常名教的旗帜下,三教终于找到了相互吸收、相互补充、相互渗透的基础。

在三教融合论的影响下，三教并行不悖的观念逐渐深入人心。在帝王、大臣、名士、僧侣和学者之中，三教兼修或二教兼修的人越来越多。如支遁佛玄兼长，执东晋清谈界牛耳。慧远"内通佛理，外善群书"，精通《丧服经》。宋文帝除赞扬佛事外，又立儒、玄、文、史四学。谢灵运除精于儒术外，又笃信佛法，宣传顿悟论。齐竟陵王萧子良兼崇儒佛，多次在家中集名僧名士讨论儒、佛理论。张融兼信三教，死葬时"左手执《孝经》、《老子》，右手执小品《法华经》"。梁武帝身为帝王，但对三教经典都很精通，大煽三教会同之风。道士陶弘景兼崇佛、道，又习儒术，著《孝经集注》、《论语集注》。三教兼宗的实践在上层人士中蔚成风气，从而形成了一种比较宽容的学术空气。学者不拘一教，多元吸收，推动了三教理论的互相适应与融合。

在三教融合的浪潮中，道家依傍儒家而壮大，吸收佛教而发展。在政治上，道教直接吸收儒家的纲常名教作为自己的社会政治理论，建立儒道联盟，标榜华夏正统，排斥外来的佛教文化，从而取得了统治者政治上的支持。在理论上，道教与佛教思想相沟通，吸收佛教的教义、教规、仪规制度来建立自身的道戒、道规和科醮仪制。这一特点当时的士人、名僧早就指出。佛教作为一种外来文化，与儒、道的融合就是其自身的中国化过程。魏晋时期佛教借助玄学的思辨范畴传播流行，因而使自身也镀上了一层本末、体用、有无的玄学油彩。在佛教进一步发展的过程中，僧侣们认识到还必须与主流文化儒学相结合。他们必须放下在外国"唯我独尊"的架子，恭顺地向封建王权俯首称臣。南方沙门慧远竭力宣称佛教有"助王化于治道"的社会功效，总算保住了不跪拜王者的面子。北魏的僧官法果则干脆说："太祖明睿好道，即是当今如来，沙门宜应尽礼"，直接把帝王当作佛祖礼拜，充分显示了中国宗教是王权"侍从"的特色。另外，中国的宗法社会特重孝道，血缘家庭乃是联系个人与国家、天下的桥梁。这与佛教提倡的出家修行，抛弃一切世俗的情感和义务的倾向是根本对立的。但是中国的佛教徒硬是通过翻译、注疏甚至伪造等手法，在佛经中也找到宣扬孝道的内容。孙绰的《喻道论》讲："佛有十二经，其四部专以劝孝为事。"沈约认为佛教的慈悲就是儒家的仁道。颜之推把佛教的"五戒"

比为儒家的"五常"。他们甚至说:"一子成佛;七祖升天",出家修行是"弃小孝而行大孝"。这样引申发挥的结果是使中国的佛教在很大程度上脱离了印度佛教的原型。至于魏晋南北朝时期的儒学,基本上还停滞于章句经学阶段,尚未从理论层面上对三教关系做出回应。不过三教融合的理论与实践已经使儒家学者获得了比较开阔的文化视野,逐步克服了因地域、国籍、民族等原因造成的心理障碍,能比较冷静地看待三教之异同。这一文化心理的转变为隋唐时期文化交流的加深,为隋唐文化的鼎盛繁荣准备了思想基础。可以说,是儒、释、道三教的冲突与融合共同塑造了中华文明。

第五章 隋唐时期发达的多元宗教

第一节 概述

　　隋朝的建立，结束了近 300 年南北纷争的局面，统一了全国。但仅存国 30 余年，便被李唐所取代。唐朝继承发展了隋朝确立的若干制度，又吸取隋朝速亡的教训，注意调节社会矛盾，采取了种种长治久安的政策，使国力达到鼎盛。其时社会稳定，经济繁荣，文化昌盛，各民族之间较为和睦，与周边邻国经济文化往来空前频繁。由于国力强盛和实行兼容并包的文化与宗教政策，唐代的各种宗教都得到较充分的发展，并往往彼此和平相处。佛教在唐代达到极盛，形成若干中国式的佛教宗派，教义哲理有重大创造和飞跃发展，出现了一大批高僧大德，求法、译述与传教活动也空前活跃，呈现一派兴旺发达的景象。道教由于得到李唐朝廷的大力支持也迅速发达，一批道教学者融儒援佛，推动道教教义趋于深化；外丹术盛极转衰，内丹术随之崛起；道藏的编撰也开始进行。贞观礼、显庆礼、开元礼的陆续修成，使得传统的宗法性国家宗教的祭祀礼仪，得以统一和齐备，形成中世纪中国统一国家宗教祭祀的常制。随着与西亚、中亚和西域各国的频繁交往，景教（基督教的聂斯脱利派）、伊斯兰教、火祆教、摩尼教也传入内地，并获得合法的地位与发展。

　　宗教并不总是与乱世相联系。宗教的发生发展固然根植于社会的苦难，但宗教的大繁荣也往往依赖于强大的经济基础，以及自身在理论与实践上的积累与创造。唐代各种宗教的隆盛，与统治者的倡导、扶植分不开，同时也是南北朝时期各教（主要是佛、道二教）辛苦经营的结果，量的积累引起了质的飞跃。另外,寺观经济实力空前雄厚,国家、贵族乃至平民能够给予教团较多的施舍,因而为宗教的发展壮大提供了充裕的物质条件;可以兴建更多更好的寺塔宫观,可以刻印更多的宗教典籍,可以供给更多的僧侣安心译经、传道和推究宗教理论,收养更多的徒众,举办更多的慈善事业,使宗教影响迅速扩大。宗教在政治上有利于统治阶级政权的巩固,同时对安定社会秩序也有一定好处。宗教文化由于其内容丰富,风格特殊,理论精深,从而对于整个社会文化的发展产生了深刻而广泛的影响。唐代宗教文化是唐代文明的有机组成部分,它对于政治、经济、中外交流、文学、民俗、哲学、道德、建筑、雕塑、音乐、绘画、医学、科技等领域的发展,都起了重大的作用。

安史之乱以后,唐朝进入中期,宗教政策无大变。唐朝后期,武宗由于政治、经济等原因改变了前朝的宗教政策,于会昌五年(845)灭佛,除道教外,不允许其他宗教存在。于是佛教受到沉重打击,开始走下坡路。景教、摩尼教、火祆教也一律被禁止,只能在边缘地区或暗中流行。五代主要是佛教禅宗和道教的天下。但由于国家四分五裂和政权更替频繁。宗教无法与政权形成大规模的合作,多在名山丛林与民间活动,储蓄力量以待再兴。

第二节 三教并奖政策与三教并习风气

一 三教并奖政策的确立

南北朝时期,宗教政策因国而异,虽然多数统治者倾向于保持儒家正统地位并兼容佛、道二教,但仍受到皇帝个人信仰兴趣的极大影响,波动不定,说明尚未形成成熟的政策观念。隋朝统一全国,为制定普遍适用于全国的宗教政策创造了必要的政治条件。应当说,三教并奖始于隋文帝。开皇二十年(600)诏曰:"佛法深妙,道教虚融,咸降大慈,济度群品。凡在含识,皆蒙复护。所以雕铸灵相,图写真形,率土瞻仰,用申诚敬。其五岳四镇,节宣云雨;江河淮海,浸润区域;并生养万物,利益兆人;故建庙立祀,以时恭敬。敢有毁坏偷盗佛及天尊像、岳镇海渎神形者,以不道论。沙门坏佛像、道士坏天尊者，以恶逆论。"（《隋书·帝纪二》）这道诏书明确保护佛教、道教和传统的山川之神。仁寿二年（602），又降诏曰："礼之为用，时义大矣。黄琮苍璧，降天地之神，粢盛牲食，展宗庙之敬。正父子君臣之序，明婚姻丧纪之节。故道德仁义，非礼不成，安上治人，莫善于礼。"（同上）诏书又明确崇敬天地祖先之神，以郊天宗庙之礼为五礼之首，并令杨素、牛弘等修订五礼。文帝又推尊儒学之道，谓其能赞理时务，弘益风范。可知文帝在政令上是敬天祭祖与儒、佛、道并重的。只是在实际行为上更偏重于佛教。文帝幼时得佛徒尼姑智仙养育，及即帝位，每谓群臣曰："我兴由佛法"，故大树佛教。炀帝则因循而无创新。

唐高祖执政暂短，未遑定制。唐太宗贞观年间，三教并奖始被定为国策，从而摆脱了皇帝个人兴趣的影响。从个人信仰来说，唐太宗笃信儒学，而不信佛教、道教。贞观二年（628），他对侍臣说："朕今所好者，惟在尧舜之道，周孔之教。以为如鸟有翼，如鱼依水，失之必死，不可暂无耳。"（《贞观政要》卷6）又说："神仙事本虚无，空有其名"（同上），表示了对道教信仰的否定态度。贞观二十年，太宗手诏斥萧瑀曰："至于佛教，非意所遵。虽有国之常经，固弊俗之虚术。何则？求其道者，未验福于将来；修其教者，翻受辜于既往。"（《旧唐书》卷63）以因果报应之不验，斥佛教为虚术，表示了对佛教信仰的否定态度。但是太宗却大力褒扬佛、道二教，礼敬玄奘，撰《大唐三藏圣教序》；推尊老子，抬高道士的社会地位。他不为反佛反道言论所动，皆是从国家政治需要出发，把佛、道看成安定社会、纯厚风气的有力手段，故同时奖掖儒、释、道三教，而不以个人好恶定政策。太宗为高祖造龙田寺，为穆太后造弘福寺。为阵亡者设斋行道，立寺十余所。贞观十一年诏中说："朕之本系，出自柱下"，"宜有解张，阐兹玄化"，"庶敦本系之化，畅于九有；尊祖宗之风，贻诸万叶"。（《法琳别传》卷中）可知太宗之尊道教，主要是敦本系、尊祖宗，有益于治化。贞观十五年，太宗与僧人论佛道先后，曰："今李家据国，李老在前；释家治化，则释门居上"（《集古今佛道论衡》卷3），这就更清楚地道出了太宗倡佛奉道的真实意图：尊奉道教是因为教主老子姓李，为李唐宗室之先祖，与老子联宗，能抬高李姓皇朝的地位；倡导佛教是因为它可以"治化",安定人心,改善民俗,巩固社会秩序。总之,他不是认为佛、道在教义上有什么合理性和真实性,而是从宗教的社会功能上着眼,看重"神道设教"的教育效果。唐太宗作为一个政治家,在宗教政策上,表现了成熟和老练。

事实上,不仅是儒学和佛、道教,对于各种外来宗教如伊斯兰教、景教、摩尼教、火袄教,唐代前中期的政府也表现出相当宽容的态度,尊重外国商人、使者、侨民的不同宗教信仰,允许教士在内地立寺传教。臣民可以自由选择自己的信仰,政府一般不加干涉,太宗以后诸帝,除武宗外,大都继续了三教并重、多教共存的政策。武则天偏重佛教,但明白宣示,三教任务相同,令人撰写《三教珠英》;朝廷遇有大典,常令三教代表人物上殿宣讲各自经典。唐德宗生辰令三教讲论,其程式是:"初若矛盾相向,后类江海同归"(《南部新书》)。政府明令禁止佛道互相攻击。这就推动了三教合流的趋势和三教兼习的风气。

二 三教之间的斗争

儒、释、道三家都尽力与王权保持一致,它们之间在理论上也不无相通之处。然而三家毕竟各有自己的宗旨和理论体系;儒学直接依附于朝廷,佛道则各有相对独立的教团;三家都想为自己争夺更多的思想文化阵地,在理论上和利益上必然引起摩擦。况且佛教是外来宗教,佛与儒、道之间又多了一层中外文化的冲突。此外,宗教教团与世俗朝廷在政治与经济利害上也常发生矛盾。由此之故,三教之间的对立和斗争是不可避免的。

在三教斗争方面发生的重大事件有如下几次。第一次是唐初傅奕反佛,僧人与一批大臣护佛。武德四年(621),太史令傅奕上《请废佛法表》,指责佛教言妖路远,妄说罪福,专行十恶,不忠不孝,游手游食,逃避赋役,"窃人主之权,擅造化之力",故"请胡佛邪教,退还天竺,凡是沙门,放归桑梓;令逃课之党,普乐输租,避役之曹,恒忻效力"(《全唐文》卷133、《资治通鉴》卷191)。僧人法琳撰《破邪论》予以驳斥,虞世南为其作序,皇太子为之上奏,高祖遂搁置废佛之事。武德七年,高祖为崇道尊老子,诏令三教次序"今可老先,次孔,末后释宗"(《集古今佛道论衡》卷丙）。武德九年（626），傅奕七次上疏，再次请求废佛。清虚观道士李仲卿撰《十异九迷论》，刘进喜著《显正论》，联合反佛。高祖下诏询问皇太子，意欲废佛而恐骇凡听，太子以为不可，大臣亦多反对。无奈，遂下诏佛、道均废，因退位，未能实行。僧徒明概撰《决对论》，法琳撰《辩正论》，李师政撰《内德论》，都针对傅奕、李仲卿等加以批驳。贞观中，傅奕再次上疏，倡言反佛，认为"于百姓无补，于国家有害"（《旧唐书·傅奕传》），太宗颇然其言，但出于政治上的考虑仍不废佛，只是略对佛教加以约束，并于贞观十一年（637）下诏规定："自今已后，斋供行立至于讲论，道士女冠可在僧尼之前"（《法琳别传》卷中）。京邑僧人纷纷表示反对，智实上《论道士处僧尼前表》，指责道士"行三张之秽术，弃五千之妙门"、"实是左道之苗"（《佛祖历代通载》卷11），因犯忌讳，遭廷杖伤重不治而死。道徒秦世英又告法琳《辩正论》攻击老子，犯了"讪毁皇宗"（同上）之罪，遂将其流放西蜀，于道中卒。秦世英后也被下狱治罪。总起来看，唐初以傅奕（儒者又曾信道教）为一方和以法琳为另一方的道佛之争，多辩论利国还是危国的问题，较少涉及教义内容，其结果都未能实现禁灭对方的目的，但道教更受皇室宠信，因而占据上风。第二次在武则天当政时期，武氏改李唐为武周，不再与老子联宗，更多地依靠佛教为其执政制造舆论。沙门怀义、法朗等曾造《大云经疏》，言则天是弥勒下生，当为世主，皆得封赐。武后明文规定"释教开革命之阶，升于道教之上"（《资治通鉴》卷204），并取消老子的玄元皇帝称号。道士杜乂背叛本教，撰《甄正论》，对道教进行全面批判，指出天尊"本自凭虚"，道书"咸是伪书"，道教是"三张之鄙教"，又赞扬佛经是"圣文"，释教是"圣教"。武后即诏许杜乂剃度，赐名玄嶷，赠僧寿三十，提为佛授记寺寺都。此举震动颇大，佛道势力对比转化为佛优道劣。儒臣狄仁杰上疏斥佛，劝武后停止造大佛像，武后遂罢其役。第三次是宪宗时韩愈上表谏迎佛骨，一曰佛法"上古未尝有"；二曰佛法不灵，"事佛求福，乃更得祸"；三曰崇佛"伤风败俗"，并使民众"弃其生业"；四曰"佛本夷狄之人"，不合先王之道（皆见《论佛骨表》）。韩愈以儒家道统的继承人自居，立志排击异端，攘斥佛老，其立论的出发点是维护国家政治经济利益和儒家文化的正统地位，所以不仅反佛，同时反道，全力倡导、复兴儒学。韩愈反佛触怒了宪宗，被贬潮州，佛教势力毫未受损。韩愈看到当时佛道盛行，儒学拘守古义，无有名儒，理论上很不景气，对巩固宗法等级制度不利，因而作《原道》，倡导扶树儒学，强化它的地位，这有一定的战略眼光。但他只看到佛老与王权、儒学相矛盾的一面，看不到它们相通的一面，更不懂得儒学要复兴，只有吸收佛老，才能超越佛老，所以其反佛带有很大的片面性。第四次就是唐武宗佞道毁佛（详见后文），道教终于借助于政权的强制力量，给佛教以沉重的打击。但这种情形主要发生在利益冲突上，并不表示道、佛在理论上不能相容，更不表示广大道教徒与佛教徒势不两立。

三　三教融合与三教兼修

与三教之间的斗争相比，三教之间的会合乃是时代思潮的主流。李唐朝廷的宗教文化政策是三教并奖，前文已述。虽然在执行中不时有畸轻畸重的情况出现，但多数情况下政府对三教矛盾采取折中调和的态度，从而为三教的合流创造了政治条件。从佛教方面说，唐代佛教已是中国化的佛教，也就是说它具有中国传统文化的内容和品格。其中以天台宗、华严宗和禅宗最具中国特色，而禅宗则完全是中国独创的新宗派。天台与华严都用判教的方式统一了佛教史上众多的派别。天台有"五时"、"八教"之说，华严有"五教"和"六教"之说，分别把佛教诸流派纳入统一的佛教体系的不同档次，而以本派为最高，华严宗密甚至将儒、道纳入，列为最低层。这种判教方式显然是受了儒家、道家的"殊途同归"、"本末内外"、"和而不同"的包容精神的影响。天台宗标榜方便法门，借以调和佛教与儒道，甚至把内丹法纳入止观学说。华严宗以"理事无碍"和"事事无碍"之说，打通出世与入世的间隔，把修佛法与事君亲联系起来。华严五祖宗密在《原人论》中说："孔、老、释迦，皆是至圣，随时应物；设教殊途，内外相资，共利群庶"；并用《周易》的"四德"（元、亨、利、贞）配佛身的"四德"（常、乐、我、净），以儒家"五常"（仁、义、礼、智、信）配佛教的"五戒"。禅宗受儒、道两家影响最深：它认为人人皆有佛性，"自性本自具足"，只要"明心见性"即可成佛，这正是融摄了孟子的性善说，所以特别强调自力；它否定语言文字的作用，放弃诵经守戒和正常思维程式，主张顿悟，只要觉解身物两空，便可成佛，这正是受了道家和玄学"得意忘言"、"坐忘"、"合内外之道"这种直感悟发式思维模式的影响。禅宗慧能认为，心平不劳持戒，行直不用修禅，其具体要求就是"恩则孝养父母，义同上下相怜，让则尊卑和睦，忍则众恶无喧"（《坛经·疑问品》），把调和佛儒作为即俗而证真的实行。

从道教方面说，唐前期出现的清净无为学派如成玄英、王玄览、司马承祯等人，其学说皆援佛入道，因而轻炼丹符箓，重清修养神。成玄英提出"重玄之道"，其特点是既不滞于有，又不滞于无，亦不滞于非有非无；其长生说以虚幻心境、不念生死为长生，带有佛教破执论的鲜明色彩。王玄览取佛教三世皆空和万法唯心之说，以灭绝"知见"为得道。司马承祯以为人与道本是一体，但心神被染，遂与道隔，故须静心修道，最终要坐忘合道，其时彼我两忘，恰如涅槃之境。唐后期兴起的钟吕金丹道，除讲内修真功，亦重外行，且忠者信仁，积善行德，进一步把儒家思想纳入修道规程。至于佛教的报应说、轮回说、天堂地狱说，都渐次为道教吸收。

在儒学方面，虽有反佛如韩愈者，然更多的儒者爱好佛法，认为佛儒之间息息相通，可以互补。如柳宗元，其根基在儒家，其抱负在治国平天下，但他又自幼好佛，喜读佛经，明确表示不赞成韩愈排佛，认为"浮屠诚有不可斥者，往往与《易》、《论语》合，诚乐之，其于性情奭然，不与孔子异道"（《送僧浩初序》）。刘禹锡亦力主儒佛同尊，他认为儒学适用于治世，佛教适用于乱世，两者"犹水火异气，成味也同德；轮辕异象，致远也同功。然则儒以中道御群生，罕言性命，故世衰而寝息；佛以大悲救诸苦，广启因业，故劫浊而益尊"（《袁州萍乡县杨岐山故广禅师碑》）。李翱属韩门学者，虽在政治上斥佛，但致力于理论上的儒佛融会，著《复性书》，将孟子性善说、《中庸》至诚尽性说与禅宗"见性成佛"说结合起来，以性为善，以情为恶，主张去情复性；尽性至极，则要"弗虑弗思"，"知本无有思，动静皆离，寂然不动"，是谓复性成圣。终唐之世，儒家调和儒佛，多停留在社会功能与政策执行上，其理论上的融洽，远不及道教。李翱是儒学在哲理上融会佛学的一次认真然而是初步的尝试。真正完成这一任务的则是宋明儒学。

在三教合流的社会氛围里，士大夫阶层形成三教或二教兼习的风气，并且热衷于同僧道之人交游；而僧人、道士亦多结交儒者与朝官，并熟悉儒家之说，彼此推扬，更加强了三教之间的交渗互补。如德宗时大臣韦渠牟，初读儒经，后做道士，又做和尚，自称尘外人，积极参加三教会讲。宰相韦处厚，佩服儒学，又栖心空门，外为君子儒，内修菩萨行。柳宗元文章中提到此类人物很多，如龙安禅师在湖南威望甚重，尚书裴胄、给事中李巽、礼部侍郎吕渭、太常少卿杨凭、御史中丞房公，"咸尊师之道，执弟子礼"（《龙安海禅师碑》）。南岳大明寺和尚惠开，主律宗，"宰相齐公映、李公泌、赵公憬、尚书曹王皋、裴公胄、狐公峘，或师或友，齐亲执经受大义为弟子"（《碑阴》）。僧人浩初"通《易》、《论语》"（《送僧浩初序》）。僧人元暠"资其儒，故不敢忘孝；迹其高，故为释"（《送元暠师序》）。柳氏族人文郁，"读孔子书，为诗歌逾百篇，其为有意乎文儒事矣。又遁而之释，背笈箧，怀笔牍，挟淮沂江，独行山水间"（《送文郁师序》）。白居易宦途失意后，居洛阳香山寺，以佛教为晚年精神依托。道士吴筠以诗名闻，玄宗遣使征之，令为待诏翰林，常与诗人李白、孔巢父等唱和。这些情况说明，儒、佛、道三教共存交处，已经为中国思想文化界所接受，多数人已习惯了多元信仰的社会精神生活。

第三节　宗法性国家宗教祭礼的整饬

一　宗教祭礼的规范化

隋朝立国后，着手制定国家礼乐典制，牛弘、辛彦之等采南朝梁、齐与北朝齐、周之礼，修成五礼而颁之天下。文帝、炀帝皆有改制，因在位短促未能充分推行。唐高祖建国，未遑制作，郊庙之礼，悉用隋代旧仪。唐太宗即位后，"乃诏中书令房玄龄、秘书监魏征等礼官学士，修改旧礼，定著吉礼六十一篇，宾礼四篇，军礼二十篇，嘉礼四十二篇，凶礼六篇，国恤五篇，总一百三十八篇"（《旧唐书·礼仪一》），是为贞观礼。高宗时，议者以贞观礼节文未尽，诏长孙无忌、杜正伦、李义府、李友益、刘祥道、许圉师、许敬宗、韦琨、史道玄、孔志约、萧楚才、孙自觉、贺纪等重加辑定，勒成130卷，高宗自为之序，是为显庆礼。然而学者多非议显庆新修礼，以为不及贞观礼。于是每有大事，皆参会古今礼文，临时撰定，贞观、显庆二礼并行不废。玄宗开元间，徐坚、李锐、萧嵩、王仲丘等撰成新礼150卷，对旧礼有所删改补充，是为大唐开元礼。至此唐代五礼之文始备，而其中与宗教祭祀直接有关的吉礼加上凶礼，占有显要的位置。宗法性传统国家宗教，从三代形成，历经两汉魏晋南北朝与隋，至唐代方才有了比较统一完备的典制。后世虽常有损益，其大体并未改变。

国家宗教祭祀规范化的重要表现，是将祭祀分为大、中、小三等，使之层次分明，同时确定每岁常祀之制。属于头等大祀的是祭天祭祖，即祭昊天上帝、五方帝、皇地祇、神州、宗庙及追尊之帝、后。大祀要预卜祀日，散斋四日，致斋三日。若天子亲祀，则于正殿行致斋之礼。斋官集尚书省受誓戒。属于次等中祀者为社稷、日月星辰、岳镇海渎、帝社、先蚕、七祀、先代帝王；文宣王、武成王。中祀亦预卜祀日，散斋三日，致斋二日。属于第三等小祀者有司中、司命、司人、司禄、风伯、雨师、灵星、山林、川泽、司寒、马祖、先牧、马社、马步，以及州县之社稷、释奠。小祀则筮祀日，散斋二日，致斋一日。于上述祭祀之中，天子亲祠者二十有四。三岁一祫，五岁一禘，当其岁则举。其余二十有二，一岁之间不能遍举，则有司摄事。

凡岁之常祀二十有二：冬至、正月上辛，祈谷；孟夏，雩祀昊天上帝于圆丘；季秋，大享于明堂；腊，蜡百神于南郊；春分，朝日于东郊；秋分，夕月于西郊；夏至，祭地祇于方丘；孟冬，祭神州、地祇于北郊；仲春、仲秋上戊，祭于太社；立春、立夏、季夏之土王、立秋、立冬，祀五帝于四郊；孟春、孟夏、孟秋、孟冬、腊，享于太庙；孟春吉亥，享先农，遂以耕籍。

国家宗教祭祀的仪式主要有六个环节或步骤：一曰卜日，二曰斋戒，三曰陈设，四曰省牲器，五曰奠玉帛、宗庙之晨祼，六曰进熟、馈食。关于卜日，即在祭祀前45天，卜于太庙南门之外，太常卿曰："皇帝以某日祇祀于某。"太卜令曰："诺。"授龟给卜正，卜正占定祀日，告于太常卿，以龟还卜正，小祀筮日，太卜令莅之。关于斋戒，共有三种：散斋、致斋、清斋。大祀之前七日，太尉带领百官集于尚书省立誓，于是乃斋，是谓散斋，皇帝则散斋于别殿。致斋凡三日，其二日于太极殿，一日于行宫。致斋之日，晨一刻诸仪杖卫队入陈于殿庭，文武五品以上就位，侍卫官、侍臣皆准备就绪，三刻，皇帝服衮冕礼服入殿升御座，侍中奏请皇帝就斋室。皇帝降座入室，百官还出。凡预祀之官，散斋时照常办公，但不吊丧问疾，不作乐，不判署刑杀文书，不行刑罚，不预秽恶。致斋之日，祀官只行祀事，职事由他官摄行。不预祀之官，则持斋一日，是谓清斋。关于陈设，有五种设位：待事之位、即事之位、门外之位、牲器之位、席神之位。分别对预祀百官、蕃客、礼赞者、乐者、供奉牺牲、酒尊礼器的位置和诸神座位，加以规定，其方位、等级皆井然有序。关于省牲器，是指祀前宰牲的仪式，由祀官、公卿监督，宰人割牲，祝史取毛血，然后烹制。关于奠玉帛，是指祀日祭神的仪式，包括群臣就位，皇帝就位，奏乐起舞，皇帝升坛，奉玉币跪奠昊天上帝及祖神等。若是宗庙之祀，则曰晨裸，以笾、豆、簠、簋诸礼器盛供品，皇帝奉酒祭奠先祖，祝史奉牺牲之毛血及肝脊之豆，斋郎奉炉炭、萧、稷、黍，置于祖神座位之下。关于进熟、馈食，祭天称进熟，祭祖称馈食。皇帝将牺牲粢盛献给昊天上帝与陪祭祖神，太祝读祝文，太尉以下依次进献，然后分赐胙肉，将币、祝版、馔物置于柴坛柴上，以行燎祭，此谓进熟。至于宗庙馈食，除不行柴燎外，其仪略同于郊天。

此外，在坛制、神位、尊爵、玉币、笾豆、簠簋、牲牢、册祝诸项上，都有详细而严格的规定。

二　祭天仪制的讨论与修订

唐初祭天悉用隋代旧仪，隋礼则依照牛弘五礼及江都集礼。唐太宗制定贞观新礼时，房玄龄等人与礼官述议，以为《月令》禘祭，只祭天宗；禘五天帝、五人帝、五地祇，皆非古典，今并除之，太宗依准。按贞观礼，冬至祀昊天上帝于圆丘，正月辛日祀感生帝灵威仰于南郊以祈谷，而孟夏雩于南郊，季秋大享于明堂，皆祀五天帝。至显庆礼犹著六天之说。

显庆二年（657），礼部尚书许敬宗等认为，郑玄六天之义出于纬书，而天唯一无二，更不得有六；五帝皆是星象，不属苍天；应采王肃之说，南郊与圆丘应合为一祭。于是南郊祈谷、孟夏雩祭及明堂大享皆祭昊天上帝。乾封元年（666），高宗诏祈谷复祀感帝，二年又诏明堂兼祀昊天上帝及五帝。至开元中修成新礼，兼用贞观、显庆二礼，而侧重于前者；五方帝五人帝之祀行之已久，难以废除，皆从祀于昊天上帝。传统的祭法，祭天于南郊，祭地于北郭。武则天起始合祭天地于南郊，玄宗因之。

关于明堂制度。如《新唐书·礼乐志》所说，古无确制，"推其本旨，要于布政交神于王者尊严之居而已，其制作何必与古同"。隋无明堂。唐太宗时曾作过讨论。豆卢宽、刘伯庄认为明堂两层，上层祭天，下层布政。魏征谓："五室重屋，上圆下方，上以祭天，下以布政。"颜师古以为明堂应近在宫中。武则天颇有气魄，毁东都之乾元殿，就地创立明堂，高二百九十四尺，下层象四时，中层法十二辰，上层法二十四气，极尽奢华。后为火焚，又复立之，号为"通天宫"。玄宗时毁之，以为有乖典制。

关于封禅之礼。太宗时曾议此事而未果行。高宗乾封元年（666），封泰山，在山南立封祀坛，又为坛于山上，广5丈，高9尺，号登封坛。在社首山建降禅坛，其他玉牒、玉检、石礠、石距、玉匮、石检等一应俱全。天子首先于封祀坛祀昊天上帝，以高祖、太宗配，如圆丘之礼。然后升山，明日封玉册于登封坛。第三日，祀皇地祇于降禅坛，如方丘之礼，以太穆皇后、文德皇后配，又以皇后为亚献，太妃为终献。第四日，于朝觐坛朝群臣，如元日之仪。又诏立登封、降禅、朝觐之碑。则天皇帝一改东岳泰山封禅之传统，偏要到中岳嵩山封禅，号嵩山为神岳，尊嵩山神为天中王。天册万岁二年（695），亲行登封之礼，礼毕大赦，改元万岁登封，改嵩阳县为登封县，阳成县为告成县。又禅于少室山，并于朝觐坛朝群臣。上嵩山神尊号为"神岳天中皇帝"。玄宗开元十二年（724），士大夫上疏请修封禅之礼并献赋颂者，前后千有余篇，于是定于十三年封禅泰山。立圆台于山上，广5丈，高9尺，土色各依其方。于圆台上起方坛，广1丈2尺，高9尺。积柴为燎坛于圆台之东南，柴高1丈2尺，方1丈。又为圆坛于山下，如圆丘之制。又积柴于坛南为燎坛，如山上。玉册、玉匮等皆如高宗之制。玄宗欲初献于山上坛行事，亚献、终献于山下坛行事。贺知章奏言："昊天上帝，君也；五方精帝，臣也。陛下享君于上，群臣祖臣于下，可谓变礼之中。然礼成于三，亚、终之献，不可异也。"于是三献皆升山，五方帝及诸神皆祭山下坛。玄宗因问前代帝王秘封玉牒之文，贺知章对曰："玉牒本是通于神明之意。前代帝王，所求各异：或祷年算，或思神仙，其事微密，是故莫知之。"玄宗曰："朕今此行，皆为苍生祈福，更无秘请。宜将玉牒出示百僚，使知朕意。"其玉牒之文曰："有唐嗣天子臣某，敢昭告于昊天上帝。天启李氏，运兴土德。高祖、太宗，受命立极。高宗升中，六合殷盛。中宗绍复，继体不定。上帝眷祐，锡臣忠武。底绥内难，推戴圣父。恭承大宝，十有三年。敬若天意，四海晏然。封祀岱岳，谢成于天。子孙百禄，苍生受福。"祷词中心意思在于奉天承运，敬天祈福，保佑大唐，永远安泰。于是玄宗于山上封台之前坛祀昊天上帝，以高祖配。三献毕，饮福酒，将玉牒玉策置玉匮中，束以金绳，封以金泥，纳于礩中，以"天下同文"之印封之。就燎坛位，举火，群臣称万岁，山上下呼应。夜间燃火，山上下相连属，颇为壮观。明日下山，禅于社首，享皇地祇，睿宗配祀，如方丘之礼。又御朝觐之帐殿，见文武百僚及属国、外国之使。制诏说："朕接统千岁，承光五叶，惟祖宗之德在人，惟天地之灵作主。"本当不欲封禅，而有先圣用事，时至符出，不敢"侑神而无报"，故"柴告岱岳"，"百神群望，莫不怀柔，四方诸侯，莫不来庆"，这不只是皇家之福，亦是天下之喜，故大赦天下，封泰山为天齐王。又制《纪太山铭》勒于石壁，其文有曰："孝莫大于严父，礼莫盛于告天"，"朕统承先王，兹率厥典，实欲报玄天之眷命，为苍生而祈福"，行封禅之礼，"斯亦因高崇天，就广增地之义也"，"凡今而后，儆乃在位，一王度，齐象法，权旧章，补缺政，存易简，去烦苛。思立人极，乃见天则"，又谓："朕惟宝行三德，曰慈、俭、谦。"此铭文表明，玄宗虔信昊天，并落实于人事，又有老子的思想浸润其间，成为一大特色。历代封禅，不如玄宗之盛，典制仪节，于此而周备。

三　祭祖仪制的讨论与修订

宗庙之制，历来以为七庙者多。但汉魏以来，创业之君其上世微，无功德以备祖宗，故其初皆不能立七庙。隋文帝立太祖之庙和四亲庙（同殿异室）。炀帝始立七庙而国运不长。唐武德元年（618），立四庙，曰：宣、懿、景、元。高祖死，祔弘农府君及高祖为六室，虚太祖之室以待。太宗死，弘农府君以世远毁，祔太宗，仍为六室。高宗死，迁宣皇帝神位，祔高宗，仍是六室，武则天称帝后，于东都改制太庙为七庙室，奉武氏七代神主，祔于太庙；改西京太庙为享德庙，改崇先庙为崇尊庙。中宗神龙元年（706），复西京太庙，又于西京立太庙。就立始祖之事发生了争议，有人欲以凉武昭王为始祖，太常博士张齐贤以为不可，宜以景皇帝为太祖，从之。遂为七室之制。开元之后，增为九室。中唐以后，常为九代十一室。

自唐代始，诸臣之祭祖，皆依其品位确定庙制等级。开元十二年（724）著令，一、二品四庙，三品三庙，五品二庙，嫡士一庙，庶人祭于寝。若宗子有故，庶子摄祭，则祝曰："孝子某使介子某执其常事。"通祭三代，而宗子卑，则以上牲祭宗子家，祝曰："孝子某为其介子某荐其常事。"庶子官尊而立庙，其主祭则以支庶封官依大宗主祭，兄陪于位，因为庙由弟立，兄不得延神。这一变化是重要的，它体现了官本位的政治体制对于早期宗法制度的某种修正和超越，政治地位重于血亲地位。但在本宗之内，依然通行宗法常制，嫡长子为第一位继承人和主祭人。

在丧礼方面，主要是修订五服之制。贞观中，唐太宗过问丧服，以为嫂叔无服不妥，舅与姨亲疏相似而服纪有异，于理不合，令魏征等议，如发现其他亲重而服轻者，亦附奏闻。于是魏征、令狐德棻等奏议，谓"亲族有九，服术有六，随恩以薄厚，称情以立文"。提议：曾祖父母旧服齐衰三月，请加齐衰五月。嫡子妇旧服大功，请加为朞。众子妇小功，请与兄弟子妇同为大功九月。嫂叔旧无服，请服小功五服，其弟妻及夫兄，亦小功五月。舅服缌麻，请与从母同服小功。太宗准其奏。上元元年（760），武后上表，谓"子之于母，慈爱特深"，"三年在怀，理宜崇报"，"若父在为母服止一期，尊父之敬虽周，报母之慈有阙"，"今请父在为母终三年之服"。高宗下诏，依其议而行之。开元五年，卢履冰上言，认为武后之议不合于礼，请依旧章，于是令百官详议。刑部郎中田再思认为，"父在为母三年，行之已逾四纪，出自高宗大帝之代，不从则天皇后之朝"，故不宜改服。卢履冰又上疏,谓礼有"女在室以父为天,出嫁以夫为天","天无二日,土无二王,国无二君,家无二尊","故父在为母服周者,避二尊也"。左散骑常侍元行冲也奏议,重申严父之义,认为依古为当。百僚议而难决。其时或期或三年,不能统一。至开元二十年(732),中书令萧高等改修立礼,于是定为父在为母齐衰三年。从以上关于丧服的争论和修订中可以看出,丧服的轻重直接关乎父系血缘的亲疏,而父系血缘的亲疏又直接影响到人们的社会关系、社会地位和待遇;所以丧服等级的确定,就不仅是家族内部的生活事务,也是社会国家的政治事务,要由皇帝亲自出面,大臣认真讨论,然后才能议定。家族体制与政治体制高度结合,这正是中国社会的特色。从唐代关于丧服的修订过程看,服丧的范围扩大了,丧服的规定更趋细密,服期不断加长,整个说来是加重了。武则天之后,人们改变了她建立的很多体制,但未能改变父在为母服三年的规定,这最能说明丧服日益繁重化乃是总的趋势,难以抗拒。

四 其他宗教祭祀仪制的讨论与修订

唐代除了修订祭天与祭祖的仪制外,其他国家宗教祭祀亦多有改作,其要者有五帝祀、社稷与先农、蜡祭、九宫贵神、先圣先师等。五帝之祭礼。武德、贞观之制,每岁立春之日,祀青帝于东郊,帝宓羲配,勾芒、岁星、三辰、七宿从祀。立夏,祀赤帝于南郊,帝神农氏配,祝融、荧惑、三辰、七宿从祀。季夏土王日,祀黄帝于南郊,帝轩辕配,后土、镇星从祀。立秋,祀白帝于西郊,帝少昊配,蓐收、太白、三辰、七宿从祀。立冬,祀黑帝于北郊,帝颛顼配,玄冥、辰星、三辰、七宿从祀。孟夏之月,龙星见,雩五方上帝于雩坛,五帝配于上,五官从祀于下。此制将祭天与祭五帝分立,五帝祭配合四季气节,成为季节神。

社稷与先农。天宝以前,社稷为中祀;天宝三年(774),社稷及日月五星并升为大祀,以四时致祭,表示了国家对农业的重视。太社主用石,坛上被黄色,坛之四面及陛用四方色。藉田祭先农,唐初为帝社,亦称藉田坛,武后时称先农坛。神龙元年(705),礼部尚书祝钦明奏议,《诗·周颂·载芟》:"春藉田而祈社稷",则缘田为社,宜将先农正名为帝社。他认为藉田之祭本于王社，古之祀先农，即句龙、后稷，故先农与王社为一。韦叔夏与张齐贤以为，周、隋旧仪及本朝先农皆祭神农于帝社，配以后稷，则王社与先农不可合一；而经无先农，故先农坛应改为帝社坛，从之。但玄宗时又停帝稷而祀神农氏于坛上，又后稷配，后世因之。祝钦明等不知道先农（或神农）乃整个农业之神，而偏重于耕作；社神与稷神乃土地与五谷之神，偏重于生产资料，故不得合一，后世常两行之。

蜡祭。季冬寅日，蜡祭百神于南郊。祭神的范围十分广泛，如大明、夜明、神农氏、伊耆氏、后稷及五方、十二次、五官、五方田畯、五岳、四渎、四镇、四海、井泉、二十八宿、五方之山林川泽丘陵坟衍原隰、五方之鳞羽赢毛介、五方之猫虎龙麟及朱鸟玄武等，称之为百神，名当其实。

九宫贵神。开元二十四年（736），置寿星坛，祭老人星及角、亢等七宿。天宝三年（744），术士苏嘉庆上言，于京东朝日坛东，置九宫贵神坛，其上依位置九坛：东南曰招摇，正东曰轩辕，东北曰太阴，正南曰天一，中央曰天符，正北曰太一，西南曰摄提，正西曰咸池，西北曰青龙。四孟月祭，尊为九宫贵神，礼次昊天上帝，而在太清宫太庙上。玄宗亲祀之，或宰相为之。肃宗亦亲祀之。唐文宗大和二年（828），监察御史舒元舆奏称，祀九宫贵神之祝版上，皇帝亲署御名并称臣于九宫之神，此为不当，因为"以天子之尊，除祭天地、宗庙之外，无合称臣者"，"此九神，于天地犹子男也，于日月犹侯伯也"，皇帝不宜臣于天之子男。于是降为中祠，祝版称皇帝，不署名。按：九宫贵神皆高位天神，乃太一崇拜扩充而成，其职能在保护农业生产，故天宝三年十月六日敕谓："九宫贵神，实司水旱，功佐上帝，德庇下人，冀嘉谷岁登，灾害不作。"会昌中复升为大祠之礼，以其能升福禳灾也。

先圣先师之祭。武德二年（619），国子学立周公、孔子庙。七年，以周公为先圣，孔子配祀。贞观二年（628），采房玄龄、朱子奢建议，罢周公，升孔子为先圣，以颜回配祀。四年，诏州县皆立孔子庙。十一年，诏尊孔子为宣父，作庙于兖州。二十一年，诏左丘明、卜子夏、公羊高、穀梁赤、伏胜、高堂生、戴圣、毛苌、孔安国、刘向、郑众、贾逵、杜子春、马融、卢植、郑玄、服虔、何休、王肃、王弼、杜预、范宁22人皆以配享。永徽中，复以周公为先圣，孔子为先师。显庆中，采长孙无忌议，以周公配武王，以孔子为先圣。开元七年（719），改十哲立像为坐像，曾参特为之像，亚于十哲。二十七年，谥孔子为文宣王，赠诸弟子公侯爵。孔子由师跃为王，然而在人们心目中依旧是"人伦之至"，祭祀孔子是纪念他弘扬文化之功业，奖励教育，淳化民风，并非真正把孔子视为神。所以祭孔只能算作是准宗教行为。

孔子庙是文庙，此外还有武庙，开元中，立姜太公尚父庙，以张良配，中春中秋上戊祭之，牲乐之制如文宣王。诸州武举人上省，先谒太公庙。上元中，尊太公为武成王，祭典同于孔子，以历代良将为十哲像坐侍。建中中，列古今名将64人图形配享。贞元中，不复祭诸将。唯享武成王与留侯。于是孔子为文教主，太公为武教主，文武并有祀主，人臣文武之道于是兼备于祭祀。

五 国家宗教与唐代文化

以天神崇拜和祖先崇拜为核心的宗法性宗教，在唐代明显地具有国家宗教性质，并逐级延伸到民间，它对唐代社会文化生活起了巨大的作用。

首先，它加强和巩固了大唐帝国的统一和稳定。在南北朝和隋代的基础上，宗教祭祀典制经过修订整理，形成了全国统一的规范化的周备条例，它能够适应封建统一国家的需要，体现君权天授、福乃祖与的中世纪原理，"以适郊庙，以临朝廷，以事神而治民"（《新唐书·礼乐志》）。社会上下的宗教祭祀有统一的典制可依，自然能够加强政令和法令的统一。通过祭天，突出君王的权威；通过祭祖，突出族长的权威，君权与族权借助于神权相结合，造成唐代长期稳定的政治局面，虽迭经动乱而能保持大体不溃，国家宗教于无形中起了重要作用。宋以后的统一国家，莫不采唐代宗教祭祀之礼以为新礼制作之本。

第二，在儒、释、道三教鼎立和社会思想多元化，儒学理论不景气的情况下，宗法性传统宗教保持了中国人的正宗信仰，使传统的社会精神支柱没有倾倒，民族主体文化依然挺立。有唐一代，佛道大盛，二教学者辈出，哲学理论呈繁荣景象，知识界趋之若鹜。而儒学虽然形成官方统一经学，朝廷颁行了《五经定本》、《五经正义》，成为科举考试的标准课本，但这种统一侧重于形式，即文字和经疏上的统一，未能造就大的儒家学者，提出新的儒家哲学，在理论上不能与佛、道相抗衡。在这种情况下，儒学多依靠政权力量和在教育、民俗上的传统影响而延续；同时，维持中华民族敬天法祖、忠孝信义信仰的重任，就更多地落到了宗法性宗教身上。不论佛教、道教如何发达，不论景教、摩尼教等外来宗教渐次传入，对于多数中国人来说，仍然把生命之本源归之于祖宗，生命之基础归之于社稷，生命之主宰归之于天神，生命之依靠归之于家族，认为"丧祭之礼废，则骨肉之恩薄"。他们还是崇拜"二本"：万物本乎天，人本乎祖，以吉礼敬鬼神，以凶礼哀邦国。这是中国人吸收同化外来文化的思想根基。

第三，唐代有发达的礼乐文化，而宗法性宗教祭祀的典制与活动便是礼乐文化的重要组成部分。中国素称礼仪之邦，而汉与唐是最盛时期。《礼记·昏义》说："礼始于冠，本于昏，重于丧祭"，《祭统》又说："礼有五经，莫重于祭"，可见汉代初期及以前的人就把宗教祭祀与丧葬之礼看成是礼乐文化的重心成分。在唐代依然如此。无论《旧唐书》，还是《新唐书》，抑或是杜佑的《通典》，都把吉礼放在五礼之首位，而吉礼就是国家的宗教条祀之礼，其下才是嘉礼、宾礼、军礼、凶礼。国家直接掌握的郊礼、宗庙、五郊迎气等宗教祭祀活动，紧密结合国事活动、农业季节、教育与民俗，成为社会政治、经济与文化生活的有机组成部分。由于国力比较强盛，祭祀的规模、礼乐的程式都空前雄伟阔大，并且有两个皇帝举行了封禅大典，其盛况为其他朝代皇帝所不及。殿堂陵墓的建筑、祭器祭品的制作、祭舞祭乐的演奏，固然表现了上层建筑的权位、阔绰和铺张，同时也渗透了劳动人民的智慧和才能。

第四节　佛教的繁荣与衰落

一　君主的狂热崇佛与会昌灭佛

据《隋书·高祖上》记载，隋文帝杨坚这位赫赫帝王诞生在尼姑庵中，13岁以前一直由尼姑智仙抚养。杨坚的父亲杨忠是北周的开国元勋，官封柱国，晋爵隋国公；其母与周明帝的独孤皇后是亲姊妹。如此显赫之家所以肯把孩子生在寺院中，并托尼姑教养，乃由于一尼姑预言："此儿所从来甚异，不可于俗间处之。"故尼姑智仙"名帝为'那罗延'，言金刚不可坏也"（道宣《集古今佛道论衡》卷乙）。这类金刚、罗汉转世的神话，是君权神授论的一种新的表现形式，佛教对中国封建文化的渗透于此可见一斑。杨坚自幼在宗教文化的熏陶下成长，自然对佛教有一种特殊的敬奉之情。同时他也深谙佛教劝善化民、资助王化的政治功用。他曾对灵藏说："律师度人为善，弟子禁人为恶，言虽有异，意则不殊。"宗教与法律是统治国家必不可少的两手。

隋开皇元年（581），杨坚即位，便开始在北方复兴遭受周武帝灭佛打击的佛教。在夺权成功的次月敕令于五岳各建佛寺一所。开皇二年在京师敕建国寺——大兴善寺，中外名僧齐集此地译经讲法。开皇三年，依照"好生恶杀是王政之本"的佛教精神，下诏令京城及各州官立寺院于正月、五月、八月的八至十五日行道，行道日禁杀生。同年下令修复周武帝灭佛荒废的寺院，广度僧尼。开皇五年请来高僧，亲受菩提戒。开皇九年灭陈，统一天下霸业告成，振兴佛教的事业也开始推向全国。开皇十一年，杨坚诏示天下："朕位在人王，绍隆王室，永言至理，弘闻大乘。"（《历代三宝纪》卷13）几乎将佛教提到国教的高度。此后不问公私，一律奖励建寺院。开皇十三年在三宝前忏悔周武帝废佛之罪，又为复兴佛教之需，和皇后共同施绢12万匹。王公以下，舍钱数百万。仁寿年间（601—604）下令在全国兴建舍利塔，从长安到州、县共建110座。有学者将隋文帝崇佛活动概括为广建佛塔、广度僧尼、广写佛经、广交僧侣、广作佛事，实难一一述及。有数字表明，杨坚一代（581—604）共度僧尼50余万，建寺院3793所，抄经46藏132086卷，造石像106580尊，修复旧像1508940尊，佛教事业由此走向繁荣。

隋炀帝杨广在崇信佛教方面可以与其父媲美。他受过菩提戒，张口闭口"菩提戒弟子"云云。他大兴佛事，广济寺院，与国内高僧过从甚密。在杨广为晋王时，天台宗创始人智𫖮便已是他的座上客。智𫖮将"总持菩萨"的法号授予杨广，而杨广则回赐智𫖮"智者大师"之美名。智𫖮离京后，杨广多次派人去庐山、扬州探望，互有书信往返，讨论佛教问题。在杨广治下，虽然民生凋敝、四海沸腾，但佛教却如日中天。

在隋唐之际的农民起义中，佛教受到一定程度的冲击。李唐建国后，继承了隋代的宗教政策，很重视对佛教的管理与利用。唐高祖李渊在武德二年（619）聚高僧于京师，设"十大德"管理天下僧尼。唐初，太史令傅奕鉴于隋亡的教训，首先提出限佛。在傅奕的一再敦请下，武德九年高祖下诏沙汰佛、道二教，只许每州留寺、观各一所。从李渊的诏书及他一生的行事看，他本人是崇信佛教的，沙汰是由于佛教发展太快，鱼龙混杂，他想通过沙汰整顿净化宗教组织。但沙汰令由于诸子争位而最终未能执行。

唐太宗李世民本人并不迷信佛教（见本章第一节），但出于利用宗教的政治考虑，他一即位便大力振兴佛教。他在旧战场建寺七所，度僧三千，超度双方战死亡灵。太宗十分重视译经事业，贞观初年便建立译场，由波罗颇迦罗密多主持。贞观十五年（641），文成公主入藏，带去大量佛经、佛像，使汉地佛教深入藏区。贞观十九年玄奘西行求法归来，受到了政府隆重欢迎。太宗将玄奘请入洛阳深宫倾心交谈，并想请玄奘襄赞军务，共征辽东，但为玄奘力辞。于是在西安慈恩寺为玄奘组织了3000人的译场，使玄奘得以高质量地重译、新译佛经75部1335卷。由于太宗的推崇，三论、天台、华严、净土、律宗都得到了较大发展，唯识宗最为盛行。

武则天执政时期，把佛教崇拜又推上了一个新的高潮。武则天想当女皇，但中国传统文化强调"阳贵阴贱"、"夫为妻纲"，"牝鸡司晨"一向被视为国家大忌。于是武则天便把视线转向了佛教。《旧唐书》卷6载："载初元年，……有沙门十人伪撰《大云经》，表上之，盛言神皇受命之事。"其经文中有一段："尔时众中，有一天女，名曰净光，……佛言天女，舍是天形，即以女身，当王国土，得转轮王，……实是菩萨，现受女身。"（《大方等无想大云经》卷4）有了佛祖经典，武周革命便有了充分的理论根据。武则天立即"颁制于天下，令诸州各置大云寺，总度僧千人。……九月九日，壬午，革唐命，改国号为周。改元为天授，大赦天下，赐酺七日"。（《旧唐书·则天皇后本纪》）因此女皇对佛教特别垂青，"以释教开革命之阶,升于道教之上"(《资治通鉴》卷204)。武周一代,大兴佛事,大修寺院,大造佛像。长安四年(704)在洛阳城北邙山的白司马坡,铸特大铜佛一尊,向天下僧尼募捐11万缗,劳民伤财。她又让面首薛怀义监造特大夹纻佛像一尊,"高九百尺,鼻大如斛",小拇指上便可以坐下几十人。为了安放这尊大佛,在明堂北修建天堂一座,"日役万人,采木江岭,数年之间,所费以万亿计,府藏为之耗竭,怀义用财如粪土"(《资治通鉴》卷203)。武则天在佛教诸宗中最崇信华严宗,华严宗的实际创始人法藏经常出入宫禁,为女主说法。则天亲自参加《华严经》的翻译工作,并为之作序,华严宗在中唐红极一时。禅宗北派领袖神秀也得到女皇的礼敬,"肩舆上殿",武则天"亲加跪礼,时时问道",虔诚之情无以复加。

唐玄宗继位,鉴于佛教的过度发展,一度沙汰僧尼,但还是重视佛教的。他特别信任善无畏、金刚智和不空传来的密教,把他们请入宫中受"灌顶礼",密宗由此兴起。玄宗亲自参与佛教活动,御注佛经,宣讲佛法,大兴佛寺。开元时代,随着经济的繁荣,佛教也进入了鼎盛时期。"安史之乱"使北方的佛教受到了相当严重的摧残。禅宗南宗传人神会由于帮助政府收度僧税钱以做军资补助,深得帝王赏识,遂取代了北宗,把经慧能改革过的禅宗思想推向了全国。

唐宪宗在位期间,崇佛媚佛的突出事件便是迎佛骨入京。当时传说凤翔法门寺"护国真身塔"里有佛手指骨一节,塔门三十年一开,"开则岁丰人泰"。宪宗决定迎佛骨入京,先在宫中供奉三天,然后送诸寺巡回展览,元和十四年(819),佛骨到京,"王公、士庶竞相舍施,惟恐弗及。百姓有破产充施者,有烧顶、灼臂而求供养者"(《旧唐书·宪宗纪》)。崇佛活动过分狂热,超出了维护封建秩序的程度,受到正统儒学的反击。韩愈从维持纲常伦理的角度痛陈佛教之弊。在《原道》一文中,他全面阐述了儒家道统对巩固封建统治的重要意义,认为佛教是夷狄之法,僧人糜费社会财富,违背君臣、父子之义。他力主"人其人、火其书,庐其居、明先王之道以道之",建议用行政手段干预,禁止佛教。但是韩愈的一道《谏迎佛骨表》不仅没有降低宪宗的宗教热情,反而激怒了皇帝,自己险遭杀身之祸,被贬潮州,佛教势力进一步发展。寺院借均田制破坏之机扩充庄园,驱使奴婢。当时寺院荫占多少土地没有确切记载，总之数目相当可观。僧侣还发展了一种叫作"无尽藏"的金融组织，放高利贷盘剥平民。这样就加深了僧侣地主集团与世俗地主集团及人民群众的矛盾。另外，沙门干政、沙门失德事件也时有发生。佛教的极度发展也就埋下了否定自身的种子，上述矛盾在经济运行的上升时期尚不尖锐，而到了封建社会自身矛盾激化的晚唐便发展为激烈的冲突，导致了唐武宗会昌灭佛事件的发生。

唐武宗李炎在位仅有6年（841—846），是隋唐两代二十几个帝王中唯一的反佛帝王。武宗反佛除了上述社会原因外，还有个人原因。他是一个虔诚的道教徒，希望能服食仙丹而成仙（详见本章一、五两节）。在道士赵归真、刘玄静的煽动下，武宗在会昌五年（845）下了灭佛的决心。会昌灭佛共毁废大、中寺院4600多所，小庙4万余处，焚烧大量佛经，强令僧尼还俗260500余人，没收大量良田，解放寺院奴婢15万人。收缴了大量金、银、铜、铁佛像与器皿。武宗灭佛大大增加了两税户人口，增加了国家财力，在一定程度上缓和了社会矛盾。灭佛次年武宗便因服丹中毒身亡。宣宗立即下令恢复佛教，但整个佛教已经元气大伤，许多靠大量诵经、拜佛吸引教徒的宗派再也无力恢复，仅是在衰微中延续，而禅宗、净土宗等简单法门虽然复兴，但因其思想已彻底中国化、世俗化了，也逐渐丧失了原有的文化价值，使佛教对社会文明发展进程的影响力大大降低。会昌灭佛是"三武一宗"（北魏太武帝、北周武帝、唐武宗、后周世宗）四次"法难"中最重的一次。后周世宗至德二年（955）又对佛教进行了一次严厉的整顿。规定寺院必须遵守国家颁给的寺额，出家必须经过严格的读经考试，禁止私度。全部没收铜质佛像用来铸钱，以充国库。这次虽不同于前三次灭佛，只是整顿，但因为手段严厉，又是在会昌后的恢复期，故而使佛教的发展势头更趋衰颓。

二 佛教经籍的翻译与撰述

在隋代帝王的扶持下，经籍的翻译、整理工作十分活跃，大批经典翻译问世。当时最著名的翻译家是那连提耶舍、阇那崛多和达摩笈多三人。那连提耶舍（490—589），北天竺人，北齐天保七年（556）到中国，受到文宣帝的优待，在昭玄寺从事翻译工作。周武灭佛时易俗服避乱于外。隋开皇二年（582）回到长安，先在大兴善寺，后迁广济寺主持译经，直至开皇九年百岁圆寂。共译出《大方等日藏经》、《大庄严法门经》、《德护长者经》、《莲华面经》等8部28卷。阇那崛多（527—604），北天竺人，西魏大统元年（535）来到中国。周武灭法时回国避难，为突厥所留。开皇四年，文帝邀请他回大兴善寺主持翻译经典。从开皇五年到仁寿末年，共译出《佛本行集经》、《大方等大集贤护经》、《大威德陀罗尼经》等共39部192卷。达摩笈多（法密，？—619），南印度僧人，开皇四年十月到达京师长安，住大兴善寺。后炀帝在洛阳上林苑设置译馆，请其从事翻译。从开皇初到大业末的28年间，共译《起事因本经》、《药师如来本愿经》、《摄大乘论释论》、《菩提资粮论》、《金刚般若论》等9部46卷。此外，中国僧人彦琮（557—610）也参与阇那崛多和达摩笈多的译经事业。他记录了达摩笈多游历西域诸国的见闻，写成《大隋西国传》，并著有《达摩笈多传》、《辨正论》、《通极论》、《福田论》、《沙门不应拜俗总论》等论文。开皇十二年被请入大兴善寺主持翻译佛经。他精通梵汉文字，论定翻译楷式，有十条八备之说。

前代译经已多，隋代又添新译，文帝遂在开皇十四年和仁寿二年（602）两次敕令撰集经录。第一次由大兴善寺法经等二十人撰《众经目录》7卷（通称《法经录》）。后一次由彦琮主持撰定《众经目录》5卷（通称《仁寿录》）。此外，北周废佛时还俗沙门费长房还撰有《历代三宝记》15卷（通称《长房录》）。

唐代佛经翻译事业成就更高。以前翻译多由西域僧人担任，尽管他们精通梵文和汉语，但毕竟对中国文化深层的东西了解较少，故所译经文对中国人来说总有隔膜之感。唐代以后翻译工作则主要由精通教义、深晓梵文的中国僧人担任，质量遂大为提高。贞观年间，玄奘主持长安慈恩寺译场，不仅译经数量多，而且形成了一套完整的译经分工制度和工作程序。（1）译主，即翻译工作主持人，负责解决各种疑难问题。（2）证义，又称"梵证义"，与译主评量梵文，以正确理解经文原义。（3）证文，又称"梵证文"，听译主高声朗读梵文，检验是否有误。（4）书字，也称度语、译语、传语，根据梵文用中文译出相应的梵音，搞音译工作。（5）笔受，又称执笔，将梵音译成中国文字。（6）缀文，又称次文，由于梵汉语言习惯不同，文句结构不同，其任务是调整文句结构，顺理文辞。（7）参译，又称评译，将译出的汉文再翻回梵文，看其是否符合原意。（8）刊定，又称校勘、铨定、总勘，刊削冗长重复的文句，使之简练准确。（9）润文，又称润色，负责润色文辞。（10）梵呗，按照新译经文高声诵唱，检验音韵是否流利、悦耳。从这个复杂、严谨的工作程序看，唐代译经所以质量高，是因为具有一批专业与语言水平都高的译者，并且形成一套严密而科学的方法，它是集体智慧和众人劳动的结晶。

唐代译经功劳最著者为玄奘，从贞观十九年（645）开始，共译出《大般若经》、《解深密经》、《瑜伽师地论》、《摄大乘论》、《成唯识论》、《俱舍论》、《顺正理论》等经论75部1335卷，且经义准确，文辞优美。义净（635—713）敬慕法显和玄奘的事迹，从广州经海路到达印度，历时20余年，访问30余国，带回大量梵本，在洛阳佛受记寺翻译。与实叉难陀合译了80卷本《华严经》，单独翻译了《金光明最胜王经》、《孔雀王经》等56部230卷。实叉难陀（学喜，652—720）除译《华严经》外，还译成《入楞伽经》。地婆诃罗（翻译时代674—688），中印度人，武后垂拱年间在两京的东、西太原寺及西京广福寺译出《华严经·入法界品》、《佛顶最胜陀罗尼经》、《大乘显识经》等共18部。菩提流志（翻译时代693—713），南印度人，武则天时译出《大宝积经》120卷，因其中有女人可以为帝王的文字，深受武后赏识。不空（705—774），北天竺人，金刚智弟子。他入天竺国带回密教经典1200卷，译出《金刚顶经》、《金刚顶五秘密修行念诵仪轨》、《大乘密严经》、《发菩提心论》等111部143卷，对密宗的形成产生了很大作用。唐代还有许多译经大师，他们各有侧重，基本上将当时印度大乘佛教的精华都介绍了过来。据不完全统计，唐代译出佛典共372部2159卷。

在译经的同时，经目的整理工作也有很大发展。唐初有德兴、延兴二寺《写经目录》，为玄琬编写，共录720部2690卷。显庆三年（658）所编西明寺大藏经《入藏录》，共录600部3361卷。此后靖迈撰写了《古今译经图纪》，道宣编了《大唐内典录》。武周天册万岁元年（695），明佺编成《大周刊定众经目录》。到开元十八年（730）智升撰写《开元释教录》，入藏目录共录1076部5048卷，成为后来一切写经、刻经的准确根据。

隋唐两代佛经主要是手抄本，不便保存。为了防止经籍流失，特别是鉴于魏武、周武两次"法难"，避免大量佛经付之一炬，隋代幽州（今房山）云居寺僧人开始了石刻经文的壮举。自隋大业一直延续到清康熙三十四年（1695），前后千余年，共刻经石15000余块，佛经1122部3572卷。云居寺石经创始人静琬在题刻中说："此经为未来佛法难时拟充底本，世若有经，愿勿辄开。"他们将石经埋于地下，成为一批宝贵文物。

三 隋代盛行的天台宗、三论宗和三阶教

隋唐是中国佛教形成宗派的时期。每个宗派都有自己独特的理论体系、寺院财产和传法世系。宗派的出现标志着中国佛教已经发育成熟。南北朝末期佛教中已形成了成实、俱舍、涅槃、楞伽等南北诸家师说。这些师说是围绕着某一经典形成的学派，而不是宗派。当时僧侣从事的宗教活动中心是介绍和弘扬印度传来的佛经原意，尚不具备形成自己思想体系的能力。且南北分裂，政治阻隔，诸家师说多是仅了解自己信奉的一部经典，不能对佛教理论进行全面的概括和总结。隋唐政治大一统为产生全国性佛教流派提供了机会。各个宗派通过广泛的交往，提高了理论水平，纷纷建立自己的"判教"体系，即把南北各家师说尊奉的经典，按自己的思想体系加以排列，使佛教理论有所宗统。另外，师说与宗派的一个根本差异，就是宗派建立在比较稳固的寺院经济基础上。为了维护自己集团特殊的经济利益，使庙产不致分散流失，僧侣地主集团效法世俗地主集团的宗法等级制度，建立了世代相传的承袭制度——法统。每一代宗师都挑选最善体会本家宗旨的弟子作为衣钵传人，继承寺产，统领僧众。在这里经济基础起了决定作用。

天台宗 根据佛教史资料，天台宗的渊源关系是：

龙树……慧文──→慧思──→智顗──→灌顶──→智威──→慧威──→玄仰──→湛然
                                                                                            ↓
                                                  ……（唐末）元琇←──物外←──广修←──道邃

以印度僧人龙树为始祖，大约一方面是由于天台宗重视大乘空宗理论，另一方面也是为了自神其说，其实并无实据。二祖慧文和三祖慧思是天台宗的思想先驱。天台宗真正创始人是四祖智颛。所以说天台宗源于南北朝，创于隋，盛于初唐。唯识、华严、禅宗发达后其影响力下降，会昌法难后势力衰微。

慧文，生卒年月不详，宗教活动时间在北朝魏齐之际，俗姓高。最初主修禅观，及至读到龙树的《中论》、《大智度论》，始悟"一心三观"之要。认为只有通过《大智度论》中所谓"道种智"、"一切智"、"一切种智"三种超乎正常思维的神秘主义直觉，才能达到对于真如本体的观照。他聚徒数百，弘扬大乘，又在江淮间力阐禅观，影响很大。

慧思（515—577），俗姓李。15岁出家后一直念诵各种大乘经典。20岁云游四方，历访诸寺。后投于北齐慧文禅师门下，专修禅观。受"一心三观"心要，得法华三昧证悟。承圣三年（554）进光州（今河南光山）大苏山传法，弟子众多。陈光大二年（568）率弟子入南岳，居住10年，讲经传法，由弟子笔录，整理出《出四十二字门》、《无净行门》、《随自意》、《安乐行》、《次第禅要》、《三智观门》等著作。慧思的宗教活动既重禅法践行，又重义理推究，"昼谈义理，夜便思择"，"定慧双开"。启天台宗"止观并重"的思想先河。

智颛（536—597），俗姓陈，出身南朝大官僚家庭，父母在梁末侯景之乱时死去。智颛18岁出家，后到大苏山投于慧思门下修炼禅法。在慧思热心指导下领悟法华三昧，这便是所谓天台大师的"大苏开悟"。陈光大元年（567）去金陵讲《法华经》，博得官僚和僧徒的敬佩。陈太建七年（575）率弟子20余人进天台山建寺，修头陀行，天台宗由此建立。陈宣帝敕割天台山所在的始丰县（今浙江天台）之"调"以供寺用，尊智颛为天台大师。陈亡时智颛避乱庐山。隋开皇十一年（591），晋王杨广请其主持，受菩萨戒，杨广称其为"智者大师"，两人过从甚密。智颛生时在社会上影响很大，一生造大寺35所，度僧4000人，传业弟子32人，天台宗成为社会上颇为壮观的一大宗派。智颛一生著作很多，主要有《法华玄义》、《法华文句》、《摩诃止观》各20卷，被称为天台三大部。此外还有《四教义》、《净名义疏》、《金光明文句》、《观音义疏》等等。至此天台宗的理论建设已经基本完成。

天台宗理论的主要特征是宣扬"止观并重",调和南北方佛教之异同。从汉代佛法初传时,南北方佛教流派就形成了不同风格,北方侧重禅定,南方侧重义理。南北朝时期政治、经济、军事的对峙更加巩固了南北方不同的学风倾向。隋朝的统一为佛教理论风格的会同提供了条件。智颛系统论证了止观不可偏废的原则。他认为:"泥洹之法,入乃多途,论其要不出止观二法。所以然者,止乃伏结之初门,观是断惑之正要。止是爱养心识之善源,观是策发神解之妙术。止是禅定之胜因,观是智慧之由借。"(《修习止观坐禅之法要》)他比喻说,止观二法如车之二轮,鸟之双翼,"若遍修习,即堕邪倒"。所以天台宗都把止观并重作为宗教修养的最高原则。这也可看作南北佛教学风融合的重要表现。

天台宗还试图通过判教将以前的宗教理论内在地统一起来。判教是佛教徒根据各宗派自己的观点,对所有经典和理论著作加以系统的批判整理、重新安排评估的一种方法。目的在于说明各教派信奉的经典不但不互相矛盾,而且是互相补充的。佛教经典及著作中某些自相矛盾的观点是佛对不同听众、在不同时机进行的不同说教,其基本精神是一致的。同时,佛教徒还通过判教抬高自己一系信奉的经典,压低他派。天台宗提出了"五时"、"八教"的判教体系。"五时"指:(1)华严时,是佛对已有深厚佛教基础知识的听众宣讲的道理。(2)鹿苑时,是对初学者讲小乘、四《阿含》等一些基本知识。(3)方等时,是对已有小乘基础的人讲某些大乘原理。(4)般若时,佛讲大乘空宗原理,宣传"色即是空,空即是色"的宗教观念。(5)法华时,是对佛教基础最深的听众讲的《法华经》、《涅槃经》描绘的是佛教最高境界,因此天台宗把《法华经》奉为最高经典。"八教"又可分为化法四教(藏、通、别、圆)和化仪四教(顿、渐、秘密、不定),都是强调佛对不同水平的听众,运用不同的传道方法。这也可看作天台宗对不同宗教修行方法的概括。

在世界观上天台宗宣扬"一念三千"说。即"世界无别法,唯是一心作"(《法华玄义》卷2上)。万法起于一心,"夫一心具十法界,一法界又具十法界，百法界。一法界具三十种世间，百法界即具三千种世间。此三千在一念心，若无心而已，介尔有心，即具三千"。(《摩诃止观》卷5上) 十法界指地狱、饿鬼、畜生、阿修罗、人间、天上、声闻、缘觉、菩萨、佛。前六类称六凡，后四类称四圣。三种世界即五阴、众生、国土。三千法界包括了佛教时空观中的一切存在，天台宗认为都是心中幻象。因此，标志诸法实相的空、假、中三谛应是圆融无碍的。大乘空宗认为万法皆由因缘而起，故无自性，本质是空。但空不等于无，而是一种虚假不实的存在，亦名假。如果认识了非有非无，不着两边的中观宗旨，即是中道。智颛发展了空宗的中观思想，认为了知一切诸法皆由心生，因缘虚假不实，故空；缘生诸法差别，故假；不著于空，不执于假，即曰中道。空、假、中道互相不离，空即假，即中道，故曰三谛圆融。

智颛以后天台传人是灌顶（561—632），他记录、编纂了智颛的演讲，著作有《涅槃经玄义》、《涅槃经疏》、《国清百录》、《智者大师别传》等，是研究智颛和天台宗的重要史料。

湛然（711—782）是唐代中叶天台宗的中兴大师。顺事玄朗，专修止观。著《法华玄义释鉴》、《法华文白记》、《摩诃止观辅行》三书，是研究智颛思想的指南。在理论上，湛然提出的"无情有性"说影响较大。此前佛教认为成佛是众生（即有情的动物）的事，无情（非生物）没有佛性。湛然认为这样的佛性论不彻底，"子信无情无佛性者，岂非万物元真如耶？故万法之称，宁隔于纤尘；真如之体，何专于彼我"（《金刚錍》）。在他看来草木砖石皆有佛性，其用意在于极力扩大佛教的影响范围。其弟子有道邃、行满等人，日本传教大师最澄便是从他们两人处接受天台宗的。道邃的弟子宗颖和良谓，前者是日本慈觉大师圆仁之师，后者是日本智证大师圆珍之师，天台宗因之远播日本。

三论宗 印度大乘空宗学者龙树、提婆著《中论》、《百论》、《十二门论》，三论宗以弘阐此三论而得名。他们的绪统为：

龙树──→提婆──→罗喉罗──→青目──→须利耶苏摩──→鸠摩罗什
↓
吉藏←──法朗←──僧诠←──僧朗←──僧肇

印度数位师祖皆是大乘空宗的缔造者。鸠摩罗什在姚秦时代来中国弘传空宗之学。僧肇是罗什弟子，在宣传般若空观上有很大贡献。僧肇以后，长安陷于连年战火，三论之学由僧朗传入南方。他长期在摄山栖霞寺传法，被尊为"摄山大师"。当时"江南盛弘成实"，三论玄纲几乎断绝。僧朗非难成论师，破斥三论与《成实》一致说，使三论学重振声威，深得梁武帝赏识。据说梁武帝因而从《成实》转入大乘。摄山的第二代大师是僧诠，始终在摄山止观寺传法，有"山中师"、"止观诠"的称号。一生只讲三论和《摩诃般若》，门徒数百，三论宗粗具雏形。僧诠门下法朗（507—581）是三论宗主要传人，陈武帝永定二年（558）奉敕入京，20年间讲《华严》、《法华》及三论20余遍，听者常数千。他弘扬教义精微辟透，无住无碍。门人遍于全国，知名者25哲，其中吉藏将三论宗发扬光大，成为隋代一大宗派。吉藏（549—623），生于金陵，随父认识真谛三藏，真谛为他取名吉藏。听法朗讲学，深受其影响。陈隋之际江南寺院荒芜，他曾在各寺中搜集文疏，流览涉猎，见解大进。隋平定百越后往浙江会稽嘉祥寺传法，听者千余，被世人呼为"嘉祥大师"。唐初被请入长安传法。唐高祖设十大德管理僧务，吉藏也是其中之一。他平生讲三论100多遍，著有《大乘玄论》、《二谛义》、《三论玄义》、《中观论疏》、《十二门论疏》、《百论疏》等26部著作，完成三论宗创立之大业。

三论宗的中心理论是诸法性空的中道实相论，为了说明空宗的这个理论，吉藏立破邪显正、真俗二谛、八不中道三种法义。

第一，破邪显正：破有所得，显无所得。但吉藏主张破而不立，除去一切离别情见，于是便体现了言诠不及、意路不到的无名之道，即是对中道的体悟，叫无碍正观。三论宗要破除的邪见有四：（1）外道不明人法两空，执着诸法实有，故起种种邪见。（2）《毗昙》虽已达人空，而执着法有。（3）《成实》虽已达人法两空，但仍没有除去偏空的情见。（4）堕于有所见的大乘，虽除偏空，但仍执涅槃有得。可见三论宗将大乘空宗"毕竟空"的思想发挥得淋漓尽致。

第二，真俗二谛论：为立"毕竟空"，用真、俗二谛的言教来诠显它。二谛均为引导众生的言教，为著空者依俗谛明有，为执有者依真谛明空。

令其体会超越有、空，亡言绝虑的诸法实相。所以二谛皆是说教上的方便，即言教二谛，而不是其他佛教流派理解的理境二谛。

第三，八不中道：三论宗依《中论》所列不生、不灭、不一、不异、不常、不断、不来、不出的八不法门说明二谛义。生、灭、断、常是人们在时间上的计执，一、异、来、出是人们在空间上的计执。三论宗皆冠以否定词"不"，使众生体会诸法缘起性空不生不灭、不常不断、不一不异、不来不出的中道实相。不要在任何方面有所偏执。

三论宗认为众生皆有佛果觉体，因被客尘所蔽，所以流转生死。只要拂除客尘，湛然寂静的本有觉体宛尔显见，即可成佛。但是若依此宗的无所得理论，成佛也是依假名门的方便说教，人亦无佛可成。他们破除对涅槃有得的执着，理论上虽然彻底，但却造成了信仰上的困境。吉藏以后，三论宗虽有一些弟子传人，但势力很快衰落下去。另外，吉藏门下有高丽僧慧灌，后传三论宗于日本，为第一传，二传智藏、三传道慈都曾来中国留学。三论宗在日本奈良时代甚为流行。

三阶教　南北朝末期，《摩诃摩耶经》和《大集月藏经》相继译出，其中"末法"思想在佛教徒中产生了强烈影响。这大约是北朝两次灭法事件在他们心头留下的浓重阴影。相州信行（540—594）因此而开创了三阶教。三阶从佛经中"正法"、"像法"、"末法"三个时期转化而来。信行认为佛灭后500年间为"正法期"，为第一阶，按佛教教义修行的人可以证得圣果。佛灭后600—1600年间的1000年为"像法期"，为第二阶，信仰佛教的人"似有所证，实无所证"，故称"像法期"。从1600—10000年间为第三阶，佛教日益衰微，故称"末法期"。此时众生的机类、我见、边见成熟，偏学一乘、三乘或偏念《弥陀》、《法华》，彼此是非，终至犯罪诽谤，永无出离之期。三阶教相信当时已到"末法"期。第一阶"根机"人学一乘法，第二阶"根机"人学三乘法即可解脱。而第三阶的"根机"人应学"普法"，故三阶教也称普法宗。他们宣扬佛无差别，法无差别，普法普佛，普敬普佛。一切人都有如来性，皆应当作佛来崇拜。末法浊世的罪恶凡夫只有在这种普敬普佛的宗教实践中才能获得解脱。信行本人便身体力行。他不做比丘（大和尚）而甘为沙弥（小和尚），"头陀、乞食、日止一食。在道路行，无问男女，率皆礼拜"（《历代三宝记》卷12）。他的行为近乎苦行僧。他创办了"无尽藏"，宣传由信徒和施主布施，收集起来再周济穷人。"无尽藏"后来成了三阶教的经济支柱。

三阶教这套末世理论不符合隋唐封建盛世的社会心理，在社会上始终影响不大。且统治者担心这种末世思想会动摇国政，一直将三阶教视为异端。从隋开皇二十年（600）起，隋、唐两朝君主数次明令禁止三阶教流行。但三阶教鄙视上层僧侣的豪华生活，厌弃宗派之间的相互攻讦，且"无尽藏"对下层僧侣和民众有一定的吸引力，所以三阶教仍得以在民间暗中流行。但其传承谱系不清。

四 玄奘西行与唯识宗

唯识宗是唐初一个大乘佛教流派，由玄奘及其弟子窥基所创。得名于"万法唯识"的基本宗教观念。由于该宗侧重于法相分析，故又名法相宗。另外，玄奘西行回国后与弟子长期在长安慈恩寺译经，以地得名慈恩宗。

唯识宗的师承系谱如下：

无著──→世亲──→陈那──→护法──→戒贤──→玄奘──→窥基
                                                          ↓
                                              智周←──慧沼

无著、世亲是印度大乘有空创始人，其思想经过陈那、护法的发展，由戒贤传与玄奘。玄奘从印度照搬回中国。

玄奘（600—664），俗姓陈，河南偃师人。幼年出家，投入佛门义海。青年时游学于洛阳、四川等地，执经问难，初露头角。他在《涅槃》、《摄论》、《毗昙》诸经的学习中颇有心得，曾讲学于荆湘之间，声名鹊起。后入长安，"遍谒众师，备餐异说，详考其理，各擅宗途。验之圣典，亦隐现有异，莫知适从。乃誓游西方，以问所惑"（《大慈恩寺三藏法师传》）。贞观二年（628）从长安出发，逾甘肃，出敦煌，经新疆及中亚诸国，历尽艰辛辗转到达中印度摩揭陀国王舍城。入当时印度佛教中心那烂陀寺，向主持寺务的大乘有宗传人戒贤学习瑜伽行一系的学说。那烂陀寺当时有常住僧人4000多，加上客居僧俗共逾万人。研习佛教各派及俗典（如吠陀、因明、声明等）的学者皆有，玄奘学到了很多知识。同时他本人也因知识渊博、擅长论辩而"声震五竺"，被尊为"三藏法师"。贞观十九年（645），玄奘结束了17年的留学生涯，携带657部梵本佛经及若干佛像、舍利回到长安，受到朝廷极高的礼遇。玄奘西行求法，行程5万里，亲践110国，成了当时最有名的旅行家。弟子辩机根据玄奘西行经历写成《大唐西域记》，详细记述了西域诸国的山川地貌、风土人情，成为世界著名的舆地著作。玄奘回国后的19年间，与弟子有计划、有组织地新译、重译佛经75部1135卷，成为我国翻译史上的一大壮举。在译经的同时，玄奘对门人讲解有宗的思想，开始了创立唯识宗的工作。玄奘一生全力译经，无暇撰述，故未留下多少著作，他的思想主要保存在弟子窥基的著作中。

窥基（632—682），字洪道，俗姓尉迟，是唐开国元勋尉迟敬德的侄子，其父尉迟敬宗为唐左金吾将军、松州都督。窥基17岁出家，投于玄奘门下。28岁参加《成唯识论》的翻译工作，独任笔受。此书是代表唯识宗的主要著作，他又作《述记》和《枢要》，发挥精义。此外还协助玄奘译出《辨中边论》、《唯识二十论》、《异部中轮论》等经典。他的著述现存有《瑜伽论略纂》、《杂集论疏》、《百法论疏》、《因明大疏》、《大乘法苑义林章》、《金刚经论会译》、《法华玄赞》、《弥勒上生经疏》、《说无垢经疏》等。时人称其为"百论疏主"。唯识宗的思想由此而充实，盛极一时。窥基又被尊为"慈恩大师"。

慧沼（650—714）是窥基的传人。初随玄奘，后师从窥基。因长住淄州大云寺，遂称淄州大师。著有《成唯识了义灯》、《因明纂要》、《能显中边慧日论》等书，对弘扬唯识思想多有贡献。

智周（668—723），初学天台，后师慧沼。著有《成唯识论演秘》、《因明疏前记》、《后记》、《大乘入道次第章》等10种，其中《演秘》与窥基的《枢要》、慧沼的《了灯》称为唯识论三疏，是研究唯识论不可或缺的入门书。新罗人智凤、智鸾、智雄、日本人玄昉等都曾就学于智周，后将唯识宗的学说弘扬于日本，成为奈良六宗之一。

唯识宗的判教体系，把释迦一代的教法分为有、空、中道三时。第一时有教，释迦初成道法，为破众生我执，在鹿苑说四《阿含》，昭示四谛、十二因缘、五蕴等法，此为初成时我空之说。第二时空教，因小根人听四谛诸法，虽断我执，但仍执迷于法有。释迦为破其法执，在灵鹫山说《摩诃般若经》，开示诸法皆空之理。此为法空之说。第三时中道教，因中根人听释迦说无破有，复起空执，便以二谛性相皆空为无上道理。为破其空执，释迦说一切法唯识有等，此为识外境空之说。唯识宗的判教当然是为了抬高自己的身价，但客观上也反映了印度佛教从小乘而大乘，自空宗至有宗的发展过程。

唯识宗思想的核心是"八识"说。窥基讲："唯谓简别，遮无外境；识谓能了，诠有内心。……识性识相，皆不离心。心所心王，以识为主。归心泯相，总言唯识。"（《成唯识论述记》卷1）客观世界的一切存在，不过是心识的变现。为了证明这个主观唯心主义命题，唯识宗对主客体的关系展开了繁琐的哲学思辨。他们把人的主观意识分解成了八识，前六识为眼、耳、鼻、舌、身、意，对客观世界起"了别"作用，是区分外部事物的色、声、香、味、触等感觉，并对外物进行常识性思考。眼、耳、鼻、舌、身完全是向外的，"唯外门转"；意识既可追求外境，又可反省自身，"内外门转"。唯识宗又认为：前六识不会无因而起，总要有所依据。"染污末那为依止"，第七识末那识是前六识缘起的依据。但是末那识仅是"转识"，是连接前六识与"根本依"阿赖耶识的桥梁。第八识阿赖耶识才是其他一切诸识活动的本原。进一步，唯识宗又把每一识分成"见分"和"相分"两部分。"见分"是主体认识能力，"相分"是认识对象。人们所以能获得外境的感觉，就因为"见分"对"相分"，有所观照。但是不论"见分"还是"相分"，都不能离开心而存在。客观世界"唯识所变"，不过是人心识中的幻影而已。所以窥基说："三界唯心之言，即显三界唯识"（《成唯识论述记》卷14）。唯识宗通过主观分析的方法，彻底否定了客观世界的存在。人死识灭，唯有阿赖耶识是永恒的，可以成为轮回的主体。阿赖耶识实际上就是不死的灵魂。

在阿赖耶识中，还有一种更为神秘的实体，即阿赖耶识种子。其性质有净有染，即无漏种子和有漏种子。有漏种子是世间诸法之因，无漏种子是无世间诸法之因。在现世每个人的阿赖耶识中都有这两类种子，而且有漏种子起更主要的作用，便成为人类陷于苦海之因。唯识宗认为宗教修道的实践就是用善行对有漏种子不断地熏习，使之转化为无漏种子，最终悟得"证果"。唯识宗严守从印度取来的"真经"，不承认众生皆可成佛。他们说修行者有五性之别。（1）声闻乘种性，依照佛法修行，将来可以证得阿罗汉果。（2）独觉种性，不必听佛说法，可依自力观察十二因缘而悟道，所以又称为缘觉种性。但还属于小乘种性。（3）菩萨乘种性，也就是大乘种性，将来可以成佛。（4）不定乘种性，可上可下，可成阿罗汉，也可成佛。（5）无种性，也就是"一阐提"，没有佛性，永远不能成佛。南北朝的竺道生以后，中国的佛教流派大多承认"众生皆有佛性"。天台宗的湛然甚至极而言之，提出"无情有性"说，视砖石草木亦有佛性。这一方面是为了极力扩大佛教在下层人民群众中的影响力，另一方面也反映了魏晋门阀制度的衰落，身份等级制度消亡的现实。唯识宗在这种形势下仍坚持反映印度种姓制度的宗教观念，连"成佛"这样一种虚幻的利益都不肯施予平民，自然不适合当时的国情。且唯识宗哲学范畴繁琐，修行过程漫长复杂，不利于发挥"揉化人心"的社会功用，故数传后便趋于衰微。

最后，唯识宗传播印度因明学的贡献特别值得一谈。因明是梵文 Hetu-vidya 的意译。因指推理的根据、理由，明指知识、智慧。因明学通过宗、因、喻"三支"，构成一个逻辑三段论，进行推理、辩论。古印度因明学者以五支作法为中心，对思维活动中的逻辑规则和逻辑错误进行过研究，归纳出因三相、九句因、离与合等逻辑规则。他们把逻辑错误称为"似"或"过失论"，包括宗九过、因十四过，对宗、因、喻、合、结五阶段中可能出现的逻辑错误一一指出。五、六世纪，印度瑜伽系学者陈那对古因明学进行了吸收改造，改五支作法为三支作法，创立了新因明学，并用来论证佛教原理。玄奘留学那烂陀寺，得陈那、护法、戒贤一系的嫡传，对因明学深有研究。印度戒日王闻其大名，曾在曲女城专为他举行过无遮大会，五印度 18 位国王及僧俗几十万人参加。玄奘所立"真唯识量"就是用因明三段论写成的：

真故，极成色，定不离眼识。（宗）

自许初三摄，眼所不摄故。（因）

如眼识。（喻）

在这种三段论中，宗是论题，因是论据，喻是论例。由于玄奘思想深刻，逻辑严谨，所以才能"凡一十八日，莫敢当者"（靖迈《古今译经图记》卷4）。回国以后，玄奘主持翻译了《因明入正理论》、《因明正理门论》等著作，对中国逻辑学、思维科学的发展起了重要促进作用，为中华文明注入了新鲜血液。

五　注重理论思辨的华严宗

华严宗因崇奉《华严经》而得名。其实际创始人法藏被武则天赐名"贤首"，亦称贤首宗。另外，此宗以发挥"法界缘起"论为旨趣，故又称法界宗。

《华严经》是印度有宗一派的重要经典，东汉就有汉译本。东晋时由佛陀跋陀罗译出60卷本，影响渐大，当时便有不少学者研究，但未形成宗派。陈隋之际的杜顺是其开拓者，华严宗谱系如下：

杜顺──→智俨──→法藏──→慧苑──→法铣──→澄观──→宗密……

杜顺（557—640），原名法顺。18岁出家，初师事因圣寺僧珍，后隐居终南山，宣扬《华严经》。相传著有《华严法界观门》、《华严五教止观》。

智俨（602—668），天水人。12岁出家，从杜顺受具足戒后，到处参学。在至相寺智正处听讲《华严经》，又钻研地论学慧光的经疏，领会《华严》别教一乘无尽缘起要旨和《十地经论》中的六相义，著有《华严经搜玄记》、《华严宗一乘十玄门》、《华严五十要问答》，华严宗的理论至此已粗具雏形。

法藏（643—712），华严宗的实际组织者。其祖先为康居国人，17岁入太白山求法，听智俨讲《华严经》，深通玄奥。28岁时武后请他到太原寺讲《华严经》，后获悉地婆诃罗从中印度带来《华严经·入法界品》梵文本，他又参加了80卷本的翻译工作。此后奉敕入宫为武则天讲解十玄六相义旨。他指宫中金狮子作喻，其讲义便是有名的《华严金师子章》。他还著有《华严经探玄记》、《华严一乘教义分齐章》、《华严经旨归》、《华严经问答》等，后代多保留下来。至此华严宗观门、教相皆建立周备。特别是武后信奉、提倡，并亲为《华严》新经作序，使华严宗在中唐盛极一时。法藏弟子很多，慧苑、慧英、宏观、文超、智超、玄一皆为其中佼佼者，对华严宗都有所发展，但也生出许多歧义。慧苑传法铣（718—778），法铣传澄观（736—839），澄观以纠正歧义，恢复法藏时代华严原貌为己任，中兴华严宗，被尊为四祖，在社会上影响很大，号称"清凉国师"。著有《华严经疏》、《随疏演义钞》、《三圣圆融观》、《法界玄镜》等著作。

华严五祖为宗密（780—841），是澄观弟子，以诵经、修禅为业，提倡华严与禅宗思想融合的教、禅一致说，后世称圭峰禅师。著有《华严经愿品别行经疏钞》、《圆觉经大疏》、《华严原人论》、《禅门师宗资承袭图》等。宗密死后4年发生了唐武宗灭佛事件，华严宗从此一蹶不振。五代及宋明虽仍有传人，但社会影响已很小了。

华严宗立"五教十宗"的判教体系。"五教"是：（1）小乘教，是佛为不能接受大乘教的声闻乘人所立教。指四《阿含经》、《僧祇》、《四分》、《十诵》诸律及《发智》、《成实》、《俱舍》诸论。（2）大乘始教，为从小乘转入大乘人说法，其中空始教包括《般若》经及《中》、《百》、《十二门》诸论。相始教包括《解深密经》及《瑜伽》、《唯识》诸论。（3）大乘终教，指《楞伽》、《胜鬘》、《密严》诸经及《起信》、《宝性》论。（4）大乘顿教，是专修顿悟的教门，指《维摩经》等。（5）大乘圆教，是圆融无碍的教门，专指《华严经》。"十宗"具体把印度大小乘诸派分在"五教"之内。（1）我法俱有宗，指犊子、法上、贤冑、正量、密林山诸部。（2）法有我无宗，指说一切有、雪山、多闻、化地诸部。（3）法无去来宗，指大众、鸡胤、制多山、西山住、北山住诸部。（4）现通假实宗，指说假部。（5）俗妄真实宗，指说出世部。（6）诸法但名宗，指一说部。（7）一切皆空宗，大乘教中的空始教。（8）真德不空宗，指大乘终教。（9）相想俱绝宗，指大乘顿教。（10）圆明具德宗，指一乘圆教。

华严宗的基本理论是"法界缘起"说。他们把世间一切存在，包括宇宙万法，有为无为、一多、总别、净染诸种差别统统囊括在"一真法界"之中。而法界又"唯心缘起"。"尘是心缘，心是尘因，因缘和合，幻相方生。"（《华严义海百门》）宇宙万法皆心中幻相，故无自性。华严宗还发明"六相圆融"、"一多相摄"等一系列相对主义思想范畴，用以说明诸法皆无自性。"六相"是总相（全体）、别相（部分）、同相、异相、成相、坏相。这些范畴本是相互依存、相互制约的，华严宗则证明他们圆融无碍，绝对同一。以总别为例，"何者是总相？答：舍是。此但椽等诸缘，何者是舍耶？椽即是舍。何以故？为椽全自独能作舍故。若离于椽，舍即不成，若得椽时，即得舍矣"。（《华严一乘教义分齐章》卷4）房子是总相，椽、瓦等建材是别相，离了椽瓦诸缘，房即不成，得之便有舍，所以说别相即总相，总相即别相。华严宗教人们"六相圆融"的观法，就是让人们看淡社会上的阶级差别与矛盾。"是故大小随心回转，即入无碍"（《华严义海百门》），看破红尘即可获得解脱。他们用"十玄门"来形容这种没有矛盾斗争、圆满无缺、诸方协调的精神境界。（1）同时俱足相应门；（2）一多相容不同门；（3）诸法相即自在门；（4）因陀罗网镜门；（5）微细相容安立门；（6）秘密隐显俱成门；（7）诸藏纯杂俱德门；（8）十世隔法异成门；（9）唯心回转变成门；（10）托事显法生解门。"十玄门"是华严宗追求的最高境界。在此，每一事物皆为世界中不可分割的一部分。就像天帝头上戴的结了宝珠的网帽子，每颗宝珠都照见其他宝珠的影子，而自己的影子又反映在每一颗宝珠之中。交相辉映，重重无尽，无不圆足。所以华严宗处处以佛教最高水平的一乘圆教自居。

　　华严宗否定现实世界的真实性，是为了把人们引向彼岸世界，但在对天国的理解上，他们与唯识宗又不相同。唯识宗把天国设置在现世之外，强调必须经过对阿赖耶识种子累世熏习方可达到。华严宗认为这是渐教方法，天国与现世距离太远会减少对信徒的吸引力。因此他们通过"四法界"把天国安置在现世之中。"四法界"是：（1）事法界："界是分义，一一差别，有分齐故。"（《法界观门》注）这是现实的世界，存在着无尽的差别、矛盾和烦恼。（2）理法界："界是性义，无尽事法，同一性故。"（同上）在真如佛性之中，一切事物的本质皆圆融无碍，同一相即。（3）理事无碍法界："具性、分义，性、分无碍故。"（同上）理在事中，理界的同一无碍事界的矛盾，互不干扰，平安相得。（4）事事无碍法界："一切分齐事法,一一如性通融,重重无尽故。"(同上)在获得了佛性圆融无碍的真理以后,再反观事法界,诸种矛盾也就圆融无碍了。由于理在事中,故成佛不必离境他求,只要通过诵经、坐禅,转换思想方法,舍迷入真,即可获得涅槃,也叫流入菩提。

华严宗是一个中国化的佛教流派,从其思想体系看,他们越来越多地吸收了中国文化中天人合一、体用无间的思想,形成佛教式的丰富辩证理论,而且他们的思想范畴对宋明理学产生了很大影响。

六 中国化的佛教流派——禅宗

禅宗是一个彻底中国化了的佛教流派,而且在中国佛史上影响最大。因其以"直证本心"为宗旨,故亦称"佛心宗"。按照他们自己开列的谱系,西土从释迦牟尼到菩提达摩共二十八祖,其说并无实据。

达摩,生卒年月不详,南天竺人,梁代中叶泛海来到中国广州。曾应梁武帝之请到金陵与帝问答,但因机缘不契,渡江到洛阳,入嵩山少林寺。面壁而坐,终日不语,七年时间终于创造了一种以"壁观"、"理入"为名目的新禅法,此为禅宗创源。达摩传法与慧可,慧可传与僧璨(?—606)。据说僧璨"隐于司空山,肃然净坐,不出文记,秘不传法"(《楞伽师资记》),相传著有《信心铭》,自达摩以来皆重《楞伽经》,故慧可、僧璨都被时人归入楞伽师。四祖道信(580—631)13岁入皖公山谒僧璨,奉侍九年,求解脱法门。得衣钵后去吉州、江州、庐山等地传法,后入黄梅山隐居30余年。门下弘忍、法融最为著名。后法融入牛头山开创了禅宗支系牛头宗。弘忍(602—675)得衣钵而为禅宗五祖,常年在黄梅山东山寺传法。门下弟子700余人,时人称为东山法门。弘忍常劝僧俗持《金刚经》,似已离此宗初期重《楞伽经》的传统。传说《最上乘论》是其著作。晚年欲传法时,让弟子各出一偈以证心意。上座弟子神秀曰:"身是菩提树,心如明镜台。时时勤拂拭,莫使惹尘埃。"(《坛经》)表达了他重视宗教修习的渐悟倾向。当时仅为伙头僧的慧能不识字,请人代笔写一偈曰:"菩提本非树,明镜亦无台。佛性常清寂,何必惹尘埃。"(同上)弘忍认为慧能的见解更彻底、深刻,便将衣钵传与慧能。因惧上座神秀加害,慧

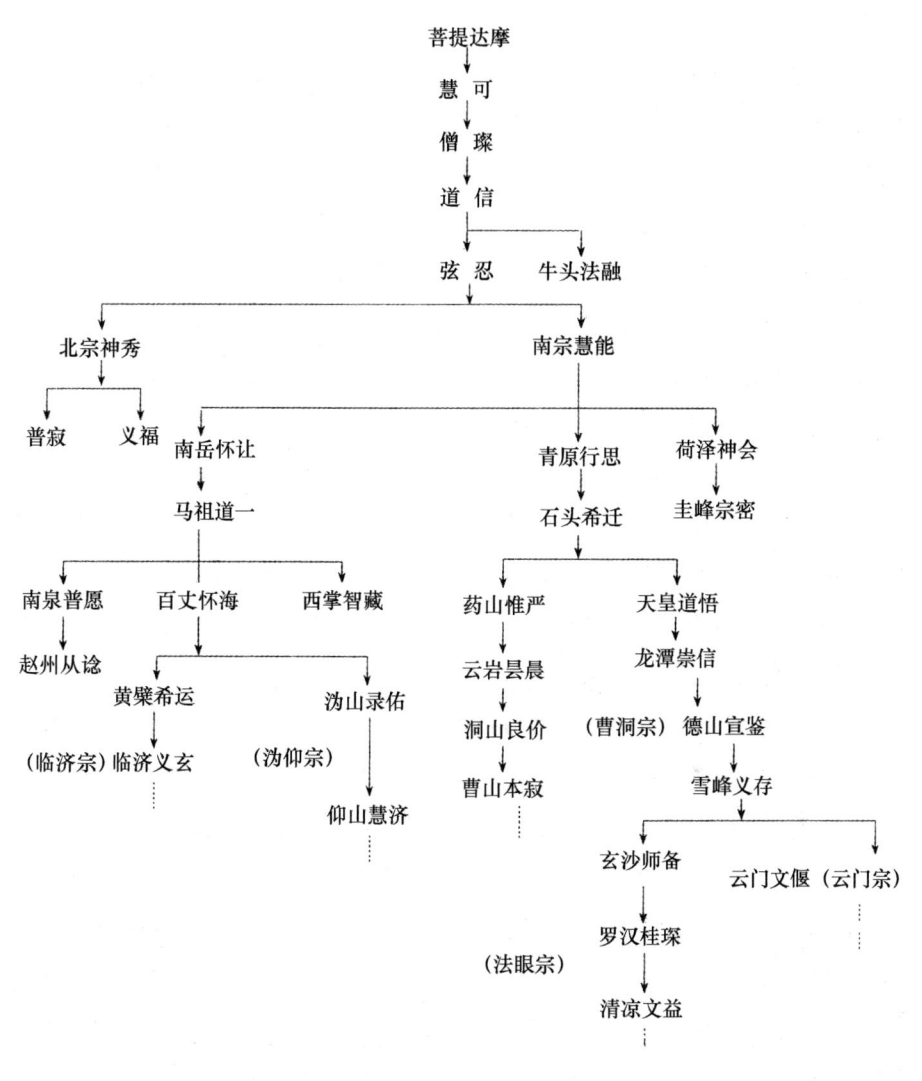

能深夜携衣钵逃往广东。从此禅宗分裂为"北渐"、"南顿"两大支系。

```
                    菩提达摩
                      ↓
                    慧 可
                      ↓
                    僧 璨
                      ↓
                    道 信
                      ↓
              弘 忍      牛头法融
               ↓
      ┌────────┴────────┐
   北宗神秀            南宗慧能
    ┌─┴─┐      ┌─────────┼─────────┐
   普寂 义福  南岳怀让  青原行思   荷泽神会
               ↓          ↓          ↓
             马祖道一    石头希迁   圭峰宗密
       ┌──────┼──────┐   ┌──┴──┐
     南泉普愿 百丈怀海 西掌智藏 药山惟俨 天皇道悟
       ↓      ┌─┴─┐           ↓       ↓
     赵州从谂 黄檗希运 沩山录佑  云岩昙晟  龙潭崇信
              ↓       ↓         ↓        ↓
          (临济宗)  (沩仰宗) 洞山良价(曹洞宗) 德山宣鉴
          临济义玄    ↓         ↓           ↓
                   仰山慧济   曹山本寂      雪峰义存
                                        ┌───┴───┐
                                      玄沙师备  云门文偃(云门宗)
                                        ↓
                                      罗汉桂琛
                                      (法眼宗)
                                        ↓
                                      清凉文益
```

禅宗传承图

北宗神秀（606—706），俗姓李，开封人。少年出家，投于弘忍门下，为七百众之首。弘忍死后统领众僧，住荆州当阳山度门寺。武后闻其高名，请其去长安传法，在内道场供养。中宗尤加敬重，有"两京法主"、"三帝国师"之称。弟子普寂（651—739），俗姓冯，幼年出家，初学律宗，后投于神秀门下，中宗时因神秀年高，下诏令他代管僧众。在长安传教20余年。义福（658—736）亦师事神秀。后在终南山感化寺、长安慈恩寺弘扬禅法，上下尊信。此时北宗势力强大，超过南宗，但不久即为南宗取代。

南宗慧能（638—713），亦名惠能，俗姓卢，新州（今广东新兴）人。本是一不识字樵夫，打柴养母度日。因闻人诵《金刚经》而有所领悟，投于黄梅弘忍门下，得衣钵后隐居广东深山15年。出身和经历使他不满当时佛教诸派日益脱离广大平民的贵族化倾向。在十几年的隐居生活中创造了一套"直证本心"、"顿悟成佛"的思想体系。出山后相继在广东韶关大梵寺、曹溪宝林寺传法，以"见性成佛"的简单法门，一扫几百年来佛教大量译经、读经，大搞宗教仪式，长时间坐禅的修炼方法，在僧俗中造成了极大震动。慧能的宗教改革乃是中国禅宗的真正创源，神宗的思想和流派迅速遍及全国。慧能的主要著作是《坛经》，这是中国僧人撰写的唯一可以称"经"的著作。《坛经》最早的版本由慧能弟子法海整理，书名长达32字——《南宗顿教最上大乘摩诃般若波罗蜜经六祖慧能大师于韶州大梵寺施法坛经》。内容仅12000字，1卷57节，不分目。目前仅存《敦煌写本》。其后又陆续出现了三个版本：一是唐代僧人惠昕编的《六祖坛经》，分上下卷，共11门，57节，14000字，简称"古本"；二是未署名人编纂的《六祖大师法宝坛经曹溪原本》，一卷10品，2万余字，简称"曹溪原本"；三是元至元二十八年（1291）僧宝改编的《六祖大师法宝坛经》，一卷10品，比最早的法海本多了一倍，为最常见本。

慧能身后，禅宗分成了荷泽、青原、南岳三大系统。荷泽神会（？—760）初师神秀，后投于慧能门下，秘密传法后去岭北传教。当时北宗势力正盛，神会在河南滑台大云寺设无遮大会，弘阐南宗。后又到洛阳，著有《南宗定是非论》和《显宗论》，攻击北宗，指出南宗慧能才是达摩一系的正传。从此北宗门庭冷落，南宗思想流布全国。德宗时楷定禅门宗旨，以神会为禅宗七祖，其法统为荷泽宗。弟子有无名、法如，三传为圭峰宗密，他倡禅教一致，亦为华严宗传人。荷泽宗至此中绝。

南岳怀让（677—744），少年出家，在曹溪投于慧能门下，相侍15年，问答契机。得法印后往南岳般若寺观音台传教30余年。弟子以道一（709—788）最为著名。道一俗姓马，后世人称马祖，投于南岳，终日坐禅。怀让问曰:"大德坐禅图什么?"道一答:"图作佛。"怀让乃取一砖在地上磨。道一问:"磨砖作么?"答:"磨作镜。"道一愕然,说:"磨砖岂能作镜耶?"怀让乘势开导曰:"磨砖既不能作镜,坐禅岂得成佛?"(《古尊宿语录》卷1)道一由此顿悟。道一得法后建立丛林,聚众说法,门下有南泉普愿、西掌智藏、百丈怀海等名僧129人,各为一方宗主,禅宗自此大盛。唐末五代,百丈怀海门下又由沩山灵佑(771—853)、仰山慧济(807—883)创立了沩仰宗,五代时繁兴一世,至宋四代而亡。黄檗希运、临济义玄创立了临济宗,到宋代成为禅宗中最发达的流派。

青原行思(?—740)出家受戒后投于慧能门下,问答契机,为会下上首。得法后回家乡青原山静居寺阐化。同门希迁(700—790)后又归于行思门下,人称石头和尚。下传药山惟严(751—834)、天皇道悟(746—807)等21人。唐末五代,从药山惟严门下产生出洞山良价(807—869)和曹山本寂(840—901)的曹洞宗。从天皇道悟门下产生出云门文偃(?—949)的云门宗和玄沙师备(837—908)、罗汉桂琛及清凉文益(885—958)的法眼宗。云门、法眼在宋初中绝,仅曹洞一系一直流传下来,不过远不如临济宗发达。

禅宗的禅字由梵文Dhyāna音译而来,也译"禅那"。意译则是"思维修"、"弃恶"、"静虑"等。禅定是佛教六度之一,在印度大小乘佛教都很重视,因而形成大小乘不同的禅法。东汉时安世高便开始在中国传布小乘禅法,深受北方僧俗的重视。达摩到少林寺以后,所创"壁观",与传统禅法不同,不仅是冥心静坐,而且是"理入"。"理者,借教悟空,深信含生同一真性,凡圣等一,坚持不移,不随他教,与道冥符。"(道宣《唐高僧传》)即借禅定思虑自身的佛性,坚定信念,尽扫尘迷,与真如合一。从达摩到弘忍可以视为禅宗发展的准备阶段,六祖慧能发挥了达摩面壁参禅的倾向,又抛弃了"二入"、"四行"的繁琐规定,提倡单刀直入,直示心中佛性。他说:"本性是佛,离性更无别佛。"(《坛经·般若品》以下仅注品名)"汝今当信,佛知见者,只汝自心,更无别佛。"(《机缘品》)所以说"心即真如",山川草木,菩提诸法皆由人心所造。"心生则种种法生,心灭则种种法灭,一心不生,则万法无咎。"(《古尊宿语录》卷3)

在心与法的关系上，慧能因参加一次辩论而震惊禅林。当他结束岭南深山的隐居生活，"初至法性寺，值印宗法师讲《涅槃经》，时有风吹幡动，一僧曰风动，一僧曰幡动，议论不已。慧能进曰：不是风动，不是幡动，仁者心动。一众骇然。"（《行由品》）慧能从此名声噪起。他所以能凭借12000字的《坛经》，战胜拥有卷帙浩繁经典的其他众多宗派，根本原因就在于他抓住了佛教哲学中主体与客体这一对基本矛盾。大乘空宗对诸法性空的复杂论证，唯识宗抽象思辨的"八识"学说，华严宗"心尘互为缘起"、"四法界"、"六相圆融"等繁琐的哲学范畴，不过都是为了把客观世界说成是心中的幻相。而禅宗利用认识过程中客体与主体的相关性，客体需要主体印证这样一种实际现象，把客体偷换成客观世界，结果就变成了客观世界依赖主观精神而存在。心吞万法，言简意赅，高屋建瓴，一下子把陷入印度佛教哲学繁琐范畴不能自拔的中国僧侣都吸引到自己的简易法门之下。

既然真如尽在心中，那么成佛便是一件极简单的事。"万法尽在自心，何不从心中顿见真如？"（《机缘品》）禅宗反对大量读经念佛，"菩提只向心觅，何劳向外求玄？所说依此修行，西方只在眼前"（《疑问品》）。更反对出家苦行，西行求法，"东方人造罪，念佛求生西方；西方人造罪，念佛求生何国？凡愚不了自性，不识身中净土，顾东顾西。悟人在处一般，所以佛言随住处恒安乐"（同上）。甚至名为禅宗，连坐禅也反对，"生来坐不卧，死去卧不坐，一具臭骨头，何为立功课？"（《顿渐品》）禅宗一扫繁芜的宗教修养仪式，提倡顿悟成佛。竺道生讲顿悟，但还不反对"十住"之内的修行渐次；而慧能则将顿、渐截然分开，认为觉悟完全不要过程。他与神秀争五祖衣钵时所作之偈就表明了这种倾向。他认为心体完整而不可分，"但直下无心，本体自现"，觉悟只在反身内照的一瞬间。"前念迷，即凡夫，后念悟即佛。前念著境即烦恼。后念离境即菩提。"（《疑问品》）所以禅宗有"苦海无边，回头是岸"，"放下屠刀，立地成佛"之类的说法。同时禅宗又强调，觉悟是一个因人而异的具体过程，没有统一的模式，也不能用语言来表达，"如人饮水，冷暖自知"。慧能以后禅宗诸派，创造了"四宾主"、"四照用"、"机锋"、"棒喝"等一系列启发门徒觉悟的方法。法师往往不直接回答弟子的提问,而是以一种意蕴不明,或所答非所问的语言、动作、声音来启迪弟子智慧。对于他们认为迷惑甚深的人,甚至当头棒喝,拳打脚踢,使其幡然醒悟。禅宗这套教学方法,在具体环境中,针对具体对象可能有效,但推而广之,就难免流于形式和神秘主义。这种倾向在后期禅宗中发展得相当严重。

通观慧能的宗教改革,他使佛教与孟子"万物皆备于我,反身而诚"、"尽心、知性、知天",老子"静观"、"玄览"等中国传统思维方式高度冥合,使之更容易为中国士人接受。禅宗反对出家苦行,不主张大量诵经,大搞布施和各种宗教仪式,并反对累世修行,主张立地成佛,大大降低了佛国的门槛,在下层劳动群众中吸引了大批信徒。经过会昌法难的打击,其他佛教流派皆衰落了,唯有禅宗能迅速恢复。五代以后禅宗一枝独秀,宋明禅学与佛学几乎成了同义语,大众化和中国化正是其中奥秘所在。

但是慧能的宗教改革也在佛教内部留下了潜在的危机。他们极力缩小天国与现世之间的距离,使凡夫与佛仅有一念之隔。极而言之,佛法不过是"吃饭、着衣、屙屎、送尿"、"运水搬柴即是般若",结果大大降低了佛国的神圣性,容易使人们对佛祖失去应有的尊敬。特别是由于慧能极力夸大主观思维的能动作用,轻蔑传统宗教的教规、教仪,结果便导致了后世禅宗中一种"呵佛骂祖"的离经叛道倾向。如临济义玄说:"你欲得如法见解,但莫受人惑,向里向外,逢着便杀。逢佛杀佛,逢祖杀祖,逢罗汉杀罗汉,逢父母杀父母,逢亲眷杀亲眷,始得解脱。"(《古尊宿语录》卷4)他所谓的杀,本意是摆脱社会种种关系的束缚,去追求精神的绝对自由。他把诵经讽刺为:"把粪块子向口里含过,吐与别人",视佛祖"犹如厕孔"。于是"劈佛烤火"、"烹佛"、"烹祖"的怪事时有发生。极度的主体意识和自我解脱的思维方式,或启迪思考者的怀疑精神,或诱使异端僧俗走向玩世不恭。再者,禅宗与中国传统文化价值观念和思维方式的深层结合,也使得佛教丧失了自身特有的文化价值。总之,把佛教事业推向鼎盛的禅宗,也成了佛教走向世俗化的始作俑者。

七 律宗、净土宗和密宗

隋唐盛行的佛教流派中还有律宗、净土宗和密宗。由于它们理论相对简单，或流行地域有限，或传播时间较短，故对中华文明的影响也相对较小。

律宗 律宗是中国佛教史上以研习和传持戒律为主的宗派。它所据经典主要是《四分律》，又称四分律宗，律是佛教徒的行为规范，有了统一规范，宗教组织才能团结有力，教徒行为才能整齐划一，在群众中形成较大影响，故佛教一向重视戒律的作用。从典籍上说，戒律是经、律、论三藏之一；从教义上讲，戒律是戒、定、慧三学之首。律宗特别强调："金科玉律，唯佛能制"，戒律出自佛祖之手，神圣不可违背。实际上，释迦在世的原始佛教只有"五戒"、"十戒"等一些简单禁条。后世汗牛充栋的"律藏"出于印度部派佛教时期。其中，昙无德部的《四分律》，萨婆多（一切有）部的《十诵律》，弥沙塞部的《五分律》，上座、大众二部的《摩诃僧祇律》从曹魏以后相继传入我国。魏正元二年（255），昙柯迦罗译出《昙无德（法藏）羯摩》（即《四分律》原本），并正式剃度中国僧人，开律宗之源。所以律宗奉其为始祖，谱系如下。

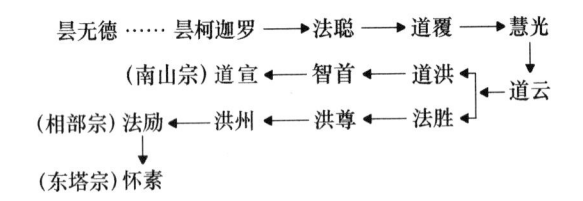

昙无德……昙柯迦罗 → 法聪 → 道覆 → 慧光

（南山宗）道宣 ← 智首 ← 道洪 ← 道云

（相部宗）法励 ← 洪州 ← 洪尊 ← 法胜

（东塔宗）怀素

实际上在道宣（596—667）以前律宗并未形成宗派。道宣在诸律中偏重《四分》，著有《四分律含注戒本疏》、《四分律删补随机羯摩疏》、《四分律拾毗尼义钞》，被后来学者称为三大部，对四分律作了定于一尊的解释。因他长期在终南山隐居传道，故其宗派称南山宗。与道宣同时并弘《四分》的还有相州日光寺的法励（569—635），开创了相部宗。法励的弟子怀素（625—698）在西太原寺东塔开创了东塔宗。唐代律宗三宗并立，互有争论，繁盛一时。但不久相部、东塔二宗相继衰微，唯南山一宗独承法系，绵延不绝。

律宗传人中还有一个特别值得一提的人物，即南山律宗传人鉴真（688—763），开元年间在扬州大明寺曾以戒律化导一方。天宝元年（742）

应日本留学生荣寂和普照之请，决心东渡日本传戒。从此五次渡海未成，双目失明，但意志愈坚，终于在天宝十二年（753）渡海成功。鉴真到达奈良时受到了隆重的欢迎。天皇诏曰："自今以后，授戒传律，一任和上"，并授予"传灯大法师"位。四月，筑坛为天皇、皇后、皇太子及僧俗400余人受戒。后又仿照唐代建筑式样建唐招提寺作为受戒传律的基地，开日本律宗之源。

律宗将佛教全部戒律归纳为"止持"、"作持"两类。比丘、比丘尼二众制止身、口、意作恶的"别解脱戒"为"止持戒"，《四分律》前半部主要讲"止持戒"；安局、说戒、悔过等行轨则为"作持戒"，在后半部解释。律宗又将教理分为戒法、戒体、戒行、戒相四科。戒法是佛祖所制各种戒律。戒体是弟子受戒时领受在心的法体，即在心理上形成的制止作恶的能力。戒行是受戒后随顺戒体，防止三业罪恶的如法行为。戒相是由于戒行坚固而表现于外，可作轨范的相状。四者中戒体是问题的核心，律宗三派对此有争议。主要争论戒体是精神的"心法"还是物质的"色法"。东塔怀素从《俱舍论》，倡"色法戒体论"。相部法励从《成实论》，倡"非色非心戒体论"。南山道宣参加过玄奘译场，受《唯识论》影响，以阿赖耶识种子为戒体，倡"心法戒体论"。这一争论的实质是道德源泉来自外界还是生于内心的问题，最后道宣一派取得了论辩的胜利。

律宗判教分为化教和制教两种，以此总括佛教诸派。化教是佛陀经论所诠，是如来教化众生，使其发生禅定和智慧的教法。化教又分性空、相空和唯识三教。制教是戒律所诠，是如来教戒众生，对其行为加以制御的教法。又可分为实法、假名、圆教三宗。实法宗依《俱舍》，主张"色法戒体"；假名宗依《成实》，主张"非色非心戒体"；圆教宗则依《法华》、《涅槃》、《楞伽》，主张"心法戒体"。南山律宗认为自己就是圆教宗，代表佛教发展的最高水平。

净土宗 净土宗是中国佛教流派中专修往生阿弥陀佛净土的法门，又称莲宗。向往西方净土的思想在中国产生很早，东晋慧远就和弟子123人结白莲社，在庐山精舍阿弥陀佛像前建斋立誓，共期念佛往生西方净土。故后世把慧远奉为净土宗始祖，不过当时并未形成净土宗流派，只是代有传习者。东魏昙鸾（476—542）是其中重要的传承者。他曾向陶弘景学过长生术，后得菩提流支译《观无量寿佛经》，改信净土。著有《安乐净土义》、《赞阿弥陀佛谒》。昙鸾以后，灵佑（518—605）、净影慧远（523—592）、智𫖮（538—597）、吉藏（549—623）等著名僧人对净土法门皆有所发展。但净土宗的真正创始人是隋唐之际的道绰和善导。

道绰（562—645），原是涅槃学者，后见到记载昙鸾的碑文而改宗净土。专念阿弥陀佛，日限7万遍。唐贞观年间讲《观无量寿佛经》200遍，广劝念佛。教人以小豆计念佛次数，据说当时积豆竟达"数百万斛"。又教人以念珠记数，"人各掐珠，口同佛号。每时散席，响弥林谷。"（《续高僧传·道绰传》）撰有《安乐集》，认为在此末法之时，只在凭借愿力往生西方净土是唯一出路。

善导（617—681），初诵《法华》、《维摩》，后依《观无量寿佛经》。至玄中寺听道绰讲净土要旨，后去长安，在光明、慈恩诸寺宣扬净土信仰。抄《阿弥陀经》几十万卷，画净土变相图300幅。著有《观无量寿佛经疏》、《转经行愿往生净土法事赞》、《观念阿弥陀佛相海三昧功德法门》、《往生礼赞偈》、《依观经等明般舟三昧行道往生赞》。至此，净土宗的理论和行仪趋于完备，正式成为一个宗派，一直传到晚近。公元12世纪远播日本。宋明时净土传承人有五祖、七祖、九祖之说，皆非确切的传承系谱，只是一些在净土宗发展史上的重要人物。

净土宗属于重信仰、不重理论的流派，他们以三经一论为典籍。三经是：《无量寿经》，曹魏时康僧铠译，叙说阿弥陀佛因位的愿行和果上的功德；《观无量寿佛经》，刘宋畺良耶舍译，说往生净土的行业；《阿弥陀经》，姚秦鸠摩罗什译，说净土的庄严和执持名号证诚护念的利益。一论是世亲所著《往生论》，北魏菩提流支译，总摄三经往生净土的宗旨。净土宗主张以行者念经行业为内因，以弥陀愿力为外缘，内外相应，往生极乐国土。它的宗教实践主要就是称名念佛，鼓吹只要口念"南无阿弥陀佛"，便可往生净土。净土宗比禅宗更加简单，更具有信仰主义倾向。会昌法难后净土宗依靠其自身优势，得以渡过难关，继续流传。宋以后禅宗、律宗、天台宗学者多兼弘净土。士大夫更多地从禅宗思想中求取解脱，广大没有文化的农民则更多地投入净土法门。净土宗大行其道，除宗教流行的一般原因外，还由于《无量寿经》为苦难众生描绘了一幅极为具体的极乐世界的画面："其佛国土，自然七宝——金、银、琉璃、珊瑚、琥珀、砗磲、玛瑙合为地，光赫焜耀，微妙奇丽。""七宝诸树，周满世界，金树、银树、琉璃树、颇梨树、珊瑚树、玛瑙树、砗磲树……行行相植，茎茎相望。""讲堂、精舍、宫殿、楼观皆七宝庄严，自然化成。""若欲食时，七宝应器，自然在前……百味饮食，自然盈满。……事已，化去，时至，复现。"如此美好的彼岸世界，历尽苦难的众生孰不向往之？即使心疑其幻，也情愿聊解一时之渴。

密宗 密宗又称瑜伽密教，是印度密教在中国流传的结果。印度佛教在发展后期，出现了与传统的印度宗教——婆罗门教相结合的密教。它既保留了佛教的基本信仰，又吸收了婆罗门教祭祖、供奉、拜火等宗教仪制。密教的特征是主张身、口、意三密相应行，以求得出世的果报。即手结契印（手式、"身密"），口诵真言咒语（"语密"），心作观想佛尊（"意密"）。他们认为佛祖的"真言"、"密语"是不能见诸文字，广为传布的，只能对接受灌顶仪式和弟子密传，由此而与"显教"的诸多流派相区别。

密教经典从三国时期便开始在中国流传，但唐以前流行的都是"杂密"。体系性的"纯密"则由"开元三大士"——善无畏、金刚智和不空传入中国。善无畏（637—735）出身南印度贵族家庭，出家后在那烂陀寺学习密教。开元四年（716）来到长安，受到玄宗礼遇，被尊为国师，设内道场，为皇族宁王、薛王灌顶受法。在长安期间传播"胎藏界"密法。译出《大毗卢遮那成佛神变加持经》（即《大日经》），成为密宗主要经典。由弟子一行笔承，撰写了《大日经疏》20卷，奠定了密宗发展的基础。

金刚智（669—741），南印度人，自幼出家，先习经律，后专密教。开元八年从海上来到中国。到长安后亦被尊为国师，主要弘传"金刚界"密法。译出《金刚顶瑜伽中出念诵经》等轨仪4部7卷。

不空（707—774），北印度人，自幼出家，15岁投于金刚智门下。到长安协助金刚智的译经事业。天宝元年（742）秉承遗命，赴印度和狮子国（今斯里兰卡），寻求密藏梵本。天宝五年（746）返回中国，带回密教经典1200卷。据《贞元释教录》载，不空共译出密教经典111部143卷，成为中国佛教史上四大翻译家之一。设内道场，为玄宗、肃宗、代宗灌顶受法，成为三代帝师。曾被加封鸿胪卿、开封府仪同三司、肃国公，赐食邑3000户，辞而不受。圆寂后谥为大辨正广智不空三藏和尚。他所译《金刚顶一切如来真实摄大乘现证大教王经》（即《金刚顶经》）、《金刚顶五秘密修行念诵仪轨》、《发大菩提心论》等为密宗重要经典。

在开元三大士的大力弘扬和中唐诸帝的推崇下，密宗曾繁盛一时，特别受到宫廷贵族们的垂青。汉地密宗还有两个重要传人，一个是一行（637—727），学识广博，曾学禅、律、天台诸宗，后投入善无畏门下，协助译经，撰写经疏。特别值得一提的是一行精通历象、阴阳、五行学说，撰《开元大衍历》，成为当时著名的天文学家。惠果（？—805）曾向金刚智学金刚界，向善无畏学胎藏界。代宗很信任他，让他担任内道场护持僧。后又接受德宗、顺宗的归依，亦为三朝国师，受时人敬重。弟子众多，其中辨弘是南爪哇僧，空海、义操是日本僧。空海后来回国传播东密，义操的弟子门人传播台密，惠果死后，密宗逐渐在汉地失传，不过从印度流入西藏的密教日后形成了藏传佛教。

密宗是佛教中最具神秘色彩的教派。在《大日经》中，他们认为佛教的最高真理是"真言"，又称"秘密号"，"一一真言，皆如来极妙之语"，"若信此真言道者，诸功德法，皆当满足"。真言是人成佛的根本依据，有使人解脱的奇妙功力，故密宗对其奉若神明，认为轻易不可外泄。"以密教不可直言，故多有如此隐语"，所以他们主张秘密传教。密宗编造的传承谱系是，大日如来将真言传与金刚萨埵，金刚萨埵传龙树，龙树传龙智，龙智活了700多岁，等金刚智出世后再传与他，由金刚智把秘密真言传入中国。密宗还搞了许多神秘的宗教仪轨。他们认为仪轨是如来为了以秘密顿证来度济众生所示的规范。传经必须有礼拜、供养、念诵等仪轨相随。如"修曼荼罗"、"曼荼罗"也译为坛，或轮圆具足，在坛场上悬挂诸佛和菩萨像，供众人膜拜。"护摩"是一种拜火仪式，在祭坛上设置火炉，焚烧乳木、供物，以求本尊用智慧之火，烧烦恼之薪，保佑息灾增福。这些仪式显然来自古婆罗门教的图腾崇拜的火神崇拜。另外，受婆罗门教"祭祀万能"观念的影响，密宗特重供养，主张向寺院大量布施。

密宗的修行仪式中还有一种特别难为汉地群众接受的方式，就是男女双修。印度佛教以严格禁欲开始，但是在晚期却走向了自己的反面——纵欲。这是由于几方面的影响造成的。一是印度晚期佛教徒已经高度贵族化，他们要为自己腐朽的生活辩护；二是因为古婆罗门教中包含有大量生殖崇拜、性崇拜的因素；三是佛教徒对于觉悟的理解发生了变化，从逃避各种欲望中寻求解脱转变为在欲望之中寻求解脱。如同宋明理学晚期也曾产生出"天理即在人欲之中"的倾向一样，他们也在追求一种"从心所欲而不逾矩"的境界。因此他们说："随诸众生种种性欲，令得欢喜"（《大日经》），"主宰者能调，大染欲大乐"（《金刚顶经》），"一切佛菩萨，尽为染爱妻"（《金刚峰楼阁一切瑜伽祇经》）。为此他们还编造了一套理论，"女是禅定，男是智慧"（《大日经疏》卷4），如同"车有两轮"，"鸟有双翼"，止观双修才是佛教修养的最高境界。在密教经典中有大量关于"佛母"、"明妃"、"天女"、"欢喜金刚"的故事，在喇嘛教庙院里至今还有描绘男女双修（男女神裸体相抱）的"欢喜佛"像。密宗的理论和实践虽一时受到好色的唐玄宗的赏识，但终究无法与重家族伦理的汉地文化协调，故数传之后便衰微了。

八　唐蕃和婚与藏传佛教前弘期

唐初，松赞干布统一了诸羌，建立了强大的吐蕃王国。唐太宗则征服了吐谷浑，打通了河西走廊，两大军事集团开始处于直接对峙状态。李世民和松赞干布这两位开明的政治家选择了和亲而不是战争的方式，共同维持了西南边疆的和平。

松赞干布作为一名英明的少数民族政治家，早就对中原的礼仪文化心向往之，多次遣使携重金求婚。经过一番曲折，李世民决定将宗室女文成公主嫁给他。据史书记载，文成公主入藏时携带了大量经书、佛经、历法、医药书籍以及工匠、侍女，从而使儒学、佛教及酿酒、纸墨、碾硙及纺织技术传到了边疆。从汉地输出的儒学在西藏发挥的作用不大，而佛教适应了藏族社会的需要，很快成为藏族人民精神生活中占支配地位的意识形态，藏传佛教前弘期从此开始。

为了弘扬佛法，松赞干布派人到印度去学习声明学，回藏后创造了藏文字母和语法，从此藏族有了自己的文字，并陆续翻译了一批佛经。松赞干布还根据佛教的"十善戒"制定了法律20条，把"敬信三宝"写入了法律。他任用文成公主带去的汉族工匠在拉萨修建了小昭寺，任用尼泊尔赤尊公主带去的工匠修建了大昭寺，佛寺建筑奠定了西藏建筑艺术的风格。总之，从佛教传入西藏以后，藏族的整体文化水平有了极大的飞跃。

在佛教传入以前，西藏流行一种传统宗教——本教，属于原始巫教。佛教传入西藏，也受到了当地本教信仰者的强烈抵制。松赞干布和文成公主逝世后，佛教发展一度消沉。松赞干布之孙赤德祖赞再一次提出与唐王朝联姻，中宗李显将宗室女金城公主下嫁赤德祖赞。金城公主又一次携带大量的佛经、佛像进入西藏。她到达拉萨时发现，文成公主带去的佛像被弃置于暗室，寺院关闭。她急令人将佛像取出供奉于大昭寺，重新弘扬佛教。特别是到了金城公主的儿子赤松德赞执政时期，佛教前弘期进入了高潮。据《布顿佛教史》载："赤松德赞在少年时曾同尚喜等一行四人被派到内地去求佛法。……他们到时，汉地皇帝对他们很优待，并给了很多经典，派了一位和尚同他们一起返藏。"这次汉地之行对赤松德赞产生了很大影响，他亲政后设计除掉了崇奉本教的摄政大臣仲巴结，为佛教的大发展扫清了政治障碍。以后，他又从汉地及印度、尼泊尔请来大批僧人译经弘法。特别是印度密教高僧莲花生入藏，用佛教密宗的高级巫术战胜了本教的低级巫术，更是在一般民众中为佛教传播打开了大门，同时也形成了藏传佛教重视密教的特点。

至赤热巴金即赞普位后，藏传佛教前弘期达到了一个高峰。"诸王臣所建寺庙有一千零八寺之多。"（《佛教史大宝藏论》）同时佛教作为一种社会稳定力量，使此一时期的吐蕃王朝国力也发展到了空前的程度。在当时的历史条件下，吐蕃王朝与唐王朝不断进行战争和会盟，争夺西北、西南的土地和人民。《西藏王臣记》称："汉和尚和藏地译师及班智达居间婉言调停甥舅关系，言归于好。"在汉藏僧人的积极调解下，终于在唐穆宗长庆元年（821）唐、蕃第八次会盟，从此结束了两大民族间的战争状态，佛教在处理汉、藏民族关系方面发挥了积极作用，也基本达到了唐朝统治者输出佛教的目的。

赤热巴金在位期间（815—838），前弘期佛教的发展达到了高潮。他下令给每一位僧人配七户居民以为供养。每逢法会斋僧，他不仅大发布施，而且将自己的头巾放在地上，请僧侣们从上面迈过，再戴到头上。他制定法律，凡以恶指指僧者断其指，凡以恶意视僧者剜其目。赤热巴金用行政力量强力推行佛教的政策激化了佛教与本教的矛盾，引起信仰本教的臣民强烈反对，他本人也被崇奉本教的大臣韦·达那巾等三人杀死。崇尚本教的大臣立即拥立朗达玛（838—842在位）即赞普位，开始恢复本教，打击佛教。他们停止了对僧人的一切供奉，驱逐外地僧人。他们查封大昭、桑耶诸寺，在庙门画上僧人饮酒图，焚烧经籍，将小佛像投入江中，大佛像搬不动则捆上绳子。宣布文成公主是罗刹鬼，派刺客暗杀印度和本地高僧，强迫一般僧侣还俗，或皈依本教。朗达玛灭法的行动相当彻底，从此佛教在西藏销声匿迹了100多年。佛教在与本教的斗争中虽然暂时失败，但前弘期毕竟在群众心中播下了佛教信仰的种子。

九 佛教与隋唐文明

隋唐是中国封建文明最灿烂辉煌的时代。佛教与隋唐文明的关系可以概括为两个方面：一方面，佛教文化自身就是这璀璨夜空中一颗耀眼的明星；另一方面，佛教对中国哲学、文学、艺术、民俗等社会文明诸多层次都发生了影响，使之润色增辉。

佛教活动的社会化、世俗化佛教的礼仪、制度深入社会生活的各个层面，成为人民精神生活中的重要组成部分，主要包括：

法会 佛教法会有常例法会和不定期法会两类。常例法会有佛生日、成道会、涅槃会、盂兰盆会、天子诞辰、国忌等。不定期法会包括佛牙供养法会、斋会、八关斋会、讲经法会等，在法会上举行的佛教仪式有行香、读经、梵呗等项。为了祈祷还进行转经行道，即在本尊或常塔周围绕行而表示尊敬的礼仪，也叫作绕佛、绕常、绕塔。梵呗是将经典的颂偈配上节拍进行歌咏，是一种佛教音乐。每逢法会日，寺院中香烟缭绕，梵呗连云，吸引了大量群众，天子诞辰法会在宫中或寺院举行，印度本无此例，它特别表明中国佛教对政权和君主的依附性。

斋会 即对僧侣提供斋食的仪式，也叫作设斋。如果对一般俗人也提供膳食则称为无遮斋。斋会在南北朝时期即已出现，隋唐达到鼎盛，按斋僧数目分为"千僧斋"、"五百僧斋"，甚至还出现过"万僧斋"。斋会多在佛生日、涅槃日、天子诞辰、国忌日举行，也可在佛像落成、求雨、祝福、消灾、报恩等场合举行。皇室及大官僚以此作为谋求来世幸福的一种手段，但客观上也有社会福利意义。

义邑 这是以在家修行者为中心组织的宗教团体，北魏便已出现。隋唐时期随着造像事业的兴盛，义邑组织也获得了较大发展。成员经常多达一两千人，每月举行斋会，各邑人依次念经，集资造像。义邑信仰的对象主要有释迦、弥勒、弥陀、观音等，祈愿内容也多以世俗利益为主。

法社 是由达官贵人中的在家居士和僧侣共同组成的信仰团体，重视戒律和修禅，共期往生净土。法社起源于慧远的白莲社，经南北朝，至隋唐发展到极盛。如著名诗人白居易就曾参加杭州龙兴寺创办的华严社，撰写过《社戒文》。当时华严社拥有社员布施的良田40顷，会员千余人。规定每年召开四次大聚会，每人诵念《华严经》一卷，也举行斋会。

悲田养病坊 唐代大寺院都设有悲田养病坊，是兼管悲田、治病、施药的社会慈善机构，于武则天长安年间（701—704）首创，由僧尼掌管，不属于国家福利机构，但对其事业有所弥补。玄宗开元二十二年（734）下诏，将京城内贫儿收容于各寺院病坊。悲田养病坊对于宣扬佛教的慈悲思想，扩大佛教影响产生了巨大的作用，会昌法难后逐渐衰落。另外，一些寺院还有宿坊，为上香或行路者提供住宿和膳食，也属于佛教的社会慈善事业。

民间传教活动 向民众传播佛教的僧侣称为经师，他们主要通过转读、梵呗和唱导三种形式向民众讲述佛经的内容和思想。转读即诵读佛经，使人听懂。梵呗是将经文配上音节歌赞。唱导则是说唱相结合。"宣唱法理、开导众心"。转读和梵呗比较深奥，唱导则通俗易懂，开佛教俗歌的风气。迅速深入到平民百姓心中，并由此派生出变文之作。变文是根据佛经改写的宗教故事，如写维摩诘居士与文殊师利共论佛法的《维摩诘变文》，写目连遍历地狱救母的《大目乾连冥间救母变文》等，成为唱导的脚本。变文深受人民群众的欢迎，并成为中国文学从士大夫文学向民间文学转变的契机。

在佛教文化自身发展的同时，其影响力辐射到哲学、伦理、文学、绘画、雕塑、音乐、民俗等诸多方面，我们只能择其要者加以叙述。

佛教与中国哲学 佛教哲学以逻辑严谨、思辨精深而著称于世，恰好弥补了中国传统儒家哲学拙于理论思辨的缺陷。自春秋战国以来，中国哲学基本还停留在天人关系水平上。魏晋玄学以道注儒，提出了本末、体用等一整套本体论哲学范畴，但他们的研究仍未突破宇宙论范围。佛教以"法相"分析为核心的心性哲学弥补了传统哲学对主观世界研究的不足，从而使思维与存在、精神对物质这一哲学基本矛盾凸显了起来。唯识宗的"八识"、"见分"、"相分"等分析，使人们对认识活动过程中主体的感觉、知觉、统摄、创造等诸种作用有所了解。华严宗"一真法界"、"心尘互为缘起"、"理事无碍法界"等理论。启迪了后世程朱理学"体用一源，显微无间"，"理在气中"，在现实世界之中巧妙安置超越的宇宙本体——"天理"的方法。"六相圆融"、"一多相摄"等相对主义的思想又演变成了程朱"理一分殊"的构造体系的方法，禅宗的"心生则种种法生，心灭则种种法灭"，则上承孟子"万物皆备于我"，下启陆王心学的"宇宙便是吾心"，"心外无理"，"心外无物"，成了中国主观唯心主义哲学发展过程中不可缺少的一个环节。特别是竺道生、禅宗的"众生皆有佛性"、"性体圆融"、"见性成佛"的佛性论，成了传统儒学中忠恕之道，性善论、"良知"、"良能"、"尽心、知性、知天"等理论观念的哲学证明。正是在隋唐佛学大发展的基础上，才有宋明理学的高度繁荣。

佛教与文学 隋唐文学以诗著称于世，有人把诗作为盛唐文明的代表，而唐诗中深深浸润着佛教的脱俗和超逸精神。宗教与文学本属不同领域，但相似的思维方式却成为二者并行兴盛的纽带。禅和诗都需要内心体验，都重视象喻和启发，都追求言外之意。在禅师与诗人的广泛交往中，以禅入诗、以诗述禅的禅言诗获得了长足的发展。为唐诗注入了特有的情趣。

如著名诗人王维（701—761），平生信佛，素服长斋，因仰慕维摩诘居士，自号摩诘，其诗词以表现禅宗情趣见长，后世有"诗佛"之雅称。其《鹿柴》："空山不见人，但闻人语响。返景入深林，复照青苔上。"表现了一派空山人寂、日落黄昏的自然景象。借山水喻寄了作者对世界寂灭无常，空无自性的看法。唐代著名诗僧寒山子，有诗300首。在《一住寒山万事休》诗中说："一住寒山万事休，更无杂念挂心头。闲于石壁题诗句，任运不同不系舟。"抒写了任运自然、无系无挂的超逸心境，这类禅言诗饱含了禅宗机锋，使读者在山川林木的审美中得到心灵的启迪。

佛教对唐代文学的另一重要影响，是在变文故事的推动下，开始了从雅文学向俗文学的转化。唐代以前，中国文学体裁是单纯的，韵文是韵文，散文是散文。而变文则不同，它吸收了印度散、韵重叠的表现方式，唱白并用，唱的部分用韵文，讲的部分用散文，诗文合体，雅俗共赏，引起了许多文士的模仿。变文的内容原以佛经为主，但随着变文在民间的流传，说唱内容逐渐从佛教故事转向了历史故事和民间故事。出现了《伍子胥变文》、《王昭君变文》、《董永变文》、《孟姜女变文》等，从此开创了中国口语文学和后世白话小说的先河。另外，诸多佛经和传记为民间文学创作提供了广博丰富的素材，如《大唐西域记》就成了不朽名著《西游记》的原型。

佛教与绘画 在隋唐佛教艺术大发展的潮流中，涌现出了一大批杰出的画家。吴道子是唐代的画圣，集诸家画风之大成。为古代佛画大师，他曾在长安、洛阳作佛、道壁画300余间，其画风洗练劲爽，势状雄峻。生动而有立体感，建树一代新画风，王维不仅是诗人，而且也是画家。他诗中有画，画中有诗，把佛教清虚静寂的思想融于山水画中，开创了超然洒脱、高远淡泊的画风。佛教绘画为盛唐文明涂上了绚丽的色彩。

佛教与雕塑 经过南北朝中印雕塑艺术的融合和发展，佛像的雕塑艺术在隋唐达到了高度成熟的状态。石窟的开凿虽多起于北魏，但多数佛像、彩塑和壁画还是完成于隋唐。洛阳龙门石窟的卢舍那佛，披着中国化的袈裟，一张唐朝贵族丰腴秀美的脸庞，雅利安式的直鼻梁，脸上挂着帝王式的自信微笑。一副君临天下，唯我独尊的广博气度，充分显示了盛唐文明多元开放，自立于世界民族之林的豪迈精神。敦煌石窟中释迦涅槃雕像，清瘦羸弱，身体前倾，深陷的双目中包含了无限的慈悲与智慧。虽然讲的是佛祖证道的故事，却充满了人间智者为解除人类苦难孜孜以求的奉献精神。石窟中大力金刚彩塑，肌肉凸突，刚劲挺拔，如同当代的健美运动员，把男性体质的阳刚之美塑造得淋漓尽致。壁画中的飞天仙女，裸露仙躯，冰肌玉骨，玲珑婀娜，把女性体质的阴柔之美描绘得栩栩如生。云岗、龙门、敦煌等石窟中的雕塑彩绘，虽然皆取材于宗教故事，但表现的却是人的身躯、人的事迹、人的精神，人性之光熠熠生辉，表现了中华文明特有的人文精神，值得中华民族的子孙骄傲和自豪。

第五节　道教的隆盛

一　皇室崇道情况

道教在隋唐时期呈现蓬勃发展的势头，除因其本身长期积累产生质的飞跃的内部因素外，遇到了好的外部社会环境，即统治者的大力倡导，也是重要的促进因素。

隋文帝尊重道教。当他实行禅代之际，道士张宾揣知其意，盛言有代谢之征，又称杨坚仪表非人臣相，杨坚即位后，拔张宾为华州刺史，道士焦子顺、董子华等亦被重用。其建国年号"开皇"，即采自道经。开皇二十年（600），下诏保护佛及天尊像，并下令重修楼观宫宇。但文帝更重佛法，"至于道观，羁縻而已"（《集古今佛道论衡》卷乙）。隋炀帝对道士王远知执弟子礼，置玉清玄坛以处之。炀帝之崇道主要出于个人长生的追求，因而宠信擅长辟谷术的道士徐则、宋玉泉、孔道茂等。大业八年（612），嵩山道士潘诞为炀帝合炼金丹，帝为之作嵩阳观，华屋数百间，以童男童女各20人充给使，位视三品，常役数千人，所费巨万。发石工凿石深百尺数十处，寻找石胆石髓，以炼金丹。6年不成，又云以童男女胆髓各三斛六斗，可以代之。炀帝发现上当，才把他处死。

唐代皇帝于佛、儒、道三家中特重道教，道教因之大盛。主要是由于道教教主老子姓李名耳，李唐皇室尊之为同姓始祖，谓己为李老君之后裔，来历不凡，以此来神化李姓皇族，巩固李姓之家天下。早在隋唐交替之际，社会上便流行种种道教神话，为李唐革故鼎新制造舆论。《混元圣纪》载："大业十三年丁丑，老君降于终南山，语山人李淳风曰：唐公当受天命。淳风由是归唐。"

唐太宗为秦王时，道士王远知即以符命祝其为天子。《旧唐书·王远知传》说："武德中，太宗平王世充，与房玄令微服以谒之，远知迎谓曰：'此中有圣人，得非秦王乎？'太宗因以实告。远知曰：'方作太平天子，愿自惜也。'"与此同时，佛僧法琳则支持太子建成，故太宗即位后常扬道而抑佛。贞观十一年（637）下诏书说，佛道皆有教化之功，"黄君垂范，义在清虚；释迦贻则，理存因果。求其教也，汲引之迹殊途；求其宗也，弘益之风齐致"；但两相比较，道教比佛教更重要，"然大道之兴，肇于遂古，源出无名之始，事高有形之外，迈两仪而运行，包万物而亭育，故能经邦致治，反朴还淳"；可是后来佛教西来，崇信者渐多，道教反被轻视，"滞俗者闻玄宗而大笑，好异者望真谛而争归，始波涌于闾里，终风靡于朝廷"；有唐之建有赖道教，"今鼎祚克昌，既凭上德之庆，天下大定，亦赖无为之功，宜有解张，阐兹玄化"；于是规定："自今已后，斋供行立，至于称谓，道士女冠，可在僧尼之前，庶敦返本之俗。"（见《广弘明集》卷28）贞观十五年，太宗对弘福寺主道懿说："今李家据国，李老在前；若释家治化，则释门居上。"这话的意思很明显，佛道都予扶植，但道教与皇族连宗，故在政治上地位更高一层。

唐高宗于乾封元年（666）亲赴亳州参拜老君庙，追加老君尊号为"太上玄元皇帝"。上元元年（760），武后"条请王公百僚皆习《老子》。明年，一准《孝经》、《论语》例，试于有司"（《旧唐书·高宗纪》）。高宗谥已故道士王远知为"升真先生"，赠太中大夫。两次召见道士潘师正，立精思院以处之，前后赠诗数十首。潘死后，谥为"体元先生"，亦赠太中大夫。

武则天登帝位后尊佛抑道，削去老子"太上玄元皇帝"的称号，以减削李唐的神学权威。及至中宗登位复大唐国号，一依高宗故事，老君依旧称"玄元皇帝"，贡举人依旧习《老子》。

唐玄宗李隆基最崇道教，道教因之发展到有唐一代的最盛时期。玄宗崇道种种，计其大者有：第一，遍立庙观。开元十年，诏两京及诸州各置玄元皇帝庙一所。十九年（731）于五岳各置老君庙。二十九年复于两京及诸州各置玄元皇帝庙，画其像，并以高祖、太宗、高宗、中宗、睿宗五帝之神位配祀，并置崇玄学。据《唐六典》载，开元间"凡天下观总一千六百八十七所"。第二，追加老君尊号。天宝元年（742），玄元皇帝升入上圣。天宝二年，追加为"大圣祖玄元皇帝"，崇玄学为崇玄馆，天宝三年，以金钢铸玄元等身天尊及佛各一躯。天宝八年，册为"圣祖大道玄元皇帝"。天宝十三年，上尊号为"大圣祖高上大道金阙玄元天皇大帝"。第三，加封真人真经。天宝元年，置崇玄庙，追号庄子为南华真人，文子为通玄真人，列子为冲虚真人，庚桑子为洞虚真人，其四子所著书分别改称《南华真经》、《通玄真经》、《冲虚真经》、《洞虚真经》。两京崇玄学各置博士助教各一员，学生100人。第四，优礼道徒。开元九年遣使迎茅山道士司马承祯入京，亲受道教法箓，以道士为师。开元二十五年，以道士女冠为宗亲，属籍宗正寺。以道士尹愔为谏议大夫、集贤学士兼知史馆事。天宝年间召道士吴筠入京，敕封待诏翰林。第五，尊崇《道德经》，编集道藏。玄宗亲自为《道德经》作注，把它列为诸经之首，颁布天下，令士庶皆习，用老子之道修身治国。《唐明皇再诏下太上老君观》说："道德者百家之首，清净者万化之源，务本者立极之要，无为者太和之门。……夫使天下万姓，饮淳德，食太和，靡然回心而向道，岂予寡薄独能致此？……往年布令各家藏《道德》，冀德立而风靡，道存而用，则朕之陈祖业，尚家书，出门同人，无愧于天下矣。"看来玄宗之崇道，不止于政治需要的考虑，其本人深受道家道教的影响，内心已树立了虔诚的信仰。开元中，发使搜访道经，纂成《三洞琼纲》，总计3744卷（一说5700卷），名为"开元道藏"，为道教史上第一部道书总集。第六，公主嫔妃入道。睿宗二女出家为女冠，封金仙、玉真。玄宗宠妃杨玉环被度为太真宫女道士，号"杨太真"。大臣亦有起而效法者。此后，唐代诸帝亦皆崇信道教，其中最为狂热者为武宗。如果说玄宗崇道，其重心在推扬道教文化；那么武宗崇道，其重心则在追求个人长生，故醉心于法箓炼丹。开成五年

（840），招道士赵归真等81人入宫，于三殿修金箓道场，并亲受法箓。会昌元年（841），以衡山道士刘玄靖为银青光禄大夫，充崇玄馆学士，赐号广成先生，令与道士赵归真于禁中修法箓。造望仙观、望仙台、降真台、望仙楼，皆穷极奢丽。会昌四年，以赵归真为左右街道门教授先生，待之以师礼，学神仙长生之术。在道士赵归真、邓玄起、刘玄靖等怂恿下，于会昌五年下令排佛，拆毁佛寺，勒令僧尼还俗。会昌六年，武宗服食金丹，中毒而死。宣宗即位后，赵归真等被诛杀。武宗所宠之道士，志在献术取宠，猎取富贵，在文化界并无太大影响，对于道教的发展亦无甚积极推动作用。

五代十国的皇帝亦有多人崇道。后晋高祖信奉道释，周世宗崇道排佛，并召华山道士陈抟问飞升黄白之术。闽王延钧好神仙之术。南唐主李昪好神仙方药，服用道士神丹而病死。

二 道教清修无为理论的发展

唐代出现了一批文化素养较高的学者，他们既不像赵归真辈那样热衷政治，出入宫禁，权势显赫，亦不栖身山林，自修自悟，与世无涉，而是用力于道教学术的研究，进行道教义理的探索，著书立说，传布道教思想。这些道教学者许多出身茅山宗，承陶弘景之祖风，推崇老庄之学，吸收佛教哲学和儒学，融会三教，注重清修，轻符咒之术，善养生之道，对道教理论的发展有重大贡献。

孙思邈，唐代道教学者和医学家，陕西人。《旧唐书》本传称其"弱冠善谈庄老及百家之说，兼收释典"，有驻容之术。唐太宗、高宗授以爵位官职，因辞不受，隐居终南山。又称其"学殚数术，高谈正一"。以其医术高明、热心救人，被后人尊为药王。主要著作有《千金方》、《福禄论》、《摄生真录》、《枕中素书》、《会三教论》、《保生铭》、《存神炼气铭》等。他的医学理论以阴阳五行与天人一体说为基础，谓"天有四时五行"，"人有四支五藏"，"阳用其形，阴用其精，天人之所同也"，"良医导之以药石，救之以针剂，圣人和之以至德，辅之以人事，故形体有可愈之疾，天地有可消之灾"（见《本传》）。其养生术强调节欲适作，以德济养，合乎情理。他并不相信金丹可以使人飞升成仙，而把炼丹作为制药的手段。

成玄英，唐初道教学者，陕州人。注《老子道德经》2卷、《开题序诀义疏》7卷，注《庄子》30卷、《疏》12卷。其中《庄子》注疏对后世影响巨大。成玄英依据老子之学，提出"重玄之道"，认为道是世界本体，就现象看，道是非无，就本体看，道是非有，而道又不可思议言说，故得道者不仅要排遣"滞于有"和"滞于无"的俗见，还要不滞于滞，亦乃不滞于不滞。这种"遣之又遣"、"玄之又玄"的道就叫作"重玄之道"（见《老子》一章疏）。这是采用了佛教双遣的方式表述道。他所理解的长生不死之方，并非金丹法箓，而是精神解脱法，即通过忘情，了悟"夫万象森罗悉皆虚幻"，"外无可欲之境，内无可欲之心"（《庄子·齐物论》疏），从而使人的精神达到虚静而"与道为一"，则不复生死。从成玄英起，道教的一支开始扭转肉体成仙的传统追求，而偏重于心性炼养，急剧向佛教靠拢。

王玄览，广汉绵竹人，号洪元先生，主要著作为《玄珠录》，武则天时去世。其学说援佛入道，将道分为"可道"与"常道"；"可道"生万物，万物有生死，"常道"生天地，天地能长久；而"可道"与"常道"又统一不可分，故道是假又真，"道中有众生，众生中有道"；众生非道而能得道，因为人皆有"道性"，得道之途在修炼心识。《玄珠录》说："心生诸法生，心灭诸法灭，若证无心定，无生亦无灭"这是运用法相宗"万法唯识"论解释世界与人生。心识分为识体与识用，"识体是常是清净，识用是变是众生"，修道就是"修变求不变，修用以归体"，从而得到不死清净之真体。王玄览的思路与成玄英如出一辙，而佛教色彩更为浓烈。

司马承祯，河内温县人，法号道隐，自号白云子。事师潘师正，上承茅山宗陶弘景，作道书多种，其中以《坐忘论》和《天隐子》最为重要。一生经历武后至玄宗数朝，数受召见而不以术数邀富贵。睿宗曾问以阴阳术数之事，承祯却说："道经旨：'为道日损，损之又损以至于无为。'且心目所见者，每损之尚未能已，岂复攻乎异端，而增其智虑哉？"并申理国无为之道（《旧唐书》本传）。卒后谥贞一先生。司马承祯之学以老庄为主体，吸取佛教止观学说及儒家正心诚意之学，阐发"主静"与"坐忘"的养生修真理论。他认为人心"以道为本",但"心神被染,蒙蔽渐深,流浪已久,遂与道隔",所以需要修道,净除心垢,"使道与生相守,生与道相保,二者不可相离,然后乃长久",而修真之初要在于"安坐收心离境,住无所有,不著一物,自入虚无,心乃合道",此即"坐忘","坐忘者,何所不忘哉?内不觉其一身,外不知乎宇宙,与道冥一,万虑皆遗"。(以上《坐忘论》)《天隐子》亦是发挥"彼我两忘"的思想,并提出"一曰斋戒,二曰安处,三曰存思,四曰坐忘,五曰神解"的修道步骤,总称为"神仙之道,五归一门"。又以敬信、断缘、收心、简事、真观、泰定、得道为七条"修道阶次",形成较完备的修道理论。他又把五渐门、七阶次概括为"三戒":"一曰简缘,二曰无欲,三曰静心。"谓勤行三戒,道将自来。此种佛道结合的静心坐忘理论一直为后世清修派所遵循,也充分表现了道家学说在道教理论与实践中的牢固地位。

吴筠,华州华阴人,曾入嵩山依潘师正为道士,传上清经法,曾受玄宗召见,后还茅山。既而中原大乱,乃东游会稽,隐剡中。与诗人李白有诗文往来。玄宗令其待诏翰林时曾问以道法,吴筠对曰:"道法之精无如五千言,其诸枝词蔓说,徒费纸札耳。"又问神仙修炼之事,对曰:"此野人之事,当以岁月功行求之,非人主之所宜适意。"(《旧唐书·本传》)其风格亦同于司马承祯,更像道家之士。著《玄纲论》、《神仙可学论》等书,用力于神仙信仰与老庄之学的结合。老庄确有神仙思想,吴筠言之不谬,但老庄不以神仙为主,而吴筠却夸大老庄的神仙思想,用以论证修仙之可能性与合理性,此乃道教本色。吴筠不赞成佛教重神轻形,而主张形神相守,从炼形着手,进而炼气,进而炼神,"虚凝澹泊怡其性,吐故纳新和其神,高虚保定之,良药匡辅之",使"体与道冥",则可以长生久视。这一说法已为日后内丹学理论开辟了通途。

杜光庭,唐末五代道士,赐号广成先生、传真天师,学问渊博,对道经、史迹、仪则多所论述。著《道门科范大全集》,集以往道教斋醮仪式之大成。撰《道德真经广圣义》,纳儒入道,谓"载仁伏义,抱道守谦,忠孝君亲,友悌骨肉,乃美之行也"。他主三教融合,在修炼方法上结合佛道,要求灭"三毒"、断华饰、远滋味、绝淫欲,守三元(上元泥丸脑宫、中元心府绛宫、下元炁海肾宫），进一步"炼阴为阳，炼凡成圣"（见《说常清净经注》）。杜光庭与吴筠的学说都是清修派向内丹派的过渡。

唐代还有道士张果、李筌等人注《阴符经》，五代道士谭峭作《化书》，五代道士彭晓著《周易参同契分章通真义》，都较有影响。

三　外丹道的兴盛、危机与钟吕内丹道的兴起

隋唐时期在帝王与贵族倡导下，黄白之术颇盛。烧炼金丹，以求长生，在统治者为的是做富贵神仙，在道士为的是实现信仰、证成真道，也有人借此换得尊荣，骗取钱财。在前代积累的基础上，外丹黄白之术至隋唐进入新的发展时期。隋代倡导内丹的道士苏玄朗也烧炼外丹，著《宝藏论》，记载当时炼丹士们所掌握的药金药银近30种，可知黄白术已颇有声色。唐代是外丹道最兴盛发达时期，被称为道教外丹的"黄金时代"。其一，表现为丹道理论的发展。此时"夺天地造化之功，盗四时生成之务"的丹道思想更为成熟，《周易参同契》大受重视，从中发挥出自然还丹说，用药的相类说，火候的直符说。自然还丹说认为，上仙所服之丹，乃天火所造，人可以在丹炉中浓缩地再现自然成丹过程而炼就金丹。炉鼎如同小宇宙，鼎三足以应三才，上下二合以应二仪，足高四寸以应四时，炭分二十四斤以应二十四气，水火相交以象阴阳二气之交感，故可仿自然而还丹。用药相类说认为配取丹药必须依据相类相补的原则。《参同契》说："以类辅自然，物成易陶冶"，据此，《太古土兑经》说："夫论相类者，阴阳和合即变化顺宜也。"《张真人金石灵砂论》用阴阳分类，谓："阳药有七：金二石五——黄金、白银、雄、雌、砒黄、曾青、石硫黄，皆属阳药也。阴药有七：金三石四——水银、黑铅、硝石、朴硝，皆属阴药也。"用药的原则是相类的药阴阳互补，生成新质，"阳药阴伏，阴药阳制"。《阴真君金石五相类》说："相类品物，合成雌雄铅汞二名，龙虎双得，坎离不离，相类一物无不成焉"，"若不相类，则事不成，凡万物皆然"。有时也采用中医"君臣佐使"的理论，如以水银为君，以硫黄为臣。火候直符说认为，火候的掌握要符合阴阳消长的自然之道。《参同契》说："圣人不虚生，上观显天符，天符有进退，诎信以应时。"天符就是太阳的运行规律，据此一

月内分六候，一年十二月通于十二消息卦，或用文火，或用武火，或进阳火，或退阴符。其二，表现为炼丹流派的众多。唐代外丹道由于用药不同和理论有异而分成许多流派，其中主要有三派：金砂派、铅汞派、硫汞派。金砂派重视黄金和丹砂，代表人物有孙思邈、孟诜等，上承葛洪，欲假黄金以自坚固，假丹砂以成变化。所谓金、银大多数是金属化合物，表面似金似银。铅汞派主用铅与汞，而排斥其他杂药，如《大还心镜》所说："只论铅汞之妙，龙虎之真，去四黄之非，损八石之参杂。"代表人物有郭虚舟、孟要甫、刘知古、柳泌等人。硫汞派则主用硫黄和水银合炼，"硫黄是太阳之精，水银是太阴之精，一阴一阳合为天地"（《太清玉碑子》）。由于矿物药往往合炼成有毒物质，加以杂质不易清除，危害人体，唐后期的炼丹减少了矿物用药，而逐步增加了动植物用药。各派之间互相攻击，同时互相吸收，而以硫汞派的成就最大。其三，表现为用药范围的扩大。唐代炼丹用药在前代基础上不断扩展种类。《太古土兑经》中有五金四黄八石之说，谓："金银铜铁锡，谓之五金；雌雄硫砒，名曰四黄，朱汞鹏硐盐矾胆，命云八石。"成书于唐的《真元妙道要略》所记，除上述物类，还有铅、石英、云母、赭石等。梅彪著《石药尔雅》，收集炼丹药名 150 多种，还注有不少隐名别名，如汞之他名即有 21 种。此外，在炼丹经书之多，器物设备之新，炼丹方法之精，社会影响之大诸方面，唐代都是空前的。

　　但是外丹道是需要当世兑现的，它不像佛教三世说那样灵活讲因果，后世之报，死无对证；而服食外丹能否成仙，为人们所共睹，其结果自然是失败的。纵然有少数人服丹而病愈或身健，亦不能长生。而大多数服丹的结局不是长生，而是速死。唐太宗、宪宗、穆宗、敬宗、武宗、宣宗皆服丹药中毒而死；诸臣如李道古、李抱真等亦是服食中毒致死。后梁太祖、南唐烈祖亦如之。方士柳泌制金丹药，毒死了穆宗。武宗服药后，喜怒失常，口不能言，不久死去。在这种严酷的事实面前，道士的"尸解"等托词已不能对付人们的冷静思考，怀疑和否定外丹的思潮遍布朝野，有识之士纷起抨击。《隋书·经籍志》说："金丹玉液长生之事，历代糜费，不可胜纪，竟无效焉。"宪宗服丹时，起居舍人裴潾上表切谏，以金石含酷烈之性，加烧炼则火毒难制。南唐主李昇服药中毒，临终时对齐王李璟说："吾饵金石，始欲益寿，乃更伤生，汝宜戒之！"(《资治通鉴》卷283）到死方才醒悟，这种惨局对周围人士不能不有警诫作用。此外一些方术之士，借外丹之名，烧炼假金银，以谋财利，也损害了外丹术的声誉，于是外丹道至唐末五代走向衰落。在这种情势下，道教内部必然要另辟长生之途径，于是便有更多的道士潜心于内养之术，从而促进了内丹学的迅速发展。另外，内丹学的导引、胎息、行气等道术，古已有之，至隋唐时期在理论和实践两方面都积累了较丰富的成果。而道教清修无为派学者早已从高层次上扭转了教内热心黄白的风气，由重外转向重内，在理论方向上为内丹学的崛起铺平了道路。

远在晋代的《黄庭经》和《抱朴子》中即出现人体有上中下三丹田的提法，说明内丹之道发生很早。史家一般把隋朝道士苏元朗，看作是内丹道的正式创立者。按《罗浮山志》，元朗居青霞谷，其弟子竟论服芝得仙，元朗笑曰："灵芝在汝八景中，盍向黄房求诸？"乃著《旨道篇》示之，自此道徒始知内丹矣。元朗以为"天地久大，圣人象之；精华在乎日月，进退运乎水火。是故性命双修，内外一道"，于是借外丹术语以喻内丹，"身为炉鼎，心为神室，津为华池"，天铅、婴儿喻"身中坎"，砂汞、姹女喻"身中离"，黄婆喻"心中意"，黄芽喻"体中脾"，"自形中之神入神中之性，此谓归根复命"，称为还丹。

唐代内丹托名钟离权与吕洞宾。关于钟、吕民间传说很多，真伪难辨。按李养正先生《道教概论》说法，钟离权乃唐末五代后汉人，吕洞宾乃钟离弟子，号纯阳子，世称吕祖或纯阳祖师。五代另一道士施肩吾（世号"华阳真人"）撰《钟吕传道集》，可以代表这一时期内丹道的理论水平。该书从内丹学角度阐发《参同契》，以天人合一思想为理论基础，以阴阳五行学说为炼养的依据，形成较为完备的内丹道体系。《传道集》认为："纯阴而无阳者，鬼也；纯阳而无阴者，仙也；阴阳相杂者人也"，人不修道则死而为鬼，修道而得纯阳之体则为仙。修道之方在于效法自然天道。"天道以乾为体，阳为用，积气在上；地道以坤为体，阴为用，积水在下"，乾坤交而生万物，天地升降交合，运行不已，故长久坚固；人效法之，便要使肾水与心火升降交合，"上下往复若无亏损，自可延年"。心为离，名曰阳龙，又名朱砂；肾为坎,名曰阴虎,又名铅。心肾交合,龙虎交媾,变出黄芽,得金丹大药"保送黄庭"(脾胃之下,膀胱之上),即是采药。且须配合以进火(调神御气使归丹田),抽铅填汞,即抽肾中之阳补心中之阴,而养胎仙,真气靠河车搬运,于三丹田中反复进行。"金晶玉液还丹而后炼形,炼形而后炼气,炼气而后炼神,炼神合道,方曰道成"。此外,尚须存想与内观,外以德行相配合,"若外行不备,则化元鹤而凌空无缘而得"。

以上可知,苏元朗已提出"性命双修"的原则,《钟吕传道集》又正式提出心肾交媾、抽铅填汞的原理和炼形炼气炼神的基本步骤,内丹学于是初步形成。其后,经五代宋初道士陈抟到北宋道士张伯端,则内丹道更为系统发达,逐步成为道教发展的主流,道教人士视之为最高妙深奥的修仙之法。

四 道教与隋唐文化

道教对隋唐文化的影响可从三方面说。其一,为李唐皇室提供巨大的精神支柱和教化全国的思想手段,直接服务于巩固大唐帝国的政权。道教在此前此后都受到执政者扶植,但都未如李唐把道教直接作为皇室之宗教,使之与皇权紧密结合,皇亲国戚、大臣文士纷纷崇道入道,道书进入科举必修科目,乃至武宗时道教几成国教,老子地位崇高无上,宫观祠庙遍及全国。这一情势带有两重效果:用宗教加强了对人民的思想控制和愚弄,这是消极的,同时也用宗教加强了社会的稳定,而这一稳定发生在盛唐时具有积极意义。其二,道教的虚妄成分危害社会进步和人们的身心健康。宫观的建造、神像的塑立,以及炼制金丹的花费,都消耗了大量的社会物质财富,加重了劳动人民的负担。道教浓化了民间迷信的空气,许多有才能的人也将宝贵时光白白浪费在对永远达不到的成仙目标的追求上,诗人李白、白居易都曾亲试过飞丹合药。而外丹常含毒性,服丹中毒而死者,以唐朝人为最多,这是愚蠢和可悲的。其三,从积极方面说,道教无形中推动了中国的医药学、化学、冶炼术、体育、哲学和文学艺术的发展,推动了多元文化之间的融合,使道教文化成为盛唐文化的有机组成部分,给后世以深远的影响,道教在这方面的贡献也是不容抹杀的。

在医药学上。孙思邈是道士兼医学家，其《千金方》集唐以前医学之大成，凡腑脏之论、针艾之法、脉证之辨、食治之宜、妇婴之疾、七窍之疴、五石之毒、备急之方，以及导引、按摩等养生之术，莫不毕精，成为中医之经典著作，他炼制的"太一神精丹"，主治"客忤霍乱，腹痛胀满，尸注恶风，癫狂鬼语，蛊毒妖魅，温疟积久"。在药物学方面，唐代将陶弘景所注《神农本草经》先增为7卷，以后陆续增为53卷，世称《唐新本草》。道士孟诜亦撰《食疗本草》，推动了药学的发展。

在化学上。外丹道所追求的不死之丹虽不能成功，但炼丹术的发达却极大地推动了有唐一代的古化学学科的发展，积累了关于汞、铅、砷、铜等元素及其化合物的知识，其中尤其是对硫与汞的分解、化合以及汞的提纯，有精确的知识与技术，已达到相当高的水平。火药的发明，前此已有实验，至唐代《真元妙道要略》一书，则有了关于制造火药的最明确的记载，云："有以硫黄、雄黄合硝石并密烧之，焰起，烧手面及烬屋舍者。"火药是中国四大发明之一，在世界文明史上产生了不可估量的影响。

在金属冶炼上。炼丹有用水法反应者，但此时主要用火法反应，即蒸馏、升华、化合、伏火等法，在密封容器中，以高温促成若干金属溶解形成合金。所成药金药银，大都为非真金银的金属化合物或混合物。所谓"点铁成金"、"点铜成金"，皆是制造铜或铁合金的方法。水法炼铜在唐代已有小规模制作，至宋形成大规模作坊。

在体育上。钟吕内丹道兴起，注意炼气炼形，并与炼神结合，形成一套很系统很精密的内养功法。其中有许多宗教神秘的成分，但也包含着后世被称为气功的合理内容，确实有利于祛病健身。在炼气炼神的过程中，人的潜能被调动，发生种种特异功能，从而显示了人体的深层奥妙。内丹道对人体生理学有着特殊的贡献。由于炼养得法，许多道士成为长寿之人。据《唐书》载，孙思邈为百岁之人，孟诜卒年93岁，道士叶法善享年107岁，为一般人不可企及。

在哲学上。唐代清修无为派道士多为哲学家，对道家哲学有推动深化之功，其论著成为唐代哲学的组成部分。他们都力主三教融合并身体力行之，对于三教合流思潮的发展，有推波助澜之劳。其援佛入道，主要在心性炼养方面，即将佛性说与道性说加以糅合，这不仅是当时哲学发展的新趋势，也为此后宋明儒学的形成开辟了途径。内丹道以阴阳五行观察人体生理，以天人合一论作为内炼的依据，反过来又用内丹的实践丰富了天人一体的理论，加深了人们关于自然与人有内在联系的认识。

在文学艺术上。道教仙话既形成民间故事，又形成传奇文学。唐与五代道士钟离权、吕洞宾、张果等人逐步被艺术化，至宋代形成"八仙"的传说，围绕八仙又产生诸多文艺作品。从"志怪"到"神魔"的大量作品，都表现了道教意识，如《游仙窟》、《枕中记》、《南柯太守》、《柳毅传》等，皆为名作，后世多演变为戏曲。道教关于仙境和仙人的描述，极大地激发了人们的想象力，无拘无束地发奇思怪想，把浪漫主义的创作风格升华到一个新的境地，孕育出一批文艺大家和一流文艺作品。唐代诗词多咏神仙事迹，或借重神仙作艺术构思。大诗人李白相信道教，仙人求不得，便成醉中仙，其诗意境高雅、美妙绝伦，被称为诗仙。其他诗人，即使是现实主义诗人杜甫，亦多游仙之作。白居易的《长恨歌》借助于道教的想象力，把唐玄宗与杨玉环的韵事描写成美丽动人的爱情故事，因而流传后世。在绘画方面，唐代阎立本的《十二真君像》，吴道子的《送子天王图》、《八十七神仙卷》，张素卿的《龙虎图》，以及五代阮部的《阆苑女仙图》等，在绘画史上都有很高地位。其他道教建筑、雕塑、音乐等皆多有成就。如玄宗时诏道士司马承祯制《玄真道曲》，茅山道士李会元制《大罗天曲》，贺知章制《紫清上圣道曲》，皆清雅不俗。

第六节　西来新宗教的流行

一　景教的流行

基督教在初唐时传入中国，时称"大秦景教"或"大秦教"。大秦指罗马，景教实系基督教聂斯脱利派，信奉君士坦丁堡主教聂斯脱利所倡导的教义。该教曾因不赞成"三位一体"说被总教会目为异端，公元 5 世纪末在波斯形成独立教派。唐朝实行经济与文化开放政策，与中西亚地区交往频繁。该教派遣教士阿罗本（叙利亚人）于贞观九年（635）来到长安，唐太宗派宰臣房玄龄率仪仗去西郊迎接。阿罗本在唐廷受到礼遇，"翻经书殿，问道禁闱"。唐太宗听其教义，颇加赞赏，于贞观十二年（638）下诏说："大秦国大德阿罗本远将经象来献上京。详其教旨，玄妙无为；观其元宗，生成立要；词无繁说，理有忘筌；济物利人，宜行天下。"（《唐会要》卷49，又见《大秦景教流行中国碑》）并于长安义宁坊赐建景寺一所，度僧21人。可知太宗并未真知基督教教义，只觉得其教合于道家之旨，有利教化，故予支持。高宗时准诸州各置景寺，封阿罗本为镇国大法主，不少教士还担任了朝廷与军队中的重要职务。玄宗命宁国等五王亲赴寺建立坛场。肃宗、代宗皆尊重其教。受中国当时习俗和佛教影响，景教多用时语，称教士为"大德"、"僧"、"僧首"，教士亦有通佛学者，明代熹宗天启年间西安西郊发掘出《大秦景教流行中国碑》，该碑立于唐德宗建中二年（781），大秦寺僧景净撰碑文，由此证明中唐以前景教在中国有可观的发展和影响。碑文说："法流十道，国富元休；寺满百城，家殷景福"，教业是相当兴旺的。

唐代景教紧密依附于李唐皇室，主要传播于上层。如太宗高宗对阿罗本之宠优；玄宗令大将军高力士送五圣写真（高祖、太宗、高宗、中宗、睿宗五帝之画像）供于大秦寺内安置，诏佶和、罗含等教士于兴庆宫修功德；肃宗以教士伊斯为高官；代宗每于圣诞节赐天香以告成功。而大臣如房玄龄、魏征、尉迟恭、郭子仪等，也尊崇该教。该教能融通佛教，善用中华习语传布景教教义，故其教得以容于唐代中国社会。但教士多为外国人，中国下层民众信仰者甚少。

迨至唐武宗会昌五年（845）灭佛，祸及一切外国宗教，景教亦遭毁灭。武宗认为"以武定祸乱，以文理华夏，执此二柄，足以经邦"，不能让西方之教与我抗衡，于是除灭佛外，又"勒大秦穆护、祆三千余人还俗，不杂中华之风"（见《旧唐书·武宗纪》）。景教在内地从此被禁绝，但边远地区仍有基督教在活动。敦煌古籍中有《大秦景教三威蒙度赞》、《尊经》、《大秦景教宣元本经》、《一神论》、《大秦景教大圣通真归法赞》等景教文献，说明武宗之后在我国西北地区仍有景教流行。此外，阿布·赛义德《东游记》提到唐末黄巢军占领广府（即今广州）时，杀回、景、祆、犹太教徒 12 万人，无论这一记载是否确切，但至少可以说明当时沿海一带有不少基督教徒保持信仰。计算起来，从贞观九年（635）到会昌五年（845），景教在内地传布达 200 余年之久。

二 伊斯兰教的初传

伊斯兰教由穆罕默德于公元 7 世纪初在阿拉伯半岛创立，至 8 世纪教徒已遍及亚、非、欧三大洲，成为世界宗教。该教以《古兰经》为根本经典，亦奉《圣训》。以"安拉是唯一的真神，穆罕默德是安拉的使者"为核心信仰，称为清真言。其基本教义可概括为"六信"和"五功"。"六信"：（1）信安拉，相信安拉是宇宙中唯一的全知全能的造物主，无始无终，无所不在，故无形象无方位；（2）信使者，相信安拉在不同时期派遣到人间的使者，其中穆罕默德是最后一位使者，即"封印至圣"，他受命于安拉，传达神意，治理人世；（3）信天使，相信安拉所造的精灵妙体，他们是安拉的忠使和助手，是人类的朋友；（4）信经典，相信《古兰经》是安拉的语言，它是神圣完美的，是国家立法和穆斯林生活的最高准则；（5）信后世，相信今生短暂，后世长存，人死后灵魂不死，世界末日到来时将复活，接受安拉的审判，虔诚行善者升天堂，背教有罪者下地狱；（6）信前定，相信一切自然与社会事物，包括人生吉凶祸福，社会治乱兴衰，皆由安拉预先安排妥当，人力无法加以改变。"五功"是：礼、念、斋、课、朝。礼即礼拜，向安拉表示归顺、感恩、赞颂、恳求、禀告的宗教仪式，一般每日五次，每周五聚礼以及节日礼拜。念，即念诵清真言，既要诚信不移，又要念念不忘。斋，伊斯兰教历九月斋戒一个月，称为斋月，白日戒饮食，晚上戒房事。课，信徒向教会缴纳天税，即宗教捐税。朝，凡健康的信徒，经济上许可，一生要前往麦加朝觐克尔白（神殿墙上黑石）一次。此外饮食上禁食猪肉及死物、血液。主要节日有开斋节和宰牲节。

伊斯兰教何时传入中国内地，有数种不同说法，史学界一般倾向于陈垣先生的见解，把唐高宗永徽二年（651）大食国派使节来长安朝贡，作为伊斯兰教正式传入中国内地的标志。阿拉伯商人在中国沿海与边远地区行商并建寺做礼拜，也许更早一些。据《旧唐书·大食传》："永徽二年，始遣使朝贡"；据《册府元龟》等书载，永徽二年至贞元十四年（787）间，大食国（指阿拉伯人建立的伊斯兰帝国）遣使入华朝贡约37次，说明中国与大食政府间来往已很频繁。至于民间经济交往更是密切。当时中国与大食间的海、陆两条交通线已很发达。陆路经波斯、阿富汗与西域，从西北地区到达长安，海路经波斯湾与阿拉伯海、孟加拉湾、马六甲海峡至我国南海沿岸广州、泉州等地。据《资治通鉴》载，唐贞元三年，李泌检括长安胡客有田宅者4000人，其中以阿拉伯和波斯客为最多。这些来华的使节、商人、旅行家、航海家便是宗教的媒介，伊斯兰信仰随之进入中国内地和沿海，他们的宗教风俗受到政府和当地人们的尊重。这些胡客或蕃客往往在沿海城市相聚而居，居地称"蕃坊"，但无史料证明另立有礼拜寺，不过既有共同信仰，必有相应宗教生活，又处在中国人之中，不免与中国传统信仰互相渗透。许多唐代外侨，在中国娶妻生子，出现"五世蕃客"、"土生蕃客"，成为中国最早的穆斯林。

天宝十年（751），唐朝与大食间发生了一次战争，唐军失败，被俘者不少。天宝十四年以后，为平定安史之乱，唐廷又借用回纥、大食兵。两国士兵之交往亦推动了伊斯兰教的传布。唐兵杜环被俘西去，在大食等地居住十余年，归作《经行记》，对阿拉伯的伊斯兰教有真切的观察和记载（全书已佚，残文见《通典》卷193、194），使中国人进一步熟悉了伊斯兰教。

伊斯兰教在唐代的初传，有以下特点。其一，初传主要借助于行政使者与商人，不像佛教和景教，皆由僧侣和教士携经而入内地。中外经济上的交往，成为伊斯兰教传入中国最重要的渠道和载体。其二，信徒绝大多数是侨居中国的阿拉伯人及其后裔，绝少纯中国血统的信徒，故而对广大汉族影响极微。其三，没有受到贵族和社会高度重视，外国穆斯林也避免卷入激烈的社会斗争，他们把伊斯兰教信仰作为自己内部的生活方式和风俗代代相承，没有向外传教的野心，故而没有同中国儒、释、道三教以及社会政治势力发生碰撞，虽然不能扩展影响，却易于保存自己。所以当唐武宗会昌五年（845）打击佛教、景教和祆教时，伊斯兰教没有被取缔，而以"大食殊俗"得以保存，并流传下去。

三 祆教的流传

祆教在波斯称为琐罗亚斯德教，在中国称为"祆教"、"火祆教"、"拜火教"。它是公元前6世纪由琐罗亚斯德在波斯东部所创立，后来流传到亚非许多地区。公元3—7世纪，伊朗萨珊王朝曾奉为国教。7世纪阿拉伯人统治波斯后，伊斯兰教取代了琐罗亚斯德教。该教以《阿维斯陀》为经典，通称《波斯古经》。教义一般概括为"神学上的一神论和哲学上的二元论"，认为宇宙原初有善与恶两种神灵：善神叫阿胡拉·玛兹达，意为智慧之主，是光明、生命、创造、善行、美德、秩序、真理的化身；恶神叫安格拉·曼纽或阿里曼，它是黑暗、死亡、破坏、谎言、恶行的化身。善恶二神各拥有僚神、眷属，彼此反复较量，终于善神战胜了恶神，光明代替了黑暗，阿胡拉·玛兹达成了最高的存在，唯一的主宰者。这个过程就是世界创造和劫灭的过程。当下的世界处在善与恶的斗争中，琐罗亚斯德根据神的意志而诞生，于是人类有了光明前途。该教认为火是善神的儿子，象征着神的绝对和至善，因此礼拜圣火是教徒的首要义务。

7世纪中叶在伊斯兰教逼迫下，大批琐罗亚斯德教徒东迁，大食以东至我国新疆地区普遍信仰该教。在6世纪初的北魏、南梁以及北齐、北周各朝即有火祆教传入，并受到上层支持。该教至唐代得到进一步流行，主要表现在祆祠到处设立，唐廷设官专司其教，其教活动情况在《大唐西域记》、《往五天竺国传》、《经行记》、《酉阳杂俎》、《唐会要》、《唐书》中都有记载。唐高祖武德四年（621）即置祆祠，管教之官府称萨宝府，官职分为萨宝、祆正、祆祝、率府、府史等，主持祭祀，自四品至七品不等，也有流外四五品。宋代姚宽《西溪丛语》云："唐贞观五年，有传法穆护何禄将祆教诣阙奏闻。"可知祆教教士颇得唐廷礼遇。西京长安有祆祠四座，东都洛阳有祆祠两座。唐人张鷟《朝野佥载》提到南市西坊之祆庙。谓："河南府立德坊及南市西坊皆有胡祆神庙。每岁商胡祈福。烹猪羊，琵琶鼓笛，酣歌醉舞。酬神之后，募一胡为祆主，其祆主取一横刀，利同霜雪，以刀刺腹。食顷，平复如故。盖西域之幻法也。"该书还提到"凉州祆神祠，至祈祷日，祆主至胡祆神前舞一曲，即却至旧祆所，莫知其所以然也"。

武宗会昌五年（845）灭佛，"勒大秦穆护、祆三千余人还俗"，祆教于是禁绝。

四 摩尼教的流传

摩尼教创立于公元3世纪的波斯，因创教人摩尼而得名。我国旧译明教、末尼教、牟尼教、明尊教、二尊教等。该教在琐罗亚斯德教的基础上，吸收基督教、佛教等教义，形成自己的信仰体系，并创立一套独特的戒律和寺院制度。初在波斯广泛传播，后受祆教排斥，定为异端，摩尼被处死。但摩尼教却传至欧亚非广阔的地区。该教基本教义是"二宗三际论"。《摩尼光佛教法仪略》说："初辨二宗，求出家者，须知明暗各宗，性情悬隔，若不辨识，何以修为？次明三际：一、初际，二、中际，三、后际。初际者，未有天地，但殊明暗，明性智慧，暗性愚痴，诸所动静，无不相背。中际者，暗既侵明，恣情驰逐。明来入暗，委质推移。大意默离于形体，火宅愿求予出离。劳身救性，圣教固然。即妄为其，孰敢闻命？事须辨析，求解脱缘。后际者，教化事毕，真妄归根，明既归于大明，暗亦归于积暗，二宗各复，两者交归。"可知"二宗"是指光明与黑暗两种对立的力量，"三际"是指二宗在过去、现在和未来三个发展阶段中力量对比的变化。摩尼教认为世界太初（初际）之时，即有明暗二宗，明与暗两王国互相对峙，但不相犯。中际时，黑暗王国的势力侵入光明王国，两方开始搏斗，光明王国主神大明尊召唤生命之母（善母），生命之母又召唤其子初人，初人又召唤其诸子五明子，即清净气、妙风、明力、妙水、妙火，与黑暗诸魔决斗。但初人昏倒，五明子被黑暗群魔吞噬。于是大明尊又第二次召唤明友、大般、净风及其五子，制止了黑暗对光明的入侵，救出初人，但五明子已紧附在五类魔身上，与其原素纠合在一起。明使净风把五明子和五类魔两种力量混合造成世界，从战死的暗魔身上挤出光明分子造成日月，仍然受到暗魔污染的分子形成众星，暗魔的身体形成天地山岳。大明尊又发出第三次召唤，召出第三使，第三使又召出惠明使。这两位明使把光明黑暗分不开的分子变成动植物。恶魔吸收光明分子，按明使的形象做出亚当和夏娃，这便是人类的始祖，他（她）们的肉体由黑暗分子组成，灵魂由光明分子构成：大明尊作第四次召唤，派明使耶稣唤醒亚当，不与夏娃同居，但亚当后来忘掉本性，与夏娃生了塞特，其后裔便是人类。人类是暗魔的子孙，而灵魂是光明分子组成的，所以面临着从肉体中拯救出灵魂的问题。大明尊派出的使者有琐罗亚斯德、佛陀、耶稣，而摩尼是最后的使者，他指导人类"劳身救性"，超度众生，优者回归光明王国，劣者在世界末日与黑暗分子一起葬入地狱。在后际中，宇宙复归初际状态，明归于大明，黑暗分子永远被囚禁在黑暗王国。可见摩尼教与琐罗亚斯德教有所不同，不仅讲善恶二元，而且教义中始终贯穿善恶二元论，是典型的二神论宗教。该教戒律可简括为"三封"和"十戒"。三封是口封、手封、胸封，即言禁、行禁、欲禁。十戒是：不拜偶像，不妄语，不贪欲，不杀生，不奸淫，不偷盗，不欺诈，不二心，不怠惰，每日按时祈祷和实行斋戒忏悔。自公元3世纪至17世纪，该教从波斯本土传至亚、非、欧广大地区，成为中世纪一个世界性的宗教。

摩尼教于公元6—7世纪经丝绸之路，由西域传入中国，先至新疆地区，后至内地。据《佛祖统纪》卷39云：延载元年（694），"波斯国人拂多诞，持二宗经伪教来朝。"女皇武则天召见了拂多诞密乌没斯，令其与僧徒辩论。武则天悦摩尼教教义，留其课经。这是摩尼教正式进入内地、受到朝廷合法承认的开始。摩尼教在中国流传过程中有逐步佛教化的倾向，主摩尼、释迦、老子三圣同一论。它在唐代曾两度合法传播。一在玄宗开元二十年（732）之前，一在天宝之后。史载开元七年六月，"吐火罗国支汗那王帝赊，上表献解天文人大慕阇"（《册府元龟》卷971），盛称其人智慧幽深，无所不知，可询问君臣事意及摩尼教法，乞为置法堂供奉传教。慕阇乃中亚摩尼教团中高级僧侣。开元十九年六月，拂多诞奉玄宗之命，于集贤院翻译《摩尼光佛教法仪略》。从敦煌石室发现的该经残卷看，此经已将摩尼教的基本教义教规介绍出来；同时摩尼与道教互相依附，与佛教彼此渗透，形成中国摩尼教新特点。该经有一段关于老子化摩尼的经文，云："我乘自然光明道气，从真寂境，飞入西那玉界苏邻国中，降诞王室，示为太子。舍家入道，号末摩尼，转大法轮，说经戒律定慧等法，乃至三际及二宗门，教化天人，令知本际。上至明界，下及幽涂，所有众生，皆由此度。"又谓"三教混齐，同归于我"，"是名总摄一切法门"。此处老子化胡并非西晋王浮《化胡经》原文，乃唐人所增，内中混同三教，把释迦、摩尼视为一体，用道教、佛教解说摩尼教法，皆唐人观念。开元二十年（732），玄宗发布敕令："末摩厄法，本是邪见，妄称佛教，诳惑黎元，宜严加禁断"，但"以其西胡等既是乡法，当身自行，不须科罪"（《通典》卷40）。安史之乱后，两借回纥兵平叛。肃宗宝应元年（762），回纥牟羽可汗屯兵洛阳时遇摩尼师睿思等四人，将其带回漠北。经过辩论，摩尼师战胜原宗萨满，摩尼教遂受奉信，且被尊为国教。元和之后，达于鼎盛。随之，唐廷亦解除禁令。摩尼教又得以在内地大力传布。从大历三年（768）到元和年间，摩尼教从京师长安扩展到今山西、河南、湖北、江西、江苏、浙江等广大地区，建寺传教，成为仅次于佛教的外来大宗教。至武宗朝，开始有步骤地打击道教以外诸教，包括摩尼教。会昌二年（842）封闭长安等地摩尼教寺，三年，罢废天下诸州摩尼寺，杀害摩尼教徒。会昌五年勒令摩尼教徒还俗，充国家两税户，外国教徒送远处收管。遭此打击，摩尼教在内地衰微，但在西北与东南沿海仍然流行。五代时，摩尼师复受中原朝廷礼遇。同时下层农民以该教为外衣进行反抗压迫的斗争，如后梁贞明六年（920），陈州人毋乙、董乙利用摩尼教造反，一时声势甚盛，但终被镇压。

五　西来宗教的流传与唐代文化

佛教的传入推动了中国与印度两大文化的交流，已为人们熟知。景、伊斯兰、祆、摩尼教的传入则在更大范围内推动了中西文化的交流，丰富了隋唐五代文化的内容，也使盛唐文明更远地走向西方。景教来自罗马，伊斯兰教来自阿拉伯民族，祆教、摩尼教来自波斯，这几个地区都是当时世界上文明最发达的地区，与东方文明的中心唐帝国一并代表着全世界文明发展的最高水准。阿拉伯人在天文、历法、建筑、医药、兵器等方面有着精湛的造诣。大秦等地出产"火绽布、返魂香、明月珠、夜光璧"，"土宇广阔，文物昌明"（《大秦景教流行中国碑》）。波斯的金银器、纺织品以及绘画、雕塑都十分精美。中国唐朝与这些国家和地区的经济往来，为其宗教的东渐提供了方便，同时宗教的东传，也带动了中西贸易的繁荣。丝绸之路既是经济通路，也是文化与宗教通路，两者是交织在一起的。唐朝的经济与文化由此更为丰富多彩。长安城成为国际交往中心。沿海广州、泉州以及扬州，由于国际贸易而繁华振兴。中国人因此得以享用西方文明成果。如波斯之珊瑚、琥珀、玛瑙、胡椒输入中国。开元间，来献方物无孔真珠等；大秦（一名拂菻）于贞观中遣使献赤玻璃、绿金精等物；大食于开元初遣使献马、钿带等。又如拜占庭医生善医眼与痢疾，并能作穿胪术，对中国有影响。拜占庭人曾向唐高宗赠万能解毒剂。景教僧崇一曾为玄宗长兄李宪治病得愈。《千金翼方》载有波斯及大秦散汤方。唐代香药多来自阿拉伯与波斯。广州人因使用了西人的缝合木船技术而大得其益。与此同时中国唐代的文化成果也通过海陆两路而输向西方，如唐代发达的炼丹术，早在汉魏时期就西传，于唐时其学问与技术更不断传入阿拉伯。继传至欧洲。唐代陶瓷从 8 世纪末正式开辟了国外市场，在西亚享有极高声誉，多见于阿拉伯著作中，因之通往西亚的海路被称为"陶瓷之路"。带有宗教信仰的西亚商人对繁荣我国东南沿海的经济起了重要作用，而中国穆斯林和回纥的摩尼教徒，对于开发西北地区亦有不少贡献。

宗教在国际政治交往中也起过相当重要的作用。如大秦景教教士阿罗本在长安受到礼遇，唐廷是把他作为大秦及西亚的使者看待的。唐太宗接见祆教教士何禄，武则天召见摩尼教拂多诞，都是以此加强与西亚的联系，表示天朝光被四表、惠润八方的大国气度。吐火罗国派摩尼师慕阇来唐朝，既是为了传教，也为了加强两国政治关系。在安史之乱以后，回纥与唐朝的往来中，摩尼教师成为使团重要成员，在外交活动中起重要参谋作用，这当然是中国内部地区政权之间的交往。

景、伊斯兰、祆、摩尼诸教的传入，使中国内地居民的信仰更加多元化，并且加速了多元文化的融合过程，使其逐渐渗透到传统文化和民间习俗中去。景教多借佛教，摩尼教借用道教，而佛藏又收录摩尼经典。不论何方宗教，一旦进入中国，它与传统文化之间便不再有明显的界限，如同涓涓支流，汇入大海。其中特别是摩尼教，虽于晚唐被禁绝，却深入民间，成为一种民众信仰，在宋、明两朝复有可观的活动规模。

第六章 辽、宋、金、西夏时期的宗教

第一节 概述

这一历史时期大约从公元960年北宋开国，至公元1279年南宋灭亡，共300余年，是中国历史上又一次政治分裂、割据政权并存的时期，也是民族矛盾尖锐、民族战争频繁的时代。旧史家以宋朝为正统，以辽、金、西夏为夷邦，这是一种民族偏见，应予纠正。其实辽、宋、金、西夏都是中国境内的割据政权，都对中国社会的发展做出过贡献，只是民族主体成分不同，政治、经济、文化各有特色罢了，考察其历史，应以平等眼光对待之。辽朝是以契丹族为主体的社会，据有北方广大领土，仿效中原政治体制，建立封建国家。宋朝是以汉族为主体的社会，在经济和文化上最为发达，但国力孱弱，受外族军事压迫，领土比唐代时大为缩小，北宋时尚据有黄河流域的部分土地，南宋时龟缩到长江中下游，偏安一隅。金朝是以女真族为主体的社会，兴起于东北，不断向南发展，据有辽东，后来又攻破辽朝，把领土扩大到河北、河南一带，最后为蒙古军所灭。西夏是以党项族为主体的社会，据有西北广大领土，立国190年，最后为蒙古军所灭。

在宗教信仰方面，辽朝一方面保有本民族的传统原始信仰，另一方面又接受汉族和中原地区的文化影响，包括宗教信仰，其中最重要的是宗法宗教和佛教。辽朝仿效中原王朝，建立自己的郊社宗庙制度，作为政权的神权依据，其中掺杂着若干民族色彩。辽朝以佛教信仰最为发达，由于其他文化相对落后，哲人稀少，故禅宗不甚流行，而以华严宗、密宗和净土宗较为兴旺。在佛教事业上，以《契丹藏》的修刻和房山石经的续刻而著称于史。

宋朝上继汉唐，文化积累比较深厚。国家重视宗法性宗教礼制的承接和修订，使郊社宗庙之制日趋完备。宋真宗实行东岳封禅大礼，为绝后之举。在佛教信仰方面，禅宗大行，以临济一系最为发达。不过禅宗发生了重大变化，由不立文字变为大立文字，谈禅与经教并行互补。此一时期，儒、佛、道三教在理论上的融合，达到了前所未有的高水平。从佛教方面说，契嵩和智圆乃是三教融合的代表者。从儒学方面说，二程、朱熹、陆九渊的理学和心学皆受佛学影响极深。他们以儒学为本位，口头上也批评佛教，却大力吸收佛学的思维成果，使儒家哲学达到一个高峰。在道教方面，宋真宗、宋徽宗大力扶持道教，使道教力量和影响迅速扩展。外丹学衰微而内丹学日趋发达和成熟，以陈抟和张伯端为代表的内丹炼养体系正式建立，他们的思想也给宋代理学以重大的影响。

金朝女真族有较强的萨满教信仰传统，同时又推崇儒学，学习中原郊社宗庙礼制，建立国家学术与宗教。同时又适度扶助佛教，使佛教成为民间社会的主要信仰。其时禅宗、华严、净土、律宗等宗派皆广为流行。保存下来的《赵城金藏》是佛教史上珍贵的文物和重要资料。在道教方面，全真道、太一道和真大道教在河北相继兴起，其中王喆所创立的全真道逐渐发展成为北方道教的主流，开创了道教发展史一个崭新的阶段。

西夏主要是佛教。西夏据有河西走廊，恰扼中国通向西亚的丝绸之路，也是西域与中原佛教交流的必经之路，故佛教文化比较发达。从保存下来的敦煌和榆林的佛教石窟可以看出西夏人对佛教的虔诚崇拜及佛教艺术的精美繁荣。

辽、宋、金、西夏时期，虽然政治上对峙，军事上不断发生冲突，但中国的文化仍然是一个整体。儒、佛、道三教为四朝所共同信奉，宗教的来往从未中断，宗教文化和儒学成为这一分裂时期维系中华民族共同体的重要精神纽带。

此外在中国若干地区，还有伊斯兰教、犹太教、摩尼教及一些民间宗教流行，为宗教文化增添了多样性的色彩。

藏传佛教经过长时间沉寂之后，进入后弘期，逐渐形成了几个大的教派，成为藏区较为稳定的主流意识形态和民众的信仰。

第二节 辽代的原始信仰及佛教的盛行

一 民族传统信仰及其汉化倾向

契丹族是辽国的主体，在唐及其以前保持着氏族社会的组织形态，唐末受中原文化的影响，急剧向中世纪帝制社会过渡，由耶律阿保机建立起正式的国家，许多制度仿照汉族的模式。这样，在宗教信仰上，一方面保留了较多的原始及民族传统宗教的成分，另一方面开始接受中原地区的宗法性国家宗教的影响，形成一种混合的形态。

（一）木叶山崇拜与天地崇拜相结合

木叶山被契丹族认为是本族的发祥地，极为神圣。传说有男子乘白马沿土河（老哈河）而来，有女子驾青牛沿潢河（西拉木伦河）而来，相遇于木叶山，结为夫妻，其后族属繁衍，形成契丹八部。遥辇胡剌可汗制祭山仪。太宗耶律德光即位后，稍用汉礼，在木叶山祭祖天地，如中原天子之泰山封禅仪。又崇信佛教，迁幽州大悲阁白衣观音像于木叶山，建庙举祀，以为家神。据《辽史·礼志》载，祭山仪大致为：设天神、地祇位于木叶山，东向；中立君树，前植群树，以像朝班；又偶植二树，以为神门。牲用赭白马、玄牛、赤白羊。皆牡，杀之悬于君树。皇帝皇后穿戴礼服乘马至君树前下马，受群臣拜过，至天神地祇位致奠，使读祝文。之后有拜群树、匝神门树、上香、奠果品等礼仪。皇帝皇后多次礼拜，巫与太巫参与其中。整个仪式是将祭天地、祭山、祭树木和巫觋祈祷结合在一起，很有特色。太宗于拜山仪过树之后，又有"诣菩萨堂仪"一节，然后拜神，增添了佛教的色彩。辽兴宗耶律宗真则先有事于菩萨堂及木叶山辽河神，然后行拜山仪，冠服、节文多所变更。辽朝祭祖天地虽不如中原郊社封禅之盛，然而正如《辽史》所说："神主树木，悬牲告办，班位奠祝，致嘏饮福，往往暗合于礼。"木叶山祭祀无朝不有，一帝多次，仅《辽史》记载不下 20 余次，足见其重视程度。

祭天活动除在木叶山以外，还经常在别处举行，祭天之山有乌孤山、乌山、黑山、秋山、翠岭、永安山、赤山、阴山等，祭天用品有青牛、白马、黑白羊、鹅、黑兔、酒脯等，其中以青牛白马为最多，因其曾驮祖先有功而尊贵，成为最上等的祭品。祭天地也不限于节日，狩猎有得、作战成功、瑞象降临、求天福祐，皆随时以祭，比较灵活，没有形成固定的制度。此外还祭水，以混同江祭祀最勤。

中国少数民族本来就有天神崇拜，但契丹贵族建国后的天神观念显然接受了汉族正统观念的熏陶，而有别于早期的状态，不再像古时那么生动纯朴，已具备了奉天承运的思想。辽太祖曾说："受命之君，当事天敬神"（《辽史·耶律倍传》），又说："上天降临，惠及烝民。圣主明王，万载一遇。朕既上承天命，下统群生，每有征行，皆奉天意，是以机谋在己，取舍如神。"（《全辽文·谕皇后皇太子大元帅及二宰相诸部头等诏》）辽太祖树立天神权威就是为了用神权支持君权，论证君临一国的合理性，其君权既有天助，便不许有人与之对抗，诏书口气与中原君王相类。

与天地崇拜相联系的还有拜日仪与瑟瑟仪。皇帝升露台拜日，诸大臣陪拜，亦有严格仪节。瑟瑟仪是天旱祈雨的巫术活动。前期建百柱天棚。至其日，皇帝祭奠先帝之后射柳两次，亲王和宰执各射一次。中柳者将志柳者的冠服拿来穿上，不中者将自己的冠服送给志柳者，并且要向对方献酒，然后各归还冠服。第二天将柳植于天棚的东南，巫师用酒醴、黍稷加以祭祝，皇帝皇后祭东方毕，子弟射柳，并赏赐有差。如降雨，赏赐更多。

（二）祭祖与丧葬仪式

祭祖是各民族古代的共同性宗教风俗。辽朝贵族部分地接受了中原礼制而有告庙仪、谒庙仪、拜陵仪以及丧葬仪，比之古老的风俗要复杂正规，比之中原诸朝则要简易方便。辽朝建太祖庙，有大事举行告庙仪式，如柴册、亲征等，皇帝亲临诸京则行谒庙仪式，皆拜见先帝御容，上香，告祝。四时荐新于太庙，孟冬朔行拜陵仪。

皇帝驾崩，承嗣者要哀哭、致奠、奉柩出葬，其间有太巫祈禳祓除，燔焚衣、弓矢、鞍勒、图画、马驼、仪卫等物，宰杀羊以祭，皆辽国旧俗。初，丧服依本族传统。天祚皇帝问礼于总知翰林院事耶律固，始服斩衰，略近汉礼。

道教在辽朝的力量和影响比佛教要小得多。由于史料极缺，其面目不甚清楚。据现存零星资料看，辽朝有些贵族对道教颇有兴趣。境内有道观和接纳外来道士的处所，道士可以自由往来于辽唐和辽宋之间，但道教自身似乎没有强有力的教派，也没有较具规模的宗教活动。据《契丹国志》，景宗第三子隆裕，"自少时慕道，见道士则喜"，"又别置道院，延接道流，诵经宣醮，用素馔荐献"。圣宗"至于道释二教，皆洞其旨"，并于太平元年（1021）幸通天道观。兴宗亦好道，授王纲等道士以官爵，又在夜宴时，命后妃易装女道士。有资料说，著名道士刘海蟾是辽人，遇吕洞宾得丹诀，宋初往来于终南太华之间，与张无梦、种放同访陈抟，结为方外之交。据说金丹道南宗始祖张伯端即出刘海蟾门下。但刘海蟾主要活动于宋地，未闻其在辽有何言谈行止。辽朝道教内容简略，特附述于此，不再另辟专节。

此外，辽国受中原影响，尊孔祭孔，视孔子为神，把儒学当作宗教对待。这方面的情况，前章已经述及，这里不再重复。

二 佛教的流行及其特点

（一）辽朝统治者与佛教

契丹族原本信仰原始巫教，并无佛教信仰。唐末，辽太祖耶律阿保机逐步统一契丹诸部落，并扩大经略。他注意延揽汉族人才，吸收先进文化，由此开始接受佛教。唐天复二年（902），太祖在龙华州（今内蒙古翁牛特旗以西）始建开教寺。辽神册三年（918）诏建孔子庙、佛寺、道观。（《辽史·太祖本纪》）神册六年攻陷信奉佛教的女真渤海部，迁当地僧人崇文等50人，入当时都城西楼（后称上京潢府，今内蒙古林东），特建天雄寺。皇帝、贵族经常入寺进行宗教活动，举行祈愿、追荐、饭僧等法会。以后，辽太宗耶律德光攻进燕云十六州（今河北、山西北部），这一带本是汉地佛教的繁盛地区，契丹族从此受到佛教的更大影响。

辽国自太祖皇帝起世代崇信佛教，对佛教皆采取支持、保护政策。其中，圣宗耶律隆绪（982—1030）、兴宗耶律宗真（1031—1054）、道宗耶律洪基（1055—1100）崇佛最甚。他们不断增建佛寺，拨大量土地、农户归寺院所有，又拨内币支持房山云居寺石经的镌刻。道宗不仅支持佛教事业的发展，而且本人就是一位宗教造诣高超的学者。他精通梵文，对《华严经》很有研究。"每余庶政，止味玄风。升御座以谈微，光流异端；穷圆通以制赞，神告休征。"（《全辽文·释摩诃衍论赞玄疏序》）他不仅能够讲经，而且留下了大量注疏《华严经》的著作。上有帝王表率，下有群臣效法。王公贵族争相布施寺院以建功德。如圣宗次女秦越大长公主舍南京（今北京）私宅建大昊天寺，同时施田百顷、民百家。兰陵郡夫人萧氏施中京（今内蒙古大名城）静安寺土地 3000 顷，谷 1 万担，钱 2000 贯，牛 50 头，马 40 匹。由于权臣、豪富纷纷施舍，辽代寺院经济迅速膨胀。寺院占有大量土地和民户，这些民户原应向国家缴纳的税金半数改交寺院。因此当时有了寺院"二税户"的特殊制度。

《辽史》对辽代僧官制度缺乏完整记载，但从一些零星文献可知，辽亦仿唐，在五京设置僧录司，其中燕京设左、右街僧录司。僧官职位有都僧录、僧正、僧判等，皆由僧人出任。州郡设僧正、都纲、都维那，都维那不是僧职，而是邑社头目。当时民间信佛活动很盛，由僧人和居士组成"千人邑社"，推举高僧或有名望的居士担任都维那，管理社事。相比之下，辽代僧官制度不如宋代严格，"出家无买牒之费"（《辽史·道宗纪六》），国家对出家毫无限制，因此僧尼人数大增，严重影响了国家财政收入，国力大衰。圣、兴、道三宗之后，政治日趋腐败。虽然不能说"辽以释废"，但佛教在当时的确产生了某些消极影响。

辽被金灭后，太祖八世孙耶律大石率部远走西域，在今新疆及中亚地区建立了西辽王朝。他们把内地的儒、释、道三教都带到了边陲。据丘处机的弟子记录的《长春真人西游记》卷上载：在当地回纥王侯举行的欢迎宴会上，"侍坐者有僧、道、儒人"。当地民族本已信仰伊斯兰教，西辽贵族自身虽信崇佛教，但对其他民族的宗教采取了宽容的政策，形成了该地区伊斯兰教、佛教、景教共存的局面。

（二）辽代佛教的流派、人物及其著述

辽代宗教制度重视僧才的培养，建立了比较完善的考试制度，设经、律、论三门，以学业优秀者为法师。这种制度刺激了佛教义学的研究和发展。汉地诸宗辽地皆有，但以华严、密宗这两个重视理论和仪轨的派别最为昌盛。五台山是当时华严宗的传教中心，其次才是禅、律、净土、唯识、俱舍诸派。

辽代华严宗上承唐代，不过法统世系已不大明了。目前所知最早为觉华岛（今辽宁兴城菊花岛）海云寺的海山法师。生卒年月不详，兴宗时人，俗姓郎，名思孝，早年曾中进士。后看破红尘，遁入空门。因"行业超绝，名动天下"，与王公贵族广泛交游。兴宗赐号"崇禄大夫，守司空，辅国大师"。与兴宗诗文唱和，交谊甚笃。"凡上奏章，名而不臣。"（王寂《辽东行部志》）海山对华严宗有较深的研究，著有《大华严经玄谈钞逐难科》1卷、《大华严经修辞分疏》2卷。高丽僧人义天所撰《新编诸宗教藏总录》（即《义天录》）录其书名，但著作已经散佚。

鲜演是另一位华严学僧（？—1118），俗姓李，怀州（今内蒙古巴林右旗）人。少年时受到良好的儒学教育，出家后游学于北方名寺，学识广博，尤精华严。道宗皇帝对他非常欣赏，"常以冬夏，召赴庭阙，询颐玄妙，谋议便宜"（《辽史·道宗纪三》）。延请他为大开龙寺暨黄龙府（今吉林农安）讲主，"特授圆通悟理四字师号"，迁崇禄大夫检校太保。天祚帝即位后又加特进阶，守太保，乾统五年（1106）迁特进守太傅。鲜演著作很多，而以《华严经玄谈抉择》6卷最为著名。他还为澄观《华严经疏钞玄谈》作注疏。另外他还撰有《仁王护国经融通疏》、《菩萨戒纂要疏》、《唯识论掇奇提异钞》、《摩诃衍论显正疏》、《菩提戒心论》、《诸经戒本》、《三宝六师外护文》等，涉及佛教许多方面。当时"高丽外邦，僧统倾心；大辽中国，师徒翘首"，鲜演是中外瞩目的华严大师。

道宗耶律洪基也可以算是华严宗的著名研究者，他曾撰《华严经随品赞》10卷、《华严经赞》、《华严经五颂》等。此外，华严学僧还有志实，著《华严经随品赞科》，是为道宗《随品赞》所做科文。兴中府和龙山花亚寺沙门道弼，著有《大华严经演义集玄记》6卷、《大华严经演义逐难科》1卷。这些《义天录》都有著录。

密宗是唐中叶由善无畏、金刚智、不空等"开元三大士"传入中国的，在中原流行过几十年。因密宗的某些思想与儒家纲常相左，故受到多方抵制，至唐末在中原已湮没无闻。但在辽地，密宗在民间广为流传。这可能与契丹族的文化性格有关。一方面他们没有缜密的纲常名教体系，另一方面，原始巫教遗风也使他们更容易接受密教求子、安产、求福、退魔、治病等加持祈祷之术。辽代密教的主要代表人物是觉苑和道硕二人。觉苑生卒年月不详，自幼出家，广泛学习各部佛典。西天竺摩揭陀国三藏法师慈贤来华，"志弘咒典"，觉苑从之受学，"专攻密部"，著有《大毗卢遮那成佛变伽持经义释演密钞》5 卷、《大科》1 卷、《大日经义释演秘钞》10 卷，弘扬密教经义，在朝野名声很大，被朝廷赐予总秘大师，燕京圆福寺崇禄大夫，检校太保，行崇禄卿等衔号。五台山金河寺沙门道硕，字法幢。俗姓杜，生卒年月不详。他"始从龆龀之年，习于儒释之典"（《全辽文·显密圆通成佛心要集并供佛利生仪后序》），广研禅律诸家，精通内外之学。后专攻密教，著有《显密圆通成佛心要集》2 卷，附《供佛利生仪》1 卷。全书共分四门：（1）显教心要；（2）密教心要；（3）显密双辨；（4）庆遇述怀。他在此书序言里说："无畏来唐，五密盛行于华夏……暨经年远，误见弥多。或习显教，轻诬密部之宗；或专密言，昧黩显教之趣……今乃不揣琐才，双依显密二宗，略示成佛心要。庶望将来，悉得圆通。"（《全辽文》卷 9）这里明确表达了熔"华严圆教"与密教教义于一炉，显密双修的宗旨。这也是辽代密教的特点。另有，沙门行琳辑《释教最上乘秘密陀罗尼集》30 卷，印度僧人慈贤译出《大佛顶陀罗尼经》1 卷、《大随求陀罗尼经》1 卷、《大摧碎陀罗尼经》1 卷、《妙吉祥平等观门大教之经》5 卷、《妙吉祥平等观门大教之经略出护摩仪》1 卷。这些经典的译出推动了密教在辽地的传播。此外，《准提咒》、《六字大明咒》、《八大菩萨曼陀罗经》等在民间也很风行。

与密教和华严宗的兴起有关，辽地沙门中兴起了《释摩诃衍论》传习的热潮。中京报恩寺诠圆通法大师法悟撰《释摩诃衍论赞玄疏》5 卷、《赞玄科》3 卷、《大科》1 卷。燕京归义寺纯慧大师守臻撰《释摩诃衍论通赞疏》10 卷。医巫闾山通圆慈行大师志福撰《释摩诃衍论通玄钞》4 卷、《通玄科》3 卷、《大科》1 卷。这三位学僧乡里、姓氏和生卒年月皆不详。但他们留下的著作是辽代佛教中有代表性的文献。

辽代净土信仰亦很盛行，代表人物为燕京奉福寺忏主、纯慧大师非浊（？—1063）。他"搜访阙章，聿修睿典"，撰《往生集》20卷，深受道宗皇帝赏识。道宗"亲为帙引，寻命龛次入藏"（喻谦《新续高僧传·非浊传》）。非浊在兴、道两朝影响很大，赐紫衣，先后授上京管内都僧录，燕京管内左街僧录。后加封崇禄大夫、检校太保、太傅、太尉等荣衔。

辽代律宗也有不少传人。燕京奉福寺澄渊就是律宗名僧，撰有《四分律删繁补缺行事详集注》14卷，是唐道宣《行事钞》的注疏，可见他也是南山律的传人。觉华岛海云寺的海山除精华严外亦精律藏，撰《近注五戒仪》、《近注八戒仪》、《自愿受戒仪》各1卷，《发菩提心戒本》3卷、《大乘忏悔仪》4卷，对律宗传播也有推动作用。

辽地唯识宗传人有燕京悯忠寺沙门诠明（后因避穆宗讳改名诠晓）。他"总讲群经，遍揉章钞"，博学多识，圣宗赐"无碍大师"号。著有《法华经玄赞会古通今钞》、《金刚般若经宣讲会古通今钞》、《弥勒上生经会古通今钞》、《成唯识论详镜幽微新钞》、《百法论金台义府》等5种经疏及科文，共73卷，以阐扬唯识宗创始人玄奘及弟子窥基的思想而著名。

与宋朝禅宗一枝独秀的局面相反，辽地禅宗的门庭相当冷落。可考的禅林只有燕京西山潭柘山麓的悟空寺和冀州盘山的感化寺。悟宗院本潭柘禅师的古道场，景宗保宁初（969）赐名悟空。圣宗统和十九年（1001）改为万寿禅院，太平年间改名太平寺，道宗大康中又改名华严寺。从寺名数改可想见其势力不昌。辽代禅僧无大声望者，甚至连禅宗精髓《坛经》，在无碍大师诠明考订经录时都被视为伪妄，全予焚除，可见禅宗影响不大。

三 辽地佛教与社会文化

辽地佛教对社会文化事业影响最大的当推《契丹藏》的雕刻和房山石经的续刻两件。《契丹藏》倡刻始于圣宗太平元年（1022），直接导因是由于得到了宋《开宝藏》的蜀版。为了表示自己在文化上不逊于汉人王朝，契丹统治者组织大批僧侣刊刻藏经，并在内容上尽量补充宋版所缺的写本，在形式上行格加密，改卷子式为折本。全藏于兴宗重熙元年（1032）开刻，至道宗清宁八年（1062）完成，共579帙。因此时辽恢复契丹国号，故后人称此藏为《契丹藏》。《契丹藏》在燕京刊刻，曾传入高丽，对丽藏再雕本的校刊订正有很大影响。另外，房山云居寺石经自隋代静琬开刻，至唐末战乱中停止。辽圣宗太平七年（1027），州官韩绍芳奏请增刻，圣宗即拨款支持，后兴宗、道宗支持不断。至靖宁三年（1057）刻完《大般若经》等600余块，与原存石经共2730块，合称四大部经。天祚帝天庆七年（1117），又将道宗时所刻石经大碑180片，与寺僧通理大师等校刻石经小碑4080片一起埋在地洞里，上建砖塔，刻有标记。这是辽朝对佛经一次大规模的收集、整理和校勘。石经具有极高的史料价值，《契丹藏》印本今已全部佚失，但通过云居寺辽代刻制古经，还可窥见《契丹藏》面目之大概。印经与刻经动用了辽地大量人力物力，是辽代文化生活中的大事件，为保护佛教文化做出了重大贡献。

辽代寺院建筑有不少保存至今，如大同的下华严寺、上华严寺都系辽代巨型佛教建筑，至今仍为国家重点保护文物。辽代佛教建筑中又以佛塔最为著名，如山西应县佛宫寺的木塔，为现存木塔中年代最古者。辽代亦继承北方佛教徒开凿石窟的传统，目前可考者有内蒙古赤峰灵峰院千佛洞、辽宁朝阳千佛洞和后昭庙千佛洞，大同云岗也有辽代石窟。

由于统治者的推崇，佛教深入民间。为了支持专院的佛事活动，各地信徒组织了许多邑社，推举当地寺院长老或有名居士任邑长，量力集资从事各项佛事。有些邑社因支持佛事活动不同而有不同名称，如燕京仙露寺的舍利邑，专为安置佛舍利而设；房山云居寺的经寺邑，专为镌刻石刻而组织。印大藏经时，也有专门的邑社组织募捐。邑社成了联系僧俗的重要桥梁，一方面促进了佛教的兴盛，一方面又带动了民间信仰的普及。当时社会上最流行的是祈愿往生西方净土的弥陀信仰，其次为炽盛光如来信仰、药师如来信仰、白衣观音信仰等。佛教信仰还对辽地民俗产生了很大影响，如妇女以金粉涂面，号为佛装；人以三宝奴、观音奴、文殊奴、药师奴为小字亦很常见。

第三节　宋朝诸教的融合与发展

一　国家宗教祀典的修订

五代衰乱，国家宗教祭祀的礼文仪注多草创，不能备一代之典。宋太祖建国后即重视礼制的恢复与制定。开宝中四方渐平，诏诸臣撰成《开宝通礼》200卷，乃本唐代《开元礼》而损益之。又定《通礼义纂》100卷。熙宁十年（1077），礼院定《祀仪》。元丰元年（1078），命诸臣检讨旧礼，陈襄说："国朝大率皆循唐故"，不久诸礼撰定，内中与宗教祭祀有关的是：《祭祀》总191卷，包括《祀仪》、《南郊式》、《大礼式》、《郊庙奉祀礼文》、《明堂祫享令式》等；《祈禳》总40卷，包括《祀赛式》、《斋醮式》、《金箓仪》；《丧葬》总163卷，包括《葬式》、《宋室外臣葬敕令格式》、《孝赠式》。大观初，置议礼局于尚书省，三年编成《吉礼》231卷、《祭服制度》16卷，颁布实行。政和三年（1113），成《五礼新仪》，共220卷。北宋熙宁与元丰之际，国家宗教祀典变动最大者，当是"圜丘之罢合祭天地；明堂专以英宗配帝，悉罢从祀群神；大蜡分四郊；寿星改祀老人；禧祖已祧而复，遂为始祖；即景灵宫建诸神御殿，以四孟荐享；虚禘祭"（《宋史·礼志一》）。靖康之后，南宋诸帝常有意于修礼而未成。

宋代吉礼，主国家神祇祭祀之事，祀典领于太常。每年大祀三十，中祀九，小祀九。大祀：正月上辛祈谷，孟夏雩祀，季秋大享明堂，冬至圜丘祭昊天上帝，正月上辛又祀感生帝，四立及土王日祀五方帝，春分朝日，秋分夕月，东西太一（立春祀东太一宫，立秋祀西太一宫），腊日大蜡祭百神，夏至祭皇地祇，孟冬祭神州地祇，四孟、季冬荐享太庙后庙，春秋二仲及腊日祭太社太稷，二仲九宫贵神。中祀：仲春祭五龙，立春后丑日祀风师、亥日享先农，季春巳日享先蚕，立夏后申日祀雨师，春秋二仲上丁释奠文宣王，上戊释奠武成王。小祀：仲春祀马祖，仲夏享先牧，仲秋祭马社，仲冬祭马步，季夏土王日祀中霤，立秋后辰日祀灵星，秋分享寿星，立冬后亥日祠司中、司命、司人、司禄，孟冬祭司寒。各州则于五郊迎气日祭岳、镇、海、渎，春秋二仲享先代帝王及周六庙，用中祀规格；

州县祭社稷，奠文宣王，祀风雨，用小祀规格。此其大略，诸帝常有增益与调整。

（一）祭天地

北宋作坛于东都城南，礼制与唐代大同小异。关于祭天，有三种讨论，一是北宋讨论昊天上帝与天皇大帝的区别，二是北宋、南宋多次讨论祭天配祖问题，三是讨论天地是否合祭。北宋礼仪使赵安仁认为："元气广大则称昊天，据远视之苍然，则称苍天。人之所尊，莫过于帝，托之于天，故称上帝。"这是指最高的天神。而"天皇大帝即北辰耀魄宝也，自是星中之尊"，即是说天神与星辰之神不是一回事，"辰象非天，草木非地"，故天皇大帝列于坛第二等。王钦若则认为天皇大帝应在五帝之上，诏天皇北极特升第一龛。宋太祖四次亲自南郊祭天，以宣祖（赵弘殷，赵匡胤之父）配享。太宗即位，亲郊仍以宣祖配，常祀圜丘则以太祖配。真宗即位，郊天奉太宗配，明堂奉太祖配。真宗死，以太祖配祀神州地祇，以太宗配祀昊天上帝及皇地祇，以宣祖配祀感生帝。景祐中，仁宗诏以太祖、太宗、真宗三庙万世不迁；南郊以太祖定配，二宗迭配。高宗建炎二年（1128）郊天以太祖配。度宗咸淳二年（1266）郊祀以太宗配。宋代开国皇帝是太祖，但真宗以下又承嗣太宗，而两者又同出于宣祖，故配天之祖不好确定，多有变化。宋初，城北设方丘以夏至祭皇地祇，又别立坛于北郊以孟冬祭神州地祇。神宗元丰元年（1078），是否于圜丘合祭天地引起讨论，许多大臣认为应当分祭于南北郊，以顺阴阳之义，四年诏定亲祀北郊，并依南郊之仪，有故不行即以上公摄事。六年祀昊天上帝，罢合祭，不设皇地祇位。哲宗立，复议合祭事，一派认为圜丘无祭地之礼，一派认为皇帝未能亲祀北郊，则缺祭地之大礼，故应合祭天地于南郊，于是遂合祭之。淳熙中，大儒朱熹反对合祭，认为"古者天地未必合祭，日月、山川、百神亦无一时合祭共享之礼"，此议未被采用。

宋代礼制，祭天有四仪，除冬至南郊祭天三岁一举并合祭天地外，还有：孟春祈谷，孟夏大雩，或祀于圜丘，或别立坛祀之；季秋大享明堂祭天。又因前代之制，冬至祀昊天上帝于圜丘之时，以五方帝、日、月、五星以下诸神从祀。又以四郊迎气及土王日专祀五方帝，以五人帝配，五官、三辰、七宿从祀。立春祀青帝，以太昊配，勾芒、岁星、三辰、七宿从祀；立夏祀赤帝，以神农配，祝融、荧惑、三辰、七宿从祀；季夏祀黄帝，以轩辕配，后土、镇星从祀；立秋祀白帝，以少昊配，蓐收、太白、三辰、七宿从祀；立冬祀黑帝，以高阳配，玄冥、辰星、三辰、七宿从祀。古有感生帝之祀，感生帝即五帝之一，帝王之兴必感其一，故名之。隋唐皆祀之，并以祖考升配，宋因其制。乾德元年（963），采聂崇义言：宋以火德上承正统，奉赤帝为感生帝，每岁正月别坛而祭，以符火德。绍兴中，感生帝由小祀升为大祀。此外还有明堂之祭。北宋以大庆殿为明堂，分五室于内。皇祐二年（1050），仁宗定制，明堂祭天合祭皇地祇，奉太祖、太宗、真宗并配，祀五帝、神州，天地诸神从祀。这就是移郊礼为季秋大享之礼。元丰中，因郑玄六天之说引起讨论，神宗以为祀英宗于明堂，惟以配上帝，悉罢从祀群神，谓昊天上帝、上帝、五帝，一帝而已。淳熙六年（1179），孝宗从群臣议，合祭天地于明堂，并侑祖宗、从祀百神，如南郊。

真宗大中祥符元年（1008），行封禅大礼，登泰山祭天。这是宋代唯一一位泰山封禅之帝，亦是中国最后一位泰山封禅之帝。事先遣官告天地、宗庙、社稷、太一宫及在京祠庙、岳渎，命王钦若、赵安仁为封禅经度制置使，王旦为大礼使，王钦若复为礼仪使，冯拯为仪仗使，陈尧叟为卤簿使，赵安仁复为桥道顿递使，并铸赐五使印及经度制置使印，沿途为之预备，修缮前代封禅坛址。封禅日，真宗乘步辇登山，自山下至太平顶，每两步一人，各竖长竿，揭笼灯下照。设昊天上帝位于山顶圜台，太祖太宗配祀，真宗登台奠献，三献毕，封金匮玉匮，受大臣称贺，山下传呼万岁，声动山谷。其玉册文曰："嗣天子臣某，敢昭告于昊天上帝：臣嗣膺景命，昭事上穹。虔修封祀，祈福黎元"云云。其玉牒文曰："有宋嗣天子臣某，敢昭告于昊天上帝：启运大同，惟宋受命，太祖肇基，功成治定；太宗膺图，重熙累盛。粤惟冲人丕承列圣，寅恭奉天，忧勤听政。以仁守位，以孝奉先。祈福逮下，侑神昭德，惠绥黎元，懋建皇极，天禄无疆，灵休允迪，万叶其昌，永保纯锡。"云云。稍后禅祭皇地祇于社首山，奉天书升坛，以祖宗配，其玉册文与封天略同。封禅礼毕，受朝贺，大赦天下，文武递进官勋，减免税赋工役。前后47日，沿途观者塞路，耗费国帑830万缛。诏大臣作封禅颂辞，山上刻石留念。徽宗政和中，曾有封禅之议，曾造舟四千艘，雨具亦千万，终未能行。由此可知封禅礼耗费巨大，十分劳民伤财。（《宋史·礼志七》）真宗又于大中祥符四年（1011）至汾阴祀后土，规模比封禅略小，亦是兴师动众，臣民不胜勤苦。

（二）社稷、岳渎、九宫神、文宣武成及诸祠

自京师至州县，皆祀社稷。朝廷以春秋二仲月及腊日祭太社太稷，州县则春秋二祭。牲用太牢，礼行三献，致斋三日。先是，州县社主不用石，礼部认为社稷不屋而坛，当受霜露风雨，以达天地之气，故用石主，取其坚久，尺寸为太社石主之半。

岳镇海渎之祀。立春日祀东岳岱山于兖州，东镇沂山于沂州，东海于莱州，淮渎于唐州。立夏日祀南岳衡山于衡州，南镇会稽山于越州，南海于广州，江渎于成都府。立秋日祀西岳华山于华州，西镇吴山于陇州，西海、河渎并于河中府。立冬祀北岳恒山、北镇医巫闾山并于定州，北海、济渎并于孟州。土王日祀中岳嵩山于河南府，中镇霍山于晋州。真宗赐号东岳曰天齐仁圣帝，南岳曰司天昭圣帝，西岳曰金天顺圣帝，北岳曰安天元圣帝，中岳曰中天崇圣帝。仁宗诏封江渎为广源王，河渎为显圣灵源王，淮渎为长源王，济渎为清源王，加东海为渊圣广德王，南海为洪圣广利王，西海为通圣广润王，北海为冲圣广泽王。

太一九宫贵神。汉武帝祠太一神，唐玄宗兼祠八宫，合称九宫贵神。它们是：太一、招摇、轩辕、太阴、天一、天符、摄提、咸池、青龙，主风雨霜雪雹疫，为大祀。

文宣武成之祀。文宣王孔子之祀，唐开元末升为中祀，设从祀，五代从祀废。宋朝塑先圣、亚圣、十哲像，画七十二贤及先儒二十一人像于东西庑之木壁。太祖太宗三谒孔庙。真宗大中祥符元年（1008），封泰山后至曲阜，谒文宣王庙，封孔子为玄圣文宣王，次年追封十哲为公，七十二弟子为侯。以后承嗣皇帝皆谒拜孔子庙。诸州府贡举人，择日谒先师孔子，遂为常礼。政和中，王安石配享孔庙。绍兴中，升为大祀。淳祐中，理宗诏以周敦颐、张载、程颢、程颐、朱熹从祀，黜王安石。景定中，张栻、吕祖谦从祀。宋初修复武成王庙，与国学相对。真宗加谥昭烈。

宋代继唐之旧，祭祀日月、高禖、先农、先蚕、寿星灵星、风伯雨师等。

（三）宗庙与凶服

建隆中立四亲庙，祭祀僖祖（太祖之高祖赵朓）、顺祖（太祖之曾祖赵珽）、翼祖（太祖之祖父赵敬）、宣祖（太祖之父赵弘殷）。太平兴国二年（977），太庙增为五室，以祔太祖神位。至道中，太宗神主祔于太庙，诸臣在安置太祖与太宗神位上发生争执，有的认为应以昭穆处之，有的认为父子方为昭穆，太祖太宗是兄弟，同代不为昭穆，后定为合祭之日，太祖太宗依典礼同位异坐。诸臣在何为始祖的问题上又发生争执，一派认为应以僖祖为始祖，如周之后稷，太祖则如周之文王，太宗如周之武王；一派认为应以太祖为始祖，因为他乃受命之君，开基立业，而僖祖不能比拟后稷。这场争论从北宋持续到南宋，前一派以朱熹为代表，后一派以董弅为代表。在许多情形下，一时未定，则于太庙虚东向之位，止列昭穆。徽宗崇宁中，太庙增为十室。南宋光宗绍熙中，太庙增为十二室。及光宗祔庙，太庙为九世十二室，太祖正始祖之位。庆元中别建僖祖庙，祀奉僖、顺、翼、宣四祖。

宗庙之祭，每岁以四孟月及季冬，共四次。此外，三年一祫（历代祖灵合祭于太祖），五年一禘（皇帝祭祀始祖），皆祭祖之大典。祭祖对于巩固皇室家族统治至关重要，政治家对此有明确的认识。大观五年，吏部员外郎董弅说："臣闻戎、祀，国之大事，而宗庙之祭，又祀之大者也。"（《宋史·礼志十》）这很可以代表宋代统治集团的普遍性观念。

南宋绍兴中曾发生关于火葬的争论。监登闻鼓院范同言："今民俗有所谓火化者，生则奉养之具唯恐不至，死则燔爇而弃捐之，何独厚于生而薄于死乎？甚者焚而置之水中，识者见之动心。"其时民贫无葬地，故有火化之风，且"日益炽甚"，范同认为"事关风化，理宜禁止"。他建议各地守臣应措置荒闲之地，给贫民土葬之用。而户部侍郎荣薿则认为火化有其缘由，不宜遽行禁除。他上疏说："臣闻吴越之俗，葬送费广，必积累而后办。至于贫下之家，送终之具，唯务从简，是以从来率以火化为便，相习成风，势难遽革。"由于人口日盛，土地难得，"既葬埋未有处所，而行火化之禁,恐非人情所安",他建议贫民与旅客可如从其便。(《宋史·礼志二八》)由此可知,土葬之盛是在上层,贫民中为贫困所制,为土地所限,早已兴起火化之习,这不是行政手段所能解决的。

宋代凶礼服制循古礼而有变通。天子行三年守孝之礼,在外廷以日易月,在内廷则行之,御朝时浅素浅黄而已。各帝略有变通。臣为君服,制有三等,三日而除。百官为父母守丧三年,订为常礼,如太宗诏书所说:"孝为百行之本,丧有三年之制,著于典礼,以厚人伦。"但边臣可视其情况灵活掌握,有的可不解官而行服,牧伯刺史以上在卒哭后恩准起复,而在京幕僚及州县之官皆须解官行服。家内丧服,子为嫁母,并听解官,以申心丧;子为生母,庶子为父后,如嫡母存,为生母服缌三月,仍解官申心丧,若不为父后,为生母持齐衰三年,以明嫡庶之别;妇为舅姑,按《礼记·内则》的规定,"妇事舅姑,如事父母",其三年齐斩,一从其夫;嫡孙承重,解官持齐衰三年之服。宋代丧服,总的趋势是加重。

(四)地方祭祀

州县一级属于官方祭祀,与中央相比,皆降格祭祀社稷与山川风雨之神,同时地方性增强。地方祭祀中最具传统特色的是山西晋祠,它源远流长,糅合了官方祭祀和民间信仰的双重性,体现了汉民族信仰的风格。晋祠就是晋王祠,是为祭祀和纪念晋国创始君王唐叔虞而修建的。北齐称大崇皇寺,唐复名晋祠,宋改为惠远祠,明以后再改回称晋祠。目前晋祠的建筑,是北宋太平兴国中初具规模的,天圣年间,形成以圣母殿为中心的格局,金、元、明、清陆续有所改造、补建,遂成为今日晋祠的面貌。圣母殿供奉叔虞的母亲邑姜,她也是姜太公的女儿,宋代封为广惠显灵昭济圣母。女性之神占据主位,这是很特殊的,这不仅是因为母以子贵,统治者需要提倡女德懿范,更是因为晋祠傍依晋水,为当地农业的依靠,老百姓把圣母当成水神,祈求风调雨顺、农业丰收,当然圣母就是至为重要的,于是有圣母殿之建,把叔虞祠挤到左侧一边去了。晋祠有昊天神祠,宋帝崇信道教玉皇大帝,故将传统的昊天上帝与玉皇大帝合二为一,统称"昊天金阙至尊玉皇大帝";昊天神祠同时还祭祀三清与关帝,是官方宗教、道教和民间信仰的综合祭祀场所。晋祠原本是晋人祭祀诸侯先祖的祠堂,属于宗庙系统。后来又有了昊天神祠、圣母殿、水母楼等,逐渐变成祭天祭自然诸神的场所。随着儒、释、道三教合流思潮的发展,随着民间多神崇拜风气的发展,各路神仙蜂拥而至,各据一殿,相安共处,老百姓祭祀起来也颇方便,来到晋祠便可以向各式各样的神位烧香叩头,不同的心愿同时能得到满足。老君洞、吕仙阁、东岳祠、文昌宫属于道教;舍利生生塔、奉圣寺属于佛教;同乐亭、读书台属儒家;三圣祠奉祀药王、仓王、扁鹊,属医家;台骀庙、公输子祠、王琼祠、苗裔堂、财神洞属于民间或地方信仰。晋祠集中了汉族信仰的各个不同的侧面,反映了他们在信仰上的多元性、兼容性和不稳定性,并显示了浓郁的地方色彩。晋祠一直受到官方乃至皇室的关心,当然体现贵族的意志,但作为一种晋文化,晋祠体现了古代人民的智慧和艺术创造力,如建于北宋天圣年间的鱼沼飞梁是建筑中的珍宝,别出心裁的十字梁架为现存之唯一一例;圣母殿中的宋塑仕女组像神态各异、栩栩如生,是杰出的雕塑上品;金人台上的铁铸武士威武雄壮,反映了宋代很高的冶铸技术。

二 佛教的禅教并重与佛儒合流

(一) 崇佛政策与佛教的发展

宋朝立国320年,共传18帝,除徽宗在很短一段时间内排佛外,都采取扶助佛教政策。因此作为一种社会力量,佛教的规模与影响仍然很大。

宋太祖"陈桥兵变",夺取了后周天下,一改周世宗的抑佛政策,大力支持佛教发展。建隆元年(960),先度童行8000人,停止了寺院的废毁。继而又派沙门157人赴印度求法,每人赐钱3万。派内史张从信往益州刻《大藏经》,开了中国历史上刻藏的先河。宋太宗"素崇尚释教",登极伊始的太平兴国元年(976),一次度童行17万。为了在中国佛教史上留下善迹,他效法唐太宗大开译场,延请中外名僧主持,译出大量经典。他亲撰《新译三藏圣教序》,刻之于碑,以求流芳千古。他敕令在开宝寺内建造一座11级、360尺高的舍利塔,历时8年,"所费亿万计"。塔建成后,他亲自安放舍利,"上雨涕,都人万众皆洒泣。燃指,焚香于臂掌者无数"(《宋朝事实类苑》卷43)。当时的宗教狂热,于此可见一斑。真宗、仁宗、英宗、神宗、哲宗继承了太祖、太宗的佛教政策，使得佛门香火日盛，出家者日众。据不完全统计，北宋时全国寺院达 4 万余所，僧尼 43 万，私度者还不在此列。（参见《宋会要辑稿·道释一》）出家的僧人中有感于时局艰难，报国无门的士大夫，但更多的还是迫于国家赋税沉重的贫苦农民。他们"窜名僧籍，以求一时之荫蔽"。为了保证国家财政收入的稳定，宋代沿袭了唐代的"度牒制度"，以求控制僧尼人数的增长。北宋王朝由于一直与西北部少数民族作战，战败后又用纳贡的方法苟和，所以财政匮乏。一旦发生天灾或战争，便以"鬻牒"方式维持财政平衡。朝廷经常发空名度牒以充救灾款或工役费。贱者二三十贯，贵者八九百贯，甚至"紫衣"、"师号"亦可出售。尚书祠部经常发几千张"空名度牒"给地方，以代拨款。结果导致度牒像货币一样在市场上流通起来，成为我国宗教史和财政史上一大奇观。

宋代寺院经济规模相当庞大，但其田产无确切数字。除了占有土地，寺院还有许多空房出租，或经营长生库（当铺）、碾硙、商店，收入颇丰，且享受免税、免役特权。故高层僧侣的生活多很豪华。因而加剧了僧侣地主集团和世俗地主集团的矛盾，至北宋末年，终于导致了宋徽宗排佛事件。

宋徽宗本人是狂热的道教徒，由于当时与女真人的金国矛盾加剧，国内民族矛盾上升，遂认佛教为"金狄之教"，崇道排佛。宣和元年（1119）正月"乙卯，诏：佛改号大觉金仙，余为仙人、大士。僧为德士，易服饰，称姓氏。寺为宫，院为观。改女冠为女道，尼为女德"。（《宋史·徽宗纪四》）演出了一场佛教"道化"的闹剧。但是佛教传入中国千余年，早已根深蒂固，仅几句"金狄之教"是废止不了的。翌年，徽宗又诏令复僧尼形服，去德士等称号。

宋室南迁以后，偏安一隅，国力衰微。南宋诸帝仍然崇佛，但不得不对佛教规模严加控制，停止额外度僧，希望僧尼人数自然减少。不过，江南佛教势力原本雄厚，再加之国家仍用"鬻牒"之法弥补财政欠空，故南宋佛教仍保持相当规模，僧尼人数在 20 万以上。

宋代僧官制度分僧俗两套机构。在政府方面实行多头控制，鸿胪寺管理佛教事务，尚书祠部掌握"剃度受戒文牒"，中书或门下省掌握全国州县寺观名额，国立大寺住持人选及赐给僧尼"紫衣"、"师号"。开封府尹兼领功德使，监察督责度牒发行和僧官的补选。几个政府部门互相牵制，不使专权，反映了中央集权加强的倾向。在僧官方面，宋承唐制，设左、右街僧录司为中央级僧署，主要职位有僧录、僧正、副僧录、首座、鉴义等，皆左右对置，以左为尚，管理全国僧尼试经、梵修诸事。在州设僧正司，主要职务有僧正、副僧正，掌管境内僧务。名山大刹也设僧正，管理一山僧团。寺有住持。僧团中具体庶务由僧官负责处理。如此，宋代通过官方和民间两套组织，把佛教完全置于政府控制之下。

（二）佛经的翻译与刻印

宋太宗非常重视译经事业，在太平兴国寺大殿西边建立译经院，赐西域高僧法天、天息灾（法贤）、施护等人"传教大师"、"明教大师"、"显教大师"号，入院主持译经。另外还有大批中国僧人参与翻译，担任证义、笔录、润文等职。自太宗太平兴国七年（982）至仁宗景祐二年（1035）的54年间，共译梵本1428夹，译出经论564卷。其中密教经籍所占比重最多。因当时正是印度密教全盛时期，流入中国的经文以密教为主。另据记载，施护等人译经前都要先作道场，"持秘密咒七昼夜。又设木坛，布圣贤字轮，目曰'大法曼拿'，……香、花、灯、涂、果实、饮食，二时供养；礼拜、旋绕、以殄魔障"（《宋会要辑稿·道释二》）。从其行事看，亦属密教中人。密教理论中有许多内容与儒家伦理相抵触，当时译经院担任译经使，润文官者又多为儒家学者，所以一些经典甫被译出，旋即举报焚毁。如淳化五年（994）译出《大乘密藏经》，发现有65处"文义乖戾"，太宗听说，当即诏谕："使邪伪得行，非所以崇正法也"，勒令当众焚毁。真宗天禧元年（1017）译出《频那夜迦经》，亦因含有"荤血之祀"、"厌诅之词"，"不得翻译"，"不得编入藏目"（同上）。如此筛选的结果，使许多经典译出而无法流行。就流传的部分看，讲"义理"的也不多。故宋代译经并未在佛教史上产生多大影响。神宗熙宁四年（1071）废译经院，元丰五年（1082）罢译经史、润文官，译经事业至此结束。

宋代曾三度编写《经目》。其一，由参政知事赵安仁、翰林学士杨亿等人在大中祥符六年（1013）编出《大中祥符法宝录》22卷，著录了宋太宗太平兴国七年（982）至真宗大中祥符四年（1011）30余年所出经籍222部413卷，东土僧人撰述11部160卷。其二，宋仁宗天圣年间惟净等人编出《天圣释教录》2帙，收集前代各朝经录共602帙6196卷。其三，宋仁宗景祐年间吕夷简、宋绶等人编出《新修法宝录》，总括了宋初54年间所出经目1428夹564卷。

五代以后，我国雕版印刷技术有了很快的发展，宋代开始用于佛经印刷，成为佛教史上一件开拓性的大事件。宋代300余年间，官私刻藏5次。第一种为官刻《开宝藏》，由皇帝亲自派人主持，从开宝四年（911）至太平兴国八年（983），费时12年，在益州（今四川成都）刻成，因此称为蜀版。开始以《开元录》之经为限，5000余册。后陆续增加东土撰述及《贞元录》各经，最后达到653帙6620卷。它的印本成为以后一切官私刻藏的共同准据。甚至高丽、契丹、日本刻藏也以此为底本。第二种是福州私刻东禅等觉院版，于崇宁二年（1103）完成，亦称《崇宁万寿大藏》。第三种是福州私刻的开元寺版，由福州蔡俊臣等人发起，历时40余年，于绍兴二十一年（1151）完成，基本仿照东禅版。第四种是潮州思溪圆觉禅院版，亦称《思溪藏》。资金由致仕的密州观察使王永从一家所出，规模基本与福州版同。第五种是平江碛砂延圣禅院版，此藏由绍定初年（1229），大官僚赵安国独自出资刻成《大般若》等大部经典为首倡，后仿思溪版定目续刻。咸淳八年（1272）因战火而中止，入元代后完成。共得591函6362卷，称《碛砂藏》。宋代的刻经比译经更有影响。唐代以后，佛教义学虽然缺少发展，但佛教徒队伍仍不断扩大，这当与佛经借助印刷术不断在民间扩大影响有关。

（三）禅宗的新发展

唐武灭佛，拆毁寺院，没收寺产，焚除经典，使得依靠施主大量布施、读经、坐禅求解脱的教派难以为继。唯有"不立文字"、自耕而食的禅宗很快得到了恢复。入宋以来，禅宗一枝独秀，禅与佛几乎成了同义语，不过宋禅并不是唐禅的简单恢复，它形成了自己新的风格和特点。

禅宗《灯录》和《语录》大量出现 大量编制《灯录》和《语录》

是宋禅的一大特色。《语录》前代已有，但数量不多，《灯录》则是宋禅的独创。另外还有《评唱》、《击节》等注释性著作，更是前代所未闻。

《灯录》是一种记言体的禅宗史传。由于主要记言而不重记行，所以不同于一般的僧传。书中所记都是禅宗的"公案"、"机锋"和"禅语"。宋代著名的《灯录》有：《景德传灯录》30 卷，道原撰；《天圣广灯录》30 卷，李遵勖编；《建中靖国续灯录》30 卷，惟白集；《联灯会要》30 卷，悟明集；《嘉泰普灯录》30 卷，正受编。五部《灯录》共 150 卷，洋洋数千万言，记录了历代佛祖、禅师的语录，内容重复繁琐。普济将其压缩为 20 卷，名《五灯会元》。宋代较有名的语录有：赜藏主集的《古尊宿语录》48 卷；师明集《续古尊宿语录》6 卷；智昭集《天人眼目》6 卷。收集了慧能以下几十位禅师的"机缘"，更是繁而又繁。《文献通考》的作者，元代马瑞临评说道："（禅宗）本初自谓直接人心，不立文字。今四灯总一百二十卷，数千万言，乃正不离文字耳。"（《文献通考》卷 227）

除了记述性的《灯录》、《语录》，宋禅还发展出注疏性的《颂古》、《拈古》、《评唱》、《击节》等形式的著作。所谓《颂古》，是以韵文体对古则公案作赞颂性的解释，而《拈古》则是散文体的注释。《颂古》的形式前代已有，而以宋初云门宗传人雪窦重显（980—1052）的《颂古百则》最为著名。它辞藻华丽，广征博引，受到士大夫和禅僧的欣赏。重显还有《拈古百则》。《评唱》、《击节》则以临济名僧佛果克勤的《碧岩集》和《击节录》最为著名，前者是对重显《颂古百则》的"评唱"，后者则是对重显《拈古百则》的"击节"（击而中节）。

宋禅的种种作法，实际上已经背离了慧能开创禅宗时"不立文字"、"教外别传"的方针。慧能的宗教改革是对佛教徒大量读经、注经、译经，逐步陷入繁琐哲学不能自拔的一种解放，为佛教的发展注入了生机。但是慧能的简单法门也存在许些弊端，宋代的"文字禅"是对慧能的又一次反动，仿佛是向慧能以前回归，禅宗就是这样曲折发展的。造成这种转折的原因大致有三：其一，慧能提倡"直证本心"、"见性成佛"，方法则是靠个人的"参究"、"顿悟"。为了启发门徒的觉悟，后代禅师逐渐发展出了"公案"、"机锋"、"禅语"、"棒喝"等一套复杂的方法。

弟子感到对启发灵性有帮助，便记录了下来。不过禅宗的教学都是因材施教、触景生情的，时过境迁便使后人不得要领，故需要"评唱"、"击节"等注释性著作。其二，禅宗过分重视个体的觉悟，反对拘泥经教，结果导致了禅门各种异端思潮的发展。禅僧延寿（904—975）看到了这一倾向。他指出："近代或有滥参禅门而不得旨者，……并是指鹿为马，期悟遭迷，执影是真，以病为法。"（《宗镜录》卷35）他们"毁金口所说之正典，拔圆因助道之修行"，"发狂慧而守痴禅，迷方便而违宗旨"（同上）。有人甚至说："饮酒食肉，不碍菩提，行盗行淫，无妨般若，"结果诱发了种种沙门丑行。延寿明确提出了"禅教兼重"的方针。"经是佛语，禅是佛意，诸佛心口，必不相违。"（同上书，卷1）禅宗作为一种宗教，仍需要一些基本理论著作维持其特定内涵。延寿征引佛经120种、祖师语录120种、圣贤集60种，编出百卷巨著《宗镜录》，"禅教合一"的潮流推动了禅宗向传统的复归。其三，禅宗思想与中国士大夫的心态、情趣、价值取向、思维方式高度冥合，因此受到士大夫阶层的普遍欢迎，成为他们精神生活中的一个避风港。宋代"好佛"、"参禅"成为一种时尚。如王安石变法失败转入空门，苏东坡广交禅友，大作禅诗。众多士大夫的参与在一定程度上改变了早期禅宗质朴少文的特点。宋代《五灯》中的前两灯，《景德传灯录》由翰林大学士杨亿参与"刊削"、"裁定"，《天圣广灯录》干脆由驸马爷李遵勖任主编。士大夫的参与促进了从"内证禅"向"文字禅"的转化。

宋代禅宗的师承 唐代禅宗在慧能以后逐渐分化，在唐末五代形成了临济、曹洞、沩仰、云门、法眼五宗。在"直证本心"、"见性成佛"的根本宗旨上五家原无大异，不过在开启学人智慧的方法上各不相同。沩仰、法眼二宗在宋初便已湮灭。云门宗在宋初尚活跃，但宋中叶后也销声匿迹了。曹洞宗法系绵延，代有传人，不过势力不大。所以宋代禅门真正兴隆的仅临济一系。当时有"临天下，曹一角"之说。

宋代临济宗，从临济义玄六传弟子石霜楚圆门下，分出杨岐方会和黄龙慧南两个支系。加上前五宗，便有"五家七宗"之说。师承关系如下：

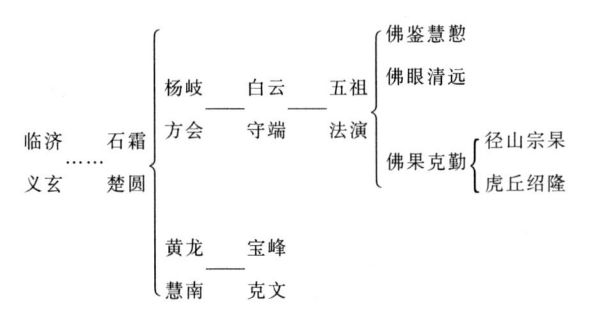

```
                              ┌─ 佛鉴慧懃
                 ┌─ 杨岐 ─ 白云 ─ 五祖 ─┤─ 佛眼清远
                 │  方会   守端   法演  │         ┌─ 径山宗杲
  临济 …… 石霜 ─┤                    └─ 佛果克勤 ─┤
  义玄     楚圆  │                              └─ 虎丘绍隆
                 │
                 └─ 黄龙 ─ 宝峰
                    慧南   克文
```

杨岐一系在宋代有影响的人物较多，宗风较盛，后来成为临济正宗。代表人物是方会、克勤、宗杲。但后世弘传临济法系的是绍隆，直至晚近不绝。黄龙一系仅在慧南及弟子克文时期兴盛，数代之后便失传了。

杨岐宗人方会、克勤和宗杲　方会（992—1046），俗姓冷，袁州宜春（今属江西）人。20岁时因经管钱粮出了问题，逃入筠州九峰山剃度出家。每阅经闻法心融神会，后学禅，参石霜楚圆，得启发而开悟。辞别九峰后，被迎居杨岐，举扬一家宗风，故后世称他的宗派为杨岐派。方会的思想被弟子收集在《杨岐方会和尚语录》、《杨岐方会和尚后录》中，被编入《古尊宿语录》。他认为："只个心心是佛，十方世界最灵物。"心即是佛，即是万物。"一即一切，一切即一"，"一尘才举，大地全收"。（《古尊宿语录》卷19）这里吸收了华严宗"一多相即"的思想。此外，他还吸收天台、云门诸宗派的观点，并无创新，只是融合。在禅法方面他提出"四一"作为宗旨，即"杨岐一要，千圣同妙，布施大众，果然失照！杨岐一言，随方就圆，若也拟议，十万八千！杨岐一语，呵佛叱祖，明眼人前，不得错举！杨岐一句，急著眼觑，长连床上，拈匙把著！"（同上书）此中禅机，只能是随人意会了。

克勤（1063—1135），字无著，俗姓骆，彭州崇宁（今四川成都附近）人。方会的三传弟子，师从法演。据说自幼聪颖，因游妙寂寺见佛有感，遂出家。一日往太平拜见法演，闻法演吟"小艳诗"曰："频呼小玉元无事，只要檀郎认得声"，豁然开悟，投于法演门下。后得到法演赏识，与之"分座说法"。在荆州期间，因与丞相张商英谈论《华严经》，张深为信服，称其为"僧中管仲"。不久，澧州刺史延请克勤住持夹山灵泉院。宣和中诏往京师天宁寺，徽宗赐号"圆悟禅师"，后因母病返蜀，住持昭觉寺。

绍兴五年（1135）病逝。克勤一生著作宏富，代表作为《碧岩集》和《击节录》。两书都是禅宗式的注释式著作，以下从《碧岩集》中选取一段，以示特点。

"评唱"每则先引"公案"，"第一则，圣谛第一义。举梁武帝问达摩大师（说这不唧溜汉）：'如何是圣谛第一义（是甚系驴橛）？'摩云：'廓然无圣（将谓多少奇特，箭过新罗，可煞明白）！'帝曰：'对朕者谁满面惭愧（强惶惶，果然摸索不着）？'摩曰：'不识（咄！再来不值半文钱）！'帝不契（可惜许却较些子），达摩遂渡江至魏（这野狐精，不免一场么罗，从东过西，从西过东）。"这本是一则历史传说，禅宗将其变成公案，以示自己高深，其实当年的达摩并不会参禅、逗机锋。文中"著语"为克勤所加，充分表现了禅宗呵佛叱祖、无所顾忌的特点。下引重显的"颂古"："圣谛廓然（箭过新罗，咦！）何当辨（过也，有什么难辨）？对朕者谁（再来不值半文钱，又怎么去也？）还云不识（三人四人中也，咄！）。因兹暗渡江（穿人鼻孔不得，却被别人穿！苍天！苍天！好不大丈夫），岂免生荆棘（脚跟下已数丈深）？……"克勤对此又加以评唱："且据雪窦颂此公案，一似善舞太阿剑相似。……大凡颂古，只是绕路说禅。拈古大纲，据款结案而已。雪窦与他一拶，劈头便说：'圣谛廓然，何当辨的？'于佗初句下，著这一语，不妨奇特。……'因兹暗渡江，岂免生荆棘？'达摩本来兹土，与人解粘去缚，抽钉拔楔，铲除荆棘，因何却道生荆棘？非止当时诸人，即今脚跟下已深数丈。"（《碧岩集》卷1）克勤的"评唱"可说是"以禅注禅"，以机锋解机锋，完全不同于前代佛教义学的注经。本意如何？注解如何？全凭读者心悟。不过他还是说了一句明白话，"大凡颂古，只是绕路说禅"。禅机本已玄奥，"颂古"绕了一弯，"评唱"再绕一弯，注释的结果用禅宗的话说，只能是"如人饮水，冷暖自知"了。

宗杲（1089—1163），俗姓奚，宜州宁国（今安徽宣城）人。少年出家，历参数禅，后在京都天宁寺投于克勤门下，得其印可，分座接众。金兵犯京，避乱苏州虎丘。后往浙江径山传法，道场很盛，嗣法弟子90余人，分赴四方，临济宗至此大盛。孝宗赐号"大慧禅师"，终年75岁。宗杲为了维护禅门"直指"的宗旨，反对老师克勤作《碧岩集》、《击节录》，"虑其后人不明根本，专尚语言以图口捷。由是火之，以救斯弊也"。[（元）布陵《重刻圆悟禅师碧岩集后序》]但是他自己又编了6卷《正法眼藏》，并因此而著名。在《重刻正法眼藏序》中，他讲述自己编书的宗旨说："法久弊生，或承虚接响，以育枷瞎棒，妄号通宗；或守拙抱愚，以一味不言，目为本分；或仿佛依稀，自称了悟；或摇唇鼓舌，以当平生。如是有百二十家痴禅，自赚赚人，沦溺狂邪？"宗杲之言，道出了盲目卖弄机锋的流弊。为救此弊，他编《正法眼藏》，"不分门类，不问云门、临济、曹洞、沩仰、法眼宗，但有正知正见可以令人悟入者，皆收之"。表现了一种融汇五家的倾向。但由于不分门类，不按先后，不问唐宋，信手拈来，杂然乱陈，只能使读者更摸不着头脑。

另外，宗杲还以提倡"看话禅"，反对"默照禅"而闻名。曹洞宗门人正觉（1091—1157）认为：心是诸佛本觉，只因疑碍昏翳，自作障隔，所以无明。如能净坐默究，净治揩磨，去掉妄缘，自然清净圆明。他把静坐守寂作为证悟的唯一方法，并且身体力行，"昼夜不眠，与众危坐，三轮俱寂，六用不痕"（《宏智正觉禅师广录》卷9）。这实际上退回了佛教早期的"禅定"，与慧能"一付臭骨头，何为立功深"，"行亦禅，坐亦禅，语默动静体安然"的传统相违背。宗杲反对"默照邪禅"，提倡"看话头"求解脱，即参究公案中的"活句"。他把公案中意义明确的文字称作"死句"，而意蕴不明的则是"活句"，正是学者当用功处。如有人问"何为佛祖西来意？"禅师答曰："庭前柏树子。"完全是文不对题。宗杲认为在此不可思议处思议，正是开悟的诀窍。谁参透了这些话头，他就算是开悟了，可以开堂授法。如何评价禅宗的这种开悟，在当代思维科学领域中仍是一个大问题。有人认为它启发了人心灵深处的潜意识而获得生命的智慧，有人认为这完全是使人糊涂的神秘主义。笔者以为：造成如此对立的见解，一方面是由于人的思维机制过于复杂，现代科学尚未完全解析；另一方面则是由于禅宗的开悟和机锋完全是个性化的宗教体验，更难于用某种理论普遍解释。

黄龙宗人慧南和克文　慧南（1002—1069），俗姓章，信州玉山（今属江西）人。幼年出家，先学云门禅，后投到石霜楚圆门下。开悟后去洪州（今南昌）黄龙山崇恩禅院说法，开创了黄龙派。慧南以所谓"黄龙三关"而著名。"师室中常问僧出家所以，乡关来历。复扣云：人人尽有生缘处，那个是上座生缘处？又复当机问答，正驰锋辩，却复伸手云：我手何似佛手？又问诸方参请宗师所得，却复垂脚云：我脚何似驴脚？三十余年，示此三问，往之学者，多不凑机。丛林共目为三关。"（《建中靖国续灯录》卷7）"生缘"、"佛手"、"驴脚"即是三关。这三关是三个难于从字面上回答的问题，是为了提示学者，禅境不可言传，本心佛性离言别相，不要拘泥经典文字，而需要参禅者去自悟。在理论上，慧南也是一个"真如缘起"论者，认为"尘即真如"，"理事不碍"，佛性不离人心、庶物。他说："智海无性，因觉妄以成凡；觉妄元虚，即凡心而见佛。"（《续古尊宿语录》卷1）佛、凡之分，只在迷、悟之间，所以，众生无别，皆有佛性。"黄龙三关"中的"佛手"、"驴脚"即含有凡圣无别，自他无二的观点。

克文（1025—1102），俗姓郑，幼年出家，游学四方。"贤首、慈恩，性、相二宗，凡大经论，咸造其微"，对佛教诸宗的理论都有所了解。最后投于慧南门下，光大师说。朝廷赐"紫方袍"和"真净大师"号。与王安石、苏轼交游甚厚，博得苏、王的赞誉。克文把"真如缘起"说发挥到了极致，"法之本然，心之本佛，官也私也，僧也俗也，智也愚也，凡也圣也，天也地也，悟则视同一家，迷则千差万别"（《古尊宿语录》卷43）。世上千差万别的事物都是以真如为本体，"不必更分彼此，同是一真法界"（《续古尊宿语录》卷2）。觉悟的人完全不必计较于此，"各以妙明心印印之，则王事、民事，一一明了，一一无差别"（《古尊宿语录》卷43）。他把华严宗的圆融思想发挥到极致，把一切差别消融在统一之中。

（四）天台宗及其"山家"、"山外"之争

天台宗是宋代佛教中，除禅宗之外另一个比较活跃的流派。这一方面是由于天台门中产生了一批有影响的人物，发生了"山家"与"山外"的争论。另一方面则是由于从海外寻回了大量佛教文献，其中属于天台宗的比较完备，因而引发了佛学界对天台理论的兴趣。

宋代天台宗师承如下：

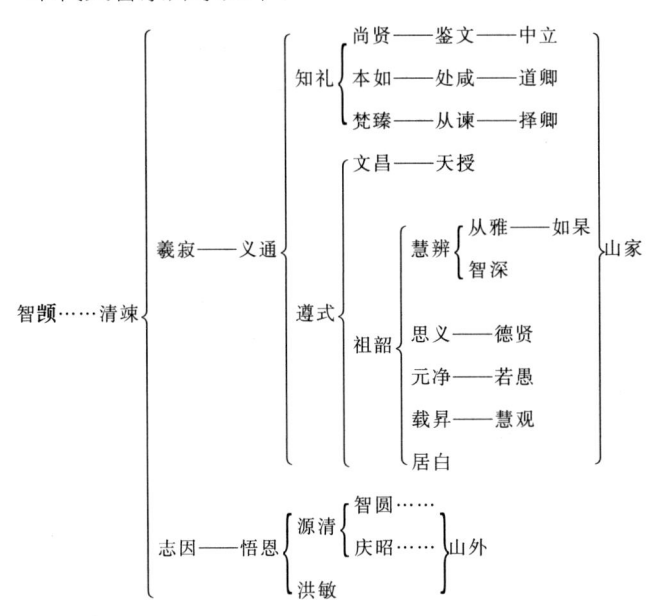

```
                        ┌ 尚贤──鉴文──中立
                   ┌ 知礼 ┤ 本如──处咸──道卿
                   │    └ 梵臻──从谏──择卿
                   │
                   │    ┌ 文昌──天授
           ┌ 义寂──义通 ┤
           │       │    │    ┌ 慧辨 ┬ 从雅──如杲 ┐
           │       │    │    │     └ 智深        │ 山家
           │       └ 遵式 ┤ 祖韶 ┤ 思义──德贤      │
智顗……清竦 ┤              │    │ 元净──若愚      │
           │              │    │ 载昇──慧观      │
           │              │    └ 居白            ┘
           │
           │              ┌ 源清 ┬ 智圆…… ┐
           └ 志因──悟恩 ┤      └ 庆昭…… │ 山外
                          └ 洪敏              ┘
```

义寂（919—987），是宋代天台宗的开创者。19 岁出家，先习律学，后到天台山国清寺，投入清竦门下。学习中他深感天台文献残缺不全，会昌法难损失严重。当时吴越王钱俶因读《永嘉集》，其中有些文句不解，向义寂请教。他说："此出智者《妙玄》，自唐末丧乱，教籍散毁，故此诸文多在海外。"于是吴越王遣使十余人，往日本、朝鲜等国，寻回不少天台文献。（见《佛祖统论》卷 8）此事被称为"去珠复还"。智顗的《法华玄义》10 卷、《法华文句》10 卷、《摩诃止观》10 卷，号称"天台三大部"，这次都找回并重新整理。天台宗从此中兴。

义通（927—988），字惟远，原系高丽王族。五代时游学中国，投于义寂门下，成为一代宗师。宋太宗赐其所居寺院为"宝云"寺，他本人被称为"宝云大师"。义通本人无多少著作，但一个外国僧人能成为中国宗派传人已属不易，且他的二"神足"遵式和知礼在重兴天台宗的工作中起了很大作用。

知礼（960—1028），字约言，俗姓金，浙江四明（今浙江宁波）人，亦称四明知礼。7 岁出家，15 岁受具足戒，20 岁从义通学天台教观，成为传法门人。"凡三主法会,唯事讲、忏四十余年,胁不至席。当时之人,从而化者千计。"(赵抃《宋故明州延庆寺法智大师行业碑》)宋真宗赐其"法智大师"号。晚年曾结伴10人,共修《法华忏》,以三年为期,相约期满集体自焚。后经多方劝阻,方只忏不焚。在理论方面,知礼主要宣扬天台宗"一念三千"、"圆融三谛"等思想。从天台宗"一乘圆教"的思想看,平等即差别,差别即平等,宇宙万法,森罗万象,实则相融无碍。心、色、佛、众生,表面看来区别历然,但皆互具三千之法,毕竟是即空、即假、即中。心、色、佛是圆融三谛,本质无二。迷悟善恶,亦由观法不同,其本性不二。知礼对这些思想加以发挥,提出:"无明与法性",亦相即不二,圆融无碍。"清净本然"的法性由于受到无明的熏染,顺随了无明之缘,从而生出宇宙万物,这才有了人类的重重苦难。而觉悟者断尽无明就是洞视法性。知礼特别强调无明与法性不可分,"单真不生,独妄难成。真妄和合,方有所为"。由此知礼得出了"性具善恶"的"性恶论",在以后的佛学界引起了很大争议。

遵式(964—1032),字知白,俗姓叶,天台宁海人,是知礼的表兄弟。早年出家,先习律学,后投于义通门下学天台。于"国清普贤象前烬一指,誓传天台之教"。学成后四处宣扬天台教观多年,影响很大,宋真宗赐号"慈云大师"。遵式也是一个"真如缘起"论者,特别强调真如与诸法互为缘起,圆融无碍。他说:"天台所谈佛性与诸家不同。诸家多说一理真如名为佛性,天台圆谈十界,生佛互融,若实若权,同居于念。"(《天竺别集》卷下)真如在诸法之中,众生与佛一体,且皆人心一念的产物。遵式提出了"性心一体"的观点。"性,心之体也,心,性之相也。穷心、了性,号浮图也;迷体、据相,号众生也。心性一也。"(同上)这里表现出天台理论与禅宗理论的融汇。遵式除了理论著作,还写了大量"忏仪",如《金光明忏仪》、《大弥陀忏仪》、《小弥陀忏仪》等。他一生多次主持念经"拜忏",有"天竺忏主"、"慈云忏主"的美名。真宗专门诏请他入京"修法华忏,为国祈福",可见他在宗教实践方面的名声。

悟恩(912—986),字修己,俗姓路,姑苏常熟人。自幼出家,先习律学,后在钱唐慈光院投于志因门下学天台。学成后大讲《法华》、《光明》

及《止观》论,对弘扬天台思想起了很大作用。在他的著作中,《金光明玄义发挥记》在天台宗史上产生了很大影响,由此而引发了"山家"和"山外"之争。悟恩门下源清、洪敏、庆昭、智圆与知礼及其弟子反复辩难,掀起了一场轩然大波。

"山家"与"山外"之争起于对智𫖮《金光明经玄义》的不同理解。智𫖮的《玄义》有广、略两个版本。悟恩的《发挥记》所注是略本,其中只详说了法性问题,而没有专门讲天台"五重玄义"中的"观心"问题。依悟恩的思路,诸法实相是可以直接观的,不必通过观心一节。广本所讲"观心",他认为是后人误加,《玄义》当以略本为主。此观点一提出,即遭到四明知礼的反对。知礼认为悟恩有偏,有教而无观,违反了天台教、观并重的宗旨。他作《扶宗记》注《玄义》,专以广本为主。他大讲观心,认为必须把要观的道理集中到心上来观。这一思想与知礼、遵式一派坚持的"心性不二"的思想是一致的。知礼的书一出,立即引起了悟恩门下弟子的反对,庆昭、智圆合著《辨讹》反对知礼。他们认为:观心虽然应该,但观法即是观心。知礼离观法而观心,是"妄心观",而他们自己依法而观心,是"真心观"。真心、妄心之说出于华严宗以如来藏为真心二门的旧说,知礼认为庆昭、智圆受了其他宗派的影响,故贬为"山外",自己则是坚持天台正宗的"山家"。以后知礼相继作了《问难书》、《诘难书》、《问疑书》、《复问书》诘难庆昭、智圆,庆昭、智圆则作《答疑书》、《五义书》、《释非书》辨答。往复五次,绵亘七年,最后庆昭等人不再作答,知礼认为对方理屈,自己获胜。他于景德三年(1006)总结了前番十次问答,集为《十难义书》2卷,又作《观心二百问》,大肆宣扬"山家"观点。其说大行,知礼一系成为天台嫡系。

(五)佛教其他诸宗

净土宗 宋代净土宗有很大影响。一方面由于它比禅宗还简单,只要口宣佛号,便可往生西方净土,所以在会昌法难后可以很快恢复起来。另一方面,净土信仰已成为宋代佛教徒们的一种普遍信仰,净土宗已不再是一个专门的流派,而是天下共宗。例如:天台名僧知礼曾"结社万人","心心系念,日日要期","誓取往生"(《乐邦文集》卷4)。禅僧延寿奉诏住杭州时,每天日暮要"往别峰行道念佛",吴越王钱俶闻后赞曰:"自古求西方者,未有如此之切者。"(同上书,卷2)志磐作《佛祖统纪》的《净土教志》时,宋代75人被列入《往生高僧传》,其中各派名僧皆有。净土成为诸宗的共同信仰,一方面说明佛教后期各家理论的融合,另一方面也反映了学者的佛教离不开民间的佛教。宋代禅学大盛,但参禅、逗机锋只能是少数高僧和士大夫的雅趣,广大没有文化的贫苦农民与此无缘。因此佛教必须有一些易于掌握的简单教义和方便法门,方能吸引广大信徒。净土宗恰恰具有这样的特点。他们声称阿弥陀佛在成佛以前,曾发48种宏愿大誓,在他成佛以后,凡诚心称念他名号者,他皆接引往西方净土,永享极乐。往生净土虽还不是证得涅槃,即身成佛,但那里"极乐世界黄金为地,行树参空,楼耸七珍","人寿无量,长生不老"(同上书,卷2),退而求其次,这前景也够诱人的。

宋代专修净土的代表人物是省常和宗赜。宋代净土宗的重要文献《乐邦文类》把他们列为净土五位继祖中的二位。省常(959—1020),字造微,俗姓颜,浙江钱塘人。先习天台止观,后效莲社故事,在浙江西湖与僧俗千余人,于西湖庆昭寺结"净行社",以相国王旦为"社首",社会影响很大,推动了江南净土信仰的发展。省常曾自刺指血写《华严经·净行品》,每书一字,三拜、三绕、三念阿弥陀佛。写毕,刻印千卷,分施千人。宗赜,生卒年月不详,号慈觉,襄阳人。少习儒书,出家后兼习禅教,后归心净土。哲宗元祐中,住持真州(今江苏仪征)长芦寺,建"莲花胜会"。与僧俗教徒多人,同声称念阿弥陀佛号,日至千声、万声,以为功深,著有《苇江集》,"内有劝孝文一百二十篇,多教人劝父母修净土,为出世间之孝"(明道衍《诸上善人咏》)。表现了一种将净土信仰与儒家孝道相融合的倾向。

华严宗 华严宗本是一个注重理论思辨的中国佛教流派,在唐末变乱中损失惨重,师承不明。华严宗在宋代势力相当衰微,只有长水子璇和晋水净源二人试图重扶宗风,才勉强维持香火。

子璇(?—1038),浙江嘉禾人。师从不明,曾向临济禅僧慧觉学禅,慧觉劝他"励志扶持"华严,思想具有禅教一致的特色。学成后住于陕西长水（即产水），"众几一千，"有相当的影响。著有《楞严经疏》10卷，是宋代华严的重要著作。净源（1011—1086），俗姓杨，福建泉州人。先在五台山承迁处学《华严经》，后从学子璿。游学江浙一带，住报恩观音院，弘扬华严教义。恰高丽僧义天（1051—1101）"航海问道，申弟子礼"，并带来一些华严宗的章疏。义天回国后又把《金书华严》三个译本共180卷寄给净源。大量文献的回归刺激了华严宗的"中兴"。净源的弟子师会、希迪继续弘化，使华严宗在江南得到一定程度的恢复。

唯识宗 宋代唯识宗的师承及代表人物不明，但讲《唯识》、《百法》、《因明》的著名学者相继不绝。延寿编《宗镜录》时，曾试图调和华严、唯识、天台诸教的矛盾，约请各派代表人物共同讨论。但当时谁代表唯识宗则无记载。当代有学者认为：唐宋以后，唯识成了各宗派的共学，其理论为各派吸收。研究唯识的学者代有其人，但是未必形成宗派，此观点有一定道理。

律宗 宋代律宗仍有相当规模，主要是南山一系，中心移于杭州。代表人物是允堪和元昭。允堪（？—1061），钱塘人，曾被朝廷赐予"智圆律师"号。出家后遍习诸宗，尤精律学。在杭州昭庆寺等处设戒坛，传授戒法。对道宣的《行事钞》深有体会，作《会正记》加以发挥。后代认为该书深得南山宗旨，"独为尽理"，此外还著有《戒疏发挥记》、《业疏正源记》等。元昭（1048—1116），字湛然，俗姓唐，余杭人，为允堪再传弟子。先习天台，后归律宗，学成后曾于四明开元寺建坛受戒，在江南影响很大。在杭州灵芝寺住持30多年，有"灵芝律师"之美称。著有《行事钞资持记》、《羯摩疏济缘记》、《戒疏行宗记》、《住法记》、《报恩记》、《芝园集》等书。尤其是前三书，成为后世律宗经典，远传日本。

赞宁（919—1001），俗姓高，其先祖为渤海人，自幼出家，习南山律部，时称律虎，吴越王钱俶赐号"明义宗文大师"。太宗太平兴国三年（978）随钱俶入朝，赐"通惠大师"号。赞宁的主要贡献还不在律学方面，太平兴国七年（982），他奉诏撰《大宋高僧传》，于端拱元年（988）完成。依照梁、唐高僧传的体例，共收入刘宋至宋初十朝高僧正传531人，附传125人。本书材料收集广泛，史料考据严谨，文笔生动流畅。《宋高僧传》写出后，宋太宗亲自批答嘉奖，赞宁因此而驰名朝野、文坛。他不仅担任左、右街僧录（最高僧官），还除为翰林，充史馆编修，在佛教史上极为罕见。这也充分说明他在史学、文学方面的功力。

（六）契嵩、智圆与佛儒融汇的潮流

宋代是一个政治、经济、军事高度集中统一的封建王朝，相应地，文化也逐渐从多元开放走向集中统一。佛教自汉代东渐以来，就不断进行着与中国传统文化融汇的过程，唐代形成了完全中国化的佛教流派，而宋代，佛教则在思想深层次上与儒学融为一体。打通儒释，援儒入佛是一个普遍的潮流。兼通儒释的高僧在丛林中并不罕见，而其中契嵩与智圆最为著名。

契嵩（1007—1072），字仲灵，俗姓李，藤州（今广西藤县）镡津人。自幼出家，14岁受具足戒，博学多识。在瑞州（今江西高安）投于云门宗人晓聪门下，成为其得法弟子。庆历年间，"入吴中，至钱塘，乐其湖山"，定居于此。闭门著书，作《辅教编》、《传法正宗论》、《传法定祖图》等，"凡百余卷、总六十余万言"（《佛祖统纪》卷45）。为了使自己的著作得到朝廷认可，编入大藏，契嵩于嘉祐六年（1067）携带著作入京。经开封府尹王素帮助，其书上达仁宗，得到嘉奖，"诏付传法院编次，以示褒宠"，并赐"明教"师号。契嵩由此名声大振，但他谢绝了朝廷的挽留，退归杭州灵隐寺，终老于此。

契嵩在佛教史上有三件事业影响较大。一件是著《正宗记》和《定祖图》，考订禅宗"西土二十八祖"传承系谱，遂成禅门定论。其实从释迦到达摩的所谓二十八祖说，不过是中国禅僧自神其说的神话，契嵩的工作是把神话与历史衔接起来。另一件是对《坛经》进行了较大幅度的改编，使《坛经》从14000余字增至2万余字，把原来许多注释变成了正文，面貌发生很大变化。其成果就是《六祖大师法宝坛经曹溪原本》。对于这个改编，当时人评价很高，现代人有些学者持负面评价。第三件则是撰写《辅教编》，倡三教融合，特别是从理论上论证了儒、释的一致性。

宋代虽未发生大规模的排佛、灭佛事件，但理论上的排佛之议在士大夫中间从未止息。契嵩生活时代，执政重臣范仲淹、富弼、文彦博、韩琦、欧阳修等人都有不同程度的排佛倾向，正如契嵩传作者陈舜俞所言，"当是时，天下之士，学为古文，慕韩退之排佛而尊孔子。……仲灵独居，作《原教》、《孝论》十余篇，明儒释之道一贯，以抗其说。诸君读之，既爱其文，又畏其理而莫之能夺也，因与之游"。(《镡津明教大师行业记》) 其他史料证明陈舜俞并非虚言，韩琦、欧阳修、苏轼等人读其书，都在一定程度上软化了排佛立场，并与契嵩交游切磋，成了朋友。

契嵩调和儒释的理论是高层次的。他不像早期佛教徒那样，简单地在文字上寻找儒释的一致处，而是首先在心性论上找到了两者的理论结合点。作为一名禅宗传人，契嵩坚持"心生万法"的宗旨。他说："心乎，大哉至也矣！幽过乎鬼神，明过乎日月，博大包乎天地，精微贯乎邻虚。"(《辅教编·广原教》) 心是宇宙本原，又具有"本觉"的特征，是佛教和其他一切世俗的道德体系的终极依据。他讲："《坛经》之所谓心者，亦义之实，心之实也。"(《辅教编·坛经赞》) 因而三教的圣人、百家的圣人都是从心出发建立理论的。"古之有圣人焉，曰佛、曰儒、曰百家，心则一，其迹则异。"(《辅教编·广原教》) 故各家圣人之说不过是从不同角度发明本心，异迹而同心，殊途而同归。在此理论基础上，契嵩全面调和佛教戒律与儒家纲常，"五戒，始一曰不杀，次二曰不盗，次三曰不邪淫，次四曰不妄言，次五曰不饮酒。夫不杀，仁也；不盗，义也；不邪淫，礼也；不饮酒，智也；不妄言，信也"。(《镡津文集》卷8《寂学解》) 佛教五戒成了出世的名教，儒家的五常成了人世的戒律，此岸彼岸打通为一。契嵩还大讲孝道，"夫孝也者，大戒之所先也"(《辅教编·明孝章》)。孝道是儒家伦理的核心观念，最集中地反映了中国宗法社会的特征。在以往的儒释冲突中，孝道往往是争论的焦点。契嵩承认孝在戒先，实质上是承认了儒家在中国社会中的主导地位，佛教自愿向儒学靠拢。他又说："夫五戒有孝之蕴……今夫天下欲福，不若笃孝。笃孝，不若修戒。"(《辅教编·戒孝章》) 出家守戒成了行孝的最佳手段，这样，他又用佛教思想改造了孝道。他举出元德秀刺血写经，画佛像"为母追冥福"的例子，证明佛教有神化孝道的作用。"佛也，极焉。以儒守之，以佛广之！以儒人之，以佛神之。孝其至且大哉！"(同上) 儒家在入世的立场上说明孝道，佛教从出世的立场上神化孝道，"其所出虽不同，而同归乎治。"所以他直接向宋仁宗呼吁:"愿垂天下,使儒者儒之,佛者佛之,各以其法赞陛下之化治。"(同上)儒、释两教最终在巩固宗法社会秩序的立场上联合起来。

宋代另一个倡导儒释合流的大师是天台门人孤山智圆(976—1022)。智圆,字无处,自号中庸子,俗姓徐,钱塘人。自幼出家,8岁受具戒,21岁从源清受天台教观。源清死后住西湖孤山,离群索居,苦研经史,试图扶持天台宗风。因与知礼意见不合,被列入"山外"派。据《佛祖统纪》中的《智圆传》载,他拒不结交权贵,贫寒自守,勤奋著述,一生共写书24部119卷。智圆的著作中尤以三教同源的"宗儒为本"的思想引人注目。在《闲居编·自序》里他说:"予讲佛经外,好读周、孔、杨、孟书,往往学为古文,以宗其道。"他可以说是由释入儒的,经过一段时间的刻苦自学,晚年他提出"宗儒为本"的见解。他说:"非仲尼之教,则国无以治,家无以宁、身无以安。"而"国不治,家不宁,身不安,释氏之道,何由而行哉?"(《闲居编》卷19《中庸子传上》)在儒、释、道三家斗争史上,经常发生"本末"之争。从方外的立场看,神为人本,而从方内的立场看,人为神本。从智圆的论述看,他把身安、家宁、国治作为教存的前提,他显然把"本"已移入方内。他论证两者关系说:"夫儒、释者,言异而理贯也,莫不化民俾迁善远恶也。儒者,饰身之教,故谓之外典也;释者,修心之教,故谓之内典也。"(同上)两教功用同一,但手法有异,"修身以儒,修心以释",不能够重轻彼,"好儒以恶释,贵释以贱儒"。(同上)他自号"中庸子",就取其折中儒释,表里两家之义。

契嵩、智圆调和儒释的理论反映了佛教中国化的历史大趋势。自汉代传入中国以来,佛教先是在社会功能上寻求与中国社会的协调,接着发展到教义上与儒道的衔接,至宋以后达到哲学理论上的融通。这说明佛教至此已完全克服了中国社会的异体排斥反应,成为中国思想文化的一个有机组成部分。

(七)佛教与宋代文明

佛教在宋代日益渗入社会机体的深层面,对整个文明进程产生了重要影响。

在文学方面,由于宋代佛教中禅宗一家独盛,参禅、逗机锋为士人们所热衷。故以禅入诗，以诗写禅之风更甚于唐代。如王安石、苏轼、黄庭坚、陆游、杨万里等人，皆与名僧有交往，写诗多掺杂佛理，甚至直接取材于禅宗语录。如苏轼著名的《题西林壁》："横看成岭侧成峰，远近高低各不同。不识庐山真面目，只缘身在此山中。"从庐山观山，悟出了世间万物的不同仅仅是由于人的主观观察角度不同，万法因缘皆由心生的禅机。再如王安石，变法失败后遁入空门。他在《怀钟山》诗中说："投老归来供奉斑，尘埃无复见钟山！何须更待黄粱熟，始觉人间是梦间"。表达了人生如梦、万法皆空的悲观心态。

唐宋时期佛教的变文、宝卷对中国文学发展史造成了更大的影响，推动了士大夫文学向市民文学的转化。变文是一种散文体和韵文体相结合，可说可唱的佛教故事，最早用来宣传佛教原理。但以后内容不断扩大，逐渐包括中国历史和民间故事，出现了《伍子胥变文》、《张议潮变文》、《董永变文》、《王昭君变文》、《孟姜女变文》等。因其文字通俗流畅，情节曲折复杂，深入民间，为广大群众所欢迎。入宋以后，一些统治者感到变文登不得大雅之堂，宋真宗曾明令禁止。于是说唱结合的变文在宋代又变成了以唱为主的宝卷。其中以七字句、十字句的韵文为主，间以散文。宝卷的内容最初也是以佛经为主，如《鱼篮宝卷》、《目连三世宝卷》等，继而仍旧转向民间，吸收历史传说和民间故事为内容。宝卷后来成为诸种戏曲、弹词、鼓词的前驱。

在雕塑、绘画艺术方面，宋代艺术以写实见长，形象端庄优美，亦能刻画性格。彩塑如现存麦积山石窟中的供养人像、长清灵岩寺的罗汉像，石刻如杭州灵隐寺飞来峰诸刻、四川大足县宝顶摩崖各像，俱细巧精致，栩栩如生。佛教绘画发挥了宋代写实之长，所画观音、罗汉、高僧像，俱文笔细腻，形态逼真。世俗画家李嵩、梁楷、贾师古，僧侣画家牧溪、玉涧、仲仁等，因画佛像而名扬于世。

在宋代，佛教对中华文明进程影响最大的，还是促进了中国封建社会后期官方哲学——宋明理学的产生。儒家以忠孝为核心，构造了一套适应中国宗法社会的政治伦理体系。但是儒学自创立之初就有一个明显的弱点，即过于强调"经世致用"，而缺少关于价值本原的理论思考。因而儒学在形而上学领域便经常遇到道家和佛教的挑战。魏晋时期的玄学和南北朝以后的佛教相继成为社会文化的热点,涌现出一批一流哲学大师,以至于天下之言不归佛、则归道,于是韩愈惊呼孔孟之道的沉沦,奋起倡导儒学的复兴运动。到了宋代,士大夫们逐渐认识到,韩愈那种"人其人,火其书,庐其居"的强制禁止办法并不能取消宗教这样一种社会意识形态。要复兴儒学,必须走"修其本以胜之"(欧阳修语)的道路,所以宋明理学家都采用出入佛老,取其精髓以自壮的道路。他们借助佛教的思辨哲学体系来升华儒家的纲常伦理。

宋明理学分为程朱理学和陆王心学两大派系。程朱主要是借助华严宗"四法界"的思想,建构了以"天理"为本原的本体论哲学。早在佛教传入以前,中国哲学史上便有理的概念,但皆用于事物的具体原理、规律,并无本原的含义。华严宗则把理的范畴从事中抽象出来,放在与事对置的"界"的地位。澄观讲:"理法名界,界即性义,无尽事理,同一性故。"(《华严法界玄境》卷上)理成了事之外独立存在的一种"界",且代表着事的统一性。程朱吸收了这一思想,他们讲"动物有知,植物无知,其性自异,其理则一"(《宋元学案·伊川学案》上)。"眼前凡所应接底都是物,事事都有个极至之理。"(《朱子语类》卷3)天理是宇宙间唯一本体,千差万别的事物都是天理的具体表现。朱熹讲:"万物皆有此理,理皆同出一源。但所居之位不同,则其理之用不一。如为君须仁,为臣须敬,为子须孝,为父须慈。物物各具此理,而物物各异其用,然莫非一理之流行也。"(《朱子语类》卷18)他们认为儒家纲常是天理在人际的必然表现,用代表宇宙普遍法则的天理来提高封建纲常的普遍性和必然性。他们又借用佛教"月印万川"的方法来论证纲常与天理"理一分殊"的关系。朱熹讲:"然虽各自有一个道理,却又同出于一个理……释氏云:'一月普现一切水,一切水月一月摄',这是那释氏也窥见得这些道理。"(同上)最后,为了抵御"气化派"的抨击,程朱特别强调"理在气中","理在事中",把天理这个本原安置在现实世界之中。二程讲:"至显者莫如事,至微者莫如理,而事理一致,显微同源。"(《二程全书》卷27)在这里,显然他们又借助了华严宗的"理事无碍法界:具性、分义,不坏理事,性分无碍

故"。(澄观《华严法界玄镜》卷上)

陆王心学在本体论上则更多地承袭了禅宗"心生则种种法生,心灭则种种法灭"的主观唯心主义。陆九渊把禅宗的语言变成了"宇宙便是吾心,吾心便是宇宙"。甚至陆九渊讲到"心外无理"的例子"如镜中观花",也是从禅宗"身是菩提树,心如明镜台"引申来的。

在修养方法上,正觉的"默照禅"对宋明理学产生了很大影响。正觉教弟子空心默坐,"直须歇得空空无相,湛湛绝缘,普与法界虚空合,个时是你本身"(《宏智正觉禅师广录》卷5)。就是通过静坐,离尘绝相,排除一切主观思虑,以获得一种万法皆空、灵魂绝对自由的宗教感受。理学家亦多主静坐,周敦颐以"主静"为道德修养的重要原则。他说:"圣人定之以中正仁和而主静,立人极焉。"(《太极图说》)"伊川每见学者能静坐,便叹其善"(罗大经《鹤林玉露》丙编卷3),希望人们在静坐中忘却红尘人欲。二程把修养过程分成"静坐"、"用敬"、"致知"三部曲,几乎成了佛教"戒、定、慧"三学的翻版。他们要弟子在静坐中体会"喜怒哀乐未发前之气象",与禅宗"父母未生前,如何是本来面目"的机锋如出一辙。二程的修养方法也曾引起了某些非议,他们有所察觉,努力与释氏划清界限。他们强调道德修养不离生活日用,"洒扫应对,便是形而上者",但是仍然不脱禅宗"搬柴运水,无非佛事"的模式。

此外,宋明理学家讲学的"书院规约",无不受禅宗"丛林制度"和"百丈清规"的影响。他们讲学的"语录"、"学案",受到了禅宗"语录"、"公案"的启迪。朱熹所著关于理学史的著作《伊洛渊源录》和《近思录》,无论题材还是形式,都从禅宗各种《灯录》受益匪浅。如此等等,宋明理学吸收佛学的例子俯拾皆是。可以说:没有佛教文化的影响,中国的儒学就不会发展为后来的宋明理学,佛教文化成了中华文明进化的重要动力。

三 道教的兴旺

宋代道教继唐之后,形成道教史上一个相当活跃的发展新时期。从道教自身来说,内丹学经过陈抟和张伯端,更加深化和系统,道教哲学趋于成熟；道教教派分化繁衍，出现不少新教派。从社会对道教的态度来说，北宋国力积弱，版图缩小，南宋更偏安江南，外有异族强敌，内有农民起义。因此，统治者大力提倡道教，以固皇权，以定民心，以摄异邦；民众亦需要带有华夏正宗色彩的道教的抚慰，以安定身心，故而道教得到很大发展，地位日益提高。

（一）朝廷对道教的提倡

宋太祖曾召见道士苏澄隐，赏赐甚厚。宋太宗亦好道，太平兴国中，两次接见华山道士陈抟，待之甚厚，并向宰相赞美说："抟独善其身，不干势利，所谓方外之士也。抟居华山已四十余年，度其年近百岁。自言经承五代离乱，幸天下太平，故来朝觐。与之语，甚可听。"后赐号希夷先生，赐紫衣，与之属和诗赋，甚相得。端拱中，加自身尊号"法天崇道皇帝"。淳化中，召终南山隐士种放，未至。令人广搜道书，由徐铉、王禹偁等校正，得3727卷。但是太宗之尊清修炼养道士，主要是重视他们的清净无为的主张，用以养身，用以治国，欲在政治生活中容纳黄老之术，而他最感兴趣的宗教则是能论证皇权天授和祈福消灾的道法派道教，宋真宗则发展了这种倾向。太宗承兄而为帝，有"烛影斧声"之说，他为了平息社会私议，制造了翊圣降世显灵的故事，说翊圣是高天大圣玉帝的辅臣，受命降灵于终南山张守真家，职责是辅佐宋朝，并在宋太祖临终前传言给他："晋王有仁心，晋王有仁心。"意思是晋王（即赵光义）应即帝位。这则神话显然是为了安定人心而制造的，不过翊神从此就成了宋朝皇室的尊神。宋真宗大中祥符九年（1016）由宰臣王钦若编成《翊圣保德真君传》，颁之全国，内中宣扬宋朝受命于天，三教并奖以道教为主，并述"剑法"（除妖驱邪之法）和"结坛法"（祈福禳灾之法），张大道教仪法的影响。翊圣，太宗封为"翊圣将军"，真宗加封为"翊圣保德真君"，徽宗又加封为"翊圣应感储庆保德真君"。

北宋皇帝之尊道教，以真宗与徽宗为最盛。真宗与契丹订立了屈辱的澶渊之盟，又要挽回面子，稳定政权。王钦若建议封禅泰山，"可以镇服四海，夸示外国"，封禅当有天瑞，天瑞可以人力为之。于是以神道设教为理由，与王旦串通一气，制造了天书符瑞、天神下临等神迹，将传统的天神崇拜与道教信仰相结合，形成了与众不同的特殊的宫廷宗教。大中祥符元年（1008）正月，真宗对辅臣说，去年冬夜半见神人来告，宜于正殿建黄箓道场，迎接天书的降临。接着便发现黄帛天书降于宫殿房角，王旦拜而进之，帛上有文曰："赵受命，兴于宋，付于恒。居其器，守于正。世七百，九九定。"于是群臣入贺，遣官奏告天地宗庙社稷，一时颇有声色。四月，天书再降内中。六月，天书又降于泰山。于是举行各种典礼加以庆贺。又建金箓道场行宣读天书之礼，中位玉皇像，恭上玉皇大天帝圣号。玉皇大帝本是道教的天神，至此与传统的天神昊天上帝混为一体，这是宋代天神崇拜的一大特色。大中祥符五年，真宗又对辅臣说梦，谓神人传玉皇之命，云："先令汝祖赵某授汝天书，令再见汝，如唐朝恭奉玄元皇帝。"又梦见灵仙仪卫天尊降临，说："吾人皇九人中一人也，是赵之始祖，再降，乃轩辕黄帝，凡世所知少典之子，非也。母感电梦天人，生于寿丘。后唐时，奉玉帝命，七月一日下降，总治下方，主赵氏之族，今已百年。"于是布告天下，封号为"圣祖上灵高道九天司命保生天尊大帝"，圣祖母号"元天大圣后"。于是，道教诸神中又多出一位赵姓的保生天尊，成为赵氏宗室的家族神。真宗抬高玉帝的地位，大中祥符八年，上圣号为"太上开天执符御历含真体道玉皇大天帝"；同时抬高赵氏尊神，九年上圣号为"圣祖天尊大帝"，来年又上其夫人圣号为"圣祖母元天大圣后"。（以上见《宋史·礼志七》）真宗亦礼敬太上老君，上封号为"太上老君混元上德皇帝"。真宗还在全国大修道教宫观，如天庆观、圣祖殿，在京城建玉清昭应宫，共2610间，铸造玉皇像、圣祖像和真宗御像，耗费大量金银财物。又作景灵宫于京师以奉圣祖。真宗又选录道士校定道藏经典，由王钦若总领，负责整理道籍，成《宝文统录》。张君房加以重修，成《天宫宝藏》，凡4565卷，张又撮其精要为《云笈七签》，享有"小道藏"之美誉。真宗对以祈福禳灾为主的正一派道士亦很重视，曾召龙虎山天师道第二十四代天师张正随，赐号"真静先生"，立授箓院、上清宫，蠲其田租，封号准其世袭。这是天师受皇廷"先生"封号之始。真宗曾表示"朕奉希夷以为教，法清静以临民"（《宋史·方技列传》），欲以黄老之道致乎升平，但他言多行烦，结果使百姓不胜困扰。

宋徽宗之崇道，又甚于真宗。据《宋史·徽宗本纪》，崇宁四年（1105），奠九鼎于九成宫。大观二年（1108），颁《金箓灵宝道场仪范》于天下。政和五年（1115），赐嵩山道士王仔昔为冲隐处士。政和六年，会道士于上清宝箓宫，诣玉清和阳宫，上"太上开天执符御历含真体道昊天玉皇上帝"徽号宝册，将昊天上帝与玉皇上帝的名称连为一体。政和七年，会道士2000余人于上清宝箓宫，诏通真先生林灵素谕以帝君降临事，又命林灵素讲道经，接着指示道箓院上章，册己为"教主道君皇帝"。重和元年（1118）四月，以太上混元上德皇帝二月十五日生辰为贞元节；五月，以林灵素为"通真达灵元妙先生"，张虚白为"通元冲妙先生"，以青华帝君八月九日生辰为元成节；八月，诏颁御注《道德经》；九月，诏太学、辟雍各置《内经》、《道德经》、《庄子》、《列子》博士二员，集古今道教事为纪志，赐名《道史》，诏：视中大夫林灵素，视中奉大夫张虚白，并特授本品真官。宣和元年（1119）正月，实行崇道排佛，诏："佛改号大觉金仙，余为仙人、大士；僧为德士，易服饰，称姓氏；寺为宫，院为观；改女冠为女道，尼为女德"，欲以道教融解佛教；三月，诏天下知宫观道士与监司、郡县官以客礼相见；五月，诏德士并许入道学，依道士法；六月，诏封庄周为微妙元通真君，列御寇为致虚观妙真君，仍行册命，配享混元皇帝。纵观徽宗一生，在位期间与崇道相始终。开始时，宠信茅山第二十五代宗师刘混康，赐号葆真观妙冲和先生，亦敬重龙虎山第三十代天师张继先、泰州道士徐守信。政和年间，道士王老志和王仔昔先后得到徽宗崇信。徽宗称梦见老子，得"汝以宿命，当兴吾教"的神示，又发生所谓天神降临之事。而对徽宗崇道影响最大者是道士林灵素，其人好为大言。他对徽宗说，天有九霄，神霄最高，神霄玉清王是上帝长子，号长生大帝，即是陛下，主南方，东方青华帝君是陛下之弟，又谓蔡京为左元仙伯，王黼为文华吏，盛章、王革为园苑宝华吏，贵妃刘氏为九华玉真安妃。徽宗闻之喜，赐号并赏赐优厚。据说林灵素稍识五雷法，祷雨有小验。在林灵素怂恿下，建上清宝箓宫，普建神霄万寿宫，造青华坛，吏民诸宫受神霄秘箓，朝士趋之若鹜。每设大斋，花费缗钱数万，谓之千道会，灵素升高正坐，皇帝侧居，任其对答。其徒二万多，皆美衣玉食，其教制拟朝制。

后升温州为应道军节度，加号元妙先生、金门羽客、冲和殿侍晨，恣横京师四年，傲视太子诸王。由于林灵素的神化，徽宗自认为确是昊天上帝的元子，为大霄帝君，降世为教主道君皇帝，这样，他成了中国历史上独一无二的天神、教主、人君三位一体的皇帝，使神权与君权合二为一。但是这种肤浅嚣躁的道教活动并没有挽救北宋的衰败，反而加速了政权的灭亡，自己与钦宗共同成为金人的俘虏，死于异国他乡，这就为他崇道的虚妄性和消极性作了最好的证明。诚如《宋史·徽宗本纪》所指出的，他失国之由，一是"恃其私智小慧，用心一偏，疏斥正士，狎近奸谀"；一是"溺信虚无，崇饰游观，困竭民力"，"怠弃国政，日行无稽"。徽宗崇道唯一的积极成果是修成《万寿道藏》（又名《政和道藏》），凡5481卷，是为道藏最早的雕版印本。随着北宋的灭亡，以符箓祈禳等道法为主的旧道教渐趋没落，以炼养和劝善为主的新道教逐渐兴起，形成一大转折。

南宋诸帝对道教有一般性地支持，其中理宗稍重道教。他曾于嘉熙三年（1239）召见正一道第三十五代天师张可大，命其提举三山（龙虎山、茅山、阁皂山）符箓，赐号"观妙先生"，又有诸多关怀，使正一道成为南方诸道派之首领。理宗在扶道上的一件大事是推荐道书《太上感应篇》，亲题"诸恶莫作，众善奉行"八字，由名儒真德秀代序与跋，宰相郑清之作赞文，由太乙宫道士胡莹微负责刊印，于是此书得到了广泛传播，使该书所宣扬的宗法性道德得以宗教的方式普及到民间，同时也加速了儒道之间的融合。

（二）内丹学的发展与成熟

对宋朝内丹学贡献最大的道教学者，一是宋初的陈抟，一是稍后的张伯端，后者成为全真道南宗的始祖。他们的内丹学和道教哲学，皆源于唐末五代的钟吕之学，将内丹与禅学相结合，主张性命双修，在处世为人上将老庄之学与儒学相结合，不干势利，崇尚道德以励世风，为世人所敬仰，与林灵素辈截然不同。

据《宋史·陈抟传》，陈抟（871—989），字图南，亳州真源人，通经史百家之言，隐于华山行服气辟谷之术，不喜外丹与斋醮。周世宗好黄白术，曾召见陈而问之，陈答曰："陛下为四海之主，当以致治为念，奈何留意黄白之事乎？"赐官不受。太平兴国中，陈抟应宋太宗之邀来朝，宰相宋琪因问玄默修养之道，对曰："抟山野之人，于时无用，亦不知神仙黄白之事、吐纳养生之理，非有方术可传。假令白日冲天，亦何益于世？今圣上龙颜秀异，有天人之表，博达古今，深究治乱，真有道仁圣之主也。正君臣协心同德，兴化致治之秋，勤行修炼，无出于此。"太宗赐号希夷先生。显然，陈抟认为当朝为君为官者只能以治国为务，不可能静默炼养，故不与谈内丹之学，更不愿诱以金箓登仙之事，仅以治国常经相劝而已，后来道教的清修之士多类此。陈抟自号扶摇子，好《易》，著《指玄篇》等论内丹，而影响最大者当是《无极图》和《先天图》。此两图出于何人，传承如何，《宋史·朱震传》、《宋元学案》皆有说法，但陈抟以上难考，陈抟以后皆源于陈抟，当是史实。《无极图》曾刻于华山，对道教和理学影响最著，开创以图式解析《易》理之新潮。据明末清初黄宗炎《太极图说辨》，该图最下为"玄牝之门"，指"人身命门两肾空隙之处，气由所生，是为祖气"；提其祖气而升之，名为炼精化气，再升为炼气化神，即"炼有形之精；化为微芒之气；炼依希呼吸之气，化为出有入无之神"；使之贯通于五脏六腑，名为五气朝元；水火交媾又升一步为取坎填离，"乃成圣胎"；又使复还于元始，而为最上，"名为炼神还虚，复归无极，而功用至矣"。该文又说："盖始于得窍，次于炼己，次于和合，次于得药，终于脱胎，诚仙真求长生之秘术也。"陈抟的《无极图》有两种解释，顺而言之（自上而下），为宇宙生成与演化过程，即"顺以生人"；逆而言之（自下而上），为炼养内丹的过程，即"逆以成丹"。而炼养内丹的过程分为五阶段，即：得窍、炼己、和合、得药、脱胎，内丹教义于是乎基本确定。《无极图》来自《周易参同契》，糅合了《易》理、《老子》，故而有较浓重的哲学色彩，从丹法上说是先性后命。陈抟还吸收佛教禅法，教人以观心之道，立五种空义，其"真空义"为："知色不色，知空不空，于是真空一变而生真道，真道一变而生真神，真神一变而物无不备矣，是为神仙者也。"这是一种佛道结合的内丹哲学。陈抟被世人目为神仙，道教徒称他为"陈抟老祖"，颇受后代敬慕，华山因此而增辉。陈抟之后有张无梦、刘海蟾、种放。

张伯端（987—1082），天台人，生当北宋时期。据《历世真仙体道通鉴·张用诚传》，张伯端于宋神宗熙宁二年（1069）遇刘海蟾，受金液还丹火候之诀，乃改名用诚，字平叔，号紫阳，修炼功成，作《悟真篇》，行于世。则张乃陈抟再传弟子，其《悟真篇》是道教内丹学的经典之著，与《参同契》齐名。《悟真篇》以《阴符经》、《道德经》为祖经，吸取"三才相盗"和"虚心实腹"的观念，融摄儒学与禅学，形成独具特色的先命后性的丹道理论。首先，《悟真篇》高唱"三教归一"，并认为三教同归于性命之学，其序云："释氏以空寂为宗"，"老氏以炼养为真"，皆有所得，亦皆有所未达，儒家则"《周易》有穷理尽性至命之辞，《鲁语》有毋意必固我之说"，又略而不详。实乃"教虽分三，道乃归一"，即归于修性修命之道。所以《悟真篇》是站在内丹学立场上贯通三教的。其次，《悟真篇》以天人合一的原理为依据，提出逆炼归元的炼养方法，以体中真阴真阳为"真铅汞"，通过采药、封固、火候、沐浴等步骤、达到金丹炼成、与道合一、超出生死的目的，其诗云："一粒灵丹吞入腹，始知我命不由天！"第三，《悟真篇》强调性命双修，先命后性，"命之不存，性将焉存？""先以修命之术顺其所欲，渐次导之于道。"修命之要，在乎金丹，以先天精气为药，以元神所生真意为火候，炼精炼气，达到脱胎换骨的境地。然后由命入性，以命安性，取法禅宗和庄子，求得本源真觉之性，达于无生空寂、神通妙用之境地，这样就成就了性命圆满、与道合真、变化不测的神仙了。此外还要以行善积德辅助内在的炼养，故《悟真篇》说："德行修逾八百，阴功积德三千。均齐物我等亲冤，始合神仙本愿。"

张伯端生前未立教团，身后始形成金丹南宗一派。张传石泰，石泰（1022—1158）作《还源篇》，申《悟真篇》宗旨。石传薛道光。薛道光（1078—1191），作《还丹复命篇》，以凝神入炁为入手处。薛传陈楠。陈楠传白玉蟾。白玉蟾（1194—1229），琼州人。曾觐见南宋宁宗，赐号养素真人。张伯端之后，传至白玉蟾，才有了教团和靖庵，并且内丹与雷法并行。白之内丹学更重禅法。以契道之心为金丹，谓"心即是道"（《海琼问道集》），"丹者心也，心者神也"，所以"神是主，精气是客"（《海琼白真人语录》），他虽讲炼形、炼气、炼神三关，实则以炼神贯通全过程，初关炼形，要在忘形养气，中关炼气，要在忘气养神，上关炼神，要在忘神养虚，故而极重性功，将性功与命功打成一片。张伯端、石泰、薛道光、陈楠、白玉蟾，被后来全真道奉为南五祖，形成南宗一派。

（三）符箓派道教的衍化

道教符箓派以符水治病、祈福禳灾为职事，汉末以来，一直盛行不衰。虽然时时显示出种种荒诞和靡费，却又以其实用性得到统治者的欢迎和民间的信奉。宋朝的符箓道教，继承以往正一、上清、灵宝三大教派，也出现了神霄、清微、净明等新教派，其新时期的特点是：融冶佛儒，吸收内丹，兴起各种"雷法"。

正一道自北宋真宗朝见重于世，第二十四代天师张正随受朝廷赐号"真静先生"，立授箓院。直至南宋末第三十五代天师张可大，代代天师都得宋廷"先生"赐号，张可大提举三山符箓，成为南方道教领袖。第三十代天师张继先，蒙徽宗多次召见和赏赐，他本人博学能文，以"本来真性"为成仙之本，要教徒通过"休歇"（即放下一切念头）来达到解脱，形成符箓派的道教哲学。又学神霄雷法，认为"雷乃先天炁化成"，"灵光一点便为灵"，可通天、感神、役使鬼神。雷法之所以能求雨祈晴，是因为以一点灵光主宰自身阴阳，随意交感，则与自然界阴阳相交感，感动鬼神，发为风雨雷电。张之后，正一道士留用光，以行五雷法祷雨而闻名。

上清派以茅山为据点，在宋朝其宗师常受赐朝廷。第二十三代宗师朱自英（976—1029），曾为真宗求嗣，赐"国师"号。第二十五代宗师刘混康（1037—1108）受宠于哲宗徽宗两朝。

灵宝派长于斋醮祭炼，多活动于民间。北宋末，分化出"东华派"，其代表人物宁全真（1101—1181）常主南宋朝廷醮祭事，封"赞化先生"。

新教派主要是神霄、清微两大派。神霄派创始人王文卿（1093—1153），北宋末年道士，自称其符法出自高上神霄玉清真王，故名。王文卿受宠于宋徽宗，拜金门羽客，赐号"冲虚通妙先生"。在徽宗倡导下，神霄雷法大行于世，影响到内丹南宗，又用南宗内丹之学，建立雷法的理论基础。王文卿主张"以道为体，以法为用"，雷法中所召之雷神雨吏，实是自身精气神和五脏之气的外化。神霄派认为，内炼成丹，随意主宰身内阴阳与五气之交感，并能感通外界的阴阳五气，达到祈雨求晴、消灾治病的目的，这显然是夸大了人体的功能。

清微派自称其法出于清微天元始天尊，故名。其雷法名目繁多，代表人物黄舜申集清微法之大成，法旨近于神霄派，只是所用符箓不同而已。

（四）道教对理学的影响

道教内丹学的成熟，从一个重要侧面深化了传统的天人之学，揭示了人体小宇宙与生态大宇宙之间若干内在的联系，不仅从理论思维上启发了宋代的理学，而且直接影响了北宋理学的形成。北宋理学的前驱周敦颐和邵雍，都与道教内丹学有极深的渊源。元初张雨《玄品录》说：陈抟以《易》学授穆修，修传李之才，之才传邵雍；陈抟又以《太极图》授种放，放传穆修，修传周敦颐。《宋元学案》说：河上公本图名《无极图》，魏伯阳得之，以著《参同契》。钟离权得之，授吕洞宾，吕于华山授陈抟。陈抟又得《先天图》于麻衣道士，皆以授种放，放授穆修与僧寿涯。修以《先天图》授李之才，之才授邵天叟，天叟授尧夫邵雍。修以《无极图》授周敦颐，周又得先天地之偈于僧寿涯。河上公、魏伯阳、钟离权、吕洞宾之授图世系已渺茫难考，且假托者居多；但陈抟以下，传授关余甚详具，不为无据。周敦颐的《太极图》正是得陈抟所传《无极图》，颠倒其序，重作解说，改换名称而已。上文已述，道教的《无极图》，其意在"逆而成丹"；周敦颐之《太极图》，其意则在"顺而生人"，故从上而下讲之，成就了一种儒家的宇宙生成与演化学说。周敦颐作《太极图说》，从无极讲起，谓："无极而太极。太极动而生阳，动极而静，静而生阴，静极复动。一动一静，互为其根。分阴分阳，两仪立焉。阳变阴合，而生水火木金土。五气顺布，四时行焉。"又说："乾道成男，坤道成女。二气交感，化生万物。万物生生，而变化无穷焉。惟人也得其秀而最灵。"这样，道家的宇宙生成说就与《易传》的宇宙论相合，成为最普及的传统宇宙之学。周敦颐又认为"圣人定之以中正仁义而主静（无欲故静），立人极焉"，主静之说亦源于道教。

邵雍的先天象数之学，其框架来自道教的《先天图》，其用途是着重标示六十四卦之间的相生相接关系，用以说明一年四季的变化；同时亦标示太极阴阳之变化，用以说明天地万物的演变历史。他区别"先天"、"后天"，深化了形上形下的哲学范畴，对于理学的正式形成有推进作用。

此外，苏轼对内丹学颇有研究，说过"五行颠倒术，龙从火里出，五行不顺行，虎向水中生"（《东坡杂记》）的话，足见其熟知的程度。朱熹一生向往内丹之学，著《周易参同契考异》，认为其书深奥，"每欲学之，而不得其传，无下手处，不敢轻议"。理学家皆有静修的功夫，未始不与内丹学的熏陶有关。世人多称理学为道学，以其多取之于道家和道教，故而推重形而上之道也。

四　摩尼教、伊斯兰教、犹太教与祆教的状况

（一）摩尼教

唐末武宗灭佛，连带禁毁景教、祆教和摩尼教等，摩尼教由此失去与中亚教团的组织联系。会昌劫难之后，佛教重新兴盛，景教在中原一时中绝，而摩尼教独自向民间发展，五代时，发生过母乙为首的摩尼教民间暴动，遭到镇压，至宋代又复活跃，主要流行于福建两浙一带。何乔远《闽书》的《方域志》载："会昌中汰僧，明教在汰中。有呼禄法师者来入福唐，授侣三山，游方泉郡，卒葬郡北山下。至道中，怀安士人李廷裕，得佛像于京城卜肆，鬻以五十千钱，而瑞相遂传闽中。"又《佛祖统纪》引《夷坚志》云："吃菜事魔，三山尤炽。为首者紫帽宽衫，妇人黑冠白服，称为明教会"，"其经名二宗、三际。二宗者，明与暗也。三际者，过去、未来、现在也。"该书又引僧宗鉴之语，谓"良渚曰：今摩尼尚扇于三山，而白莲、白云，处处有习之者"。三山在今福州，泉郡即今泉州。摩尼教宗旨为："清净、光明、大力、智慧"，崇拜光明，反对黑暗，故宋代又称其为明教，其称尤流行于福建，他处亦有习称摩尼或牟尼者。此教被当时上层目为异端，陆游《老学庵笔记》中说："闽中有习左道者，谓之明教。"近泉州华表山发现宋代黑瓷碗残片，上有"明教会"字样，足证上述文献所记不虚。"吃菜事魔"是宋代统治者对包括摩尼教在内的各种异端宗教的俗称和贬称，有时专指摩尼教徒。此称源于佛教徒，而后流布于社会。

摩尼本素食，摩音与魔同，故称摩尼教徒为吃菜事魔，也有以此诬称其他非主流民间宗教者。

中国民间宗教由来已久，汉末的五斗米道太平道是民间道教，北魏的大乘教是民间佛教。宋代的明教是一种具有外来宗教色彩的新的民间宗教。其时脱胎于佛教的白莲宗、白云宗、金刚禅等，皆属于民间宗教性秘密结社，前后兴起，与明教相呼应，下层民众信奉者日众，预示着中国民间宗教发展高潮的即将到来。陆游《条对状》记载了宋代明教等民间宗教的活动情况和上层人士的忧虑，他说："自古盗贼之兴，若止因水旱饥馑，迫于寒饿，啸聚攻劫，则措置有方，便可抚定，必不能大为朝廷之忧。惟是妖幻邪人，平时诳惑良民，结连索定，待时而发，则其为定，未易可测"，"淮南谓之二桧子，两浙谓之牟尼教，江东谓之四果，江西谓之金刚禅，福建谓之明教、揭谛斋之类，名号不一，明教尤甚。至有秀才、吏人、军兵，亦相传习。其神号曰明使，又有肉佛、骨佛、血佛等号。白衣乌帽，所在成社，伪教妖像，至于刻版流布"。"以祭祖考为引鬼，永绝血食；以溺为法水，用以沐浴"，"更相结习，有同胶漆，万一窃发，可为寒心。汉之张角，晋之孙恩，近岁之方腊，皆是类也"。（《渭南文集》卷5）可见明教在宋代已有相当实力，已成为诸民间宗教之首，并且走上了与农民运动相结合的道路。方腊原籍歙州，后迁居睦州青溪（今浙江淳安）。其时宋徽宗向江浙一带征发"花石纲"，民不堪其苦，据说方腊为当地明教首领，聚众于宣和二年十月起事，自号圣公，建元永乐，置官吏将帅，以巾饰为别，自红巾而上凡六等。掠城杀官，不旬日至数万众。得睦、歙等六州五十二县，东南大震，众近百万。次年被童贯率领的官兵镇压，方腊兵败被杀。

宋代之摩尼教，除以其特有的教义教规改造中国民众习俗外，又适应中国佛道教文化和民间的俗情而形成新的活动方式和教戒。《佛祖统纪》引宗鉴之言说，其教"大抵不事荤酒，故易于裕足；而不杀物命，故近于为善"。庄季裕《鸡肋编》曾记述该教活动情况，谓："事魔食菜，法禁甚严，有犯者，家人虽不知情，亦流于远方，以财产半给告人，余皆没官。而近时事者益众，始自福建，流至温州，遂及二浙。睦州方腊之乱，其徒处处相煽而起。闻其法，断荤酒，不事神佛祖先，不会宾客，死则裸葬。""又始投其党，有甚贫者，众率财以助，积微以至于小康矣。凡出入经过，虽不识，党人皆馆谷焉。凡物用之无间，谓为一家，故有无碍被之说，以是诱惑其众。""但拜日月，以为真佛"，"其初授法，设誓甚重，然以张角为祖，虽死于汤镬，终不敢言角字"。于此可知，明教有互助互济、教民来往免费招待的教义，故对于贫困之农民有很大吸引力。其断荤酒和不杀生等教戒近于佛教，其不事祖先和裸葬则异于华俗，其崇拜张角则近于道教。其不会宾客，率财相助，素食谨行，则体现民间的良风美俗。明教于乡村建斋堂，设道场，聚徒活动，夜聚晓散，听者甚众。

北宋末年，摩尼教已有相当规模。宣和三年（1121），尚书省奏言"契勘江浙吃菜事魔之徒，习以成风"，仅温州一处即有斋堂40余处。后虽法禁趋严，而且剿灭方腊，然而南宋之朝，南方明教活动仍方兴未艾。高宗绍兴四年（1134），起居舍人王居正奏本云："伏见两浙州县，有吃菜事魔之俗。方腊以前，法禁尚宽，而事魔之俗，犹未至于甚炽。方腊之后，法禁愈严，而事魔之俗，愈不可胜禁。"因为其教体现了民间相亲相友相助之精神和节俭淳朴的风尚，与此同时，地方官则作威作福，把民众推向明教，故愈禁而愈烈，据史籍记载，南宋发生过5次"魔贼之乱"。

（二）伊斯兰教

唐宋时期是中国伊斯兰教发展的前期，伊斯兰教的传布几与中国同阿拉伯人的贸易发展同步。两宋时期，中国的海上对外交通和商业呈繁荣趋势，阿拉伯商人纷纷来华，有一批人长住不归，并成为巨富，多侨居于广州、泉州沿海城市，娶妻生子，逐渐华化。他们带来了伊斯兰教信仰，在所居地建立清真寺，向真主礼拜。朱彧《萍州可谈》卷2记广州蕃坊云："蕃人衣装与华异，饮食与华同"，"至今蕃人但不食猪肉而已"，"至今蕃人非手刃六畜则不食"。今广州市之怀圣寺，虽未必是唐代建筑，至少南宋初年已存，寺内有高达36公尺之光塔，昼可悬旗，夜则举火，作航海之灯塔。他处如扬州太平桥之寺，为南宋末年建；海南岛有"番神庙"，"其神曰舶主"，"祀忌豚肉，往来船只必祀之"（《琼州府志》）。清真寺在当时人多呼为"礼堂"、"祀堂"或"礼拜堂"。

泉州是宋代四大商港之一，穆斯林商人较多，清真寺也比较集中。圣友寺建于宋大中祥符二年（1009），其建筑样式为中世纪伊斯兰传统教寺形式。清净寺建于南宋，吴鉴《重修清净寺碑记》中说："宋绍兴元年，有纳只卜·穆兹喜鲁丁者，自撒那威从商舶来泉，创兹寺于泉州之南城，造银灯香炉以供天，买土地房屋以给众。""清净"二字后来演变为"清真"，即伊斯兰教称颂真主"清净无染，真乃独一"之意。也门教寺约建立于南宋及以前，为也门穆斯林奈纳·奥姆尔所筑，今已毁。该寺出土的石碑双面浮雕阿拉伯文字，一面为："礼拜之地，是真主的执掌。你们不可并同真主，呼求他人"（《古兰经》文），一面为："一位虔信、纯洁的长者，也门人奈纳·奥姆尔·本·艾哈玛德·本·曼苏尔·本·奥姆尔·艾比奈建筑了这座吉祥的礼拜寺的大门和围墙，乞求真主恩赐他，宽恕他。"（以上参见庄为玑、陈达生《泉州清真寺史迹新考》）

富有而友好的阿拉伯穆斯林，有的出钱助修广州、泉州城，有的被宋廷任命为朝官或市舶使；他们的商业活动促进了中外文化交流和经济交流，中国的四大发明通过他们传之欧洲，阿拉伯人创造的高度文明成果如天文、历法、航海、地理、医药、香料、珍宝等也随着他们大量传入中国，丰富了中国文化的内容；他们所在地形成"蕃学"，教穆斯林弟子读书，活跃了教育气氛；海外贸易与关税也增加了国库的收入，如南宋高宗时市舶收入每岁高达200万贯。高宗绍兴十六年（1146）曾谕："市舶之利，颇助国用。宜循旧法，以招徕远人，阜通货贿"；最后，宋代阿拉伯穆斯林商人之驻华及与华人通婚繁衍后代，促进了回族的形成。

在西北维吾尔族建立的喀拉汗王朝，大致与两宋同时。在此之前维吾尔族信仰萨满教并转向佛教，以及摩尼教、景教。从10世纪中叶起，开始信仰伊斯兰教，先扩展到喀什，后来伊斯兰教军队打败佛教徒军队，和田也归属喀拉汗王朝，民众转信伊斯兰教，只有在西辽治下的高昌回鹘汗国仍然信奉佛教。维吾尔族在原有传统文化的基础上，吸收了汉族文化和阿拉伯文化，建立了新的伊斯兰文化，产生了许多积极的文明成果。如中外闻名的不朽巨著《福乐智慧》、《突厥语大词典》就诞生在喀拉汗王朝时期，它们是研究中亚与新疆历史、语言、文学的主要典籍。

（三）犹太教

犹太教是犹太人的民族宗教，奉雅赫维（耶和华）为独一无二的真神，期望救世主弥赛亚降世拯救犹太人，认为自己是亚伯拉罕的后裔，只有犹太民族才是上帝的选民，以《旧约圣经》为宗教经典，以摩西十诫为道德行为规范，婴儿实行割礼，遵守安息日，不与外族外邦通婚，宰杀牛羊时要挑去腿筋不食，以犹太会堂为聚会场所。公元70年，罗马摧毁耶路撒冷圣城，从此犹太人成为"没有祖国"的民族，流散到世界各地，其中有少数来到中国。据现有史料，中国犹太人的活动，始于唐，盛于宋，以开封一地为最多。12世纪宋朝是开封最繁荣的时期，成为东方最先进的商业和文化中心，人口达100万人。今存开封犹太教会堂的三块碑文，一为明弘治二年（1489）的《重建清真寺记》，一为明正德七年（1512）的《尊崇道经寺记》，一为清康熙二年（1663）的《重建清真寺记》。在何时犹太教传入中国的问题上，康熙碑云周时，正德碑云汉时，弘治碑云南宋，但都共同指明该犹太会堂建于南宋孝宗隆兴元年（1163），其时当金朝世宗大定三年，开封已属金朝管辖，明清人以宋为正统，故碑文标宋年号。三碑皆谓该教出自天竺，则开封犹太人可能来自印度。弘治碑说："出自天竺，奉命而来。有李、俺、艾、高、穆、赵、金、周、石、黄、李、聂、金、张、左、白，七十姓等，进贡西洋布于宋。帝曰：'归我中夏，遵守祖风，留遗汴梁。'"这可能是北宋时的事，其时犹太商人用西洋布献于宋廷，以求留住中国开封，得到宋帝允诺，中国历史上不称犹太教，一般称"一赐乐业"（以色列异译）教，因其不食牛羊腿筋而挑除，又称"挑筋教"，亦有古教或回回古教等名称，称其寺为清真寺。世俗之人往往辨不清犹太教与伊斯兰教的界限，故常混之，而犹太人为了表示不同，宁肯叫"挑筋教"。据专家估计，宋时开封有犹太人约500余家共2500多人。他们保持犹太教的基本信仰和教义教诫，又汲取中国文化的营养，在习惯上语言上都有所改变，如称"上帝"为"天"，称《圣经》为《道经》，称其教为"天教"。他们也在礼拜堂祭祖，但不是亲祖，而是犹太民族的祖先亚当、亚伯拉罕、雅各、摩西等。他们敬奉孔子和儒学，春秋两季往孔庙祭孔。犹太教民与中国人相安而共处，他们的信仰受到尊重。

（四）祆教

祆教在唐武宗灭佛后受到沉重打击，一时衰败，但不绝如缕，宋代有所恢复。两宋之际张邦基撰《墨庄漫录》，内云："东京城北有祆庙"，祆神俗以火神祠之，京师人对其甚为敬畏，"有庙祝姓史，名世爽，自云家世为祝累代矣"，"自唐以来，祆神已祀于汴矣，而其祝乃能世继其职，逾二百年，斯亦异矣"。汴京除此城北之祆庙外，还有"大内西去右掖门祆庙"（《东京梦华录》），以及宁远坊的祆庙（《东京记》），共三处。此外，镇江亦有火祆庙（《镇江志》）。《宋史·礼志》载，建隆元年，太祖平泽潞时祭祆庙、泰山、城隍。征扬州、河东，并用此礼；又大中祥符二年（1009）天旱，曾遣官祠祆祠、城隍。可知，祭祀祆祠，成为国家官方祀礼的一项内容。但未见有独立组织的大规模的祆教活动，看来已经成为分散的众多杂教诸祠之一。元、明两代祆教亦有所延续，不过是苟延余绪而已。

第四节　西夏王朝以佛教为主的宗教信仰

西夏的宗教以佛教为主。早期的党项人由原始宗教信仰的自然崇拜发展到鬼神崇拜，并盛行巫术。党项人内迁后自然地受到当地传播已久、扎根很深的佛教的影响。西夏建国后大力提倡佛教，佛教在西夏王朝的政治生活中占有特殊重要的地位，它对西夏的政治、经济、文化，以及对元代佛教的发展都产生了重要的影响。西夏佛教是中国佛教的一个组成部分，西夏时期翻译的西夏文大藏经是中国佛典宝库中珍贵遗产，它以独具风格的民族特色丰富了中国佛教史的内容。

一　原始巫术与神灵崇拜

（一）自然崇拜与鬼神崇拜

早期党项人信仰的原始宗教是对大自然的崇拜。《隋书·党项传》记载，党项"三年一聚会，杀牛羊以祭天"。他们认为天是主宰世间一切的力量。

党项人的原始宗教普遍"笃信机鬼"（《宋史·夏国传》）。景宗李元昊建国称帝时，首先安排出行到西凉府（今甘肃武威）祀神。平民百姓对鬼神的信仰更是主宰一切。宋代著名科学家沈括《梦溪笔谈》中记载了党项人对鬼神的信仰，党项风俗"所居正寝，常留中一间，以奉鬼神，不敢居之，谓之'神明'"。《辽史·西夏外记》也记载党项人生病后不用医药，"召巫者送鬼"。

社会的发展与生产的分工，使主宰人间超自然的鬼神也有了分工。西夏时期编纂的西夏文字典《文海》中有关神鬼的条目有20多条，神主善，神释为："神者，神祇也。守护者之谓"，有天神、地神、富神、战神、大神、护羊神等。鬼主恶，鬼释为："鬼者，害鬼也，魑魅也，魍鬼也，鬼怪也，……饿鬼也，鬼魅也，损害之神。"有饿鬼、虚鬼、孤鬼、厉害鬼、杀死鬼等。对神的尊崇、供奉和对鬼诅咒、驱逐，即善与恶势力的存在和斗争，反映了党项人对所依赖生存的社会的认识和所持态度。鬼神的信仰与宗教的产生并行，并服务于同一目的。西夏佛教盛行之时，"菩萨"、"诸神"与"朕命"是三位一体的。据仁宗李仁孝于西夏乾祐七年（1176）在甘州（今甘肃张掖）黑水河上建桥时所立《黑水建桥敕碑》文中，赞美贤觉圣光菩萨"建桥"之功。要求甘州境内黑水河上下"所有隐显一切水土之主，山神、水神、龙神、树神、土地诸神等，咸听朕命"，希望诸神都重加神力，使水患永息，桥道久长。从自然崇拜发展到多神崇拜，反映了党项社会的发展与进步，反映了党项人对自然与社会认识的深化，也为佛教在党项地区传播创造适宜的土壤。

（二）巫术的盛行

据《宋史·夏国传》记载，西夏人"尚诅祝"。西夏有专职的巫师，或称"厮"。在用西夏文字记载的文献中有所谓"巫位"的名称，居太后、诸王、国师、大臣、统军等国家重臣之后，说明巫师的地位是相当重要的。巫师一般被认为有超自然的力量，他们的职责在于预知吉凶祸福，驱灾求助、决疑难。如有一种"驱鬼"仪式是巫师把"鬼"送入预设的坑堑中，同时在坑边上骂詈，以达到消灾祛祸的目的。又如西夏人在战争中有"杀鬼招魂"的习俗，也是巫术的一种。即西夏军队在作战中兵败，隔三日后，返回兵败之地，捉人马，或缚草人埋于其地，众人射箭后即离去，以显示

吉利。(《宋史·夏国传》)

巫师的另一重要职责是问吉凶、决疑难。主要的方法是占卜。占卜术在西夏社会具有重要的作用，从日常生活到军国大事都可采用占卜的方法预问吉凶与判断行止。李元昊建国前，"每举兵，必率部长与猎，有获，则下马环坐饮，割鲜而食，各问所见，择取其长"(《宋史·夏国传》)，其中则含有占卜的意味。

据《宋史·夏国传》和《辽史·西夏外记》的记载，西夏出兵作战时进行的占卜共有四种：其一，"炙勃焦"，即用艾草熏灼羊脾骨，察看羊脾骨上被灼裂的纹路来判断吉凶祸福。其二，"擗算"，即在地上劈竹子，计算竹片数目以定吉凶，类似于汉族的折蓍草古卜法。其三，"咒羊"，即夜里牵羊一只，焚香祷祝；同时在旷野烧谷火，第二天一早杀羊，看羊肠胃通畅则表示吉利，羊心脏有血则出兵必败。其四，"矢击弦"，即用箭杆敲击弓弦，用听弦之发声来判断出兵作战的胜负和敌人进攻的日期。

西夏民间也广泛采用占卜术。1909年黑水城（今内蒙古额济纳旗附近）遗址出土的西夏文献中有几种占卜辞。如夏乾祐十四年(1183)西夏人骨勒仁慧编成的《五星秘集》，星和行星的卜辞，其中也有关于用天空云彩的颜色来判断吉凶的，如冬季白日黄云兆丰收，青云兆虫灾，白云兆疾病与死亡，红云兆战争，黑云兆水灾。1972年在甘肃武威张义下西沟岘出土的两张西夏文卜辞残片，一张是占卜何时为吉辰的："寅后四变甲时安，巳后四变丁时安，申后四变丑时安，亥后四变癸时安……"另一件是占卜吉日与凶日的："卯日遇亲人，辰日买卖吉，巳日□□□，午日求财顺，未日出行恶，申日万事吉，酉日与贼遇，戌日有倍利，亥日心逢喜事。"西夏人对占卜的结果深信不疑，必然不惜代价按卜辞所示去做。《马可·波罗行记》记载西夏河西故地人死出殡时，"卜人有时谓不宜从门出丧"，则毫不犹豫地"破墙而出"。

西夏的占卜术显然也受汉族占卜术的影响，西夏著名学者斡道冲译《周易卜筮断》等汉文典籍，流行于西夏。黑水城遗址还发现有名为《魔断要语》、《谨谗》等咒语集，有的是用来祈雨的。《谨谗》中有三幅法术图，依十二生肖作圆形排列。还有用西夏文标注的相面图，以及采用干支计时日的占卜方法都是受汉族文化的影响。

二 佛教的传入与发展

（一）佛教的传入

西夏的河西、陇右地区在党项人未进入之前就居住着汉族和其他游牧的少数民族。河西走廊是由西域进入中原的交通要道。自凉、魏以来，经隋、唐，佛教在这一地区已经流传了六七百年，它还对中原佛教的传播和发展起着重要的桥梁作用。唐末、五代时期，先后统治这个地区的吐蕃、回鹘势力以及张义潮、曹议金等政权，又都大力提倡和扶植佛教，使佛教势力的发展迅速。经历过百年以上长途迁徙劳顿和战乱创伤的党项族人民，在进入这个地区后，又饱受民族压迫和阶级压迫的痛苦，所以接受佛教的思想是很自然的事。

西夏佛教活动的记载，最早见于李德明时期，据《宋史·夏国传》记载，宋景德四年（1007），李德明母亲去世，安葬时，他向宋朝提出要求到五台山修供十寺，宋真宗即遣使护送所供物至五台山。李德明子李元昊，少年时代即"晓浮图学"，说明当时佛教已在党项地区广为传播，并为党项贵族上层所信奉。

1030 年（宋天圣八年），李德明派遣使臣向宋朝献马 70 匹求赐佛经一藏，宋朝答应了李德明的请求。从这次算起，西夏景、毅、惠宗三朝 43 年期间，西夏向宋朝"赎经"达六次之多：第二次，夏开运元年（1035），李元昊向宋朝献马 50 匹，求赐佛经一藏；第三次，夏福圣承道三年（1055），西夏遣使到宋朝进贡，宋赐予大藏经；第四次，夏奲都元年（1057），西夏新建精蓝（寺庙），向宋朝献马 70 匹，请赎大藏经；第五次，夏奲都六年，西夏又向宋朝献马 70 匹，请赎大藏经；第六次，夏天赐礼盛国庆四年（1072），惠宗李秉常向宋朝再献马 70 匹求取大藏一藏，宋诏赐佛经一藏而还其马匹。

佛教在西夏传播的另一个显著标志是佛寺的建造。李元昊建国前夕，夏大庆三年（1038）八月，于兴庆府大兴土木，建造佛舍利塔，传世的

《大夏国葬舍利碣》记载了"钦崇佛道"的景宗皇帝将进献的佛舍利建塔安放的盛况。夏天授礼法延祚十年（1047），李元昊又于兴庆府东役民夫建高台寺及诸浮图，俱高达数十丈，贮藏宋朝所赐大藏经。现在还存在的宁夏银川市承天寺，始建于夏天祐垂圣元年（1050）三月，至夏福圣承道三年（1055）十月历时五年半方告完成。这座寺院是毅宗李谅祚为好佛事的母亲没藏氏兴建的，在这里贮存了宋朝所赐的大藏经，毅宗和没藏太后常亲临寺院听僧人演讲佛经。

西夏建国之初就十分尊崇佛教，李元昊曾下令每年四季首月的朔日（初一）定为"圣节"，让官民礼佛。僧人在西夏受到保护与活动自由不受限制，以致宋朝常常派遣僧人到西夏刺探军情或行间。如宋朝知渭州王沿、副总管葛怀敏，曾派遣崆峒山慧明院法淳和尚去西夏招降大将野利旺荣。宋朝知清涧事种世衡也派僧人王嵩潜入西夏行间野利旺荣、野利遇乞兄弟，使李元昊对他们产生了怀疑，二人终被杀害。

西夏域外的僧人对西夏佛教的传播起了重大作用。其中以回鹘僧人贡献最大。夏大庆元年（1036），印度僧人善称等一行9人经夏州向宋朝贡献梵文经、佛骨及铜菩萨像，返程时，李元昊留他们于驿舍，向善称一行求索贝叶经。李元昊修建高台寺，李谅祚修建承天寺，都延请回鹘僧人到寺中演经。西夏与辽朝的交往中，西夏给辽朝的进贡还有金佛、梵觉经以及回鹘僧人。

西夏初期主要吸收中原地区传播的佛教，到西夏中、后期，藏传佛教也逐步传入西夏。据藏文著作《贤者喜宴》记载，仁宗李仁孝时遣使臣入藏迎请佛教噶玛噶举派大师藏索哇到西夏传授藏传佛教的经义和仪轨，组织翻译佛经，被尊为上师。其后西藏萨迦派祖师札巴坚赞的弟子迥巴瓦国师觉本，也被西夏人奉为上师。西夏仁宗天盛年间（1149—1169）的法典《天盛改旧新定律令》中规定，吐蕃僧人可担任僧官；凡蕃、汉僧官必须会诵读吐蕃文经咒。在寺院举行的大法会上规定要诵读西番（藏）、番、汉藏经。这个时期还大量用西夏文和汉文翻译藏文佛经。（见后文）藏传佛教的内容在今存的西夏寺院石窟中也留有遗迹。如敦煌莫高窟、安西榆林窟等诸窟群中的西夏洞窟，早期上承五代、宋初风格，后期则逐渐染上藏传佛教的密宗色彩，特别是榆林窟晚期的第 2、3 和 29 窟都是典型的密教洞窟。

（二）佛教的发展

西夏崇宗、仁宗时期是西夏佛教的大发展时期。其时西夏已建立了一套比较完善的佛教管理机构和管理制度。据《天盛改旧新定律令》记载，西夏的中央政府中设立三个功德司，管理全国的佛教事务。其中有和尚功德司为管理僧众的机构；出家功德司是掌度僧出家的机构；护法功德司是负责维护佛门戒律、纠察僧人越轨行为的机构。各功德司设数量不等的功德司正、副、判、承旨等为正副长官及其辅佐。功德司在西夏政府机构的等级中属于第二等级（品），仅次于掌管全国行政与军事首脑机构的中书、枢密，与殿前司、御史、中兴府等国家机构同品级，可见其地位之重要。

西夏由国家提倡与尊崇佛教，对有学识与威望的僧人授予各种封号，如帝师、国师、法师、禅师等。中国佛教中帝师之设，过去一般认为始于元世祖忽必烈。今人的研究成果，据北京房山云居寺发现的明刊藏、汉合璧《圣胜慧到彼岸功德宝集偈》题款"贤觉帝师"和尾题仁宗皇帝李仁孝的尊号而定为始于西夏时代。西夏法典《天盛改旧新定律令》中尚未见帝师之名，西夏之封帝师可能是天盛以后或西夏晚期的事。黑水城遗址发现的西夏文书《官阶封号表》中有"国师"的封号，其位置在诸王、中书、枢密位之间，注明为"上品等位"。《天盛改旧新定律令》第 10 卷中也明确规定：国师的地位与朝廷诸司中的上品位，即中书、枢密位相等。因此在西夏未设帝师之前，国师在佛教界具有极高的地位。根据现在看到的资料，有国师称号的僧人很多，如景宗李元昊时主持译经的国师白法信，惠宗李秉常时主持译经的安全国师白智光，崇宗李乾顺时主持修建甘州卧佛寺的国师嵬名思能，仁宗李仁孝时主持校经译经的兰山觉行国师沙门德慧，主持大度民寺法会的国师宗律、净戒、大乘玄密国师等。"国师"以下为"法师"称号，为通晓、善解佛法并致力于修行传法的僧人，其地位也比较高，也参与译经等较重要的佛事活动。此外还有"禅师"称号，也是西夏高僧的称号，如西夏贺兰山佛祖院有平尚重照禅师、兰山崇法禅师沙门金刚幢等都是对译定、刊印、传播佛教经典与教义做出贡献的著名高僧。

西夏对寺庙有一套完善的管理制度，对管理寺庙的僧人都设有相应的职称。如据今甘肃武威保存的《凉州重修护国寺感通塔碑铭》和黑水城遗址出土的西夏文书《杂字》中的记载，西夏寺庙中僧人的职务称谓有提举、僧正、僧副、僧监、僧判、僧录等僧职。由于寺庙僧人的民族成分不同，在管理上可能有区别，所以在碑铭、文书中还出现"番汉四众提举"、"汉众僧正"、"汉众僧副"等名称。

西夏的僧人有"赐绯"、"赐紫"制度，即用服色表示职位的高低。据甘肃安西榆林窟第15、16两洞窟中壁上书写于西夏天赐礼盛国庆五年（1073）的《榆林窟记》中有"阿育王寺释门赐紫僧惠聪俗姓张住持窟记"的题款。武威的《凉州重修护国师感通塔碑铭》中也列有7个赐绯僧人。可以判断大约在西夏惠宗时期已有赐紫、赐绯制度。在西夏文书中有"番汉三学院"的名称，有的学者认为"三学"即学佛者修持的戒、定、慧，此即佛学的全部内容，所以"番汉三学院"可能是西夏培养番、汉佛学人才的场所。

西夏时期由政府主持大兴土木，修造佛寺，反映了西夏佛教的兴盛繁荣。西夏佛教寺院遍布全境。根据文献记载与考古发现的资料印证，大体区分为两大中心地区：以首都兴庆府为中心的兴庆、贺兰山地区和河西走廊的凉、甘、瓜、沙地区。兴庆府地区，除西夏建国前后修建的戒坛寺、高台寺和毅宗朝建的承天寺外，仁宗时有著名的大度民寺，贺兰山腹地的佛祖院、五台山寺、慈恩寺，以及今尚存双塔的贺兰山拜寺口寺庙遗址等寺庙群。河西走廊地区西夏时期著名的寺庙有凉州的护国寺、圣容寺、崇圣寺；甘州的卧佛寺、崇庆寺、诱生寺、十字寺等。这些寺庙大部分是西夏时期新建，也有对前代寺庙加以修葺或重建的。如凉州的护国寺中原有奉安佛舍利的七层佛塔，据碑文记载，寺塔于前凉时期（314—376）修建，到西夏时完好无恙。夏天祐民安三年（1092）冬，武威大地震，佛塔倾斜，正要动工维修时，佛塔竟自恢复原状。为了旌表佛的"灵应"，第二年六月，西夏皇太后和皇帝诏令重修，五年完工，立碑纪其功。碑铭借此宣扬佛法无边，为西夏统治者歌功颂德。这个时期修葺的佛教寺庙不只护国寺一处，正如碑铭中记载的"近自畿甸，远及荒要，山林溪谷，村落坊聚，佛宇遗迹，只椽片瓦，但仿佛有存者，无不必葺"。因此其时西夏"浮图梵刹，遍满天下"。

西夏时期还在前代已开凿的石窟寺址，开凿或修建寺庙洞窟，绘制壁画，雕塑佛像。著名的敦煌莫高窟、安西榆林窟，及两窟群附近的东、西千佛洞；酒泉的文殊山万佛洞、昌马石窟；武威的天梯山石窟；永靖的炳灵寺石窟等处都留下了西夏时期修凿、妆銮的石窟、壁画、供养人像、题记等。如根据20世纪60年代初考察的结果，西夏时期在敦煌莫高窟新开凿洞窟17个，重修妆銮前代洞窟96个。在安西榆林窟重修洞窟11个。在莫高窟和榆林窟中发现了大量的西夏时期的汉文和西夏文题记，如有确切纪年的从西夏天赐礼盛国庆二年（1070）到光定九年（1219）汉文和西夏文题记14条。这些文字题记记载了西夏僧俗人等来此朝山礼佛、诵经念咒、烧香求福以及记载修葺寺庙、清理积沙等善事的发愿文字。

西夏僧人的数量虽史籍缺乏记载，仅从西夏官方对佛教的重视程度与佛寺的数量则可推知其不在少数。据《重修凉州护国寺感应塔碑铭》记载，崇宗时举行的法会上一次"度僧三十八人"。另一次桓宗母罗太后所作的法会上，发愿"度僧：西番、番、汉三千员"，"敬斋僧：三万五百九十员"。另外，还可以从西夏印施佛经、佛画的数量上看出西夏僧人数量之多。如夏天盛十九年（1167）印造西夏文、汉文经2万卷。乾祐十五年（1184）印造西夏文、汉文佛经5.1万卷。乾祐二十年，仁宗在大度民寺法会上，散施各种佛经25万卷。后来在另一次法会上，罗太后散施佛像、经卷17万帧、卷。前来受施的有信佛的俗人，但主要应是僧人。

（三）佛教宗派对西夏佛教的影响

佛教通过西域传入中原后与中原文化结合形成不同的宗教派别。西夏在接受中原佛教和藏传佛教的影响的同时，自然也接受了佛教宗派的影响。根据传世的西夏时期佛经内容及有关资料的印证，西夏佛教在不同程度上接受了前代佛教宗派的影响，其中华严宗、净土宗、天台宗、禅宗、密宗的影响较深。

华严宗的主要经典是《大方广佛华严经》，该经宣说"顿入佛地"的思想，对战乱较多的西夏影响较大。现存的西夏文佛经以《大方广佛华严经》为最多，包括了汉文译本的 60 卷、80 卷和 40 卷三种译本。同时也流传汉文本。西夏还将华严经的有关经疏译为西夏文流传。

净土宗 净土宗的重要经典《无量寿经》、《阿弥陀经》、《观弥勒菩萨上生兜率天经》等都有西夏文译本。该宗提倡念佛往生，快速成佛，死后往生阿弥陀西方净土（极乐世界）。所以净土宗提倡施经、造像、斋戒、饭僧、放生、济贫、赦囚等法事。据文献记载，西夏在天祐民安五年（1094）重修凉州塔后；乾祐二十年（1189）印施《观弥勒菩萨上生兜率天经》的法会上；天庆二年（1195）罗太后祭奠仁宗的大法会上都进行了大规模的散施佛经、佛像、放生、散囚等活动。黑水城遗址发现的佛画《阿弥陀佛来迎图》，描绘死后升天，阿弥陀佛迎接，都反映了净土宗对西夏佛教的影响。

天台宗 又称法华宗，主要经典是《妙法莲华经》。传世的西夏文佛经以《法华经》的版本种类最多，有西夏文和汉文刻本、写本和插图本。可见此经在西夏流传极广，说明天台宗对西夏佛教的影响。

禅宗 禅宗的主要经典《六祖坛经》有西夏文译本，西夏还译有唐宗密所撰的《禅源诸诠集都序》等，多种禅宗著述。受禅宗的影响西夏出现了禅师。西夏僧人中有坐禅之法，在莫高窟、榆林窟和武威下西沟岘的山洞中都发现了西夏僧人修禅的洞窟与敬僧题记。

密宗 又名真言宗。密宗仪轨复杂，对设坛、供养、诵咒、灌顶等都有严格的规定，需经导师秘密传授。密宗传入西夏可能有两个途径：分别从中原与藏传佛教传入密宗经典。西夏佛教受密宗影响较大，现存的榆林窟西夏佛教洞窟及其绘画具有浓厚的密宗色彩。从洞窟布局上，中央设佛坛、称为曼荼罗，是典型的密宗洞窟布局。壁画、装饰图案也用曼荼罗形式，敷彩厚重，也是典型的密宗形式。黑水城出土的西夏佛画中有相当一部分属密宗绘画，如曼荼罗形式的木版画、《十一面观音像》、《长乐金刚图》等。榆林窟洞窟汉文题记所谓"秘密堂"即是密宗洞窟。宋人著作《黑鞑事略》记载，西夏国俗"凡有女子，必先以荐国师，而后敢适人"；元人马祖常《石田文集》中的《河西歌》称贺兰山一带河西地区的少女召佛僧为夫婿，都或许与密宗传入西夏地区有关。

三 西夏文大藏经的产生与历史地位

(一) 译经与校经

西夏时期境内流传的佛经，主要有西夏文、藏文和汉文三种。西夏从宋朝赎取汉文大藏经，同时也刻印汉文佛经，藏文经则通过藏传佛教传入。西夏文经主要译自汉文和藏文佛经。西夏译经始自建国之初，即天授礼法延祚元年（1038）由国师白法信主其事。其后有惠宗时期的国师白智光主持译经。至天祐民安元年（1090），前后持续52年的译经，共译362帙812部3579卷。西夏译经底本，如依据宋朝的赎经，则可能是当时宋代刻印完毕的《开宝藏》的一种。

西夏译经的方法与规模也仿自中原王朝，设立规模宏大的译场，有严谨细密的分工。据西夏文《现在贤劫千佛名经》刻本译经图，生动地描绘了西夏译场情况：译场主持高僧"都译勾管作者安全国师白智光"端坐正中，笔、砚、经书等物置于面前桌案上。左右两侧各坐僧俗4人，僧前俗后，共16人，称"相祐助译者"，他们分别负责记录、翻译、校核、润色等工作。图下部正中桌案上陈设供品，两侧为西夏惠宗皇帝、梁太后及侍者。译经图反映了西夏译经规模及皇帝、太后亲临译场的隆重场面。

传世的西夏文佛经中，一部分经卷首载有译经者题款，如一种题款的汉译为："式法皇太后梁氏御译"和"大明皇帝嵬名御译"；另一种题款是："德盛皇太后梁氏御译"和"仁净皇帝嵬名御译"。大明皇帝、仁净皇帝是惠宗和崇宗的一种特殊称号。现存西夏文佛经卷首载有译经题名者以这两种称号最多，说明惠、崇两朝是西夏译经的重要时期。

西夏到崇宗时期已大体上中止了汉文佛经的翻译，转为大规模地校勘佛经。传世的西夏文经据题款标明多为仁宗时期所校。具体可区分为：惠宗时译，仁宗时校；崇宗时译，仁宗时校；无译经题款，记仁宗校者；无译经题款，校经题款为仁宗敕令重校者。校经是利用不同版本的大藏经进行对勘。如西夏文《过去庄严劫千佛名经》发愿文有："奉护城帝敕，与南北经重校"之句。有的西夏史学者认为"护城皇帝"乃仁宗李仁孝谥号，南经当指宋朝官刻本《开宝藏》，北经指辽朝《契丹藏》或金朝《赵城藏》。仁宗之后，西夏其他皇帝在位也进行过校经。

（二）刻经与写经

现在发现的西夏时期最早刻印的汉文佛经是《大般若波罗蜜多心经》，是天赐礼盛国庆五年（1074）信徒陆文政私人发愿刻印的。官刻则以人庆三年（1146）雕印的《妙法莲华经》汉文经为最早。仁宗朝，特别是乾祐年间（1170—1193）是西夏刻印经的最盛时期。桓宗与襄宗时期的汉文刻经现在也有发现。据西夏刊印的汉文《大方广佛华严经》卷9末的西夏文押捺文字所记，西夏时期在贺兰山佛祖院曾经雕印了全部汉文大藏经版，并至少印制过12部汉文大藏经。

西夏文译佛经始刻印于何时，目前尚无资料证实。传世的西夏文《金刚般若波罗蜜经》刊印于天盛二十年（1168），甘肃武威发现的西夏文施经发愿文残页记载乾祐十六年（1185）为仁宗皇帝祈福求寿事，说明仁宗时期刻印西夏文佛经是毫无疑问的。西夏也盛行写经，因简便易行，故流传数量很多。据西夏文《佛说宝雨经》卷10西夏文木刻押捺文字所记，桓宗时太后罗氏令人抄写"番大藏契经一藏"，即全部西夏文大藏经，至少是3500卷，用秀丽工整的书法缮写一过。西夏文写经传世品很多，其中如光定四年（1214）以神宗皇帝名义缮写的西夏文《金光明最胜王经》，在优质的绀色纸上用泥金书写，色泽鲜明，既富丽堂皇又严肃庄重，为西夏抄本佛经的精品。

第五节　金朝宗教的兴盛

金朝宗教既有古老萨满教的习俗，又接纳宋朝祭礼，建立起国家宗教祀典，其汉化程度深于辽朝，佛教继续流行并受到严格管理，仍是以禅宗为主流。《赵城金藏》成于此时。河北出现道教新教派，全真道崛起，提倡性命双修。理论上主儒、释、道三教融合，在王重阳和北七真的带动下，得到蓬勃发展，形成道教史上一个新的高峰。萧抱珍创立的太一教与刘德仁创立的真大道教，亦达到相当规模。

一 女真宗教旧俗和国家宗教礼制的建立

金朝的主体女真族在五代时期尚未脱离原始社会。北宋以后它急剧地兴起，进入私有制社会，大量吸收唐宋文化，其汉化速度比辽朝、西夏快，程度也要深。在宗教信仰上，长期保持以萨满教为主要形式的民族传统宗教；在灭辽并进入黄河流域以后，接纳现成的宋朝礼乐典章器具，仿唐宋礼制，逐步建立国家宗教祭祀制度，使宗教活动正规化，同时保存了相当多的民族传统宗教的遗风民俗，形成一种混合型的宗教体制。

女真族也同其他古老民族一样，早期都盛行自然崇拜、灵魂崇拜、祖先崇拜和天神崇拜，经常对天地日月山川风雨和祖神进行祭祀。女真族的传统信仰属于北方许多民族共同信奉的萨满教，其主要特征是萨满即巫师成为主导宗教活动的中心人物，形成一些有别于一般原始宗教的特殊活动方式。"萨满"是满—通古斯语族语言"巫师"的译音，本意是"因兴奋而狂舞的人"。萨满被认为是族神在族内的代理人和化身，是人神交通的中介，可以为本族消灾求福，以祈祷和跳神为社会提供宗教服务。《三朝北盟会编》中有关于金代女真信奉萨满教的明确记载，它说："兀室（完颜希尹）奸滑而有才。……国人号为珊蛮。珊蛮者（即萨满的异译），女真语巫妪也，以真通变如神。"女真族认为萨满能操知神意，"巫能道神语"（《金史·始祖以下诸子传》）；"病则巫者杀猪狗以禳之，或车载病人至深山大谷以避之"（《会编》）；巫还可以代人求神降生子女，如昭祖（石鲁）无子女。经巫师祈祷，后来生下二男二女，"其次弟先后皆如巫者之言，遂以巫所命名名之"（《金史·始祖以下诸子传》）；巫还为人诅咒仇家，使其遭灾罹祸，"其家一经诅咒，家道辄败"（同上）。从女真的后裔满族的萨满教看，萨满共有两种：一种是管祭祀，跳家神的，每姓中都有一个；另一种专管治病，称为神巫。萨满教认为人都有灵魂，与肉体不得相离，人之所以生病，就是由于灵魂出游时为魔鬼所捕获，如久不放归，人必致死，请萨满祈祷跳神，可以取悦神鬼，借助超人之力使灵魂获释。萨满跳神时，头戴尖帽，缀五色纸条，下垂蔽面，外悬小镜两个，如两目状，身穿长布裙，腰系铜铃，擎鼓而舞，口中念念有词。不仅祭神治病要跳神，秋收完毕时祭祖也要跳神，老萨满跳三昼夜，新萨满要跳九昼夜。由此可以推断当年金朝萨满旧俗的活动情景。《南渡录》载宋徽、钦二帝在金朝官府中看到巫者"彩服画冠，振铃击鼓，罗列于前"，一边跪拜，一边念语祈祷，其状况与后来满族习俗相类似。

唐宋吉礼本于古代传统信仰而使之规范周密。金朝旧俗在内容上与中原宗教习俗是相通的，只是发展的程度和活动的方式有某些差别，所以当金朝女真贵族实行宗教改革，按中原礼制建立国家宗教祭典时，进行得很顺利，没有发生冲突，循理而成章。据《金史·礼志》，会宁始建宗社；皇统间，宗社朝会之礼次第举行；世宗即位后，开"详定所"以议礼，设"详校所"以审乐，参校唐宋故典沿革，于明昌初编成《金纂修杂录》，凡400余卷，金朝礼典至此大体具备。该书将吉礼凶礼之仪节加以图解，卤簿十三节以备大葬，小卤簿九节以备郊庙。宣宗以后，受蒙古族势力压迫，国势日衰，疆土日缩，战乱不息，图籍散佚，宗教礼仪不能如定制进行，凶礼之纪亦失略不存。需要说明的是，金朝国家宗教典制的建立，虽符合和保存了许多传统民族旧俗，但与建国之前的萨满巫教流行的情况相比，有了重大变化，萨满从宗教活动的中心地位退居辅助性的司仪地位，更多地在民间发挥其传统作用，而在国家宗教大典中，皇室首领成为主祭者，成为中心人物；萨满教是带有全氏族性质的民间宗教，而金朝国家宗教则是具有阶级性质的贵族宗教。

据《金史·礼志》，金朝有南北郊天之制。太宗即位时设位而祭天地。天德以后始按中原传统定南北郊之制，大定、明昌时期礼仪周备。大定十一年（1171）议郊礼时，世宗对宰臣说："本国拜天之礼甚重。今汝等言依古制筑坛亦宜。我国家绌辽、宋主，据天下之正，郊祀之礼岂可不行。"可见金主郊祀是为了表明金朝已经继承华夏的正统，故应举行正式的国家宗教祀典。他下诏说："国莫大于祀，祀莫大于天，振古所行，旧章咸在"，明确要依循中原旧礼。又说："推本奉承，犹未遑于郊见"，即金朝奉天承运，理应郊天，"明昭大报"。南郊坛在丰宜门外，北郊方丘在通玄门外。又建朝日坛曰大明，在施仁门外；建夕月坛曰夜明，在彰义门外。常以冬至日合祀昊天上帝、皇地祇于圆丘，夏至日祭皇地祇于方丘，春分朝日于东郊，秋分夕月于西郊。郊天之仪，斋戒用唐制，祀前有诸多准备，如致斋、陈设、省牲器、奠玉币、进熟等，祀中有初献、亚献、终献三个步骤。祭天坛上设昊天上帝、皇地祇神座，以太祖配，其下有五方帝、日月神州地祇、天皇大帝、北极神座，以及五神、五官、岳镇海渎、昆仑、山林川泽、丘陵坟衍原隰等诸神，唐宋国家祭祀的诸神一应俱全。方丘仪略同郊天而规格有降，由礼官代祀，皇帝不亲临。皇帝朝日，初用金人旧礼，天会四年（1126）正月，始朝日于乾元殿，而后受贺。天眷二年（1139），定朔望朝日仪，"设百官褥位于殿门外，皆向日"。大定中，先从旧俗南向拜日，后改行东向之礼以符唐制。

贞元元年（785），建社稷坛于上京。大定七年（1167）建坛于中都。社坛铺五色土，其主用白石。社西为稷坛，如社坛之制而无石主。祭用春秋二仲月上戊日，乐用登歌，遣官行事。其州郡祭享，一遵唐宋旧仪。明昌五年（1194），定风雨雷师为中祀，令有司摄祀。建风师坛于景丰门外，岁以立春后丑日致祭。建雨师坛于端礼门外，岁以立夏后申日致祀。大定四年，诏依典祀以四立、土王日祭岳、镇、海、渎诸神。

金朝自熙宗起尊孔崇儒，已如前章所述。皇统元年（1141），熙宗诣文宣王庙祭礼。大定中，礼官参酌唐开元礼，拟定释奠仪数。祭祀时奏《来宁》、《静宁》、《肃宁》、《和宁》、《安宁》、《辑宁》、《泰宁》、《咸宁》诸曲，配以颂圣之辞，其辞有云："伟矣素王，风猷至粹。垂二千年，斯文不坠。涓辰维良，爰修祀事。""巍乎圣师，道全德隆。修明五常，垂教无穷。""天生圣人，贤于尧舜。仰之弥高，磨而不磷。""禀灵尼丘，垂芳阙里。生民以来，孰如夫子。"以上颂辞表现出金朝贵族对儒学的向往，对孔子的尊崇，其风格上承《诗经》，足见其受中原文化熏陶之深。儒学虽不是宗教，孔子也没有成为真正的神，但是孔子已经成为官方祭祀的对象，儒学在客观上也起到了教化人心的类似宗教的作用。此外金朝还设武成王庙，增加金臣陪祀。又按时祭祀诸前代帝王。

金初无宗庙。天辅七年（1123），葬太祖于上京，建宁神殿于陵上。自此诸京皆立庙，在京师者称太庙。初太庙为七世十一室，大定十九年（1179）增为十二室。大定十一年，世宗诏以"三年冬祫，五年夏禘"为常礼，每岁四时孟月及冬末腊月五享于太庙，享日并出神主前廊，序列昭穆，以太子为亚献，亲王为终献。

金朝官方宗教祭祀大体走上了内地制度化轨道，但原有民族宗教习俗仍然有若干得到延续。如拜天、祭山、祭江等皆有特色。金因辽旧俗，在重五（五月初五）、中元（七月十五）、重九（九月初九）行拜天之礼。重五拜于鞠场，中元拜于内殿，重九拜于都城外。立架高五六尺，刳木为盘，如舟状，画云鹤纹，置于架上，荐食物于盘中，聚宗族而拜天。皇帝则在常武殿筑台为拜天所，重五拜天毕，进行射柳、击毬，将宗教祭祀与体育活动结合在一起，使其内容丰富多彩。

长白山是女真族的发源地，故受到特殊尊崇。大定十二年，有司奏言："长白山在兴王之地，礼合尊崇，议封爵，建庙宇。"于是封为兴国灵应王，于山北建庙祭祀。礼用三献，如祭岳镇。明昌中，复册为开天弘圣帝。长白山的地位类似于中原山祭中的泰山。大定二十一年，又封燕京西郊山陵地大房山神为保陵公，祭仪如长白山。又因金太祖征辽，策马径渡混同江，不舟而济，有如神助，故封其江神为兴国应圣公，致祭如长白山仪，册礼如保陵公故事。又封章宗出生地麻达葛山为瑞圣公。此外，世宗封上京护国林神为嘉荫侯、沪沟河神为安平侯、郑州黄河神为昭应顺济圣后、章宗封静宁山为镇安公。这些山神河神都与女真族事业的成功与兴旺有关，祭祀活动带有较多的民族特色。

二　佛教的继续流行

（一）金朝统治者有节制地扶助佛教政策

女真族建国以前，便已从邻近的高丽、渤海等国传入了佛教。灭辽以后，南进中原，占领了宋京汴梁及淮河以北地区。当地高度发达的佛教文化给女真统治者极大的影响，他们在汉化的同时也佛化了。

金代帝王皆崇奉佛教。太宗常于内庭供奉佛像，又建旃檀像安置于燕京悯忠寺，每年设会斋僧。天会三年（1125），太宗命僧善祥于山西应州建净土寺。命佛觉大师海慧在燕京建寺，至熙宗时命名为大延圣寺。由于幽燕本辽朝故地，佛事原即繁盛，再加以金人的扶植，其势更盛。"僧居佛宇，冠于北方"（《宣和乙巳奉行程录》），"燕京兰若相望，大者三十有六"（《松漠纪闻》卷上），俨然是一大佛教中心。金熙宗因其子病重，与皇后至寺院焚香，流涕哀祷。（见《金史·熙宗二子传》）海陵王改元正隆，亲到宣华门迎佛，并"赐诸寺僧绢五百匹，彩五百段，银五百两"。（《金史·海陵纪》）。世宗时期（1161—1189）是金代盛世，南北战争暂告一段落，社会相对稳定，经济得到发展，佛教事业也趋于极盛。各地纷纷修缮辽代旧寺，并新建寺院，政府对此给予奖掖。如燕京建大庆寿寺时，世宗曾赠田20顷，钱2万贯。重建燕京昊天寺，赐田百顷。修建香山寺，并改名为大永安寺，赐田2000亩，钱2万贯。世宗生母贞懿太后出家住东京，特为其创建清永禅寺，别筑尼院，拨内币30万以为营建费。寺成后赐田200顷，钱100万贯，寺内僮仆多达400余人，富贵华丽。章宗即位，亲召禅林高僧万松行秀入内廷说法，奉绵绮大僧伽衣。王室贵族亦纷纷罗拜，捐施珍品。章宗之子得了"急风"病，他求佛乞愿。病愈后印《无量寿经》一万卷以示报谢。总之，由于金代诸帝的支持，金代佛教仍保持了相当隆盛的局面。

金代统治者崇佛的同时，也吸收了辽代佛教过度发展的教训，对佛教亦有所抑制。早在太宗天会八年（1130），为防止佛教僧侣队伍的膨胀，曾诏令"禁私度僧尼"。海陵王信佛，但反对臣下佞佛逾制。一次他听说臣下到寺里去见和尚法宝，法宝正座，而众大臣则侧身陪坐，十分恼怒。海陵王认为，佛本是一小国王子，能轻舍富贵，自修苦行，由此成佛，令人崇敬。而今人希望从信佛中得福利则是很荒谬的。况僧人往往是不第秀才，市井游民，其身份不如下等官吏。民间老妇，愚昧无知，行将就木，多归信之，情有可原，大臣宰辅对和尚如此礼敬实有伤大体。他将法宝召入朝廷，打二百棍。礼敬和尚的张浩、张晖等人各责二十。（见《金史·海陵纪》）世宗幼时受母亲贞懿皇后影响，笃信佛教。执政以后，他说："人多奉释老，意欲缴福。朕蚤年亦颇惑之，旋悟其非。""至于佛法，尤所未信。梁武帝为同泰寺奴，辽道宗以民户赠寺僧，复加三公之官，其惑深矣。"（《金史·世宗纪》）世宗自己不大信佛教，但他抱着"敬而远之"的态度对待佛教。一方面允许其发展，使世宗一朝金地佛教达到了极盛；

另一方面又采取种种措施对佛教发展进行限制，防止泛滥。他多次下诏令严禁民间私建寺院，严禁私度僧尼，严格试僧制度，诏免辽代遗留的二税户等。

金代沿袭了唐宋的僧官制度。一方面由政府礼部"掌凡礼乐、祭祀……医卜、释道"之事（《金史·百官志》），掌管天下寺僧名额及考试。规定"凡试僧、尼、道、女冠，三年一次"，考官由政府官员和僧官共同担任。分经、律、论三门课试，名额严格控制，中选者授为三宗法师。另一方面自中央至州县，建立僧录、僧正、僧纲、维那等宗教管理组织，由僧人任职，管理寺院及僧团庶务。自北齐始，隋唐五代皆有"国师"之号，宋朝立国，罢国师之封。金代又恢复这一制度，以僧中"老尊宿"为国师，"威仪如王者师，国主有时而拜"。如此礼敬僧人，开元代"帝师"制之先河。在世宗以前，金代对佛教的管理比较严格。章宗以后，因内部政治腐败，外部又有蒙古的军事压力，财政拮据，需要筹措军费。金代统治者也效仿宋朝统治者，公开出售度牒、紫衣、师号以补国库亏空。宣宗、哀宗时此风更甚，遂使金地佛教僧团更趋腐化。

（二）佛教流派及代表人物

金代国祚虽短，但由于辽代的基础，亦由于宋朝的影响，佛教各宗派都有相当规模的发展，尤以禅宗最盛。

黄河流域在金人占领以前，禅宗杨岐、黄龙二派势力就很兴盛。金人占领后，一部分禅僧仍留此地传法。如道询（1086—1142）住灵岩寺传法，著《示众广语》、《游方勘辨》、《颂古唱赞》等书，较有名气。汴梁则有佛日，大弘法化，传法弟子圆性（1104—1175）于大定年间住持燕京潭柘寺，大力复兴禅学，著有语录三编行世。另有政言，从慈照禅师处得法，著有《颂古》、《拈古》各百篇及《金刚证道歌》、《金台录》、《真心说》、《修行十法门》等。相了（1134—1203）从懿州崇福寺超公处得法，曾往燕京潭柘山寺弘化。道悟（1151—1205）得法于河南熊耳山白云海禅师，后往郑州普照寺弘化。教亨（1150—1219）从普照寺宝和尚处参学有得，宏传师说。上述皆金代较有声望的禅僧，基本属于杨岐"看话禅"一派。

金代最著名的禅僧当推曹洞系的万松行秀（1166—1246）。他初从胜默、云岩等著名禅僧参学。成名后居邢州净土寺，筑万松轩自适，自号万松野老。万松虽治禅学，但又精通华严，推重净土。他写的《评唱天童正觉和尚颂古从容庵录》是当时禅宗名著。金、元两朝重臣耶律楚材曾为之作序，他称赞万松："得曹洞血脉，具云门善巧，备临济机锋。"万松还撰有《祖灯录》、《请益录》、《释氏新闻》、《辨宗说》、《心经凤鸣》、《禅说》、《法喜集》等，著作宏富。行秀还具有兼融三教的思想。弟子称赞他："儒释兼备，宗说精通，辩才无碍。"行秀曾写信劝耶律楚材："以儒治国，以佛治心。"（以上均见耶律楚材《湛然居士文集》）

金代华严名僧有宝严、义柔、惠寂等人。他们在北方诸大寺多次开讲《华严经》，门徒很多。当时他们也写有一些注疏性的著作，可惜早已散佚无存。另外，有印度那烂陀寺高僧苏陀室利于金时来华，他亦精通华严，声名远播。他以85岁高龄航海来华，又历六年方到达华严宗的传教中心五台山，未及宣讲便圆寂于五台山灵鹫寺。密宗在辽代末期即已衰落，金代可考者只有法冲和知玲二人，但所习教法不详。净土在金代仍为共宗，有祖朗、禅悦、广思及居士王子成较为著名。特别是祖朗（1149—1222）历主燕京崇寿、香林诸寺，日课佛号数万声感化甚众。广思于河北临城山建净土道场，结白莲社，开北地结社念佛的风气。另外，禅僧行秀亦是净土大师，著《净土》、《洪济》、《万寿》、《四会》等语录，影响很大。金代律宗以悟铢（？—1154）最为著名，他不仅是精通律藏的理论大师，而且以律行精严的实践受到众僧敬仰。此外还有智深、法律、广恩，也有一定名气。

金代佛教思想史上，居士李纯甫（1185—1231，号屏山）批判宋儒排佛论，主张三教调和论，值得一提。李纯甫初宗儒学，反对佛教。但后来研习内典有得，遂与禅僧广为交游，曾师事万松行秀，转而为佛教辩护。他说："屏山居士，儒家子也，……颇喜史书经济之术，深爱理学穷理尽性之说，偶于玄学似有所得，遂于佛学亦有所入。学至于佛，则无可学者。乃知佛即圣人，圣人亦佛。"（《金文最·重修面壁庵碑》）他著《鸣道集解》，竭力反驳宋儒排佛之说，他指出：宋儒"虽号深明情理，发扬六经，圣人心学，然皆窃吾佛书者也"（刘祁《归潜书》卷9）。李纯甫的理论一时受到儒士们的激烈抨击，但他的三教融合论对学术文化的发展还是起了促进作用。

此外，在金代佛教文化事业中，大藏经的刊刻是一件值得大书的盛事。大藏经刊刻活动发起人是潞州女信徒崔法珍，她断臂苦行，募集资金，感动了许多善男信女，纷纷出资赞助。雕印工作从皇统八年（1148）开始，至大定十三年（1173）在解州（今山西运城）天宁寺完成。全书以宋官版大藏经为底本，加以补充，共得682帙，约7000卷。大定十八年，崔法珍将藏经献予朝廷，朝廷命圣安寺为她设坛授戒，正式收为比丘尼。由于金代文献残缺，这一重大事件竟未见于记载。只是1934年偶于山西赵城广胜寺发现其印本，才引起了当代学者的注意。此藏也因发现地而被命名为《赵城金藏》。目前，此藏是保存较为完整的古代藏经，有很高的史料价值，当代新编《中华大藏经》，选用该藏作为底本。

三 河北新道教的出现和发展

靖康之后，宋偏安于东南，中原与北方大片领土为金朝管辖。一批北方汉族知识分子迫于严酷的政治形势，不愿或不能走官宦闻达之路，儒业治世无望，佛门又非所慕，便进到道家和道教领域里，寻找安身立命之地，并企图通过道教的改革和创新，为社会提供一种收揽人心、稳定秩序、摆脱痛苦的宗教之路。其时金朝并无统一的官方宗教，儒学亦不繁盛，急需新的精神力量作为贵族内心依靠，并抚慰饱经战乱之苦的汉族广大群众；而北方民众处于乱世，承受着民族与阶级的双重压迫，生活在"干戈不息"、"十门九绝"的兵荒马乱的岁月之中，更需要精神的慰藉和社团的资凭。于是一批新道教教派应运而生，它们适应当时文化上多元融合的趋势，对旧有的道教教义有较大的革新，既有深奥的哲理和成仙的境界，又有明白易行的修炼方法和教规，并且有第一流的知识分子做骨干核心，于是产生较大魅力，迅速流行，盛极一时，在中国道教发展史上开辟了一个崭新的阶段。这就是全真道、真大道教、太一教的兴起与发展。① 从创教时间上说，后两教稍早，但全真道影响最大，在道教史上地位很高，故优先述之。

(一) 全真道

按全真道教内谱系，其传授源流可上溯至东华帝君，其下钟离权、吕洞宾、刘海蟾、王嚞，他们被称为全真北五祖。事实上全真道真正的创始人是王嚞。

王嚞是咸阳人，原名中孚，字允卿，后应武举，易名德威，字世雄，入道后改名嚞，字知明，号重阳子，生于宋政和二年（1113），死于金世宗大定十年（1170）。出身"以财雄乡里"的当地豪门，能文习武，而两无所成，于是慨然入道。自谓于正隆间遇至人而得道。于大定三年结茅终南南刘蒋村，与玉蟾和公、灵阳李公三人同居，倡道关中。曾在终南南时村掘地穴居，号"活死人墓"，内修丹道，外则佯狂，称"王害风"。数年中收道徒无几，乃于大定七年焚其居，只身东游至宁海（今山东牟平）首会马钰于怡老亭。马钰（丹阳，1123—1183）、孙不二（清净，1119—1182）夫妇执弟子礼，又收谭处端（长真，1123—1185）、刘处玄（长生，1147—1203）、丘处机（长春，1148—1227）、王处一（玉阳，1142—1217）、郝大通（广宁，1140—1212），共七大弟子。胶东乃旧齐地，多出方士道士，有仙学的风气。这七大弟子皆出身豪富而又有文才抱负，受习俗熏染而乐于修道，追随王嚞之后成为全真道的得力骨干。大定八年、九年在文登、宁海、福山、莱州一带建立起五个教团会社，即"三教七宝会"、"三教金莲会"、"三教三光会"、"三教玉华会"、"三教平等会"，正式创立了金丹道的组织形式。大定九年王嚞率领丘、刘、谭、马四大弟子返回关中，死于汴京。七大弟子修道传教于关中及河北河南山东一带，以清节苦行而惊世骇俗，开始引起社会的重视。

其时道教外丹术流行数百年无验证而衰落，符箓派因道士林灵素等横乱北宋朝廷而随着汴京的倾覆失去北方民众的信仰，钟离权、吕洞宾的内

---

① 全真道于金元两朝皆有丰富的活动内容，故分两阶段述之。太一教与真大道教活动于金朝，且史料简缺，故其在元朝的活动，皆隶于金朝卷，元朝卷不另。

丹学经北宋陈抟、张伯端的努力而得到进一步的发展。从外部说，三教合流的思潮成为文化发展的主流，由社会功能上的融合进到哲学理论上的融合，出现了吸收佛道的新儒学（宋代道学）和容纳儒道的新佛学（宋代禅学），只有贯通三教的新道教尚未诞生。王嚞作为一个有文化教养的道教宗教家，正是在这种内外条件下着手创建新道教的。他所创立的全真道抛弃了符箓与外丹，在钟吕派内丹学的基础上融摄禅学和儒学，以"三教圆融"、"三教平等"为号召，以修炼心性为主要内容，以淡泊刻苦、救难济人为行为准则，在不违背道教得道成仙的基本宗旨的前提下，使道教向道家之学回归，完成了合儒佛于道的历史任务。首先，王嚞在创教之初便以三教合一为标榜。他在胶东建立5个会社都冠以"三教"字样。《终南山重阳祖师仙迹记》说："凡接人初机，必先使读《孝经》、《道德经》，又教以孝谨纯一。及其立说，多引六经为证据。其在文登、宁海、莱州，常率其徒演法会者五，皆所以明正心诚意、少私寡欲之理，不主一相，不拘一教也。"《全真教祖碑》也说："先生劝人诵《道德》、《清静经》、《般若心经》、《孝经》，云可以修证。"王嚞在其著作《金关玉锁》中说："太上（指老子）为祖，释迦为宗，夫子（指孔子）为科牌"，明白地共信三教之祖；又说："三教者不离真道也，喻曰：似一根树生三枝也"，把三教看成是一体之三派。他的诗里有"三教搜来作一家"、"释道从来是一家"、"三教从来一祖风"等语，认为在根本原理上三教是相通的。他引述佛教《心经》论证内丹，引述儒家五常而论证丹诀，认为天下终极真理唯一无二，此即全真家所说的"天下无二道，圣人不两心"，只是各家的具体表现形式不同而已。事实上儒、佛、道三家的理论虽有相通之处，亦有实质上的差异，王嚞的三教同源同理之说只是表示了他会通三教的强烈愿望，并不符合历史的实际。王嚞有鉴于儒、佛远胜于道教的现实，便大倡三教平等之说，《金关玉锁诀》谓"三教者如鼎三足"，缺一不可，三教之徒交游中不应有门户之见，这显然是要抬高道教的地位，争取与儒、佛平起平坐。其次，王嚞在全真教义上强调心性的修炼，以清净为宗，以识心见性为先，这与当时中国哲学普遍重视心性之学的总趋势相一致。王嚞为其新道教起名曰全真，全真之义，按姬志真的解释是"全本无亏，真元不妄"，按李道纯的说法是"全其本真",《全真教祖碑》谓"识心见性"、"独全其真",总之是要保全真性,成就一个最完满最真实的人生。按传统道教教义,成仙不仅是精神上的超度,更是肉体上的永生,一切道术之终极目的是使个体生命长盛不衰,经过脱胎换骨,超凡入仙,永享仙寿。王喆在内丹学的基础上,进一步将这个方向扭转了,力斥肉体长生和飞升之说,而极力宣传真性的超度、精神的解脱,这就更加远离神仙道教而接近佛教禅学。王喆说:"欲永不死而离凡世者,大愚不达道理也"(《立教十五论》),又说"真性不乱,万缘不挂,不去不来,此是长生不死也"(《重阳授丹阳二十四诀》),因此炼丹修道者应"先求明心",明心之要在于"清净","内清净者,心不起杂念;外清净者,诸尘不染着"(同上),具体地说,要"断酒色财气,攀援爱念,忧愁思虑"(《重阳教化集》),乃至做到"心忘念虑"、"心忘诸境"、"不着空见",极似于禅宗的"见性成佛"、无念无住之说,又与早期道家清净无为之说相吻合。后来许多学者都看出王喆所创之全真道偏离了符箓与神仙道教之轨道而复归于道家清修之学。王恽《奉圣州永昌观碑》说,"后世所谓道家者流,盖古隐逸清洁之士","自汉以降,处士素隐,方士诞夸,飞升炼化之术,祭醮禳禁之科,皆属道家","弊极则变,于是全真之教兴焉,渊静以明志,德修而道行","不知诞幻之说为何事,敦纯朴素,有古逸民之遗风焉"。徐琰《郝宗师道行碑》说:"道家者流,其源出于老庄,后之人失其本旨,派而为方术,为符箓,为烧炼,为章醮,派愈分而迷愈远,其来久矣。重阳真君,不阶师友,一悟绝人,殆若天授,起于终南,达于昆仑,招其同类而开导之,锻炼之,并立一家之教曰全真。其修持大略以识心见性、除情去欲、忍耻含垢、苦己利人为之宗。老氏所谓'知其雄守其雌,知其白守其黑,知其荣守其辱','为道日损,损之又损,以至无为';庄生所谓'游心于淡,合炁于漠','纯纯常常,乃比于狂','外天地,遗万物','深根宁极','才全而德不形者',全真有之。老庄之道于是乎始合。重阳唱之,马谭刘丘王郝六子和之,天下之道流祖之,是谓七真,师其一也。"徐琰站在道家立场上,斥符箓烧炼为迷误,实则道家之分化出道教亦属文化史的正常现象,不必特加贬抑;不过他看到全真道与老庄之学相合,这却是很有见地的。

但是王嚞立全真并非简单回归老庄道家，一者他倡导三教合一，在回归道家的同时，向禅宗靠拢，与儒家联袂，具有新的时代特色；二者他仍主张道教成仙说，不失道教本色，不过不是肉体直接飞升，而是内丹炼就的"阳神"，成为不坏之纯阳之体，可以脱离肉体，超出生死，飞升天界（见《金关玉锁诀》）；三者他收徒立会，克己忍辱，传教济世，非老庄隐逸遁世之风，乃宗教家的行径。他是用道家和佛家的精神提高了道教，又用道教的精神改造了道家，把一种混合型的心性之学，通过一系列修道的方法和教团制度，变成可以实际操作并约束行为的、能够组织民众直接干预社会生活的教化体系。王嚞有《重阳立教十五论》，规定了全真道的基本教义教规：（1）凡出家者先须投庵，身依心安，气神和畅；（2）云游访师，参寻性命；（3）学书，不寻文乱目，宜采意心解；（4）精研药物，活人性命；（5）修盖茅庵，以遮日月，但不雕染峻宇而绝地脉；（6）道人必须择高明者合伴，以丛林为立身之本；（7）凡静坐者须心如泰山，不动不摇，毫无思念；（8）剪除念想，以求定心；（9）调和五行精气于一身，以正配五气；（10）紧肃理性于宽慢之中以炼性；（11）修炼性命；（12）入圣之道，须苦志多年，积功累行；（13）超脱欲界、色界、无色界；（14）养身之法在于得道多养；（15）脱落心地，超离凡世。此外还有不娶妻室，不茹荤腥等教戒。以上教义教规归纳起来不外是：静心以修性，养身以修命，出家以依道，苦行以入圣，积善以成德。这就为全真道的性命双修、功行双全的炼养功夫奠定了基础。

王嚞死后，马钰掌教。马钰的继任者谭处端、刘处玄、丘处机、王处一等人，以关陕和山东半岛为重点地区进行活动，亦到达河北河南。丘处机的重大社会活动在元代，此处从略。七大弟子皆遵循师训，阐扬三教合一、性命双修和真功真行两全的教义。马钰（丹阳真人）写诗劝僧道和合，云："虽有儒生为益友，不成三教不团圆。"（《洞玄金玉集》）王利用《马丹阳道行碑》说，马钰过济南时，有慕道者问修道之旨，马钰说："夫道以无心为体，忘言为用，柔弱为本，清净为基。节饮食，绝思虑，静坐以调息，安寝以养气，心不驰则性定，形不劳则精全，神不扰则丹结，然后灭情于虚，宁神于极，不出户庭，而妙道得矣。"其说本于老子清净无为之旨，以静定性，以啬养身，以气修命，绝不提符箓斋醮之事。修道之真功要在事上磨炼，"去嗔怒所以养性，处污辱低下所以养德"（《丹阳真人语录》）。刘处玄（长生真人）亦谓："三教归一，弗论道禅。"（《仙乐集》）他吸收佛教的轮回说，要人们脱离人间苦海，学道成仙，说："恋恩亲，恩生害，死难逃，气不来身卧荒郊，改头换面，轮回贩骨几千遭，世华非坚，如石火，火宅难逃"（同上），亲情与荣华都要看破，否则难逃厄运之苦。他认为"万形至其百年则身死，其性不死也"（《至真语录》），所以只要努力修性，使之清净不乱，便可长生不死。谭处端（长真真人）认为修道要在心性上下功夫，其《述怀》诗说："朝昏懒慢修香火，十二时中只礼心。"（《水云集》）礼心的具体要求是排除一切私心杂念、情感欲望，故云："如何名见自性？十二时中念念清净，不被一切虚幻旧爱境界朦胧真源，常处如虚空，逍遥自在。"（同上）只要能做到"一念不生，则脱生死"（同上）。王处一（玉阳真人）进而将"真功"与"真行"结合起来，认为"见性"的功夫有两层：首先要"循悟万有皆虚幻，唯知吾之性是真"，进而要"即知即行，行之至则亦为见性"（《北游语录》）。全真家所谓"行"，即是忍辱含垢、苦己利人、忠孝仁慈，这就为全真教参与社会实际生活树立了教义上的根据。

全真道之所以能够在北方迅速崛起，一个重要原因是王嚞与七大弟子皆是士子中第一流人才，有著述，便于结纳士类，相与推扬；同时他们含辛忍苦，有奇行异迹，能受苦，能活生，能轻财仗义，济人之急，故为民众所赞佩，所感动，入教者渐多。如马钰每日乞食一钵面，誓死赤足，夏不饮水，冬不向火。王处一于沙石中跪而不起，其膝磨烂至骨，赤脚往来砺石荆棘中，世号铁脚。丘处机入磻溪穴居，日乞一食，行则一蓑，昼夜不寐者六年，其后在陇州龙门山修行七年，一如在磻溪时。郝大通于赵州桥下趺坐六年，持不语戒，寒暑风雨，不舍易其处。王嚞立教之初，令出家者结茅庵草舍修行，以云游乞食为生。后来教团增大，开始自己垦荒、耕田、劳动以自养，这种勤劳俭朴的作风受到社会的好评，扩大了全真道的影响。虞集《幽室志》说，全真道士"涧饮谷食，耐辛苦寒暑，坚忍人之所不能堪，力行人之所不能守，以自致于道，亦颇有所述于世"。王恽

《奉圣州永昌观碑》说："其特达者各潜户牖，自名其家，耕田凿井，自食其力，垂慈接物，以期善俗。"辛敬之《陕州灵虚观记》评论全真道人，"其逊让似儒，其勤苦似墨，其慈爱似佛，至于瑰守质朴，澹无营为，则又类夫修混沌者"。他们既给人们指出一条避灾求福的新途径，又给社会带来一股清新的好风气，道人士子率先行之，民众妇女翕然从之，不久便形成一股强大的社会力量，"南际淮，北至朔漠，西向秦，东向海，山林城市，庐舍相望，什百为偶，甲乙授受，牢不可破"（《紫微观记》）。

由于全真道已经形成一种不可忽视的精神力量和社会势力，便惊动了金朝统治者；而全真道又是不以政治为直接目的的宗教教派，便促使金朝掌权者采取支持利用的政策，以加强对黄河流域广大汉族地区的思想统治。王喆死后，马钰掌教，仍以无为为主，不与官府联络。马钰死后，金廷开始争取全真道，全真道也希望得到金廷的承认，以便依靠国家的力量进一步发展本教。金大定二十六年（1186），世宗召王处一至燕京，问养生和治国之道，王回答说："保精以养神，恭己以无为"，得到世宗嘉许。次年，世宗又召丘处机进京，屡承接见。问保安之道，丘论以抑情寡欲，养气颐神，世宗大悦而敬之。王、丘二人都企图用道家清净无为之旨影响世宗，既是针对世宗色欲过度而发，又是想消减政治的暴虐性，以期缓和社会矛盾，改善社会生活。金大定二十八年，世宗再召王处一，次年王至京而世宗已死，章宗留王作醮事，为世宗求冥福。但是全真既起于民间，与其他民间宗教一样，有着一定的民众性，容易发生不利于社会稳定的事件，故统治者常有戒备之心。明昌元年（1190），朝廷"以惑众乱民，禁罢全真及五行毗卢"（《金史·章宗纪》），丘处机次年东归栖霞，全真道受到挫折。如《紫微观记》所说，由于全真流传甚广，"上之人亦常惧其有张角斗米之变，著令以止绝之"，不过全真已超出民间的水平，并与官吏发生密切联系，故禁令不久，"当时将相大臣有为主张者，故已绝而复存，稍微而更炽"。章宗于是改变态度，认为全真道可用，于承安二年（1197）召王处一，赐号体玄大师，又召刘处玄，命待诏天长观。从此全真道与金廷达成谅解，变成合法宗教，全真道进入稳定发展时期。章宗泰和元年（1201）和三年，王处一两次参加亳州太清宫的普天大醮，为章宗祈嗣。宣宗贞祐二年（1214），山东动乱，驸马都尉仆散安贞请丘处机前去抚谕，"所至皆投戈拜命，二州遂定"（《长寿真人本行碑》）。贞祐南迁（1213）之后，蒙古崛起，金朝衰败，而全真道在动乱中迅猛发展，"河朔之人，什二为所陷没"，"人敬而家事之"（《紫微观记》）。蒙古、金廷、南宋三朝争相派使者召见丘处机，以便联合全真道的强大势力争取中原民众。丘处机不应金、宋，而应诏成吉思汗，为全真道的鼎盛奠定了未来的社会政治条件，详情见"元代宗教"章。

（二）太一教

《元史·释老传》说："太一教始金天眷中道士萧抱珍，传太一三元法箓之术，因名其教曰太一。"太一教是北方三个新道教教派中唯一崇尚祈禳符箓的，其教风近于南方的天师道，以老氏之学修身，以巫祝之术御世。萧抱珍是河南汲郡人，用太一三元法行化于世，天眷初其法大行。初以家宅为传教中心，后信徒众，乃于卫州东三清院故址结茅庵而居。其弟子侯澄在赵州、真定建太一堂，奉持香火，以符药济人。大定二年（1162），出钱得观额，以赵州之第为太清观，真定府之第为迎祥观。每年受箓为门徒者上千人。"太一"之称，"盖取元气浑沦，太极剖判，至理纯一之义"（王若虚《一悟真人传》）。事实上，太一崇拜始自汉武帝，历朝奉祀之，以为天神。故太一教亦可视为传统宗教分离出来的民间道教。"三元"，即天、地、水三官，三官大帝分掌众生命籍，向为天师道所崇奉，由此可知太一教又渊源于天师道。金皇统八年（1148），熙宗召萧抱珍至京，礼敬赏赐，敕其居为"太一万寿"，标志金廷正式承认太一教。世宗大定六年，萧抱珍死于汲郡万寿观。二祖萧道熙，本姓韩，因从教祖之姓而为萧。大定九年，世宗在道熙本观敕立万寿额碑，其后声教大振，门徒增盛，众数万，东渐于海。大定二十二年，世宗召道熙至内殿，问养生，对云调气守虚乃野人之事，"陛下当允执中道，恭己无为"（《秋涧集》）。大定二十六年，萧道熙隐遁，立萧志冲为三祖。志冲本姓王，与祖、父并受真人法箓，其承法嗣后，曾受朝廷任命，补住中都天长观，后还卫州，声望既隆，求教者接踵，每年传教数千人。泰和初，曾参加亳县太清宫的普天大醮。又曾赴中都太极宫诵经，遂留京城。举萧辅道为四祖，贞祐四年（1216）卒。

辅道是抱珍之再从孙，字公弼，号东瀛子。《赵州太清观懿旨碑》称他"才德兼茂，名实相符，清而能容，光而不耀。富文学而重气节，谨言行而知塞通"，"阐扬法事，绍述宗风，道助邦家"，是光大太一教门庭的主要人物。时值金元交替，山河破碎，人烟绝灭，辅道哀悯无辜死者，于蒙古兵卫州屠城之后，收葬枯骨，俗称"堆金冢"，又阵前说项，免于再次屠城，一言而活万家，树立了颇高的声望。元世祖在潜邸闻其名，召至和林，询所以为治者，辅道对答以爱民立制，润色鸿业，用隆至孝者。赐重宝不受，赐号"中和仁靖真人"，尊礼有加。辅道亦广交天下士人，为士林所倾仰，被称为"一世伟人"。五祖李居寿，道号淳然子，嗣为五代祖后更姓为萧，世祖赐号贞常大师。至元十一年（1274），建太一宫于西京，命居寿居之。十三年赐太一掌教宗师印。十六年为世祖作醮事，奏赤章于天，五昼夜毕，向世祖建言："皇太子春秋鼎盛，宜参预国政。"世祖喜而采纳。可见居寿与元世祖及皇室关系之密切，太一教颇受元廷恩宠。六祖李金祐，继奉太一宫祀事，十年间，受业者众，用度匮乏，元廷赐屯田四千余亩，以为宫观恒产。后又赐栗林五千株，建太一集仙观，朝香夕火，祈天永命。七祖蔡天祐，曾于延祐二年（1315），与正一大师张留孙、全真大师刘德或于大都长春宫设建金箓，普天大醮，又于泰定元年（1324），同正一道吴全节、刘尚平等著名道士一起，建金箓周天大醮于大都崇真万寿宫，其赐号为太一崇玄体素演道真人。七祖之后，其传法祖师无史料可考。以上情况说明元代太一教与全真道、正一道等教派地位相侔，颇受元室重视，元末急剧衰亡，元以后再无史料记载。

太一教虽热心于符箓斋醮，也同时讲究内炼，以心灵湛寂、冲静玄虚、品德坚洁为修道之要，而以符箓为之辅，与祈禳祷祀并行不悖。二祖萧道熙谓仙道只依一"弱"字便是。三祖萧志冲长于静坐，自谓"静中自有所得，非语言可以形容"（《太一三祖墓表》），已得内修的旨趣。四祖萧辅道"体一理而不偏，应众机而靡戾"（《赵州太清观懿旨碑》）。五祖李居寿以忠信孝慈为行身之本，未尝露香火余习，德量弘衍博大，非庸俗道流。由此之故，太一教得以应和士林，上邀皇宠，下服民众，成就一番可观的事业。但与全真道相比，道士的文化素养和宗教学识相对较低，不能成为道教发展的主流，对中国文化的影响也是有限的。

（三）大道教（后称真大道教）

《元史·释老传》说："真大道教者，始自金季，道士刘德仁之所立也。其教以苦节危行为要，而不妄取于人，不苟侈于己者也。五传而至郦希诚，居燕城天宝宫，见知宪宗，始名其教曰真大道，授希诚太玄真人，领教事，内出冠服以赐；仍给紫衣三十袭，赐从者。"按：刘德仁生于金天辅六年（1122），死于金大定二十年（1180），其活动在金朝前中期，故《元史》所谓"始自金季"有误。又据陈垣先生考证，大道教之名早已有之，至元宪宗时始称真大道教。大道教之创立背景，约略与全真、太一同，如《道园学古录》所指出的，"金有中原，豪杰奇伟之士，往往不肯婴世故，蹈乱离，辄草衣木食，或佯狂独往，各立名号，以自放于山泽之间。当是时，师友道丧，圣贤之学泯灭澌尽，惟是为道家者，多能自异于流俗，而又以去恶复善之说劝诸人，一时州里田野，各以其所近而从之。受其教戒者，风靡水流，散于郡县，皆能力耕作，治庐舍，联络表树，以相保守，久而未之变也"。刘德仁之创教，正是由于不愿仕金为官，又不愿陷于宋金之抗争，而以宗教慰心，以教团联络自保，开辟一块自家的天地。刘德仁是沧州人，号无忧子，幼年即出家，游于山东淄州。金皇统二年（1142），青年的刘德仁便创立了大道教。据载，其时遇神人老者授《道德经》要言，或谓授玄妙道诀，自是玄学顿进，从游者众，远近前来治病求教，教门大兴。大定七年，赐东岳真人之号，弟子嗣守其业，治大都天宝宫，正式得到金廷承认，郡置道官一人，领其徒属，其地位可与全真、正一并立。

大道教的教义教规，据宋景濂《书刘真人事》说有九义："一曰视物犹己，勿萌戕害凶嗔之心。二曰忠于君，孝于亲，诚于人，辞无绮语，口无恶声。三曰除邪淫，守清静。四曰远势力，安贱贫，力耕而食，量入为用。五曰毋事博弈，毋习盗窃。六曰毋饮酒茹荤，衣食取足，毋为骄盈。七曰虚心而弱志，和光而同尘，八曰毋恃强梁，谦尊而光。九曰知足不辱，知止不殆，学者宜世守之。"此九条之要，在清修寡欲、俭约自奉、安分为人，皆老子遗意，既不做抗暴英雄，亦不做帮凶无赖，符合当时多数民众的情绪，故发生感召力。杜成宽《大道教碑》说："其教见素抱朴，少思寡欲，虚心实腹，守气养神。及乎德盛功成，济生度死，以无为保正性命，以无相驱役鬼神。"其精神与上述九义同，又多出济世和驱鬼两项，更全面地表述了大道教的教义内容。又赵清琳《大道延祥观碑》说："其教以无为清净为宗，真常慈俭为宝，其戒则不色不欲不杀不饮酒不茹荤，以仁为心，恤困苦，去纷争，无私邪，守本分，不务化缘，日用衣食，自力耕桑赡足之。"此外，还用默祷方式为人除邪治病，不言化炼飞升之事，"惟以一瓣香朝夕恳礼天地"。田璞《重修隆阳宫碑》亦赞美大道教"不尚华美"，"纤毫不乞于人"。刘德仁立教之时，华北地区饱受战争灾祸，民生凋敝，食用匮乏，社会精神生活亦十分紊乱，人心思宁。大道教的教义适应了恢复和发展农业生产、稳定人心、改善社会气氛的客观需要，其教风质朴实用，颇得民心，因而能够在民间广泛传布。由于它有安宁社会的作用，故而也受到金廷的重视和礼遇。

刘德仁掌教38年。据宋景濂《书刘真人事》，二祖陈师正，号大通，幼渔于河，德仁挈以入道，掌教15年，卒于金明昌五年（1194）。三祖张信真，号冲虚，著《玄真集》，收诗文数百篇，传于世，掌教25年，卒于金兴定二年（1218）。四祖毛希琮，号体玄，当金朝灭亡之时，能于兵革中以柔自存，掌教5年，卒于金元光二年（1223）。金元之际，社会处在剧烈变动中，真大道教隐于民间，余绪不绝。至元朝宪宗时，五祖郦希诚掌教，真大道教转盛，受到宫廷宠信。据田璞《重修隆阳宫碑》，郦希诚乃妫川冰峪人，元初为教门举正，阐教山东，掌教之后，整顿颓纲，"道风大振，巨观小庵，四方有之"。传说他行教至泰安，值天旱，默祷之后，大雨倾盆，他对众人说："岂知天道必应乎？吾以至诚恳祷而应，天其许教门之畅也。"后在奉先县之怀玉乡建宫观而居，元朝势都儿大王赐隆阳宫额。五祖号太玄，掌教36年，卒于元宪宗九年（1259）。六祖孙德福，号通玄，至元五年，元世祖命其统辖诸路真大道，赐铜章，成为钦定的宗教领袖。孙掌教15年，卒于元至元十年（1273）。七祖李德和，号颐真，《元史·世祖纪》记载他在至元十二年代祀岳渎后土，至元十四年，又代祀济渎。李掌教12年，卒于至元二十一年（1284）。八祖岳德文，号崇玄，涿州人，年十六，入道隆阳宫，受教于五祖太玄郦希诚，于至元二十一年继七祖掌教，统辖诸真大道教事，其时真大道教臻于极盛。御赐以玺书褒护之，丞相安童患病求治于岳真人而愈之，时人神之，诸王争相结纳礼助，势都儿王为其修库藏宫宇，置田产购衣冠，饰以金宝，极其精盛。元贞元年（1295），加封其祖师，赏赐尤厚，同年奉诏修大内延春阁，赐予遍及其徒。虞道园《岳祖碑》说："吾闻其徒云：西出关陇，至于蜀，东望齐鲁，至于海滨，南极江淮之表，举其教戒者，皆攻苦力作，严祀香火，朔望晨夕望拜，礼其师之为真人者如神明然。信非有道行福德者，不足当其任。而真人时常使人行江南，录奉其教者，已三千余人，庵观四百，其他可知矣。"则真大道不仅风靡河北，已流行江南矣。九祖张清志（《元史·释老传》误为"志清"，《新元史》改正为"清志"），号玄应，乾州奉天县人，十六岁出家，从天宝宫李师学道，李死，师事岳师，继八祖掌教 19 年，教风日盛，《元史·释老传》说朝廷授他演教大宗师、凝神冲妙玄应真人。其为人事亲孝，尤耐辛苦，制行坚峻。居临汾时遇地震，救活者甚众。朝廷重其名，任其掌教，张于京师深居简出，不交纳权贵，而乐与道德缙绅先生为友，时人高其风，画图以相传。据虞道园《吴张高风图序》，张与吴草庐为道德之交，张谒吴府见吴子，以杖画地作"诚"字示之而出。据吴草庐《天宝碑》，八祖岳真人死时，清志料理丧事毕，即潜遁，复归华山归隐。天宝宫由二赵（一名赵德松）、一郑（进元）摄掌教事，五年之间，相继陨灭。郑临终嘱其徒请张清志出山掌教，乃于华山得之，故张清志犹可视为十一祖。张清志以后，该教传承及活动情况失考，大约亡于元末。

真大道教之宫观，著名者有大都南城之天宝、玉虚，平谷之延祥，房山之隆阳，缑山之先天，许州之天宝等。

四 西藏佛教的再弘传及宗派的形成

（一）后弘期之初佛教著名人物

842 年，被迫还俗打猎的僧人贝吉多吉用弓箭射死了朗达玛，朗达玛的几个儿子为争夺赞普位爆发了战争。在战争中差役无度，生产破坏，人民陷入了水深火热之中。朗达玛之后，几代赞普虽未再下令禁佛，但社会上亦未见僧人活动。朗达玛灭佛时,有藏僧藏饶萨、钥格回和玛释迦牟尼三人。携带经律典籍,经阿里绕新疆,潜入西康避难、修行。后来一些藏僧闻讯来此聚集,于是在西康形成了一个藏族僧团。一藏族青年名穆苏萨巴,投于藏饶萨门下,以钥格回为亲师,剃度出家。经过长时间的学习,他通晓教义,知识渊博,在以后对藏弘化方面发挥了重要作用,被尊为公巴饶萨,或喇勤。当时,西康受汉地禅宗影响较大,讲明心见性、顿悟成佛,而不注重修寺建庙、仪规戒律。公巴饶萨凭自家财力大修寺院,大兴佛事,吸引当地藏族人士受戒入教。维系了藏传佛教特色。

当公巴饶萨在西康传法时,藏地内乱渐趋平复,统治者开始认识到还是佛教更有利于统治。藏王耶歇坚赞听说西康僧团的一些情况,于是派7人(一说11人)到西康求法。目前知姓名者有鲁梅粗墀喜饶、热希粗墀迥乃、征耶歇云丹、巴粗墀罗追、松巴耶歇罗追、洛敦多吉旺曲、聪尊喜饶僧格、者敦重熏粗墀。他们都从公巴饶萨受戒,学习佛教各部经典。学成后,于975年左右陆续返回西藏,建寺、收徒、传法,其中鲁梅粗墀喜饶名声最大,弟子最多,著名者四大弟子,建十八处僧团。一时间佛教遍布全藏,深入民间,人数之多,影响之广远非前弘期可比。从朗达玛841年灭法到鲁梅粗墀喜饶978年返回拉萨,佛教在西藏中断了137年。此后,由于统治者的推崇,佛教作为西藏地区主要宗教的地位再未发生过动摇。本教势力急剧衰微,一部分吸收佛教的内容,成为类似佛教的教派。被藏民称为"白本教"。在一些偏僻地区,仍保留较多本教特征的则是"黑本教",其势力再也不足与佛教抗争了。

后弘期开始便很重视佛经的引进和翻译。当时印度佛教正处于密教的极盛时期,所以此时流入西藏的佛教经典以密教为主。在译经事业上,以仁钦桑布、卓弥、玛尔巴和桂·枯巴拉四大译师成绩最大。

仁钦桑布(宝贤,958—1055),生于古格的宁旺热特那,13岁从耶歇桑布出家。当时阿里地区藏王名耶歇翰(智光),对阿里地区一些密教修行颇生疑惑。这些密教徒仅以密教经典字面行事,以男女乱交为成佛法门,以杀人砍头为超度手段,并练习"炼尸成金"的邪术。藏王感到此等教法于统治不利,决定从阿里地区挑选21名优秀青年往迦湿弥罗(今克什米尔）学习密教真传，仁钦桑布亦在其中。由于路途艰险，瘟疫流行，21人只有仁钦桑布和弟子玛·莱贝喜饶得以生还。仁钦桑布一生三次赴印度和克什米尔留学，曾跟随印度75位大师学法，修习一切显、密教义，并带回大量经籍。据统计，他一生翻译17种经、13种论、108种怛特罗（密咒），还有不少医学、文学、工艺方面的书籍。在显宗方面，他注重弘传般若学成果，译、讲《二万般若释》、《八千颂般若》、《八千颂大疏》等。藏传佛教中般若学发达与他的倡导是分不开的。在密宗方面，他总弘四部密法（行部、事部、瑜伽部、无上瑜伽部）尤其是瑜伽部的广释、仪轨、修法，都是他传译重点。由于他所译密典质高量大，故藏传佛教史上以他为标志，他以前译的密典为旧派密咒，而他以后所译则为新派密咒。玛·莱贝喜饶为仁钦桑布上座弟子，译出较多密宗无上瑜伽部经典。

卓弥（994—1078），青年时由藏王派往印度、尼泊尔等地留学。他先在尼泊尔静贤论师处学声明。后往印度超岩寺学习戒律、般若和密法。又去东印度留学4年，从般若因陀罗茹箕学习"道果"密法。回西藏后译出《喜金刚》、《金刚幕》、《三补礼》等密典，主要弘传欢喜金刚等瑜伽母续。卓弥的门徒很多，玛尔巴、桂·枯巴拉等人皆出其门下。萨迦派始祖昆却杰布（1034—1102）亦曾向卓弥献金求学"道果"密法，后回到萨迦地方建立萨迦寺，成为萨迦派的创始人。由于"道果"密法是萨迦派的主要教法，所以他们尊卓弥为始祖。

玛尔巴（法慧，1012—1097），15岁从卓弥学法，后三次赴印度，四次赴尼泊尔，曾在那萨巴、弥勒巴、静贤、庞庭巴等佛教大师门下广学集密、胜乐、大手印、欢喜金刚、摩诃摩耶、四座等密法。回西藏后，主要弘传集密等瑜伽母续，佛顶等瑜伽母续。玛尔巴门卡弟子亦很多，最有名者为米拉日巴，日后成为噶举派创始人，所以噶举派主要奉行玛尔巴所传密法。

桂·枯巴拉也是卓弥译师的弟子，后三次赴印度，跟随72位大师学习显密诸法，特别依止静贤大师，学习集密龙猛派教授。回藏后译出《胜乐金刚空行续》、《四座续》、《摩诃摩耶续》、《欢喜金刚续》等密教重要经典。他的弟子亦很多，宁玛派的索尔琼·喜饶扎巴曾在他门下听《喜金刚经》。

除上述四大译师外，还有罗敦协绕、跋曹日称、吉觉月光、桑迦圣慧、宁盛称、克邬格巴轮称、绷钥明称、哆称佛称、跋日宝称、罗甲慧积、梅觉慧积、卓慧称等一大批译师，分别译出大、小乘多部经论，现多保留在大藏经中。至此，显宗的经论和密宗的讲说修行方法引进已较完善，为后弘期佛教大发展奠定了基础。

在后弘期理论建设方面，除上述藏族译师，印度高僧阿底峡的特殊作用也值得一提。阿底峡（982—1054），又名月藏，29岁出家，广修显密佛法，学问高深，曾任那烂陀寺和超岩寺首座。许多西藏僧人，如桂·枯巴拉就曾向他学习，回藏后把他的情况介绍给藏王，藏王对其十分仰慕，派遣高僧携黄金迎请阿底峡入藏传法。1042年阿底峡入藏，在藏弘化17年，73岁时病殁于西藏聂塘。阿底峡的特殊贡献在于，对西藏僧人显密修行次第进行了调整。长期以来，由于佛教多头引进、佛经卷帙浩繁，使藏僧往往不了解各部经典在佛教整个体系中的位置，偏修偏习，以致淫秽混乱的情况普遍存在。不仅达不到密宗所要求的修养境界，而且在群众中还造成了极坏的影响。阿底峡在托林寺译出《菩提道灯论》，概括了显密要旨和福慧双修的见解。他不反对密法修行，但认为密法必须以显宗的佛教理论为基础，必须先显后密。在密教诸部中，他把无上瑜伽视为"圆满修持"的最高阶段，只能循序渐进，不可骤至，故不肯轻易授人。据说他只把四本续之一切口诀秘密传给了仲巴敦（1004—1064），使他成为密宗全部教主。此人日后成为噶当派创始人。阿底峡对显密诸部修习次第的调整对西藏密教的发展具有极为重要的意义，防止密宗像在它的发源地印度那样，由世俗而庸俗，由庸俗而窳滥，并最终遭到群众的唾弃。西藏的密教则始终保持其理论性、严肃性和神圣性。

（二）藏传佛教诸派及其理论

后弘期佛教扫除了发展障碍，迅速成为藏地占统治地位的意识形态。不过，由于传入西藏的佛教理论本身就派别不一，密宗又特重秘密单传，故各种密法独立门户，化导一方。加之9—11世纪正是西藏地方分裂时期，各地贵族割据一方，更加剧了藏传佛教的部派分化。宗教各派又与封建割据势力紧密结合，形成了"政教合一"、互为表里的政治集团。在藏传佛教史上，先后出现了宁玛、噶当、萨迦、噶举、格鲁五大派系，此外还有一些小教派，他们的势力随着理论的胜负及其背后封建领主权力的盛衰而消长。

宁玛派 宁玛派是藏传佛教中历史最为悠久的一派。"宁玛"两字即为"古"、"旧"之意。所谓古因其自称为8世纪莲花生所传，创立时间比其他诸派皆早；所谓旧是因为它的理论属于前弘期传入的旧派密咒。宁玛派的实际创始人是11世纪的"三索尔"，即索尔波·释迦琼乃（释迦生，1007—1064）、索尔琼·喜饶扎巴（慧称，1014—1074）和索尔琼·卓蒲巴·释迦僧格（1074—1143），他们尊莲花生为祖师。该派僧人多戴红帽子，故被人称为"红帽派"，亦称"红教"。宁玛派的特点是组织涣散，教徒散布各地，僧人参加生产劳动，可以娶妻生子。该派教法内容不尽一致，但一般而言重密轻显，并无正规的学经制度，且因吸收了大量本教内容，神怪色彩浓郁。其理论以"大圆满法"为正传，认为一个人的心体（思想）就其本质而言是纯净的，"远离尘垢"，是万法本原。修习目的就是如何把握好这个远离尘垢的心体。然而这个本体既非世间之心所能把握，亦非超世间之心所能把握，最好的办法就是"听其自然"，随心而往。如果能做到在"虚空明净"中把心安位于一境，就算是实现了"大圆满法"，即身成佛了。宁玛派密法采用师徒单传，或父子单传的形式。由于教徒分散，故虽传播地域广阔，可影响并不大，也未形成强大的寺院集团。宁玛派一直流传到现今，近现代还远播欧洲。比利时的布鲁塞尔、法国的卡斯特朗、希腊的雅典等城市都有宁玛派寺院。

噶当派 在藏语中，"噶"字意为"佛语"，"当"字意为教授、教诫，连在一起，就是一切佛语都是对僧人修习过程的指导。噶当派源于阿底峡，实际创始人是仲敦巴（1005—1064）。他曾多年跟随阿底峡学习各种显密教法，特别是阿底峡的《菩提道灯论》关于密宗修习次第的理论对他影响很大。阿底峡死后，仲敦巴应当雄地方领主所请前往传法，在热振建立热振寺作为根本道场，从而形成噶当派。仲敦巴死后，其三大弟子分别传法，形成教典、教授和教诫三派。博多哇·仁青赛传（1031—1105）开创教典派，主张一切经论都是成佛的方便和修行的依据。他们特别重视所谓"噶当七论"，即《大乘经庄严论》、《菩提论》、《集菩提学论》、《入菩提行论》、《本生蔓论》、《菩提道灯论》和《集法句经》。京俄哇·楚臣拔（1038—1103）传出一支称教授派。此派虽也读"噶当七论"等经典，但更注重在师长指导下修习实践，如念咒、供佛和静修，故有教授派之名。在理论上他们以"四谛"、"缘起"、"二谛"为教授，以明"无我"正义，通依一切大乘经典，显教倾向明显。教诫派由普穷哇·宣奴贤赞（1031—1106）开创，以"恒住五念"为主旨，以"十六明点"的修法为心要法门。这个教派下自戒律，上至金刚乘法，都在一座中一齐修习，特重持戒。总体来讲，噶当派比较注重佛教显宗理论，但他们也不排斥密宗教法，只是强调修习次第，只对大根器人授以密法。噶当派所传密法以《真实摄经》为主，属于密宗第三部的瑜伽部。当时密宗最高的无上瑜伽部已传入西藏，搞了许多狰狞恐怖的神和欢喜佛崇拜，经文中又有许多描述性关系的内容，往往导致僧团中污秽事件发生。噶当派主弘瑜伽部，与主弘无上瑜伽的萨迦、噶举诸派，以及包含大量本教内容的宁玛派相比。在藏僧中有"纯净"的声誉。噶当派以怯喀寺、基布寺为基础形成了较大的寺院集团。它的思想对宗喀巴的宗教改革有很大影响，宗喀巴在噶当派基础上创立了格鲁派。此后噶当派完全并入格鲁派。

萨迦派 萨迦派由"萨迦"地方而得名。此派寺院多以红、白、蓝三色线条涂墙（红代表文殊，白代表观音，蓝代表金刚手），所以人们称其为"花教"。该派创始人昆却杰布（宝王，1034—1102）出身萨迦地方古老的昆氏家族。据说该家族的鲁益旺波松是西藏最早剃度的七僧人之一。数传后到昆却杰布，投于卓弥门下助译各类经典，又从桂·枯巴拉等大师学习显密各部教法。40岁后回到家乡奔波山建立萨迦寺，从此形成萨迦派，自任教主。该派规定僧人可娶妻生子，但生子后便不可再接近妇女，寺主的法位由教主家族世袭。从此昆氏家族垄断了萨迦地方政、教大权。萨迦派势力在元朝达到最盛，元世祖忽必烈册封萨迦五祖八思巴为"帝师"、"大宝法王"，不仅"授玉印，任中原僧总统"，而且置释教总统所（后改宣政院），"军民通摄"，统管吐蕃地区政教一切事务。以后历代帝师皆出自昆氏家族。在中央政府支持下，萨迦派建立了第一个政教合一的西藏封建政权，不仅统一全藏，而且也促进了祖国统一。元代萨迦派势力超过其他各派，元以后萨迦派因内部不和而分裂，势力衰落。但仍偏安一隅，为萨迦地方的统治者，教派流传至今。萨迦派以"道果法"为其理论核心。"道果法"密诀最初由卓弥译师所传，后由昆却杰布之子贡噶宁布发挥完善。道果法以"空明无执"和"生死涅槃无别"为根本见解。萨迦派认为修行道果法要经过三个次第，即"最初舍非福，中断于我执，后除一切见，知此为智者"。第一步"最初舍非福"，要人们对没有投入"三恶趣"（地狱、饿鬼、畜生）知足，并努力修养，争取来生投入"三善趣"（天、阿修罗、人）中。第二步"中断于我执"。认为仅为来生"趋善避恶"，还属于对个人灵魂的我执，没有摆脱轮回，要树立"无我空慧"的思想。认识到自身不过是父母因缘巧合的结果，无自性，不值得留恋。破除我执，人生一切烦恼皆可消除。第三步是"后除一切见"，即不仅要破"我执"、"法执"，而且还要破"宇宙万物皆非实有"的"断见"。因陷入断见使会连生死轮回，天堂地狱都不相信，肆无忌惮，无恶不做，所以道果法还教人们在有、无之际执着中道，"知此为智者"，即可获得"一切智"，证得"涅槃"佛果。

噶举派 噶举派是藏传佛教中支派最多的流派。在藏族中，"噶举"意为"言传"，因该派注重师徒间的口传而得名。该派僧人多穿白衣，所以又被人称为"白教"。噶举派最初有两个派系，主干是由玛尔巴和米热热巴（1040—1123）开创的达布噶举，支系则是由琼波南交巴（1080—?）传来的香巴噶举。两派一度香火都很盛，但香巴噶举14世纪后便失传了，而达布噶举一直传至晚近。玛尔巴译师15岁时在卓弥译师门下学法，后三次赴印度，四次赴尼泊尔，参拜108位密教大师，最后依止弥勒巴，证得"大手印"境界，并以此说为传教核心。回藏后广弘"集密"、"胜乐"、"欢喜金刚"、"四座"、"大幻"等密法，弟子甚众。其中米拉热巴得到了全部修行密法，并将噶举派发扬光大。按照噶举派的说法，显宗重修心，密宗重修身，包括呼吸、脉、明点等一整套气功。他们气功修炼从"拙火定"入手，即利用气功练御寒功夫。米拉热巴名字中"热巴"一词，就是说他学会了这种功夫，可以穿单衣抗御严寒。以后修"那饶六法"，练成后便可吞刀吐火，肉体飞升，游行虚空，如履平地。噶举派的最高修法是无上瑜伽部的"双身修法"，即通过男女修者的交媾而证悟"空"。由于米拉热巴掌握了全部密法，弟子很多。其中达波拉杰（1079—1153）门下又分出四派，即噶玛噶举、蔡巴噶举、拔戎噶举和帕竹噶举。后来帕竹噶举又分成了止贡巴、达垄巴、主巴、雅桑巴、绰浦巴、修赛巴、叶巴、玛仓巴八个小派，总称"四大八小"，僧徒遍布前后藏，元、明两代许多宗教领袖受过中央政府的敕封，掌握过西藏地方政权。在藏传佛教中，噶举派还以最早实行活佛转世制度而闻名。噶玛噶举中的黑帽系和红帽系是其先行者。黑帽派第一位转世活佛是噶玛拔希（1204—1283），因元宪宗赐其金缘黑帽而得名。他死后，在后藏贡塘地方发现了攘回多吉（1284—1339），被认为是他的转世灵童，确定为下一世活佛。此系统一直传至十六世日必多吉（1924—1959）。红帽系一世活佛为扎巴僧格（1283—1349），转世至十世却朱嘉措（1738—1791），因勾结廓尔喀（今尼泊尔）人叛乱，被乾隆帝抄没寺产，停止转世。转世制度后对格鲁派达赖、班禅两大系活佛制度的产生有所启迪。

格鲁派是藏传佛教中产生最晚，而在后期影响最大的流派，它是宗喀巴宗教改革的结果，明代章再讲。此外还有几个有影响的小教派，如希解派、觉域派、觉囊派、郭扎派、夏鲁派等，不再一一介绍。

第七章 元代繁荣发展的宗教

第一节 概述

元朝是由蒙古贵族建立的版图辽阔而国祚不长的大帝国。蒙古族入主中原,一方面保持着传统的萨满教信仰,另一方面也在征服西藏的过程中接受了藏传佛教。为了管理和稳定以汉族为多数的多民族组成的社会,蒙古贵族在宗教信仰上实行承认现状和兼容并包的政策,对佛教、道教、伊斯兰教、基督教以及其他信仰都给予宽容,形成元代宗教文化多元并存、同时发展的局面。在思想上,元朝统治者推崇儒学,以程朱理学为官方哲学,并将理学作为科举和教育的首要规范。同时承袭宋朝,仿中原旧礼,建立国家宗教礼典,行郊天、宗庙之礼,接续华夏宗教传统。

由于鼓励佛教的发展,汉地佛教和藏传佛教都颇为兴盛。汉地佛教仍以禅宗为主流,其中临济、曹洞二宗较盛。但佛教义理方面无甚大创造。由于蒙古、藏的特殊关系,元朝君王尤重藏传佛教,将其宗教领袖由国师提升为帝师,建立起元代特有的帝师制度,使藏传佛教及其领袖有了崇高的社会地位,同时过分的政治支持也带来一些负面作用。在云南地区,上座部佛教由境外传入并得到发展,逐渐融入民间,给予傣族地区的社会文化生活以普遍而持久的影响。

金元之际出现的全真道,在元代达到鼎盛,以丘处机西行见成吉思汗为契机,全真道大行于汉族地区,人才辈出,全真内丹学理论空前繁荣。江南地区,忠孝净明道崛起,正一道亦呈兴旺气象,它与北方全真道成对峙并行之势。

在中原与西域及阿拉伯、波斯频繁交往的大背景下，回族正式形成，并在元代占有较高的社会地位。与此相应，伊斯兰教也进入顺利发展的时期。在新疆，伊斯兰教进一步扩大了影响，而佛教力量逐渐缩小。此外，犹太教亦继续流行。基督教的一支也里可温教从西域传入，虽然在蒙古贵族中得到传布和较快发展，但元朝的覆灭也使它随之消亡。发源于宋代白莲宗的白莲教，在元末兴起，成为汉族反抗蒙古贵族统治的旗帜。随着白莲教的发展，民间宗教开始进入活跃时期。

第二节　官方宗教礼仪的建设与特点

元朝由蒙古贵族所建立，是一个诸教并兴、宗教文化颇为发达的朝代。作为一个受汉族文化影响，又保留了本民族若干传统的少数民族政权，它的宗教既承袭着宋朝，具有中原地区的一般性特征，又显示出与前代不同的特色。国家宗教祭祀仿照中原旧礼而多有疏遗和改措。据《元史》的《祭祀志》，元朝兴于朔漠，原有天神崇拜、自然崇拜、祖先崇拜旧俗，入主中原后，渐次采用唐宋祭礼而有所简约，且将若干旧俗掺入其中，形成了初具规模的官方宗教祭祀典礼。

郊天。蒙古族贵族原有拜天之礼，但衣冠尚质，祭器尚纯，有古朴之风。宪宗（蒙哥）即位第二年，始穿冕服拜天于日月山，又合祭昊天后土，以太祖、睿宗配享，祭地并不固定。世祖忽必烈中统年间，亲祀天于桓州西北，并沿袭蒙古旧俗，洒马潼以为礼，皇族以外不得与祭。至元十二年（1275）上皇帝尊号，遣使预告天地，始借鉴唐宋金旧仪，于丽正门东南七里建祭台，设昊天上帝、皇地祇两神位，行一献礼。成宗即位，建坛于城南七里。大德六年（1302）春三月庚戌，合祭昊天上帝、皇地祇、五方帝于南郊，由左丞相摄祀。武宗至大中，议北郊方泽之祀，后未能实施。英宗至治中，议南郊祀事，诸大臣认为：郊天当三年一祀，祀昊天上帝，五帝从享，以太祖配，牺牲有牛马。文宗至顺元年（1330），亲祀昊天上帝于南郊，以太祖配，此前皆由大臣摄祀。所用祀仪，与中原旧制大同小异。

宗庙。蒙古旧俗，祭祀祖先须割牲、奠马湩，用本族巫祝致辞。世祖中统中，诏建太庙于燕京，至元三年（1337）太庙成，定为八室。至元四年，命国师僧荐佛事于太庙七昼夜，此为太庙荐佛事之始。至元十四年，诏建太庙于大都。十七年，祖神迁入新庙，毁旧庙。武宗（1307—1310）即位后，亲祀太庙。英宗（1320—1323）亦特重祭祖，曾对群臣说："朕缵承祖宗丕绪，夙夜祗慄，无以报称；岁惟四祀，使人代之，不能致如在之诚，实所未安。自今以始，岁必亲祀，以终朕身。"

凡大祭祀，皆重马湩祭仪。马湩即马奶，以革囊盛送祭坛，马牲与牛羊豕三牲同时供奉，将奠牲盘酹马湩，巫师升至第一座，呼叫帝后神讳，并念其祝语。礼毕，以割奠所剩之物，撒于南棂星门外，名曰抛撒茶饭。

又有神御殿，旧称影堂，用织锦做成祖宗像，以时祭祀。影堂设在佛寺，如世祖、裕宗帝后影堂在万安寺，顺宗、仁宗帝后影堂在大普庆寺，成宗帝后在万宁寺，武宗及二后在福元寺，明宗帝后在延圣寺，英宗帝后在大永福寺，也可皇后在仁王寺。影堂又藏玉册玉宝。这是把祭祖附设于佛教场所，足见元朝贵族对佛教的倚重。

太社太稷。至元三十年，建社稷坛于和义门内，社东稷西，社坛用五色土，稷坛一色黄土，社主用白石，稷不用主，后土氏配社，后稷氏配稷，社树以松，于社稷二坛之南各一株。以春秋二仲月上戊或中戊日祭祀之。

宣圣。太祖置宣圣庙于燕京。至元十年，中书省命春秋释奠，执事官穿其品服，陪位诸儒襕带唐巾行礼。成宗大德十年（1306）建宣圣庙于京师。至大元年（1308），诏加号孔子为"大成至圣文宣王"。延祐三年（1316）秋七月，诏春秋释莫于孔庙，以颜子、曾子、子思、孟子配享。封孟子父为邾国公，母为邾国宣献夫人。皇庆二年（1313），以许衡（鲁斋先生，大儒）从祀，又以先儒周敦颐、程颢、程颐、张载、邵雍、司马光、朱熹、张栻、吕祖谦从祀，至正中（1341—1360），增列宋儒杨时、李侗、胡安国、蔡沈、真德秀5人从祀。又追封朱熹之父为献靖，改封朱熹为齐国公。至顺元年（1330），以汉儒董仲舒从祀，加封孔子父叔梁纥为启圣王，孔子母颜氏为启圣王夫人，颜回为兖国复圣公，曾参为郕国宗圣公，子思为沂国述圣公，孟子为邹国亚圣公，程颢为豫国公，程颐为洛国公。

太宗窝阔台令孔子五十一代孙孔元措袭封衍圣公，修阙里孔庙，官给其费。武宗起行代祠之礼，牲用太牢，礼物别给白金150两，䌽币表里各13匹。后皆循此制，而锦币杂䌽多有增加。元朝政府推尊孔子，提倡儒学，特别是程朱理学，列为科场程式，开始成为官学。元朝历代皇帝中，崇儒最甚者为文宗，文宗于天历二年（1329）在大都建奎章阁，置学士员，讲授经学，遣儒臣曹元去曲阜代祀孔子，又诏令修葺曲阜孔庙，建颜回庙，加封孔子父母及诸弟子，各郡县皆设宣圣庙。其目的是通过对儒学纲常节孝的提倡，稳定蒙古贵族的统治，并加速蒙古族文化汉化的过程，使元朝政权成为华夏文化正宗的代表。

岳镇海渎。自中统二年（1261）始，实行代祠之礼，选重臣或名儒及道士前往祭祀。其神祠共19处，分五道。后以东岳、东海、东镇、北镇为东道；中岳、淮渎、济渎、北海、南岳、南海、南镇为南道；北岳、西岳、后土、河渎、中镇、西海、西镇、江渎为西道。又复为五道。加封五岳为帝，江河淮济及诸海为王。

其他宗教祭祀还有风雨雷师、武成王、古帝王、周公、功臣忠臣义士等。

元朝保留下来的宗教风俗，除大祭奠马溇外，还有：每年六月二十四日洒马妳子，用马一，羯羊八，彩缎貂鼠皮等，命蒙古巫觋及蒙汉秀才达官四员领其事，再拜告天，并呼成吉思汗名字而祝之，这是一种祭天仪式；每年九月内及十二月十六日以后，在烧饭院中，用马一，羊三，马湩，酒醴、红织金币及里绢各3匹，命蒙古达官一员，偕蒙古巫觋，掘地为坎以燎肉，以酒醴、马湩杂烧之，巫觋用族语呼累朝皇帝名而祭祀，此乃一种祭祖风俗；每年十二月下旬择日，在西滇国寺内墙下设草人草狗，选达官世家之贵族举行"射草狗"之礼，射至糜烂，用羊酒祭祀，祭毕，帝后及太子嫔妃与射者各脱下外衣，由蒙古巫觋祝赞之，将外衣交与巫觋，名曰脱灾；每年十二月十六日以后择一日，帝后及太子用白黑羊毛线将头至手足全身缠绕，坐于寝殿，蒙古巫觋一边念咒语，一边奉银槽贮火，内有米糠酥油，以其烟熏帝之身，断所系毛线，纳入槽内，帝又将数寸红帛裂碎，唾之投入火中，解下衣帽付巫觋，谓之脱旧灾、迎新福；帝后病危，移居外告毡氇帐房，死后殡殓其中。葬后，每日用羊二次烧饭以为祭，至四十九日而后止；凡皇帝死之丧葬，以楠木为棺，以皮服为装，用金器为殉，用蒙古巫媪导行，实行土葬，葬前每日三次用羊奠祭，葬后每日一次烧饭致祭，三年然后止。

第三节　国家帝师制度与汉地佛教

一　蒙古贵族的崇佛政策

元朝是蒙古贵族联合回族、汉族地主阶级共同建立的封建政权，也是中国少数民族建立的第一个全国性政权，从而使元代佛教具有明显的非汉族倾向。

《元史·释老传》开篇便讲："释老之教，行乎中国也，千数百年。而其盛衰，每系乎时君之好恶。"元代佛教的兴隆与元朝十代皇帝的崇奉分不开。蒙古族原本信仰原始的萨满教。12、13世纪，随着蒙古社会的进化和对外军事征服，他们开始接触到了藏传佛教（俗称"喇嘛教"），并逐渐皈依了佛教。所以，在入关以前，佛教便已成为蒙古民族一种相当普遍的宗教信仰。元世祖忽必烈就是一个虔诚的佛教信徒。在戎马倥偬的军旅生涯中，他"万机之暇，自持数珠，课诵，施食"（《佛祖统纪》卷48）。在统一中原后，他讲："朕以本觉无二真心治天下，……故自有天下，寺院田产，二税尽蠲免之。并令缁侣安心办道"（同上书，卷49）。元朝立国后，对佛教采取了一系列优惠的扶植政策。同时，为了保持与藏族的密切联系，特别尊奉藏僧。忽必烈入关前，就曾邀请藏传佛教萨迦派高僧八思巴东来，讲经说法，参赞军机。立国以后，又奉八思巴为"帝师"，授玉印，建立了中国佛教史上独特的帝师制度。八思巴不仅兼领全国宗教事务，而且为忽必烈及其后妃等全部皇族灌顶受戒。世祖以降，每帝必先从帝师受戒，然后才能登极，崇佛政策代代相传。

元帝崇佛，保留了草原民族质朴无华、讲求实利的特色，主要是求佛保佑，降福免灾。他们对虚玄深奥的佛教义学并无多大兴趣，崇佛活动主要是修功德，作佛事。凡举行法会、念经、祈祷、印经、斋僧、修建寺院，费用多由国库支出。还常赐予寺院田产，数目非常惊人。由于史籍缺乏完整的统计数据，我们只能从史料中枚举数例以说明之。

元世祖中统元年（1261），"曾于城中乾、艮二隅造两佛寺，曰大乾元寺，曰龙光华严佛寺"（《佛祖统纪》卷48）。成宗大德五年（1301），"赐昭应宫，兴教寺地各百顷，兴教寺仍赐钞万五千锭；上都乾元寺地九十顷，钞皆如兴教寺数；万安寺地六百顷，钞万锭；南寺地百二十顷，钞如万安之数"（《元史·成宗纪三》）。成宗年间作佛事，"岁用钞数千万锭"（《续资治通鉴》卷202）。武宗至大三年（1310）正月，"营五台寺，役工匠千四百人，军三千五百人"（《元史·武宗纪二》）。仁宗庆元二年（1312）三月，"赐汴梁路上方寺地百顷"，四月，"给钞万锭，修香山永安寺"（《元史·仁宗纪一》）。英宗至治元年（1321）二月，"调军三千五百人，修上都华严寺"，"大永福寺成，赐金五百两，银二千五百两，钞五十万贯，币帛万匹"（《元史·英宗纪一》）。文宗天历二年（1329）"建承天护圣寺"，至顺元年（1330）四月，"以所籍张珪诸子田四百顷，赐大承天护圣寺为永业"；"括益都、般阳、宁海闲田十六万二千九十顷，赐大承天护圣寺为永业"（《元史·文宗纪三》）。在我国历史上，如此慷慨地赐予还是不多见的。至正三年（1343）十一月，"拨山东地土十六万二千余顷，属大承天护圣寺"（《元史·顺帝纪四》）。然而当红巾军起义的烽火遍地燃起之时，承天护圣寺的和尚也救不了元顺帝，狂热崇佛也是元朝国祚短暂的原因之一。

二 佛教的发展及其管理制度

由于统治者的推崇，元代佛教迅速从战乱的低谷恢复到了相当规模。据宣政院至元二十八年（1291）统计，全国寺院24318所，僧尼213148人（《元史·世祖纪十三》）。若将私度僧尼计算在内，当不止此数。同时，由于王室及贵族的慷慨赐予，寺院占有大量土地。《续文献通考》卷6约略统计，元代寺田为3286.1万亩。元朝寺院经济除了土地，还大力经营商业与工业。如开办当铺、酒店、碾硙、养鱼场、货仓、旅馆、煤矿、铁矿等。史籍记载：皇庆初年（1312），除赐予大普寺腴田8万亩外，还有邸店400

间（即旅店）(《陔馀丛考》卷18)。仁宗延祐三年（1316）于五台山灵鹫寺置铁冶提举司。(《元史·仁宗纪二》)面对如此众多的僧尼和如此巨大的寺院经济势力，元政府需要一整套宗教管理机构。

元代僧官制度沿袭唐宋而来，但又有所损益。唐、宋两代基本上都是由尚书祠部与功德使分掌僧务。其中尚书祠部的俗官握有度牒发放、寺额、遴选大寺住持等实权，功德使的僧官则只能管理各寺具体僧务。至元代，两套管理体制逐渐合一，"僧俗并用"，僧官的权力大大加强。不仅掌握僧务，而且"军民通摄"，僧官衙门在某些地区（如西藏）可以发挥全部政权作用，在汉地则发挥部分政权作用（如参与俗官审理僧俗之间的法律纠纷），实为中国政治制度史上一大特例。

元代中央政府的僧务机构在忽必烈时代最初叫释教总统所，由帝师八思巴领"僧总统"衔，统管吐蕃军政事务及中原僧务。至元元年（1264）改称总制院，仍由帝师兼领，秩从一品，是元政府管理宗教事务和民族事务的最高机构。为了提高它的级别，至元二十五年（1288）将总制院改名为宣政院"以尚书右丞相桑哥兼政使"。"宣政"一词典出唐代，据史籍记载，唐天子曾几次在宣政殿接见吐蕃使臣。用此名称谓这个机构，可见元统治者更重视它的治藏功能。从此，中央僧务机构基本定型，宣政院长官多由中央省长官或帝师担任。宣政院的职能主要有两大类：一类是专管吐蕃事务，即藏区全部军政事宜。如藏区文武官员的铨选、驿站及驻军的设置、户口调查、喇嘛封赐等。若遇吐蕃"有大征战"，可直接参与枢密院机务。另一类是全国的宗教事务，如选任名山大刹住持、确定寺额、国立大寺的修筑、童行的剃度、师号、紫衣的赐予等。宣政院还对僧尼犯罪有司法权。元律规定，僧尼除犯奸、盗、杀人外，皆归僧司处理。僧尼与民间发生纠葛，由僧司会同官府审理。僧官因此便有了行使国家政治、司法权力的职能。宣政院机构庞大，司署很多，主要的有：吐蕃等处招讨使司、吐蕃等处宣慰司、松潘茂州等处安抚使司、天全招讨使司、六番招讨使司、洮州元帅府、积石州元帅府、岷州十八族元帅府、长河西管军万户府、河州等处军民总管府等。从这些司署的名称，就可以看出它们的性质。在中原地区，宣政院除领导各地僧司外，还在一些宗教事务特别多的地区设立派出机构。"行宣政院",直接管理当地僧务,如江南行宣政院、福建行宣政院、西藏行宣政院等。

功德使司从唐代创制,下辖左右街僧录司,由僧官任职,具体管理天下僧务。元代至正十七年(1280)亦循唐宋旧制设功德使司,以宣政院长官或帝师兼领。如至元二十一年(1284)宰相桑哥曾以总制院使的身份兼领功德使司。由于宣政院本身已具有"军民通摄,僧俗并用"的性质,再设置一个僧俗并用的中央机构便为骈指。因而功德使司从设置之初,职权便已大大缩小,只管法会、醮祠、印经等部分僧务。到天历二年(1329),文宗正式下诏,"罢功德使司归宣政"(《元史·百官志三》)。

在地方上,元代参照宋、辽,特别是金代的僧官制度,在各路设僧录司,州设僧正司、府设僧纲司、县设都纲,管理本地区僧务及有关司法事宜。除一般地方僧司外,还有针对某些特殊宗教问题的机构,如专门处理白云宗的白云宗总摄所,专管苦行僧的头陀僧录司等。

鉴于元代寺院田产丰盈,经济实力雄厚,且多种经营,结构复杂,于是在元代宗教管理体制中出现了一种经济管理组织,由国家设立专门职署管理寺院的土地及工商产品,这也是前代所无的。主管全国寺院土地的是太禧宗禋院,下辖若干机构,统管各大寺院土地经营、钱粮出纳、营缮役作诸事。各大寺院也相应设立总管府、提举司、提领所等机构,分管本寺田地及工商产业。上述府、司、所的官员皆由国家指派,有品有俸。此举使元代寺院经济的性质更趋复杂,出现了寺产官府经营,寺院受惠,产权国家所有的特殊体系。这也是政治上"军民通摄"的必然结果。

元代创建僧官制度之初,对僧尼出家,度牒发放还是比较严格的。如《元史·刑法志二·户婚》载:"诸愿弃俗出家为僧道,若本户丁多,差役不阙,及有兄弟足以侍养父母者,于本籍有司陈请,保勘出路,给据簪剃。违者,断罪,归俗。"另外还有诸多禁令,如"诸僧道悖教娶妻者,杖七十,离之。僧道还俗为民,聘财没官"。"诸弃俗出家,不从有司体覆,辄度为僧道者,其师笞五十七,受者四十七,发元(原)籍"(《元史·刑法志四·禁令》)。但是,到了元代末期,僧法废弛。为了弥补财政亏空,元代统治者也效法宋代，公开标价鬻牒。"僧道入钱五十贯，给度牒，方听出家"（《元史·顺帝纪一》）。荒年饥月，发放空头度牒以赈灾，甚至拍卖紫衣、师号，"僧道入粟，三百石之上，赐六字师号，都省给之；二百石之上四字师号，一百石之上二字师号，礼部给之"（《元史·食货志四》）。如此买卖，必然导致僧俗队伍的腐败和窳烂。

三　独特的帝师制度

《元史·释老传》讲："元兴，崇尚释氏。而帝师之盛，尤不可与古昔同语。"元代之前有国师而无帝师，元亡，帝师制度便随即中止，故帝师制度便成了元代佛教史上的一个特例。《释老传》载："元起朔方，固已崇释教。及得西域，世祖以地广而险远，民犷而好斗，思有以固其俗而柔其人。乃郡县土番之地，分官设职，而领之以帝师。乃立宣政院，其为使，位居第二者，必以僧人为之，出帝师所辟举。而总其政于内外者，帅臣以下，亦必僧俗并用，而军民通摄。于是，帝师之命，与诏敕并行于西土。"显然，帝师之号并非仅出于对藏僧大德的尊敬，而是基于治藏的政治需要。帝师制度开了西藏地方政教合一体制的先河，元朝政府任命的帝师既是全国最高的宗教领袖，又是藏区军政首脑，统管藏区一切事务。

元代第一位帝师是八思巴（1235—1280），乌思藏萨斯迦（今西藏自治区萨迦县）人，是藏传佛教萨迦派的重要领袖。1252年，忽必烈进军云南途中驻节六盘山，八思巴东行拜谒，深得忽必烈赏识。1258年，忽必烈召集僧道两教高士辩论《老子化胡经》真伪。八思巴作为释教首席代表舌战众道士，迫使17名道士服输削发为僧，一些道观改为佛寺。其丰富的宗教知识和敏捷的才思给忽必烈留下了深刻的印象。中统元年（1260），忽必烈即大汗位，其时蒙古境内"释教大盛"，遂封八思巴为国师，赐玉印，统管蒙藏地区佛教事务。至元元年（1264），忽必烈迁都北京，设立全国性宗教管理机构——总制院，八思巴以国师的身份兼领总制院事。此后，八思巴还受命创制蒙古新文字。至元六年新文字制成，诏布全国。八思巴因功而升为帝师、大宝法王，更赐玉印，受到蒙古贵族极高的礼遇。至元十一年，八思巴西还，以其弟亦怜真接帝师位。至元十六年，八思巴去世，世祖敕命翰林学士王磐撰《帝师行状》颂其功德，并"建帝师八思巴寺于京师"以为纪念。

八思巴以下，元代还任命了11位帝师。他们是亦怜真（1238—1279）、答儿麻·八剌·剌吉塔（1268—1287）、亦摄思·连真（1249—1295）、乞剌斯·八斡节儿（1246—1303）、辇真监藏（1257—1305）、相儿加思巴（1267—1314）、公哥儿·古罗思·监藏班藏卜（1299—1323）、旺出儿监藏（？—1325）、公哥列思·八冲纳思·监藏班藏卜（？—约1327）、公哥儿·监藏班藏卜（生卒年不详）、辇真吃剌失思（生卒年不详）。历代帝师皆出于萨迦昆氏家族，采用叔侄相承、兄终弟及的传承制度。唯一的例外是萨迦系非昆氏家族的胆巴（1230—1303），生前深受世祖、成宗、仁宗的赏识和重用，死后被追谥帝师号。当时藏传佛教内部存在萨迦、噶举、宁玛、噶当诸派，蒙古贵族采取扬此抑彼的方法，加强了对西藏地区的控制。元代以前，藏区诸派彼此攻伐，并无公认的宗教领袖。由于得到了中央王朝的扶助，13、14世纪，萨迦派一跃而居诸派之上，成为西藏地区政教合一的统治者。

元代的帝师作为一项宗教制度，在民族关系方面发挥了重要作用。元以前，吐蕃是完全独立于中央政府之外的政治实体，而八思巴受封则表明，中央政府开始对西藏地区行使设官任职的权力，中央对地方的控制能力加强了。所以，帝师制的意义已完全超出了宗教范围，佛教成为联结中央政府与地方的桥梁。共同的宗教信仰促进了蒙古、藏、汉民族文化的融合，有利于中华民族共同的文化心理素质的形成。从此，西藏成为中国领土不可分割的组成部分。

由于帝师制度意义重大，皇帝给予帝师极特殊的地位。不仅蒙古帝后、嫔妃、亲王都要接受帝师灌顶受戒，而且，"凡宴贺朝会，百官列班，而帝师亦或专席于座隅"（《元史·释老传》）。帝师出行，都有特派大臣开道，地方百官率部迎送。帝师入京，"且命礼部尚书、郎中专督迎接"（同上）。帝师拥有极大的权势，因而助长了其徒属中某些不法之徒的气焰。他们把在藏区政教合一的统治方式也用于内地，掠夺民财，强奸妇女，欺侮百姓，无恶不作，这也成为诱发各族人民起义的原因之一。

崇尚藏传佛教，还有一个不利于蒙古贵族在中原统治的因素，就是密宗中某些诱发淫乱的"秘密法"。密宗在唐"开元三大士"时已传入中国，但因与中国的宗法制度及其伦理相抵牾而遭摈弃。元代密教再一次随藏僧传入，在蒙古贵族内部助长了荒淫之风。元顺帝即是其中代表。《元史·顺帝纪六》载："至正十三年十二月间，（丞相）麻哈及（集贤殿学士）秃鲁帖木儿等，阴进西僧于帝，行房中运气之术，号'演揲儿法'（意为大喜乐），……帝皆习之。"在西僧的助长下，元顺帝还派亲信"刺探贵人之命妇及士庶之室家，择其美而淫者，谋入宫中，数日乃出"。结果元顺帝昼夜宣淫，不理朝政，终于当了亡国之君。

四　汉地佛教继续发展

元代汉地佛教也得到保护与扶植，继续发展。《元史·释老传》概括其形势曰："若夫天下寺院之领于内外宣政院，曰禅、曰教、曰律，则固各守其业。"

继宋、金之余绪，禅宗仍然为汉地佛教的主流。万松行秀是元代曹洞宗主要传人，海云印简和云峰妙高则是临济宗的大师。

行秀（1166—1246），号万松，俗姓蔡，河内解（今河南洛阳附近）人。行秀在金代便已负盛名，在山西河北一带参访游学，后受忽必烈诏命，主持燕京万寿寺。晚年结庐从容庵，自号万松老人，以《万松老人评唱天童正觉和尚颂古从容庵录》而著名。宋代明州天童寺正觉和尚有《颂古百则》，号为绝唱。"颂古"是宋代禅僧发明的一种以韵文体写成的对"公案"赞颂性的解释，并不点破本意，以"绕道说禅"为特征，所以后学对"公案"中的禅机仍不甚了了。宋代佛果克勤又发明了"评唱"，对"公案"和"颂古"再注释。行秀的著作也是这样一部注释性的评唱，在元代禅林中名气很大。

印简（1202—1257），字海云，俗姓宋，山西岚谷宁远（今山西岚县）人。自幼出家，成年后受具足戒，游学四方。一日，"过松浦值雨，宿于岩下，因击火，大悟。自扪面门曰：'今日始知眉横鼻直'"（《佛祖历代通载》卷21《海云印简》）。开悟以后，在兴州仁智寺"出世"开堂，后历任涞阳兴国寺、兴安永庆寺及燕京大庆寺等处住持，曾为忽必烈说法。因重兴真定临济寺，被尊为临济中兴大师。印简长期追随元初几位帝王，"历事太祖、太宗、宪宗、世祖，为天下禅门之首"，蒙哥汗曾命他"掌释教事"（《元史·宪宗记》），他多次为之出谋划策。他对蒙古统治者讲："孔孟之道，万世帝王法程，宜加宣表，以兴学校"，并建议免除儒生的劳役（《佛祖历代统载》卷 21）。这对于加速蒙古贵族汉化无疑具有很大好处。窝阔台汗统治时期，调查汉族人口，"有司欲印识人臂"，这是把汉人当牛马看的一种方式，印简知道如此下去只会激化民族矛盾，他劝谏道："人非马也，既皆归复国朝，天下之大，四海之广，纵复逃散，亦何所归？岂可同畜兽而印识哉？"窝阔台采纳了他的建议，未再推行印识臂法。（同上书）从这几件事可以看出，元朝佛教大师对于缓和民族矛盾，巩固国家政权发挥了多么巨大的作用。印简死于元宪宗七年（1257）。武宗至大二年（1309），大书法家赵孟頫奉敕撰《临济大师之碑》，将印简称为临济第十六代宗师。印简有两位知名弟子，一个是西云安，元武宗赐以"临济正宗之印"，封荣禄大夫、司空，另一个是元初大政治家刘秉忠。刘秉忠在世祖行营"应对称旨"，成为忽必烈的重要谋士。"癸丑，从世祖征大理。明年，征云南。每赞以天地好生，王者之神武不杀，故克城之日，不妄戮一人。己未，从伐宋，复以云南所言力赞上，所至全活不可胜数。"（同上书）刘秉忠此举，当然是为了本民族利益，但是拉上佛教"好生之德"的大旗，说服力就提高了很多。在历史上不可避免的民族冲突中，宗教的积极意义应该得到正确的评价。蒙古军队进入中原以后，"他如颁章服，举朝仪，定官制，皆自秉忠发之，为一代成宪"（同上）。刘秉忠成为世祖朝中不可多得的人才。

妙高（1219—1293），字云峰，句之长溪（今属福建）人。自幼"嗜书力学，尤耽释典"，出家后参禅僧，得法后奉圣旨主持金陵蒋山，"十有三载，众逾五百"。当时禅、教之争激烈，至元二十五年（1288），元世祖召集禅、教、律各派名僧入京"廷辩"，妙高代表禅宗参辩而著名。此外，南方临济名僧还有雪岩祖钦（？—1287）、高峰原妙（1238—1295）、中峰明本（1263—1323）、元叟行端（1255—1342）、一山一宁（1247—1317）。

他们都曾是一方禅林的住持，还留下了一些著作、语录或机锋。但与宋代禅僧相比，并无超越之处，与曹洞宗亦无原则差异，只是各守师门，维持宗绪而已。

元代天台名僧有湛堂性澄（1253—1330），在杭州演福寺弘法。至治元年（1321）奉诏入京，校正大藏，著有《金刚经集注》、《弥陀经句解》。元代几位天台名僧皆出其门下，如王岗蒙润（1275—1324），受业于性澄，盛弘《法华》于杭州，晚年隐居龙井，著《四教仪集注》，是天台宗的入门书。浮休允若（1280—1359），在南天竺寺受教于性澄，他作风严峻，被称为僧中御史，著有《内外集》。绝宗善继（1286—1357），为性澄嗣法弟子，历住天台荐福、能仁诸寺，阐扬《法华》三大部教义，晚年亦兼修净土，其弟子明珏是明代名僧。

五台山仍为华严宗教学中心，仲华文才（1241—1302）是元代华严名僧，世祖曾命其为洛阳白马寺住持，号"释源宗主"，后为五台山佑国寺第一代住持，号"真觉国师"，著有《华严悬谈详略》5卷、《肇论略疏》3卷、《慧灯集》2卷。大林了性（？—1321）自幼出家，游历诸方讲座，后于五台山文才处受教，备受启迪。当时藏传佛教受到朝野的狂热崇拜，诸多名僧无不抠衣接足，乞其摩顶，谓之摄受，唯了性长揖不拜。幻堂宝严（1272—1322）为文才的嗣法弟子，早年一直侍奉左右，承其教诲，后往普安、佑国二寺，弘扬《华严》教义。

元代唯识学著名学者有普觉英辨（1247—1314），受学于伯林寺，弘教于秦州景福寺，被称为无佛世之佛。云岩至德（1235—1322）从真定龙兴寺法照学唯识教义。至元二十五年（1288），朝廷命令在江淮建御讲所，志德被选为讲主，开讲《法华》、《唯识》诸疏。吉祥普喜（生卒年月不详）也是江淮御讲所讲主之一，擅长《唯识》、《因明》，因和云南名僧端无念辩论《唯识》而著名。

光教法闻（1260—1317）是元代著名的律宗传人，从温公受学《四分律》、《唯识》、《法华》，帝师亦怜真曾请他讲《般若》、《因明》，可见造诣之深。奉诏住持京师大原寺、大普庆寺，由他剃度的僧俗极多。

元代佛教史上还有两位著名居士值得一提。一个是湛然居士耶律楚材

（1190—1244），他出身辽皇室，仕于金，又成为元朝开国元勋、一代名相。他曾从万松行秀处参禅三年，得到印可。后奉成吉思汗令随从西征。告别恩师行秀，但两人书简不绝。鉴于正觉"颂古百篇，号为绝唱"，耶律楚材坚请行秀为之评唱，以启示后学，因此才有了行秀的名著《从容录》。行秀书成后，寄给西征的耶律楚材，楚材对该书给予了极高评价，并为之作序。他自述当时的心境说："予西域伶什数载，忽受是书，如醉而醒，如死而苏，踊跃欢呼，东望稽颡，再四披绎，抚卷而叹曰：万松来西域矣"（《万松老人评唱天童正觉和尚颂古从容庵录序》）。其对佛教的虔诚之情溢于言表，他与行秀的师徒之情在中国历史上也留下了一段佳话。

另一好禅名臣便是海云印简的弟子刘秉忠（1216—1274）。刘秉忠原为云中南堂寺僧人，字子聪。印简随忽必烈去蒙古途中经过云中，二人相见，秉忠拜印简为师，后得忽必烈器重。印简南还后仍留帐中，参与军政大计，辅佐忽必烈，建立功勋。世祖即位后诏复原姓刘，更名秉忠，赐予官邸，以翰林侍读学士窦默之女妻之。后拜光禄大夫，位太保，参领中书省事，著有《文集》10卷。

五　佛教与元代文明

佛教对元代文明的影响是多方面的。佛经的刻藏是元代文化生活中的一件大事。元代完成了金代开始的《赵城藏》。至元二十二至二十四年间，召集汉藏高僧勘对汉、藏两种藏经的异同，编成《至元法宝勘同总录》10卷。民间刻藏有：浙江余杭县大普宁寺白云宗僧徒于至元中期刻成《普宁藏》6000余卷。松江府僧录管主八，补齐了宋末开刻而未完成的《碛砂藏》，共刻28函，约315卷，成为《碛砂藏》的重要补充。白莲宗复兴之后传入福建，于延祐二年（1315）在建阳县发起雕毗卢大藏，得到福建省长官亦黑迷失的赞助，但只刻成《般若》、《宝积》、《法华》、《涅槃》四大部，目前尚有少量残本。

在文学艺术方面，佛教的影响莫过于杂剧、元曲的产生。中国的戏曲艺术成型较晚，其产生，无论在题材、结构还是艺术形式上都深受佛教文化的影响。随着佛教的传入，西域和天竺乐舞也传入中华。《隋书·乐志》

曾记载:"大抵散乐、杂戏,多幻术,皆出西域。"唐以后,社会上便流行着以舍利弗、法寿乐、阿那瓌、摩多楼子为名的《梵竺四曲》(郑樵《通志》)。佛教徒为了传教方便,又发明了变文、宝卷、弹词、鼓词等散韵结合、说唱结合的艺术形式,最终汇成元曲,成为中华戏剧艺术的先河。佛教所宣扬的生死轮回、善恶报应,也成为中国戏剧早期最常见的主题,如最早的杂剧《目连救母》,就取材于《目连因缘功德经》及其有关的变文。佛教变文中灵魂转世、阴阳交通、人鬼同出等结构,常为早期散曲杂剧所采用,许多大剧作家本人也曾深受佛教影响,如马致远写的《半夜雷轰荐福碑》便集中表现了佛教的宿命论思想。

在雕刻艺术方面,由于元朝统治者推崇藏传佛教,使西藏密教的雕刻艺术在内地也大放异彩,密教注重"身密"的研究,因而讲究佛像的造型。八思巴入京以后,带来了尼泊尔佛像工艺家阿尼哥,最初奉命修补了明堂针灸铜像,京都金匠无不佩服,许多人拜他为师,当时两京寺院的佛像多出于他手。至元十五年(1278),阿尼哥还俗,授大司徒,他手下还带出了一大批雕塑高手。如塑造大圣寺万安寿佛像140尊的禀搠思哥斡节儿八哈失,塑造青塔寺四天王像的阿哥拔,铸造玉德殿三世佛、五方佛等输石像,又有制造文殊、弥勒布漆像的诸色人匠总管府总管杂杂儿只,奉文宗皇后之命铸造八臂救母输石像的八卜儿等皆是。汉人刘元在阿尼哥的弟子中技艺最高,他塑造的佛像精美绝伦,刘本人官至正奉大夫秘书监卿。阿尼哥、刘元等人所塑梵式佛像不仅盛行于北方古刹,在南方也可见其痕迹。

第四节 云南上座部佛教

云南上座部[1]佛教是中国佛教三大派系之一,主要在云南西双版纳傣族自治州,德宏傣族、景颇族自治州,普洱地区、临沧地区、保山地区的傣

---

[1] 在历史上,云南上座部佛教长期被称为云南小乘佛教。小乘本是大乘流派产生后对其他部派的贬称,引起云南上座部僧侣及信教群众反感,故不宜继续沿用。

族、布朗族、德昂族、阿昌族及部分佤族群众中流传。云南上座部佛教由于在来源、理论、戒律、仪规等方面均与汉地佛教、藏传佛教有明显差异，因此在中国佛教史上具有独特的地位。

一　上座部佛教的传入

云南上座部佛教属于佛教的南传系统。公元前3世纪中叶，印度阿育王在佛教第三次集结以后，遣使分头沿南、北两路传播佛教。北传佛教从印度北部经中亚、西域诸国流入我国的汉、藏地区，其经典用梵文写成，思想主要属于佛教大乘流派。南传佛教则由印度向南传入斯里兰卡、缅甸、泰国、柬埔寨、老挝等国，经典用巴利文写成，思想属于佛教上座部。我国的傣族人民居住在西南边陲，由于地理和族源上的原因，他们从邻近的泰国、缅甸等地输入了上座部佛教。

佛教传入以前，傣族人民中普遍流行着以祖先崇拜、农事崇拜、灵魂崇拜、自然崇拜为特征的原始宗教，佛教是在与原始宗教的激烈冲突中传入傣族地区的。在傣族民众中，保留了许多佛陀与魔王斗法的神话故事，成为当时斗争的间接记录。如说佛祖亲自到西双版纳来传法，斗败了魔头披雅而使佛法光大。又传说古代傣族头人叭沙木底和叭满与佛祖作对，斗败了佛主，强迫他去吃屎，机智的佛陀只吃了蜜蜂屎（蜂蜜）等。在传入初期，由于原始宗教势力强大，佛教徒在村民中无立足之地，因此多居住在山林之中。傣族中僧侣被称为"帕漠"或"帕厅"，意为"山和尚"，反映了当年僧侣的境遇与地位。但是，佛教比之原始宗教，毕竟是一种更为先进、精巧、完善的宗教，随着傣族社会的进步和统一，佛教终于走出山林，成为该地区占支配地位的意识形态。不过，佛教取得主导地位以后，原始的鬼神崇拜依旧在农村流行，佛教中也吸收了一些抓鬼、镇鬼的内容，表现了佛教与当地文化的相互渗透与融合。

佛教传入傣族的确切时间尚未考定，有人认为是6—8世纪，也有人认为是12世纪之后，或是13世纪。由于对云南上座部佛教的文物收集、史籍研究进行得还很不充分，迄今尚未得到一个可以为多数学者首肯的结论。不过，傣文创造于13世纪，此后佛教便有了可靠的物质载体——傣文经典。从经典的研究推断，佛教的传入不会晚于13世纪。16世纪上半叶，缅甸南方的洞吾王朝建立，迅速统一全境，成为一个强大的政权。西双版纳土司与之联姻，娶缅甸公主为妻。缅甸公主携带大量佛经、佛像到来，推动了云南上座部佛教事业的兴盛。此后，在封建领主的大力扶植下，傣族地区大修寺院，大建佛塔，广度僧尼，上座部佛教与领主制度相结合，取得了全民信仰的地位，并对社会政治、经济、文化和民俗的诸多方面产生了深刻的影响。

二 理论与经典

释迦牟尼死后100年，佛教分裂为上座与大众两大派。上座部由原始佛教中的长老派组成，坚持佛陀创教时的一些基本理论和戒律，以正统自居。相对的大众部则是非正统派，对原始佛教的理论和戒律有较多发展。以后，虽上座部又发生了再分化，但总体上保留了较多的原始佛教的面貌。云南上座部继承了这一传统，以释迦牟尼为唯一教主，主张个人修行，通过入寺为僧，递次升级，并以在现世证得阿罗汉果为理想的最高果位。这与大乘提倡的"普度众生"，追求佛果有很大差异。在教义上，两者虽然都讲四谛、十二因缘，但与大乘提倡的"四大皆空"不同，云南上座部受"说一切有"派的影响，主张"人空法有"，释迦牟尼所说法是实在的。因此，他们提倡积德行善，谋求自我解脱，以达极乐世界。对于不出家的群众，他们宣扬要多做善事，多布施，否则来生将会受到入地狱，转为饿鬼和畜生的"三恶"之苦。

云南上座部佛教的经典，总称为"三藏"。经，藏傣语为"苏点打比打戛"；戒，藏傣语为"维耐"；论，藏傣语为"阿批搭马比打嘎"。傣文"三藏"号称有84000部之多，其中经藏5大类，21000部；戒藏5大类，21000部；论藏7大类，42000部。有一部5卷本的贝叶经，名为《别闷西版酣》，专门讲这84000部佛经的由来。世界上任何地方的大藏经也没有这样多，《别闷西版酣》所开列的数字有夸大的成分。然而，从保存下来的经文看，我们仍依稀可见古代上座部佛教的繁盛面貌。特别是在论藏中，傣族僧人对经文进行阐述，其中记载了傣族地区历史、地理、文化等方面的宝贵资料。如 22 册的贝叶经《当难列普罗克》（即《释迦牟尼巡游世界记》），记述了西双版纳地区许多地名的来历及风土人情，有很高的史料价值。《本生记》中最后一品《维克达拉》，是流行于缅甸、老挝、泰国及我国傣族地区的重要文学著作，对当地人民的宗教生活和风俗习惯都有很大影响。《百喻经》不仅记述了印度许多传说故事，而且增加了不少傣族民间流传的寓言和笑话，对研究古代傣族社会有重要的参考价值。

傣文经典从语言上可分为三大类。一类是全用傣文译出，仅夹杂少数巴利语词汇，诵读出来男女老幼皆可听懂，便于在民间流传。另一类是半傣语、半巴利语，如《玛哈瓦嘎经》、《答西沙乍经》等。再一类便是全巴利文经典，仅用傣文字母拼读注音，如《沙等达经》、《戛姆玛娃扎经》、《大纳摩灭经》等。这类经典几乎成了巴利文与傣文的对照词典。

傣文经典有棉纸手抄本和贝叶刻本两种，后者又称贝叶经。贝叶经取材于一种叫作贝多树（一种棕榈类木本植物）的叶子，在傣语中贝多树称"烂"，贝叶就称"拜烂"，贝叶经的制作工艺十分复杂。先将贝叶从树上剪下，七八叶或十叶叠在一起，用两块平木板夹住，压上石块。几天后再取出来用圆棍在上面滚压，直至平滑为止。然后用石头再压几天，取出修剪整齐，其长度约一尺五至二尺，宽为二三寸，制作工艺即告完成。刻经时将贝叶放在特制的木架上，用一根铁笔刻画。铁笔傣语叫"勒章"，"勒"是铁的意思，"章"即佛寺中的刻经人员。一名熟练的刻经人员在贝叶上刻字比在棉纸上抄写还要快两三倍。每张贝叶可正反两面刻写，刻好后涂上干炭粉，擦上油，字迹便清晰地显露出来。每刻完十来叶，叠成一册，压平，穿孔，再贯以细麻绳，就是一册贝叶经。经册的边缘涂上金粉或黑粉，讲究的涂上金漆。长篇经典 10 多册或 20 多册为一卷，配上布包、席包或木盒，甚为精致美观，且不易损坏。贝叶经成为凝聚着傣族人民辛劳与智慧的文明成果。

三　教派、僧阶与寺院制度

云南傣族地区上座部佛教，由于僧侣所遵循的戒律不同以及信教群众日常生活方式上的差别，基本上可分为四大派。

一是摆庄派。这是傣族群众中信仰者最多的一派。其戒律比较宽松，僧侣生活在村寨田园之中，生活比较舒适，可以穿呢制袈裟，睡觉可以用被褥，可以乘车，骑马，吃肉，吸烟，可以自由还俗，自由出入民家。此派僧人与民众关系比较密切，群众见僧人也不必行严格的礼仪，可以自由交谈，只以供应饮食为宗教义务。在信仰上该派也与当地原始宗教比较妥协，相信诸种鬼神。此派在德宏地区影响最大，自称是从缅甸的瓦城传入的。

二是摆润派，亦称润派。在西双版纳地区最为流行，在思茅、临沧、德宏地区也有分布，泰国清迈一带一部分自称傣允的傣族和缅甸景栋一部分自称傣痕的傣族也信仰这一派。这一派有一独特的风俗，当和尚升为长老时，须先逃避到山林之中，然后村寨群众四出寻找，找到后用树枝编成轿子，插满鲜花，抬回寺院进行升职典礼。摆润派内部又分摆巴和摆孙两个支派，摆巴意为山野派，因佛教初传时僧侣皆息居山林，后来仍坚持在山林修行的都属于这一派。摆孙派即是田园派，立足于民间，生活不如摆巴派清苦，戒律也不如摆巴派严格，所以信徒较多。

三是左抵派。主要在德宏、临沧一带流行，以戒律严格而著称。僧侣衣食简朴，只披黄色袈裟，睡觉不用被褥，无故不出寺门，出行必须赤足，寺院离村寨较远，不许进入民家。不食酒肉，不得乘车骑马，更不能还俗。为了防止贪图安逸，此派规定僧人不得在寺中久居，僧侣在一个寺庙中居住超过一定时限，就要在长老率领下外出流动一段时间，然后移居他寺。信仰此派的群众戒律也比较多，如见长老叩头行礼，不杀生、不饮酒，家中只许饲养打鸣的公鸡，不许饲养其他家禽等。由于戒律严格，故信徒很少。

四是朵列派。从左抵派中分化出来，戒律不如左抵派严格。僧侣一般过定居生活，不再四处流浪。但因该派又分裂为干当、密朱、东比刺、鄂瓦等几个小支系，故影响较小。

上座部佛教在云南傣族社会中盛行之时，该地区正处于封建领主制度下，严密的等级制度折射到宗教组织内部，就形成了云南上座部佛教特有的僧阶制度。各派僧侣根据年龄和修养，分成不同的僧阶。以西双版纳摆润派的僧阶制度为例，从低至高共有九阶之多。他们是科勇、帕（含帕弄、帕因）、督（含督弄）①、祜巴、沙弥、桑哈扎拉、帕召祜、松迪、松迪·阿戛莫里。科勇是正式出家前的见习阶段，傣族男子在青少年时期都要有一段出家生活的经历，一般先要经过七八个月见习，然后举行隆重仪式，升为帕（和尚）。经过七八年学习，宗教修养达到一定水平，便可以升为督，意味着成为一名合格僧人。以后逐次上升。但平民出家，最高只可达祜巴，以上五级则意义比较含混，而且只有特殊血缘的人才能达到。如阿戛莫里，有召片领血统的人才能担任。松迪则是王储出家的封号，其还俗后就称松迪帕丙召，译为至尊佛主，表示他有出家人受戒的特殊身份。德宏、耿马、临沧地区佛教内部也分若干僧阶，与西双版纳大同小异。

傣族上座部佛教所规定的僧阶制度是十分严格的，等级精神贯穿于衣、食、住、行的各个方面。如不同等级的僧侣穿不同的袈裟，帕只挟一块长方形的布，督用长7块、横9块长方形布缝成袈裟，祜巴则用长11块、横9块长方形的布缝袈裟。在日常生活中，较低级别的僧侣必须为较高级别的僧侣服役，除了砍柴、割草、挑水、烧火外，还要打洗脸水、洗脚水等。上层僧侣可以任意处罚、殴打下层僧侣，而法律又规定帕不许控告督。所以，寺院内部实行的实质上是一种披着宗教外衣的农奴制度。

云南傣族的地区自元、明时代就已是"寺塔遍村落"（《西南夷风记》）。虽寺院最初产生的时间已不可详考，但经过几百年的发展，该地区已形成了一套从宣慰街到基层村社比较完整的寺院制度。云南上座部佛教寺院之间存在着上下隶属关系，在农村基层寺院之上，有控制全陇的中心寺院，陇以上又有控制全勐的中心寺院，勐以上又有统辖全西双版纳的宣慰街中心寺院，层层隶属，完全以行政区划来划分。与行政机关一样，上级寺院对下级有指挥权，可以批准或取消其决定，并主持下级寺院祜巴的任命。下级寺院对上级寺院则有请示、汇报的义务。最高级僧侣"祜巴

---

① 近代以来，有关云南上座部佛教的著作常把督译成佛爷，把督弄译为大佛爷。中国佛教协会副会长、云南省佛教协会主席刀述仁先生指出，这是一种误译。督的原文 Guru 只是对僧侣的尊称，并无佛或爷的意义在内，还是直接用音译，或参照其他宗教习惯译"长老"为好。（参见《世界宗教研究》1990 年第 3 期）

勐"的提升，必须有召片领（宣慰使）的批准手续。傣族社会实行政教合一体制，土司通过这套完整的寺院制度把教权牢牢地控制在手中，从未发生过政权与教权严重冲突的事件。

四　上座部佛教与傣族社会文化

佛教作为一种世界性宗教，具有较高的文化素质，因此才能广泛传播。佛教在其流传国家社会文化中的地位。主要由该地区自身文化的素质决定。佛教传入汉地时，汉族文化已经发展到了相当水平，儒学、道教与佛教相比基本是同级文化，各有优势。因此佛教在汉地经几百年的冲击和碰撞，仅取得了一个精神生活中的辅助地位。但在傣族地区，佛教传入时当地还处于原始宗教和神话传说阶段，佛教比之高一个层次，故一经传入，很快便取代了原有的宗教，成为占支配地位的意识形态，并对傣族社会生活的各个方面都产生了极大的影响。

直到 1949 年以前，傣族社会明显地具有政教合一的性质，各级佛寺与同级的行政机构相适应，管教亦管人。各级封建领主往往既是本地区的行政长官，又是宗教领袖。如召片领的尊称是"松迪帕丙召"，意为"至尊佛主"。村寨头人称为"叭"，含义是佛主命令的执行者（"叭"是"帕雅"的快读，"帕"是和尚，"雅"是命令）。高级僧侣可以进入勐或召片领的议事廷，参与重大政治、经济、军事活动的决策。另一方面，"祜巴"以上僧侣的晋升又必须有土司批准的手续，由土司亲自主持"作赕"仪式予以认可。上座部佛教教义规定有二法不可犯，一为佛法，一为王法。遵守王法是僧侣的重要义务。而傣族封建领主制定的法律又规定，佛教寺院神圣不可侵犯，如有违反，"重者杀头，轻者罚为寺奴，终生服侍佛主"，王法与佛法互为依托。在经济上封建领主也给予寺院极大的支持，僧侣经常认领主为"干爹"，以获得更多的布施。在傣族地区，布施寺院是群众必须尽的义务，僧侣的伙食由村寨中的百姓轮流供办，或将柴米油盐送入寺中。僧侣完全不从事生产劳动，以布施为生。

傣族社会具有全民信教的性质，每个人的一生都与佛教密切相关。孩子一降生，便抱到寺院中请僧侣取名字，写八字，算星象。在西双版纳、德宏等地，傣族男子在儿童至青年期，都要有一段脱离家庭的寺院生活，少则三个月，多则十几年。人们认为，只有入寺当过和尚的人才是有教养的人，否则便受人歧视。这种观念也和寺院垄断教育的情况相适应，寺院成了人们受教育的唯一场所。儿童入寺后跟随僧侣学习文字、诵经，同时也可获得一些文化、历史、科学等方面的知识。由于寺院生活完全由村民提供，因此儿童入寺学习的时间由家庭贫富而定。只有富人家子弟才能长期受教育，在宗教上、文化上获得较高地位。

在日常生活中，围绕寺院进行的各种佛事活动成为傣族人民主要的节日。泼水节为傣历新年，约为清明后10天，其间要进行浴佛、堆沙、扎花房、泼水等活动，是傣族人民最隆重的节日。其次是傣历九月十五日的开门节和十二月十五日的关门节，其间3个月为净居期，要进行8次小祭、4次大祭。此外，一月献袈裟，八月望日补佛身，十月十日、十五日献经书。这些大小佛事都是全民参加的，由于僧侣宣传佛教有修来世、积阴功的性质，故户户倾囊，破费钱财在所不惜，造成很大浪费。另外，一些家庭遇有婚丧、疾病，还要到寺院"作赕"，许愿布施，钱财皆归僧侣所有。

云南上座部佛教在千百年的发展历程中，留下了大量佛塔与佛寺作为历史的见证。佛塔主要用来藏佛骨、佛发和佛牙，建筑精美，雄伟挺拔。佛塔一般建于中心寺院中，也有单独兴建的佛塔。佛塔式样很多，有八角形"须弥座"式的，也有圆锥体的，一般由塔刹、塔身和塔基三个部分组成。塔基多为四方形，每面有佛龛，内刻佛像。塔刹由一串大大小小的圆锥构成，上贴金箔，顶上有塔针直接云天。有的佛塔是一组塔群，中间一座主塔，四周4—8个小塔环抱，如春笋破土而出。景洪大勐笼的曼飞龙笋塔就是这样的塔群。据傣文经书记载，此塔建于傣历565年（1206），中间主塔高16.29米，八座呈葫芦状的小塔簇拥着主塔，蔚为大观。

西双版纳与德宏两地佛寺建筑风格不完全相同。西双版纳地区的佛寺一般比较简朴，主要由大殿、鼓房、僧房三个部分组成。大殿为长方形，坐西朝东，有四五百平方米之广，木柱支撑。因该地区常年多雨，故房顶坡度较大，上覆红瓦。殿中设有佛座，供奉释迦牟尼塑像。佛前有仪仗、经幢，周围墙上绘有精美壁画，内容多为佛本生故事，或天堂、地狱，以劝善戒恶。大殿后身是鼓房，内置大鼓，每月七、八、十四、十五日夜击鼓鸣钟，以镇魔鬼。鼓房周围是僧房，一般是干栏式建筑，分为宿舍和读经室。德宏地区佛寺则受汉地影响较大，粉墙绿瓦，重门层阶，屋顶层层重叠，上有尖塔，塔顶垂吊缨珞，金碧辉煌。殿内供奉释迦彩塑，四周亦有壁画、佛幡、佛伞环绕。两侧佛龛内还供奉有牙雕、木刻、金属铸造的小佛像。佛像座旁还有一小高台，僧侣就在上边讲经说法。云南傣族地区，寺院不仅建筑精巧，而且数量极多，西双版纳地区几乎村村有寺院，家家有僧人。风吹梵铃动，云起经声扬，置身此土如登天竺佛国。

佛教作为一种高层次的文化载体，为傣族人民带来了文字、天文历法，从而大大加速了傣族社会的文明进程。在傣语中，吸收了许多巴利文的词素，用以表达复杂的关系与事物。傣文就是在吸收巴利文字母、语法的基础上逐步形成的。虽然老傣文产生的确切年代学界尚有争议，但多数学者都认为：傣文的产生与译经和写经有关，是佛经的翻译使老傣文固定化、规范化了。在科学技术方面，傣历的制定与佛教联系最为密切。傣历也是比较先进的阴阳合历，其中许多专用名词都来自巴利文。傣历推算的方式与印度天文历法属于一种类型，有的傣历，如《历法星卜要略》中还有傣历与佛历的换算法。在当时，历法的颁布和演算权在寺院，因为僧侣是社会上唯一的专职知识阶层，他们在推动社会文化的发展中是十分重要的。

第五节　全真道的繁荣与江南道教的流行

一　丘处机与全真道的兴衰

全真道兴于金，而盛于元。自王喆死后，七大弟子弘扬全真教义，光大道门，其后继者人才辈出，形成若干道内教派，使全真道呈现繁荣景象。马钰创遇仙派，刘处玄创随山派，丘处机创龙门派，谭处端创南无派，王处一创嵛山派，孙不二创清静派，郝大通创华山派。其中以丘处机及其创立的龙门派对全真道发展的贡献最为突出，在后来影响最大，其教派累世传承不衰。

丘处机是全真七真中最负盛名的高道。金南迁后，全真道在社会上已成为一支强大的宗教势力,成为蒙古、金、南宋三朝争取的重要对象。1219年,金朝与南宋先后派人去山东栖霞召丘处机,丘皆未应诏。同年,远在西征军中的成吉思汗闻其名,派近臣札八儿、刘仲禄持诏专程邀丘处机朝觐。丘预见到蒙古必兴,进言成吉思汗可借其力以推行全真教义,早日息兵偃戈,去战乱杀戮之祸,便慨然应诺,以73岁高龄之身,于次年偕同弟子赵道坚、宋道安、尹志平、李志常等18人北上,路经燕京到达宣德,又接成吉思汗之诏,邀其西行。他曾写诗给燕京道友,云:"十年兵火万民愁,千万中无一二留。去岁幸逢慈诏下,今春须合冒寒游。不辞岭北三千里,仍念山东二百州。穷急漏诛残喘在,早教身命得消忧。"此诗表达了他以无为之教化有为之士的心愿,为的是让百姓早日过上太平安生的日子。留宿山北时,先驰表谢,拳拳以止杀为劝。发抚州,经数十国,行经万里。曾喋血战场,避寇板域,绝粮沙漠,自昆仑历四年始达雪山(今阿富汗之兴都库什山)。丘处机在途中所写诗中,曾云:"蜀郡西游日,函关东别时,群胡皆稽首,大道复开基",表示了弘道西域的宏愿。又云:"我之帝所临河上,欲罢干戈致太平",表示了弭兵救民的济世之志(以上均见《长春真人西游记》)。成吉思汗既欲在政治上对全真道有所倚重,又欲求知长生养身之道,故对丘处机优待礼敬。当时成吉思汗正忙于西征军事,日事攻战,丘处机劝诫他说:"欲一天下者,必在乎不嗜杀人;及问为治之方,则对以敬天爱民为本;问长生久视之道,则告以清心寡欲为要"(《元史·释老传》)。成吉思汗毕竟是位大政治家,十分欣赏丘处机的建言,说:天赐给我仙翁,开启我的心志,发布了"已许不杀掠"的布告。并命左右将丘之言谈记录下来,用以教训诸子。为尊敬起见,称呼"神仙",赐以虎符和玺书。有一天雷震,成吉思汗咨问,丘处机对答说,雷是天威,人之罪莫大于不孝,不孝则逆于天,于是天威震动加以警告,听说境内多有不孝者,陛下应以天威之说训导民众,成吉思汗听从之。又一次成吉思汗大猎于东山,马蹄倒,丘处机趁机劝诫他说:天道好生,陛下年事已高,不宜频繁田猎,于是成吉思汗罢猎很久。丘处机回到燕京,借助成吉思汗的威力和器重,救死济困,做了许多慈善事业,"时国兵践蹂中原,河南北尤甚,民罹俘戮,无所逃命。处机还燕,使其徒持牒招求于战伐之余,由是为人奴者得复为良，与滨死而得更生者，毋虑二三万人"，中州人称道之（见《元史·释老传》）。成吉思汗赐名丘处机所住天长观为长春宫，并派使者慰问，云："朕常念神仙，神仙毋忘朕也。"丘处机80岁而卒（1227），葬于长春宫处顺堂，即今北京白云观。丘处机曾在龙门山（今宝鸡市东南）隐居潜修7年，故其教派称龙门派。丘在世之日，全真道达到极盛。元太祖命丘掌管天下道教，诏免道院和道人的一切赋税差役，并先后在燕京建立"平等"、"长春"、"灵宝"等八会，于各地大建宫观，一时道人云集，教门大兴。丘处机对其弟子说："千年以来，道门开辟，未有如今日之盛！"（《北游语录》卷一）元宋子真《通真观碑》说，当时人们对全真道，"翕然宗之，由一以化百，由百以化千，由千以化万，虽十族之乡，百家之间，莫不有玄学以相师授，而况通都大邑哉！"元好问《修武清真观记》谓丘处机雪山之行后，"黄冠之人，十分天下之二，声焰隆盛，鼓动海岳"，其教发展势头如火如荼。高鸣《清虚宫重显子返真碑铭》说："夫全真教之兴，由正隆以来，仅百余载"，时当元世祖执政之初，"今东至海，南薄汉淮，西北历广莫，虽十庐之邑，必有香火一席之奉"，足见元初全真道流行之广，已是"大道汜兮，其可左右"了。

丘处机的思想基本上继承王重阳和马钰而来，又有进一步的发挥。他力主三教合一，有诗云："儒释道源三教祖，由来千圣古今同"（《磻溪集》卷1）。他仿效佛教"众生皆有佛性"之说，宣扬有情皆有道性，云："凡有七窍者，皆可成真"，"畜生饿鬼，皆堪成佛"（《长春祖师语录》）。他用超生说代替长生说，云："吾宗所以不言长生者，非不长生，超之也。"（《长春祖师语录》）而超生在于修性，故云："吾宗唯贵见性，水火配合其次也"，又说其丹功是"三分命术，七分性学"（《长春祖师语录》），其先性后命的主张十分鲜明。性功在于清心寡欲，"去声色。以清净为娱；屏滋味，以恬淡为美"（《玄风庆会录》），修道者应出家，断除一切尘缘，"一念无生即自由，心头无物即仙佛"。命功以意守下丹田为入手，引出肾中真炁，与心中木液相交，是为龙虎交媾，继而金液还丹，太阳炼形等。命功之上转入性功，直修到六根清净，方寸澄澈，便是真丹。丘处机是一位悲世悯人的高道，与王重阳立教之初不同，他传道的重心在济世真行。其弟子《尹清和语录》云："丹阳师父全行无为古道也。至长春师父，惟教人积功行，存无为而行有为，是执古是谓道纪，无施不可。师父尝云：'俺今日些小道气，非是无为静坐上得，是以大起尘劳作福上，圣贤付与；得道之人皆是功行到，圣贤自然与之。'"他看到大兵之后人民涂炭，令各地道徒立观度人，以救世为先务，使全真道成为灾民归依的社会组织，这种救世济民的实践是丘处机掌教下的全真道得到广泛赞誉和流行的根本原因。清乾隆皇帝为北京白云观丘祖殿题联云："万古长生不用餐霞求秘诀；一言止杀始知济世有奇功"，这是对丘处机一生最简练准确的评语。丘处机的主要著作有《大丹直指》、《摄生消息论》、《磻溪集》等。

丘处机之后，全真道历任掌教尹志平、李志常（又称李真常）、张志敬、王志坦、祁志诚、孙德彧等，皆得元室所赐真人号，多出任玄教大宗师，其贵盛远在太一教和真大道教之上。据《秋涧集·尹志平道行碑》，尹为掌教，"四方学者辐辏堂下，归依参叩，于于而来"，尹的指教是："修行之害，食睡色三欲为重，多食即多睡，睡多情欲所由生，人莫不知，少能行之者。必欲制之，先减睡欲，日就月将，则清明在躬，昏浊之气不生，向上达者，率自此出。人徒知从心为快，不悟制得此心，有无穷真乐也。"他从少睡入手寡欲澄心，亦有其特色。据王鹗《真常真人李志常道行碑》，李志常由学儒而入于道，在燕京掌教期间，见士大夫之流寓于燕京者，托名道籍，李加以招延，供饭于斋堂数十人，为士流所赞赏。李志常曾在即墨东山避寇，未及入窟室而为寇所获，虽捶楚惨毒而不告窟之所在，寇退，数百避难者环泣而谢，争为给养。据王鹿庵《诚明真人道行碑》，张志敬从小以李志常为师，学诗读书；及掌教，大畅玄旨，将原来全真道不资参学、不立文字的传统改变为讲论经典，涵泳义理，及其卒世，京师士大夫，远方道俗，奉香火致奠者填塞街巷，累月不已。据《元史·释老传》，丘处机之四传祁志诚道誉甚著，丞相安童曾访他问政，志诚告以修身治世之要。安童辅佐元世祖以清静忠厚为主，乃受志诚之影响；既而罢相，泰然安处。

全真道兴于北方，在元朝传入江南，以武当山为活动中心。以前张伯端一系内丹派后学，此时纷纷合流于全真道门下，而成为全真南宗。其中著名学者有李道纯、李月溪、金志扬、牧常晃、李钰、赵友钦、陈致虚等，诸人中又以李道纯最著名。李道纯是杰出的内丹大家，著有《全真集玄秘要》、《中和集》等。

李道纯力主三教归一，其《中和集》说："禅宗、理学与全真，教立三门接后人"，"会得万殊归一致，熙台内外总登春"，其《三天易髓》明言："引儒释之理证道，使学者知三教本一。"他认为儒家的太极、佛教的圆觉、道教的金丹，是名三而实一，修道皆尚静定。他炼养内丹之要："以太虚为鼎，太极为炉，清净为丹基，无为为丹田，性命为铅汞，定慧为水火，窒欲惩忿为水火交，性情合一为金木并，洗心涤虑为沐浴，存诚定意为固济，戒定慧为三要。"（《中和集》）足知其内丹学确是将儒、佛、道熔为一炉，充分表现出全真道的旨要。

在编撰全真道史方面，李道谦贡献最大，他撰《祖庭内传》、《七真年谱》、《甘水仙源录》，收集大量宫观碑刻及传赞，为研究全真历史提供了可靠而又系统的资料。李道谦，汴梁人，生于金，长于元，博学多识，初为提点重阳宫事，至元二年（1265）升京兆道门提点。十四年，提点陕西五路西蜀四川道教，兼领重阳万寿宫事，卒时送葬者数万人。在道经之刊行方面，宋披云出力甚多。宋为丘处机弟子，莱州掖城人，曾随长春西行雪山，长春以藏经大事付托之。长春谢世后，他令弟子秦志安（通真子）于平阳玄都观总掌藏经编辑之事，并亲自参与，广罗遗籍，历数万里，不遗余力，终于完成重刊《道藏》的浩大工程，凡7800余卷，名《玄都宝藏》。全真道初重炼养，本不尚读经，其说皆独出心裁，不拘门户渊源，但数代之后，方觉无征不信，欲整理教统，使自身具有来龙去脉，而能为教内外所重。于是有北五祖之说、北七真之说、南五祖之说，于是有《道藏》的重刊，以明全真道起自老子，乃道教之正宗，且用以教诲后之道徒，使道教统绪不至于衰堕。

元朝有焚道经之举。佛道在历史上常有摩擦，在元朝虽皆受尊崇，而以佛教尤其密宗最受宠信。道教徒宣扬老子化胡，以示道在佛先；又道家常侵占已荒芜之佛寺，引起利益上的矛盾。佛教更受朝廷器重，故佛道之争，常以佛胜道败为结局。元宪宗八年（1258），全真由张志敬掌教，佛教以福格为首，佛徒指摘全真道徒伪造《老子八十一化图》，僧道各集 17 人辩论，结果道士失败，宪宗勒令道士落发，恢复侵寺 200 余所，将《老子化胡》等所谓伪经及雕版尽行焚毁。元世祖至元十七年（1280），诏谕祁志诚焚毁《道藏》伪妄经文及版。至元十八年，听说保定、真定、太原、平阳、河中府、关西等处道藏经版尚存，命僧录司教禅诸僧及文臣诣长春宫，偕正一天师张宗演、全真掌教祁志诚、大道掌教李德和等考证真伪。接着百官集悯忠寺，尽焚《道藏》伪经杂书，惟《道德经》系老子亲著，予以保留。又于至元二十一年诏相哥谕翰林院撰《焚毁伪道藏经碑》，记两次焚经始末，颁布诸路刻石。两次焚经虽使道教受到打击，但全真道及其首领仍继续得到朝廷扶植利用，事态没有扩大。

全真极盛之后，渐渐改变初期清净俭朴、苦修厉行之教风，而以华贵为荣。道观极其壮丽，道首奢侈腐化，结纳权贵，与世俗之浊风卑行同流合污。王鹿菴《真常观记》说，今掌玄教者"居京师，住持皇家香火，徒众千百，崇墉华栋，连亘街衢，通显士大夫，洎豪家富室，庆吊问遗，水流而不尽"，道宫成了热闹的社交之地。虞道园《紫虚观记》亦云："今为道家之教者，为宫殿楼观门垣，各务极其宏丽"，"大抵侈国家宗尚赐予之盛，及其土木营缮之劳而已"。全真道后期外荣而内衰，其掌教人张志仙、孙德彧、蓝道元、孙履道、苗道一等，皆无盛德伟业，且有如蓝道元以罪被黜。泰定三年（1326），张珪奏云："比年僧道往往畜妻子，无异常人，如蔡道泰、斑讲主之徒，伤人逞欲，坏教干刑者，何可胜数"，则其时佛教道教有权势之徒已腐化成风了。元末，太一教与真大道教渐趋湮灭，全真道虽然继续延流，而教誉已大为跌落。

二 江南正一道

江南正一道汇合与统领诸符箓派道教而成为与北方全真道相对峙的另一大教团，在元朝亦呈繁荣活跃景象。南宋原有的茅山、灵宝、清微、神霄、天心、东华等派继续流衍于江南，而由正一天师总掌江南道教。蒙古贵族南下中原，西征诸国，既重视利用全真道，亦相当倚重正一道。早在灭宋之先，元世祖忽必烈就派人入江西龙虎山，访第三十五代天师张可大。

至元十三年（1276）世祖召第三十六代天师张宗演，提到张可大曾预言"后二十年，天下当混一"，已经应验，赐宗演冠服、银印，命他主领江南道教。后至元十八年、二十五年他两度入觐。世祖取天师世传玉印、宝剑观看，对近臣说："朝代更易已不知其几，而天师剑印传子若孙尚至今日，其果有神明之相矣乎！"嗟叹久之。第三十七代天师张与棣，袭掌江南道教。元贞元年（1295），其弟张与材嗣为第三十八代天师，袭掌道教。成宗大德五年（1301）召见与材于上都幄殿，八年授正一教主，主领三山符箓。武宗时特授其金紫光禄大夫，封留国公，赐金印。仁宗即位后特赐宝冠、组织文金之服。延祐三年（1316），与材卒，其子张嗣成嗣为第三十九代天师，袭领江南道教，主领三山符箓。

在张天师嫡传之外，张留孙与吴全节师徒是元廷最宠信的高道，其荣耀有甚于天师者。张留孙字师汉，信州贵溪人，少时入龙虎山为道士。至元十三年，从天师张宗演入朝，谈话合世祖心意，遂留在宫中。曾祷止暴风雨，又曾去日月山，为皇后祷治病疾，并替皇后解梦称意，帝后大悦，命留孙为天师，固辞，乃号为上卿。命尚方铸宝剑以赐，为之建崇真宫于两京，由留孙专掌祠事。至元十五年，授玄教宗师，赐银印。留孙曾与世祖讲论治国之道，申述黄老治道贵清净，圣人在宥天下之旨，深契世祖之心。世祖欲任完泽为相，命留孙卜筮，留孙以《易》而占，决为吉事。大德中，加号玄教大宗师，同知集贤院道教事，且追封其三代皆魏国公，官阶品俱第一。武宗即位，封大真人，知集贤院，位大学士之上，又加特进。留孙为帝讲《老子》，推明谦让之道。仁宗即位，常诵留孙之言，并告诉近臣，累朝故旧大德，仅剩张上卿一人，进封开府仪同三司，加号辅成赞化保运玄教大宗师，刻玉为玄教大宗师印以赐。死后追赠道祖神德真君。

张留孙门下高徒颇多，而以吴全节最著名。全节字成季，饶州安仁人。13岁学道于龙虎山。至元二十四年从张留孙至京师见世祖。元成宗召见全节，要他每岁侍从行幸。大德十一年，授玄教嗣师，赐银印，视二品。至大元年赐七宝金冠、织金文之服，又封其父祖故里。至治二年（1322），授特进、上卿、玄教大宗师、崇文弘道玄德真人，总摄江淮荆襄等处道教、知集贤院道教事，赐玉印银印。吴全节好结交士大夫，亲推贤才，又能振穷周急，曾为成宗推荐洛阳太守卢挚，谓其平易无为，而民以安靖，于是得拜集贤学士，又曾保护翰林学士阎复，不受陷害，当时人认为朝廷得敬大臣体，而不以口语伤贤者，全节是出过力的。张留孙、吴全节虽擅长符箓占卜，但不像林灵素辈一味迎合帝意以攫取富贵，而能讲论学问，提出积极有益的建议，在当时知识界和朝臣中有较高威望，属于高层次的道士。张留孙为代表的道教派别是龙虎宗的一个支派，形成一个颇具实力的教团，其第二任掌教是吴全节，第三任为夏文泳，第四任为张德隆，第五任为于某，已处于元末。该教派思想上推崇儒学，力行忠孝，在宗教内容上杂学各派，表现了元朝江南道教既教派林立又杂糅合流的时代特色。

茅山派以江苏三茅山为中心，其著名道士杜道坚（1237—1318）一生经历宋、元两朝，皆受器重。见元世祖，奉玺书提点道教，住持杭州宗阳宫。大德中授杭州路道录、教门高士真人。皇庆中授隆道冲真崇正真人，兼掌湖州报德观、通玄观，撰《玄经原旨》等，深通玄理。另一位道士张雨，以文章诗词名世，撰有《玄品录》等。茅山第四十五代宗师刘大彬撰《茅山志》33卷，收集茅山历代文史资料甚为丰富，是道教史志名著。灵宝派以江西阁皂山为中心，其支派东华派以温州为传教中心。神霄派至元朝，支派繁多，不可胜数，最著名道士为莫月鼎，以神霄雷法闻名于世，弟子甚众，元世祖曾予召见。清微派在黄舜申之后有张道贵、张守清等道士，修道于武当山，与全真道十分接近。

三　江南净明道

江南流行的净明道，是儒道结合的典型。净明道奉祀许逊，其信仰可以上溯到唐代以前。许逊是西晋时的道士，据说他得道于吴猛，提倡孝道，在豫章一带传道30余年，形成教团。其后统绪绵绵不绝。唐高宗时，道士胡惠超、张蕴、郭璞被认为净明道三师。北宋历朝皇帝皆尊崇净明道。宋真宗将南昌西山游帷观升格为玉隆宫，宋徽宗加赐为玉隆万寿宫，禁止樵采，免其租赋，又封许逊为神功妙济真君。宋室南渡之年，有道士周真公在许逊信仰最浓的江西南昌一带，宣传净明教义，称许逊等六真降神于渝水，出示净明灵宝秘法，化民以忠孝廉谨慎之教，后许逊高明大师又降临玉隆万寿宫，授飞仙度人经、净明忠孝大法，"真公得之，建翼真坛，传度弟子五百余人"（《净明忠孝全书》卷1）。周真公之后传承不明，似即中绝。元初有南昌西山隐居儒士刘玉（1257—1310），自称25岁时遇西山道士胡惠超，胡告知"净明大教将兴，当出八百弟子，汝为之师"（《西山隐士玉真刘先生传》），于是刘玉立腾胜道院，以善道劝化。据说刘玉于元成宗元贞二年（1296）得许逊降授《玉真灵宝坛记》，次年又得净明监度师郭璞降授《玉真立坛疏》，得净明法师胡惠超降授道法和三五飞步正一斩邪之旨。又自称得许真君再授《中黄大道》、《八极真诠》，并委刘玉为八百弟子之首。这样，十几年间，道书初备，弟子拱尊，遂正式开出净明道宗，以许逊为第一代祖师，刘玉为第二代，名义上不承认与周真公的传承关系，而事实上是有承前启后关系的。可以说，刘玉是净明道的正式创始人，首次采用净明道作为教派名称。黄元吉（1271—1325）为旌阳（许逊曾为旌阳县令，故又称许旌阳）三传，徐异（1291—1350）为旌阳四传，赵宜真为旌阳五传，刘渊然为旌阳六传，其时已入明初。刘渊然以下传谱不明。据《净明忠孝全书正讹》，有明太祖十五子朱权，学习净明道法，被明成祖封为涵虚真人，俗称朱真人。又有张真人，系河南杞县人，入南昌西山修净明道，羽化于清顺治十八年（1661）。又据《逍遥山万寿宫去》卷13《人物志》，全真道龙门派丘处机第八世法嗣徐守诚于顺治九年入南昌西山研修净明道，见宫观荒废，致力于修复。徐守诚于康熙三十一年（1692）卒，可知从17世纪末起，净明道法统由全真道接续，徐之后由其弟子谭太智、张太玄、熊太岸等维持，以后衰微无闻。

"净明忠孝"四字是该教的宗旨。刘玉解释说："何谓净？不染物；何谓明？不触物；不染不触，忠孝自得。"又说："净明只是正心诚意，忠孝只是扶植纲常"，"本心以净明为要，行制贵在忠孝"（以上《玉真刘先生语录》）。"净明"二字本取于佛教心性本净本明、一尘不染之义，用以规定修道者应达到的内心境界。净明家认为人心本来是纯净透明的，但为后天物欲私情所蔽而不净不明，故刘玉说："人之一性本自光明，上与天通，但苦多生来渐染熏习，纵愤恣欲，曲昧道理，便不得为人之道"（《净明忠孝全书》卷2）。修净明之道，就是教人清心寡欲，正心诚意，不为利欲所动，无贪嗔，无偏狭，不怨怒，做到广大清明。在修心的同时还要践行，即要尽忠尽孝，不仅要忠君孝亲，而且要把忠孝的行为加以扩充。刘玉说："大忠者一物不欺，大孝者一体皆爱"（《净明忠孝全书》卷3）。刘玉全力维护宗法制度，毫不掩饰地说："忠孝只是扶植纲常"，但世儒把这当成陈词加以忽略，净明道"却务真践实履"（《全书》卷2）。净明道功过格中有"救众"的教法，救助饥渴、寒冻之民，埋葬无主之骨、无土之尸，周济行旅，修桥补路，济生利民，远近闻知，仰向从游者众。由于它强调忠孝践履和行善积德，既得到元朝贵族与学界的赞许、支持，同时也能得到下层民众的广泛崇敬，一时产生颇大的影响。旌阳三传道师黄元吉于元英宗至治三年（1323）赴京师讲学，公卿士大夫多礼敬之，莫不叹异，朝廷赐之玺书，张留孙留住崇真万寿宫。四传道师徐昇亦游京师大行祈禳，朝廷赐号净明配道格神昭效法师。六传刘渊然于洪武二十六年（1393）得明太祖"高道"之赐号，在永乐年间担任了中央道录司的职务。净明道还受到明代王阳明心学学者王龙溪、罗汝芳等人的赞誉。

但是净明道毕竟还是道教，也要讲修道成仙。不过它鄙薄传统的内丹外丹、辟谷吐纳等道术，认为净明忠孝的修养和实践乃上乘内丹之道。《净明大道说》云："要不在参禅问道，入山炼形，贵在乎忠孝立本，方寸净明。四美俱备，神渐通灵，不用修炼，自然道成。"刘玉说："惩忿则心火下降，窒欲则肾水上升，明理不昧则元神日壮，福德日增，水上火下，精神既济，中有真土为之主宰，只此便是正心修身之学，真忠至孝之道"，修持既久，则"非必长生而长生之性存，死而不昧，列于仙班，谓之长生"（《全书》卷2）。净明道追求的长生，不是肉体永存，而是德性不亏，与儒家的圣贤极为接近。净明道亦讲用符箓祈禳，但主张行符法应以内修为本，以至诚感动天地，消得心中魑魅魍魉，便可使外邪自然息灭。净明道把儒家伦理直接具体化为宗教教义和戒律，用道教的宗教形式去包容儒家修身济世的人本内容，这是一次儒学宗教化的成功的尝试，是道教史上一次相当新颖独特的改革，但同时也是道教向儒家靠拢的表现，是以丧失道教自身传统特点为代价的。黄元吉、徐昇等编辑的《净明忠孝全书》6卷，为研究净明道教义的主要史料。

第六节　也里可温教、伊斯兰教、犹太教的振兴

一　也里可温教——基督教的第二次传入

景教在唐初传入中国，流行 200 余年，武宗灭佛后在中原湮没无闻，但在西域少数民族中还有信奉者。基督教的再一次传入则是随着元朝的兴起实现的，传入中国的基督教聂斯托利派和方济各会，元人统称为"十字教"，蒙古语为"也里可温"（Erkeun），意为"福分人"、"有缘人"、"奉福音之人"。《元史》中也曾见"阿勒可温"、"耶里可温"等异译。

元太祖成吉思汗统一蒙古诸部后，他和他的后继者又建立了一个横跨欧亚大陆的大帝国。蒙古铁骑的西征使欧洲各国君主十分惊慌，教皇英诺森四世（Znnocentius Ⅳ）派方济各会教士、意大利人柏郎嘉宾（Ciovanni de Piano Carpini）访问蒙古大汗驻地和林，劝蒙古人信仰天主教。定宗贵由虽厚待来使，却以"奉天承运"为由拒绝了教皇的要求。定宗的复书至今仍保存在梵蒂冈图书馆，是蒙古人与罗马教廷最早接触的记载。以后法王路易九世为准备第七次十字军东征，曾派法国教士罗伯鲁（Willian of Rubruck）携带礼物出访和林，想联络蒙古大军夹击耶路撒冷。宪宗蒙哥召见使者，拒绝了他们的要求。1255 年，威尼斯商人马可·波罗去君士坦丁堡经商，1260 年沿伏尔加河进入我国。世祖忽必烈召见了他。当时元朝正处于鼎盛时期，文化上比较开放。世祖请马可·波罗带信给罗马教皇，正式提出请教皇派通晓"七艺"（文法、论理、修辞、算学、几何、音乐、天文）的 100 名传教士来我国，以证明天主教比其他宗教优越。还要求取来耶稣墓前灯油作纪念。马可·波罗本人虽不是传教士，但他在中国与教廷之间起了穿针引线的作用。

1289 年，教皇尼古拉四世派意大利人、方济各会修士约翰·孟高维诺（John of Montecorvino，1247—1328）航海来华，受到朝廷礼遇，成宗铁穆耳待他极为恭敬，并准许他公开传教。孟高维诺是进入中国的第一位天主教传教士，1298 年在北京建立第一座教堂，1305 年建成第二座，1318 年又建成第三座。据说这些教堂修得巍峨壮观，"有高耸入云之钟塔，内悬钟三

具，每时一鸣，以唤信徒之祈祷"。他还招收150名7—8岁男童，成立神职班，教授拉丁文和希腊文，并将《新约》等宗教文献译成蒙古文和畏兀儿文。孟高维诺在华传教近30年，收信徒6000余人，连元世祖忽必烈的母亲别吉太后都成了他的信徒。1307年，教皇任命他为中国教区大主教，以后又相继派一批传教士入华协助他传教，但关山阻隔，多数人客死途中，到达中国者仅有亚诺尔德·各济尼（Arnold of Cologne）、哲拉德（Gerard）、裴莱格林（Peregrine of Castello）、安德鲁（Andrew of Perigia）。由于这些传教士的努力，至1328年，信徒已达3万，流传于大江南北，尤以江南沿海一带为盛，杭州、镇江、泉州皆建有教堂。至顺年间，镇江有十字寺7所。明万历、崇祯年间，在泉州发现3个十字架，系元代遗物。

元朝对各教均设官府专司其事务，对基督教，世祖于至元二十六年（1289）设"崇福司，掌领马儿哈昔列班也里可温十字寺祭享等事"（《元史·百官志五》）。"马儿哈昔"即"主耶稣"（Mar Jesua），"列班"是蒙语对神职人员的称呼。延祐二年（1315）改司为院，"省并天下也里可温掌教司七十二所，悉以其事归之"（同上）。七年，复为司。蒙古统治者对基督教采取宽容态度，不仅准许传教，且发给薪俸。孟高维诺自述："余继续在此居住，依皇帝所赐俸金为生。"元朝也里可温教曾与佛、道教发生冲突。《元典章》卷33载，浙江温州地区也里可温教招收民户充本教户计、侵夺领管之权，在祝圣祈祷时要班立于先生（道士）之上，并将法箓先生殴打。于是礼部明文规定："随朝庆贺班次，和尚、先生祝赞之后，方至也里可温等"，并禁止擅自招收户计。可见也里可温教地位在佛、道以下。

元朝末年，老一代入华传教士相继去世，教廷又派若望·马里诺利（Giovanni de Marignolli）来到中国。马里诺利到中国后，受到了元顺帝的接待，但他看到元廷政治腐败，民族矛盾尖锐，出现了社会大动荡的前兆。他不顾元顺帝的挽留，三年后便回国向教皇述职去了。以后罗马教廷虽多次向中国遣使，但无一人到达。其间，也有中国基督徒前往欧洲，如畏兀儿族人拉本扫马（1225—1294）和马克（1245—1317），在世祖至元十五年自山西霍山出发，西至巴格达。马克被基督教大总管登哈委为中国教区总主教，扫马任总视察。马克不久便接任大总管之职，扫马被伊儿汗国派任为欧洲大使，二人皆卒于西亚。

传教士在中国惨淡经营近百年的事业，随着元帝国的覆亡而中辍。基督教第二次在中国消失的原因是多样的。从内部来看，也里可温教随着蒙古铁骑一起进入中原，信徒多为蒙古人和西域人。在蒙古贵族推行的民族歧视政策面前，广大汉族人民对他们带来的宗教也存在着怀疑、冷漠、敌视的情绪，也里可温教始终没有超出贵族的圈子，没有在广大人民中间扎下根。从外部看，蒙古帝国统治欧亚大陆时期，从欧洲陆路来华十分方便，沿途都有蒙古驿站，五六个月即可到达。蒙古帝国崩溃后，中亚为信奉伊斯兰教的民族占领，切断了中、西陆路交通，明朝又实行海禁。也里可温教便在内无适宜土壤、外无源头活水的情况下迅速枯竭了，仅仅在新疆、内蒙古、北京、泉州等处留下了许多刻有十字的石碑，记载着传教士传教的热诚和艰辛。

二 伊斯兰教的盛行

元朝是中国伊斯兰教相当盛行的时期，穆斯林的人口急剧增加，穆斯林的社会地位大为提高，穆斯林在社会政治和文化生活中做出了前所未有的成绩。成吉思汗及其孙西征西亚与东欧，建立了横跨欧、亚的蒙古大帝国，由此中西交通空前畅达；西亚伊斯兰教国家残破，穆斯林大批归降或被俘，随蒙古军而东来，参加征服和统一中国的战争，称之为"西域亲军"，其中有阿拉伯人、波斯人和中亚各族人，多是炮手、水军、工匠。忽必烈建立元朝并统一中国以后，这些人在全国各地屯驻，与当地汉族、畏兀儿族、蒙古族居民通婚，代代繁衍，逐渐形成了一个新的民族——回族。与此同时，陆上的"丝绸之路"畅通无阻，海上的"香料之路"也十分繁荣，西域之穆斯林商人、学者、传教士、达官贵人、旅行者等，纷至沓来，这些人中许多人定居中国，与当地人通婚，形成回族的另一个重要来源。

元朝穆斯林的状况与唐宋不同。第一，他们多数不再自视为外国侨民，大都以中国为家，娶妻生子，置产立业，变成了中国人，如周密《癸辛杂识续集》所云："今回回皆以中原为家，江南尤多。"第二，他们的分布不再局限于东南沿海的通商口岸，而遍布全国各地，渐渐形成"大分散，小集中"的居住特点，故《明史·西域传》说："元时回回遍天下。"但其主要分布在东南沿海、大都及西北、西南一带。第三，他们的社会地位较高。元朝将中国人分为四等：蒙古人、色目人、汉人（北方人）、南人（江南宋遗民）。色目人绝大多数是穆斯林，其政治与社会地位仅次于蒙古贵族。色目人在帮助元朝统一中国的事业中有汗马功劳，故备受蒙古贵族优遇。元世祖建立元朝以后历任宰相，非蒙古人者有16人，其中色目人占12人。元成宗时规定，各道廉访使，必择蒙古人为使，或缺则以色目世臣子孙为之。自延祐开科举以后，每次色目人登进士第者，少者十余人，多者数十人。这种情况非常有利于伊斯兰教的活动和传播。

元代将伊斯兰教徒称为"木速蛮"，即穆斯林的古译。又称"答失蛮"，即大食人的异译，亦指伊斯兰教徒，世俗又往往称为"回回"。其教名或称真教、清教，或称回教。中央设立"哈的"，即回教法官，掌教内律法的执行，并负责为国祈福，该制曾几置几罢，反映了国家与教会在执法上的权力之争，也说明伊斯兰教的势力已相当强大，政府不敢小觑。中统四年（1263），敕也里可温、答失蛮、僧、道，租田入租，贸易输税。至元元年（1264），命儒、释、道、也里可温、答失蛮等户，旧免租税，今并征之。至大二年（1309），宣政院奏免僧、道、也里可温、答失蛮租税。其时伊斯兰教已由沿海外国小教发展成为由政府正式承认的中国合法大教，可与佛教、道教、儒教及基督教并列，足证其规模和影响的巨大程度。《马可·波罗游记》说，大都及今西北、云南、山西各地均有回回教徒。《伊本·巴图塔游记》说，元代"中国各城市都有专供回回教徒居住的地区，有供举行礼拜用的大寺"。《西湖游览志》说："元时内附者，又往往编管江、浙、闽、广之间，而杭州尤伙。号色目种，隆准深眸，不啖豕肉，婚姻丧葬，不与中国通。诵经持斋，归于清真。"洪钧《元史译文证补》说："有元一代，释氏称极盛，而西北三藩，则又渐染土俗，祇奉谟罕默德，与天子异趣。其时重致远人，一切色目，咸与登进。"镇守唐兀地区（今宁夏一带）的阿难答，所部15万人，除色目人外包括不少蒙古人和汉人，大半皈依伊斯兰教，由此可推知全国穆斯林人口之众多。清真寺之著名者，有泉州清净寺、广州怀圣寺、杭州真教寺，昆明礼拜寺2所、哈剌和林礼拜寺2所，大都进行了修葺或重建。寺内设有教长主持寺院，又有传呼礼拜者，执掌教务者。忽必烈曾有迫害穆斯林教徒之举，但未成国策，蒙古贵族从总体上还是保护伊斯兰教的。《史集》曾载忽必烈闻知《可兰经》有"凡崇拜数神者杀之"的话，召都城回教博士而问之，对曰有之，忽必烈又问既上帝命汝曹杀异教之人，何以汝曹不从其命？对曰时未至，吾曹尚未能为之。忽必烈大怒，说：然则我能杀汝也，遂命立将其人处死。这说明《可兰经》中原有的不宽容观念尚未来得及由中国教徒加以改变和重新解释，不符合崇尚佛教兼信诸教的忽必烈的心意，故引起冲突。该书又记忽必烈禁用断喉法杀羊，须按蒙古旧俗破腹杀之，此与回教习俗不合，有犯禁之回教徒受罚。在多数情况下，穆斯林颇受政府尊重。中央一级设回回国子监学，奖励伊斯兰学问。又设回回司天监，掌观象衍历。著名天文历算家札马鲁丁任职司天台，造浑天仪，又撰万年历，世祖曾加以颁行。此外又设太医院广惠司，掌修制御用回回药物及和剂，治疗诸宿卫士及在京孤寒者。还设回回炮手军匠上万户府，负责造炮，管理造炮工匠。

元代的穆斯林对中国的政治、经济、军事、文化做出了重大的贡献，涌现出一大批第一流的优秀人才。在政治方面，有许多穆斯林功臣显宦。如泉州人蒲寿庚，助元灭亡南宋有功，官至左丞，子皆高官。扎八儿，助成吉思汗破金中都，封凉国公。赛典赤赡思丁，曾率千骑从成吉思汗西征，太宗宪宗之世拔为高官，颇有惠政。世祖之世，拜中书平章政事、陕西五路西蜀四川行中书省、云南中书行省平章政事，为中央所倚重。世祖曾忧云南委任失宜，远人不安，亲自委任赛典赤前往抚治。赛典赤至云南，内和当地蒙古贵族，外和交趾、萝槃甸，皆以诚感之。云南习俗落后，文化荒漠，"赛典赤教之拜跪之节。婚姻行媒，死者为之棺椁奠祭，教民播种，为陂池以备水旱，创建孔子庙，明伦堂，购经史，授学田，由是文风稍兴"（《元史·赛典赤赡思丁传》），对于开发云南、推广中原文明做出了贡献。赛典赤居云南6年，卒时百姓巷哭，交趾王派使者12人送葬，其祭文有"生我育我，慈父慈母"之语，使者号泣震野，足见其德政感人之深且远。在经济方面，穆斯林亦有举足轻重的地位，特别是在中西商业交往中，穆斯林发挥着重要作用，俗称"富贵回回"，以其多为富商也。如泉州巨贾佛莲，乃穆斯林教徒，蒲氏之婿，其家极富，凡发海舶80艘，死后家产仅珍珠便130石。在文化方面，出现一批著名的学者、艺术家、专门人才。大学者瞻思，学通五经，尤深于《易》学，旁及天文、地理、钟律、算数、水利及外国之书，著述甚富。大诗人丁鹤年，通《诗》、《书》、《礼》三经，擅长诗文，对算数、导引、方药亦有研究。诗人萨都剌博学能文，文学创作以诗歌为主，内容有歌颂山川之美者，有揭露社会不平者，有表达励精图治愿望者。其山水诗最见功力。此外还有大画家高克恭（其画与赵孟頫齐名），作曲家马九皋，建筑家也黑迭儿、马合马沙父子等。上述情况表明，回族在形成之初，即具有高度的中原文化素质，同时保留了西域文化的某些特点，特别是保持了伊斯兰教的信仰和习俗，在他们身上体现着中西文化的融合。

在新疆地区，蒙古进入以前，南疆大部分地区已经伊斯兰教化，该教逐渐推向北疆。唯东部以吐鲁番、库车为中心是佛教传统。成吉思汗的宗教政策是尊重各种宗教，不得有所偏爱，对于伊斯兰教更是十分重视，因为向西扩张主要是进入伊斯兰教地区。他虽然屠戮中亚敢于反抗的穆斯林，但并不仇恨伊斯兰教，反而着力于笼络伊斯兰教上层人士。其时乃蛮部屈出律占据原西辽地区，屈出律原信景教，后改信佛教，对伊斯兰教大肆迫害，引起新疆广大穆斯林的强烈不满，而成吉思汗进军新疆却打着信教自由和保护伊斯兰教的旗号，故受到新疆穆斯林的欢迎，"当时民心瓦解，惟望蒙古兵速至"（《新元史·乃蛮传》）。当地伊斯兰教徒配合蒙古兵打击屈出律，因而蒙古军队进入新疆十分顺利，南疆诸城望风归附，蒙古遂占有新疆。窝阔台汗继承成吉思汗的宗教政策，礼遇和保护新疆的穆斯林。成吉思汗次子察合台受封于从畏兀儿（维吾尔）之边到撒马尔罕和不花剌的广大伊斯兰地区，他坚决维护和推行蒙古习惯法，因而对于伊斯兰教有所侵害。贵由汗倾向于基督教。蒙哥汗继位后，恢复了成吉思汗兼容各种宗教的政策，受到新疆穆斯林的敬重。忽必烈时代，蒙古人在信仰上发生分裂，忽必烈信奉了佛教，但仍然保护其他宗教。他曾说："我对四大先知（耶稣、穆罕默德、摩西、释迦牟尼）都表示敬礼，恳求他们中间真正在天上的一个尊者给我帮助。"（《马可·波罗游记》）这样，在元朝，新疆的三大宗教——伊斯兰教、基督教、佛教都得到一定程度的发展，同时各教之间互相来往、互相渗透，气氛比较平和宽松。当时伊斯兰教处于上升时期，佛教在新疆正走下坡路，所以自由传教的结果，伊斯兰教得到最快的发展。在察合台后王统治时期，出现了以圣战推行伊斯兰教的情况，强迫异教徒信伊斯兰，直接冲击到吐鲁番地区。到 16 世纪新疆全境除了北部瓦剌蒙古信奉喇嘛教外，全部改信了伊斯兰教。进入新疆的蒙古人逐渐吸收伊斯兰文化，从游牧改为定居，发展农业、手工业和商业，逐渐融合于畏兀儿民族之中，蒙古后裔建立的察合台汗国也渐渐消失。

三 犹太教士的增加

元代由于蒙古西征和中西方交通的开拓，又有大批犹太人来华。除开封以外，还分布于大都、西北、东南沿海等地区。犹太教也因犹太人的增多而有所发展，从皇帝诏书中可以看出，它常能与佛、道、基督、回等教相并列，被视为一大宗教。当时称犹太教为"术忽"、"主吾"，或"珠赫"、"主鹘"。据《元史·文宗本纪》，天历二年（1329），诏"僧、道、也里可温、术忽、答失蛮为商者，仍旧制纳税"。又《顺帝本纪》，至元六年（1340），"监察御史世图尔言，宜禁答失蛮、回回、主吾人叔伯为婚姻"；至正十四年（1354），"募宁夏善射者及各处回回、术忽殷富者赴京师从军"。犹太人极善经商，故多富有，元廷视其为财政重要来源，依制收其税款。马可·波罗等在游记中提到和林、大都等处有犹太人，《伊本·巴图塔游记》提到杭州第二城区住有犹太人。有犹太人定居便有教堂的修建。明弘治二年（1489）开封的《重建清真寺记》碑文云，清真古寺（犹太教堂）始建于宋，元至元十六年（1279）己卯，五思达重建古刹清真寺，坐落土市字街东南，四至三十五丈。时人常将穆斯林与犹太人混杂，也把犹太教堂称作清真寺。

第七节 白莲教的崛起与元末社会变革

民间宗教古已有之，如汉末五斗米道、太平道是民间道教，北魏大乘教是民间佛教，宋代明教是民间摩尼教。但中国民间宗教形成较大规模、呈现活跃态势是从宋、元白莲教开始的。白莲教及其他民间宗教的兴起，可以看成是儒、佛、道三教合流思潮向社会下层扩散，与民间信仰相结合的产物；也是社会上下矛盾加剧，宗法等级制度控制力下降，民众自信自保和反抗性增强的表现。

白莲教的早期形态是佛教白莲宗，它是源于净土宗的一个民间教派。宋代净土念佛结社盛行，多称白莲社或莲社，参加者既有僧侣，又有在家信徒，初具民间结社形式。白莲宗的创始人是南宋绍兴（1131—1162）间吴郡昆山僧人茅子元。白莲宗崇奉阿弥陀佛，要求信徒念佛并持五戒，以期往生西方净土。茅子元采用天台宗教理，绘制《圆融四土三观选佛图》，以佛像、图形和比喻解说佛土的高低，使普通民众易于理解；又制作《白莲晨朝忏仪》，简化并统一以前的念佛修忏仪式，便于在民间推行。在组织上，他改变过去净土结社的松弛状态，建立起师徒相授、宗门相属的紧密的教团组织，规定徒众以"普觉妙道"四字命名。他在淀山湖建白莲忏堂，自称导师，坐受众拜。白莲宗同当时的白云宗及民间摩尼教一起，因其自行结社聚众的活动方式遭到朝廷的敌视和禁断，同被视为"事魔邪党"，茅子元被流放到江州。但由于白莲宗教义浅显、修行简便，颇合下层民众的心理需要，故得以传播，甚至流传到蒙古人统治的北方。

元朝统一中国后，承认和支持白莲宗的活动，使它进入了一个兴盛时期，形成以庐山东林寺和淀山湖白莲堂为两大中心的广大活动范围。白莲宗内有家室的职业教徒称为白莲道人，不剃发，不穿僧衣，数十人或上百至千人相聚结为庵堂，供奉阿弥陀佛、观音、大势至佛像，做一些祈福消灾、行善济世的事情。这样的堂庵其规模堪与佛寺道观相比，当时遍布南北各地。堂庵还拥有田地资产，由主持者父子相继，成为堂庵首领的家产。后来白莲宗与弥勒信仰相结合，演变成白莲教，带有更多的反叛精神。弥勒在佛教里是一位未来佛，古代民间常借"弥勒出世"、"弥勒下凡"来组织民变队伍，隋、唐、宋三代皆有托弥勒而造反的事件发生。白莲教又吸收了摩尼教义，崇尚光明，相信光明定能战胜黑暗，弥勒下生可以解救世人。白莲教由此逐渐成为下层人民反抗元廷统治的旗帜，集众生事，间有武装反抗的行为，故至大元年（1308），朝廷下令禁止。仁宗时曾恢复白莲教合法地位，而英宗即位后复禁断白莲教。顺帝时期，政治腐败，民族与阶级矛盾趋于激化，广大汉人起来反元，自然而然地把白莲教当成起义的旗帜和组织形式。

至元四年（1338），白莲教僧人彭莹玉及其徒周子旺，在袁州（今江西宜春）发动起义。至正十一年（1351），颍州白莲教武装红巾军发动起义，开启了元末大规模的农民战争。起义领导者是白莲教首领韩山童、杜遵道、刘福通、罗文素、盛文郁、王显忠、韩咬儿等人为之辅佐，形成一个英勇善战、足智多谋的领导集团。起义前先造谶语，预设独眼石人埋入黄河要道，民夫开河道掘出石人，远近轰动，传言："莫道石人一只眼，此物一出天下反"，以此动员民众参加反元斗争。刘福通等人又倡言韩山童是天国降世的明王，是宋徽宗八世孙，当为中国主。起义者头缠红巾做标志，并高举赤旗，故被称为红巾军或红军或香军（烧香拜弥勒）。由于消息泄露，韩山童被捕处死，刘福通迅即起事，各地白莲教会众及受苦农民相继起兵响应，形成汹涌潮流。而后有蕲州徐寿辉、彭莹玉起义，李二、王权、孟海马、郭子兴起义。年轻的朱元璋投奔郭子兴，参加了红巾军的队伍。至正十五年，刘福通迎立韩林儿，称"小明王"，立国号为"宋"。张士诚在高邮建立反元的大周政权，方国珍据东南海上，陈友谅占有江西、湖广。后来郭子兴死，朱元璋代领其众，深知白莲教之得人心，仍奉"小明王"的年号。他率领起义军东征西讨，推翻了元朝政权，并吞了割据的群雄，沉韩林儿于瓜洲江中，于1368年正式称帝，立国号为"明"，此"明"字既表示自己是出世的"明王"，又表示与明教崇尚光明有直接关系。应该说，白莲教及其武装红巾军在摧毁腐朽的元朝、建立新生的明朝的事业中，起了决定性的作用，他们的口号和行动符合当时社会除旧革新的趋向，符合广大被压迫民众的要求，所以得到全国的支持，终于取得胜利。这一重大的社会变动，显示了以白莲教为主的民间宗教所蕴藏的巨大威力和反抗压迫的性格。

第八章 明代多元融合与民间化过程中的宗教

明王朝在政治上是高度的专制主义，在文化上却形成多元交错的局面。随着朝廷实际控制能力的下降，民间俗文化得到空前发展。表现在宗教上，多种宗教同时并存和彼此高度融合，民间宗教空前活跃。宗法性传统宗教在典制上达到高度完备的程度。儒、释、道三教之间的交融深入到理论的层次。汉地佛教，特别是禅宗，强调在入世中出世，内部融汇各派，外部靠拢儒学。理学和心学也积极吸收佛学的思维成果，提升到很高的理论水平。藏地佛教经过宗喀巴的改革，面目一新，他建立的格鲁派（黄教），迅速超过其他教派而成为主流。道教的全真派衰微，正一派受朝廷重视而兴盛，道教理论皆以三教归一为时代特色。基督教再次传入，利玛窦以迁就儒学的方式取得传教初步成果。伊斯兰教受到保护而有平稳的发展，并开始汉文译述。民间宗教进入它的最活跃最发达的时期，它们多脱胎于佛、道教，有的源于儒学，其中白莲教与罗祖教是两大主干，衍生出众多教门，成为民众自救的组织和武装反抗压迫的旗帜。被统治者目为"邪教"、"异端"，在封建社会后期的宗教史上占有重要地位。

第一节 宗法宗教祀典的后期发展与完备

明代与清代，是传统的宗法性民族宗教发展的完全成熟期，也是它走向终结的时期，它与中国宗法等级社会、中央集权制、宗法制的成熟、衰亡相同步。它的完全成熟和周备是在明代完成的。明代修订宗法宗教祀典同它对整个礼乐典制的因革充实连在一起，计其大者有 3 次。首次是明代初期朱元璋在位之时，明太祖统一天下后不久即开设礼、乐二局，广征耆儒，分项研讨。洪武元年（1368），命中书省及翰林院、太常司，定拟祀典，于是总结以往祀典的历史沿革，酌定郊社宗庙之制，礼官与儒臣又编集郊庙山川仪注和古帝王祭祀感格可垂鉴者，名曰《存心录》。洪武二年，诏儒臣修礼书，翌年告成，是为《大明集礼》。明太祖又屡次敕命礼臣编修礼书，并于在位30余年中，亲撰礼制礼法之书数十种。与前代相比，一个重要的变化是，将天皇、太乙、六天、五帝之类，尽行革除，并将历代加封诸神之尊号，一概免去，恢复其本来称呼。又诏定国恤，父母之丧并服斩衰，长子之丧降为期年，正服旁服以递而杀。史称"斟酌古今，盖得其中"。二次是在永乐年间，京城从南京迁到北京，大规模兴建皇宫紫禁城，接着兴建太庙与社稷坛，又高规格地兴建了天坛、先农坛（时称山川坛）等宗教祭坛，其坛制规格大致仿洪武南京之定制，但在建筑质量与样式上则大有改进。永乐中又颁《文公家礼》于天下。三次是在世宗嘉靖年间，嘉靖皇帝热心于议大礼，以制礼作乐自任，其变更较大者有：分祀天地，复期日夕月于东西郊，罢二祖并配，以及祈谷大雩，享先蚕，祭圣师，易至圣先师号；其最甚者尊其父兴献王朱祐杬为皇帝，其神主以皇考身份进入太庙，引起朝廷持久的争论。孝宗朝所集之《大明会典》于此时数有增益，更臻于周备。

祭祀由太常寺负责，从属于礼部。明初以圜丘、方泽、宗庙、社稷、朝日、夕月、先农为大祀，太岁、星辰、风云雷雨、岳镇、海渎、山川、历代帝王、先师、旗纛、司中、司命、司民、司禄、寿星为中祀，诸神为小祀。后改先农、朝日、夕月为中祀。天子亲祀者有天地、宗庙、社稷、山川。国有大事，命官祭告。中祀小祀皆遣官致祭。帝王陵庙和孔子庙则特别派员致祭，以示尊崇。每年由国家举行的祀礼，大祀有13种：正月上辛祈谷、孟夏大雩、季秋大享、冬至圜丘皆祭昊天上帝，夏至方丘祭皇地祇，春分朝日于东郊，秋分夕月于西郊，四孟季冬享太庙，仲春仲秋上戊祭太社太稷。中祀有25种：仲春仲秋上戊之明日祭帝社帝稷，仲秋祭太岁、风云雷雨、四季月将及岳镇、海渎、山川、城隍，霜降日祭旗纛于教场，仲秋祭城南旗纛庙，仲春祭先农，仲秋祭天神地祇于山川坛，仲春仲秋祭历代帝王庙，春秋仲月上丁祭先师孔子。小祀8种：孟春祭司户，孟夏祭司灶，季夏祭中霤，孟秋祭司门，孟冬祭司井，仲春祭司马之神，清明、十月朔祭泰厉，每月朔望祭火雷之神。封王之国所祀有：太庙、社稷、风云雷雨、封内山川、城隍、旗纛、五祀、厉坛。府州县所祀有：社稷、风云雷雨、山川、厉坛、先师庙及所在帝王陵庙。各卫亦祭先师。可见祭天只在中央，祭太庙可降至王国，社稷、山川风雨之祭则遍及府州县。普通庶人，可以祭里社、谷神及祖父母、父母与灶神。

一　郊祀

洪武元年（1368），明太祖依李善长议，建圜丘于钟山之阳，方丘于钟山之阴，分祭天地于南北郊。冬至则祀昊天上帝于圜丘，以大明、夜明、星辰、太岁从祀。夏至则祀皇地祇于方丘，以五岳、五镇、四海、四渎从祀。洪武三年，增祀风云雷雨于圜丘，山川之神于方丘。洪武十年，明太祖认为人君事天地犹父母，不宜分祭天地，于是合祀于奉天殿，以每岁孟春为祭时。洪武十二年，合祭天地于南郊大祀殿。永乐十八年（1420），在北京建大祀殿，规制如南京。嘉靖帝欲行二至分祀天地之礼，引起在朝儒臣的争议，主分祭者近200人，主合祭者200余人，由嘉靖帝决断，建南郊圜丘以祭天，建北郊方泽以祭地，建东郊朝日坛与西郊夕月坛，分祀之制遂由此而定。关于郊祀配位，明仁宗以太祖、太宗（成祖）并配祀于天，嘉靖帝改为南北郊以太祖配，大祀殿仍以二祖并配。

与郊天相连的还有祈谷、大雩及大享之礼。明初不行祈谷，嘉靖时始于大祀殿祈谷，先以太祖太宗配，后改为太祖配。大祀殿在圜丘之北，祈谷于此乃是向天神祈求丰年，说明祭天最经常的意义在于保护农业生产。大雩即祈雨之祭礼，明初无定式，嘉靖中建崇雩坛于圜丘坛外泰元门之东，奉太祖配，岁旱则祷。中国自古以农业立国，雩祭其来已久，但佛道流行以后，祈雨多由和尚道士主持之。孝宗时大学士丘濬曾说："天子于郊天之外，别为坛以祈雨者也。后世此礼不传，遇有旱暵，辄假异端之人为祈祷之事，不务以诚意感格，而以法术劫制，诬亦甚矣。"所谓异端系指道教。但此风气既盛，革除实难。嘉靖皇帝一方面命礼部掌雩礼，另一方面宠信符箓派道士，遇水旱之灾，常举行大型斋醮予以禳除，由道士主持，于是二教同行，礼术并用。明初无明堂之制。嘉靖十七年（1538），议明堂，严嵩等上言：明堂秋享，可于大祀殿行之，并配祀以献皇帝，嘉靖皇帝稍纳其言，大享上帝于玄极宝殿，奉睿宗献皇帝配，定献皇帝配帝称宗，改称太宗号曰成祖。明朝宫廷还有令节拜天之礼。嘉靖初，每日宫中行拜天礼，后改为正旦、冬至、圣诞节于奉天殿拜天。郊祀之礼定制后，罢冬至拜天，仅正旦、圣诞节行拜天礼于玄极宝殿。

二 社稷、日月、先农、先蚕和高禖

社稷之祀 自京师至封国府州县皆置立。明初，京师建社稷坛于宫城西南角，太社在东，太稷在西，社配以后土，稷配以后稷，太祖亲祀之。洪武十年（1377），太祖与礼官议，以为社稷分祭及配祀皆未当，于是改作社稷共为一坛，在午门之右，撤句龙、弃稷配位，以仁祖配，且从中祀升为上祀。永乐中，北京建社稷坛，制如南京。洪熙后，奉太祖太宗同配，于二仲月上戊日祭之。嘉靖九年，世宗下谕礼部云："天地至尊，次则宗庙，又次则社稷"，对于三大祭祀的次序做出准确概括；又云："今奉祖配天，又奉祖配社，此礼官之失也。宜改从皇祖旧制，太社以句龙配，太稷以后稷配。"在西苑（即今之中海南海北海）立帝社帝稷，隆庆中废之。在地方上，王国称国社国稷，府州县社稷俱设在本城西北，里社每里100户立坛一所，祀五土五谷之神。

朝日夕月 春分祭日于东，秋分祭月于西，合于阴阳之义，明初行之。洪武二十一年，太祖因大明（日神）、夜明（月神）已从郊社，便取消了朝日夕月之祭。嘉靖九年，重定春秋二分祭日月之典，在朝阳门外建朝日坛，西向，在阜成门外建夕月坛，东向。朝日无从祀，夕月以五星、二十八宿、周天星辰共一坛。

先农 洪武初，帝行祀先农礼，然后躬耕藉田，并建先农坛于南郊。永乐中，在北京建先农坛，制如南京，护坛地600亩，供祭品地90余亩。弘治中定耕藉仪。嘉靖时以其仪注过繁而简化之，迎神送神止行二拜。以耕田所产，供圜丘、祈谷、先农、神祇诸坛及长陵等陵、历代帝王及百神之祀；以西苑所出，供方泽、朝日、夕月、太庙、世庙、太社稷、帝社稷、禘祫、先蚕及先师孔子之祀。

先蚕 明初未列先蚕祀典。嘉靖皇帝以为古者天子亲耕，皇后亲蚕，以劝天下，故建先蚕坛，由皇后带领公主及内外命妇行祀礼。

高禖 嘉靖中定祀高禖礼，设木台于皇城东、永安门北，台上供皇天上帝，台下立高禖神位，以献皇帝配，为求子孙兴旺。

三 神祇坛和天上之神与地上之神

山川坛 洪武二年（1369），从礼部尚书崔亮言，建天下神祇坛于圜丘壝外之东，及方丘壝外之西。又建山川坛于正阳门外天地坛西，合祀诸神。山川坛设位19等，太岁、四季月将为第一，次风云雷雨，次五岳，次五镇，次四海，次四渎，其下各地江河山川及京都城隍、旗神战神等。洪武九年复定为13坛。永乐中，北京建山川坛（即先农坛）如南京制。嘉靖十一年（1532），改山川坛为天神、地祇二坛，天神坛在左，南向，分云、雨、风、雪四坛；地祇坛在右，北向，分五岳、五镇、五陵山、四海、四渎五坛。隆庆中，礼臣以为天神地祇已从祀南北郊，遂罢之。

太岁坛 古无太岁、月将坛宇之制，明朝始重其祭。洪武中，礼官认为太岁乃十二辰之神，即木星，一岁行一次，历十二辰而周天。此外还有十二月将、十二时日直，以及风师雨师雷师之祀，增以云师，当以太岁风云雷雨诸天神合为一坛，诸地祇合为一坛，春秋专祀。于是祀太岁诸神于城南，后来合二坛为一，增四季月将。嘉靖中，建太岁坛于正阳门外之西，与天坛对，中立太岁殿，东庑为春秋月将二坛，西庑为夏冬月将二坛。

山川之神 洪武三年，去山川前代所封名号，五岳、五镇、四海、四渎皆复其本来称谓，如称"东岳泰山之神"、"东镇沂山之神"、"东海之神"、"大江之神"等，遣官分祭。

城隍 城隍可能起源于古蜡祭中的"坊"和"水庸"，三国吴地即已有城隍庙，南北朝与唐朝祭城隍多见于史书。宋朝以来，城隍之祠已遍及天下，其神被视为城镇之保护神。如张九龄《祭洪州城隍文》所说："城隍是保，甿庶是依。"洪武中，封大城市之城隍神为王公侯伯，后去封号，只称某府州县城隍之神，庙制规模同于官署厅堂。永乐中，建城隍庙于都城之西，曰大威灵祠。嘉靖中，圣诞节（皇帝生日）及五月十一日神诞，遣官致祭。

四　历代帝王、圣贤、功臣之祀

三皇　明初承元代典制，以三月三日、九月九日通祀三皇，后来禁地方祭祀，一归于京师。嘉靖间，建三皇庙，名景惠殿。

圣师　嘉靖皇帝始祭圣师，供奉皇师伏羲氏、神农氏、轩辕氏，帝师陶唐氏、有虞氏，王师夏禹王、商汤王、周文王、武王，共九圣，以周公、孔子陪祀。

历代帝王陵庙　洪武三年（1370），访查各地历代帝王陵庙79处，其中功德昭著者36人，遣官往修祀礼。洪武六年，建历代帝王庙于京师，罢隋高祖之祀。洪武二十一年，诏以历代名臣从祀，罢武成王庙祭。嘉靖中，建历代帝王庙于都城西，名曰景德崇圣之殿，其后定祀15帝，从祀名臣32人。

孔子庙　洪武元年，诏以太牢祀孔子于国学，遣使至曲阜致祭。行前，太祖对祭使说："仲尼之道，广大悠久，与天地并。有天下者莫不虔修祀事。朕为天下主，期大明教化，以行先圣之道。"定制每岁仲春、秋上丁，皇帝降香，遣官祀于国学，丞相初献，翰林学士亚献，国子祭酒终献。洪武三年，诏革诸神封号，惟孔子封爵仍旧。洪武四年，太祖读《孟子·离娄》"君视臣如草芥，则臣视君如寇仇"数语，勃然大怒道："使此老在今日，宁得免耶？"下令撤去孔庙中孟子配享的神位。第二年太祖又说："孟子辨异端，辟邪说，发明孔子之道，配享如故。"又恢复了孟子配享的神位，反映了他既想利用孟子的宗法主义学说，又害怕孟子的从道不从君的抗上精神的矛盾心理。又诏天下通祀孔子，并颁布释奠仪注。洪武二十八年，罢扬雄从祀，代以董仲舒。永乐初，建孔子庙于国子监之东。嘉靖九年，大学士张璁依据世宗的旨意，提出孔子宜称先圣先师，不称王，祀宇宜称庙，不称殿，祀宜用木主，宜毁塑像。编修徐阶反对易号毁像被谪，御史黎贯亦不赞成去王号而被辞职。于是称孔子为至圣先师，去其王号及大成、文宣之称，改大成殿为先师庙，四配十哲以下皆称子，不复称公侯伯，制木为神主，从祀诸儒 91 人。隆庆中增薛瑄，万历中增罗从彦、李侗、陈献章、胡居仁、王守仁。

关帝庙 关帝崇拜兴起于宋，宋哲宗封关羽为"显烈王"，宋徽宗封其为"义勇武安王"，令建关王庙于解州。元代加封为"显灵义勇武安英济王"。元末明初著名历史小说《三国演义》问世并广泛流传以后，关羽名声大振，成为"古今第一将"，正如湖北当阳关陵的一副对联所云："汉朝忠义无双士；千古英雄第一人。"社会上下表彰其"忠义"二字：其尽忠，自然受到上层统治者的欢迎；其重义，又受到中下层民众的敬仰。明代关羽崇拜达于极盛，关羽由王上升为帝，明神宗封他为"协天护国忠义帝"、"三界伏魔大帝"、"神威远镇天尊关圣帝君"。从此关帝庙取代了武成庙而为官方武庙，与孔子文庙相对称，在国家宗教中占有重要位置。明熹宗和思宗都把关帝当作护国神将。明宫中宝善门、思善门、乾清门、仁德门、平台之西及皇城各门，皆供关圣之像。而在民间，关帝庙遍及全国，仅北京城明清两代立的关帝庙就有 100 余座。

五 宗庙

明初作四亲庙于宫城东南。孝宗即位时，九庙已备，建祧庙于寝殿后，并祧德、懿、熙三祖，自仁祖以下为七庙。嘉靖十年（1531），奉安太祖神主于寝殿正中，以序进迁七宗神位。又改建九庙，创立皇考庙，供德、懿、熙、仁四祖神主于祧庙，太祖神主于太庙，太宗以下神主列于群庙。嘉靖二十年，太庙火灾，二十四年建成新庙，不按昭穆，不序世次，只顺伦理，太祖居中，左四序：成、宣、宪、睿，右四序：仁、英、孝、武。

明世宗即位不久，即下令礼官集议其生父兴献王的崇祀典礼。首辅杨廷和、礼部尚书毛澄等主张以孝宗为考，兴献王及妃为皇叔父母，世宗不予接受。引起了一场议论，乃至众臣跪请、抗臣系狱，最后于嘉靖十七年，尊其生父为睿宗，祔于太庙。武宗无嗣，世宗乃武宗之从弟，这种皇位继承关系乃是不得已的特例，不是宗法制的正常做法，所以引起了尊血统还是尊政统的争论，孝与忠发生了冲突。表面上是祀礼的问题，实际上是维护君权继承法的问题，所以翰林修撰杨慎激愤地说："国家养士百五十年，仗节死义，正在今日。"把问题看得如此严重。但是礼法本为君王而设，君王要改变它，别人也无可奈何。世宗确立生父为皇考，奉入太庙，是为了使自己一系的地位更加巩固，同时借以排斥削弱武宗朝的旧臣，建立忠于自己的权力网络。

明代王国于宫垣内按左宗庙右社稷之制建立宗庙，殿五间，以符五庙之数，不立祧庙，祧主祔始祖之室。群臣家庙初无定制，权仿朱子祠堂之制，奉高、曾、祖、祢（父死入庙称祢）四世神主，在四仲月、腊月及时俗节日祭之。庶人得奉祀祖父母、父母，著为令。洪武六年（1373），定公侯以下家庙礼仪，凡公侯品官，别为祠屋三间于宅之东，祀高曾祖考，并祔位。嘉靖中，定三品以上立五庙，以下皆四庙，四世递迁。

六　丧礼与丧服之制

品官丧礼本于《仪礼·士丧》，稽诸唐典，参以朱子《家礼》。病危，迁于正寝。属纩，气绝乃哭。立丧主、主妇，治棺讣告。设尸床、帷堂，掘坎。乃沐乃含。置虚座，结魂帛，立铭旌。小殓，次日大殓，盖棺停灵。五服之内朝哭相吊。朝夕奠，百日卒哭。三月而葬。刻志石，造明器，作神主。灵柩至墓所，下葬。一年小祥，二十五月大祥，神主入于祠堂。间一月而禫（除服之祭）。士庶人丧礼仿而降之，强调以哀戚为本，不得过于厚优，禁止火葬水葬。

丧服之制列于《大明令》和《孝慈录》，共列8类，有斩衰三年者、齐衰杖期（一年）者、齐衰不杖期者、齐衰五月者、齐衰三月者、大功九月者、小功五月者、缌麻三月者，称为"五服八等"，它的特点是细密繁琐，重男轻女，按亲疏远近规定服丧时间之长短，最重视嫡长子一系，故孝服亦最重。妇为舅姑、妻妾为夫皆斩衰三年，而夫为妻不过齐衰杖期，为岳父母不过缌麻三月。

第二节　三教融合中的佛教

明代政治上中央集权的君主专制制度空前强化，文化上儒、释、道之教的融合达到很高的程度。作为社会意识形态之一的佛教明显地反映了这种时代特征，即佛教僧官制度的高度完善，佛教理论与儒学高度趋同。

一　宗教政策及管理制度

明代帝王，绝大多数在推崇宋明理学的同时兼崇佛教。由于佛教传入中国已有千余年时间，"儒家为主，佛、道辅翼"的意识形态结构已经定型，帝王充分吸收了历代佛教管理体制上的经验，能够比较有分寸地利用和控制佛教。既不因崇拜而使其发展过度，又不因加强管理而造成摧残，因此明代佛教基本处于平稳发展阶段。

年轻时当过几年和尚的朱元璋在当了皇帝以后，对佛教采取双重政策。一方面，他对佛教采取了"紧缩"政策。洪武六年（1373）十一月，他说："（释、道二教）近日崇尚太过，徒众日盛，安坐而食，蠹财耗民，莫甚于此。"（《明太祖实录》卷86）诏令州、县，裁并寺院，严格剃度。他认为僧侣素质下降是由于宋、元以来滥售度牒造成的，故从根本上加以改革，废止计僧售牒，度牒改为3年免费发放一次，但同时进行严格的考试。洪武十年，诏令由翰林学士宋濂等人考校僧徒，若皆通《般若心经》、《金刚般若经》、《楞伽经》者，准许继续为僧，"不通者，令还俗"。洪武二十四年，诏令对全国寺观进行清点，命各州府只许保留大寺观一所，僧众集中居住，各府不得超过40人，州30人，县20人。令僧官严格监督。《明律》对私度僧尼和私建寺院限制甚严。《明会典》卷163《律例四》规定："凡寺观庵院除见在处所外，不许私自创建增置。违者杖一百，还俗。僧道发边远充军，尼僧女冠入官为奴。""凡僧道不给度牒，私自簪剃者，杖八十。若由家长，家长当罪。寺观住持及受业师私度者同罪，并还俗。"

另一方面，朱元璋又是一个成熟的政治家，深知佛教对巩固统治的益处。如他在《招善世禅师诏》中讲："佛教肇兴西土，流传遍被华夷，善世凶顽，佐王纲而理道，今古崇瞻，由慈心而顾重。是故出三界而脱沉沦，永彰不灭。"（《释氏稽古略续集》卷2）由于佛教有"善世凶顽"、"佐王纲而理道"的作用，故他大加褒扬，登基伊始，便在南京蒋山召集江南名僧40余人，启建"广荐法会"，超度战争亡灵，并为新王朝"祈福"。《明史·李仕鲁传》载，太祖对高僧"辄赐金襕袈裟衣，召入禁中。赐座，与讲论。……时时寄与耳目"，虔诚之情溢于言表。太祖在位几十年，曾组织刻藏，命全国僧尼抄写《心经》、《金刚》、《楞伽》3经，并亲自为《心经》作序。他一生所写有关佛教的文章、诗、偈都收入御制《护法集》中，共36篇。他在事实上也采取了许多"护法"行动，免除了寺院所有田赋徭役，并给予僧人种种法外特权，设置僧官，"皆高其品秩"。所以他严厉地整顿佛教绝不是反佛、排佛，而是使佛教在加强中央集权统治的轨道上发展，成为封建意识形态中一个有机的组成部分。

　　太祖以降，诸帝基本沿用了对佛教推崇、扶植、利用、控制的政策。成祖以僧人姚广孝为军师，夺了建文帝的权，随即废除了建文帝"限僧、道田，人无过十亩"的规定，"僧道限田制竟罢"，寺院经济获得了较快的发展。为了表现自己的虔诚，朱棣亲自"雠校"重刻《法华经》、《金刚经》，并为之作序，在序文中赞扬佛教"阴翊王度"的"善世"之功。他还亲自撰写《神僧传》9卷，记载了自东汉迦叶摩腾至元代胆巴共208位"神僧"的事迹。为了巩固对西藏的统治，他继续大封"法王"。明武宗崇尚佛教，学经典，通梵语，大兴土木建寺院。正德二年（1507）五月间，一月之内"度僧道四万人"，乃至"自号大庆法王"。明代诸帝中崇道排佛的有世宗，他先拆毁宫中佛像196座，后悉除禁中佛殿，"刮正德所铸佛镀金一千三百两……焚佛骨万二千斤。"（沈德符《万历野获编》卷27《释道·释道盛衰》）世宗排佛，就全国范围讲，对佛教发展的影响并不大。

　　明初几代坚持严格考试、免费发放度牒的制度，在一定程度上控制了僧尼人数，保证了质量，但不可避免地也造成了私度激增。明代宗景泰二年（1451），因救济四川、贵州饥荒，重开收费售牒制，凡纳米五石，发给度牒。宪宗成化二年（1466），淮扬地方大饥，亦发度牒敛米赈济。成化八年，淮扬巡抚张鹏再请空名度牒1万道，买米度荒。次年，户部发空名度牒10万道，以赈山东……此类例子还有很多，滥售度牒只能导致僧尼队伍急剧膨胀。至成化二十年，京城内外寺观便达639所，甚至有人说，"自古佛寺之多，未有过此时者"（《明会典》卷104《礼部·僧道》）。然而，明代却没有关于天下僧尼总数的官方统计，但据专家估计，明末僧尼不会低于50万。

宗教管理机构在宋、元两代的基础上因革发展，但总的方向是进一步加强国家控制。明初，罢置功德使、宣政院等机构，由礼部祠祭司一家总揽宗教政令大纲。凡僧道试经给牒、僧籍名册、中下级僧官的选补、寺观名额的赐给，令出一门。洪武元年（1368）正月，太祖在金陵天界寺"立善世院"，作为中央级的僧官机构，管理天下寺观僧尼的具体事务。洪武四年十二月，又诏"革僧道善世、玄教二院"，原因是怕另设僧官体制妨碍了祠祭司的集中管理。此后10年，一切具体僧务也由政府部门包办。但是随着佛教队伍的扩大，行政官员深感具体承办僧务的不便，于是在洪武十五年正月，太祖诏令天下，仿唐宋旧制，"置僧录司……总其教"。中央有僧录司，府设僧纲，州设僧正，县设僧会，层层管理具体事务。明代僧官职能与唐宋无大差异，唯明代为僧官正式颁定品位、发放俸禄。僧录司最高职务左、右善世，按正六品给俸，秩同翰林院侍读、六部主事、京县知县，月给米10石。左、右阐教按从六品给俸，秩同翰林院修撰，月给米8石。余下类推，至县僧正。都维纲无品无俸。

明代刻藏事业前后共有6次。第一次是洪武年间（1368—1398）刻于南京的《洪武南藏》。第二次是永乐年间（1403—1424）刻于南京的《永乐南藏》。第三次是永乐年间刻于北京的《北藏》，以上3版均为官版。第四次是《武林藏》，永乐末年由民间人士集资刊刻。第五次是《万历藏》，约在万历十七年（1590）至清顺治十四年（1657）刻造的弘板藏经。第六次是由明末佛教大师真可发动刊刻的《方册藏》，以前藏经营梵夹版，阅读、携带不便。《方册藏》的刊刻有利于佛教的流行。此藏初刻于五台山，后移至杭州经山寂照庵继雕，故又名《经山藏》。还因由嘉兴楞严寺流通发行，称《嘉兴藏》。此藏影响最大。此外，明代还有藏文藏经《甘珠尔》的刊行，在永乐和万历年间，前后曾翻印过两次。

二 宗喀巴的宗教改革

明代继承了元代通过封敕法王以巩固西藏的政策。明初，又逢宗喀巴大师发动藏传佛教改革运动，格鲁派兴起。藏传佛教经过后弘期300余年的发展，已达相当规模，但到 14 世纪，佛教内部也产生出相当严重的问题。由于西藏政教合一的制度，故萨迦、噶举各派争权夺利严重。上层僧侣享受种种特权，占有大批农奴，生活豪华奢靡。除少数高僧大德，多数僧人竟不知戒律为何物。显宗理论缺乏实际性的修习，而密教修习又乱无次第，终至淫乱。藏传佛教的这种状况引起广大群众的不满。宗喀巴的改革就是在面临严重危机的背景下发生的。

宗喀巴（1357—1419），本名罗桑扎贝巴，生于青海湟中地方，因该地藏名"宗喀"，故称他为宗喀巴（藏语中"巴"有尊敬之意）。他自幼出家，8 岁受沙弥戒，拜当地活佛朱仁钦为师，广学显、密教法。16 岁时赴藏深造，广拜名师，刻苦钻研。其时在几个噶当派寺院修习最久。在显教方面，受萨迦派经师仁达瓦"中观"思想影响最大。除了宗教理论，他还掌握了因明、声明、医学等方面的知识。他每学完一论，便在一个寺院立宗答辩，在佛教界声名日显。29 岁受比丘戒后开始为众讲经，著述。宗喀巴以噶当派的思想为基础，又加上自己对显、密经典的理解，形成了自己的思想体系。他的著作有百余种，其中最著名的是《菩提道次第广论》、《密宗道次第广论》、《密宗十四根本戒》、《事师五十颂释》、《中论广释》、《辨了不了义论》、《五次第明灯》。在这些著述中，他把西藏流行的诸种显、密教法组织成一个以实践和修习为纲目、按部就班、次第整然的系统。他认为僧人不分显、密，都必须严格遵守戒律，故特别注重弘传各部律典。1397—1409 年间，他把注意力转到宗教活动方面来，四出宣扬自己的思想。宗喀巴的活动得到了阐化王扎巴坚赞（原属帕竹噶举）的大力支持，1409 年元月，在拉萨举行了一个规模巨大的祈愿法会，前来参加的僧人逾万，不分地区和教派。据说法会持续了一年。此后每年藏历元月都举行传招大法会，成为藏族人民最隆重的节日，此会延续至今。同年，他又在拉萨以东的达孜县内建立了甘丹寺，与弟子长住寺中，创立自己的宗派，该派最初以寺为名，称"甘丹寺派"。由于此派僧人戒律严明，修习讲究遵循次第，崇尚苦行，禁止娶妻，故又称"格鲁派"（藏语"格鲁"意为"善规"）。又因这一派僧人都戴黄色僧帽，亦称为"黄帽派"或"黄教"。宗喀巴晚年继续传教、讲经、发展僧团，于 1419 年藏历十月二十五日圆寂。

宗喀巴的宗教改革在西藏佛教界引起了很大震动，纠正了佛教内部散漫、腐化的空气，深得下层僧侣的敬佩和广大群众的欢迎。他们认为这样才恢复了佛教的纯洁，挽回了藏传佛教发展的颓势。以后，宁玛、噶举、萨迦诸派也接受了格鲁派的戒律，面貌一新。在统治者方面，他们认为僧侣只有严守戒律，苦读经典，才能在官吏及民众中树立安分守己、敬上睦群的榜样，起到辅助王政的作用。故格鲁派产生以后，立即受到汉藏统治者的支持，其影响迅速超过了其他诸派。

宗喀巴死后，贾曹杰·达玛仁钦（1364—1432）继承了甘丹寺，弟子甚众。宗喀巴另一著名弟子绛央却杰（1379—1449）曾被明廷敕封为妙音法王，于1416年在拉萨西郊创建哲蚌寺。另一弟子大慈法王释迦也失（1352—1435）于1419年在拉萨创建色拉寺。宗喀巴的侄子根敦朱巴（1394—1474）又于日喀则创建扎什伦布寺。连同甘丹寺，共为黄教四大寺院。另外，宗喀巴弟子喜饶僧格（慧狮子）在拉萨建下密院，贡噶顿珠（庆喜义成）建上密院，成为格鲁派弘传密教的场所。上述寺院的建立为格鲁派发展奠定了基础。

格鲁派禁止僧人娶妻生子，故宗教领袖的位置采取了活佛转世的传承形式，后世形成达赖、班禅两系活佛。1546年，哲蚌寺法台根登嘉措死后，寺中上层喇嘛从前藏雄龙地方找来了索南嘉措（1543—1588），作为前任法台的"转世灵童"。1578年，蒙古土默特部首领俺达汗（1507—1581）赠予索南嘉措"圣识一切瓦齐尔达喇达赖喇嘛"的尊号。"达赖喇嘛"是蒙古语与藏语的合称，"达赖"意为大海，"喇嘛"意为上师，合在一起便是"智德深广犹如大海能包容一切的上师"。此后格鲁派追认宗喀巴的弟子根敦朱巴为一世达赖，根登嘉措为二世，索南嘉措便是三世。1653年，清政府封五世达赖罗桑嘉措为"西天大善自在佛所领天下释教普通瓦赤喇怛喇达赖喇嘛"，这个封号从此确定下来，至今已传14世。五世达赖的师傅是扎什伦布寺的罗桑却吉坚赞（1567—1662），当时被尊为"班禅"，意为大学者。他死后，达赖主持为他选定了"转世灵童"罗桑意希（1663—1737），从此建立了班禅系的转世系统。以罗桑意希为五世班禅，并追认宗喀巴的弟子凯主结格雷贝桑（1385—1438）为一世班禅，索南乔朗（1439—1504）为二世，罗桑敦朱（1505—1566）为三世，罗桑却吉坚赞为四世，罗桑意希则是五世。康熙五十三年（1713），康熙帝册封罗桑章希为"班禅额尔德尼"（"额尔德尼"为满语，意为"珍宝"），这一名称从此固定下来，至今已传十世。

洪武年间，太祖即已敕封几位藏僧为国师。成祖永乐元年（1403），遣官入藏请噶举派首领哈立麻（噶玛）入京参加大法会，封为大定法王。永乐十一年，诏请萨迦派首领昆泽恩巴入朝，封为大乘法王。当时宗喀巴正在进行宗教改革，名声很大，成祖专门派四大臣入藏迎请。宗喀巴因年迈，派上座弟子释迦也夫入京，被封为大慈法王。从此确立西藏三大法王体制。此外，成祖还敕封阐化王、阐教王、辅教王、护教王、赞善王等五小王，分别赐给各小宗派领袖。还有九大灌顶国师、十八灌顶国师等名目。

明代朝廷大封藏僧的动机与元代统治者无异，都是为了"因其俗而柔其人"，"化愚俗，弭边患"。不过在策略上又有所改进，元代在藏传佛教诸派中单重萨迦一派，昆氏家族垄断十三世帝师。而明代则普遍册封，不使任何一派过于强大，希望"分其势而杀其力"，以保证中原的安全。

三 禅宗两大派系及其代表人物

禅宗仍然是明代汉地佛教的主流，并仍然是临济、曹洞两家的天下。不过随着佛教理论中国化、世俗化的进程，禅宗内部诸派，禅宗与佛教其他宗派在理论上的差距日趋缩小。明初，承元之旧，禅宗发展不大。明中叶，禅学与心学相激荡，风气转盛。至晚明，随着政治的腐败，士大夫纷纷逃禅，禅宗人才会聚，影响较大。

"国初第一禅师"——梵琦　明初著名禅僧有楚石梵琦、梦堂昙噩、愚庵智及、季潭宗泐、恕中无愠、呆庵普庄、见心来复、斯道道衍、雪轩道成、南洲博洽等人，其中号称"国初第一禅师"的梵琦社会影响最大。

梵琦（1290—1370），俗姓朱，字楚石，宁波象山人。自幼出家，16岁受具足戒，后"印可"于大慧宗杲的四传弟子元叟行瑞。在元代"六开道场"，极力宣扬禅宗思想。元顺帝至正七年（1347），帝师赐梵琦"佛日普照慧辨禅师"号。洪武元年（1368）、二年两次奉诏赴蒋山法会，"亲承顾问，赐以币金"。洪武三年，75岁时圆寂。梵琦的思想属于真心一元论和真如缘起论。他说："无理外之事，无事外之理；无心外之物，无物外之心。在蚌为珠，在龟为兆，在牛为角，在马为蹄。一一交参，重重摄入。"（《梵琦语录》卷5），理事、心物互为缘起，密不可分，但从根本上讲，"须知尽十方乾坤大地，人畜草芥，高低阔狭，无空缺处，总是自家屋里的。"（同上书，卷3）归本求源，山河大地还是一心的产物。基于此种认识，梵琦的宗教修养理论充满了禅宗式的挑战精神。如他讲："直得文殊普贤扫床摺被，等妙二觉随驴把马。"（同上书，卷5）他教人们冲破一切对外在的偶像的盲目崇拜，在自返本心中获得精神解脱。但是，他又主张归心净土，诗曰："一寸光阴一寸金，劝君念佛早回心。直饶风阁龙楼贵，难免鸡皮鹤发侵。鼎内香烟初未散，空中法驾已遥临。尘尘刹刹虽清净，独有弥陀愿力深。"（袾宏《云栖法江·皇明名僧辑略·楚石琦禅师》）宋代以后，禅宗大家多兼宗净土，这是一种矛盾的现象，造成这种情况一方面是由于禅宗大师对不同根器的人分别接引所致；另一方面，也是为了解决"开悟"以后如何归宿的难题。如果"搬水担柴即是般若"，那么反过来成佛后还是要"搬水担柴"，如此成佛竟有什么结局呢？离开了对某种形式的彼岸天国的终极寄托，宗教自身也就难以存在了。

临济名僧德宝、圆悟和法藏　在明代临济宗谱里，德宝、圆悟和法藏的地位比较重要。德宝（1512—1581），俗姓吴，字月心，别号笑岩，金台人。自幼出家，受戒后云游四方，"随缘开化，靡定所居"，在无闻明聪门下得法，"晚年屏居京师柳巷"。著有《笑岩集》4卷行世，在社会上产生了很大影响。明中叶以后，"凡谈禅宗，必称笑岩"。门下弟子很多，明末佛教四大家中的袾宏、真可、德清都曾向他叩问禅要。由于德宝的推动，临济门风转盛。

德宝行脚数千里，历时10余年，南北往返，出入名山。他对当时禅宗各种非理性化的教学方法极为不满，因而要对唐宋以来的临济宗风加以改革。他讲："凡俗学者，厥要有三：曰信，曰志，曰时。立信要真，决志要定，时之要极。信真，则始末无歧路；志定，则逆顺无界缘；时极，则忽悟如反掌。自古及今，超凡证圣，鲜不由斯而成者，可不悉乎？"（同上）德宝明确把信放在修道的第一位，希望用信仰主义来力挽颓风。这显然是与唐宋以来禅宗"呵佛叱祖"、"疑则有进"的传统背道而驰的。慧能时代，中国佛教因陷入繁琐的印度佛教哲学及复杂的修行仪轨而不能自拔，六祖标榜不读经、不坐禅是挽救颓风的改革。宋明以后提倡禅教合一，因信起念又是一场变革。佛教思想亦在否定之否定的之字形道路上发展。

在悟道方式上，德宝理论很有特色。从宋代宗杲提倡"看话禅"以来，"看话头"已成禅门一种普遍的教学方法。而德宝却提倡"念话头"，他教弟子"或厉声，或微声云：'父母未生前那个是我本来面目？'复云：'咦！必（毕）竟那个是我本来面目？'只此一咦，直使当下断然空寂"。（同上书，卷3）德宝的"念话禅"，显然是受净土念佛宗影响所致。他不仅提倡禅、净合一，而且把净土宗的方法也移入自己的体系之中。

圆悟（1566—1642），俗姓蒋，号密云，江苏宜兴人。年二十六时，因读《坛经》有悟，30岁弃妻出家，投于幻有正传门下，是德宝的再传弟子。40岁蒙印可，46岁得衣钵，52岁正式于龙池"出世"、"开堂"。此后"六坐道场，说法二十六年，化溢支那，言满天下"。"王公大臣，皆自远趋风"，"剃度弟子三百余人"，其中佼佼者12人，除嗣法的法藏外，还有破山海明、费隐通容、木陈道忞等明清之际的名僧。崇祯十五年（1642），圆悟77岁时圆寂，道忞为其撰《行状》，名士钱谦益为其撰《塔铭》，弟子们将其著作收入《密云禅师语录》中，由道忞奏请，清顺治帝准其收入大藏。

圆悟思想质朴，文辞无华，以恪守祖义而闻名于世。圆悟认为："参禅正忌杂毒入心，贵乎纯一。"（道忞《天童密云悟和尚行状》）他不赞成社会上流行的禅教合一、以教辅禅的潮流，更反对援儒入禅。他自我标榜："不爱圣学不援儒，不求佛道不入社"（《密云禅师语录》卷13），是一个纯禅。圆悟的宗教理论与慧能一样简易，就是个"见性成佛"。方法则是临济义玄的"棒喝"。明人黄伯瑞为《密云禅师语录》作序时指出：圆悟门下，"棒喝交驰，学者无开口处"。他也自称："所以贫道生平，但有来者，便当头一棒。"（同上）圆悟声称："这便是临济宗旨！"显然，他要用自己的行动抵制禅门的改革之风。

法藏（1573—1635），字汉月，号于密，俗姓苏，江苏无锡人。自幼习儒，15岁在德庆院出家，19岁落发，29岁在袾宏处受沙弥戒。33岁后"编购《古尊宿语录》读之"。37岁受具足戒，40岁悟道，法藏在所读语录中最欣赏《高峰语录》和寂音所著《临济宗旨》，自称"得心于高峰，印法于寂音"。但因自学成才，在宗教界得不到应有的承认，故于开悟后又投于圆悟门下，以求临济正宗的身份。由于当时法藏已有相当的成就和身份，故一入圆悟门下便定为首座，并于不久"悟手书源流并信拂授之"。但终因法藏并非真正开悟于圆悟，且在理论上互有歧见，所以师徒之间始终存在着龃龉，最后终于导致公开争论。法藏死于崇祯八年（1635），嗣法弟子弘储撰《三峰和尚年谱》，又请黄宗羲为其撰《塔铭》。其文字由弟子收集在《三峰汉月藏禅师语录》中。

圆悟教学以"棒喝交驰"而著名，法藏出其门下，自然没少吃苦头。黄宗羲在为其所撰《塔铭》中感慨道："其后胡喝乱棒，声焰窿盛，震动海岳……三峰禅师从而救之，宗旨虽明，箭瘢若粟。"法藏决心改变临济门庭内不讲道理、一味棒喝的陋习。并对禅宗一系列特有的教学方式进行了理性化解释，为禅林注入了新鲜气象。关于参禅他解释说："参禅最忌易明，易明则情不怙，情不怙则入不深，入不深则见不彻了，见不彻了则何有相应分。所以古人今人向无摸索处摸索"（《三峰汉月藏禅师语录》卷7），禅宗大师就是要把人的心识引向心识绝路。以禅宗的机锋为例，祖师从不正面回答学者提问，或者答非所问，不过为了使学者心生疑虑，主动思索，透过经典的言辞，达到心灵的开悟，谓之"悟道"。法藏对机锋的解释，应该说基本符合禅宗大师的本意，而且也可以为执理性主义立场的人所接受，在一定程度上缓解了禅门后学非理性化的倾向。法藏开了以理性主义方法解禅的先河，近、现代国内外佛教学者基本延续了这条路子，不过方法更现代化而已。

法藏与圆悟之争，后因清代雍正帝以"九五之尊"的身份直接参与裁决而格外引人注目。争论之源在于法藏所写《五宗原》一书，圆悟起而辩之，法藏弟子弘忍又作《五宗教》以扶师说，圆悟再作《辟妄救略说》10

卷"痛驳",成为中国佛教史上一段公案。争论之一是禅门五宗的谱系;争论之二是关于五宗宗旨;争论之三是关于威音相。这里,有些属于宗教史上的歧见,有些则是对宗教理论的不同理解。但圆悟出于对法藏不遵师法的私怨,横加攻击、无端辱骂,甚至把师徒恩怨的旧账全翻了出来,反而显得颇失气量。但雍正却贬斥法藏,毁其著作,而以圆悟为正脉真传。

曹洞名僧慧经、元来、元贤　慧经(1548—1618),字无明,俗姓裴,抚州崇仁(今江西崇仁)人。因常住建昌府新城(今江西黎川)寿昌寺,故佛教史上亦称其为寿昌慧经。21岁出家,投于曹洞宗师廪山常忠门下学习佛法,几年后正式落发受戒。先住峨峰,"影不出山者,二十四年如一日也"。后迁宝方、董岩,又"荷锡远游",过南海、入少林、往京都、入五台,遍访名师,云游四方之后,定居寿昌开堂说法,一时名声大振,"四方纳子日益至",后人称他重振了曹洞宗风。万历四十六年(1618)71岁而终,德清为其撰《塔铭》,弟子编写的《无明慧经禅师语录》收入《续藏经》。

慧经出家后有感于禅林生活腐化、结交权贵等腐败现象,决心发扬百丈怀海所提倡的农禅精神,以自己寓禅于农的实际行动表率禅林。明人刘崇庆在其《寿昌和尚语录序》中说:慧经"足迹不履城隍,竿牍不近豪右。……日惟随众作务,众未及田,师已荷镢先至,虽栉风沐雨,亦无倦意"。甚至"迨七旬,尚混劳侣,耕耘不息。必先出后归,躬率开田。三刹岁入,可供三百余人。生平佛法,未离镢头边也"(德清《寿昌无明法师塔铭》)。中国禅林高僧以自身的高尚品质、勤奋的实践,不断纠正佛教中滋生出来的腐败,使佛门清规源远流长,保持了劳动的传统。慧经的宗教理论与其农禅实践也是一致的。他执禅宗传统的真心一元论,"何者是法,即汝心是。……故云万法从心生"(《无明慧经禅师语录》卷2)。由于万法"本自如如体,何处乃非真",所以不拘何事、何物,找个话头参看明白,即可明心见性、顿悟成佛。他说:"于一切处,只见有话头明白,不见于一切处,倏然一时瞥地如日升空,十方普尽大地是个话头。所谓打破大散关,直入解脱门。"(同上书,卷1)因此在农田劳动也可证心悟道。

元来(1575—1630),又名大舣,字无异,俗姓沙,安徽舒城人。16

岁出家，先学天台"止观"，后改学禅。27岁受"印可"于无明慧经，为"第一上座"。曾"三礼云栖"，后开山于信州博山能仁寺。此后30年中，"往来吴、越、江、闽间"，数度住持江南名寺。刘日杲作《博山和尚传》赞曰："博山宗风，遂擅天下。""明兴二百余年，宗乘寥寥，得和尚而丕振，"元来死于崇祯三年（1630），弟子为他收编了《永觉元来禅师广录》。

元来亦是对宋明以来禅风的不满者，他认为明末禅僧的教学方法日趋非理性主义，甚至与社会上流行的各种迷信活动流入一路，完全违背了佛教和禅宗的初衷。为了纠正禅学未流的诸种歧义，元来提倡禅、教合一。有人问他："宗、教二门，是一是二？今云参悟是第一义，一切教乘尽可废耶？"他回答说："宗乃教之纲，教乃宗之目，举一纲则众目张。"（《永觉元来禅师广录》卷21）在宗、教两方不可偏执一端，方可收"纲举目张"之效。他不仅提倡禅教互补，而且实际地做了大量以教注禅的工作。他为禅宗的许多观点都找到了经典来源，用他的话说，"三乘十二分皆心之注脚"。本来禅宗以离经叛道为特色，根本不要什么注脚，发展至此，又出现了某种回归的趋向。

元贤（1578—1657），俗姓蔡，字永觉，福建建阳人。自幼学习儒学，尤重程朱理学。25岁时读书山寺，因闻诵《法华经》，知"周孔外，乃别有此一大事"。明年，往董岩谒无明慧经禅师，决意学禅，40岁方落发出家。慧经死后又依止无异元来，并受具足戒。57岁出世后，先后主持福州鼓山涌泉寺、泉州开元寺、杭州真寂院、剑州宝善寺等"四大名刹"。"率三百余人。问道、受戒，不啻数万人。得度者数千人。"清顺治十四年（1657），元贤于80岁时去世。

由于元贤出家前便深受儒家文化的熏陶，文化水平较高，故一生著作有20余种80余卷。元贤众多的著作大体上可以分为3类。第一类是属于佛教史性质的《继灯录》、《补灯录》和《建州弘释录》。《继灯录》是一部上承《五灯会元》的灯录体著作。《补灯录》乃是不满于《五灯会元》的遗漏，为其拾遗"凡一百八十五人"。《建州弘释录》则是关于建州（今福建建瓯）的一部地方性僧传。三书在佛教史上有一定的价值。第二类是经注。元贤主张禅、教、律三派融合，元贤一生写了《法华经札记》、《楞严翼解》、《楞严略疏》、《金刚略疏》、《般若心经指掌》等注经书籍。如果说元来是以经注禅的话，那么元贤则是以禅注经了。第三类则是正面表达自己思想的《寱言》、《续寱言》，以及他死后弟子将他的语录、诗文、杂著合编的《永觉元贤禅师广录》30卷。元贤在《语录》中谈禅说法，阐述禅教合一等思想与同时代其他佛教大师无大差异。而他在《寱言》、《续寱言》中表达的会通儒释、以禅补儒的思想则颇有特色。他曾赋诗言志曰："老汉生来性太偏，不肯随流入世尘。顽性至今犹未化，刚将傲骨救儒禅。"（《鼓山永觉老人传》）明中叶以后，心学与禅学相激励，都有向极端发展的趋势，故元贤站在正统的立场上要救之，方法则是糅合儒、禅。他说："人皆知释迦是出世底圣人，而不知正入世底圣人，不入世便不能出世也。人皆知孔子是入世底圣人，而不知正出世底圣人，不出世便不能入世也。"（《寱言》）他认为释迦理论引人出世，但其功用却基于入世。而孔子的理论也有提引人的精神超越世间的成分。所以，"既使佛处震旦国，说经世法，又岂过于周公、孔子哉？……至于我佛所说，则超人超天之实法，而穷理尽性之实学也。昔夫子所谓予欲无言，而端木氏所谓闻于文章之外者，又岂有异于是哉？是知理一而教不得不分，教分而理未尝不一。"（同上）他设定儒、释二教为理一分殊关系，相辅相成。

四　其他诸宗

净土宗　宋代以后，净土成为佛教各派的共同信仰，因此已不再作为一个独立的宗派存在。但各宗派及其居士中皆有一些以弘传净土而闻名者，使净土思想仍不断发展。如明初禅僧梵琦力倡禅净合一，天台僧传灯著《生无生论》，从理到事，分为10门，宣扬净土思想，……而明代宣扬净土思想影响最大者，还要算"莲宗八祖"袾宏。他著有《答净土四十八问》、《净土疑辨》、《弥陀疏钞》等著作。在《净土疑辨》中他阐述净土信仰的意义说："净土之教，……专一心而向往，历三界以横超，诚哉末法之要津矣。"对西方净土的坚定信仰，正是佛教趋于末流时获解脱的根本法门。同时，袾宏也是禅净合一论者，他说："归元性无二，方便有多门，晓得此意，禅宗净土，殊途同归"（《云栖法汇·释经》第14册），谈禅悟道与念佛超生功用完全相同。此外，以文学名世的袁宏道、袁宗道、袁中道三兄弟，都是明代弘扬净土思想的著名居士。史载："袁氏一门，向心净土。"袁宏道著《西方合论》是由居士写成的一部重要的净土著作，后世僧俗给予了高度的评价。

天台宗 天台宗仍以浙江天台山为祖庭，代有传人，不过势力衰微，仅能绵延。其中较有影响者为号称"中兴天台"的无尽传灯。传灯，生卒年月不详，号无尽，俗姓叶，衢州（今浙江衢州）人。少年时投进贤映庵出家，后随百松学天台教义，开悟后入天台山住持幽溪高明寺。他除学天台外兼学禅宗与净土，著有《楞严经玄义》、《天台山方外志》、《楞严圆通疏》、《天台传佛印记说》、《性善恶论》等。隋代智颛提出"性具无明"、"性恶"的观点以后，宋代知礼又加以发挥，在宋明之际关于人性的讨论中成为一个引人注目的论点。传灯对此又加以阐发，他讲："夫性者，理也。性之为理，本非善恶。古今立论以善恶言者，无乃寄修以谈性，借事以名理，犹缘响以求声，缘影以求形。性之为理，岂善恶之足言哉？"（《性善恶论》）传灯虽然坚持性具善恶的天台宗基本观点，但他通过性与修加以区分，在性中善恶不可分，言修后善恶方可分。这种思想显然与王阳明心学"无善无恶是心之体"如出一辙，这也是儒、佛高度融合的必然结果。另外，明末佛教四大家中的智旭与天台宗也有较深的关系，著有《教观宗纲》，讨论天台宗旨。尽管他的思想并非纯粹"山家"，但得如此大家弘扬，对天台宗扩大影响意义还是重大的。

华严宗 当时华严宗绪若存若亡。其中有一些稍有名的人物，为洪恩（1548—1608），大力弘传《华严经》，曾多次宣讲澄观的注疏。明河（1588—1640）曾用华严宗的思想注释《楞伽》、《楞严》二经。不过他们的思想并无多少创新，因此无法适应新的潮流，以吸引教徒，中兴祖庭。

唯识宗 唯识宗势力衰微，没有明确的传承法统。但明中叶以后，陆续有些僧侣传播、研究唯识宗的著作和理论，调和性、相二宗，认为法性就是一心是性宗，华严、禅宗为代表；通过分析法相，证明诸法唯识是相宗，法相宗为代表，亦是教中一股潮流。正德年间，鲁庵弘传唯识于北方。普泰继之，渐传于南地，并著有《八识规矩补注》2卷。其门人洪恩主弘华严，又旁及唯识，著有《相宗八要》。明显（1527—1616）曾讲唯识于南京、北京、杭州等地，著有《成唯识论俗诠》、《相宗八要解》、《三十唯识约意》、《百法明门论赘言》、《观所缘论会译》、《因明入正理论直疏》等。袾宏的弟子绍觉讲唯识于杭州莲居庵，门人大惠著《成唯识论自考录》，广承著《唯识音义》，新伊著《成唯识论合响》、《成唯识论合响补注》。"明末四大家"中的真可对唯识宗深有研究，著《八识规矩》、《唯识略解》、《阿赖耶识四分略解》、《前五识略解》等书。此外，连明清之际的大哲学家王夫之也著有《相宗络索》，大谈相宗宗旨。

律宗 律宗亦不兴旺，但还算是传承不绝。正德年间，朴原（？—1446）主持庆昭寺，建坛传戒。万历年初，如馨（1545—1615）在南京古林寺传戒。寂光（1580—1645）继之，律学有所发展。他在南京宝华山传戒，后周游四方，足迹遍海内，临坛建戒百余所，自命为"大明律师"，著有《梵网经直解》4卷。其法嗣见月制《传戒规范》。另有弘赞著《四分律如释》12卷、《四分律名义标释》40卷。还有福州鼓山元贤、广东鼎湖山道丘亦致力于律学，所以《新续高僧传·寂光传》称此时期为"律学中兴"。

五 明末佛教四大家

自明中叶以后，佛教势力渐盛，人才辈出。至明末，出现了影响广泛的4位佛教大师——袾宏、真可、德清、智旭。他们有一共同特点，即诸宗皆通，内外皆通，但又不入于一宗一派，大有比较研究的学者气象，为后世学者佛教之滥觞。

云栖袾宏 袾宏（1535—1615），字佛慧，号莲池，俗姓沈，杭州仁和（今杭州）人。自幼习儒业，17岁补诸生，27岁以后生活坎坷，4年中连遭丧父、失儿、悼亡、丧母之痛，看破红尘，作《七笔勾》，斩断尘缘，落发出家。32岁受具戒后，"即单瓢只杖游诸方，遍参知识"。云游至杭州之五云山，遂结庵而居，题名"云栖"，弘化于此。以后逐渐得到周围居民的施舍，建禅堂、法堂，使云栖寺成为浙江名刹，袾宏也以"云栖大师"之名称扬于世。净土宗推袾宏为"莲宗八祖"，华严宗以他为圭峰下第二十二世祖师，而他又经常出入禅门，所以他的思想以融通诸宗为特色。袾宏一生著作宏富，弟子将其分为释经、辑古、手著 3 大类 30 余种，合编为《云栖法汇》一书。

袾宏出家初学禅宗，但他对当时禅林浮华浅陋的教法不满。他讲："今人心未妙悟，……种种无义味语，信口乱发，诸无识者，莫能校勘，同声赞扬。"(《竹窗二笔·家门语不可乱拟》)"古人棒喝，适逗人机，一棒一喝，便令人悟。非若今人以打人为事。"(《遗稿·问答》)可见禅宗完全排斥念经、拜佛的参悟方法已经走到了尽头，袾宏力图用禅、教结合来挽回颓风。他说："离教而参，是邪因也；离教而悟，是邪解也。饶汝参而得悟，必须以教印证，不与教合悉邪也。是故，……学者必以三藏十二部为楷模。"(《竹窗随笔·经教》)同时他在宗教实践中又很重视戒律，在他门下，"日有程，月有稽，岁有表，凛凛乎使无赖之徒不得参乎其间。"(《重修云栖禅院记》)他撰有《沙弥要略》、《具戒便蒙》、《菩萨戒疏发隐》等律学著作，并修订《瑜伽焰口》、《水陆仪轨》、《朝暮二时课诵》等仪制垂范后世。参禅，持戒，诵经，最终又归依于净土，"若人持律，律是佛制，正好念佛；若人看经，经是佛说，正好念佛；若人参禅，禅是佛心，正好念佛"。(《云栖遗稿》卷 3)袾宏的思想反映了佛教内部派系合流的趋势。

在教外袾宏又提倡佛、儒合流，不过他也不同意社会上一些人简单地提倡儒佛为一说。"佛、儒二教圣人，其设化各有所主，固不必歧而二之，亦不必强而合之。何也？儒主治世，佛主出世。"(《竹窗随笔·儒佛配合》)儒佛二教，一显一隐，在辅助王化方面可相辅相成，袾宏对二教社会功能的分析是相当深刻的。

袾宏还对明末传入中国的基督教做出了回应。基督教有强烈的"一神论"倾向，且于传入之初采取了"排佛补儒"的战略，使中国僧侣甚感不悦，袾宏领衔加以抵制。他承继了当年"三教之争"的老办法搬出佛陀与上帝斗法。他把基督徒的上帝仅仅视为欲界诸天之一，自然是很微小的，算不得什么唯一神。又说："又言天主者，无形、无色、无声，则所谓天主者，理而已矣。何以御臣民、施政令、行赏罚乎？"(同上《天说一》)用一种早期宗教的观念去理解上帝，说来头头是道，实则文不对题。更有趣的是，袾宏站在中国人的立场上，不仅维护佛教信仰，也维护宗法性传统宗教的信仰，"南郊以祀上帝，王制也。曰钦若昊天，曰钦崇天道，曰昭事上帝，曰上帝临汝，……天之说，何所不足而俟彼为创为新说也？"（同上）从这些论辩，可以看出袾宏对西方基督教了解甚浅。然而他还是明末中西宗教文化冲突中一员大将，可见当时的文化碰撞尚处初级阶段。

紫柏真可 真可（1543—1603），字达观，号紫柏，俗姓沈，江苏吴江人。17 岁时辞亲远游，欲立功塞上。路过虎丘云岩寺，闻寺僧诵八十八佛名号，心有所感，遂从该寺明觉和尚出家。20 岁受具足戒，此后遍历名山。他没有专一的师承，但又遍通诸家。他誓志恢弘禅宗，但又不"出世"、"开堂"，因而成为一名独立于宗派之外的高僧。万历年间，真可有感于梵夹版大藏经携带和阅读不便，立志刊刻方册藏，此议得到一批大官僚的资助。这本方册大藏经即《径山藏》，或称《嘉兴藏》，方便了藏经的流传。万历三十一年（1603），京城发生了事关东宫废立的"妖书"案，皇帝震怒，责令追查。真可为仇家陷害，被诬为"妖书"作者，被捕下狱，严刑拷打并无确供，于同年十二月十七日死于狱中。真可的著述由德清等人编为《紫柏尊者全集》30 卷、《紫柏尊者别集》4 卷、《附录》1 卷。

明人顾仲恭在《跋紫柏尊者全集》中概括真可一生的思想时说："最可敬者，不以释迦压孔子，不以内典废子史。于佛法中，不以宗压教，不以性废相，不以贤首废天台。"外融儒释、内和性相，可以说是真可思想的最大特色。

宋明以来，儒、释、道三家思想高度融合，这里不仅有佛教对理学的影响，而且也有理学对佛教的影响。在真可的理论中，就特别表现出陆王心学的印迹。他说："天地可谓大矣，而不能置于虚空之外。虚空可谓无尽矣，而不能置于吾心之外。故以心观物，物无大小；以物累心，心不能觉。惟能觉者，始知心外无物。"（《紫柏尊者全集》卷9）从观点到语言，都是王阳明"心外无物"的移植。由于心为万物本原，故各教圣人不过是从不同角度发明此心，他为三教同源说找到了一个可靠的理论基础。

憨山德清 德清（1546—1623），字澄印，别号憨山，俗姓蔡，安徽全俶人。自幼在寺中读书，不堪课业之苦，因见和尚诵经，心向往之，19岁往南京栖霞山披剃出家，26岁以后行脚游方，"至吉安，游青原"，"出入燕京"，登五台，见北台憨山风景奇秀，"默取为号"。其间从华严、唯识、禅宗诸派名僧学习，会通诸家。31岁与袾宏同游五台时，"留数日，夜对谈心，甚契"。曾为皇家"祈嗣"。此后，皇太后赐金三千与他建寺，他用以赈济山东灾民。万历十四年（1586），神宗印大藏经15部分赐全国名山，太后特赐一部于东海牢山。因无处放置，又赐钱建海丘寺。这一年真可来访，与德清互相倾慕。万历二十三年，因神宗与母后不和，嫌其佛事太费，迁怒于德清，将其逮捕入狱。在狱中经严刑拷打，最后以私创寺院罪流放岭南。在20余年的流放生涯中，德清一直在岭南进行佛教活动，并得到了广东地方官僚的支持。他多次入曹溪南华寺重兴祖庭。万历三十四年，朝廷大赦，德清恢复了自由。他离广东，入湖南，游九江，至杭州，宣讲佛教教义及戒律。天启二年（1622），又回到曹溪，一年后圆寂于此。禅宗门人因他重兴祖庭之功，将其遗体制成肉身像供后世瞻仰。德清的主要著作有《华严境界》1卷、《楞严通义》10卷、《法华通义》7卷、《观楞伽记》4卷、《肇论疏注》3卷、《憨山绪言》1卷。他的弟子将其所有著作及言论编为《憨山老人梦游全集》共55卷。

德清的思想仍以对内融合禅、教、净，对外调合儒、释、道而闻名。他认为禅宗作为佛教的一个流派，不管他的思想多么解放，毕竟离不开经典的启发和印证。德清又说："吾儒世尊，摄化群生，所说法门，方便非一。而始终法要，有性、相二宗，以其机有大小，故有顿、渐之设。末后分为禅、教两门，教则引摄三根，禅则顿悟一心。"（《全集》卷20）因此把性相二宗、禅教两门对立起来的观点是浅陋的。德清还特别注重净土宗。他说："今所念之佛，即自性弥陀；所求净土，即唯心极乐。人苟能念念不忘，心心弥陀自现，步步极乐家乡，又何远企于十亿国之外，别有净土可归耶？"（同上书，卷2）如此"自性弥陀"，"心中净土"，完全把净土信仰禅化了。同时他又把念佛当成禅悟的重要手段，"若念佛念到一心不乱，烦恼消除，了明自心，即名为悟。如此念佛，即是参禅"（同上书，卷9）。在德清思想中，禅与净土已内在的结合在一起，且合会出一番新意。

德清又用"真心一元论"来统摄"三教"。他认为,"三教之学,皆防学者之心"(同上书,卷45)。儒、释、道三家圣人,不过是从不同角度来纠正人心,因而他得出结论:"为学有三要,所谓不知《春秋》,不能涉世;不精老庄,不能忘世;不参禅,不能出世。"(同上书,卷39)这既是对宋明以来中国封建社会意识形态结构的精辟概括,又是对中国士大夫文化、心理结构的深刻分析。

藕益智旭 智旭(1599—1665),字素华,别号八不道人,晚称藕益老人,俗姓钟,江苏吴县人。少年时受宋明理学影响,著文"辟异端","誓灭佛老"。17岁时因读袾宏《自知录》、《竹窗随笔》,"乃不辟佛,取所著《辟佛论》焚之"。24岁出家,25岁在云栖寺受具戒。以后"遍阅律藏,方知举世积讹",决意通过弘传律藏纠正禅林流弊。32岁时开始"究心台部,而不肯出为台家子孙"。此后游历江、浙、闽、皖诸省,不断讲述、著作。晚年定居浙江灵峰,清顺治十二年(1655)圆寂,终年57岁。智旭平生著作宏富,弟子将其分为宗论和释论两大类。宗论即《灵峰宗论》10卷,主要阐述自己思想。释论则是注释佛经之作,共60余种,164卷。

清嘉庆五年(1801),和硕亲王裕丰在《书重刻〈灵峰宗论〉后》中概括智旭思想说:"融会诸宗,归极净土",此诚确论。他不屑于当时禅、教诸门抱残守缺、故步自封之状,立志步袾宏、真可、德清三位大师之后尘,通过禅教圆融重振宗风。他说,"何谓教?何谓宗?语言设施之谓教,忘情默契之谓宗。故宗也者,虽云教外别传,实际教内真传也。"(同上书,卷6)当时禅教合一虽为一股潮流,但直称禅为"教内真传"者亦不多。他对禅门因排斥戒律而导致的腐败极为不满,斥之曰:"今时丧心病狂无耻禅和,影响窃掠,听其言超佛祖之先,稽其行落狗彘之下。"(同上)因此他特别重视戒律,极力宣传禅、教、律合一。"禅者佛心,教者佛语,律者佛行"(同上书,卷2),参禅,看教,行律最终又归源于净土,"始知若律,若教,若禅,无不从净土法门流出,无不归还净土法门"(同上书,卷6)。他强调"参禅必不可无净土,净土必不可夹禅机"(同上),所以后世认为智旭是袾宏以后净土宗的主要代表人物。

第三节　道教的世俗化与符箓派的荣盛

明朝200多年，道教的演化又有新的特点。在金、元两朝兴盛的全真道走向衰落，甚至沉寂。一者它与元室关系紧密，受到明王室的嫌弃；二者它的后期，道士不热心匡世扶危，而致力于全性葆真，社会影响缩小；三者修命养性之内丹术需要较高的文化层次，曲高和寡，道徒不易发展。所以全真道离开了社会政治舞台的中心，走上了学者式的隐遁清修的道路。与此同时，以斋醮符箓为主要特色的正一道则表现得十分活跃，大受明王室的青睐，进一步与社会政治生活和日常生活相结合，成为支配全国道教的主导势力。道教理论更深地与儒学、佛教大相融合，道教教义与活动更广地与社会实际生活相贯通，向民间扩散，使明朝思想文化处处带有道教的色彩。

一　王室与道教

明代皇帝多爱好方术，宠信道士，此风始自朱元璋。朱元璋亲近的道士有周颠、张中、张正常、刘渊然等。周颠有异状异行，能预言，为太祖"告太平"，善辟谷，罩巨缸以薪煅之无恙，常随太祖同行。洪武中，太祖亲撰《周颠仙传》，纪其事。铁冠子张中善数术，能测祸福，多奇中，太祖因邓愈之荐而召至，张中预告豫章当流血，庐舍毁尽，又预言国中大臣有变，后果如其言。朱元璋与陈友谅鄱阳湖大战，张中曾为元璋军祭风，并预言胜事，深受器重。张三丰名全一，不饰边幅，号张邋遢，能数月不食，并云能一日行千里。太祖闻其名，洪武二十四年（1391），遣使觅之不得。张正常为正一道第四十二世天师，世居贵溪龙虎山。太祖召入朝，去其天师号，改授正一嗣教真人，赐银印，秩视二品，为之设置赞教、掌书二寮佐，洪武五年，敕令永掌天下道教事。其子张宇初，洪武十三年，授大真人，领道教事，洪武十六年，奉敕建玉箓大斋于南京紫金山，十八年，奉诏祈雨，二十三年，奉敕重建龙虎山大上清宫。刘渊然幼为祥符宫道士，善雷法。洪武二十六年，太祖闻其名，召至，赐号高道，馆朝天宫。明太祖亲近道士，对正一道士尤有好感，曾在御制序文中说："禅与全真，务以修身养性独为自己而已；教与正一，专以超脱，特为孝子慈亲之设，益人伦，厚风俗，其功大矣哉。"（《御制玄教立成斋醮仪文序》）可知明太祖崇信正一道，是看到它可以在社会政治与伦常生活中起维护秩序的作用。于是敕礼部会僧道定拟释道科仪格式，使之遵守。洪武十五年（1382），太祖又亲制道教科仪乐章。据《明通鉴》，太祖自参加祈雨醮事，"上素服革履，徒步至坛，席藁曝日中，夜卧于地，凡三日"，表现得极为虔诚。但是朱元璋并不放纵道教，对道教活动采取严格管理，不使冒滥的方针。洪武五年，给僧道度牒，下诏说："天下大定，礼仪风俗，不可不正"，"禁僧道斋醮杂男女恣饮食，违者有司严治之"（《明通鉴》卷4）。洪武六年下诏："府州县止存大寺观一所，并其徒而处之"（《太祖实录》卷86），限制僧道出家。洪武十四年，编"黄册"。洪武十五年，置僧录、道录二司，隶礼部，加强管理。洪武二十四年，清理释、道二教，凡僧道，府不得过40人，州30人，县20人，民年非40岁以上、女年非50岁以上者不得出家。二十八年，令天下僧道赴京考试给牒，不通经典者黜之。洪武中有诏，凡火居道士，许人挟诈银30两、钞50锭，如无，打死勿论。明太祖态度如此严厉，一是以僧道太奢，"蠹财耗民"，对财政有影响；二是他本人起自民间，曾利用白莲教反元，深知民间宗教具有反叛潜能，故立国后禁断白莲教，并严格僧道管理，不使白莲教和其他民间宗教信徒混入僧道之中；三是用僧道中多有"不循本俗，污教败行"者，有碍国家法律的统一。故须考核整顿，令僧道并而居之，不使与民相混。洪武二十七年，下令礼部榜示天下僧寺道观，凡归并大寺，设砧基道人一人，以主差税。每大观道士编成班次，每班由一年高者率之，其余僧道皆不许奔走于外及交结有司、以书册称为题疏、强求人财等，于崇山深谷中修禅学全真者一二人则许，三四人则不许（见《太祖实录》卷184），下诏"令僧道有妻妾者许诸人赶逐，相容隐者罪之。有称白莲、灵宝、火居，及僧道不循祖风，妄为议论、阻令者，皆治重罪"（《留青日札摘抄》）。明显是为了防止失控，造成民变。

明成祖永乐帝大体继承了明太祖的爱好与宗教政策。第四十三代正一嗣教真人张宇初，建文时犯法夺印诰，成祖即位后予以恢复。永乐八年

（1410）宇初卒，弟宇清嗣位。永乐初，张宇初命正一道士孙碧云为武华山南岩宫住持，永乐十一年，敕授孙碧云道箓司右正一，形成武当山本山派，奉祀玄帝为主。永乐大帝最推崇真武神，醉心于有活神仙之称的武当全真道士张三丰，形成他自己的独具特色的道教信仰。真武本名"玄武"，最初是北方七宿的星辰神，它与四灵崇拜相结合，变成龟蛇之神，至宋代被人化为人格神，宋真宗封之为"真武灵应真君"，为避"圣祖"赵玄朗之讳，改"玄"为"真"，宋钦宗加封为"佑圣助顺真武灵应真君"。元世祖于大都建大昭应宫以祀真武，元成宗加封为元圣仁威玄天上帝，成为北方最高的神。朱棣在发动"靖难之变"中，宣扬真武显灵，称帝后加封真武为北极镇天真武会天上帝，下令大修该神之祀地武当山，赐名大岳太和山。前后督夫30万，历时7年，建成拥有8宫2观、36庵堂、72岩庙、39桥、12亭的庞大道教建筑群，在天柱峰顶造起金殿，以铜为质，以金为饰，费以百万计，"天下金几尽"，使武当山成为闻名遐迩的道教圣地。成祖在北京建造宏大的真武庙，成为京师九庙之一，官方以时祭祀。成祖还在御花园中建钦安殿专祀真武，在奉天殿两壁斗拱间，绘有真武神像，并制作《御制大明玄教乐章》，为祭祀真武帝与二徐真君之用。永乐帝自认为是真武的化身，以此张大自身的形象。明成祖还十分仰慕明初已名气昭著的高道张三丰。传说张三丰曾为县令，后弃官出家为全真道士，于终南山遇火龙真人传以丹诀，赴武当修炼多年。永乐五年，成祖遣给事中胡濙偕内侍朱祥带玺书香币往访张三丰于武当山，遍历荒徼，十年不获，竟不知其所在。后来英宗赠为"通微显化真人"，宪宗封为"韬光尚志真仙"，世宗封为"清虚元妙真君"，熹宗加封为"飞龙显化宏仁济世真君"，于是张三丰由高道升为神仙。明成祖依据祖训，对僧道亦申管教之令，如永乐十七年下谕云："天下僧道多不守戒律，民间修斋诵经，辄较利厚薄，又无诚心。甚至饮酒食肉，游荡荒淫，略无顾忌。又有无知愚民妄称道人，一概蛊惑。男女杂处无别，败坏风化。即揭榜申明，违者杀不赦。"（《留青日札摘抄》）可见政府不仅要管僧道犯法事，亦过问僧道犯戒事，且处以重刑。

明代诸帝中，奉道最虔、为时最久者是明世宗。世宗即位之初尚能励精图治，冷淡斋醮。中年以后专信道教，希求长生，日事斋醮，不理朝政，老而弥笃。世宗最初崇信龙虎山上清宫正一道士邵元节，嘉靖三年（1524）征其入京，嘉靖五年封为真人，九年以后步步高升，敕建真人府于城西，以其孙启南为太常丞，曾孙时雍为太常博士，岁给元节禄百石，以校尉40人供洒扫，赐庄田30顷，蠲其租，嘉靖十五年又封为礼部尚书赐一品服。世宗所宠另一道士陶仲文，由邵元节推荐而入朝，因预言火灾果中而得信任，授神霄保国宣教高士，寻封神霄保国弘烈宣教振法通真忠孝秉一真人，又因祈祷疗疾有功，特授少保、礼部尚书，后再加少傅，仍兼少保，位至三公，恩宠出元节之上。嘉靖二十三年，说仲文祈祷擒获叛臣王三有功，加少师，仍兼少傅少保，一人兼领三孤，终明之世，唯有陶仲文一人。世宗对陶仲文恩崇迭加，授特进光禄大夫柱国兼支大学士俸，荫子世恩为尚宝丞，复给伯爵俸，授其徒郭弘经、王永宁为高士。嘉靖二十九年，以平狱功，封仲文恭诚伯，岁禄千二百石，弘经、永宁封真人。后又以功增禄百石，鹿子世昌国子生，靡子锦衣百户。陶仲文得宠20年，位极人臣，嘉靖三十九年卒，年八十余。此外，世宗还宠信过道士段朝用、龚可佩、蓝道行、胡大顺、王金、顾可学、端明、朱隆禧等人。这些佞倖以道术方术邀宠，得封官晋爵，直接干预朝政，污浊世风，大失道教清虚本色，皆起因于世宗之昏迷癫狂，上好下阿，势所必然。世宗晚年求方术益急，嘉靖四十一年，命御史姜儆、王大任分行天下，访求方术及符箓秘书，得法秘数千册。世宗又学宋徽宗的样子，并且更有过之，为自己父亲上道号仁化大帝，其母为妙化元君，自号灵霄上清统雷元阳妙一飞玄真君，后又加号为帝君，把自己一家打扮成神仙世家。世宗因好斋醮，而需要撰"青词"，青词是斋醮仪式上写给天神的奏章表文，用碟笔写于青藤纸上，于是大臣争以青词取宠，可位至辅弼之职，一时形成风气。袁伟、严讷、李春芳、郭朴四人有"青词宰相"之称。明世宗一心迷恋方术斋醮，大臣谏诤者，非贬即死，大权旁落于权臣严嵩手中，弄得朝廷内外乌烟瘴气。后严嵩被贬死，徐阶代为首辅，情况稍有好转。世宗临死前似有所悟，遗诏中有"只缘多病，过求长生，遂至奸人诳惑"（《明通鉴》卷63）之语。

二　两大教派及其思想

明代道教仍以北方全真、南方正一为两大主要教派，但全真道隐微，正一道显贵。正一道在元代，它的天师仅限于统领江南诸路道教。从明洪武初年起，正一道天师即掌全国道教事，其地位超出全真道而为主导。第四十二代天师张正常于明初两度入京朝觐，被授正一嗣教真人，永掌天下道教事。此后，直到明末第五十一代正一天师张显庸，代代皆袭封大真人，掌管全国道教事务。世宗朝，由于正一道士邵元节显贵一时，正一道的政治地位也达到高峰。但正一道也因此而受到腐蚀，不法犯罪者时有发生，除张宇初、赵宜真外，不复有高道名世。张宇初撰《道门十规》，系统阐述道教教义与教制，颇有重新整顿正一的意愿。他的道教思想已不局限于传统的符箓斋醮，更多地吸收了全真的性命双修之学与严格的教规教风，表现了道教内部各派互融趋同的潮流，同时又融会儒道，给道教输入更多的外部营养。由于道家的学术声威较高，张宇初便强调道教以老子为宗源，《道门十规》说，道教"虽有道经师三宝之分，而始自太上授道德五千言于关令尹"，认为道教内炼之术皆渊自老庄，而后世方术与祈禳被祫之术，脱离老子虚无清净之本，流连而忘返，奔竞于声利，遂被世人目为异端。他主张外法应以内炼为本，"果能抱元守一，御炁凝神，六识净消，一真独露，我即雷霆大法王，当何符咒罡诀云乎哉"，"谈笑风霆，特吾余事耳"（《岘泉集》）。张宇初十分推崇全真南北二宗的内丹之传，以性命双修为一切道教教法之本，《道门十规》说："近世以禅为性宗，道为命宗，全真为性命双修，正一则唯习科教。孰知学道之本，非性命二事而何？虽科教之设，亦惟性命之学而已"。他赞赏元代全真的"百日立基、十月胎圆、三年圆毕"的渐进丹法。他以心性为三教共同之源，运用宋儒太极之说解释心性。《岘泉集》说："太极者，道之全体也，浑然而无所偏倚，廓然无得形似也，其性命之本欤？性本于命，理具于性，心统之之谓道，道之体曰极。"张宇初看到明初正一道戒律松弛，道风颓堕，主张吸收全真的教戒，提倡艰苦俭朴之风，以达到振宗兴教的目的。他认为修道之士应有戒行为先，远离尘俗，草衣木食，以真功苦行磨砺身心，宫观要加强管理，住持以精严戒行而服众，不得交结权贵、干预公事、私蓄俗眷，对轻薄之徒要依律惩处。他要道友以赵归真、林灵素辈为戒，不能蹈其骄奢富贵、夸诞语词而为世人诟责的前辙。赵宜真为元明间名道士，上承全真、清微二派之传，又曾从曾真人受净明忠孝道法，被净明学者尊为第五代嗣师。他以符箓祈禳闻名于世，在元明间云游至龙虎山，受到正一天师的礼遇，正一道士多有师事者，晚年定居于江西雩都紫阳观。在赵宜真身上，体现着全真、清微与净明的合一，他的丹法略与全真北派同，以"自性法身"为本，以"摄情归性"、"摄性还元"为进修之要，以"粉碎虚空"为最高境界，主张先性后命。他亦信外丹，认为日月精华炼成丹药点化肉身，可以脱胎换骨，白日飞升。他的雷法主重内炼，说："天地大天地，人身小天地，我之心正则天地之心亦正，我之气顺则天地之气亦顺矣。故清微祈祷之妙，造化在吾身中，而不在登坛作用之繁琐也。"（《道法会元》）明初江南诸派道教合流，江南正一与北方全真亦靠拢，门户的界限是很模糊的。

明代全真道士多隐遁潜修，亦有著书立说者，如无垢子何道全（1319—1399）、混然子王道渊等，而最为世所仰慕的全真高道，当推张三丰。张三丰师事火龙真人，火龙真人师事麻衣先生李和，李和师事陈抟，陈抟以上或为虚拟。张三丰一系属于明初新兴之全真支派。张三丰的著作有《金丹直指》、《金丹秘诀》等，清代道光年间编成《张三丰先生全书》。张三丰身后，形成"自然派"、"邋遢派"、"隐派"等新道派。丘玄清为武当道士，曾师事张三丰，得朝廷赏识，封为太常卿，为全真道士中最荣贵者。全真正宗自元以来分为7派，其中以龙门派势力最大，明代该派出现特重戒律的龙门律宗，以丘处机门下赵道坚为龙门第一代律师，张德纯为第二代，陈通微为第三代。明初周玄朴为第四代。第五代律师分两支，一支张静定，传于赵真嵩为第六代，赵传法于王常月（1522—1680），为龙门第七代律师。王常月于明末传戒法于伍守阳（1565—1644），为龙门第八代律师。周玄朴门下另一支沈静圆，传于卫真定，卫传沈常敬，为龙门第七代律师。另有崂山道士孙玄清（1497—1569），本为龙门第四代，自立金山派，又称崂山派，属龙门支派。万历间，扬州儒生陆西星（1520—1601）创全真东派。

明代全真道的理论皆以三教归一为时代特色，以性命双修为宗旨；有的偏重于修性，有的偏重于修命；有的强调自身清修，有的强调男女合修。如《三丰全书》认为内丹所谓铅汞即是孔孟所言仁义："仁属木，木中藏火，大抵是化育光明之用，乃曰仁；义属金，金中生水，大抵是裁制流通之用，乃曰义。"它以儒学心性修养和力行伦常来讲解内丹，谓内以尽性，外以尽伦常，便可成就内丹，全人道方可全仙道，故云："只要素行阴德，仁慈悲悯，忠孝信诚，全于人道，仙道自然不远也。"又不重视出家弃俗，而倡导"在家出家，在尘出尘，在事不留事，在物不恋物"，近似于禅宗无住无念的思想。在具体炼养步骤与方法上，张三丰一系主张从筑基炼己入手，属修性的"玉液还丹"。《三丰全书·大道歌》说："未炼还丹先炼性，未修大药且修心，心定自然丹信至，性清然后药材生。"其所谓药，内药指身中元精，外药指虚空中真一之炁，"内药养性，外药立命，性命双修，方合神仙之道"。至一阳初动，及时采药封固，炼化精气，称"金液还丹"。由修心炼性而达精气化神，由有为而达无为，率此天性以复其天命，即可得道。明代内丹家比元代讲先性后命或先命后性又进了一步，形成先摄心修性，次炼化精气修命，最后粉碎虚空以了性的"性→命→性"的程式。初期的修性是打基础，最后的了性是最高次第，以修命作为中介手段。在单修与双修的方式上，多数主张单修，少数倡导双修。东派陆西星主张行道双修，限于夫妇同练，其方口授秘传者多，所著书中无名记载，因受制于中国的礼教传统，难以公开流行。他的《青天歌注》说："学道初关先须炼己，炼己者克己也，克己去私，私欲净尽，本体湛然，乃见真性"。见性后，采药临炉，取坎填离，炼化精气，这时须男女双修，其《玄肤论》说："须知彼我之气，同一太极之所分，其中阴阳之精互藏其宅，有不可以独修者"，女体之中藏有真阳，男体之中藏有真阴，故须男女合炼，阴阳互补，共炼同成。

明代道教内丹炼养术的具体化和通俗化，为它扩散到民间创造了有利条件，它的健身养生实效也博得教外人士广泛的爱好。许多文人学者从养生养性角度习学内丹。王阳明曾炼内丹数十年，虽否认它有长命之效，但肯定它的积极作用，《传习录》谓："只是一件，流行为气，凝聚为精，妙用为神。"林兆恩主三教合一，自称师法张三丰，采内丹性命双修之术。李时珍《本草纲目》肯定任督二脉乃道家从静定功夫中得来，还丹内炼成为医疗术之一。在武术上，拳勇之技，少林为外家，武当为内家，据传内家拳系张三丰所创，有"行如蛇，动如羽"的特点，后来演化出太极拳、八卦拳、形意拳、大成拳等，其路数技法皆以《道德经》"柔弱胜刚强"为依据，着重炼意与气，尚意不尚力，形成独特的风格。道教文化的扩散，加强了民间多神崇拜的风气。一方面道教不断从民间信仰中收编新的神灵，另一方面又将自己的神仙信仰推广到民间去，使得诸如关帝、玄帝、文昌帝、吕祖、城隍、王灵官、三官、真武等庙宇遍于城乡各地，海神妈祖、东岳神、土地神以及龙王、送子娘娘等神庙更是所在多有。另外，在道教影响下，扶乩与劝善书盛行，明儒李贽、高攀龙等都为《太上感应篇》作序、注疏，《关帝觉世真经》、《文昌帝君阴骘文》、《吕祖功过格》、《文帝孝经》等皆盛行于世。道教观念也大量渗入小说、戏曲、鼓词等通俗文学中去，小说《水浒传》、《西游记》、《封神演义》等，充满了关于佛教佛菩萨、道教神仙道术的描写，一方面写当时社会的佛、道教宗教生活，另一方面借用佛、道教的宗教幻想，进行浪漫主义的艺术构思，寄托人们的理想与愿望，同时也宣扬和进一步扩散了宗教神鬼思想与宿命论、因果报应等观点。道教还极大地影响了明代民间宗教。道教的扩散，作为一种文化，包含着许多健康合理的成分，如气功、拳术、绘画、雕塑、富有想象力的艺术精神等，丰富了中国民间文化生活。当然，它也带来许多消极的影响，如迷信、认命、浪费、影响生产与科学的发展等。道教从表面上看，比金元时期地位下降了，声望减弱了，但实际上它通过世俗化的过程大量进入人们的日常生活和广泛渗入社会各文化领域，化整为零，无孔不入，与整个中国传统文化结合得更加紧密了。

三 《正统道藏》与《万历续道藏》

明代永乐年间，成祖命第四十三代天师（时称嗣教真人）张宇初辑校《道藏》。功未就而成祖死。仁宗、宣宗未暇置理。明英宗正统间，诏通妙真人邵以正督校，增所未备。正统十年（1445），刊校事竣，共5305卷，480函，以千字文为函目，自天字至英字，每函各为若干卷，卷为1册，系经折本（梵夹本），称为《正统道藏》。明神宗万历三十五年（1601），第五十代天师张国祥刊续《道藏》，自杜字至缨字，共180卷，32函，称为

《万历续道藏》。正续《道藏》加在一起共5485卷，512函，经版121589叶。由于明代以前的《道藏》多毁坏流散，《正统道藏》（包括《万历续道藏》）便起了续存收佚的作用，成为后世最流行的一部较全的道教文化大丛书。入清以后，经版度藏于大光明殿，日有损缺。光绪庚子年八国联军攻入北京烧掠，存板尽毁。自《正统道藏》刊行后，明清两代印施各处宫观甚多。但屡经兵灾，存者寥寥可数，《道藏》遂成秘籍。1923—1926年，上海涵芬楼据北京白云观所藏《正统道藏》、《万历续道藏》影印，缩为六开方册本，共1120册，从此而后，学者始得常读明刊《道藏》。现有明《道藏》版本，除涵芬楼本外，还有台湾艺文印书馆据涵芬楼本影印装订为平装本60册，台湾新文丰出版公司印行影印精装本60册，文物出版社、上海书店、天津古籍出版社联合出版的16开本《道藏》影印本36册，都颇方便查阅。

根据道教经典编辑的惯例，《正统道藏》的经目分类采用"三洞四辅十二类"的编目体例。三洞指洞真、洞玄、洞神。按道教的说法，洞真系天宝君所说经，为大乘，住玉清境，凡托名元始天尊所造作经典收入此部；洞玄系灵宝君所说经，为中乘，住上清境，凡托名太上道君所造作经典收入此部；洞神系神宝君所说经，为小乘，住太清境，凡托名太上老君所造作经典收入此部。三洞又各分为十二部，它们是：第一本文，第二神符，第三玉诀，第四灵图，第五谱录，第六戒律，第七威仪，第八方法，第九众术，第十记传，第十一赞颂，第十二章表。每洞十二部，三洞合为三十六部。四辅指太玄部、太平部、太清部、正一部。太玄部辅洞真，太平部辅洞玄，太清部辅洞神，正一部通贯总成。从内容上看，太玄部收入老庄道家以下及与道教相关的诸子百家著作，太平部收入太平经，太清部收入金丹诸经，正一部收入正一经。但三洞四辅十二部的分类法本身并不科学，存在着一系列的矛盾和混乱，如明版《道藏》的《道德经》不归于太玄部，而归于洞神部玉诀类即是一例。按照陈国符先生的意见，三洞四辅是根据经的来源和传授关系而形成的；洞真经系《上清经》演绎而成，洞玄经余系《灵宝经》演绎而成，洞神经则初有《三皇经》，以后增入它经。陈撄宁先生就《道藏》书籍的性质分为14类：①道家类，②道通类，③道功类，④道术类，⑤道济类，⑥道余类，⑦道史类，⑧道集类，⑨道教类，⑩道经类，⑪道诫类，⑫道法类，⑬道仪类，⑭道总类。陈撄宁先生并不认为《道藏》包罗万象，其取舍自有道教的标准，故凡收入者皆与道教相关，不过分类需要改进而已，故自为类次，层次分明，各有侧重，透视出道教立体化的多层面的结构框架，颇值得我们重视。《道藏》的内容所展示出的，绝不仅仅是道教的教义，它表示道教已经成为一种大的文化体系，具有十分丰富的内涵，需要从多方面加以把握。《道藏》如同佛藏，都是我国超大型文化丛书，是我国传统文化宝库的重要组成部分，不仅研究道教需要它，研究整个文化史也离不开它。目前对它的研究只在开始阶段，今后开发的前景相当广阔。

第四节　基督教的再次传入及其与传统文化的冲突

元代覆亡以后，基督教在中国沉寂了一段时间。此时，欧洲经历了文艺复兴，基督教也发生了天主教与新教的分裂。随着欧洲列强海外殖民事业的扩展，传教士输出宗教的热忱也空前高涨，数千名传教士来到远东，叩响了印度、日本、中国的大门。基督教于明末再次传入我国。

一　传教士想方设法进入中国

15—16世纪，西班牙、葡萄牙等第一批殖民国家，在宗教改革后仍保持着天主教的统治地位。1534年，由西班牙军人出身的依纳爵·罗耀拉（Ignacio de Loyola）创立了天主教耶稣会，企图通过向东方传教来重振天主教的势力，明清之际来华传教士多属这一派系。葡萄牙人占领印度以后，把下一步传教的目的地定为中国。

然而，传教士打开中国大门却是非常艰难的。当时中国东南沿海正受倭寇骚扰之苦，实行严厉的海禁。1541年，罗马教皇保禄二世和耶稣会会长罗耀拉，应葡王约翰三世之请，派西班牙人方济各·沙勿略（Francisco Javier，1506—1552）去中国传教。但是他仅仅到了广东沿海的上川岛，却无法进入广州，最后客死在这个荒岛上。葡萄牙人占领澳门以后，传教士在中国门口找到了一个中间站。葡籍传教士伯来笃（Barrto）和公匝勒（Gonzenlez）步沙勿略后尘，再次试图进入中国未果，退居澳门传教。他们的事业在澳门取得了很大发展，到1565年，教徒已达5000余人。1578年，耶稣会印度和日本教务巡阅使范礼安（Alessandio Valignani）去日本前，在澳门住了一年时间，研究了中国的情况。他认识到，要去中国传教，首先要"学习中国语言和文字"。他从国内和印度调来了罗明坚（Michaele Ruggieri，1543—1607）、利玛窦（MatteoRicei，1552—1610）等40余位优秀的传教士，在澳门组织他们学习汉语和中国的典籍文章。多年以后，罗明坚在回忆范礼安时说："他用谦逊坚忍，把中国关得很紧的大门打开。"其实除了"谦逊坚忍"外，传教士还有一个重要武器，就是西方先进的物质文明与精神文明成果。1581年，据说罗明坚已经学会了12000个汉字，熟悉中国礼仪典章。他利用葡商每年春秋两季去广州交贸的机会，随队前往传教。当地官员见他洞悉本国语言而破格礼遇，允许前往肇庆谒见广东总督陈瑞。罗明坚不失时机地献上了中国人当时还没有见过的时钟等礼品，陈瑞非常喜爱，准许他留住天宁寺。几个月后陈瑞去职，但新总督郭应聘同样欣赏罗明坚的礼品。这时利玛窦也已来到中国，郭应聘赐他们一所房屋，但条件是他们必须"换上中国衣服，变成中国皇帝的子民"。于是罗明坚和利玛窦剃去头发，穿上僧服，成了名副其实的"洋和尚"，他们的住所被命名为"仙花寺"。这样，明成祖以来严厉的禁海令便被传教士打开了一个缺口，天主教与西方商品共同进入中国。

1588年，罗明坚返回欧洲，利玛窦主持仙花寺。利玛窦出身于一个意大利官僚家庭，其父希望他去罗马学习法律，将来进入政界，但他偏偏选择了修道传教事业，并义无反顾地应范礼安之召，来到澳门，学习中文，进入中国，决心为上帝的事业奉献毕生。利玛窦是明末传教士中最著名的代表人物，在华传教事业的开拓者。1594年，范礼安又派郭居静（Lazio Cattaneo，1560—1640）来做利玛窦的助手。利玛窦留下郭居静而北上。通过数年的中国经历他已认识到，僧侣在中国的社会地位是不高的，于是他脱去僧服，换上儒装，以博得中国士大夫的好感。利玛窦有才识胆量，又善于交际，凭借他广博的中国文史知识，雄厚的西方天文、地理、历法知识，迅速在中国上层儒士中交了一批朋友。再通过三棱镜、日晷仪等精巧礼品的馈赠，取悦于官吏，迅速在南昌、南京等地建立了住院，取得了传教的权利。此后，又有龙华民（Nicolo Longobardi，1539—1654）、苏如望（Joao Soeiro）、罗如望（Joao de Rocha，1566—1623）、庞迪我（Didagode Panto ia，1571—1618）等著名传教士相继来华，有的留住南方各住院，有的随利玛窦继续北上，1596年，利玛窦任在华耶稣会会长。为了在中国站稳脚跟必须得到皇帝的支持，1598年，利玛窦、郭居静等人进入北京，通过太监将自鸣钟、铁弦琴、圣经、圣像等礼物献给了万历皇帝。"两架自鸣钟最使皇上惬意，钟针随滴答之声移动，准时当当报鸣，神宗皇帝喜为天下奇物"（罗光《利玛窦传》，第119页）。皇帝还派宫廷乐师向传教士请教西洋铁弦琴的弹法。利玛窦等人虽未获得觐见机会，但却得到了在北京居留的默许。此前13年，他们在中国发展教徒不过百名，且没有在职官员或有影响的儒生。此后，教徒队伍迅速扩大，"1603年，差不多500人；1605年，有1000多；1608年，有2000多"（德礼贤《中国天主教传教史》，第60页）。并且包括了一批著名的官员与儒生，基督教影响迅速扩大。

明末中国基督教徒中，徐光启（1562—1633）、李之藻（1569—1630）、杨廷筠（1557—1623）三人最为知名。他们三人皆进士出身，儒门弟子，徐光启官至礼部尚书，李之藻为光禄寺少卿，杨廷筠曾做过监察御史。有这样一批朝廷重臣、著名知识分子参与，大大加快了基督教在华传播的速度。

二 天主教的儒学化

利玛窦等人在早期传教活动中，除了走上层路线，用科学技术吸引知识分子参与外，还有一条重要经验，就是尽力使天主教教义适应中国的情况。他们开始想使天主教"佛化"，冒充佛门一支而取得民众好感。但是不久他便发现，"中国人虽然礼敬偶像，但是在他们得不到所要求的恩惠时，便对他们大加毒打。不久，又因着恐惧魔鬼的报复，而重新虔诚尊敬。他们对于神的敬畏心，实在太薄弱，所以对于僧侣也就不太重视"（《利玛窦中国札记》第2卷，第5章）。可以说，利玛窦以一种职业宗教家的敏感，迅速捕捉到了汉民族在儒家"敬鬼神而远之"宗教观的熏陶下，形成的一种特殊的宗教心理，他们对任何超人间的领域都缺乏笃诚、持久的信仰，但又出于现世实用的目的广拜仙佛，以增福利。利玛窦看出："中国人主要的偶像，就是他们的官吏"，"他们更喜欢为一般民众应用的宗教，把中国古时的几位哲学家言及道德与良好政治的训言当教义"。（同上）在中国，儒学的地位根深蒂固，于是他们采取了"排佛补儒"的战略来取悦于儒生，他们著文批评佛教轮回转世、因果报应的信念及不杀生的戒律。同时通过研习儒家经典，他们也深知儒学与天主教的根本对立之处。因此他们传教却并不急于翻译《圣经》，而是先写《天主实义》等著作，有选择地介绍天主教的知识。到中国很多年后他说："直到今天，我们还没有解释有关我们的神圣信仰的全部奥秘。"（屠立汾《利玛窦神父的历史著作》第2卷，第225页）以至李贽在与他交往多年以后还怀疑他们来华的目的。

由于长期的碰撞与融合，儒、释、道三教的边缘已十分模糊，而儒学与宗法性传统宗教几乎是同根异体，教与学并行又交叉。于是传教士们引经据典，大做调和儒学与基督教的工作。利玛窦直言不讳地说："把孔夫子这位儒教奠基人留下的某些语焉不详的字句，通过阐释为我所用。"（《德礼贤》，《利玛窦全集》第2卷）中国人自古便有天神崇拜信仰，传教士很自然地把"昊天上帝"与"天主"（God）等同，利玛窦讲："历观古书，而知上帝与天主特异以名也。"（《天主实义》，第416页）古籍中的"敬天"、"事天"等字样被他们解释成古人拜上帝的宗教活动。儒家最重孝道，利玛窦附会说：孝道要尽三方面的义务，即向至高无上的天父——上帝，向一国之父——君主，及向生身之父。他把儒学的"仁"等同于基督教的"爱"，把天主教蔑弃现世物质利益，追求永恒天国，混同于儒家的"重义轻利"，"存天理，灭人欲"……总之，利玛窦极力用儒家经典中的文字来阐发基督教教义，抹杀两者差异。同时他又决定，对中国宗法性传统宗教中祭天、祭祖、祭孔等礼仪活动采取宽容态度，允许信天主教的中国人在家保留祖宗牌位，在官场参加祭孔等活动，不使他们在社会生活中感到为难。利玛窦的这些调和工作迎合了中国士大夫的心理，受到了普遍的欢迎，以致徐光启在读了《天主实义》后，竟没有发现天主教与儒学有任何抵触之处。他说："百千万言中，求一语不合忠孝大旨，求一语无益于人心世道者，竟不可得。"（《跋二十五言》）如果说范礼安坚持要传教士学习中文打开了中国的大门，那么利玛窦儒化基督教则为大规模传教铺平了道路。

三 基督教与中国文化的第一次冲突

唐代景教的湮没是由于武宗灭佛的间接影响所致，元末也里可温教的消失则是蒙古军事帝国崩溃的自然结果，而明代万历帝禁教，才是基督教与中华文明第一次实质性碰撞。

尽管利玛窦等人引经据典，移花接木，百般巧饰，但基督教文明与儒学文明的根本差异则是抹杀不掉的。首先，儒学根植于中国的宗法血缘社会，祖宗崇拜是社会上下的普通信仰，孝道则是儒家伦理的核心。但是基督教以上帝为唯一神，反对任何形式的偶像崇拜，反对举行祭祀祖先的活动，这在中国民众心目中是绝对不可容忍的。其次，儒家宣扬纲常伦理，等级秩序，男女大防，而基督教则讲在上帝面前人人平等。明末天主教早期发展的中国教徒多是下层平民，且有女教徒参加活动，这些现象被视为对礼教的破坏。再次，中国人在不伤及礼教的大前提下，主张对各种宗教皆采取宽容态度，故一个人往往有几种信仰，崇奉多神主义。而基督教则有强烈的排他性，不允许教徒信仰混杂。最后，中国文化是在东方特定的历史环境中形成，一向有"尊夏贱夷"的文化中心观念。而基督教则有欧洲中心论的传统，二者存在矛盾。

利玛窦在世，宁愿曲解教义，也要对中国民众原有正宗宗教信仰采取顺应态度，故能在中国顺利发展。1610年利玛窦逝世后，龙华民接替主教职务。他一改对中国传统宗教的宽容态度，多次著文指出：中国人的"天"并不是上帝（God），而是自然神。1628年又在上海召开21名传教士和42名皈依者会议，正式禁止把中国典籍中的上帝（天）当作基督教的上帝对应词使用，从而使矛盾激化。

在中国学者方面，明末黄贞著《不忍不言》、《破邪集》、《请辟天主教书》；王朝式作《罪言》，钟始声作《天学初徵》、《天学再徵》，虞淳熙作《利夷欺天罔世》，林启陆作《诛夷略论》，许大受作《圣朝佐辟》，李光生作《儒教正》等文，力驳基督教。特别是黄贞的《破邪集》，举出基督教对中国哲学、宗教、伦常、道德构成的威胁"五大端"，猛烈抨击，在社会上引起较大反响。在佛教方面，袾宏作《天说》，普润作《诛左集》，密云作《辨天三说》，圆悟作《辨天说》，通容作《原道辟邪说》，如纯作《天学初辟》，反击天主教对佛教的攻击。一时间"天学"成为学术热点。

万历四十四年（1616），排教活动由礼部侍郎署南京礼部尚书沈㴶的三封上疏推向了高潮。他以崇正学、黜异端、严华夷为号召，力主排教。他提出禁教的理由有四：第一，西方传教士散处中国，时有窥伺之心。第二，劝人只信天主，不祭祖先，有伤孝道。第三，传教士私习历法，破坏了禁止民间研习天文的律令。第四，教徒擦圣油，洒圣水，聚男女于一室，伤风败俗。沈㴶的上疏在南京引起了广泛的响应。徐光启以礼部尚书的身份为天主教力辩，并压下了沈㴶的第一封上疏。他作《辨学章疏》说：西方教士"实皆圣贤之徒也，其道甚正，其宗甚严，其学甚博，其识甚精，其心甚真，其见甚定"，他们来中国传教，"盖彼国教人皆务修身以事天主，闻中国圣贤之教，亦皆以修身事天，理相符合"，故不怕危难，"乐相印证，兹使人人为善，以称上天爱人之意"。但是沈㴶并不甘心，他又以"裔夷窥伺，潜住两京，则国家之隐忧当杜也"为由，于7月21日逮捕了耶稣会士王丰肃、谢务禄及华人信徒14人，幼童5人。8月14日又逮捕了钟鸣礼、张寀等8人。此事件在历史上称"南京教案"。以后他又两次上疏万历皇帝，要求明令禁教。万历帝经不住众人的反复陈情，终于在万历四十五年12月28日下令封闭天主教堂，放逐传教士。庞迪我、熊三拔、王丰肃、谢务禄等人被押解广东。其他西方传教士则遁迹隐形，投寄教民家中避祸，传教事业受到一次打击。

四 明末传教事业的再度兴盛

南京教案对基督教传教事业造成了一定影响。但并未从根本上改变基督教继续传播的总趋势。许多传教士躲了起来，几个著名传教士押解广东，但是王丰肃改名高一志，谢务禄改名曾德昭，重新潜入内地传教。两年以后，由于明廷有事求助于传教士，传教事业再度发达起来。

万历四十七年（1618），明军在辽东惨败，京师震惊。徐光启上疏请练兵自效，被皇帝采纳。他派人去澳门购买西洋大炮。有了先进武器，还要有会使用的人，天启二年（1622），明熹宗遣使赴澳门，把16位传教士与7名葡军头目请入北京，协助明军作战。天启六年，袁崇焕镇守宁远，西洋大炮运至辽东，一举打败"八旗铁骑"，打伤努尔哈赤。明帝大喜，命名此炮为"安边靖虏镇国大将军"。传教士也再一次名正言顺地住在了北京。

另一有求西洋传教士之处是修历。万历年间，历法多年失修，推算经常失误。南京事件以前，徐光启等人便已指出："大西洋归化人庞迪我、熊三拔等，深明历法。其所携历书，有中国载籍所不及者。"（黄伯禄《正教奉褒》）万历四十一年，李之藻任南京太仆寺少卿，即推荐庞迪我、熊三拔、龙华民、阳诺玛等人参与新修历法，此事为南京事件中废。天启元年春，邢云露再次详述日月交食之事，证明中国历法不如西洋历法。皇帝令礼部检验。崇祯二年（1629）五月朔，有月食，用中国历法推算，前后刻数皆不合，而徐光启用西洋历法计算，与实际完全符合。皇帝因此相信了西洋历法，命徐光启督责龙华民、邓玉函、汤若望等人，将中西历法相参校，不久写成了《崇祯历法》，大大提高了天文测算的准确率，传教士再度受到朝廷的重视。西方物质文明和精神文明的成果，再次成为天主教在中国布道的有力依凭。

明末，基督教徒再一次激增。1627年1300人，1636年38200人。至清顺治七年（1650）达到了150000人。当时除云南、贵州外，各省均有传教士活动，基督教不仅在民间和士大夫中传播，而且流入了宫廷。据黄伯禄《正教奉褒》载，崇祯末年，宗室信徒已达114人，内廷奉教者40人。明末传教事业的再盛为清初基督教的发展奠定了基础。

明代基督教的再传入，虽然已经有了葡萄牙、西班牙等西方国家殖民扩张的历史背景，但从传教士在华活动的实际情况看，仍然属于和平传教事业。传教士们来华的直接动机还是出于扩大宗教事业的热忱。同时，宗教作为一种文化载体，基督教把西方先进的自然科学及物质文明成果带入了我国。西方近代天文、地理、数学、几何、物理、水利、机械、医药、音乐、语言、绘画等某些知识，都是此时期输入的。正如梁启超在《中国近三百年学术史》中说："中国智识线与外国智识线相接触，晋唐间的佛学为第一次，明末的历算学便是第二次。"

第五节 伊斯兰教的新发展和儒化倾向

一 明王朝与伊斯兰教

伊斯兰教在中国的发展，可以分成前后两个时期。前期为唐宋元，是伊斯兰教进入中国和在中国各地传播时期；后期为明清及近代，是伊斯兰教在中国稳步发展并形成中国特色的时期。明代 300 年，回族正式形成民族共同体，伊斯兰教成为它的普遍信仰。就地区分布而言，形成大分散小集中的地理格局，与汉族杂居，又通用汉语汉文，与汉族及其文化有极为密切的联系。

朱元璋在推翻元朝统治的过程中，以"驱逐胡虏，恢复中华"为口号，明王朝建立以后对蒙古人、色目人虽未滥加镇压，但仍有戒备和歧视，企图用法律手段加以限制和强制同化。《大明律》规定："凡蒙古、色目人，听与中国人（汉人）为婚姻，不许本类自相嫁娶。违者杖八十，男女入官为奴。"原注云："夫本类嫁娶有禁者，恐其种类日滋也。"对色目人（其中大多数是回族）而言，其族源本来就是西域民族与汉族的融合。明律的规定在客观上更有利于回族的发展，远亲婚姻，后代更为强壮，同时伊斯兰教的信仰不变，使得越来越多的汉人通过与回族人的婚姻而成为穆斯林。这大概是统治者始料不及的。此外，诏禁蒙古人、色目人胡衣胡姓，变胡姓为汉姓，其原则是：繁者为简，诡者为俗。于是有哈、以、者、买、卖、摆、喇、马、穆、丁、刘、王、安、李等姓出现，其中仍有回姓独特色彩，而多数已与汉姓无别。泉州回族大家蒲寿庚有扶元灭宋的事迹，在元朝为功臣，在明朝为罪者。朱元璋曾下诏禁止蒲氏子孙读书入仕，以示惩戒。在伊斯兰教教制方面，限令伊斯兰教教长只有传道布教权，不得行法官之责以掌理民间诉讼，企图把宗教与政治分开。

但从总体上说，明王朝对伊斯兰教的政策是优厚的，对穆斯林的态度是宽容的。这是因为伊斯兰教并不反对明朝政权，而且有利于巩固这个政权，回汉之间并不存在严重的对立，并且有不少回族豪杰之士为明朝的建立和发展做过重大贡献。很多为朱元璋建功立业的许多将领都是回族，如常遇春、胡大海、汤和、邓愈、沐英、蓝玉、冯胜、冯国用等，皆是战功赫赫的名将。洪武初，敕修礼拜寺于西安、南京及滇南、闽、粤，并御制《至圣百字赞》，赞美清真之教，承认真主的伟大、穆罕默德的贵圣，认为清真之教有协助天运保庇国民之功，尊崇之情不亚于赞扬佛、道二教。洪武三年（1370）四月甲子诏："蒙古诸色人等，皆吾赤子，苟有才能，一体擢用。"据《清真先正言行略·赛哈智传》载："明初，徐达入元都，得秘藏书数十百册，系天方先圣之遗典。因御书百字，褒颂圣德；敕赐清真寺并嘉西圣遗惠，宜恩西域；钦与哈知（赛哈知）世袭咸宁侯。并命哈知于京师、西安建净觉、礼拜二寺。"又载："洪武二十五年，召赛哈智赴内府，宣谕天经于奉天门。奉旨每户赏钞五十锭。棉布二百匹。与回回每分作二处，盖造礼拜（寺）两座。如寺院倒塌，随时修，不许阻滞。与他住坐，恁往来府州县布政司买卖，如遇关津渡口，不许阻滞。钦此。"伊斯兰教及其穆斯林在以往历史上从未受此厚遇，说明伊斯兰教日渐成为大教，穆斯林成为一支巨大的社会力量，不能不引起最高当局的重视；同时伊斯兰教是当时社会稳定的因素，故受到当权者的保护。

明成祖曾下谕旨，保护伊斯兰教，敕谕米里哈智，有敢慢侮欺凌者，罚以罪。从永乐敕谕中可以看出，当时的穆斯林代表人物积极靠拢汉族传统信仰和效忠中央政权，所谓"敬天事上，益效忠诚"，形成一种协调关系，故永乐帝嘉奖之，给予莫大的关怀。

明宣宗曾下敕谕给郑和，奖励他造船精良，表示在重修清真寺和造船工程上，给予财政支持。从中可知明廷对郑和的信赖和倚重，也可知郑和乞修南京三山街礼拜寺，其为虔诚之穆斯林已无可疑。

明代诸帝，以武宗最为亲近伊斯兰教，并于诸宗教皆有浓厚兴趣而尤尚清真。据《清真先正言行略·陈大策传》，武宗通佛经梵语，懂鞑靼语，又习阿拉伯语，"一日，上评论诸教。谓侍臣曰：'诸教之道，皆各执一偏，唯清真认主之教，深原于正理，此所以垂教万世，与天垠久也。'"看来武宗对于宗教有一定解悟能力。他认为佛教之佛仍人修而成之，比不上超绝一切的真主之神，他对超人之神更感兴趣，因而赞美一神教之伊斯兰教。

此外，"世宗敕名净觉寺，行令礼部给与札付，冠带荣身"。"令各省随方建寺，赴京比例，请给札付，住持寺院"（《瀛涯胜览》）。又，"神宗诏修天下清［真］寺，褒以封号；凡一应主持，恩及冠带。今供职焚修，以事造化天地人神万物之主"（《皇明外纪》）。可见朝廷对伊斯兰教采取了支持、保护和利用的政策。伊斯兰的信仰是合法的，政治上法律上得到保障，这是伊斯兰教在明代平稳发展的重要社会条件。

从教徒分布来看，自边疆逐步扩展到内地，《日知录》云："《实录》：正统元年六月乙卯，甘州、凉州寄居回回于江南各卫，凡四百三十六户，一千七百四十九口。其时西陲有警，不得已为徙戎之策，然其种类遂善于江左矣。三年八月，有归附回回二百零二人，自游州徙至浙江。"由于其他原因而内迁和流转者，所在多有。明初，穆斯林聚居区经济发展较快，出现一大批回族村落，并且由于商业的发展，交通沿线城镇的穆斯林也增多。伊斯兰教亦随着回族的分布而遍及全国各地。南京作为明初的首都有大批回族穆斯林居住，在总人口近 50 万中，回族占约十分之一二，是当时全国回族人口最集中的一个城市，光阿訇就有上百人。在新疆，明初的吐鲁番、哈密犹奉佛教，永乐六年（1408），吐鲁番慈僧来京，朝廷授予"灌顶慈慧圆智普通国师"可证。至成化五年（1469）已改信伊斯兰教。除回族外，从 13 世纪到 17 世纪，我国的撒拉族、东乡族、保安族等也陆续信奉了伊斯兰教。从清真寺的修建上看，明代穆斯林一方面大力重修早期著名之清真寺，如泉州圣友寺、广州怀圣寺、杭州真教寺、扬州仙鹤寺、北京牛街礼拜寺、上海松江清真寺等；另一方面又新建了一大批清真寺，如西安的化觉寺、南京的净觉寺、北京东四清真寺、西宁东关清真寺、新疆喀什的艾提卡尔礼拜寺，在河北、河南、安徽、广西、江西、甘肃等省亦有一批新的清真寺出现。这一情况说明伊斯兰教是在继续发展壮大之中。

二 经堂教育的兴起

明代以前，伊斯兰宗教教育存在着严重缺陷：一方面，穆斯林普遍使用汉语汉文，对于阿拉伯文经典，囫囵其辞，不甚了了；另一方面，司铎者抱持原本，师传徒授，只有口译口讲，不能普及，使得穆斯林宗教素质下降。陕西经师胡登州（1522—1597）有鉴于此，慨然以发明正道为己任。他自朝觐回来以后，改革以往以家庭为主、以口传手抄《古兰经》为主的办法，借鉴我国传统的私塾教育和阿拉伯经学教育的经验与模式，建立起正规的经堂教育制度，开一代风气，被尊称为"胡太师祖"。胡登州以清真寺为经堂，阿衡（阿訇）为教师，以经典为读本。招收一定数量的回族子弟，由阿訇集体传习经典。学生毕业时挂幛（标示学历之锦帛）穿衣（回教礼服），学生之衣食住费用由教民供给。胡太师四传至周老爷，其时回文大学林立，人才辈出。周有八大弟子，及诸小弟子，对于后来经堂教育皆有贡献，如云南之马复初，河南之张古东、二杨。二杨为河南经堂之创始者。与周同时有王龙及黑云南，皆博学之伊斯兰学者，时歌谣称云："王一角，周半边。黑云上来遮满天"，谓其影响之大。其后形成两大经学学派：陕西学派和山东学派。陕西学派（包括西北、豫、皖及南部诸省）以胡登州及其初传弟子为代表，其学精而专，一般专攻阿拉伯文经典，如专门讲授认主学而不讲其他。山东学派（包括直、鲁及东北诸省）以常志美、李永寿为代表。其学重博而熟，长于波斯文，讲课时阿拉伯文、波文斯兼授，讲认主学的同时亦讲苏菲哲学。此外还有一些小的学派，如云南学派，以马德新、马联元为代表，兼陕西、山东两派之长；兰州学派，以周老爷为代表，学风严谨讲课要求深透；河州学派，以马万福为代表，重视教法教律的研究教学；东海学派，以王岱舆、刘智为代表，用汉文注释、解说伊斯兰经典。

经堂教育在发展过程中由单纯学习《古兰经》扩展为系统的宗教教育：有《古兰经》、《圣训》的经典注释课，有教义学，有教法学，有阿文语法修辞学等。读本并无统一规定，但逐渐形成"十三本经"，即有十三书是经堂学生必读的，在中国已流传了数百年。十三本经是：《连五本》、《遭五·米素巴哈》、《满俩》、《白亚尼》、《阿戛依杜·伊斯俩目》、《舍来哈·伟戛业》、《虎托布》、《艾尔白欧》、《米尔萨德》、《艾什尔吐·来麦尔台》、《海瓦依·米诺哈吉》、《古洛司汤》、《古兰经》。

经堂教育之所以强调用阿拉伯文与波斯文教学,是为了使学生(未来的阿訇)直接研读伊斯兰教原文经典与论著,以提高他们的宗教素质。由于语言教学占据大比重,整个经堂教育的教学时间便不能不拖长,一般在五六年之久,教学内容的重心取决于教师的专长,教学计划并不严密,组织机构亦复松散。但它毕竟形成了具有中国特色的伊斯兰教育制度,培养出一大批中国穆斯林学者和人才,提高了教职人员的文化水平和宗教学识,推动了回族文化教育事业的发展,加速了伊斯兰文化与中国传统文化的交流和融合,也为近代中国穆斯林学校教育的发展奠定了基础。

三 汉文译著的出现

明代以前中国无汉文伊斯兰教经典与论著译本。明代经堂教育的兴起,虽然能够用阿拉伯文或波斯文伊斯兰教原著培训阿訇,仍不能解决广大信徒学习宗教知识的普遍性问题,因为多数中国穆斯林不懂汉语以外的语言,不能直接习读原文经书。长此以往,伊斯兰教在基层信徒中就有失传的危险。况且中国穆斯林生活在汉文化汪洋大海之中,社会上儒家思想在整个文化生活中占有主导地位,影响极深极广,任何外来文化都不可能抗拒它,只有与它接近,主动接受它的影响,才可能更好地保持原有的特点,不受排逐,在中国扎下根来。伊斯兰教文化亦不能不解决中国化(在很大程度上是儒化)的问题,否则不仅难为国家政权和主流传统所容,就是对于长期使用汉语和接受儒家思想熏陶的中国穆斯林来说,也难以适应阿拉伯和波斯的原封不动的宗教传统。佛教率先走过了中国化的道路,明代基督教亦采取联儒、补儒、益儒的策略。在这种情势之下,伊斯兰教的信仰和学术,不能不在内容和语言上吸收中国传统文化特别是儒学的营养,同中国固有文化做更大程度的调适,努力建设中国化的伊斯兰教文化,使它成为整个中国文化的有机组成部分,同时保持自己最基本的特质。陆容《菽园杂记》说:"回回教门异于中国者,不供佛,不祭神,不拜尸,所尊敬者唯一天字,最敬孔圣人。故其旨云:僧言佛子在西空,道说蓬莱住海东,唯有孔门真实事,眼前无日不春风。

见中国人修斋设醮,则笑之。"可知,明代中国穆斯林以"天"称呼真主,是为了与中国传统的天神崇拜相调和,又表示了对孔子特别的尊崇,确定了"合儒"的立场,在这样的大前提下,不妨表示一下对佛道的批评和对汉地风俗的异见,这是无碍于大局的。

伊斯兰教在理论上正式汉化始自汉文译著的出现,回族的儒家学者用汉文翻译伊斯兰教典籍,用汉文撰述伊斯兰教理论,根据中国传统文化的精神和中国穆斯林的心理与素养,对伊斯兰教教义做出创造性的解释和发挥,使之适应中国的社会环境。这样的理论活动,开始于明代末年,活跃于清代前期,以王岱舆、刘智、马注、马德新四大家最负盛名,其中又以活动于明末的王岱舆为创始者,被推为四人之首,在开创伊斯兰教理论发展新局面上有不可磨灭的贡献。

王岱舆祖上是典型的回族世家,从阿拉伯迁来中国后,世代居住于南京,曾受到朱元璋的厚遇,就职于回回钦天监。王岱舆别号真回老人,生于明万历十三年(1585)前后。自幼接受伊斯兰宗教教育,师承胡登州四传弟子马君实,完成了经堂教育课程,精通阿拉伯语、波斯语和伊斯兰教典籍。成年以后,他感到知识偏狭,汉文水平不高,决心钻研儒、佛、道及百家诸子之学。经过一段时间的刻苦努力,终于成为博通伊、佛、道、儒四教的大学问家。王岱舆第一部汉文作品是《正教真诠》,初版刻印于崇祯十五年(1642);第二部汉文著作是《清真大学》,初刻刊本已难考查,时间当在明末动乱之际;第三部汉文作品《希真正答》,系王岱舆弟子伍连城根据同学对先师生前言论的记载,整理编辑而成,清代只有传抄本,民国时期才正式排印。王岱舆的汉文著作以著为主,以译为辅,以其深刻和新颖在教内外引起普遍重视和好评,满足了汉语学者渴望了解伊斯兰教义的需要,儒家学者何汉敬、梁以浚在《正教真诠》序言中充满赞美之词,回族上层亦予嘉许。有人称这些译著使伊斯兰教"千古疑案"得到解决,从而使该教"大昌于世",扩大了社会影响。1645 年 5 月清兵攻陷南京,王岱舆北上至北京,在马思远的学馆讲课,并与著名伊斯兰教学者刘智、马注等交往论学。大约顺治十四、十五年王岱舆去世,安葬在三里河清真寺西侧李氏墓地。《正教真诠》贯穿着"以儒解回"的精神,共分上下两卷。上卷 20 篇主要阐述认主独一、明心悟性的宗教哲学；下卷 20 篇，主要讲述穆斯林的修持之学以及伊斯兰的法规、礼制、禁忌和特殊的风俗习惯。作者运用儒学观点来解说伊斯兰教义。如宣扬"三纲"思想，提倡"人生在世有三大正事，乃顺主也，顺君也，顺亲也"；用"五常"诠注"五功"，念经不忘主则具仁心，施真主之赐于穷者为义，拜真主与拜君亲为礼，戒自性者为智，朝觐而能守约为信；倡导天命论，谓"先天为命，后天为性，命乃种子，性乃果子"；赞颂"忠恕"，认为"真者化灭诸邪，忠者斩除万有，此为人之大本也"，"克己恕人，方能进入正道"；肯定"克己复礼"，谓"若非礼勿视，必须正视；若非礼勿听，必须正听；非礼勿言，必须正言"。儒学家何汉敬在序言中指出王岱舆阐述的伊斯兰教理论可以补充儒学，云："独清真一教，其说在于本，理宗于一，与吾儒大相表里"，"其教众不废君臣、父子、夫妇、兄弟、朋友之序，而洁己好施更广吾儒所不足。"《清真大学》是一部系统阐述伊斯兰宗教哲理的专著，围绕着"真一、数一、体一"三大概念展开其理论体系。"真一"即真主，绝对唯一至高至上者；"数一"乃自然之理，万物之原始，天地万物之种；"体一"即人对真主的体认，象征天地万物之果。作者结合中国理学的宇宙生成论，提出了真主创造宇宙的模式：真一（真主）→数一（无极、太极，即媒介物）→阴阳→天地（日月星辰）→土水火气→世界万物。其中既有阿拉伯哲学关于世界万物是由真主流出的东西组成的观点，又有中国传统哲学的无极、太极、阴阳的思想。"体一"是人与万物向"真一"的复归，方法便是格物、致知、寻根、穷理，最后大彻大悟，与真主同一。为了解释真主本体的单一与德性的多样，该书把真主说成有体有用有为的三品的世界主宰。王岱舆的理论活动不仅受到回族学者的高度评价，也为中国思想史界所关注，他在伊斯兰教史和中国思想史上的地位都是重要的。

第六节 民间宗教的活跃与发展

一 民间宗教的兴旺与白莲教的演变

明代是中国民间宗教史上划时代的新时期，这一时期的民间宗教迅速兴旺、异常活跃、教派众多。特别在正德以后，民间宗教的组织和势力遍及大半个中国，主要活动于河北、山东、山西、河南、江苏、安徽、浙江、福建、江西、湖北、四川、陕西诸省。它的基本信徒是农民、手工业者、矿工、流民、漕运水手、城市贫民，总人数不下数百万之多，成为一支极为可观的社会力量。民间宗教的教派众多，彼此亦常有交叉互渗的情况，但缺乏全国统一的教会组织，各派自成一体，自有传承世系，在官方压迫和上层宗教排斥下，秘密或半秘密地进行活动，偶尔也打入贵族内部以谋求发展，但始终未能成为合法宗教。相反，在社会矛盾加剧、民众灾难深重之时，往往成为下层群众社会互助和反抗压迫剥削的组织形式，被统治者目为"邪教"，不断遭到残酷的镇压，然而愈挫愈烈，成为一支与明政权对抗的力量。在诸多的以民间宗教为外衣的武装起义中，以永乐年间山东青州唐赛儿领导的白莲教农民起义和明末徐鸿儒领导的闻香教起义最为著名。

　　明代的民间宗教就其主流而言乃是元末白莲教的继续和发展，虽然并无严格定义上的教主传承和组织的续接，但在教义的基本倾向上，在经典（宝卷）的撰著流布上，在组织规则与活动方式上，众多教派都接受了白莲教的影响，客观的社会作用也类似，所以有人统称之为白莲教。白莲教已经成为明、清两代民间宗教的泛称，官方习惯于用"白莲教"一词指称一切所谓"邪教"和异端，若有牵连，便遭镇压；所以民间宗教教派大都讳用白莲教的称谓而另起名目，这就造成了教派用语和官方用语上的差别，令人困惑而不易确切把握，实际上是同一股宗教潮流。

　　但白莲教从宋元到明清的发展却显示了不同的阶段性，发生过较大的变化。其演化主要有三个阶段：早期宋元阶段是净土阿弥陀信仰，结莲社做佛事以求往生西方净土，这个阶段的反叛性不强，所以能为蒙古贵族所容纳；中期元末明初阶段引入弥勒信仰，弥勒是未来佛，弥勒下凡便意味着明王出世，必然带来变天思想，很容易成为民变的旗帜，从此白莲教便成为一种反叛的宗教，既为元后期统治者所不容，又为明初统治者（他们是借白莲教打天下的）所禁断；后期是明中叶至清末，以罗教的兴起为转机，形成数以百计的教门，大都引入了无生老母信仰，正式产生了明清民间宗教自己独有的最高创造神和救世主，同时保留阿弥陀和弥勒信仰，突出"三期末劫"说，更加具有反叛性，因而受到当权者更加残酷的镇压，后期的教门多是罗教的衍支或受罗教影响，所以罗教起了相当关键的作用。

明代民间宗教的教派名目很多，有罗祖教、南无教、净空教、弘阳教、大乘教、龙天教、黄天教、还源教、圆顿教、涅槃派、悟明教、南阳教、金山教、收源教、弓长教、金禅教、老官斋教、三一教、无为教、老子教、顿悟教等，它们之间有并列，有交叉，有隶属，有派生，有异名，而其中影响较著、势力较大者有罗教及其分支东西大乘教与老官斋教，有黄天教和弘阳教，有三一教。

二　罗教及其衍支东西大乘教与老官斋教

罗教又名罗道、罗祖教，是明清两代流传较广、支派繁盛、影响相当深远的大型民间宗教。它的创始人是山东莱州即墨人罗梦鸿（1442—1527），又名罗清、罗静、罗英、罗梦浩、罗杰空、罗怀等，教徒皆尊称为罗祖。他一生经历了正统、景泰、天顺、成化、弘治、正德、嘉靖诸朝。祖辈当兵，隶北京密云卫古北口军籍。成化六年（1471）出家，经过13年的苦修，于成化十八年正式创罗教。罗氏创教前原是禅宗临济宗人，所以熟悉佛教。罗教形成的标志是罗清著经卷五部六册，即《苦功悟道卷》、《叹世无为卷》、《破邪显证钥匙卷》（上、下册）、《正信除疑自在卷》、《巍巍不动泰山深根结果宝卷》。五部六册主要受佛教影响，书中引用大量《金刚经》、《涅槃经》、《华严经》、《圆觉经》、《般若经》的内容，而以禅宗和净土为主。罗教奉达摩为正宗，尊崇六祖慧能，主张"三教共成一理"，"不住斋，不住戒，逢世救劫，因时变迁"（《苦功悟道卷》卷1），不供佛像，不烧香，不作道场，不设经堂，颇有禅宗宗风。罗教教义，采用了佛教的性空说，着重阐发真空之义。《苦功悟道卷》说："忽然参透虚空，未曾有天有地，先有不动虚空"，"这真空往上参，无有尽处；这真空往下参，无底无穷。""也无古佛，也无众生；这个长存，再无别事；本来无一物，何处有尘埃。"罗氏发挥佛教空论，把世上一切事物，包括佛祖菩萨，统统都否定了，只承认一个绝对的永劫不坏的真空，它是宇宙的根本，它变化出天地日月、山河大地、五谷禾苗，乃至三千诸佛，所以真空法乃是罗教的哲学基石。罗氏提出本分家乡（即后来的真空家乡），尘世是流浪家乡，有生有死。经历种种磨难，而最终的归宿是本分家乡，"既得高登本分家乡，永无生死"（《巍巍不动泰山深根结果宝卷》第二十三品）。又提出"无生父母"，"单念四字：阿弥陀佛，念得慢了，又怕彼国天上，无生父母，不得听闻"（《苦功悟道卷》卷1）。"无生父母"就是天下人的共同父母，亦即永恒的至上神。从此民间宗教形成"无生父母，真空家乡"的八字真诀，其源实出于罗教。后来"无生父母"变为"无生老母"她是最高的女神。罗教教义也受到道家和道教的影响，从中吸收了"无极"、"无为"等观念，用老子的"天下万物生于有，有生于无"的观点解释宇宙万物的来源，如《巍巍不动泰山深根结果宝卷》说："天地日月，森罗万象，五谷田苗，春秋四季，一切万物，三教牛马，天堂地狱，一切文字，都是无极虚空变化。"无极又称真无极，亦即真空境界。罗教认为以往佛、道、儒三教的一切修持方法皆是有为法，都在扫除之列，只有无为妙法——摈弃一切欲念追求，才能真正使人摆脱现实苦难，返本还源，了悟大道。所以罗教又被称为无极教、无为教，罗梦鸿又被尊称为无为祖、无为居士、无为宗师。

　　罗教正式形成以后，在教义和活动上都表现出极大的独立性和异端性，受到正统佛教人士德清、袾宏和密藏的攻击，也受到政府的严厉禁断和镇压。经卷被烧毁，活动被取缔，一直处在左道旁门的邪教位置上。

　　罗教的第二代分成两大支派——无为教和大乘教，大乘教又有东西之分。无为教是罗教的正宗，《古佛天真考证龙华宝经》记载明季16个教派，其中有"无为教，四维视"，"四维"合为罗字，可知罗教一直被称为无为教。罗梦鸿之子孙在京畿一代传布此教，代代为无为教教主，直至清代犹然。

　　大乘教分为两支，如《龙华宝经》所说："西大乘，吕菩萨"，"东大乘，石佛祖。"西大乘教传为正统年间京郊黄村女尼吕牛所创，吕牛也称吕妞，教徒尊称吕菩萨。初以黄村保明寺（又名皇姑寺）为中心，在西山一带传播，后遍及华北各省，并远播到四川、安徽、江苏各地。教内人认为吕菩萨是观世音下凡,而观世音自是无生老母。保明寺由此香火滋盛,成为大乘教圣地。隆庆、万历间,保明寺出了一位张姓女尼,法名归圆,仿罗氏五部六册又撰成新五部六册,即《销释大乘宝卷》、《销释圆通宝卷》、《销释显性宝卷》、《销释圆觉宝卷》、《销释收圆行觉宝卷》(2册),称为大乘教五部六册。归圆的思想出于大乘佛教,而又入于罗教,以罗祖口吻说教,信奉无生老母、无极老祖等,宣扬末世劫变思想,对明后期民间宗教有一定影响。由保明寺刊印的大乘教宝卷,也有近于道教的,如刘香山、刘斗璇等所著《东岳天齐仁圣大帝宝卷》、《护国威灵西王母宝卷》、《佛说骊山老母宝卷》等,则重全真道教义。

万历年间,大乘教流传于冀东各县,蓟州人王森(原名石自然)于滦州石佛口声言自己系天真古佛转世,自号法王石佛、石佛祖。相传他得妖狐异香,因称其教为闻香教,自称闻香教主。世人为了与保明寺为中心的大乘教相区别,称闻香教为东大乘教,保明寺的教门为西大乘教。东大乘教以石佛口为中心,向外传教,徒众遍布河北、河南、山东、山西、陕西、四川。该教信奉燃灯佛、释迦佛、未来佛,宣称未来佛(弥勒佛)降生在石佛口王姓家内。又宣扬三期末劫、返本归源等思想。该教组织严密,有大小传头和会主等名号,并有竹签飞筹,传递消息,一日数百里。万历二十三年(1595)王森被捕,判死刑,后来用贿得释,继续在京结交外戚中官,行教自如。其徒李国用以符咒召鬼之术别立宗教,出卖了他,王森再次入狱,并于万历四十六年死于狱中。之后,其子王好贤和徒弟徐鸿儒、于弘志等继续传教,徒党益众。王好贤以河北宝坻为中心,号召乡民,准备起事,夜聚晓散,传经联络。天启二年(1622),徐鸿儒、王好贤举行起义,徐鸿儒自号中兴福烈帝,建元大乘兴胜。以红巾为标志,攻破郓城、邹县、滕县,一时声势浩大。斗争一月有余,最后遭镇压失败,徐鸿儒和于弘志被捕杀,王好贤逃逸,但已引起"二百六十年来未有之大变"(赵彦奏疏),成为李自成、张献忠大起义的序幕。徐鸿儒临刑前说:"我与王氏父子经营天下二十余年,按籍而数,吾法门弟子已逾二百万"(《两朝从信录》卷21),可知闻香教事业之盛。王森子孙仍世代传教,历300余年未曾中断,后改名为清茶门教、收缘门教、一炷香教、大乘圆顿教、圆顿门兴隆派、太上古佛门教等。在王森的弟子中有张翠花，她有"中央圣地翠花张姐"之称，是中央一方之主，在闻香教中占有重要地位。由张翠花引荐，弓长参拜王森为师，后来自立圆顿门教，弓长自称古佛天真教主，于明末传教颇有成果，继续和发展了闻香教的传统。

罗教在明末传入江南，浙江庆元县应继能（又作殷继能）及其徒姚文宇先后接任教主，是谓老官斋教。后来由姚氏家族世袭教权。姚文宇有《三世因由》书，托言初世姓罗，二世姓殷，三世姓姚，表示自己乃罗祖转世。老官斋教以福建为中心，在浙、赣、闽、湘、鄂一带发展势力。福建建安、瓯宁最盛，会众吃素，俱称老官，并设斋堂。姚氏后裔每年去福建一次，举行收徒仪式并收会费。姚氏传教授徒，密传口诀，有小乘二十八偈语及大乘一百零八字偈语，另传坐功、运气等三层功夫。明万历三十二年（1604）瓯宁的教民在吴建领导下起事。清代乾隆十三年（1748），在建安、瓯宁两地发生老官斋聚众抗官之事。

三 黄天教和弘阳教

黄天教又叫黄天道、皇天教，其教名来源于三世三天信仰。据后来清代官方档案披露，该教认为："过去者是燃灯佛"，"度道人道姑，是三叶金莲为苍天"；"现在者是释迦佛"，"度僧人尼姑，是五叶金莲为青天"；"未来者是弥勒佛"，"度在家贫男贫女，是九叶金莲为黄天"（《清代档案史料丛编》第三辑）。以黄天象征未来的美好理想，故名。该教创于明嘉靖年间，创教人是北直隶万全卫李宾，道号普明，被道徒尊为普明佛。李宾青年时务农，后来驻守长城为士卒。于是参师访友，明修暗练，于嘉靖三十二年（1553）创立黄天教，并传教于宣化、大同一带。嘉靖四十二年死于万全卫膳房堡。教权由其妻王氏接续，王氏道号普光，隆庆三年（1569），"通传妙法"，万历四年去世，与李宾同葬于膳房堡碧天寺内。此后，教权由两个女儿接传。大女普净，二女普照，后由普照之女普贤接传教权。以上五人称为黄天教五佛祖。普贤之后教权转回到李姓，李宾胞兄李宸的后代手中，这已是清代的事情了。还有一位道号普静者，乃李宾亲传弟子，俗名郑光祖，他编撰过经卷，与圆顿教有密切联系，对江南长生教的出现有重要影响。长生教创于明末浙江西安县，创教人汪长生，道号普善，被奉为黄天教十祖，是普静一派在江南的直接传承人。长生教奉普明为七祖，亦尊奉禅宗六祖。该教出了几部有名的经卷：《弥勒佛地藏十王宝卷》，崇祯间编成；《圆明宝卷》，清同治间编成；《众喜宝卷》道光间编成。

普明著有《普明如来无为了义宝卷》（简称《普明宝卷》）。普静著有《普静如来钥匙宝卷》，又称《普静如来钥匙古佛通天六册》。《普明宝卷》首先表现出一种弥陀信仰，论述古弥陀见尘世群生罪孽如山，难离苦海，于是"驾法船，游苦海，普度众生。随类化，劝人人，回心转意。受三皈，和五戒，指你真经。舍凡情，发弘誓，超出三界"。同时又引入罗教的无生老母信仰。宝卷把世界分成过去、现在和未来3个时期：过去的燃灯佛混源祖安世治天，其时"人人长寿"、"草衣遮体"、"兽面人心，一无邪染"；现在世界则是"有明有暗，有圆有缺"，"人有形体，五欲邪淫，染尘末世，不得长生"；未来世界将由皇极古佛转世的人来缔造。它认为世界上共有96亿人，过去道尼度了2亿，现在佛尼释子度了2亿，还剩下92亿在染尘末世中，等待皇极古佛化度。普静的《普静如来钥匙宝卷》发展了《普明宝卷》，明确引入弥勒信仰，将三世说阐述得更清楚更有特色，它的概括是："燃灯佛子，兽面人心；释迦佛子，人面兽心；弥勒佛子，佛面佛心。"（见黄育楩《破邪详辩》引）这其中包含着对现实的强烈否定和对未来的美好憧憬，它进一步扩大了黄天教的影响。

黄天教从教义内容上更加接近道教。它要人们兼修性命之功，进而结丹得道；同时它热衷于作道场，为人们免罪消灾，超度亡灵。其时嘉靖皇帝"好鬼神事，日事斋醮"，影响到社会风气，故黄天教创立时不仅采纳全真道，也采纳正一道，以便满足底层群众的精神需要。

弘阳教，又作红阳教或混元红阳教。创教祖师飘高，俗名韩太湖，号宏阳，广平府曲周县人，生于明隆庆四年（1570），19岁出家，22岁入圆顿教，证出弘阳教理，万历二十二年（1594），在太虎山悟道，开宗立教，广收门徒，建立教团。次年，进京传教，结交贵族与太监，为之护教张扬，于是教门大为兴隆。他得到掌皇家印造经书的太监的支持，将弘阳教宝卷在内经厂印制，并借御印经典之名，流通天下。但弘阳教始终未得到政府的正式承认，因而主要还是在民间流行。弘阳教的宝卷刊印流通居于各教门之冠，有《混元红阳悟道明心经》、《混元红阳苦功悟道经》、《混元红阳叹世真经》、《混元红阳血湖宝忏》等，不下数十种。飘高仿罗祖五部经，造"红阳五部经"，谓之"大五部"。后又将许多经咒、佛号等造为《销释混元无上大道玄妙真经》等 5 部，称"小五部"。教义的宗旨是三阳说和红阳劫变说。《混元教弘阳中华经》序说："弘阳法者，现在释迦掌教，以为是弘阳教主，过去是青阳，未来才是白阳。"过去青阳之世，燃灯古佛掌教；未来白阳之世是弥勒佛掌教。无疑它与黄天教的三世说是一致的。现在是红阳之世，所以红阳教当兴。它认为红阳末劫是人间最大劫难，劫尽之后，才是白阳的理想世界，而飘高祖师下降东土，就是要拯救苦海中的众生，使他们摆脱末劫之灾，登上法船，驶向幸福的天宫。弘阳教的主神有自己的独特性，它是混元老祖，有时称无极老祖，与无生老母是夫妻关系，共同执掌天宫，主宰人间。混元老祖是创世主，无生老母则是人间的共同慈母，飘高是他们的小儿子，孔子、老子、释迦、真武是飘高的兄长。弘阳教也采取《弥勒下生经》的说法，即过去燃灯佛掌教时，已度化 2 亿元人（徒众被称为"大地元人"），现在释迦佛掌教，再度化 2 亿元人，还有 92 亿元人将为未来掌教的弥勒佛所度化，同归真空家乡。弘阳教也受道教的影响。"混元"之称来自道教，混元老祖创世的过程是"一生二，二生三，三生万物"（《混元弘阳飘高祖临凡经》）。显然取自道家。老子被尊为"老君圣人"，与释迦、孔子一起，设"三教堂"奉祀。弘阳教也同正一道一样，十分注重道场仪式，善于斋醮祈祷。在飘高生日忌日，教徒念经作会，焚香礼拜，祈福禳灾；平日为民众祈禳祓除，超度亡灵。该教宝卷中有大量供斋醮坛场用的经忏科仪之类的内容。弘阳教主张三教兼融，在它的道德信条中，将佛教道德和儒家道德结合起来，宣扬善者有因，恶者有报，恭敬三宝，孝养双亲，和睦邻里，爱成子嗣等伦理观念。从总体上说，弘阳教与黄天教比较接近，都宣扬三世说和末世劫变说，具有变天思想和反叛精神，它们的上层分子虽然想取得国家掌权集团的支持，但教义本身和教徒的思想情绪决定了这两种宗教必然与现政权发生对抗，作为

"邪教"、"异端"而受到查禁和镇压。

四 三一教及其特点

明代有一个由知识分子学术社团演变为宗教的特例，这即是"三教"，可视为准民间宗教，它的出现很能反映明代中后期的思想文化特征。它的创始人是正德至万历间的福建儒家学者林兆恩。林兆恩（1517—1598），字茂勋，别号龙江，道号子谷子、心隐子、混虚氏、无始氏，学者初称三一教先生，后来教徒尊称三一教主、夏午尼氏。林氏出身书香世族，青年时仕途坎坷。至壮年结交一批王阳明后学学者如罗洪先、何心隐等，深受三教合流思潮的影响。仕途失意后，开始治学著述，收徒讲学，与弟子切磋学问，探究三教深义，或作好善乐施之举。40岁时居"东山宗孔堂"，与诸生讲论古礼，后立"三纲五常堂"，讲授三教，形成学术社团。这时林兆恩还不是宗教家，而是一位名声卓著的学者，受到士林许多人的尊敬。林兆恩晚年，渐渐以教主自居，赋予学术社团以宗教组织的外在形式，并且在弟子们的神化和崇拜中，把自己变成神，学堂变成教堂，堂内的活动掺杂越来越多的宗教祭祀内容。终于在他71岁时，三一教正式形成，门下改称三教先生为三一教主，各地立三一教堂，教堂供奉四大偶像：孔子，儒仲尼氏，圣教宗师；老子，道清尼氏，玄教宗师；如来，释牟尼氏，禅教宗师；林兆恩，夏午尼氏，三一教主。万历二十六年（1598），林兆恩去世，门徒分头传教，形成三大支派。一支以陈标、王兴为首，先于浙江、安徽，后于福州，时而至金陵，建堂传教，归者甚众。另一支以张洪都、真懒为首，倡教金陵，北至直隶、北京。张在北京时，官吏为之护法，往来多为缙绅，文学弟子不可胜计。真懒在金陵建中一堂，疗病施舍，编辑刻印《林子全集》。第三支以卢文辉为首，在莆田、仙游倡教，以林氏嫡传自居，继续神化林兆恩，建立规模宏大的三一教堂，变林兆恩画像为塑像，渲染林氏是弥勒下凡，行"龙华三会，普度人天"。卢文辉之后陈衷瑜掌教权，陈氏之后董史承续教权。三一教在清初有活动，雍、乾以后衰落，但未中断，又传至台湾和东南亚各国，至今在福建和海外仍然存在。

林兆恩一生著述宏富，百余万言，是位大学问家，生前多次编辑论著。

后人将其著作总汇为《林子全集》或摘编成集,版本颇多,其中以崇祯本《林子全集》较好。林兆恩的三一教教义贯穿一条主线,即三教合一而又归儒宗孔。林氏认为三教之源本同,三教之道本一,"譬之树然,夫树一也,分而为三大支:曰儒,曰道,曰释"(《林子全集》利部第五册),"释迦之寂灭,道之虚无,儒之格致,其旨一也"(《三教正宗统论》一册),他不同意立三教门户和在三教之中分邪与正,但他在三教中特别崇儒尊孔,以为孔子之教"最切于民之日用之常,而又不可一日无焉","孔氏之教之大,无一而不在孔氏所容蓄之中"(《林子全集》利部第七册)。他又有"非非三教"之论,即"以三教之非者非之",对三教弊端进行批判,以为三教正宗久已不传,以伪为真,以谬为正,必须返本正源。他以为荀学不识性;汉儒注经晦心性之学,坏了道脉;韩愈性三品说谬戾;朱子注训太草,伊川检束太严——总之赞成心学而非难理学。他认为道教长生之说为虚怪妄诞,但肯定钟吕传统的内丹之学。对于佛教,他把"明心见性,不假外求"的禅宗视为真传正宗,批评不婚娶延嗣、出家而不事常业、诵经念佛、参禅枯坐等行为。很明显他是以心学的标准来评判三教的是非。林兆恩认为三教之学,真谛全在心性,心具至理,显而为教,故云:"以人之心,至理咸具,欲为儒则儒,欲为道则道,欲为释则释,在我而已,而非有外也。"(《林子全集》利部第七册)儒、释、道在修道途上有不同的作用:儒为"立本者",道为"入门者",释为"极则者"。林兆恩发大心愿要合三教为一,使三家归之于"中一道统",认为《尚书·大禹谟》十六字真传"言心与精而为一,而会归于黄中之中而允执之者,此尧舜之所以开道统之传,而为万古圣学之宗也"(《夏午经纂要》卷2)。明代中后期,三教合流达到一个高潮,不仅三家在理论上互融互补,而且有一批学者公开主张取消三家门户,如李贽、管志道、何心隐、焦竑等,他们与林兆恩同属一种文化思潮;而林兆恩的三一教不仅主三教合流,而且将其纳入一种新的宗教之中,这倒是林氏的独家创造。对于林兆恩的言行,学界有褒有贬。何心隐大加赞美,他对林氏说:"儒、释、道大事也已为孔老释迦作了。以后只三教合一是一件大事,又被吾子作了。"(林兆珂《林子年谱》)把林氏比成三圣之后又一圣人。黄宗羲却批评道:"观兆恩行事,亦非苟矣。夫周程以后，必欲自立一说，未有不为邪者。兆恩本二氏之学，恐人之议其邪也，而合之于儒，卒之驴非驴、马非马。"(《黄梨洲文集》) 黄氏认为林兆恩只本于佛道，儒学不过是掩饰，这是不公允的；但他指出林氏出于佛道，是有道理的，三一教确是用佛教道教的宗教性改造了儒学，这样的儒学不符合儒家历来形成的人本主义道统，变成货真价实的宗教，确实是非驴非马的变态事物，又带有弥勒信仰的民间色彩，被正宗儒者目为异端是理所必然。总起来说，三一教亦是一种民间宗教，它的组织形式与活动方式基本上采用了当时流行的白莲教各派的模式，在教义上也有接近的地方；但它与当时其他民间宗教有显著的不同，即它由学术团体演变而成，与知识界联系较为密切，学问之风较盛，崇拜对象限于佛老孔林，崇儒归孔是主要倾向。

五　明代民间宗教的共性及其对社会文化的影响

它们的共性是：

其一，从形成过程上，或脱胎于佛教，或脱胎于道教，或转型于儒学；从教义上，大都是三教掺杂。

其二，"无生老母、真空家乡"是它们的独特信仰，同时兼有阿弥陀和弥勒信仰，以及佛道其他神灵信仰。

其三，"三期末劫"说是它们的主要教义。或宣传龙华三会：初会、二会、三会；或宣扬三阳：青阳、红阳、白阳；或宣示三天：苍天、青天、黄天。而以第二期为末劫，以救劫应变号召群众。

其四，它们的成员主要是下层群众，具有反叛性，一般为政府所禁止和镇压，活动常处在非法和秘密状态。

其五，教内领导集团往往形成家长式统治，教权由教首家族世代相传，或师徒相传。教首的思想比较复杂，有的代表教民利益，有的出于个人野心，有的想为当权者服务，不一而足。

其六，它们的经典多称宝卷，以韵文为主，散文为辅，用偈子、唱诗、曲牌等说唱文艺形式表达，浅显而生动，便于在民间流传。

其七，与正宗大教相比，重视女性的作用。神灵多女性，教首亦多女性，教徒中妇女的比重较大，在教内男女有一定程度的平等。

其八，生命力顽强，历经取缔和镇压，始终没有止息，而且愈演愈烈，形成一种强大的民间文化传统。

明代民间宗教对社会文化的影响是多重的和复杂的。从消极方面说，在教义上，宝卷往往把本来比较精致的佛教、道家道教哲学加以粗俗化，使之庞杂浅显，理论水平不是提高了，而是降低了；在组织制度上，形成具有封建等级色彩的帮派，成员混杂，以家族和迷信为纽带，不利于群众力量的有效组合，往往被野心家利用，造成自我损耗。在社会作用上，宗教的虚幻性和法术的神秘性只能给教民以虚假的精神安慰，不利于民众的真正觉醒，甚至有碍生产，有害身心健康。但是，它们也有进步的、合理的方面。首先，当民众还不能摆脱宗教的影响时，这些民间宗教组织成了他们在贫困和灾难景况下自保自救的社会组织，借以抵御外来的压迫，求得生存和改善。例如漠北的白莲教徒大都是求生和逃避朝廷搜捕的流民，聚集为村落，借以安身；罗教的数量众多的漕运水手信徒，受官衙盘剥，生计常受威胁，而依赖教门和庵堂则生可托身，死有归宿。朝廷为了防止民变，有时也不得不做点改良和安抚。民间宗教常常成为民众武装反叛朝廷的外衣和组织手段，表现民众在中世纪后期的自我觉醒和冲天精神，虽然都未成功，但这样的斗争乃是民众自我组织的实际锻炼，为明末农民大起义和后来连续不断的群众斗争风暴，做了思想上和组织上的准备。其次，民间宗教平日的宗教活动，也是教徒们的一种文化生活方式和教育方式，对于丰富教徒的精神生活、改善社会风气和促进民间文艺的发展，有积极作用。教徒平时念经、烧香、拜忏、上供、坐功、吃斋、遵守教内戒律，也常有节日聚会，往往是宗教活动与文艺活动、商业活动结合在一起进行，可以宣泄感情、交流思想、增进见闻。宗教道德信条，采自佛道教和世俗道德，无非是劝人为善。特别是不设男女之大防，妇女可以一起参加活动，礼教家认为是"男女混杂，伤风败俗"，实际上是破除夫权，提高妇女地位，有进步意义。再说宝卷本身就是民间文艺作品，包含各种宗教神话传说，在形式上活泼多样。经卷的开头和结尾，大都有开经偈、焚香赞和收经偈；散文说白，韵文有五言、七言、十言，十言多为三字两句、四字一句,与梆子腔十字乱弹同;卷中穿插《山坡羊》、《雁儿落》、《上小楼》、《驻云飞》、《黄莺儿》、《画眉序》、《傍妆台》等民间曲牌,便于诵唱。这样,宝卷就充实和发展了民间文艺,其丰富的资料尚有待开发。最后,民间宗教除祭神拜忏活动外,在修持上大都讲究身心的锻炼,讲炼气功,精演武术,祛病强身,这是一个好传统。民间宗教的修持也是杂采儒释道三教而用之,所谓"皈道、皈佛、皈圣,以三教为一家,双修性命"。它也有自己的特点,即是:第一,理论和方法简单明了,多是口头传授,适合普通教民的口味;第二,群众性强,教民在礼拜、念佛等活动中普遍练习,具有民间体育的性质;第三,强调防病治病,并且有实际的功效,而特受民众的欢迎;第四,气功与武术相结合。许多教首本人是气功师兼武术师,在传教中教功练武,培养出不少武林高手,在硬功、轻功和武功上颇有成就,推动了中华武术的发展。民间宗教的气功和武术夹杂着迷信和其他糟粕,但也确有真功夫在其中。

第九章 清前期的国家宗教政策与诸教的分化发展

清政府的宗教政策大体上沿袭明朝，进一步完备国家宗教祀典，尤重祭孔，大力提倡尊孔读经，继续以程朱理学为官方哲学；同时崇信佛教和道教，而以佛教为重。为加强蒙满、满藏联盟，对于藏传佛教表示了相当的尊重；对于伊斯兰教低限度地承认其合法存在，而继续禁止白莲教等各种民间宗教；在不违背中国礼仪传统的前提下，初期允许天主教士一定程度的合法活动。但是清朝与明朝相比，在宗教政策上，尤其在具体执行过程中，亦有诸多变化，形成这一时期若干新的特点：首先清廷是东北满族入主中原，在国家宗教祭礼上掺杂了许多满族的宗教旧俗。其次清代诸帝除雍正外，不大重视道教，没有出现明代嘉靖皇帝那样的道教狂热信徒，道教与清廷的关系比较冷淡。第三，清廷的政治统治，一向迷信武力征讨和镇压，而较少使用怀柔和招抚，面对以伊斯兰教为旗帜而举事的穆斯林，和以各种民间宗教名义而举事的广大民众，清廷的对策是"斩绝根株"，进行血腥的屠杀，因此，伊斯兰教和广大穆斯林，特别是有斗争精神的回族，在有清一代遭受了极大的厄难困苦，这与明代的和祥状态大相悬殊。第四，西方基督教文化与中国传统文化（主要是儒学）之间的冲突进一步加剧，罗马教廷的僵硬政策，导致了康、雍、乾、嘉、道各朝严厉的教禁，基督教在中国的传布遇到了前所未有的困难。

第一节 国家宗教祭祀与民间祖先崇拜

一 清代《礼典》的修订与规格

满族贵族集团入关而为中国统治者，主要凭借武力和高明的政治策略，而其长治久安之治国方略，则依赖于中原传统的礼乐典制，其中包括传统的郊社宗庙祭典。顺治三年（1646），诏礼臣参酌往制，修成礼书；康熙时则有《日讲礼记解义》；乾隆帝又御定《三礼义疏》，皆成为清朝制礼作乐的理论依据。《大清会典》、《皇朝三通》通定皇朝各种制度，而礼典的确定则又有专书。一曰《大清通礼》，乾隆中期撰成，道光年增修。二曰《皇朝礼器图式》，内有祭器、仪器、冠服等规定。三曰《满洲祭神祭天典礼》，内含祭期、祭品、仪注、祝辞等项，是满族宗教祭祀旧俗的典籍，入关以后，用而不废。清初循用明廷旧制，稍有损益。如祭天增堂子之祭。康熙时，废除在禁中祭上帝，而在大享殿合祀天地日月及群神，和在太庙阶下合祭五祀；祭祖之典则罢禘祭，专行祫祭。乾隆时，修雩祀，废八蜡，建两郊坛宇，定坛庙祭器。

凡国家宗教祭祀，皆属于太常、光禄、鸿胪三寺，而综于礼部。惟堂子祭天与内廷祭祀则归内务府司之。清初定制，凡祭三等：圜丘、方泽、祈谷、太庙、社稷为大祀；天神、地祇、太岁、朝日、夕月、历代帝王、先师、先农为中祀；先医、贤良、昭忠等为群祀。乾隆时改常雩为大祀，先蚕为中祀。大地、宗庙、社稷一般情况下由天子亲祭，其余或亲祭或遣官祭之。

一年之中，大祀有13次：正月上辛祈谷，孟夏常雩，冬至圜丘，皆祭昊天上帝；夏至方泽祭皇地祇；四孟享太庙，岁暮祫祭；春秋二仲及上戊，祭社稷；上丁祭先师（光绪末升为大祀）。中祀有12次：春分祭朝日，秋分祭夕月，孟春、岁除前一日祭太岁、月将，春仲祭先农，春季祭先蚕，春秋仲月祭历代帝王、关圣、文昌（咸丰时改关圣、文昌为中祀）。群祀有53次：季夏祭火神，秋仲祭都城隍，秋季祭炮神，春冬仲月祭先医，春秋仲月祭黑龙、白龙二潭及各龙神，还有玉泉山、昆明湖河神庙、惠济祠，以及贤良、昭忠等祠。万寿节祭北极佑圣真君、东岳都城隍。其岳、镇、海、渎，及帝王陵庙、先师阙里、元圣周公庙，天子巡幸则有亲祭，平时遇大庆典则遣官致祭。各省祭祀社稷、先农、风雷、境内山川、城隍、厉坛、帝王陵寝、先师、关帝、文昌、名宦、贤良等祠。天子祭京城太庙。亲王以下祭家庙，祭始封祖并高、曾、祖、祢五世。八品官员至士庶祭高、曾、祖、祢四世。

凡登基大典、上尊号、徽号、郊祀、万寿节、册立皇太子以及征讨、凯旋、谒陵、巡狩等，皆先期遣官祭告天地、太庙、社稷或祇告奉先殿。

二 尊孔与祭孔

清代前期极力推崇孔子和儒学，一方面以《四书》、《五经》为国子监课本，崇重宋明理学，将程朱一派奉为正宗，朝廷靠理学名臣加强对国人的思想钳制；另一方面则加强祭孔的活动，进一步神化孔子，给孔门披上更浓重的宗教色彩。顺治时，以京师国子监为太学，立文庙。定称孔子为大成至圣文宣先师，春秋上丁遣大学士行祭，先贤先儒配享。文庙正中祀先师孔子，南向；四配：复圣颜子、宗圣曾子、述圣子思子、亚圣孟子；十哲：闵子骞、冉子雍、端木子赐、仲子由、卜子商、冉子耕、宰子予、冉子求、言子偃、颛孙子师，东西向；西庑从祀，先贤：澹台灭明、宓不齐、原宪、公冶长、南宫适、公皙哀、商瞿、高柴、漆雕开、樊须、司马耕、商泽、有若、梁鳣、巫马施、冉孺、颜辛、伯虔、曹恤、冉季、公孙龙、漆雕徒文、秦商、漆雕哆、颜高、公西赤、壤驷赤、任不齐、石作蜀、公良孺、公夏首、公肩定、后处、鄡单、奚容箴、罕父黑、颜祖、荣旗、句井疆、左人郢、秦祖、郑国、县成、原亢、公祖句兹、廉洁、燕伋、叔仲会、乐欬、公西舆如、狄黑、邦巽、孔忠、陈亢、公西蒇、琴张、颜之仆、步叔乘、施之常、秦非、申枨、颜哙、左丘明、周敦颐、张载、程颢、程颐、邵雍、朱熹，共69人；先儒：公羊高、穀梁赤、伏胜、孔安国、毛苌、后苍、高堂生、董仲舒、王通、杜子春、韩愈、司马光、欧阳修、胡安国、杨时、吕祖谦、罗从彦、蔡沈、李侗、陆九渊、张栻、许衡、真德秀、王守仁、陈献章、薛瑄、胡居仁，共28人。顺治九年（1652），曲阜衍圣公率孔、颜、曾、孟、仲五氏世袭五经博士，孔氏族五人，颜、曾、孟、仲族各二人赴京，参与祭孔。顺治视学，亲祭孔子，王公百官陪祀。同年授孔氏南宗博士1人，于西安奉祀孔子。康熙六年（1667），颁太学《中和韶乐》，二十二年亲书"万世师表"匾额，悬于大成殿，二十六年御制《孔子赞序》、《颜曾思孟四赞》，五十一年以朱熹"昌明圣学"升跻十哲，位次卜子，又将范仲淹从祀。雍正元年（1723），追封孔子五代王爵，赐木金父公曰肇圣，祈父公曰裕圣，防叔公曰诒圣，伯夏公曰昌圣，叔梁公曰启圣；更启圣祠曰崇圣。又因尊孔而避讳，"丘"字一律写为"邱"，读"期"音，只"圜丘"不改。雍正四年，定春秋二祀皇帝亲祭孔子之制，五年定八月二十七日为先师诞辰，官军民致斋一日以为常，六年御书"生民未有"额。乾隆二年（1737），乾隆亲自祭孔，其过程是：乘舆至文庙门外下，入中门，洗毕，入大成中门，升阶，三上香，行二跪六拜礼，有司以次奠献，入左右门，诣四配、十二哲位前，分献官分诣先贤先儒位前，上香奠献，帝三拜，凡三献。从此释奠先师用三献之礼，祭崇圣祠亦如之。乾隆三十三年，修葺文庙成，大门增"先师庙"额，正殿及门曰"大成"，帝亲书榜，制碑记。

曲阜阙里文庙，有事祭告，春秋致祭同于太学。康熙曾东巡至曲阜亲祭孔子，服龙衮，行礼二跪六拜，扈从诸臣、地方高级官吏及衍圣公府在职者陪祀。帝心犹以为不足，于是定迎神送神俱三跪九拜，又亲制祝文，祀日登殿释奠毕，至诗礼堂讲书。礼成更常服，至孔林跪奠酒三爵三拜。建庙碑，建子思子庙。雍正二年，曲阜孔庙火灾，敕大臣重建，八年庙成，悉仿宫殿制。乾隆二十三年，东巡亲祭孔庙，遣大臣祭颜、曾、思、孟四庙，御制《四贤赞》刻于石，孔府的主要职掌是祭孔，以体现"慎终追远，民德归厚"的先圣遗训，每年举行50余次祭孔活动，以春、夏、秋、冬为四大祭。各省府、州、县释奠，礼如太学，省督、抚、学政于上丁率属致祭，学政莅试时，先至文庙行礼。

三　满族宗教旧俗的保存和演化

堂子之祭　满族旧俗有设杆祭天礼。后又设静室（堂子）总祀社稷诸神祇，称为堂子之祭。顺治时在燕京长安左门外建堂子，正中为飨殿，五楹，南向，汇祀群神；前为拜天圜殿，北向，中设神杆石座；东南为上神殿，三楹，南向。一年祭祀多次，而以元旦拜天、出征凯旋为重，由皇帝亲祭，其他还有月祭、杆祭、浴佛祭、马祭等。康熙十二年（1673），罢汉官与祭，堂子遂保持了满族内部宗教风俗的传统。正月初三和每月初一，司俎二人于堂子所立杉柱上挂纸帛二十七张，陈列时食一盘，醴酒一盏。司香上香，执三弦、琵琶之内监坐甬道西，持拍板之守堂子人坐其东。司祝进跪，司香授盏，司祝受盏献酒，于是奏神弦，鸣拍板，拊掌应节。共六献，皆赞歌"鄂啰罗"，守堂子人亦歌。献毕以盏授司香；司祝叩头起身，合掌致敬。弦、板停奏，司祝执神刀进，奏弦、拍板如初。司祝叩头起身，司俎赞歌"鄂啰罗"，众和歌。共祝祷三次，诵赞九次。司祝叩头起身，复祷祝三次，以神刀授司香，停弦板，司祝跪祝，叩头起身，合掌致敬，退。所供酒食给守堂子人，司祝的祝词主旨在求健康长寿。

立杆大祭 每岁春、秋二季第一月初一，或二、四、八、十月上旬选择吉日举行。杆木以松，长三丈，围径五寸。先一月于延庆采木，树梢留枝叶九层，架为杆送至堂子。前一日树于圜殿之石座。皇太极崇德初年，规定亲王、郡王、贝勒祭三杆，贝子、镇国、辅国公祭二杆，镇国、辅国将军祭一杆。后改定大内至入八分公俱祭一杆，将军不祭。届日，司香预悬神幔，炕上置漆案，陈列供碟三个。司俎二人赴坤宁宫请佛亭及菩萨、关帝像，送至堂子。安放佛亭于座，以三根绳悬像幔系两殿神杆间。又悬黄幡，挂纸帛。飨殿北炕案上陈打糕、搓条饽饽盘九个，酒盏三个，圜殿高案则陈盘三个盏一个。每一献祭，司祝挹碗酒注盏内，两殿祭献歌祷如月祭。祭毕，司香卷幔，撤像奉送回宫，若帝亲祭，则由满族王公大臣扈从，其礼仪盛大如月祭。祝辞曰："上天之子，佛及菩萨，大君先师，三军之帅，关圣帝君，某年生小子，某年生小子，今敬祝者，贯九以盈，具八以呈，九期届满，立杆礼行。爰系索绳，爰备粱盛，以祭于神灵"云云。可见满族长期受佛教文化与汉文化浸润，其信仰中已混杂着佛崇拜与关帝崇拜。佛菩萨是保护神，关帝为武圣，皆因军事重要而受推尊。

清帝极重堂子祭 乾隆十四年（1749）诏书说："堂子致祭，所祭即天神也"，"堂子则旧俗相承，凡遇大事，及春秋季月上旬，必祭天祈报，岁首尤先展礼"，并认为堂子祭乃是经书所说古类祭之遗意。

跳神活动 跳神乃满洲萨满教旧俗。内室供神牌，设如来、观音及七仙女、长白山神、远祖、始祖之神位，或用木龛，供牲及打糕。祀日五鼓，主人吉服跪拜，女巫舞刀祝曰："敬献糕饵，以祈康年"。主人击神版，护卫亦击，并弹弦、筝、月琴以和之。然后杀牲，熟而荐之。事毕，乃集宗人食胙肉。夕祭如朝祭，唯击铜鼓、手鼓、架鼓，诵声与跳舞不断加快节奏。次日用男巫致辞。牲肉刲为菹醢，和稻米以进，名曰祭天还愿。三日祭乃毕。满族中，舒穆禄氏供昊天上帝，如来、菩萨诸像，又供貂神其侧；纳兰氏则供羊、鸡、鱼、鸭诸品。巫者身系铜铃跳舞，以铃坠为宜男兆。清初萨满跳神盛行，嘉庆以后少用萨满，但其祭祀活动则未曾废。

第二节　佛教的发展与转衰

一　诸帝的崇佛活动及管理制度

满族入关之前就已接触到藏传佛教，1627年藏族喇嘛囊苏到东北，受到清太祖的礼遇。太宗执政时期，清政权开始与达赖、班禅发生联系，1642年达赖遣使入盛京朝见太宗。为了控制信奉喇嘛教的蒙古人，太宗破格礼遇来使。入关以后，满洲贵族大量接近汉地佛教，对藏传佛教的虔信有所下降，但仍有相当程度的重视。

顺治帝6岁登基，24岁去世，在他不长的一生中却与佛教发生了非常密切的关系。据《宗统编年》载：顺治十四年（1657），"上狩南苑，因幸海会（寺）"，见憨璞性聪。因其"奏对称旨"，后又"召入禁中，问佛法大意"，顺治自称这是他接触禅宗的开始。顺治帝本性聪慧，多才好学，一经接触，立即迷上了主张悟性通彻的禅宗。他常召性聪入宫参禅，并赐其"明觉禅师"号。顺治十五年和十七年，他两次召临济名僧玉林通琇入京，"内廷问道，赐大觉普济禅师号，并赐紫衣金印"（《五灯全书》卷68《玉林通琇禅师》）。顺治十六年又召另一临济名僧木陈道忞入京，"赐号弘觉禅师"。通琇与道忞因皇帝的崇奉而成为清初名僧。顺治十六年爱妃董鄂氏死，顺治痛不欲生，万念俱灰，意欲出家，后因宫廷上下坚阻而未果，次年顺治病逝，按佛教仪式举行火葬。

康熙帝是中国历史上有作为的帝王之一，兼有文治武功，精通多门学问。他在极力推崇程朱理学的同时，也对释教大加褒扬。康熙在位61年，曾经六下江南，每次南巡，"山林法席，均荷恩光"。如康熙二十三年

（1684）第一次南巡，天宁赐额"萧闲"，平山赐额"怡情"。到金山寺，御书"江天一览"于竹林，亲撰《竹林赋》，勒石于竹林寺，……类似者不可胜记。据《清鉴纲目》卷2《圣祖仁皇帝》载，他一生"写寺庙匾榜多至千余"。另外，他还多次巡幸五台山，参礼佛寺，对僧人优礼有加。不过从思想深层看，康熙是个儒家信徒，对方外之教持一种"敬而远之"的态度，他提倡儒释合一，其中利用的成分偏多。

雍正则是一个对佛教有很深造诣的皇帝。当他还是雍亲王时，便得藏僧章嘉呼图克图接引，研习经典颇为用功。后与禅僧广泛接触，方知"初时惟知从佛教经典上研求，而未知心性中向上一事"。于是转向禅门，以"圆明居士"自居。编纂《御选语录》19卷，其中包括上自僧肇、下至通琇，历代名僧语录、机锋，也有他与臣下问答的言句。书中颇多奇拔之语，禅机横溢，于此亦可窥雍正的才识。从雍正选编语录的范围，可见他佛教思想中具有的教内禅教合流，教外儒、释、道合流的倾向。《御选语录》中不仅有慧远等根本不属禅门的高僧言论，甚至连道教"紫阳真人"张平叔的著作也都选入。他在《序》中解释说："紫阳真人，作《悟真篇》，以明玄门秘要，复作颂偈等三十三篇，一从性地演出西来最上乘之妙旨。"他认为道教与禅宗在根本宗旨上是相通的。

雍正另一佛学著作是《拣魔辨异录》8卷。明代临济宗人圆悟和法藏师徒因"五家宗旨"发生了一场争议。法藏死后，虽经圆悟力辩，但至清初法藏法系仍很兴旺，且多有明末遗民避迹其中。因此雍正不惜以"九五之尊"的身份参与僧争。他对法藏及其弟子的驳斥并无多少新意，基本上是重复圆悟《辟妄救略说》中的观点。但同样的道理从帝王口中说出，就多了一层不容辩驳的威严，他说："魔藏、魔忍二人者，实为空王之乱臣，密云之贼子，出世、世间法不可容者！"在"乱臣贼子"这顶大帽子下，自然要用行政命令禁止，"天童密云悟派下法藏一系，所有徒众，著直省督抚详细查明，尽削去支派，永不复入祖庭"。结果法藏一系便在政治高压下夭亡了。

乾隆帝以"十全老人"自诩，除文治武功外，亦希望在佛教史上留下美名。他把精力放在刻藏与译经方面。雍正十三年（1735），朝廷特开藏经馆，准备再次雕刻大藏经。不久雍正去世，乾隆全力继承此一事业。至乾隆三年（1738）十二月，仅用4年时间，便在明《北藏》的基础上，又增若干名僧撰述和语录，共刻成724函1672部7247卷，史称《龙藏》。这是中国封建社会最后一次官刻大藏经，经版一直保留在北京柏林寺中，存护完整，在近、现代佛教史上有较大影响。另外，乾隆有感于元代曾将藏文大藏经译成蒙古文，希望也有一部满文大藏经传布族人。于是在乾隆三十八年开始组织人将汉文藏经译为满文，历18年完成。接着又刻满文大藏经，共计108函699部2466卷，可惜此版毁于八国联军战火。

雍正年间，黄寺的土观呼图克图一世奉令将藏文《甘珠尔》译成蒙古文。乾隆六年至十四年又将《丹珠尔》译成蒙古文。乾隆年间，还将一部分藏文经典译成汉文。可以说，国内各民族之间文字的互译是清代译经的主要特色。

明代僧官制度已经比较成熟，清代基本沿袭，但又根据清代的政治特点稍加改良。在中央政府方面，仍设祠祭清吏司管理天下僧籍、寺额及大寺住持人选。不过明代令出一门，清代则实行多头管理。从康熙十三年（1675）开始，僧录司各号僧官的选任升补，"由管理内务府大臣选补"。乾隆时再规定，由内务府掌仪司提供补选僧人的简历，由内务大臣开单请旨，交礼部给符委任，移吏部注册。这样僧官的补选要经过三四个衙门，其中由满人任职的内务府权力最大。地方僧官的补选则由督抚提名，申报礼部补充，移咨吏部注册。在僧官方面，京城设置僧录司，"左、右善世二人，正六品；阐教二人，从六品；讲经二人，正八品；觉义二人，从八品；……由礼部选择，移吏部补授"（《清会典·礼部·祠祭清吏司·方伎》）。地方上仍设僧纲司、僧正司、僧会司，名称和职能均与明代无异。

度牒的发放与管理，是控制天下僧尼人数的大事，清初统治者对此控制甚严。入关前及入关初期曾实行纳银给牒制，以弥补由于僧人出家造成的税收损失。此种做法实为卖牒制。顺治八年（1651）谕令："僧道纳银给牒，琐屑非体，以后永免纳银。"（《癸巳存稿》卷12《度牒寺庙》）实行无偿给牒，但仍严禁私度，并对出家者的身份与条件作了明细的规定：户不满三丁者不得出家；不许逃犯罪徒剃发为僧；冒名领度牒者从重治罪；

私发度牒，私创寺庙者从重治罪。随着康乾盛世的出现，人口激增，出家人数也大幅度增加，到乾隆四年（1740）各省度牒已发放 34 万之多。乾隆帝下令不再扩大发放，令师徒相传，这在清代文献中称之为"招徒传牒制"，即执有度牒的僧人年逾四十可招生徒一人，并由地方官在其师度牒上注明生徒的年龄、体貌、籍贯及剃度年月，师死后徒可据为己有。此法一出，造成了私度激增，也使地方官对僧籍无法控制。特别是康熙末年在全国推广"摊丁入地"的税制改革，完全废止了人头税，只收地亩税，农民已无必要出家以逃税。故乾隆三十九年通令，全国："僧、道度牒本属无关紧要，……著永行停止。"（《大清会典事例》卷 501《礼部·方伎》）从此，自唐代天宝年间开始实行的度牒制度彻底废止。这一宗教管理制度的改革本质上是经济制度变革的结果。

清代僧尼人数和寺数随人口而逐渐增加。据康熙六年（1667）礼部统计：各省官建大寺 6073 处，小寺 6409 处；私建大寺 8458 处，小寺 58682 处，合计 79622 处。僧众 110292 人，尼众 8615 人，合计 118907 人。（《大清会典》卷 15《礼部·方伎》）这是中国史书上少有的"准确"数字，但其准确度令人怀疑，因寺数太多，而僧数太少，每寺平均不足 1.5 人，大约是未把私度僧尼统计在内。乾隆四年，礼部发度牒 34 万张。此后废止度牒，再无官方统计数字。近代高僧太虚在《整理僧伽制度论》中估计，清末僧尼人数约 80 万人。

二 禅宗的派系及流衍

清代汉地佛教仍以禅宗为最盛。禅门内临济宗的天童、磐山二系独步天下，曹洞宗寿昌、云门两支相对峙。

天童一系始于明末密云圆悟，其门下汉月法藏（1573—1635）、费隐通容（1593—1661）、木陈道忞（1596—1674）、破山海明（1597—1666）四大支在清初都很发达，尤以法藏系为最。①法藏后继者为杭州灵隐寺的具德弘礼（1600—1667）、苏州灵岩寺的继起弘储。弘礼门下又分出晦山戒显、硕揆原志等人，各传禅道于吴楚之间。弘储门下金赋原直往南岳、德山传法；楚奕原豫往潭州云盖山、灵岩弘道，宗风大盛于湖南。后由于雍正的禁令而中绝。②费隐通容历主福严（浙江石门）、黄檗（福建福清）诸大刹，法系流入福建。其弟子隐元隆琦（1592—1673）曾应邀赴日本传法，为日本黄檗宗的开山祖。另一弟子恒信行弥（1603—1659）历主雪峰和南山，大煽宗风于闽南。③破山海明从圆悟门下得法后返蜀，历主高峰、凤山、禅符、无际、蟋龙、佛恩、双桂等九刹，名声远播西南，法系流布四川、贵州。④天童法系中，在清初最负盛名的是木陈道忞一支。道忞字木陈，号梦隐，俗姓林，广东潮州人。幼习儒业，艺文擅名乡曲，试为生员。及弱冠，读《大慧语录》若有所悟，即走匡庐出家，历参憨山、黄檗，最后得法于圆悟。圆悟入寂后承继天童法度，名显东南。顺治十六年（1659）六月，奉诏入京面帝，顺治命学士王熙、曹本荣，状元孙承恩、徐文元与道忞在万善殿问答，所言禅机甚合皇帝心愿。以后数次应诏问对，并被赐予"弘觉禅师"号，名扬朝野。道忞辞京还山，顺治不舍，命留法嗣旅庵本月和山晓本晢二人于京。道忞南还后于天童寺建"奂奎阁"，于绍兴平阳寺建"御书树"以志皇恩。由于帝王的赏识，道忞门庭大盛，留有著作《九会语录》、《北游录》等。

磐山圆修与天童圆悟皆出于幻有正传门下。清初，圆修弟子玉林通琇（1614—1675）因顺治帝的推崇名重朝野，故使磐山法系扬名天下。通琇字玉林，俗姓杨，江苏江阴人。19岁时从圆修出家，受具戒，不久便从圆修开悟，深得圆修赏识。圆修去世后，23岁的通琇继主湖州（浙江吴兴）报恩寺。顺治十六年第一次奉诏入京，与帝讲道于万善殿，深契帝心。但不久通琇坚辞还山，顺治赐其"大觉普济禅师"号，并留其上座弟子茚溪行森在京。十七年，帝二次诏通琇入京，与天童系的道忞并辔连镳，竞传都门，顺治又加封其"大觉普济能仁国师"号。晚年，通琇定居浙江天目山，门下弟子众多，有《玉林琇国师语录》行世。清中叶以后，天童一系消沉，惟宁波天童本寺尚延法系。而磐山系的镇江金山、扬州高旻、常州天宁，杭州天目成为天下"四大名山"，延临济血脉。

清初曹洞宗有寿昌（今江西黎川）慧经和云门（今浙江绍兴）圆澄两系绵延。寿昌在明末为曹洞中兴道场，入清以后，慧经弟子元来、元贤、元镜各振一方。元来主要弘法于江西、广东一带，门下高徒有宗宝道独、栖壑道丘、星朗道雄、剩人涵可、天然函昰。元贤传曹洞禅法于福建鼓山，门下为霖道霈，讲学刻经，著述颇多，为曹洞增色。云门一系，圆澄门下出石雨明方、三宜明孟、瑞白明雪，在清初均为一代宗师，弟子众多，其势可与天童一系抗衡，清中叶以后开始衰败。

三 其他各宗

律宗 清代因改革税制逐渐废止了度牒制度，出家的经济因素减少了，思想因素的作用上升。适应对僧徒素质的强调，唐宋以后一直沉寂的律宗相对活跃，出现了一批著名的律师，建坛受戒，故有"以戒牒代度牒"之说。清代律宗多出于明末古心如馨门下。如馨传戒于南京古林寺，三昧寂光（1580—1645）继之，得法后分灯于宝华山，清初的律宗遂分为古林、宝华两大派系。古林一系，有海华、寂鼎、普瑶、本修等人相继，传戒不绝。宝林一系相对更为隆盛。寂光重兴宝华山后不久圆寂，门下有香雪戒润和见月渎体两高足。后二人因对戒律的见解不同，戒润下山至常州天宁寺弘律，著有《楞严经贯珠》10卷行世。渎体则继承了宝林寺，使之成为律宗的主要道场，时称"律宗中兴"。渎体博览律藏，精研《四分广律》，著有大量律学著作，受到教内的重视。渎体逝后，弟子定巷德甚继主宝华寺，宜洁书玉分席杭州昭庆寺。书玉的四传弟子文海福聚应雍正帝之诏入京主持大法源寺，为法源寺第一代律师。后奉命开三坛大戒，四方乞戒者1819人，名震京华。著有《南山宗统》，考明南山律宗法系。

净土宗 清代净土仍为天下共宗，各宗名僧皆有私传净土者，其中最著名的是实贤和际醒。

实贤（1688—1734），字思齐，号省庵，俗姓时，江苏常熟人。15岁出家，24岁受具戒，严习毗尼，不离衣钵，日止一食，胁不沾席，率以为常。后谒绍云法师，研习《楞严》、《唯识》、《止观》诸书，三观十乘之旨，性相之学无不通贯。后住杭州梵天寺，专修净土，仪规严整，江南僧众多投其门下。著《劝发菩提心文》，以"邪、正、真、伪、大、小、偏、圆"这八相来区别所发心愿是否正确。又作净土诗108首及一些净土著作，在社会上产生了很大影响，被尊为莲宗九祖，清末彭际青辑《省庵禅师语录》2 卷行世。

际醒（1741—1810），字彻悟，号梦东，俗姓马，河北丰润人。幼习儒业，子史经书，无不贯通。22 岁时大病一场，病中悟幻质无常，立志出家。后历参名宗名宿，性相皆通。投入北京广通寺粹如禅师门下参禅，开悟后继承法席。被时人称为临济三十六世、磐山七世宗师。嘉庆五年（1800）居北京怀柔红螺山资福寺，归心净土，日课 10 万声弥陀，期生安养。依者甚众，此地遂成北地净土宗著名道场。有《彻悟禅师语录》2 卷行世。

华严宗 清前期华严宗因出现了续法、通理两位大师在南北两方弘传，促成了一种所谓的"中兴"气象。

续法（1641—1728），字柏亭，俗姓沈，浙江仁和人。自幼出家，拜杭州慈云寺明源和尚为师，精通大小经忏，兼明《四书》、《诗》、《易》。19 岁受具戒。尝以华严、天台异同折中于明源，明源答道："汝当审二派之所以异，而毋滥狙其所以同。能审其所由异，自辨其所由同，而并参其非同非异者而证悟焉。"于是续法大悟，遍研各部经典，又不唯执于一家，比较研究，宗旨洞然。他研考藏经，于华严宗之源流始末辨析异同，此宗系统，从此厘定。当时，华严经疏散乱，续法广为收集整理，对华严宗的发展延续做出了巨大贡献。他住持杭州天梵寺，50 余年专讲《华严经》。留有各类佛学著作 40 余种 6130 余卷。门下弟子众多，最著名者为培丰、慈裔、正中、天怀四人，在他身后弘华严于南方。

通理（1701—1782），字达天，俗姓赵，新河（今山东平度）人。自幼出家，20 岁时在北京潭柘寺受具戒。先学《法华》，后专弘《华严》。雍正十一年（1733），"奉旨入圆明园，校对《宗镜录》及教乘诸书，精心研雠，时契圣览"。乾隆十八年（1753）任职僧录司。乾隆四十五年六世班禅入京，奉命与之谈论佛法，被封为"阐教禅师"。著有《法华学疏》等著作十余种，弟子多在北方弘传贤首。

天台宗 天台宗在清前期虽有一些传人，但多影响不大。天台自明末百松真觉名世，称为重兴天台教观第一世，幽溪传灯为第二世，蕅溢智旭为第三世，苍辉受晟为第四世，警修灵明为第五世，此为天台法系主干。

与受晟同时的受登又分一支。受登曾主持杭州大觉寺，弘传 30 余年。其弟子宗乘，字遐运，著有《地藏菩萨本原经论贯》及《科注》各 1 卷。另一弟子灵耀，字全彰，跟随受登 20 余年。后主持嘉兴寺，对《嘉兴藏》的补刻很有贡献。著大量解释天台教观的著作。这个分支的社会影响更大一些。

唯识宗 唯识宗因其教义繁复，哲理深奥，故自唐初兴盛一时，其后一直湮没不昌。明末，袾宏门下有灵源大惠、古德大贤、新伊大真等人传讲。入清之后，大惠讲《唯识》于京师及苏杭，著有《唯识自考录》。大贤弘法于云栖。其法嗣玉庵、法孙忍庵继承此学。大真继主莲居，讲论《唯识》，著有《唯识论合响》。弟子本全、圣先相次继席，讲学不辍。这些人被称为莲居派，清中叶后渐趋消沉。

四　藏传佛教的发展及清廷的管理政策

明代中央政府对藏传佛教中诸派系采取多头扶植，使其相互钳制的政策。故宗喀巴宗教改革完成之后，格鲁派发展虽然很快，但尚未取得绝对统治地位。

格鲁派为求发展，三世达赖索南嘉措（1543—1588）全力向蒙古诸部传播黄教，受到了蒙古族民众的欢迎和崇奉。1578 年 5 月，蒙古土默特部俺达汗赠索南嘉措"圣识一切瓦齐尔达喇达赖喇嘛"尊号，令蒙古部落全体信奉，极大地提高了黄教的地位。他多次请索南嘉措到青海、内蒙古讲经弘法。1588 年 3 月，索南嘉措在内蒙卡欧吐密地方圆寂，由蒙古贵族主持，指定俺达汗的曾孙云丹嘉措（1589—1616）为三世达赖的转世灵童。四世达赖是唯一的非藏族人。1602 年，云丹嘉措在蒙古军队的护卫下来到西藏，在藏北热振寺举行了"坐床"典礼，又拜扎什伦布寺的四世班禅罗桑却吉坚赞（1567—1662）为师。1614 年云丹嘉措又将罗桑却吉坚赞请到哲蚌寺为他主持比丘戒，受戒后担任哲蚌、色拉二寺的堪布。1616 年云丹嘉措突然死亡，有传说是崇信噶玛噶举的藏巴汗派人刺死了他。藏巴汗当时握有西藏政教大权，他怀疑四世达赖用咒法使自己生病，故下令停止达赖转世，并多次率兵攻打格鲁派寺院，使格鲁派受到重大挫折。但是藏巴汗的病并没有因此而好转，还是精通医道的罗桑却吉坚赞治好了他的病，这才劝他同意达赖继续转世，并亲自主持找到了五世达赖。此一时期，四世班禅罗桑却吉坚赞德高望重，是黄教的实际领袖，对维系黄教发展做出了重要贡献。

五世达赖罗桑嘉措（1617—1682）生于帕木竹巴一个重要的贵族家庭，这个家庭与黄教、噶举、宁玛诸派都保持了较好的关系。五世达赖1622年被迎入哲蚌寺"坐床"，1625年拜四世班禅为师受沙弥戒，1638年又从四世班禅受比丘戒。四世班禅当了四、五两世达赖的师傅，他们师徒关系密切，共扶黄教。当时由于噶举派握有西藏政教大权，黄教发展困难。达赖、班禅二人密计，邀请蒙古厄鲁特部领袖固始汗发兵入藏，杀死了藏巴汗，清除了噶举派势力，没收其寺产，强迫其信徒改信黄教。固始汗占领西藏后，命令将藏区全部税收奉献给达赖作为供养，并任命达赖大管家索南饶巴为第巴，管理藏区全部政务。自此，建立了以达赖为中心的政教合一体制，其他教派再不足以与黄教抗衡。

1642年，达赖、班禅遣使到东北与清廷建立联系，受到太宗皇太极的礼遇。清朝入关后，仍很重视藏传佛教，将其视为笼络蒙藏的工具。顺治不仅经常遣使问候达赖、班禅，而且于1652年邀请五世达赖进京会晤。达赖到京时，顺治亲自出城迎候，在太和殿为其接风，建黄寺供其居住，并赐黄金550两、白银11000两、大缎1000匹，还有许多珠宝、玉器、骏马。1653年达赖以气候不适为由告归，顺治赐满、汉、蒙古、藏四体金印一颗，印文为"西天大善自在佛所领天下释教普通瓦赤喇怛喇达赖喇嘛之印"。又赐金册十五叶。并派亲王为之送行。

由于得到了中央政府和蒙古军队的支持，达赖在西藏地位更高。五世达赖借这个机会全面整顿黄教。他用从内地带来的金银在全藏建了13所大寺，号称"黄教十三林"，并规定了各寺僧额，如甘丹寺3300，色拉寺5500，哲蚌寺7700，扎什伦布寺3800，……由此形成定制。在规定的数额内，由地方政府拨给各寺一定的田庄、农户，即为寺产，由寺院派人管理，收租。另外，五世达赖还为各寺规定了严格的僧制，如寺庙内部的组织制度、僧官任免制度、喇嘛学经制度、寺内纪律等，后世基本相沿不变。前几代达赖都住在哲蚌寺，五世达赖开始兴建布达拉宫，并将达赖办事机构迁入其中，从此布达拉宫便成为西藏的政教中心。1662年，四世班禅圆寂，五世达赖亲自为其主持选择"灵童"仪式，找到五世班禅罗桑意希（1663—1737），以后又担任了五世班禅的受戒师，从此形成了达赖与班禅互为师徒，互相主持转世仪式的传统，这一时期是藏传佛教发展完善定型阶段。五世达赖晚年基本不大过问政事，专心著述，留有著作30余卷，其中以《相性新释》、《西藏王臣史》、《菩提道次第论讲义》、《引导大慈次第论》最为著名。

康熙二十一年（1682），五世达赖圆寂，但当时执政的第巴桑结嘉措为了保住自己的利益，秘不发丧，以大师闭关静休为名，仍以五世达赖的名义发布政令。自固始汗率兵入藏以后，固始汗的子孙成了西藏的实际统治者，蒙古人与藏人的矛盾渐趋尖锐。第巴桑结嘉措派人与准噶尔噶尔丹秘密勾结，想请噶尔丹发兵清除固始汗之孙拉藏汗及其势力。1693年康熙亲率大军击败噶尔丹，从俘虏口中得知五世达赖已死多年，便致书严厉斥责桑结嘉措。桑结嘉措一面写信表示悔过，一面迎立已十几岁的仓央嘉措（1683—1707）到布达拉宫坐床，是为达赖六世。1705年，桑结嘉措密谋药死拉藏汗未成，反被蒙古军处死。拉藏汗另委隆素为第巴。他们以仓央嘉措耽于酒色，不守清规为名，说他不是五世达赖的真灵童，要求朝廷废黜。1706年，康熙下令将仓央嘉措押赴北京，仓央嘉措路过青海时身亡。拉藏汗与隆素商议，于1707年另立伊喜嘉措为六世达赖，但这个达赖一直未得到三大寺上层人士的认可。康熙感到西藏局势不稳，决定增加班禅一系的威望。遂于康熙五十二年册封五世班禅罗桑意希"班禅额尔德尼"号，赐金叶一副，金印一颗，一同于达赖。

桑结嘉措被杀后，其旧部逃往新疆准噶尔蒙古部落，勾结策旺阿拉布坦入藏，杀死了拉藏汗，将他所立的六世达赖伊喜嘉措囚禁山中。准噶尔蒙古人不仅不服从中央，而且威胁云南、四川、青海等地安全。康熙两次组织兵力进藏，终于清除了准噶尔余部，确立了清王朝对西藏的统治。考虑到西藏政教合一的传统，于1720年从西康选定格桑嘉措（1708—1757）为七世达赖，由大将延信送往布达拉宫坐床。为了加强对西藏上层贵族的监视，清政府于雍正五年（1727）决定派正、副驻藏大臣入藏，同时又在西藏留川陕兵2000人以为威慑。此后一段时间，中央政府与西藏地方政府关系相对明确，藏地政局也相对稳定。七世达赖本人亦生活俭朴，戒行严谨，深得人民敬重。

乾隆二年（1737），五世班禅逝世，找到了六世班禅巴丹益喜（1738—1780），照例拜七世达赖为师。1757年，七世达赖逝世，选定强白嘉措（1758—1804）为八世达赖，并拜六世班禅为师。巴丹益喜一家是后藏的大贵族，其弟仲巴呼图克图掌管扎什伦布寺财政大权。另一弟是噶玛噶举派红帽系活佛沙玛尔巴。八世达赖家又与藏王有亲戚关系。造成这种现象的原因是由于活佛灵童的选择，采取西藏职业宗教家"吹忠"的形式指定，一些贵族便串通了寺庙的神职人员，通过活佛转世制度变相控制了西藏的政教大权。1780年六世班禅赴承德避暑山庄觐见乾隆皇帝，在京病逝。仲巴便把朝廷及王公所赐金银及扎什伦布寺全部寺产统统攫为己有。沙玛尔巴因未分到任何财产而怀恨在心，遂勾结境外廓尔喀人攻入西藏，掠夺扎什伦布寺及其他大寺，给西藏人民的生命财产造成了极大损失。乾隆帝鉴于廓尔喀经常与西藏发生冲突，于是派嘉勇公福康安为大将军，率17000人的大军入藏，一直打到加德满都城下，夺回了被掠财宝。乾隆与福康安等人认为，西藏政教制度不完善是造成这场大难的原因，于是在1792年制定了《藏内善后章程二十九条》，对西藏宗教，政治制度进行了多方改良。其中第一条便规定了活佛转世的"金瓶掣签"制度：由清政府特制一纯金瓶供于布达拉宫内，西藏大小活佛转世，都需先寻访灵童数名，将其名字，生年用汉、满、藏三种文字写于签上，由中央驻藏大臣监视抽签确定灵童人选，如果只找到一名符合条件的灵童，则需用一空签，如抽中空签就需重找。"金瓶掣签"制度防止少数贵族假借神言，串通作弊，垄断活佛职位的可能，提高了中央政府对西藏地方的控制能力。后来，"金瓶"便成了中央皇权在西藏的象征。

乾隆以后，清朝国力下降，对西藏控制力相对下降，藏地政局也比较混乱，九世达赖隆朵嘉措（1805—1815）、十世达赖粗墀嘉措（1816—1837）、十一世达赖凯朱嘉措（1838—1855）、十二世达赖陈列嘉措（1856—1875）皆是短命夭亡。虽然没有确切的证据，但从许多间接的材料看，他们都成了僧俗贵族争权夺利的牺牲品。而离权力中心较远的班禅活佛个人命运则要好得多，与此大体同时的七世班禅丹白尼玛（1781—1853）则活了72岁。曾任九、十、十一三代达赖的师傅。

清前期藏传佛教发展到了鼎盛时期，据乾隆二年（1737）七世达赖报理藩院的数字，全藏黄教寺院合计3477所，僧尼316230人，寺属农奴128190户。其中属于达赖系寺院3150所，喇嘛302560人，农奴121438户。属班禅系寺院327所，喇嘛13670人，农奴6750户。有专家推算，当时喇嘛人数接近人口总数之半。庞大的僧团队伍创造了灿烂辉煌的西藏宗教文化，但对西藏社会经济、文化造成的负面影响也不可低估。格鲁派严禁喇嘛娶妻生子和从事生产劳动，结果导致了近代西藏人口锐减，经济停滞。

第三节　道教的延续与道教文化的扩散

一　正一道的衰落

清代前期之道教，虽仍有众多信徒，但其景况已大不如明代，从总体上出现停滞与衰落的形势。这固然是由于道教在理论上缺乏更新和创造的生机，也是由于清政府对道教态度较为冷淡，视之为汉人的宗教，在保护的同时略有歧视有关。清政府最热心提倡的是儒学和藏传佛教。对于正一道，清代诸帝皆无崇信者，亦不如明代诸帝那样热衷于斋醮祈禳，因而使正一道的原有社会地位有所下降。清初，顺治皇帝晓谕龙虎山正一道天师世家，表示不废正一清净之教，命在世天师袭职掌理道箓，统率族属，约束教徒，不得犯法生事，给一品印，但不得干预教外诸事，只宜法祖奉道，谨德修行，遵守法纪。第五十二代天师张应京授正一嗣教大真人，掌天下道教事；第五十三代天师张洪任袭封，并赦免本户及上清宫各色徭役。康熙时，第五十四代天师张继宗授正一嗣教大真人，并授光禄大夫品级。雍正帝较重道教，认为道教不悖儒家存心养气之旨，有济人利物之功验，沿用康熙旧例敕封第五十五代天师张锡麟，赐银修龙虎山大上清宫并为诸宫购置香火田数千亩。又召白云观道士贾士芳治病，召正一道士娄近垣驱邪。

乾隆皇帝开始贬抑道教：乾隆五年（1740），规定嗣后正一真人不许入朝臣班行；十七年（1752），降正一真人为正五品秩；二十一年，第五十七代天师张存义升正三品，后又授通议大夫，不过是略施怀柔而已，张天师的声誉和地位已趋于低微，不复显赫了。

清代前期各代天师天仙学道术造诣高深者，唯龙虎山正一法官娄近垣能以其学显于世。娄近垣属符箓派道士，整理和重刻《黄箓科仪》，集清初道教斋醮科仪、牒文、符箓之大成。他又倡佛仙圣三教同道一心之说，认为至道之体无定位，得道之人"无心于物，故心心皆佛心；无心于道，故处处是道体"（《阐真篇》），此乃道、禅融合的思想；他主张从无住无心之性功入手，继而炼化精气，以修命功，最后达到"易彼幻形，成其真体，出此真体，转彼幻形"，逍遥于世外和世间的目的。其时正一道与全真道虽各自保持教派之名义，而在教文教理上多已互相融合，差别越来越小，特别是明、清两代的内丹学，已成为道教各派共习同倡的修炼理论和方法。

二 全真道的中兴

明代全真道侧重隐遁清修，忽略济世兴教，因而不受朝廷重视。清代诸帝不喜符箓斋醮，而好理学与禅学，对于全真道的道禅融合及清净无为之道较有兴趣，故而有所褒扬。如顺治对全真道授戒传度提供方便；康熙褒封全真中兴高道王常月；雍正封南宗祖师张伯端为"大慈圆通禅仙紫阳真人"，以其《禅宗诗偈》入《御选语录》；乾隆拨款修白云观，两度亲至白云观礼敬，并为丘处机书楹联，赞曰："万古长生，不用餐霞求秘诀；一言止杀，始知济世有奇功，"表示了对全真道宗旨和高人的尊重和仰慕。

全真道于明季道风颓敝，邪说流行，教戒松弛。龙门派第七代道士王常月以振兴教脉、恢复全真祖风自任，出来整顿全真道，主要措施是清整戒律，取得了很大的成功，被誉为全真中兴之祖。王常月（1522—1680），号昆阳子，山西潞安府长治县人，生当明末之乱，中年师从赵复阳学道，赵以《天仙大戒》密授之。顺治定都燕京，王常月北上挂单于灵佑宫。顺治十三年（1656）三月，王奉旨主讲白云观，赐紫衣，三次登台说戒，度弟子千余人，一时各地道流纷纷上京受戒。康熙二年（1669），王常月率徒南下，在南京、杭州、湖州、武当山等地立坛授戒，入教者甚众。康熙十三年（一说康熙十九年），王常月卒，以衣钵授弟子谭守诚，康熙赐号"抱一高士"。王常月诸弟子继续在各地开坛授戒，形成若干龙门支派。如黄虚堂开苏州太微律院支派，金筑老人开余杭天柱观支派，陶靖庵开湖州云巢支派，吕云隐开苏州冠山支派，黄赤阳二传弟子许青阳开杭州机神殿支派，还有若干弟子四处传道或隐居修道，谭守诚则住持京师白云观，一时全真道龙门派大盛于世。

王常月倡导修道以持戒为首要功行。他开坛说戒的讲稿，由弟子整理成书曰《龙门心法》。这部书对清代全真道影响最大，使全真道由重丹法而转变为重戒律。《龙门心法》共20讲，第一皈依三宝；第二忏悔罪业，第三断除障碍，第四舍绝爱源，第五戒行精严，第六忍辱降心，第七清净身心，第八求师问道，第九定慧等持，第十密行修真，第十一报恩消灾，第十二立志发愿，第十三印证效验，第十四保命延生，第十五阐教弘道，第十六济度众生，第十七智慧光明，第十八神通妙用，第十九了悟生死，第二十功德圆满。《龙门心法》认为修道首先要树立信仰，皈依三宝：道、经、师，而皈依三宝之要在于皈依"真三宝"，即身、心、意。善用身者成仙成佛，不善用者成魔成怪。制身须是行持戒律。人心险恶，诸罪皆由心生，制心须是持戒入定。人意变化不测，善用者成真入圣，治国安民，不善者流浪欲河，沉沦苦海，关键在于明了觉悟，先诚此意。制身则能皈依师宝，制心则能皈依经宝，制意则能皈依道宝。身心意化为三宝真身，依戒定慧法门，行持不懈，则能成道。王常月认为功德圆满并非肉身不死，"不死者我之法身，长生者吾之元气"，"人皆有死，但要死得好，干干净净，明明白白"。这是《龙门心法》的理论要旨。《龙门心法》的特色是强调戒行精严，把"戒"字看成"降魔之杖"、"护命之符"、"仙丹宝筏"，持戒须一丝不苟，才能功德圆满并振兴教风。全真道自丘处机始，总结道教戒规，仿效佛教戒律，制定"三坛大戒"，即初真戒、中极戒、天仙戒。初真戒包括"三皈依戒"、"五戒"、"十戒"、"女真九戒"。中极戒为"进道之舟航，乃升仙之梯级"，受此戒者为"妙德师"，终身守持即为"妙德真人"。天仙戒是教律中最高层次，共10类270法，受此戒者为"妙道师"，三坛功德圆满者为"妙道真人"。严格的戒律，使全真道信徒的思想行为纳入道教教义轨道之中，冒滥者不敢入教，散漫者收心谨行，改善了全真道徒在人们心目中的形象。继王常月之后，又出现了陶靖庵、周明阳等一批有影响的高道，龙门派由此得到较大发展，传遍全国南北各地，其盛况如同禅宗中的临济，故世有"临济、龙门半天下"之说。

明末清初之伍冲虚、柳华阳，建"伍柳派"，属北派清修丹法，借佛教禅法说丹术，寓口诀于其中，其书被众人推为丹功启蒙的好书，对于普及道教内丹学起了显著的作用。柳华阳的《金仙证论》描述"产药"的景象：主观体验是"周身融和，酥绵快乐"，心境"自然虚静，如秋月之澄碧水"，气满而任督自开，"肾管之根，毛际之间，痒生快乐"。这全是练功的切身体会，具体而生动，使炼内丹的玄妙奥隐变得可以感受和捉摸。柳华阳的《慧命经》也是别开生面之作，对后世有巨大影响。康熙时有高道朱元育，著《慎真篇阐幽》等，发挥心得，暗示丹功口诀，会儒、佛、道三家之宗要，同归一致，尽性命双修之微旨，简易平实，两书同为道经解本中之双绝，为世所推重。张清夜（1676—1763）是雍乾之际的道士，修道于成都青羊宫、武侯祠，他的思想弃繁琐而取简要，斥空修而重践行。其《玄门戒白》云："道德五千言，总以清静为宗；金丹四百字，惟期守真是务"。又谓"大道出于纲常，纲常外无大道"，"广行方便，多积阴功"。他感概当时道教的衰弱，说："近世师愈多而道愈歧，德愈薄而心愈昧"，"仙派源流，于今几绝"，所以以继微存亡自任。

龙门派第十一代道士刘一明（1734—1821），号悟元子，别号素朴散人，祖籍山西曲沃，为有清一代内丹学大家，其著作后人刻为《道书十二种》，出入儒释，另创新词，说清修派之丹法，极为透彻，因而颇具名气。他勤修苦练，在丹理上获取高深造诣，在实践上亦有深厚的功夫，使他的性功命功同时臻上乘境地，可称一代宗师，在我国养生史上也占有显赫的地位。在理论上，刘一明融会儒、佛、道三教，主张性命双修而要渐进次第，《修真九要》分丹功为：勘破世事、积德修行、尽心穷理、访求真师、练己筑基、和合阴阳、审明火候、外药了命、内药了性，共9个步骤，先性后命，最后以"粉碎虚空"为了当。他的哲学，以无形大道为宇宙本原，是道家本色（见《阴符经注》）；以逆修之法返本归真，继承了陈抟和张伯端的道教内丹学（见《修真辨难》）；其顿悟渐修之道，学习佛教（见《修真辨难》）；其尽心穷理之说，则用儒学，所谓"儒即是道，道即儒，儒外无道，道外无儒"（《三教辨》）。闵小艮亦是龙门派第十代道士，道名一得，乾隆至道光时人，隐于金盖山中，著有《古书隐楼藏书》、《金盖心灯》，多发挥中黄直透之丹功，非北派亦非南派功法，以清修为主，可划为中派。闵小艮论中黄说："丹家理气，原有三道：曰赤、曰黑、曰黄。赤者心气。黑乃督脉，性润下，法必制之使升，此二道精气所由出，人物赖以生存者。黄乃黄中，径路循赤黑中缝，而统率二气为开合主宰，境则极虚而寂，故听经驻，只容先天，此中黄也。"（《泄天机》按语）据王沐先生说，北京西郊中医研究院用现代仪器测出有赤黑两条上升之路，可以证实闵小艮之说，但尚未测出黄道（见王沐《道教丹功宗派漫谈》）。

三 《道藏辑要》和新道书

清康熙年间，彭定求选取《正统道藏》中200多种道书，编成《道藏辑要》，按二十八宿字号，分成28集，共200余册，道教的重要经典。历代祖师、真人的著作，重要科仪戒律及碑传谱记，皆有收录，是《道藏》的节本，更易于流行和使用。清嘉庆年间，蒋元庭编《道藏辑要目录》。

清代出现若干新的道书或道教经典的注解，其中较著名的作者及其撰述有：

董德宁撰《黄帝阴符经本义》、《太上黄庭经发微》、《仙传宗原》、《悟真篇正义》、《元丹篇》、《丹道发微》、《周易参同契正义》。

刘一明撰《黄帝阴符经注》、《黄庭经解》、《悟真篇直指》、《敲爻歌直解》、《百字碑注》、《修真辨难》、《神室八法》、《无根树解》、《悟道录》、《参同契经文直指》、《参同契直指笺注》、《参同契直指三相类》、《西游原旨读法》。

闵一得撰《黄帝阴符经玄解正义》、《雨香天经咒》、《天仙道戒忌须知》、《道规玄妙》、《栖云山悟元子修真辨难参证》、《订正皇极阖辟证道仙经》、《泄天机》、《管窥编》、《天仙心传》及附录、《天仙道程宝则》、《西王母女修正途十则》、《泥丸李祖师女宗双修宝筏》、《读吕祖三尼医世说还管窥》、《订正廖阳殿问答编》、《三懒心话》、《智慧真言注》、《一目真言注》、《增智慧真言注》、《祭炼心咒注》。

博金铨撰《天仙正理读法点睛》、《丹经示读》、《道书试金石》、《新镌道书度人梯经》、《道书一贯真机易简录》、《性天正鹄》、《新镌道书樵阳经》、《心学》、《道书杯溪录》、《赤水吟》。

朱羖梭撰《阴骘文注》、《文昌孝经》、《元皇大道真君救劫宝经》、《真经》。

其他撰著一二种者有：王常月《初真戒律》，惠栋《太上感应篇注》，朱元育《悟真篇阐幽》、《参同契阐幽》，王守上编《三宝万灵法忏》，张持真辑《忏法大规》、彭定求校正《真铨》，王仁俊辑《灵宝要略》，陶素耜《周易参同契脉望》、《承志录》，李光地《参同契注》、《阴符经注》，袁仁林《古文周易参同契注》，汪绂《读参同契》、《读阴符经》，纪大奎《周易参同契集韵》、俞樾《太上感应篇缵义》，王士瑞《养真集注》，江含春《解真篇》、《金丹悟》、《金丹疑》，施守平《碧苑坛经》，陶太定辑《吕祖师三尼医世说述》，薛阳桂辑《梅花问答篇》，李德洽原述《上品丹法节次》，章世乾《元丹篇约注》，刘鸿典《感应篇韵语》，蒋国祚《太上黄庭内景经注》、《太上黄庭外景经注》。以上作者既有道士，又有教外学者，说明道教文化已经引起学界普遍的关注。

第四节　民间宗教在镇压中继续勃兴

一　民间宗教发展概况与清廷的禁灭政策

明代中后叶是民间宗教走向活跃的时期。明清之际的社会政治变动并没有遏止民间宗教发展的势头，相反各种民间宗教已汇成大气候，在民族压迫的催激下，更加蓬勃有生气，成为清朝建国之初就遇到的棘手的社会问题，不得不花大气力加以应付。顺治三年（1646），吏部给事中林起龙上书说："近日风俗大坏，异端蜂起，有白莲、大成、混元、无为等教，种种名色。以烧香礼忏煽惑人心，因而或起异谋，或从盗贼，此直奸民之尤者也"(《东华录》)。朝廷于是严禁"邪教",遇各色教门即行严捕,处以重罪。然而禁教毫无成效,愈禁愈烈。清初思想家颜元(1635—1704)在《存人编》中说:"迨红巾、白莲始自元明季世,焚香惑众,种种异名,旋禁旋出。至今若'皇天',若'九门'、'十门'等会,莫可穷诘。"康熙时王逋《蚓庵琐语》中亦说:"今民间盛行所谓教门者,说经谈偈,男女混杂,历朝厉禁,而风愈炽","山东山西则有焚香白莲,江西则有长生圣母、无为、糍粑、园果等号,各立各户,以相传授"。蒲松龄《聊斋志异》中有《白莲教》、《罗祖》、《邢子仪》等篇,涉及白莲教、罗教和当时人的信仰活动,说明康熙时这些教在民间还很有影响。清代民间教派很多,数以百计,就大的教派分布情况而言,华北地区主要有罗教、黄天教、红阳教、清茶门教、一炷香教、龙天教、八卦教等教派;江南有大乘教、无为教、老官斋教、龙华教、三一教、长生教、收圆教等教派;西南地区有鸡足山大乘教、青莲教、金丹教、刘门教等教派;西北地区有罗教、园顿教、明宗教等教派。这些教派不是脱胎于佛教,就是脱胎于道教,教义宗旨皆主儒、佛、道三教并信而又别立"真空家乡,无生老母"的特殊信仰,宣扬"三阳劫变"的思想,成为正宗大教外的异端。其中的骨干是宋元出现的白莲教系统和明中叶出现的罗祖教系统,彼此又互相影响,嬗变出形形色色的教门。清初的众多教门有相当一些是明代教门的直接延续,如罗教、黄天教、红阳教、老官斋教、三一教、长生教、大乘教、龙天教、无为教、一炷香教等;有若干教门是清代新兴起的,如八卦教、清茶门教、天理教、圆教、真空教、青封教、白阳教等,这些新兴教门也与明代民间宗教有渊源关系,有的是原有教门的分支或改头换面。但名义和称号是新出的,一般皆不自称白莲教。就规模和影响而言,以华北和中原地区的八卦教、江南青莲教(斋教)和西南大乘教为最重要。

  清代前期民间宗教一个显著特点是比明代更具有反抗精神,而且往往采取武装对抗,改朝换代的政治目标较之求福升天的宗教目标更为强烈。因此所谓"邪教"案件频繁发生,遍及南北,数不胜数,乾嘉以后几乎每年都有之,若干次大的武装起事,震动了朝廷与全国。满族贵族以少数统治汉族多数,心怀戒惧,严防一切动乱,以稳定其政权;同时依靠武力统一天下，相当迷信强制作用；加以民间宗教有明显反清复明色彩，且常诉诸武力，更加激化了与清廷的矛盾，使清廷对民间宗教制定了严厉镇压、禁绝灭除的政策，花大力量查禁取缔、严密防范，遇有反抗，便无情镇压，诛除务尽，造成许多次大惨案、大悲剧。早在入关之前的崇德七年（1642），清廷就镇压了沈阳的善友会（秘密结社）。顺治初采林起龙议，取缔"邪教"。顺治十八年（1616）镇压江苏溧阳的大乘教。乾隆中，惩办张保太案，镇压马朝柱造反，剿灭清水教起义，气氛十分紧张，乾隆帝一再强调："邪教煽惑愚民，最为世道人心之害，不可不严切根查"（《清高宗实录》乾隆四十年）。当然，清廷对民间宗教也有抚息的时候，特别是康熙、雍正两朝，采取种种措施恢复和发展生产，安定社会秩序，通过"与民休息"的政策，达到巩固政权的目的；在民间宗教的问题上注意不故意扩大事态，能宁息则宁息之，优先解决最迫切的民生问题，这是有一定远见的，康熙帝曾告诫山东巡抚："为治之道，要以爱养百姓为本，不宜更张生事"（《圣祖实录》）。雍正帝亦注意在惩办"邪教"时不扩大化，以防激之生变。雍正八年（1730），福建巡抚刘世明借口"习无为罗教者，阖家俱吃斋，"要"通饬严禁"，雍正帝大为恼怒，批驳说："但应禁止邪教惑众，从未有禁人吃斋之理。此奏甚属乖谬纷扰"（《东华录》），他又下令取消香税，鼓励民间进香祷神。但从乾隆朝起，民间宗教已明显形成强大政治异己力量，清廷改为强硬政策，专务剿灭诛除，宗教性的矛盾变成政权与民间势力之间的生死搏斗，政策上的弹性由此而丧失。

二　八卦教（含清水教、天理教）的兴衰

八卦教主要活动于华北，包括京畿和直隶。它在清代民间宗教运动中占据十分重要的地位，清前期华北许多教门及农民起义都直接间接与它有联系；清末义和团运动也与它相关联，它的存在时间较长，对清朝的历史进程有重大影响。

八卦教初创于康熙初年的鲁西南单县一带，八卦教创始人刘佐臣，编造《五女传道》经书进行创教布道，又依《八卦图》收编教徒。因草创之初，入教者不多，只立离、震、坎数卦。刘佐臣死后，他的儿子刘儒汉、

孙子刘恪、重孙刘省过，相继掌教，使教门不断扩大完备。八卦教初称五荤道收圆教，后又易名为清水教，又称天理教、九宫教、先天教、在理教等，由于按八卦组成教团系统是它的显著特点，所以八卦教的称呼最为流行。八卦为八宫，加上中央宫为九宫，故又称九宫教。八卦教在教理上吸收了道教依八卦体系炼内丹的思想，掺和闻香教、一炷香教和黄天教的内容而形成的；它的组织原则是"内安九宫，外立八卦"，将八卦与五行结合起来，形成有固定教首、支派拱绕、组织严密的教团体系。刘姓教首居于中央宫的位置，不具体统领某卦，但全教必须服从他的领导，奉之若神明。下面分为乾、坤、震、巽、坎、离、艮、兑八卦支派，各有掌教传人。

八卦教的主要经典《五女传道》，又称《五圣传道》，它是一部接近道教的修炼内丹、追求长生的传教书。所谓"五女"由观音、普贤、白衣、鱼篮、文殊五位菩萨幻化而成，都用丹道点化出入，最后结成"圣胎"，运上泥丸宫，透出元神，便可超凡入仙。这部书通俗易懂，所用比喻皆为下层民众熟悉，它把丹功简明化，推广于民众，既给予教徒以精神的安慰，又使教徒在进行宗教活动的同时运气练功，收到颐养内心、防治疾病、健壮体魄的功效，所以受到民众的欢迎。乾嘉时代，八卦教修炼内丹已成风气，"坐功运气"已是教徒宗教生活的核心内容之一。八卦教的教义是三教混一的体系，除佛、道外，特别推尊孔孟，甚至将他们尊为本教教主，从四书五经中寻章摘句，作为修炼内丹的理论根据。经卷告诉教徒，"若明真性达天理，就与前贤皆无二"（《军机处录付奏折》），这个天理"在天上元亨利贞，落地下春夏秋冬，落在人身仁义礼智"（同上书），以"仁义礼智信"为五行，以"不杀不盗不淫不毁不欺"为五戒，以"温良恭俭让"为五常，所以嘉庆中八卦教首领林清改教名为天理教。但八卦教毕竟不同于被官方承认的儒、佛、道三教，它吸收了历代民间宗教关于劫变的思想，信仰八字真言："真空家乡，无生父母"，认为宇宙和人类须经历三个阶段：第一阶段是青阳时期，第二阶段是红阳时期，第三阶段是白阳时期，无生老母派弥勒佛下凡，将度脱其余皇胎儿女92亿人，回到天宫即真空家乡，过永远幸福的生活。而目前人类正处在红阳劫尽、白阳当兴的时代，遭受着空前的灾难，因此现实社会是罪恶的，应该被否定，用一个理想的社会来取代它。这样的信仰反映了苦难中下层民众对现实的批判，具有鼓动社会变革的意义，所以为当权的统治者所不容。而八卦教把刘佐臣奉为弥勒下生，他又是孔夫子再世，是末劫收元的祖师，无生老母在人间的代表，有至高无上的神权，他的后世掌教子孙是他的转世和化身，理应继续担当八卦教首领，具有统领教徒的无上权威，这样八卦教的独立神权又与皇权掌握的神权发生冲突。同时刘氏家族有排满兴汉的思想，例如乾隆时从震卦长王中之徒谌梅和坎卦头目孔万林兄孔兴已家中抄出两本"无名邪书"，内有以宗教预言的形式预言清政府灭亡的时间，说："平胡不出周刘户，进在戊辰己巳年"、"朝廷离幽燕，建康城里排筵宴"，引起乾隆帝震怒，虽然八卦教经卷中有正统说教，但上述教义使它具有异端色彩和反叛精神，决定了它只能是下层社会的信仰，不能成为官方的宗教。

八卦教的第二代教首是刘儒汉，他承袭父业，掌教30余年，死于乾隆元年（1736）。他开创了以血缘关系为纽带的教权世袭制，各卦首领亦纷起效尤，出现了刘姓、郜姓、侯姓、王姓几个大的教权家族。刘儒汉还买官做过知县，扩大了该教的影响，其时八卦教势力范围已扩大到晋冀鲁豫以及陕甘一带。第三代教首为刘恪（儒汉之子），掌教20余年。第四代教首为刘省过（刘恪之子），掌教约15年，死在乾隆三十七年"邪教案"中。这时八卦教已易名为清水教（入教时用三盅清水磕头，故名）。结案时，他们或斩或配，使八卦教受到严重打击，刘氏家族由盛转衰，接着以刘省过逃亡在外的儿子刘二洪为教首，是为第五代传人，传教不到9年，遇上段文经事件。段文经为大名府捕快领班，系八卦教头目，于乾隆五十一年率同教50余人突袭大名府道，杀官劫狱，企图救出坐牢的刘大洪（刘省过长子），失败后连同刘大洪一起被害，又牵连出刘二洪、刘四洪及母李氏、刘氏兄弟皆被处死。第六代传人为刘氏家族成员刘廷献（刘省过族兄弟），他在乾隆年间受"逆案"牵连发配到新疆，其时，震卦头目侯朴鉴因八卦教无刘姓掌理，便派人去新疆，推奉刘廷献为中天教首，总管八卦教事。嘉庆七年（1802），刘廷献死，震卦头目侯绳武再次派人去新疆拥立刘廷献之子刘成林为新教首，实际教务由侯绳武掌管。嘉庆二十二年，事发，刘成林等被害，刘氏家族终于覆灭。

八卦各派之中，以震卦、离卦、坎卦实力较强，影响较大，与乾嘉朝农民运动关系密切。震卦初由侯姓家族掌教，乾隆中叶以后王姓家族兴盛，入其教者称后天王老爷之徒，乾隆五十三年（1788），王中之子王子重发配新疆为奴，被教徒推为掌教。有教徒刘照魁者，为布文彬收为义子，受教内理条，成为震卦重要骨干，四处联络，重振教团，于乾隆五十五年赴新疆见王子重，受教内理条，受封"东震至行开路真人"，次年被捕，供出王子重等人，王与布文彬、屈进河、刘书芳、刘照魁等皆被斩杀，大批骨干成员被流放。王子重之子王彦继为震卦教首。嘉庆十八年（1813），八卦教在直鲁豫起事失败，王彦等人被逮入狱。道光初，王容清之曾孙王顺掌教，于道光四年（1824）被破获处死。离卦掌教郜姓家族，传承一个多世纪。由于它屡剿屡起，被清廷看作元凶大恶，几十年查捕斩除，仍然绵延不绝，这与它神秘主义的教法不无联系。离卦入教者多于深夜僻静处点香供茶出钱，在香案的顶礼膜拜，说"请圣如来，接圣如来，投离卦透天真人郜老爷会下"，并默念咒语，发誓起咒。每日朝午晚三次朝拜太阳，念八字真言。其联络暗号是："凡是同教的人，只把食指、中指并着往上一指，名为剑诀。"坎卦教由侯姓家族掌教，至乾隆中期张柏又曾为坎卦长，张有两大弟子，一为大兴县屈得兴，一是曲阜孔万林。据嘉庆二十年直隶总督那彦成奏道："林清徒党多系坎卦教，凡有在教者，均称为北方元上坎宫孔老爷门下。其孔老爷系首先传教之山东宁阳人孔万林，亦已于王中案内正法。"而嘉庆十八年的"癸酉之变"正是以林清为首的八卦教的壮举。

从乾隆中期至1840年，随着清王朝由盛转衰，八卦教也在整体上由一种民间宗教运动转化为农民革命运动，创造了可歌可泣的业绩。其中以乾隆中清水教起义和嘉庆中"癸酉之变"最为著名。清水教首领王伦于乾隆十六年入教，有一身气功拳棒功夫，精于医道，广交江湖豪杰，于乾隆三十六年招收徒弟，手下有一批武艺高强的骨干，包括许多女艺人，有义子18人，皆豪侠有勇力，相信八字真言和劫变思想，他组织的教团兼宗教与武功双重属性，习八卦拳等各种拳法，与宗教活动相掺杂，又怀有改朝换代的政治目的。乾隆三十九年八月，王伦与谋士梵伟率徒众举行起义，数日之内连克寿张、阳谷、堂邑三县，继而拔临清旧城，围攻临清新城，发展成数千人的队伍，屡败清兵。一月之后，清廷派重兵围剿，起义军失败，王伦自杀，许多骨干及教徒被擒杀，刑死者达1700人。这次起事发生在清帝国腹地，所以给整个社会以相当大的震动。林清于嘉庆十一年（1806）入八卦教，嘉庆十四年充任京南坎卦长，十八年收红阳教李老一支归属八卦教，活动中心在大兴县，其教徒中有官僚如曹纶，亦有宫内太监。其时河南的震卦首领李文成，以滑县为中心形成可观势力，李文成于嘉庆十六年正式与林清联合，形成八卦教各派重新统一的形势。十七年，林清封李文成为天王，冯学礼为地王，于克敬为人王，后又改封李文成为人王。嘉庆十八年，确定以"奉天开道"为旗帜，取代清政权，建立八卦教天下的具体计划，同年九月十五日，有六七十名天理教徒攻入紫禁城东华门、西华门，直接插入清廷皇宫重地，与卫兵、王公大臣进行了浴血奋战，十六日失败，十七日林清被捕，接着清廷对大兴、通县一带八卦教进行剿捕，4年之内共处决700余人。与京城之变相呼应，直、鲁、豫三省八卦教徒在华北十几个州县先后起事，如九月七日河南滑县3000名教徒攻县城；又有长垣、曹县起事，破曹县、定陶，震惊全省，十月初扈家集战斗失利，山东起义军失败。十一月至十二月，在河南滑县一带，李文成率部与清军多次激烈战斗，最后失败，李举火自焚，牛亮臣、徐安国、冯克善被俘，与九宫教首梁建忠、刘宗林等皆被处死。这场大的农民暴动震撼了华北大地，约七八万人惨遭屠戮。

经"癸酉之变"，八卦教只剩下离卦一支仍保有实力，成为尔后最活跃的支派，但掌教者多为异姓，且向多元分离发展，出现圣贤教、先天教、大乘教、一字教、向阳教等众多名目。与离卦教有联系的大教案，有嘉庆六年孙维俭大乘教案，孙是离卦教郜姓三传弟子，后自立教名，传徒1600余人；有道光三年（1823）明天教首马进忠称皇帝案，马进忠为离卦教徒，充任支派教首后，改称明天教，自号圣人，封正宫娘娘、三宫六院、将军、六部、丞相、军师等，举行新帝登基典礼，后被拿获，100多人被处死，300多人遭发配；道光十二年尹老须案，尹老须即尹资源，系直隶离卦教郜姓之后教旨刘功的教业继任者，自称南阳佛，谓能出神上天，接见无生，收徒数千之众，后事发处死，涉及近百人；道光十五年（1835）曹顺为首的先天教起事案,先天教首叶生宽、王宁继承了离卦教,成为它的旁支,于嘉庆二十一年被告发处死,后来教徒曹顺从韩鉴手中接过教权,于道光十五年率徒攻占赵城,并攻打霍州、洪洞,失败被杀,同死者百余人。这是1840年以前八卦教最后一次有规模的武装造反事件。

在上述八卦教教案中,有仅因事涉"邪教"并无政治性活动而被查获处罚的,有因压迫太重借宗教进行反抗的,有出于教首或掌教家族政治野心而想改朝换代的,也有几种情况同时并存的。总之事情十分复杂,我们既不能像清廷那样斥八卦教为"邪教",加以"惑众乱世"的罪名,也不能一概予以肯定,皆作为农民革命加以颂扬,而应把它作为一种特定的历史现象加以研究,指出它的必然性、局限性和历史作用的双重性,由此更进一步认识中国俗文化的特点和传统。

三 其他教派的活动

白莲教 早在乾隆三十九年(1774),河南人樊明德领导的混元教,在豫、皖、鄂一带活动,信奉《混元点化》等经卷,第二年,樊明德被捕处死,曾供称其师为杨集。樊徒弟王怀玉逃走,王弟子刘松被发配到甘肃。刘松与其弟子刘之协商量复教,于乾隆五十三年另立三阳教名称,改《混元点化经》为《三阳了道经》,推刘松为老教主,刘松之子刘四儿为弥勒佛转世。刘之协收湖北人宋之清入教,使一部分收圆教徒改奉三阳教。乾隆五十七年,宋之清与刘松、刘之协分裂,另立西天大乘教,拜李三瞎子为师。乾隆五十九年宋之清、刘松、刘四儿等皆被捕处死。嘉庆元年(1796),荆州地区白莲教在教首张正谟、聂人杰领导下起义,开始了大规模的川楚白莲教武装反清斗争,教内传说李姓、杨姓、刘姓真人下凡,将立帝业,刘之协为军师,朱九桃是辅臣。其时川楚白莲教支系繁多,互不统属。三月,王聪儿、姚之富起于湖北襄阳;十月,徐天德起于四川达州,冷天禄起于四川东乡;随后,罗其清、苟文明起于巴州,冉文俦、冉天元起于通江,龙绍周、徐万富起于太平,陈崇德起于大宁;陕西还有冯德仕、林开泰的起事。各支起义军中,以王聪儿一支为最强。王聪儿是襄阳地区白莲教首林齐的妻子,林齐被捕遇难,众人推王聪儿为白莲教总教师,发动了声势浩大的起义。这支队伍先进攻襄阳和樊城，又转战河南邓州、唐州之间，冲破清兵的围剿后直逼湖北汉阳，三楚为之震动。旋又入河南作战，经陕西向四川进发。于嘉庆二年（1797）六月在东乡附近与四川徐天德、冷天禄的队伍会合，队伍改编为黄、蓝、青、白等号，设掌柜、元帅、先锋、总兵等职，年底控制了 20 多个州县。王聪儿还亲率队伍杀回湖北，经陕西转回四川，发动汉中大战，逼近西安。后因李全部失利，东回湖北，于嘉庆三年在郧阳战败跳崖而死。余部继续坚持战斗，至嘉庆十年才最后被镇压下去。清廷为此耗银 2 亿两，副将以下军官死 400 余名，一、二品大官死 20 余名，其统治受到严重的打击。王聪儿之白教信奉"真空家乡，无生父母"，"习其教者，有息相救，有难相死，不持一钱，可以周行天下"（《内自讼斋文钞》卷 1），继承了明代白莲教的教义和互助共济的传统。

圆教 又称收圆教、大同教。教首金惊有，安徽和州人，于清初创此教。金死由其徒方荣升继掌圆教。方自称蓬莱无极老祖，刻有九莲金印，声称三年后坐朝时启用。方又尊李玉莲（合并而来的原明教女徒）为开创圣母，住石观音院，自谓身怀弥勒，方为之编造"皇极真主命，隐居石观音"的口诀，加以神化。圆教分布于湖北、江西、安徽、江苏、河南等省。嘉庆二十年该地区发生灾荒，方荣升计划趁机起事，因泄密于八月被捕，圆教受到严重打击。圆教的经卷受黄天教、弘阳教、八卦教的影响，与清茶门教有更直接的关系，金惊有与清茶门教教首王秉衡有间接师承关系。金惊有编《应劫册》，宣扬："先前系燃灯佛座青莲掌世，为无为青阳教。后释迦佛座红莲掌世，为太极红阳教。今则退位，弥勒佛座白莲掌世，为皇极白阳教。弥勒掌管天盘，混沌七七日，自后日月改行，气候更变，惟习圆教，不遭此劫。"这是明清民间宗教的共同性说法。方荣升则有些创新，他自称朱雀星宝霞佛下降，紫微星附体，世人信圆教可以免劫；又以 45 日为 1 月，18 月为 1 年，在金木水火土五行之外增"慧"、"动"二字，成为七行；在官方的正统观念中，阴阳、四时、五行乃不易之天道，治道必须合于大道才能成功。而方荣升企图变易五行年月，是一种改天换地的大胆行为，虽然表示了对历法的愚昧，但富有想象力和异端精神。

大乘教 康熙二十年（1681），云南大理人张保太（又称张宝泰）在鸡足山开堂倡教，入教者吃斋念佛，烧香礼拜，可以升天成佛，免除阴司受苦。张保太法号道岸，自称四十九代收元老祖，达摩禅派嫡系，可见深受佛教思想的影响，但他又提倡儒、佛、道三教合一，并信奉弥勒和龙华三会，表现出民间宗教的色彩。乾隆四年（1739），江苏发生西来教"邪教"案，首领夏天佑即张保太的弟子，张保太被供出死于狱中，但他所传的大圣乘教已由西南传至江苏、贵州、湖北、河北等地，张保太死后，其子张晓继续掌教，使大乘教有所发展，增强了反叛性，其分支有：江苏的龙华会、燃灯教、西来教，四川的法船、铁船、瘟船三教。法船之说见于《龙华宝经》，谓末劫来临，众生危难，古佛令太上老君造法船金船，宗门祖师领儿女登法船渡劫进天宫。法船教主刘奇称弥勒下凡管天下，以后李开花当皇帝。其时前后"李开花"常成为新皇帝的托名，弄得清廷惶惶不安。大乘教徒至乾隆中叶仍有活动。

青莲教 又称斋教，分布于四川、陕西、甘肃、湖北、湖南等地，活跃于道光年间。在四川，道光六年（1828）有教首尹正、刘曰瑚在华阳一带传教，持经卷《十参四报经》；在湖南桂阳，青莲教徒于道光二十年和二十六年两次起来反抗官府。青莲教奉达摩祖师、无生老母，诵《无上妙品经》，有三皈五戒。其教义有"五行十地"之说，五行又分先天五行：法、精、成、秘、道，后天五行：元、微、专、果、真，十地为教区组织原则。首领人物5人，依五行掌教条务称"依法子"、"依精子"等。青莲教中有青家、红家、黑家之分，青家吃斋焚香诵经，红家不吃斋，黑家从事武力活动。道光时，川陕甘青莲教首领是"依微子"李一原，湖南是"顶航"周位抡，"顶航"是教中最高阶位。青莲教吸收了法船教的传统，后来又与天地会合流，在清后期发生影响。

清代罗教 罗教创于明代，对明清两代民间宗教产生普遍性影响，它自身也支派越分越细，形成"经非一卷，教非一门"的复杂局面。罗教在清代，其正宗是无为教，罗梦鸿的子孙在京畿一带相沿传授此教。嘉庆中，当局在盘山无为庵起获无为居士罗公画像一轴及若干宝卷，罗公即罗祖。另一支为王森所创东大乘教（即闻香教），在清代的滦州石佛口王姓家族继续传布，先称大成教，后改称清茶门教。王家与清贵族有密切联系，因而该教一度得到发展。雍正十年（1732），当局查办了石佛口大成教的活动，了解到其教以轮回生死诱人修来世善果，吃斋念经，男女混杂，每月朔望各在本家献茶上供，六月初六至次教首家念佛设供，并上钱粮，次教首转送老教首，谓之解钱粮，所诵经有《老九莲》、《续九莲》等。嘉庆二十年（1815），该教受到严厉查办而衰落。罗教传入江南的一支称老官斋教，由姚姓家族世代掌教，传布于浙、赣、闽、湘、鄂一带。乾隆十三年（1748），福建瓯宁教民因宗教集会受到地方官吏袭击，由普少、魏现领导起义，称弥勒下凡，标"无为大道"，提出"代天行事"、"劫富济贫"的口号。同治五年（1866），建阳、崇安有安寿子、陈顺光领导的教民起义。罗教在江浙漕运水手中有深刻的基础，其活动中心一在苏州，一在杭州，后来成为青帮之前身。杭州罗教兴起翁、钱、潘三姓，各建一庵，招收徒众，遂有"三祖传道法先天"、"三祖传道杭州城"之说。水手教民依赖罗教团体，使精神和生活有所归属，增强了抗御困难和外部压力的能力，并得以互助共济。后来，随着成员职业的单一化和宗法师承关系对教权世袭关系的取代以及宗教气氛的淡化，罗教逐渐转化为行业性的帮会，建立起帮会权力系统，垄断江浙漕运行业，并形成内部小的帮派，最后变为游民无产者的社会团体，活跃于清末民初的社会生活之中。

清代的黄天教 黄天教创于明代，继续流行于清前期，颜元说当时黄天道大行于京师府县以至穷乡川僻。创始人李宾胞兄李宸的后裔在清代把持教权，以万全县膳房堡的碧天寺为基地做会传道，参拜太阳，默祷天地，炼养内丹，对八卦教、收圆教有直接的影响。乾隆年间几次"邪教"案都涉及黄天教，时人常把黄天、无为、收圆看成普明（李宾道号普明佛）一脉派生的诸教，加以混同。从清初到清中叶，黄天教嫡派传承世系是：李蔚—李蕡—李昌年—李遐年。乾隆二十八年（1763），大学士兆惠与直隶总督方观承亲往万全县查办此教，毁碧天寺，掘出李宾夫妇尸骨粉尸扬灰，收缴经卷，大肆逮捕教徒，给予黄天道以毁灭性打击。尔后沉寂达一个世纪，至光绪元年（1875）再度大兴，万全县乡民建普明寺，并逐渐扩充。

清代红阳教 又称弘阳教、混元教，清代讳弘历讳，官方文档皆称红阳教。该教由飘高老祖（韩太湖）创于明代万历间，与宫内太监有较多联系，保持较多道教特点。据清代档案载："京东一带，向有红阳教为人治病，及民间丧葬，念经发送。"较少介入政治，较多趋向正统观念。但受八卦教影响，一部分支派加入天理教起事，或参与其他反抗活动，而且该教教义内本有三阳劫变之说，不能不被当局目为"邪教异端"，虽未给予残酷打击，亦在取缔之列。有清一代红阳教未能形成宗教领导中心，支派分散，互不统属，又多数为异姓相传，未形成家族世袭教权。教徒多为城市贫民和农民、手工业者。清代则增入不少旗人和妇女，主要来自贫困阶层。乾隆二十三年（1758），通州正黄旗汉军士兵桑自雷加入红阳会。乾隆二十九年，良乡正白旗汉军张三加入红阳教。乾隆四十年，海城旗人刘得智、直隶正白旗所属夫役李瑚等，均加入红阳教。该教经卷《混元红阳血湖宝忏》对妇女的各种痛苦表示关切，得到很多妇女的信奉。

清代的一炷香教 创教人董吉升，字四海，山东商河县人，生于明万历四十七年（1619），死于清顺治七年（1650）。董氏原为道士，创立一炷香教后，仍然把持许多道教宫观，从事宗教活动，并收若干道士入其教门。教徒尊董氏为"神仙"，其宗教生活大致是：焚香拜佛，跪一炷香，望空祈祷，坐功运气，求治病获福并最终成佛作祖。该教有许多支派和名目，如一炷香五荤道、添门教、如意教、平心道等。董氏家族于明末倡教，至清道光十六年（1836），已传承七代，派分八支，200多年，教徒分布于鲁、直、京地区，并远播盛京、吉林。由于该教长期打着道教的旗号，其教徒作道场与斋醮与正一道士差别极少，同时在教义上鼓吹忠孝伦理，唱念歌词系劝人为善行好，极少不法行为，故长期未能为清廷所觉察。有一段歌词云："双膝打跪一桌前，对给老天说实言。父母堂前多尽孝，别要哄来不要瞒，犯法事情再不做，钱粮早上米先完。乡里养德多恕己，这是行好才全还。行好劝人三件事，戒酒除色莫赌钱。"这些安分守己的教义，在诸多民间宗教里最具有保守性，因而未受到清廷严厉处理。但该教游离于正宗佛教道教教团组织之外，别立教祖，不受国家管理，自传自养。自然有离心倾向，亦不能取得政府合法承认，所以当嘉道之际清廷发现该教秘密时，便下令取缔。但该教已根深株壮，枝蔓四伸，难以剪除了。

四 民间宗教的社会文化意义

民间宗教的教义和活动中有许多落后愚昧的东西，从历史的发展结果看，它并没有解决民生的艰难，使民众获得它所许诺的幸福。但在那个等级压迫甚重、宗教气氛笼罩、民众知识缺乏的时代，下层人民只能把希望寄托于宗教理想，并且借重于宗教的旗帜，掀起反抗压迫剥削的巨大社会风暴，这是不能用今天的眼光加以随便指责的。我们在这里进一步就清前期民间宗教的社会文化意义作些说明。

首先，它是清朝由盛转衰的重要促成因素。清朝一统天下后，经过康雍两朝，已进入稳定强盛，然而正是在它达到最盛的乾隆朝，民间宗教的活动与政治反抗运动如火如荼地发展起来，形成遍布全国的大大小小的地下独立王国，动摇了清政权的根基，清廷虽然全力查办镇压，但此伏彼起，穷于应付，无形之中大伤元气。嘉庆以后，国势日颓，中国历史上最后一个王朝江河日下局面的形成，民间宗教的积极活动是有重要作用的。

其次，人民群众在民间宗教的反抗运动中所表现出来的大无畏精神、不怕牺牲再接再厉的精神，表明中国人民的民气未亡，民心未死，宁作刑鬼，不作顺民。清后期的太平天国运动、捻军、小刀会、义和团等武装起事，正是清前期民间宗教反抗运动的继续和更高水平的发展。

第三，民间宗教经由明中叶到清中叶的发展流传，已经在全国范围内形成根深蒂固的传统，它与官方宗教、学者宗教鼎足而立，具有相对独立的宗教俗文化体系。这个体系的生命力极其顽强，在民众的物质文化条件未根本改善之前，是不会衰亡的。研究儒学史、佛教史、道教史以及国家民族宗教史，只限于研究官方的宗教政策和管理，研究高僧高道传记，已经远远不够了，还要大力研究民间信仰，特别是民间宗教，否则即是残缺不全。

第五节 伊斯兰教的演进与磨难

清前期的伊斯兰教发展状况与明代大不相同。从外部环境来说，清廷一反明廷的优厚政策而为严厉约束的政策，稍有不顺便残酷镇压，歧视回民，分化瓦解，禁绝惩办，无所不用其极，使穆斯林处在十分险恶的境地中，但宗教队伍始终没有溃散，除回族、维吾尔族外，撒拉、东乡、保安等族也相继接受了伊斯兰教信仰。从内部状态来说，随着经济的发展和穆斯林的阶级分化，形成中国所特有的门宦制度，教派之争十分激烈。所能相衔接的是从明末到清初，伊斯兰教汉文译著，一派繁盛，但好景不长，随着清廷与穆斯林矛盾的激化，伊斯兰教的学术事业亦受到挫折而走向衰落。

一 清廷对伊斯兰教的政策

清廷对伊斯兰教的态度有一个发展过程。从康熙朝到乾隆中期，清廷的宗教政策是崇儒重佛，儒、佛、道三教并重，对于伊斯兰教既不尊崇，也不视为左道、邪教予以查禁，而是允许其合法存在，但进行严格的管束。雍正时，山东主官曾上疏要求对伊斯兰禁教毁寺，理由是"回教不敬天地，不祀神祇，另定宗主，自为岁年"。雍正帝则予批驳，认为伊斯兰教"乃其先代留遗，家风土俗"，"非作奸犯科，或世诬民者比"，应"从俗从宜，各安其息"，不能强求整齐划一，并对有关官员作了处罚。与此同时，康雍之朝还褒奖效力朝廷的伊斯兰上层，保留边疆地区宗教上层某些特权，在西北地区推行乡约制度。用教义和家庭宗族关系互相约束，不令发生违法行为。乾隆帝为取悦信仰伊斯兰教的香妃（即容妃），也曾对穆斯林信仰和风俗表示尊重。但中期以后，朝廷与穆斯林发生激烈对抗，乾隆帝便改而采取无情镇压和分化利用的政策，激起多次回民起义，越反抗越镇压，越镇压越反抗，一发而不可回缓，其酷烈的程度不亚于对民间宗教的打击。清廷的宗教政策和民族政策是互相配合的，在处理民族关系上，它的方针是联合蒙（古）、藏，制服汉、回及其他民族，因为回汉两族都进行过反清复明的斗争，在经济生活和政治倾向上有许多共同性；清廷又挑动汉回之间的矛盾，拉拢忠实的汉族上层牵制和压迫回族；在回族内部则采取"以回制回"的策略，拉老教徒打新教徒。据大清法律，回民纠众持械，罪加一等，犯窃盗者面刺"回贼"字样，又禁新疆回民与内地回民往来。

与此相适应，它在宗教政策上便抬高藏传佛教，利用儒学，贬低和压制伊斯兰教。这一政策自乾隆以后至清末一直在继续执行，没有放松和改变。

乾隆四十六年（1781），陕西发生新教与旧教的互相仇杀和新教首领马明心之徒苏四十三领导的回民起义，乾隆帝明谕军机大臣，要煽动旧教之人，作为前驱，杀新教之人以自效，所谓"以贼攻贼"，可见对旧教之众亦视为"贼"，不过加以利用而已。清廷不以捕杀马明心和镇压起义为满足，在"善后"中广泛株连新教教徒，把新教打为"邪教"，务期"尽绝根株，不留余孽"，于是成千上万新教普通信徒作为"余党"惨遭杀害，在全国穆斯林中形成白色恐怖气氛。又因而革除阿訇、掌教、师父等名目，拆毁新教礼拜寺及一切聚徒念经之所，搜查各种违碍书籍，这样不仅新教不能公开活动，旧教也因无教职人员的名目而难以正常开展活动。接着又发生了伊斯兰教文字狱，广东回教徒海富润携带回族学者刘智的《天方至圣实录年谱》及《天方字母解义》、《清真释疑》、《天方三字经》等书，在广西桂林被查获，书作者的家被查抄，其亲人被株连，《天方性理》、《天方典礼》版片也被起获，触及许多死人（刘智、金天柱等已故）和活人，大有扩展之势。乾隆帝还算清醒，知广西巡抚处理过严，下诏指出，回教经典系相沿旧本，无谤毁显为悖逆之语，"若必鳏鳏绳以国法，将不胜其扰"，使事情得到平息。但他在诏书中贬低回教书典"字句大约俚鄙者多"，又说"此等回民愚蠢无知"，表现了民族和宗教歧视的立场。当时举国上下都有"厌回"、"仇回"的观念，官僚阶层以迎合求进为能事，大都不懂民族与回教的知识，故有上述事件的发生。乾隆四十九年，陕甘又发生田五领导的回民起义和马四圭、张文庆的率众反抗。乾隆帝一面剿捕，一面软化；诛杀3000多人，并严格保甲、乡约，同时下令改进旧教收钱办法，使教徒自愿弃新教归旧教。乾隆帝还下令，在各省清真寺内供奉万岁牌，书"皇帝万岁万岁万万岁"，聚礼日要向本坊回民宣讲"圣谕广训"，将其刻成碑文树之寺内。又责成各教坊，教习经文不得在外地聘请教师，回民义学教以诗书，使其向化。

乾隆、嘉庆至道光中期在处理新疆和卓及白山宗、黑山宗的问题上，也表现了清廷的镇压与分化相结合的宗教民族政策。"和卓"作为伊斯兰教初创者的"圣裔",受到教徒狂热崇拜。乾隆二十二年(1757),大小和卓叛乱,清兵用两年时间予以平定,维护了国家的统一和领土的完整。伊斯兰教在新疆有两系,分为黑山宗和白山宗。白山宗和卓萨木萨克出逃,时常骚扰边境。清廷的政策是利用黑山宗,压制白山宗,加深教派间的对立,使其"自生猜嫌,互有钤制",对犯边的和卓张格尔、玉素甫(萨木萨克之子)等痛加剿灭,并严惩其家属与亲信。这里有保卫边境的合理性,反对民族分裂,代表了各族人民的共同的根本的利益,但在处理上株连扩大,屠杀太甚。清廷派驻新疆官员欺压当地穆斯林,如魏源《道光重定回疆记》中所述:"各城大臣,威福自出,甚至广渔回女,更番入直,奴使兽畜",尤对白山宗教民多方压迫,不能不激起他们的反抗,而清廷则是有反叛即剿除。这里的矛盾是复杂的,统一与分裂、民族矛盾与阶级矛盾、宗教教派的矛盾与教内上层家族和普通教民的矛盾,都交错在一起;清廷在处理这些矛盾时有正确的方面,但不能严格区别宗教与政治,对宗教常因策略考虑而权宜处之,对政治则以巩固清廷统治为目标,广大教民因而深受其苦。

二 伊斯兰教中国教派和门宦的形成

伊斯兰教从唐代传入中国至明末,既无教派之争,又无门宦,统统都是古传老教,被称为"格底木"(或"格底目"),意为尊古派,又称"老派"、"老教"、"清真古教"。它在信仰和活动上严格遵守传统的伊斯兰教教义教规,属于逊尼派。在教团组织上实行互不隶属的单一教坊制,即以清真寺为中心,由周围的穆斯林居民组成地域性的宗教团体。教务管理上采取教长或阿訇聘请制,和"三掌教"(伊玛目、海推布、穆安津)制;教长的聘任可以是本坊人,也可是外坊人,任期三年,全面主持坊内宗教事务;海推布协助教长管理宗教事务;穆安津专司宣礼,按时召唤教徒做礼拜。清初,苏菲派传入中国,"格底木"的一统天下局面发生破裂,但它仍然是影响最大的教派,由于受汉族文化的长期影响,在宗教仪式中有不少汉族习俗,如丧葬穿白戴孝、"烧七"纪念等。

明清之际,西北穆斯林地区农业、手工业和畜牧业都有较大的发展,阶级分化日益加剧，一批教长或上层人士积累了较多的私人财富，成为地主富豪；这时苏菲派传入，该派创教人利用苏菲派的神秘主义和顺从、克己等说教，成为具有无上权威的教主。这两种情况的结合，便产生了中国的门宦制度，它是扩大了的教坊制，其特点是各门宦教主兼宗教领袖与大地主，形成高门世家，教权世袭，具有种种封建特权，在宗教等级制下实行封建剥削压迫；上有教主、道堂，下有清真寺，组织严密，各清真寺教长由教主委任和领导，上下是绝对隶属关系；教徒要绝对服从和崇拜教主，认为教主是引导他们进入天堂的人，教主死后在教主坟地建立亭屋，教徒上坟念经，顶礼膜拜。

清初以来，我国西北地区形成四大门宦：一是虎非耶。该派主张低声念诵赞词，故又称为"低声派"。它有20多个支系，分布在甘、宁、青、滇、新疆地区，有的是阿拉伯或中亚苏菲派传道师来华传授，有的是中国穆斯林赴麦加朝觐和游学后，回国传布苏菲派思想的，有的是自行研习苏菲派经典后布道的。它的基本特点是"教乘"和"道乘"并重，既诚信伊斯兰教基本信条和主要经典，又力主在"现世的繁华"中用闹中取静的办法进行道乘修持。此门宦中教徒最多的有花寺、穆夫提、北庄和胡门几个支系，他们参加过反清斗争。花寺门宦由河州马来迟（1681—1766）创建于雍正乾隆时期，有教徒20余万人。来迟死后教权传第三子马国宝，至光绪间已传七代，其后衰落。穆夫提门宦的创始人是马守贞，生于明崇祯六年（1633），死于清康熙六十一年（1722）。该门宦强调"舍命不舍教"，有反抗精神，教民见教主要跪拜，这是受了汉族礼节的影响。北庄门宦是临夏东乡族最大的门宦之一，创始人马葆真，生于乾隆三十七年（1772），卒于道光六年（1826），东乡族人，但遵信其教者有东乡、回、撒拉和保安四个民族，教徒曾多达10余万，胡门门宦创始人马伏海，生于康熙五十四年，卒于嘉庆十七年（1812）。胡门认为"真主、圣人，穆民归为一体"，这是苏菲派的观点。

二是嘎的林耶，又译为"格底林耶"。它是苏菲派一个大教团，相传由穆罕默德二十九世孙阿布都·董拉希传入中国，其下分为大拱北门宦、香源堂、阿门、七门、韭菜坪几个支系。大拱北门宦创始人祁静一，生于顺治十二年（1656），卒于康熙五十八年（1719）。他受教于阿布都·董拉希，不娶妻室，静修养性，寡欲苦行，其遗训倡忍辱无为之旨，存境幻事空之说，深受佛、道二家的影响。大拱北门宦在宗教上力主静修、参悟，以达到近主认主的目的，一般教徒除信仰真主和穆圣外，只信祁静一和有德行的当家人，清规严格，但无教主世袭制，世家要自食其力，努力于耕作，或行医济世。香源堂，又称"海门"或"沙门"，创始人海阔，于乾隆二十二年（1757）在兰州参拜自新疆解押北京途经兰州的"巴巴爷"，因受其教，创立海门。他强调信义高于一切，失信背义即失去信徒资格。

三是哲赫忍耶，又译作"哲合林耶"或"哲赫林耶"是我国伊斯兰教各门宦中人数最多，传播地区较广，教权较集中巩固，流传时间最长的门宦之一，因主张高声念诵赞词，故又称"高声派"或"高念派"。它的创建者是马明心，教徒尊称为道祖太爷，之后传承了"二姓三家"，即阶州马家、平凉穆家、灵州马家。马明心曾提出许多宗教改革的主张，受到下层教众的欢迎，经常与老教特别是虎非耶的花寺门宦相对立，故清廷文书称其为新教。马明心祖籍甘肃阶州（现武都），生于康熙五十八年，被害于乾隆四十六年。马明心青年时随叔父去麦加朝觐，从穆罕默德·布录·色尼学习经典和沙孜林耶道堂的宗旨。乾隆九年回国，在青海循化、甘肃河州一带传教。乾隆二十六年，马明心在撒拉族聚居的循化地区传授哲赫忍耶宗旨，招收门徒，并对宗教仪规进行改革：如将"主麻"的116拜，简化为10拜；布施要周济穷人，不能由阿訇独自享用；反对教权世袭，主张教权应传贤不传子等。马明心以身作则，清贫俭朴，住窑洞，不贪财，有钱物即施散给贫苦穆斯林，是典型的苏菲派苦修者。在教义上，马明心宣传哲赫忍耶宗旨，提倡"束海达依"道路，宣扬"提着血衣前进"的精神，即殉道的观念，这是进天堂的捷径，要教徒抛弃屈从现实、隐忍苟活的怯弱态度，勇敢为改变现实苦难而斗争，这对于穆斯林反清起义具有巨大鼓动作用。由于这种种原因，马明心获得了越来越多的教民的拥护，被穆斯林认为"穆勒师德"（指教者、引领者），是替主扬法，替圣传道的人，因此树立了极高的威信。哲赫忍耶的教徒颂扬他是"寻道者的方向，善人的克尔白，殉道者的首领，替安拉行道的革新者"（《哲赫林耶道统史》）。这样，马明心就以其新派教义把分散的穆斯林组织起来成为可观的有战斗力的社会力量，不仅皈依者愈众，而且花寺门宦一些教徒也相继信仰了哲赫忍耶，于是引起了两派之间的纠纷争斗。撒拉十工中有九工改信哲赫忍耶，其中骨干信徒有贺麻路乎、苏四十三、赛立麦、韩依卜拉、韩二个等。一方面这一新教派传播迅速，甘肃数十州县皆有其信徒，循化一带力量雄厚；另一方面该教派反抗精神强烈，教众具有为教而献身的精神。这就不仅引起花寺等旧有门宦的怨恨，而且引起官府的恐慌，马来迟之子马国宝在官方支持下，控告哲派是破坏伊斯兰教传统的"邪教"，官方裁判将马明心驱逐出境（乾隆二十七年）。马回官川传教，该地不久即成为哲派基地。而循化地区在贺麻路乎和苏四十三领导下，哲派有了更大的发展，与花寺派发生多次冲突，官方袒护花寺派，将贺麻路乎发配新疆。苏四十三遂成为循化哲派领袖。哲派与花寺派互相仇杀，愈演愈烈。乾隆四十六年（1781），兰州知府杨士玑与河州副将新柱前往查办，新柱扬言要为老教做主，杀尽新教，于是激出事变，苏四十三率部杀死杨、新等官吏，武装起事，攻占河州城，攻打兰州城，企图解救被捕的马明心。结果，马明心被害，苏四十三率领的队伍在华林山战败后被屠杀。清廷不仅严惩直接参事者，大肆株连其亲属和友好，而且对整个新教采取"剿尽杀绝"的政策，认为"凡新教之人，皆系贼党"，"实为罪大恶极，不可不严断根株"（《兰州纪略》卷4），使哲派受到沉重打击。马明心之后，哲派由马的学生穆宪章（1745—1812）任第二代教主，其间发生过田五阿訇领导的起事；马达天（1757—1817）任第三代教主；马达天之子马以德（1780—1849）任第四代教主。从此哲赫忍耶派开创了子孙相传的教权制；马明心所创之宣教的"道堂"，逐渐凌驾于清真寺之上，成为传教的中心；宗教财产也相继集中于掌教家族，亦父传子受，神权与财权相结合；而后又修建拱北，作为教主的墓地，让教徒朝拜。这样，哲赫忍耶派就由一个具有苏菲派精神和革新特色的伊斯兰教派，演变为一大门宦。

四是库不忍耶，又译作"库不林耶"。该派是苏菲派的支系，教内传说于明代传入中国，据学者推断应于康熙至乾隆间传进来的。该派始祖传为穆罕默德后裔穆呼引的尼，先在临夏东乡大湾头定居并传教，改姓张，字普吉,号张玉皇,自任教长,故其教有"张门"之称。穆死后由其子艾黑麦提·白贺达吉继任第二代教长,他以"邪教"罪被捕死于狱中,后来,教徒为他修建了拱北。其后共传了十辈。张门的宗教仪式主要有:(1) 静修参悟。住山洞,一日一餐,不见人,时间由四十天到百余天不等;(2) 念《古兰经》、《卯路提》、《满丹夜合》;(3) 死者转"水床"两次,放在"水床"上洗,并念经转香,葬后"念七"到十次。该教教权松弛。

三 伊斯兰教汉文译著的活跃

明末清初是伊斯兰教文化发展的一个重要转折时期。在北方,回族穆斯林建立经堂教育制度,传习经典,培养宗教人才。在南方,以南京、苏州为中心并远及云南的汉文译著活动空前活跃。它不仅使长期生活在汉文化气氛中并使用汉语汉文的回族等穆斯林得以习读经典,更好地了解伊斯兰教义,不致因懂得阿拉伯文波斯文的人越来越少而造成中国伊斯兰教的衰微;而且使广大的教外人士,特别是以儒、释、道为思想骨干的中国学术界主流得以更方便地研读伊斯兰教典籍,直接了解它的丰富内容;更重要的是,它推动了伊斯兰教中国化的事业,使它与儒学等传统思想相结合,形成具有中国特色的伊斯兰教文化。

继明末回儒王岱舆大力开辟汉文译著事业之后,又有主要活动在清初的一批回族学者继续这一事业,并把它推向高潮。在1840年以前,著名代表人物有以下几位:

张中(约1584—1670),又名时中,自称"寒山叟",苏州回族人,主要著述有《归真总义》、《四篇要道》等。

伍遵契(约1598—1698),字子先,金陵回族人。幼习儒学,长攻读伊斯兰教经典教义。主要著述有《修真蒙引》,并与兄弟合作翻译波斯文《归真要道》。

马注(1640—1711),字文炳,号仲修,云南金齿(今保山)人。幼年家道贫苦,"十五而业文章,学为经济"。南明永历帝流亡滇中,他以"经济之才"用为锦衣侍御。两年后"辟隐教读,笔耕自膳"。30岁以前,攻读儒书，著《经权集》、《樗樵集》两部文集。30岁以后学习阿拉伯文和波斯文，专攻伊斯兰教典籍。后来又外出游学讲学，人们尊称"仲翁马老师"。著《清真指南》，共10卷，10万余言，"上穷造化，中尽修身，末言后世"。他被云南穆斯林视为"明末清初云南第一个穆斯林学者"、"云南汉译经典的创始人"，得到大学者刘智的推崇。

刘智（1660—1730），字介廉，自号一斋，江苏上元（今南京）人。幼年承受家教，习读伊斯兰教经籍及汉文化传统之经史子集、佛道之书，会通诸家而折中于天方之学。他曾游学各地，北至京师，晚年归居金陵，专心治学，埋首译著。积二十年苦功，著书数十种，代表作有三部：《天方性理》、《天方典礼》、《天方至圣实录》，此外还有《五功释义》、《真功发微》、《天方礼经》、《礼书五功义》、《天方三字经注解》等。刘智用伊斯兰教哲学丰富了中国传统哲学，又会通儒家及释老诸家，系统整理、解释伊斯兰教义，完整地构造出中国伊斯兰教思想体系，成为中国伊斯兰教哲学的集大成者，在中国学术界造成广泛影响。内阁学士兼礼部侍郎徐元正为《天方性理》作序，赞美该书"言性理恰与吾儒合；其言先天后天、大世界小世界之源流次第，皆发前人所未发，而微言妙义视吾儒为详"，又说："天方圣人创之于前，群贤宿学传之于后，白门刘子汉译以授中国，中国将于是书复窥见尧、舜、禹、汤、文、武、周、孔之道。则是书之作也，虽以阐发天方，实以光大吾儒。"于此可知刘智作品既有深刻丰富的新意，又与儒学紧密融合，是公认的佳作。《天方典礼择要解》于乾隆四十七年（1782）进呈，成为唯一收入《四库全书》书目中的中国伊斯兰教作品，《四库提要》称赞此书"习儒书，授经义，文颇雅瞻"。刘智备受穆斯林的尊敬，被尊称为"筛海"、"先哲"、"先贤"，其南京墓经常有远方穆斯林前来拜谒。

王岱舆、马注、刘智、马德新（下卷将述及）四人的汉文译著最具代表性，世称他们为中国伊斯兰教教义学上的"四大哈里发"。

中国伊斯兰教汉文译著中伊斯兰教教义与中国传统思想的会合有多方面表现，现择数事予以说明。其一，大量采用儒、佛、道三家的名词术语，加以改造，用以表达中国伊斯兰教教义概念，如真一、真忠、乾元、仁义、天干、地支等，其中"真"、"道"、"一"、"三"者具有特殊重要意义。"清真"原为普通名词，明、清两代逐渐专为伊斯兰教所用，表示该教"清洁真诚"、"真实无妄"，故称安拉为"真主"、"真宰"，称经为真经，称寺为清真寺，既具有中国色彩又能表述伊斯兰教宗旨。"道"是中国哲学的重要范畴，中国伊斯兰学者用以表示"天理当然之则"（刘智《天方典礼》），并提出常道、至道、道统、道乘等概念，用以说明伊斯兰教的基本原理。"一"在中国哲学中表示开端和本根，中国伊斯兰学者用以表述"认主独一"的信仰，谓"正教贵一"。其二，将伊斯兰教的"真一"说与程朱理学的"太极"说结合起来，以"一切非主，惟有真主"为最高信仰，然后才有太极的作用，故《天方典礼》说："真一有万殊之理，而后无极有万殊之命，太极有万殊之性，两仪有万殊之形"，又说："真宰无形，而显有太极，太极判而阴阳分，阴阳分而天地成，天地成而万物生，天地万物备，而真宰之妙用贯彻乎其中。"这样就形成了中国式的伊斯兰教宇宙生成论。其三，吸收儒家"格物致知"的修养学说，用之于"认主独一"的修道过程。刘智认为认主是格物致知的最终目的，而要认主必先认己，认己即明己，"视己身之灵明，而知有性；多天地之造化，而知有主"（《天方典礼》）。其四，在人性论上吸收程朱关于"天命之性"和"气质之性"的学说，建造新的宗教人性论。马注说："率性之道何如？曰性有二品：一、真性；二、禀性。真性与命同源，所谓仁义礼智之性。禀性因形始具，乃火风水土之性"（《清真指南》）。性善者可以进天堂，性不善者只要凭借伊斯兰教的启示，就会显露出真性而使气质发生变化，同样可以复命归真。其五，将儒家的五伦称为五典。是"天理当然之则，一定不移之礼"，忠君与忠真主是一致的，"夫忠于真主，更忠于君父，方为正道"（《正教真诠》），教徒应坚守"人道五典"，又坚守"天道五功"，就是尽到了职责。其六，主张回儒"道本同原"。"东方孔子仲尼，西方穆罕默德，心同理同，道无不同，均能尽其性，以尽人物之性"（《天方正学》）。但是中国伊斯兰教学者有一点是不变的，即真主是至高无上的，是宇宙独一无二的主宰，在肯定这一基本信仰的前提下容纳儒佛道各家学说，这样不仅坚持了伊斯兰教的基本教义，还进而用中国传统哲学更好地解决了安拉独一与德性诸多的矛盾,即安拉的至尊至贵,显现为万事万物之妙用,两者之间是无与有、体与用的关系,如刘智的《天方典礼》就说:"盖真主之本然,有体也,有用也,有为也。其体隐寂难知,其用微妙难测,其为则依稀可见矣。何者?真实之本然,隐于用,而见于为也。"

汉文译著的大批出现,打破了伊斯兰教与儒、佛、道长期隔阂的状态,使它进入中国学术交流渠道之中,一方面推动了伊斯兰教中国化的进程,另一方面也促使伊斯兰教理论超出教内的局限,在社会生活的更大范围内起作用,中华民族多样性的文化由此而更加丰富和繁荣。

四 伊斯兰教与回民起义

由于清廷对穆斯林采取压迫的政策,对伊斯兰教采取歧视和分化的政策,激起中国穆斯林多次的武装反抗斗争,整个有清一代未曾止息。仅在1840年以前,主要的穆斯林起义就有:顺治五年(1648)三月,回民米喇印、丁国栋在兰州起义;顺治七年,广州回族官兵在羽凤麒、撒之浮、马成祖领导下,英勇抗清,失败被杀,人称"教门三忠";乾隆三十年(1765)二月至八月,维吾尔穆斯林赖和木图拉、额色木图拉父子率众举行乌什起义;乾隆四十六年正月,苏四十三领导甘肃撒拉、回、东乡等族人民大起义,七月失败;乾隆四十八年四月至七月,回族田五阿訇及李可魁、张文庆、马四圭领导了石峰堡大起义。这后两次回民大起义人数众多、搏斗惨烈、牺牲巨大,如田五事件被杀和株连者在两万人以上。这些斗争主要是民族矛盾和阶级矛盾激化的结果,但与伊斯兰教也有着密切的关系。

首先,从起因上说,宗教问题处理不当,宗教纠纷逐步加剧,是导致事变的重要缘由。如苏四十三起义,最初是马明心新教与花寺老教发生教派斗争乃至仇杀,清廷采取拉老教、打新教的策略。遂激起新教教徒的反抗,清廷地方官员公开扬言尽杀新教信徒,逼得新教不能不与之作殊死的斗争,并发展成有回汉共同参加的反清武装暴动。连清廷也不得不承认是"激而生变"所致。田五起义是清廷镇压马明心和苏四十三之后,穆斯林教徒报复雪耻的壮举,田五等人提出的口号是"为马明心报仇"和反抗"剿洗回民"、"洗灭新教"。总之,灭教的政策必然引起强烈地反抗。

其次，在起义过程中，伊斯兰教成为旗帜，既是组织手段，又是精神的鼓舞力量，有宗教学识并担任教职的阿訇成为中坚分子。伊斯兰教有"为教而战，为教而死"的"圣战"传统，为主道而战死可以立时登天，所以产生一种护教的勇敢精神，以牺牲为荣，穆斯林在强大的清廷重兵面前表现得十分勇猛无畏。苏四十三起义失败，教民或战死，或自焚，无一降者；田五起义前，起义者制"号褂"（死后穿的衣服），穿着号褂去战斗，视死如归。伊斯兰教"天下穆民是一家"、"穆斯林是兄弟"的口号，也起了加强队伍内部团结的作用。苏四十三、田五等都是宗教领袖，田五是阿訇，他们在教民中有威信，凭借宗教组织力量而成为起义军的带领者和指挥者。马明心虽未直接参与起义，因其教主的地位，依然是起义军的精神领袖。

最后，伊斯兰教对穆斯林的武装起义也有消极影响。教派之争，给清廷以分化瓦解和空隙，削弱了团结抗清的力量。田五在石峰堡战斗激烈时刻，仍按时诵经祈祷，放松防务，使清兵得以趁机攻入而遭受失败。宗教和民族的排他性也影响民族团结和一致抗暴。田五领导的队伍在攻城略地、抢粮拉畜中，也伤害汉民达2000余人，加深了回、汉之间的矛盾，这对回、汉两民族都不利，只对少数统治者有利。

在回民起义惨遭镇压的同时，伊斯兰教也受到摧残打击。苏四十三起义失败，新教被作为"邪教"予以严断根株，使之不留余迹，新教礼拜寺概行拆毁，强迫新教徒退教改从老教。不仅如此，老教亦受牵连，清廷规定："回民中不得复称总掌教、掌教、阿洪、阿衡、师父名目"（《循化志》卷8），循化掌教改为总练，阿訇改为乡约；选择政治上忠诚可靠者充任乡约，对教民活动稽查约束；除毁新教寺，老教寺也不再增建；不许留外地的回民学经、教经及住居；每年乡约头人对当地有无新教及上述各项情节要总结汇报一次，由地方官签署通过，年终送清廷备案。田五案后，清廷进一步加强对伊斯兰教的控制，陕甘总督规定不仅不许外地人来此地学经教经，还不许此村之人前往彼村念经，不许有卯路、溟沙等经，乡约头人具结，地方官加结，总之，伊斯兰教连正常的宗教活动都受到限制和干预，穆斯林处在恐怖与压抑的气氛之中，仅能在清真寺内维持最低限度的宗教生活，这不仅对伊斯兰文化的发展十分有害，也使回族、撒拉族、东乡族等民族的经济发展遭受重大摧残。

但中国穆斯林并没有被杀绝，其队伍也没有瓦解，其力量经过短暂的沉寂聚而复旺，且日盛一日。诸多原因之中，伊斯兰教信仰起了重大作用，中国有10个少数民族几乎全民信教，民族靠宗教维系，宗教靠民族支撑，两者密不可分，相得而益固，宗教风俗扩为民族风俗，使之饮食习惯不同，不与异教徒通婚，外族配偶要改从本族风俗等，更扩大了教徒的队伍，穆斯林的信仰一般比较虔诚，从小熏习，终生不变，越受挫折，信念越加坚贞，暴力不能摧毁，更有流血牺牲进入天堂的思想准备；穆斯林除了与政治压迫者对抗外，一般不攻击中国传统宗教和哲学，不与儒、佛、道进行争辩、比较高下，不向汉族等外族传教，更不争夺全国范围的教权，他们的宗教生活容易得到教外人们的尊重，他们的正义斗争也能够获得教外人们的同情，特别在反清斗争上，与受压迫的汉族休戚与共，有广大的同盟者，所以根深蒂固、不可动摇。

第六节　基督教与中国文化的碰撞及清廷的禁教

一　清初基督教的顺利传播

明亡清兴，以汤若望、龙华民为首的北京教团并没有远避他乡，而是留在城内争取新朝的支持。当时顺治帝年幼，摄政王多尔衮执掌朝政，鉴于前朝的经验，他对基督教采取了优容政策。1644年5月，汤若望入朝觐见多尔衮，力陈旧历法之弊，并预言8月将发生日食。多尔衮命大学士冯铨，同内大臣等人当日临台验证，结果用旧历法大统历差二刻，回历差四刻，只有西法推算与天行密合，西方的科学知识征服了新朝统治者。11月，汤若望受命掌管钦天监，任监正。次年冬天他进呈新历书，多尔衮令颁布全国，汤若望加太常寺少卿衔。

多尔衮去世，年轻的顺治帝亲政，他对西方科学文化知识表现出极大的兴趣。他称汤若望为"玛法"（满语师傅），除经常召其入宫外，还多次亲临教堂受教。"1656年和1657年两年之间，皇帝竟有24次，临访汤若望于馆舍之中，作较长之晤谈。""完全和一位朋友到了他朋友底家里一般"（魏特著，杨丙辰译《汤若望传》第 2 册，第 277 页）。1653 年，"上赐汤若望通微教师号"。1658 年"诰授汤若望光禄大夫，并恩赏若望祖先三代一品封典"。上有皇帝信奉，下级地方官对基督教也采取了迎合的态度。传教士在全国建堂传教，教徒人数激增。明末 1636 年教徒 38200 人，1650 年增至 15 万，1664 年竟达 248100 人。

清初天主教发展过程中也曾有过一段曲折。1662 年顺治去世，年仅 8 岁的康熙登基，由鳌拜等守旧的四大臣"辅政"。他们不仅排斥汉文化，对作为西方先进文化载体的基督教也难以宽容，制造了轰动一时的"历狱"大案。"历狱"起因于杨光先对汤若望的控告。杨氏思想顽固僵化，仍以传统的"夷夏之防"看待一切外国传来的文化因素。尽管他对天文学一窍不通，但仍提出三款罪名控告汤若望。（1）"内外勾连，谋为不轨。"（2）"传妖书以惑天下之人。"（3）"于时宪历敢书'依西洋新法'五字，暗窃朝廷正朔之权。"这几款罪名除了诬陷不实之词外，便是保守派抱残守缺，盲目排外心理的展现。然而杨光先的指控正好迎合了鳌拜的政治需要，于是一场大狱兴起。1664 年 3 月下令逮捕汤若望、南怀仁等传教士，并将全国传教士送往北京拘押。当时汤若望已 73 岁，患瘘痹症，口舌结塞，受审时由南怀仁代诉。虽然对他的指控都查无实据，但仍被判绞监候，押送刑部大狱。辅政大臣将此案报告太皇太后，太皇太后览报大怒，遂命速即开释。但李祖白、宋发、朱光显，刘存泰、宋可成等 5 名参与新历的中国官员仍被冤杀。次年汤若望在京病逝，外国传教士除南怀仁等 4 人外统统遣送广州老耶稣会教堂内，着广州总督看管。杨光先则因控告传教士有功，被委任钦天监监正。四年后康熙亲政，除掉了辅政大臣鳌拜，他从太皇太后处了解到"历狱"原委，决心平反昭雪。为了使朝臣信服，他命令南怀仁和杨光先直接用科学检验的方法证明新旧历法的优劣。1668 年 12 月 27 日和次年 2 月 16 日，两次进行测试正午时刻的实验。南怀仁的测算"逐款皆合"，持旧法的吴明炬"逐款皆错"，而杨光先竟"不知推算。"但杨光先在科学事实面前不仅不认错，还用一套陈词滥调诡辩，说："中国乃尧舜之历，安有去尧舜之圣君，而采用天主教历？中国以百刻推算，西历以九十六推算，若用西历，必至短促国祚，不利子孙。"这类狂妄无知的狡辩引起了康熙的反感，杨光先被立即革职，由南怀仁署钦天监，但南怀仁固辞不受，甘愿在钦天监布衣效劳。同时康熙还为在"历狱"中被冤杀的中国官员昭雪，并惩办了制造"历狱"的其他有关人员。

康熙是优秀的政治家，不仅注重吸收汉文化的优点，而且对西方自然科学也很感兴趣。南怀仁、徐日升、闵明我三位神父轮流进宫为他讲授数学、几何、物理、天文、地理等学科知识。南怀仁等人还将制作的天文、物理仪器进呈皇帝，"又作永年历，共三十二卷，预推至两千年"，并于1680年主持铸战炮323门，"龙颜大悦"。康熙将南怀仁等人视为亲密的朋友。以后又有法国耶稣会士白晋、张诚来到康熙身边，继续向他介绍西方科学文化知识。徐日升、张诚还随索额图参加了中俄《尼布楚条约》的谈判，充当翻译和参谋。白晋参加了第一部中国地图——《皇舆全览图》的绘制工作。

康熙皇帝重用南怀仁等传教士，虽未在全国正式解除教禁，但鳌拜的禁令已成一纸空文，各地纷纷返还教会资产，归还查封的教堂，传教活动迅速恢复。1692年康熙正式批准："各处天主教照旧存留，凡进奉供奉之人，仍许照常行走，不必禁止。"（《熙朝定案》、《天主教东传文献续编三》）这等于允许自由传教，于是传教活动又出现了一个高潮，到1700年，中国教徒人数已达30万。

明末，中国教徒中还没有人担任神职，清初开始出现第一批职业神职人员，其中知名度最高的是罗文藻和吴渔山。罗文藻（1616—1691），福建福安人，1633年在意大利神父安当处受洗，后多次往澳门、马尼拉学习基督教的专门知识，回国后成为外国传教士的助手。1654年7月受"祝圣"成为神父，在广东、福建等地传教。1685年在广州获得主教头衔，成为第一位中国籍主教，当对称"司教"。那时传教活动十分艰苦，罗任主教5年后便病故了。吴渔山（1632—1718），本是清初杰出的山水画家，后加入耶稣会，不再作画。他入教的确切时间不详，约在1675年左右。1682年51岁时妻子亡故后，他去澳门耶稣会初学院。1688年由罗文藻"祝圣"为神父，在上海、嘉定等地传教。著有《墨井诗抄》、《三巴集》、《三余集》、

《口铎》等，是中国天主教徒最早的著作。

二 教会内部的礼仪之争与康熙政策的转变

自明末基督教东传以来，中国的传教活动一直由葡萄牙支持的耶稣会控制。17世纪中叶以后葡萄牙国势衰落，西班牙支持的多明我会、方济各会及法国支持的外方传教会相继进入中国。这些传教士多不懂汉文，又不了解中国国情，但为了争夺在中国的传教权，他们对耶稣会的一些宽容性措施提出了非难，从而挑起了这场中国礼仪之争。很明显，教义争论的背后已经带上了列强争夺势力范围的阴影。

耶稣会传教士对教义采取的某些修正性措施，主要是对中国传统性宗教的祭天、祭祖、祭孔礼仪持宽容态度，不干涉教徒在家或在官场参加这些仪式。祭天、祭祖的仪式绝不仅仅是一种简单的民俗，自殷周以来，它就是国家正式的宗教，载之于国家颁布的"礼志"、"祀典"，历代沿袭，并不断修订。任何中国人都必须按照规定的格式参加，否则便是"非礼"。"敬天"、"法祖"，还有后来的"尊孔"成为中国人价值观念的核心信仰。中国文化的开放性，都是以不伤害这一核心观念为前提的。汉魏以降，儒、释、道三教之争是围绕着这个核心展开的；明清之际儒、释、基新三教之争仍是围绕这个核心展开。利玛窦及耶稣会对某些教义采取儒化处理，对于基督教与中国文化融合，争取中国民众的理解具有十分重要的意义。可是多明我、方济各、外方等传教会却不理解他们的苦心，对耶稣会的传教策略提出挑战。当时的争论主要有这样几个问题。

一是关于"天"或"上帝"的名称问题。基督教初传，Cod一词先音译为"德斯"，意译为"天主"。后利玛窦利用中国古籍中"天"、"上帝"之名，借口中国上古便有基督信仰。后来他也发现中国的"天"与西方的"上帝"有诸多差异，但清代耶稣会仍坚持"上帝"与"天主"混用，而其他诸派则认为只能称"天主"，不许用"上帝"。

二是对于祭天、祭祖、祭孔等礼仪，利玛窦认为这与基督教反对偶像崇拜的戒律并不矛盾。祀天并非祀茫茫有形之苍天，而是礼敬天地万物之源。祭祖设置祖先牌位，并非祖先之灵在上，也非儿孙借以求福，而是出于亲爱之义、孝敬之思，即所谓报本返始、慎终追远之意。至于祭孔，并不是把孔子当作人格神崇拜，而是景仰孔子人格，敬其为人师表。而多明我等派教士则把耶稣会的折中主张看成是对"十诫"的破坏，犯了偶像崇拜的错误，所以严格禁止教徒参加。

三是其他一些涉及民俗的问题。如民间举行迎神活动，基督徒可否输钱参加？神父为女教徒"施洗"，可否免去那些中国人习惯不允许的礼节？如此等等，多明我会都主张不宽容。

首先挑起礼仪之争的是西班牙籍多明我会教士马拉来斯，他1633年到中国后，对耶稣会的行动不满，1637年回欧洲后，1643年写出17个问题向教皇汇报。1645年教廷曾发布禁令，要求中国信徒遵守天主教戒律。耶稣会1651年派卫匡国神父回欧洲向教皇做出说明。1656年由新教皇亚历山大七世做出裁决，准许耶稣会继续按他们的意见去做，暂时平息了争论，但理论问题并未解决，在华传教士继续争论。1693年3月26日，法国巴黎外方传教会教士阎当代表主教发出禁令，禁止中国教徒"祭祖"、"祭孔"。他还把这道"训谕"送教皇英诺森十二世审阅。这一武断的措施立即使矛盾激化了。1700年，耶稣会的闵明我、徐日升、张诚等人请康熙皇帝亲自说明这个问题，以期引起欧洲教廷的注意。康熙在11月30日的上谕中肯定了利玛窦的观点，指出祭孔是"敬其为人师范"，"祭祖"是"尽孝思之念"，礼仪之争应该停止（参见《清圣祖实录》康熙三十八年条）。但是在法国的操纵下，教皇克雷芒十一世仍做出了禁止中国教徒祭祖、祭孔的决定，并派铎罗主教来华传达这一决定。教皇此举无异宣布中国的天主教徒必须从根本上放弃民族的文化与信仰，当基督徒就不能做中国人。于是礼仪之争演化成了清廷与罗马教廷的对立，教皇的固执与傲慢引起了康熙的愤怒，他迅速下令将铎罗驱逐出国。以后又在传教士中实行"领票"制度，"自今以后，若不遵利玛窦的规矩，断不准在中国住，必逐回去"（魏特著，杨丙辰译《汤若望传》第一册，第196页）。当时多明我、方济各、外方等会教士多未领到票，被驱逐出国。

康熙本人虽然对具有科学文化知识，恪守天朝法度的耶稣会教士仍很尊敬，但驱教行为在地方官员中还是引起了普遍的仇教情绪。1711年，御史樊祚绍，1717年，广东碣石镇总兵陈昂都曾上疏要求"禁绝天主教"，可是康熙都未准许，说明他还是很注意政策分寸的。不过，偏执而又狂妄的罗马教廷并未吸取教训，1720年，第二次遣派特使嘉禄来京，再次重申教皇禁令。这无异于火上浇油，康熙览表极为愤慨，批示："以后，不必西洋人在中国行教，禁止可也，免得多事"（陈垣辑录《康熙与罗马教皇使节关系文书》影印本卷14）。这一次禁教的严厉性开始表现出来，无票传教士统统驱逐出境，没收大批教会财产，即使有票传教士也不再受到重视。利玛窦和耶稣会传教士苦心经营几十年的传教事业受到了严重挫折。

康熙政策的转变导致中国100多年的"闭关锁国"政策的实行。虽然事件的起因在于罗马教廷，但是客观上使中国的基督教遭到了厄运，对中国社会文明进程也造成了极为不利的深远影响。

三 雍、乾、嘉三朝的禁教与教案

康熙末年开始的禁教活动到雍正朝更加严厉。雍正二年（1724）初，将全国各地传教士押送澳门或广州天主堂安插，不许他们潜入内地，严禁公开传教。雍正禁教除一般的政治、文化考虑外，还有一个直接原因就是，允禩、允禟的亲信苏努全家是虔诚的天主教徒。雍正因皇族内部的权力之争而迁怒于天主教，把"信西洋外国邪教"作为打击政敌的一种手段。雍正夺权成功后，将苏努全家男丁39口全部斩首，嫔妃充宫做奴。天主教教士将此事上报罗马教廷，作为中国朝廷迫害信教亲王的证据。不过从审理苏努一案的资料看，并未见到西洋传教士插手皇权争夺的确切证据。

雍正一朝急风暴雨般的禁教活动使基督教被迫转入半地下状态，但30余万教徒多数仍坚持信仰，退教者很少。据广东巡抚鄂弥奏称：广州天主堂改为公所后，民间仍有男教堂8座，教徒万人，女教堂8处，入教女子2000余人。（张力、刘鉴唐《中国教案史》，第175页）又有不少洋教士改头换面，潜回内地传教。而且就在北京，雍正还留有少量精通天文、历法、测量的传教士在政府部门任职，故基督教禁而不绝。

乾隆登基，继续推行其祖、其父的禁教政策。当时教会内部礼仪之争仍在进行，罗马教廷多次重申教皇本笃十四世1724年7月11日的教令，禁止迁就中国礼俗。特别是1773年教廷解散了欧洲及中国的耶稣会，使得在基督教与中国文化之间持调和立场的教派彻底消失，矛盾更趋尖锐，故士民中排教呼声更高。鉴于前两朝基督教禁而不绝的教训，乾隆帝于二十一年（1756）采取了"闭关"政策，防止外国传教士随外国商人混入内地。闭关后，唯限广州一口通商，商人来华不许登陆，仅在船上或广州十三行交贸，并有专人看管，这使传教士更难进入内地。

不过乾隆一朝仍有少数外国传教士潜入内地传教，地方官员执行禁教政策，故教案时有发生。如乾隆十一年五月。福建巡抚周学键抓住了费若用等四名传教士。乾隆命令"夷人勒限回国"，但周学键却将四人处死。翌年苏州发生教案，多明我会葡萄牙人黄安多、意大利人汉方济因"洋人散布邪说，煽惑良民"罪被处死。打击外国传教士的教案在江苏、南京、北京、四川、山东、山西、陕西等省皆曾发生。有些地方也曾判传教士死刑，不过最后都改为押解澳门，像福建、苏州那样杀死传教士的案例是很少的。

经过一连串的打击，基督教的活动完全转入地下，但仍很活跃。中国教徒组成地下网络，暗中保护外国传教士。为了扩大中国的传教事业，澳门相继派出了三批传教士潜入内地，终于在1784年引发了乾隆朝最大的一起教案。当时外国传教士乔装打扮，在中国教徒一站站的护送下深入内地，其中一批在到达襄阳城时被抓获。官府还在当地教徒刘绘川、刘十七家中查出圣像、圣经等物，上报朝廷，乾隆大怒。当时正值闭关时期，乾隆认为西洋人明目张胆地对抗朝廷禁令，可能是"得有西北逆回滋事之信，故遣人赴陕，潜通信息"，勾结造反。回民起义当时已搞得朝廷坐卧不宁，如再与西洋人勾结后果更不堪设想。所以乾隆把此事看得很重，下令全国大搜捕。"迅速严查，一并解京，归案办理。"（《清高宗实录》卷1215）全国搜捕的结果，共抓获外国传教士数十名，中国教徒数百名。鉴于他们"尚无别项不法情节"，外国传教士被押解出境，中国教民中担任神父者发往伊犁与厄鲁特人为奴，一般教徒勒令交出圣经、圣像，具结改悔。1784—1785年的全国性大教案，使基督教在内地传播更为困难，但也没有达到消灭国内地下教徒组织的目的。

嘉庆继位，仍推行禁教政策，特别是在嘉庆十年（1805）发生了白莲教起义以后，民间秘密教团对王朝的严重威胁暴露出来。当时清廷将基督教也视为一种地下的民间宗教，故对其采取了更为严厉的态度。嘉庆朝发生过1805年和1811年两次全国性大教案；1812年发生了西藏马齐事件和贵州驱教案；1813—1814年又在湖北、广东发生多起驱教案。教案本身都是由于外国传教士不遵守中国政府禁令，私自潜入中国传教引起的。教案的结局都是外国教士被驱逐出境，中国教徒受到严厉惩处。客观地讲，中国政府在处理教案时一般还是有分寸的，对于无大劣迹的洋教士仅仅是押解出境，故其中一些人才敢于逐出复入。

雍、乾、嘉三朝实行严厉禁教，但是基督教徒的活动并未根绝，据不完全统计，鸦片战争前，中国天主教徒仍在20万人以上（张力、刘鉴唐《中国教案史》，第214页）。这一事实说明，宗教作为一种文化现象，绝不是行政方式或暴力手段所能消灭的。而从基督教清初被禁的厄运也可以看到，外来文化必须与中国传统信仰相适应才能立足。若持强硬拒斥态度，必然为中国社会所排斥，得不到发展的条件，当时的罗马教廷恰恰不知道这一点。

四 东正教及基督教新教的传入

东正教是基督教内三大派系之一。1054年，基督教东西教会分裂。以罗马为中心的西部教会称"公教"，又称"天主教"，而以君士坦丁堡为中心的东部教会自称"正教"，又称"东正教"。东正教主要在希腊、俄国、东欧、中亚及西亚的部分地区流行。明清之际在中国广为流传的基督教各派都属于公教，即天主教。而东正教传入中国的时间则比较迟，有确切记载是康熙四年（1665）。当时俄国人占领了黑龙江北岸的雅克萨城，随军的东正教教士叶尔莫根到达中国，并于康熙十年在雅克萨城建立了"耶稣复活"教堂。不久又在雅克萨不远处建立了"仁慈救世主"修道院，这是在中国土地上建东正教堂最早的记录。

康熙二十四年（1685），中、俄两国在雅克萨开战，清军攻陷雅克萨城，捣毁了东正教堂，同时俘获了一些俄国士兵，其中包括传教士马克西姆·列昂捷夫。清军将他们押回北京,当时清政府优恤他们,将他们编入镶黄旗满洲第四参领第十七佐领,安置在东直门里胡家圈胡同,按旗人待遇,发给年俸钱粮,允许与中国人通婚。为了照顾他们的宗教生活,拨东直门内一座关帝庙给他们作祈祷所,俗称"罗刹庙",由列昂捷夫主持。这是北京城内第一座东正教堂,俄国人正式命名它为"圣索菲亚"教堂,又称"北馆"。中俄《尼布楚条约》签订后,许多俄国战俘不愿回国,成为中国第一批东正教教徒。

康熙三十四年,俄国正教会给列昂捷夫送来了证书,承认"圣索菲亚"教堂,并指示他们:"不仅要为沙皇,而且要为中国皇帝祈祷,……以便在中国找到一块传播正教的立足点"(陈佳荣《中国宗教史》,第419页)。以后,沙皇政府不断向中国提出派遣传教士、建教堂的提议,并于康熙五十四年三月派遣以图理琛为首的9名所谓"行教番僧"到达北京,成为沙皇第一个"北京传教团",以"北馆"为驻地进行传教活动。雍正五年(1727),中俄签订《恰克图条约》,其中第五款规定准许俄国人在京建教堂,并可定期派传教士替换前届教士。按此规定,俄国人又在东江米巷(今东交民巷)建成另一座东正教堂,命名为"圣玛利亚"教堂,又称"南馆"。据不完全统计,从1715年至1850年,俄国先后共派12届100多名教士到北京传教。

1721年,沙皇彼得一世对教会实行改革,取消俄国正教会之牧首制,成立主教公会,宣布正教为国教,正教首脑成了沙皇的代表,可以参加内阁会议。当时中俄没有正式外交关系,俄国驻京传教使团便自然而然地成了俄国政府驻京的代理机构。1807年,沙俄政府外交部正式委派一名"监护官"随同教士来华。随着时间的推移,沙俄对中国的侵略野心不断膨胀,1818年俄国政府训令北京教团:"今后的主要任务不是宗教活动,而是对中国的经济、文化进行全面研究,并及时向俄国外交部报告北京政治生活中的重大事件"(陈佳荣《中国宗教史》,第420页)。因而俄国传教士在宗教活动的幌子下,干起了收集情报、刺探军情、招降纳叛、掠夺财富的间谍勾当,充当了沙俄侵略中国的先遣队。

基督新教则是欧洲16世纪宗教改革的产物,产生出许多新的宗教流派，逐渐与罗马教廷脱离，迅速成为天主教、东正教之外另一大教派组织。新教直到19世纪才传入中国内地，主要是由于其产生之初，忙于和天主教争夺欧洲地盘，无暇东顾。而当他们开始考虑东方传教问题时，又碰上了中国闭关禁教时期。乾隆五十七年（1792），信奉新教的英国派使臣马戛尔尼来到中国，向中国提出11点要求，其中包括在华自由传教，当即遭到乾隆皇帝的拒绝。另外，中国早期传教权为葡萄牙、西班牙、法国等信奉天主教的国家把持，他们也不许基督新教插手中国事务。1624年，荷兰侵占台湾，荷兰是信奉新教的国家，新教教士随侵略军曾一度到台湾活动，盖教堂、建学校，吸收教徒千余人。不过到1662年郑成功收复台湾，新教便在中国土地上绝迹了。

基督新教传入中国内地是从英国牧师马礼逊开始的。罗伯特·马礼逊（1782—1834），出生于英国北部小镇英佩里，1804年加入伦敦布道会，1807年奉派前来我国。当时中国禁教甚严，英国东印度公司为了自身的商业利益，不肯售船票给他。他只好绕道美国，又从美国搭船到达广州。由于不能直接以传教士身份露面，他先住在一家美国商馆，一面学习汉语，一面了解中国文化和风俗。1809年，马礼逊被英国东印度公司聘用，以翻译身份在华工作20余年，一边经商，一边传教。以后又担任英国特使的翻译兼秘书，临终前一个月被任命为英国驻华副领事。

马礼逊在华期间完成两部重要著作。一部是《新旧约全书》中译本，一部是《英华辞典》。自明末西教东渐200余年来，始终未有一部完整的《圣经》翻译出版，社会上只流行一些《圣经》的节选本。马礼逊来华前曾参考了这些译文，并决心完成翻译《圣经》全书的事业。来华后经5年努力，终于在嘉庆十八年（1813）译出《新约全书》，于广州秘密刻印两部。此时，伦敦布道会又派米怜（1785—1822）来华，与马礼逊合作，于嘉庆二十四年（1819）译出《旧约全书》。道光三年（1823），他将两书合并出版，命名《神天圣书》。《圣经》全译本的出版对于基督教在华传播有重要推动作用。以后马礼逊全力转入《英华辞典》的编写工作。据说为编辞典他曾参考中文书籍万卷之多，全书共6册，注解甚详，为中西文化交流做出了贡献。

马礼逊在华发展了许多新教徒。嘉庆十九年（1814），印刷工人蔡高被他秘密吸收为第一名中国教徒。另一个入教的雕版工人梁发（1784—1854）先助马礼逊刻印《圣经》，后往马六甲，在米怜处"受洗"，协助米怜办"英华书院"。嘉庆二十四年梁发返回广州，道光三年（1823）由马礼逊授其圣职，成为第一位中国籍新教牧师。他写过一些宣传基督教思想的小册子，由马礼逊帮助修改刻印。其中《劝世良言》后来传至洪秀全手中，竟成为太平天国的思想武器。

步马礼逊的后尘，美、德两国新教牧师接踵来华，其中著名者有：美国美部会教士裨治文（1801—1861）于1830年来华；美国新教教士卫三畏（1812—1884）于1833年来华；伯驾（1804—1888）于1834年来华；罗孝全（1802—1871）于1837年来华；德国新教传教士郭实腊（1803—1851，又译为郭士立）于1830年来华。到中国后，他们取了中国名字，努力学习汉文化，开学校、办医院，竭力开拓中国传教市场，争取中国教徒。1840年以前，新教在华教士仅20余人，发展中国教徒不满百人。

1840年前来华的新教教士多是虔诚的信徒，他们开办的医疗和教育事业对中国人民客观上也有好处，他们中一些人未直接参与本国政府或商人的政治、经济侵略活动。但是从整体上看，他们的传教活动又是西方列强侵略中国战略的一个组成部分，传教、办医院、建学校便有了文化侵略的意义。而且有些传教士是自觉地与本国政府与商人勾结，甘愿充当帝国主义侵略的先锋，在历史上写下了不光彩的一页。例如，马礼逊长期在东印度公司任职，参与了肮脏的鸦片贸易。裨治文与卫三畏联合主编的《中国丛报》就成为鸦片战争前后鼓吹侵略思想，为帝国主义侵华提供参谋和咨询的机关。郭实腊以传教为名，乘武装间谍船"阿美士德"号，详细考察了中国广东、福建、浙江、上海、山东等地海防，参观了吴淞炮台，向本国政府写有详细汇报。在这样的历史条件下，中国先进的知识分子与广大人民群众反对洋教的斗争便已超越了文化冲突的意义，带上了反抗西方列强侵略的色彩。

第十章　清后期的宗教

清朝后期指 1840 年之后。按照中国历史编年的习惯这个时段仍然属于清王朝，但是由于帝国主义的入侵，中国社会已经发生了根本的变化，因此我们将清朝分成前、后两期。

清朝后期的宗教政策大体上沿袭前期，继续推行尊孔读经，恪守先辈皇祖确定的国家宗教祀典；同时控制和利用佛、道二教作为思想统治的辅助手段；对于民间宗教和伊斯兰教新教采取严厉禁除的政策，凡在宗教旗帜下，以武力反抗朝廷者皆予以无情镇压。清后期统治集团已经腐败没落。鸦片战争以后，西方列强用军舰和枪炮轰开了中国紧闭的国门，中国经历了一系列对西方国家的失败战争，签订了一系列丧权辱国的不平等条约，逐渐沦为半封建半殖民地社会。在清廷屈膝于洋人的同时，中国民众的觉悟和反抗却达到一个新的高度，出现了前所未有的规模巨大的农民革命战争，如太平天国起义和云南回民起义，给予清廷以沉重打击；也出现了前所未有的抵抗西方殖民主义压迫的群众斗争，如义和团运动。这些巨大的历史事变，反映在宗教领域，佛、道二教进一步衰微；以宗教为旗帜的民众武装起义如火如荼，并具有反帝反封建的新时代色彩；西方列强强迫清廷大开教禁，基督教借着西方的政治经济乃至军事势力在中国各地大规模地发展，往往与西方殖民主义的政策和侵略行径联结在一起，激发了中国民众的仇洋情绪。从鸦片战争到辛亥革命是中华民族历史上最为屈辱的时代，但也是中国民众空前觉醒和自我组织能力空前提高的时代，宗教领域的变化从一个侧面反映了中世纪的晚景和近代社会新曙光的出现。

第一节　宗法性传统宗教的晚景

一　国家宗教祀典的若干变动

在宗庙之制上有所修订。光绪三年（1877），就祭祀穆宗（同治）之事引起争议，侍讲张佩纶主张立太宗（皇太极）世室，百世不祧，扩展后殿而建世室，以安各代宗祖神位；侍郎袁保恒主张别建昭穆六代亲庙，太祖至穆宗同为百世不祧；鸿胪寺卿徐树铭主张前殿用祭亭，中殿左建寝殿，以藏衣冠，序昭穆；直隶总督李鸿章以为太庙不宜改修，应援奉先殿例用增龛来解决，亲尽则祧，于是以此议为准。光绪十六年，帝父奕𫍽卒，定称号"皇帝本生考"，建醇贤亲王庙，祭以天子之祀，以便合乎"父为士子为大夫，葬以士，祭以大夫"的古义。宣统元年（1909）考议德宗（光绪）祔庙事，由于光绪与同治为兄弟辈，发生昭穆等位还是先后的问题，重宗统者以为异昭穆不便，重皇统者以为同昭穆不合，大学士张之洞认为："古有祧迁之礼，则兄弟昭穆宜同；今无祧迁之礼，则兄弟昭穆可异。"于是议论乃定。同年秋天，又下诏说："穆、德二庙，同为百世不祧，宜守朱子之说，以昭穆分左右，不以昭穆为尊卑"，不必拘守经说。

关于丧葬之制。乾隆时，曾谕京旗文武官遇亲丧，百日后即入署治事。宣统元年，礼部取消满汉丧制的差别，满官亲丧去职，与汉官一例，皆须居丧27个月。在丧服上，同治十年（1871）定兼祧庶母服制，依定制为兼祧父母服期，为兼祧庶母服小功；其以大宗子兼祧小宗与以小宗兼祧大宗者，以大宗为重；为大宗庶母服期年，小宗庶母服小功；其以小宗兼祧小宗者，以所生为重，为本生庶母服期年，为兼祧庶母服小功；至出嗣而非兼祧者，以所后为重，为所后庶母服期年，为本生庶母服小功。可知丧服继续加重，重大宗，重承嗣，宗法制仍然存在。

诸祀的变动。关圣、文昌帝君原为群祀，咸丰中升为中祀。咸丰间，临清、东昌、河南正阳关开祀金龙四大王；永城祀观音大士、孚佑帝君；杭州、嘉兴、汤阴、武昌并祀宋岳飞；三水祀玄坛正一真神；灵山祀明朱将军统鉴；归善祀明王守仁；全州祀无量寿佛唐周全真；攸县祀唐杉仙真人陈皎等。同治朝,加金龙四大王封号至40字;广东祀大鉴禅师卢慧能;宝山祀故知县胡仁济;栖霞祀元邱真人处机;江都祀汉杜女仙既康女仙紫霞等。德宗光绪朝,瓯宁祀三圣夫人;福建祀白玉蟾真人葛长庚;长乐祀唐郭子仪;潞城祀唐李靖;云阳祀张飞等。光绪二十七年(1901),两宫西狩,御舟渡黄河,风平浪静,特加黄河神大王、将军诸封号。清后期的群祀杂而多端,儒、佛、道三家神灵祖师皆有罗致,历代名人、传说人物亦可列位,大多是地方性的祭祀,但都经朝廷认可,列为正祀,与民间自发性祭祀有明显界限。

二 祭孔的升格和孔府的祭事

在清代后期朝廷的正规祭祀中,隆重日增者莫过于祭孔。同治二年(1863),文庙更订增祀位次,其两庑从祀神位按时代为序安置如下;东庑——公羊高、伏胜、毛亨、孔安国、后苍、郑玄、范宁、陆贽、范仲淹、欧阳修、司马光、谢良佐、罗从彦、李纲、张栻、陆九渊、陈淳、真德秀、何基、文天祥、赵复、金履祥、陈澔、方孝孺、薛瑄、胡居仁、罗钦顺、吕柟、刘宗周、孙奇逢、陆陇其。西庑——穀梁赤、高堂生、董仲舒、毛苌、杜子春、诸葛亮、王通、韩愈、胡瑗、韩琦、杨时、尹焞、胡安国、李侗、吕祖谦、黄幹、蔡沈、魏了翁、王柏、陆秀夫、许衡、吴澄、许谦、曹端、陈献章、蔡清、王守仁、吕坤、黄道周、汤斌。同治七年,西庑增宋臣袁燮,东庑增清儒张履祥。光绪初元,增入陆世仪(西庑)、张伯行(东庑)、汉儒许慎(东庑)、河间献王刘德(西庑)、宋儒辅广、游酢(西庑)、吕大临(东庑)。光绪三十四年又增顾炎武、王夫之(东庑)、黄宗羲(西庑)。宣统三年(1911)增汉儒赵岐(西庑)、元儒刘因(东庑)。

祭孔在历代祀典中的规格有二变:明代嘉靖时由群祀升为中祀,是为一变,光绪三十二年(1906)由中祀升为大祀,是为二变;从此祭孔与祭天祭祖祭社稷并列,同为头等祀典。文庙改覆黄瓦,乐用《八佾》,增《武舞》,释奠亲躬,有事遣亲王代,分献四配用大学士,十二哲两庑用尚书。祀日入大成左门,升阶入殿左门,行三跪九拜礼。上香、奠帛、爵俱跪，三献俱亲行。光绪三十四年（1908），参稽礼制，相度地形，定文庙九楹三阶五陛之制。宣统三年（1911），估修文庙工程用银370400余两。各省文庙规制、礼器、乐舞及崇圣祠祭品，并视太学。

曲阜孔府，世称"天下第一家"。自宋仁宗景祐五年（1038）建"衍圣公府"以来，历代均有所扩建。孔府占地200多亩，有厅、堂、楼、殿460多间，是全国最大最华贵的府第。孔庙有300多亩，厅、堂、殿、庑466间，大成殿前有10根石雕龙柱，故宫不能与之媲美。孔林为孔子及后裔墓地，四周林墙达15华里，占地3000多亩。在清朝盛时孔府有土地百万亩，分布于鲁、豫、苏、皖、冀5省，地租收入用来祭孔和家族开支费用。孔府的主要职掌就是祭孔。每年的祭孔主要是四大丁（四季的丁日），还有四仲丁（大丁后的第十天），八小祭（清朝、端阳、中秋、除夕、六月初一、十月初一、生日、忌日），每月初一、十五祭拜，二十四节气有二十四祭，总起来一年之内祭孔有50多次。由衍圣公主祭，有分献、监祭、典仪等103人，鸣赞、相礼等礼生80人，弹奏舞蹈的乐舞生120人以上，还有孟、颜、曾后裔代表参加。祭孔是带有宗教色彩的纪念活动，表现传统文化的一种精神寄托，其典制拟天子之礼，而孔子的形象实高于历代最高掌权者，这说明文化的持续力胜过政治。祭孔是传统正规祀典的缩影，凝含着各种文化的因子，礼乐文化的种种特征于此可见其一斑。祭礼的乐舞是所谓的雅乐古舞，穿插于祭祀活动之中，肃穆典雅。

三　民间祭天祭祖及其他宗教风俗

祭天一向是皇帝的特权，但敬天却是广大民众的普遍信仰，民间有焚香拜天以求福消灾的风气，只是不能举行高级别的祀天大典而已。晚清以来，民间祭天之风日盛，官方不加禁止。一般有几种情况：一是春节初一，立"天地君亲师"牌位，焚香而拜之，这在汉族农村较为流行，以一家一户为单位分散进行；二是祈雨祈丰收的拜天活动，有一定季节性，与农事活动和自然灾害连在一起，并无定制；三是若干少数民族地区有传统的祭拜天神的习俗，如满族家庭设杆祭天，赫哲族雕刻神树或木制神像而祭天，彝族中有祭祀天帝"恩体谷兹"的传统，羌族七月十九有玉皇会等；四是民间宗教和秘密会党中有祭天的规矩，如天地会以天为父以地为母，义和团敬重玉皇大帝，以玉帝敕令行扶清灭洋事。与民间敬天直接相连的是祭灶、祭财神等，祭灶神在元明两代是腊月二十四，清代改为腊月二十三，贴对联"上天言好事，下界保平安"，送灶神上天，供糖瓜一盘，希望灶神吃了它，在上帝面前不说人们的坏话，一说糖瓜粘住灶神的嘴，使他不能去说三道四。几天之后，在原来灶神位置上贴上一幅新的灶神图，再祭祀一次，是为迎灶神，于是祭灶结束。财神是赵公明，玉帝封他为正一玄坛元帅，执掌财宝，民间传说他能驱雷役电，除瘟消灾，生意人要供奉他，可以发财致富。

民间祭祖历久而普遍。依据祭祀的地点来划分，可分为庙祭与墓祭，庙祭就是在祖宗祠堂、家庙进行祭祖，贫穷之家则在住屋设神龛供神祖，或只设牌位、画像、谱牒。墓祭是指子孙携带祭品到墓地去祭祖，一般是在祖坟前焚化冥镪，奠以清酒，供以馐馔、果品等物，必诚必敬。富贵之家的坟地较阔，植树木，坟前设石碑、石桌、香炉，有的还立围墙，盖看茔房子，派专人看坟。贫困之家则仅上香烧纸，供以常品，叩头致祈而已。一年之内还有数次扫墓上坟活动，旧时济南地区寒食、中元日、十月朔，家人皆至墓前，陈祭品展拜，焚冥镪，给坟头加土，用土块压纸钱于坟顶以示纪念。清明节扫墓为全国之通俗，时当春分与谷雨之间，在寒食节后三天。按照时间划分，祭祖又可分为定时祭与不定祭。定时祭指岁时年节和生辰忌日的祭祀，岁时年节如春节、元宵、清明、寒食、端午、中元（七月半）、中秋、重九、十月一、二分（春分、秋分）、二至（夏至、秋至）以及每月的朔望等。不定祭是指家族或家发生重大事情要向祖先报告时的祭祀，如加官晋爵、中举、生子、娶媳，皆要祭祖，生男因嫡庶不同祭祖亦有差别。祭祖之中最隆重者是年节之祭，据山东《东平县志》，年祭的习俗一般是：年末，扫除屋宇，清洁几筵，恭请先人神主，有的人家设置三代宗亲牌位在龛内或供桌上，有的人家将祖宗名字和家谱写在轴画纸上悬之壁间，俗称为家堂；除夕，奉祀子孙至郊外焚香叩首；迎先人之神回家，并在神案前行礼，上茶奠酒，设果品，午夜备设祭席；初一早，家长率家属向神案前，以次行四叩礼，三日内每服必祭；至上元节（正月十五）后，神主、纸牌位、纸家堂均收起藏于妥善之处，年祭便告结束。祭仪必须专诚，祭器定要洁净，祭品则应新鲜丰富。

　　民间丧葬礼俗，沿袭古礼而有简化，增加些地方性色彩。一般是土葬，木棺为具，葬于家族墓地。丧葬礼仪的指导思想是"事死如事生"，替死去的亲人装点行程，举行告别仪式，护送到另一个世界去。弥留之际，亲属要给死者沐浴更衣，死者留下临别遗言，亲人孝子守候不离左右。初死之时用新丝绵试死者有无鼻息，称为"属纩"。接下来是"复"礼，即到高处呼喊死者名字，看能否复生。再下是初哭，并给死者口中含食品或钱物，或往死者手中放钱物，以备冥行之用。家人在门口挑起丧幡，以为死丧的标志。次日装殓入棺，穿戴及铺盖要尽量新洁整齐。接着盖棺封钉。人一死，孝子要向亲友报丧，亲友要奔丧，吊丧，孝子则迎接，陪同，还有哭丧。古礼的规定是三日而殡，三月而葬，但在民间一般是次日而殡，五至十天左右而葬，夏日短而冬季长，富裕之家由阴阳先生卜日和选择墓地。出殡之日，孝子披麻戴孝，由长子长孙摔盆起杠，出殡队伍的顺序是：首由孝子扛引魂幡，次灵柩，次抱明器的孝子，次鼓乐班子，最后是女眷，有人一路撒纸钱，以买路送灵。到达墓地，把随葬之衣饭罐、长明灯放置坑壁龛内，然后放棺木入坑，填土埋葬，堆成土丘，用砖简单砌成墓门，或沿边砌砖并竖墓碑。民间有"烧七"之俗，从下葬日起，每七天去坟地烧纸致祭一次，七七四十九天毕，以后则是周年忌日祭祀。孝子居丧称"丁忧"、"丁艰"、"守孝"，居丧期间粗茶淡饭，不作娱乐活动，但民间多艰于生计，不能像富贵之家专心守孝三年，只能戴孝劳作，聊度岁日。受佛道教影响，丧家多延请和尚道士诵经礼忏，设坛作斋，炼度超荐。民间称婚嫁为"红喜事"，老人寿终正寝为"白喜事"，认为是正常的自然之道，故丧事办得如婚嫁那样热闹，故要雇吹鼓手奏乐，设宴款待亲友，甚至唱戏歌舞，殡丧之事往往成为一村一乡的一次丰富多彩的集会，不仅吊唁了死者，安慰了丧家，而且冲淡了哀伤的气氛，加强了亲友邻里之间的感情交流。当然，有的人家破财厚葬，丧事延连多日，对农业生产和丧家生活带来不利影响；坟地成片，侵占许多良田林山；巫卜借机装神弄鬼，散布迷信，敛钱自富；棺木竞相比附，浪费大量木材。所有这些陈规陋习需要加以改革，使丧葬之仪，既合乎人情伦理，又健康俭朴。故民国以后，民间始有举行新式葬礼者，以黑纱代替孝服，送挽联花圈以资纪念，用鞠躬代替叩头，来宾演说，多寄以哀思，少宗教内容，这种丧礼在城镇现代家庭中流行，而乡间仍多沿袭前清旧俗。

四 宗法性传统宗教的终结与流延

宗法性传统宗教是寄生在宗法等级社会的政治制度和社会制度上面的宗教，它的存在和活动依赖于君主专制政体和家族组织，也部分地依赖于民间宗教习俗。我们把这种宗教又叫作国家民族宗教，就是因为它的具有规模性的宗教祭祀大典，皆由国家中央政权和地方政权直接主持，如中央一级的祭天地、祭皇祖、祭社稷、祭日月、先农、先蚕等，府州县的祭社稷、城隍、山川风雷等，皆是列入国家礼制的宗教祀典；同时祭祖的活动并不局限于皇室和贵族官僚阶层，它遍及全国各地区各阶层的家族和家庭，几近于全民性质，而关帝、文昌、龙王、土地、东岳等神祠亦遍布中原与穷乡僻壤，既是汉族地区的普遍性宗教风俗，也影响到许多少数民族。

孙中山领导的辛亥革命推翻了帝制，结束了漫长的家天下时代，社会政治、经济、文化发生剧烈变动，家族组织也开始走向解体。于是紧密依附于宗法等级社会的宗法性传统宗教便随之发生总体性的崩溃，象征皇权尊严的神权坍塌，天坛、地坛、太庙、太社稷以及日、月、先农等祭祀活动被取消，旧的国家官方礼仪一概废止。这是中国社会一个历史性的进步，民众在行为和精神上获得一次空前的解放。近代思想家提出"革天"、"辟天"、"革神"的口号，批判以往的国家宗教"称天为治"，"假此以欺人"。孙中山先生说得好："帝制时代，以天下奉一人，皇帝之于国家，直视为自己之私产，且谓皇帝为天生者，如天子受命于天，及天睿聪明诸说，皆假此欺人，以证皇帝之至尊无上。"（《在桂林对滇赣粤军的演说》）中国进步的思想界再不信那"君权神授"的教条。

但是宗教的变化不如政治的变化那样迅速，传统宗教中政治因素容易改变，信仰因素则不然，只能渐渐演变。在传统的宗法性宗教瓦解的同时，佛教、道教、伊斯兰教、基督教并没有发生总体瓦解的情况，它们有较强的独立性，因而继续存留下来。中国人在信仰上有很大的选择余地，不信宗法性的宗教之后还可以改信其他宗教。但是上述存留的宗教，其教徒在中国是少数，不能与宗法性宗教相比；后者已经存在了数千年，并且始终占据中心位置，"敬天法祖"一向是多数中国人第一位的信仰，不是其他宗教所能简单取代的。因此宗法性传统宗教的解体，不能不使相当多的中国人在一段时间内产生信仰上失重的感觉，承受信仰转换的苦恼。

第二节 佛教僧团的衰落与佛学研究的勃兴

一 清代后期佛教发展大势

自汉魏以来，佛教迅速赢得了中国民众的青睐，成为社会主要宗教信仰之一。历朝帝王及其思想家，都对佛教的存在和作用给予了高度的重视。然而自清代后期开始，由于社会及佛教本身发展中的诸多原因，佛教作为一种文化实体开始衰落。

造成佛教衰落的原因首先在于社会方面。中国在鸦片战争中失败后，日趋严重的民族危机迫使有识之士把目光投向了西方。西方近代自然科学、哲学甚至宗教都对中国青年知识分子产生了很大的吸引力。相反，佛教和其他传统文化一样，因其无助于解决迫切的社会问题而为人们冷待。当然，在民族矛盾和阶级矛盾面前也有一些"逃禅"者，但这些人不是失意的政客，便是落伍的理论家，他们到青灯古佛前寻求晚年的精神慰藉，也很难对佛教的发展有所奉献。更有甚者，基督教的排他性、社会政治的动荡，对佛教的冲击相当巨大。太平天国农民起义采用了基督教的某些教义和形式，演变为"拜上帝会"，思想的排斥演化成了武力的冲击。洪秀全在《原道觉世训》中指出："据怪人妄说阎罗妖注生死，且问中国经史论及此乎？怪人佛老之徒出之。"他认为由于佛老输入才使中国人丢掉的上帝信仰，误入歧途。所以他又说："皇上帝之外无神也，世间所立一切木石、泥团、纸画各偶像皆后起也，人为也。被魔鬼迷蒙灵心，颠颠倒倒，自惹蛇魔阎罗妖缰捉者也。"所以太平军横扫江南15省，大军到处，焚烧经籍，捣毁寺院，驱赶僧尼，对江南佛教造成了极大打击。太平军过后，虽经众多高僧、居士努力活动，但佛教势力已难以恢复。新式教育兴起后，光绪二十四年（1898），湖广总督张之洞提倡所谓"寺产兴学"运动，试图没收全国70%的寺产以充教资。这一运动一直延续到民国初年，致使佛教的物质基础又一次受到严重损害。

佛教衰落的内部原因则在于佛教理论的过分世俗化。魏晋南北朝时期，佛学理论像一颗璀璨的明珠，吸引着中国士大夫阶层的注意。译经、注经，研究佛经成为学术思想的热点，佛学人才济济，人才的归向决定了理论的兴衰。隋唐时代佛教理论发达到了鼎盛状态，产生出众多的中国化佛教流派。五代及宋，虽然纯粹传播、探讨印度佛教理论的宗派相对衰微，但彻底中国化的禅宗、净土宗依然如日中天，兴盛发达。禅宗的宗教理论、接引方式、丛林制度实际上是在宋代达到它的成熟状态。宋元以后，由于禅宗的修习方式有向极端发展的偏差，为了力挽颓风，禅林高僧大德又主张教内禅、教、律合一，教外儒、释、道合一。这种汇合之风在明末清初曾使佛教一度"中兴"，但也使佛教进一步丧失了主体性。禅宗本来就是佛教原理与传统文化结合的产物，禅宗的产生本身就说明完全照搬印度佛教理论难以行得通，所以明末重提"禅教合一"并未引起真正的"原教旨主义"运动，即使重新从经典中搜寻出一些理论，也很难有超出隋唐佛教的新东西。而明末的"儒释合一"潮流，则更使佛教从价值观念到思维方式丧失特色，对士大夫逐渐失去了特殊的吸引力。至清末，尽管僧侣人数随人口总数增加而膨胀（据太虚《整理僧伽制度论》估计为80万左右），但僧侣队伍的素质却在不断下降，出家者多为衣食无着的农民，佛教理论停滞，宗派流于形式，僧团队伍已很难承担复兴佛教的任务。

不过僧团仍然拥有相当的经济实力，一批名山大刹占有大量田地。如镇江的金山寺占良田1万余亩，方圆数十里的农民都是金山寺的佃农，被称为"金山庄"。另外，由于社会风气的熏染，僧团的信仰和礼仪也有所变化，日益与道教和民间宗教融为一体。如原属道教的关帝像搬进了佛教殿堂，成为佛门弟子礼拜的对象。中国化的观音信仰更是十分普及，白衣大士、南海观音、慈航大士的塑像遍及大小寺宇。修来世，求解脱，往生西方净土的宗教观念也日益与追求现世利益、祛病消灾、增福添寿结合起来。比如，清代后期佛门流行的各种法忏包括：瑜伽焰口（施饿鬼）、梁皇忏、慈悲忏、金刚忏、大悲忏、打佛七、做水陆道场等，均以超度亡灵、追悔罪恶、保佑子孙为目的，明显地染上了世俗迷信活动的色彩，与各种道教仪轨、民间宗教的界限日渐模糊。

佛教僧团衰落的同时，佛学研究的崛起引人注目。从事佛学研究的人基本分为两大类。一类属于对佛教抱有信仰的居士，如郑学川、杨文会、欧阳渐、韩清净等人。由于他们具有较高的文化素养，出过国，学通中西，又有广泛的社会活动背景，有的还颇具财力，因此他们能够收集经典，刊刻藏经，举办佛学院，对佛教的延续起了举足轻重的作用。所以现代佛教研究者普遍认为，清代后期佛教发展的重心已移到了居士方面。另一类人是一些世俗的思想家，如龚自珍、魏源、康有为、谭嗣同、章太炎、梁启超等人。他们把佛教作为一种传统文化现象来研究，研究的目的不是出于信仰，而是作为唤起民众的工具，或是探求历史发展的内在规律。他们的研究已不再是佛教自身的发展了。

二 佛教宗派的苟延

禅宗 禅宗包括临济、曹洞两派。曹洞门下又分云门、寿昌二系，但势力都不很昌盛。云门为明末圆澄法系，以后传古樵智先，以焦山寺为祖庭。数传后至月辉了禅，适逢太平天国革命，金山、北固等名刹相继被焚，了禅与弟子死守焦山不动，并亲赴太平军营中陈说利害，保住了焦山寺。了禅传流长悟春，悟春传芥航大须，大须传雪帆昌道、勉维宗绪。寿昌一系在明末慧经、元贤、元来时期兴盛一时，几可与临济匹敌。但清中叶以后博山元来一系湮没无闻，鼓山元贤一系则在太平天国打击下一蹶不振。只是到了清末，古月禅师（？—1919）住鼓山，降服了山中巨蛇猛虎，为人治病，吸引了四方士庶，重兴鼓山道场，但其师传不明。

临济宗天童、磐山两系清初并兴，但不久天童势微，仅在天童祖庭维系。磐山系则发展出镇江金山、扬州高旻、常州天宁、天目禅源四大名刹，声震江南。太平天国以后，四大名刹皆被焚毁，时金山寺正由观心显慧主持，庙焚后结茅为禅堂，与弟子讲学不辍，深为曾国藩敬重，为之重建江天寺，金山得以重兴。显慧传法大定密源、常静密传、性莲密法、隐儒密藏。他们四处弘传、整肃禅规，使金山成为中国禅宗首刹。扬州高旻寺入清以来历代住持为：天慧实彻、了凡圣际、昭月了贞、宝林达珍、如鉴达澄、方聚悟成、道源真仁、楚禅全振。其中宝林达珍曾在嘉庆年间重兴天台山国清寺，楚禅全振则名列清末江南宗门五老。常州天宁寺清初还是律宗道场，在乾隆年间由金山大晓实彻改为禅院，下传纳川际海、净德了月、恒赞达如、雪岩悟洁、普能真嵩、定念真禅、青光清宗、冶开清镕诸世。其中冶开清镕亦为江南宗门五老之一。西天目山禅源寺始建于元代，明代衰废，由清初玉林通琇禅师重兴。下传美发淳、晦石琦、澹如永、玉辉真、定慧知、广福清、能和果、智长云、见空圆、来悟明、灵慧德等世。"四大名刹"不仅自身源远流长，数废数兴，而且不断培养出高才弟子，续江南其他名寺烟火。如金山悟圆禅师于嘉庆年间复兴杭州海潮寺；金山法忍和尚于光绪年间复兴南京赤山般若寺；金山净心重兴宁波天童寺；金山仁智首座重兴宜兴显亲寺；天宁寺清宗禅师重兴天目山狮子正宗寺；高旻法一首座重兴南京狮子岭……可见，禅林血脉多靠四大名刹延续。另外，清末许多居士亦多在四大名刹中修炼身心，参方禅和。所以说四大名刹当时发挥了承上启下的枢纽作用。

临济天童系清中叶后一直比较消沉，太平天国后还靠金山净心之力复兴。不过在清末，天童寺出了一位声名广被的高僧敬安法师。敬安（1852—1912），字寄禅，湖南湘潭人。因他重苦行，27岁时在宁波阿育王寺舍利塔前燃去二指，并剜臂肉燃灯供佛，故有"八指头陀"别号。敬安7岁丧母，12岁丧父，家贫失教，但酷爱读诗、写诗。16岁出家后，一边读经参禅，一边苦吟不辍。他自述道："苦被诗魔扰，沉吟未敢闲"；"本图成佛祖，岂分作诗奴。"功夫不负有心人，敬安终于成为天下闻名的"诗僧"。他曾遍访江、浙禅林，成名后历主衡阳罗汉寺、衡山上封寺、大善寺、宁乡沩山密印寺、湘阴神鼎山寺、长沙上林寺。最后主持宁波天童寺达10年之久，夏讲冬参，门庭若市，恢复了天童昔日规模。敬安常用诗来表达他的佛学思想。"日月精华从性得，乾坤元气自心生，"表明他是一个"真心一元论"者。"真如既不变，万有徒纷然。"由于"真如随缘"，故生万有，然而万有如幻境，真如则永远湛然。"妄境故无恒，真如了不变。"人要超出幻有，必须自返本，"内心贵自契，外物靡所尚"，"惟修平等行，自契妙明心"。敬安的思想并未超出其他禅僧之处，只是用诗表达形式新颖生动。敬安晚年亦归心净土，他曾用旖旎的词句描述了净土世界的极乐生活，有相当大的感染力。在心系净土的同时，敬安也没有忘记遭受帝国主义蹂躏的祖国和同胞，他用诗文表达了自己的爱国之情。"时事已如此，神州将陆沉，宁湛忧国泪，忽上道人襟"，"强邻何太酷，涂炭我生灵"，"谁谓孤云意无著，国仇未报老僧羞"。矢志报国之情溢于言表。清末以来，社会上兴起了"寺产兴学"之风，侵夺庙产、毁坏佛像的行为在全国各地蔓延，一些豪强恶霸、无赖之徒也乘机掠夺，中饱私囊。敬安与一些立志护教的名僧、居士于1912年在上海筹组中华佛教总会，敬安被公推为会长。同年10月，他离开天童前往北京，试图劝谏政府禁止"寺产兴学"之风，但内务部礼俗司司长杜关不仅不听劝谏，反而侮辱敬安（据说二人话不投机，杜怒批敬安面颊）。敬安愤而退归法源寺，当即卧床不起。于12月2日病逝，敬安之死引起了社会上极大震动，袁世凯下令国务院转饬内务部，核准中华佛教总会章程，并于民国四年（1915）颁布"管理寺庙条例"，按旧制保护寺产。

天台宗 清代后期，天台学僧人数不少，有观竺、广昱、隆范、幻人、寻源、通智、祖印、谛闲等人。他们在江、浙、两湖一带讲学、著述，使天台宗旨得以维持不堕。其中又以清末民初的谛闲法师最为著名。

谛闲（1858—1932），字古虚，号卓三，俗姓朱，浙江黄岩人。幼习儒业，后随舅父学医，因疑"医病不能医命"之理，遂有出家普度众生之志。未几，妻、儿、母相继病故，20岁至临海白云山出家，几年后又在天台山国清寺受戒，成为天台宗人。26岁时去平湖福臻寺，从敏曦学《法华》，"未及终卷，已悟一心三观之旨"。28岁升座讲经。以后两度"闭关"，坚持禅观，出关后应各禅林之邀，讲《法华》、《楞严》、《弥陀》诸经，法席遍于南北，信众日广，声名日增。1912年任天台名刹宁波观宗寺住持。1915年应袁世凯之邀赴北京说法，名公巨卿多列席肃听，袁世凯特以"宏阐南宗"匾额相赠。由于谛闲的活动，天台名声大振。谛闲于1932

年圆寂，身后留有大量著作，如《大佛顶首楞严经序指味疏》、《圆觉经讲义》、《金刚经新疏》、《教观纲宗讲录》、《华严宗普贤行愿品辑要疏》、《八识规矩颂讲义》、《省庵劝发菩提心文讲义录要》、《水忏申义疏》等，由弟子整理成《谛闲大师全集》行世。从文章题目可见，谛闲虽为天台宗人，但思想却不限于一经一派。

华严宗 清初柏亭、雪浪南北呼应，使华严宗名噪一时，不久便转而沉寂，宗谱不清。清末光绪年间，出月霞法师以研习华严闻名。

月霞（1857—1917），名显珠，俗姓胡，湖北黄冈人。19岁在南京观音寺从禅定和尚出家，遍访高旻、金山、天宁等名刹学禅。后至河南太白山结茅参禅，自种自食，与徒众开垦稻田300余亩。又应邀去南京赤山从法忍受学，被安以首座，从此开始留心教典。他不满意天台教观而惬心于华严法界，表示要"教弘贤旨，禅继南宗"。此后相继到鄂、皖、陕等名山古刹讲经说法，为大江南北僧俗瞩目。清末他曾在江苏、湖北创办僧教育会，在南京办僧立师范学堂，民初皆毁于战火。月霞远至日本、锡兰、泰国、缅甸讲经，还曾到印度礼拜释迦圣迹，见多识广。月霞一生弘法30余年，讲经论100多篇，扩大了华严宗的影响，不过没有留下什么著作。

居士杨文会收集整理华严宗著述，在华严宗史上占有重要地位。经他在日本反复搜求，华严著作十得五六。再经过去伪存真的校勘，分别印行。所出《华严著述辑要》，大半皆中土久佚之文。晚年又找到二祖智俨的《搜玄记》，三祖法藏的《探玄记》，编为《贤首法集》100余卷。这些工作对华严宗的延续具有至关重要的意义。

净土宗 净土宗在清后期有两个重要人物。省元（1861—1932），名宪章，俗姓贺，山东蓬莱人。幼而好学，因感于生死无常而出家。曾经在北京房山兴率寺、云横庵、极乐寺、广化寺等处参学。传说他每日只食中餐稀饭一顿，搬柴运水，悉躬亲之，一日担水路上开悟。后在拈花寺闭关三年，出关后十方纳子问法，他开示曰："文字般若，口头三昧，都是不中用的，惟自行、住、坐、卧之中，单提一句阿弥陀佛，默默念持……直至一心不乱，忽然离念，寂光真境任运现前。"他的这种宗教体验在当时影响很大。

印光（1861—1940），名圣量，俗姓赵，别号常惭愧僧，陕西郃阳人。幼学程朱，以辟佛为事，后渐觉其非而改信佛教。光绪七年（1881）在终南山五台莲花洞寺出家。后遍游名山，广参知识。光绪十二年定于北京怀柔红螺山资福寺，专修净土，自号继庐行者，名声日隆。光绪十九年应邀去普陀山法雨寺宣传净土思想。他说："自量己力，非仗如来宏誓愿力，决难即生定出生死。从兹唯弥陀是念，唯净土是求。"1912年在上海办《佛学丛报》。他毕生宣扬净土信仰，死后被弟子尊为"莲宗十三祖"。浙西徐文霨将他的著作收编为《印光法师文钞》行世。

唯识宗　中国的唯识宗由玄奘、窥基开创，哲理深奥，思辨严谨，与中国传统的直观型思维方式相去甚远，故唐初数传后便已宗绪不明。宋以后不断有唯识学者行世，但其理论多杂禅观，已非玄奘、窥基时代的本来面目。清代后期，著名居士杨文会创办金陵刻经处，从日本收集、取回大量唯识经典，使其本来面目复显。特别是由于西方哲学东渐，使近世学者感到注重经验分析和理性思辨的西方哲学与科条严整、系统分明的唯识理论近似，于是重新产生了研究唯识学的兴趣。其中最著名者为南京内学院的欧阳渐居士，著有《唯识抉择谈》、《唯识讲义》等书。北京则有三时学会的韩清净居士，著有《唯识三十颂诠句》、《唯识指掌》等书，他们在唯识学研究方面有很深的造诣。另外，近代大思想家章太炎对唯识学亦深有研究，把唯识学的"见分"、"相分"、"阿赖耶识"等概念纳入自己的理论体系，借以建构"五无论"、"俱分进化论"等学说，使唯识学在建立自己独特的哲学体系中发挥作用。

三　居士成为佛学的主流

与僧团衰落相反，居士佛教渐成晚清佛学的主流。其作用主要表现在两个方面：一是佛教居士人才济济，出现了一批学识渊博的大学者。他们收集整理，钩稽阐微，使佛教思想得以延续。二是在宗教活动方面，居士们往往利用自身在政治、经济方面的优势，印经刻藏，组织法会，举办佛学教育机构，创行宣传佛教思想的刊物，从而在社会上维持了佛教的影响，在信徒中树立了信心。

郑学川（1826—1880），字书海，扬州江都人。少习儒业，曾充诸生。后在北京红螺山瑞安法师处修习，博通佛典，尤精净土。太平天国之后，感慨真可《方册藏》毁于战火，《龙藏》梵夹版流行不便，于同治五年（1866），在扬州创立江北刻经处，与杭州许云虚、石埭杨文会、扬州贯如法师等人共同倡刻方册佛经。他本人也于这一年出家，法号妙空，又号刻经僧，专以刻经为业。前后15年，又创刻经所4处（苏州、常州、浙江、如皋），总其事于扬州砖桥。15年间共刻佛经3000余卷，并有大量著作行世。

杨文会（1837—1911），字仁山，安徽石埭人，出身仕宦之门。"十岁受读，十四能文，不喜举子业……性任侠，稍长，益复练习驰射击刺之术。"（《杨仁山居士事略》，见《杨仁山居士遗著》第1册）17岁时遇太平天国革命，举家避徙皖、赣、江、浙之间。此时，他"襄办团练"，颇得曾国藩、李鸿章的赏识。同治二年（1863），父丧，读《大乘起信论》、《楞严经》，深深地为佛教吸引。战后坚辞曾、李的聘任，倾心于佛学研究。他与一些居士讨论，"以为末法时代，全赖流通经典，利济众生"，于是发心在刊刻单行本藏经。光绪二十三年（1897），杨文会于南京延龄巷住处设"金陵刻经处"，4年后又把该处房产捐给了刻经处作为永久产业。他专门从事佛经的刻印，流通，前后共刻成佛典3000余卷，不仅对佛教发展产生促进作用，并且带动了上海、北京等地的佛经发行工作。

光绪四年（1879），杨文会受曾纪泽之邀出访英、法，在伦敦认识了日本僧人南条文雄，得知中国唐、宋年间散失的许多佛经在日本尚有保存。归国后便托南条搜购古逸经论200余种带回中国刊行。唯识、华严等宗许多绝灭多年的著作重见天日，激发了国内学者的研究兴趣。光绪二十年，杨文会还与西方传教士李提摩太将《大乘起信论》译成了英文，推动了佛教向西方的传播。

有感于当时僧团素质的下降，杨文会在光绪三十四年于"金陵刻经处"内创办佛教学堂"祇洹精舍"，开了近世创办佛教学堂风气之先。他请谛闲法师讲天台宗教观，自讲《大乘起信论》，并设国文、英文等课程，全面提高佛教学者的素质。虽然当时学者不足20人，且不及两年就因经费问题而停办，但"祇洹精舍"的影响是巨大的。特别是培养了名僧太虚和著名居士欧阳渐，使文会门风得以光大。另外，谭嗣同、章太炎等著名思想家亦曾向杨文会学佛。

宣统二年（1910），杨文会在南京创立佛学研究会，在《佛学研究会小引》一文中指出："方今梵刹林立，钟磬相间，岂非（释迦）遗教乎？曰：相则是矣，法则未也。禅门扫除文字，单提'念佛的是谁'一句话头，以为成佛作祖之机。试问：《三藏》圣教，有此法乎？此时设立研究会，正为对治此病。"（《等不等观杂录》卷1，《遗著》第7册）短短一句话，概括了清末佛教僧团衰落、理论停滞的事实。杨文会毕生致力于佛教理论的研究，身后留有大量著述。据《杨仁山居士著作总目》载，主要有《大宗地玄文本论略注》、《佛教初学课本》、《十宗略说》、《观无量寿佛经略论》、《论语发隐》、《孟子发隐》、《阴符经发隐》、《道德经发隐》、《南华经发隐》、《冲虚经发隐》等。杨氏的佛学著作基本属于对传统经典的阐述发挥，述而不作。而他一系列的《发隐》则属于佛化儒学、佛化道家之作。

欧阳渐、韩清净、桂伯华、丁福保等一大批居士活跃于清末民初，因他们的活动主要在民国时期，此处不作详述，但他们的出现也有助于说明，近世佛学主流已移到居士一边。

四　世俗学者的佛学研究

清后期还有一大批世俗学者对佛学进行研究，他们中间虽也不乏对佛教抱有信仰者，但与居士相比，他们主要不是以宗教作为自己的安身立命之本，他们研究佛教的目的多是为了"救世"。

龚自珍（1792—1841）是鸦片战争以前便已预感到"衰世"将临的敏锐政治家，但在当时闭关锁国的情况下，他又找不到济世的方法，"何敢自矜医国手，药方只贩古时丹"，他只能从古代文化中去寻找救世良方，其中也包括佛教。龚自珍学佛，以著名居士江沅为师。他自述道："铁师念佛颇得力，似师毕竟胜狂禅"。他对禅林之风非常不满，从居士之门入佛。入门之后，"狂禅辟尽礼天台"，对天台宗的"性具说"深有研究。通过对宋人陈瓘所著《三千有门颂》的反复钻研和七昼夜思考，他终于悟出："以弥陀性具中之我，念我具法界中之弥陀"（《最录三千有门颂》、《龚定盦全集》第 400 页）。据照天台性具说，人人皆有一个"自性清净心"，本无善恶。"或问圣众以何为依止？答以心为依止，真心耶？妄心耶？答以妄心为依止，全妄即真故。"（《定盦观仪》）他又说："心、佛、众生，三无差别"，体用一如，亦真亦妄，全妄即真。龚自珍把天台的性具说用于人性论研究，写出了《阐告子》一文。他自称："予年二十七，著此篇，越十五年，年四十二矣，始读天台宗书，喜少年阍合乎道，乃削剔芜蔓存之。"用天台阐告子，阐发的则是龚自珍自己的思想。"龚子言性也，则宗无善无不善而已矣。善恶皆后起也。"他用这种理论反对程朱理学所推崇的"性善论"以及"变化气质"、"存天理，灭人欲"等正统道德修养论。既然性无善恶，所以他提倡人应"各因其性情之近"，而"自尊其心"，率性而行，"心尊，则其官尊矣；心尊，则其言尊矣，官尊、言尊，则其人亦尊矣。"（《尊史》）这里已明显表现出要求恢复人的尊严，宣扬个性解放的启蒙思想。当然，龚自珍的佛学思想也包括大量发誓往生、归心净土的宗教因素。这也是他在那个风雨飘摇的苦难时代精神无所寄托、心灵苦闷的结果。

魏源（1794—1856）的佛学思想，则完全是他晚年政治失意的产物。咸丰三年（1853），太平军攻至扬州，魏源正在扬州附近的高邮任知州，因迟误驿报的罪名被免职。此后他潜居兴化、杭州，钻研佛学，写有《净土四住总叙》、《无量寿经会译叙》、《观无量寿经叙》、《阿弥陀经叙》、《普贤行愿品叙》等，以宣扬净土信仰为主。他说："如是向往，如是取舍，如是出离，而后一礼拜，一观想，一持名，念念弥陀为慈父，如疾苦之呼天，如逃牢狱而趋定所，虽欲心之不专，不可得矣。"（《观无量寿经会译叙》）魏源皈依佛门，完全是出于精神慰藉的需要。正如梁启超所言："社会既屡更丧乱，厌世思想，不期而自发生，对于此恶浊世界，生种种烦懑悲哀，欲求一安心立命之所，稍有根器者，则必遁逃而入佛。"（《清代学术概论》，第 166 页）

康有为（1858—1927）虽然没有留下佛学研究专著，但他在探索救国救民真理时亦曾遍翻中国思想武库，扬弃陆王，出入佛老，对佛教原理不乏灼见。在他所遗留的著作中，经常看到佛学的痕迹。以《大同书》为例，全书以"去苦求乐"为指导思想，这一思想来源于佛教的"四圣谛"。《大同书》甲部便是"入世界，观众苦"，而甲部第一章又是观"人生之苦"，说人生从投胎开始便众苦丛生，以后又有"夭折"、"废疾"相随，完全是"苦谛"生老病死诸苦的翻版。《大同书》结论的癸部"去苦界，至极乐"，描述的大同世界如同人间净土，不仅人类物质生活极大丰裕，而且大同世界佛学与仙学并行，人们的精神生活亦达到极高境界。当然，康有为设计的大同世界的精神实质与佛教净土是有很大区别的，康有为的佛学也是断章摘句，为我所用。

谭嗣同（1865—1898）是改良派中最激进的思想家，梁启超在《清代学术概论》中评价他说："然真学佛学而真能赴以积极精神，谭嗣同外，殆未易一二见焉"。他把佛教中的怀疑批判精神，熔铸成冲击封建制度的思想武器。谭嗣同于光绪二十二年（1896）遵父命在南京候补知府，于杨文会处学佛一年，心识大开，"成《仁学》一书"。关于《仁学》的理论基础，他说："凡为仁学者，于佛书当通《华严》、心宗、相宗之书。"（《仁学·仁学界说》）佛教是仁学重要的理论来源和组成部分。他又说："三界唯心，万法唯识，……其实，佛外无众生，众生外无佛。虽真性不动，依然随处现身；虽流转世间，依然遍满法界。"（同上书）佛教的唯识学说成为他的哲学的重要论据。进而，他用这种主观精神鼓舞自己与同胞的斗志。"佛则曰轮回，曰：死此生彼，……知身为不死之物，虽杀之亦不死，则成仁取义，必无怛怖于其中"（同上书，第309页）。有了灵魂不死的学说，便可以使人以大无畏的姿态向封建专制制度发动勇猛冲击。"其坚忍不饶……佛教尤甚。曰威力，曰奋迅，曰勇猛，曰大无畏，曰大雄。据此数义，至取象于师子。……故夫善学佛教，未有不震动奋厉而雄强刚猛者也。"（同上书，第321页）在谭嗣同的著作中，佛教一改"揉化人心"、"阴翊王化"的形象，完全变成了"冲决网罗"的雄狮，其中许多思想，完全是他引申发挥的结果，很难用严格的佛学研究标准衡量其是非。故章太炎说："至如谭氏《仁学》之说，拉杂失伦，有同梦呓，则非所敢闻矣。"（《章太炎全集》第4册，中华书

局1985年版，第429页）

　　章太炎（1869—1936）是清末资产阶级革命派的著名思想家，同时也是著名的佛学家。光绪二十九年（1903），他因发表《驳康有为论革命书》和为邹容《革命军》作序，触怒清廷，被捕下狱。"囚系上海，三岁不觊，专修慈氏，世亲之氏。"（《章氏丛书·菿汉微言》）他自称"先师无著"，以大乘有宗嫡传弟子自居，光绪三十二年流亡日本后加入同盟会，主编《民报》，发表了《无神论》、《建立宗教论》、《人无我论》、《五无论》等一系列文章，鼓吹"用宗教发起信心，增进国民道德"。鼓舞革命者斗志，是他研究佛教的目的之一。此外，他还特别欣赏唯识宗缜密的理论思维和严谨的逻辑体系，感到与近代西方哲学思想比较接近，他希望通过唯识学与西方哲学的结合，创造出复兴中国的新的思想体系。这也是传统文化现代化的一种尝试。他把康德的"先验范畴"和叔本华的"唯意志论"与"八识"学说糅合在一起，说："近来康德、索宾霍尔（叔本华）诸公，在世界上称为哲学之圣。康德所说'十二范畴'纯是'相分'的道理。索宾霍尔所说：'世界成立全由意志盲动'，也就是'十二因缘'的道理。"（《演说录》《民报》第六号）他认为眼、耳、鼻、舌、身、意"六识"之"相分"，都是人认识世界的"先天范畴"。但这些先天范畴"非如六识之缘境而起，离境而息，"而是藏于阿赖耶识之中。"自阿赖耶识建立以后，乃知我相所依，即此根本藏识。此识含藏万有，一切见、相，皆此识之枝条。"（《人无我论》）所以章太炎把阿赖耶识看成宇宙的本源。阿赖耶识创生万物的过程则是"盲目的意志冲动过程"。他讲："此天然界本非自有，待现实要求而有。此要求者由于渴爱，此渴爱生于独头无明。"（《建立宗教论》）章太炎把叔本华的"盲目意志"换成了佛教术语"独头无明"。人心本自清纯，因无明而生渴爱，而有污染，而生出万法。"世界本无，……本由众生眼翳见疾所成。"（《五无论》）客观世界的存在不过是人们一种错误的看法而已，其实质虚幻不真。人们应当破除对这个虚幻假象的执着，抛弃对物质财富的贪婪和对生命的留恋，献身于革命事业。章太炎宗教哲学的世界观，最终还是为民主革命事业服务的。

第三节 道教的衰微与延续

晚清道教继前期进一步衰落，社会地位下降，理论上缺乏创新，教团的影响力减弱。龙门道士多兼行斋醮祈禳，用香火钱谋生，与正一道士的差别越来越小。正一道天师无大作为，不过倚仗天师声威谋取富贵而已。在与朝廷的关系上，清廷不甚重视南方之正一天师，而与北方之全真，有较密切的来往。道教文化继续向社会各领域扩散，其真正的影响在民间习俗之中。

一 道光以后正一道天师状况

第六十代天师张培源，字育成，号养泉，道光九年（1829）嗣教。咸丰九年（1859）督办团练以对抗太平军，同年十月卒。光绪三十年（1904）诰赠"光禄大夫"。

第六十一代天师张仁晸，字炳祥，号清岩，张培源之子，同治元年（1862）袭位，曾与弟子编订残乱道书。

光绪二十九年卒，次年诰赠"光禄大夫"。

第六十二代天师张元旭，字晓初，张清岩之子，出身庠生，精于道法，光绪二十九年嗣教。以符箓教信徒，以职牒传道士，受度者众。曾补述五十代至六十代天师传，阐述性命双修、天人合一之旨，以道通儒。民国初年，江西都督府于1912年取消前清给予天师之封号，没收其田产。1914年，张元旭通过长江巡阅使张勋，请于总统袁世凯，乃复其封号，发还田产，重颁正一真人之印，袁政府更赐以三等嘉禾章，及"道契崆峒"匾额。1919年，张元旭被推为"万国道德会"名誉会长。1920年，又被推为"五教会道教会"会长。1924年卒于上海。

据有关资料记载，天师府全盛时期，田地遍及12个县，仅贵溪县就有田庄12处，占地2283亩，此外还有大规模的山林。天师府规模宏大，占地2.4万多平方米，内建筑面积达1.1万多平方米。但乾隆以后，天师地位日益下降，晚清朝廷不再赐予土地山林，原有地产亦渐渐丧失，天师府和上清宫再未修葺。到20世纪40年代末，上清宫只剩下"太上清宫"门楼、"午朝门"、"钟楼"、"下马亭"、"东隐院"等，呈现一片残破景象。

据《清朝野史大观》卷11《贬斥道教之历史》称，清末"张氏（张陵）子孙乃犹有僭用极品仪制，舆从舄奕，声气招摇，游历江浙闽粤诸省，沿途以符箓博金钱，并勒索地方有司供张馈赠"，这就更加损害了天师在人们心目中的形象。政府既不重视，自身又无高才高德，它的衰微自然是不可避免的。

二 晚清之全真道

全真道仍以龙门派为主体，以北方为基地，传布于全国各处，借着清初龙门中兴的余威，晚清龙门一系的势力仍相当强大，但教团素质下降，高道极少，吃教者多，民间非正式道士规模有所扩大，道教更多地成为一种生活方式。

全真道观有两种：一曰小道院，如北京的吕祖庙、上海的三茅阁；二曰十方丛林，它有传戒的特权，如各省的玄妙观、白云观。道士也有两种：一种是记名出家，往往由于体弱多病，许与小道院为徒弟，仍在家中教养，等到成年时可以跳墙（逃走），然后婚娶；一种是正式出家，终身为道士，不能娶妻。一般是先拜小道院院主为师，结发成髻，改服圆领阔袖之道袍，穿白布高袜、云履青鞋；习字读经外要洒扫炊事，担水负薪，服勤一年；如值白云观受戒之期，便随院主入观，完成应受之戒律，始得道士的正式资格，俗称老道。其中成绩优秀者，留观习道传道，其余戒众，一律发给衣钵戒牒，或归还本观，或挂单（外出游学）于各省之十方丛林。小道院能受徒而不能受戒，大道院能受戒而不能直接受徒。

晚清的全真祖庭北京白云观，出了一位有名的政治道士高云溪。高云溪又名高仁侗，山东费城人。

青年时在青岛崂山出家，后在天津住道观，得到直隶总督荣禄的赏识，来到北京白云观任方丈，是为白云观第二十代住持，时在光绪年间。白云观的名誉方丈是宫内太监刘诚印，道号素云道人，据说他是当时内务府总管李莲英的副手。自明以后，宫内太监都自认为是全真道徒，故与白云观有密切关系，清宫亦复如是。高云溪因与刘诚印、李莲英有交往，故能出入宫廷，见到过慈禧太后，在宫中做过道场，受到清廷的青睐。高云溪在青岛时结识了一个外国人叫璞科第，此人是国际间谍，为西方列强服务。八国联军侵华，清廷与之订立丧权辱国条约，条约内容是事前在白云观后花园秘密商订的，高云溪起过联络作用。

高云溪住持白云观期间，白云观势力甚大。直至民国初年，尚有土地5800余亩，年收入有3万元。晚清白云观香火甚盛，为京城一大节日聚会处。每年元宵后，开庙十余日，倾城士女皆往游，谓之会神仙。高云溪在宗教事业上并无建树，说明全真道的教团领袖已经完全世俗化了。

晚清全真内丹学也出现了几位有功底有著述的道士，如李涵虚、刘名瑞、赵避尘、黄元吉等人，皆为当时所重，对后世亦有一定影响。

李涵虚为内丹功法西派创始人，生于嘉庆十一年（1806），卒于咸丰六年（1856），四川乐山县人。初名元植，字平泉，咸丰六年得道后，改名为西月，字涵虚，号长乙山人，又称圆峤外史。李拜郑朴山为师，而郑是孙教鸾嫡传高徒。孙真人有《金丹真传》，提出"结丹之法由我而不由人，还丹之功在彼而不在我"，下手功夫重在阴阳双修、彼我合练，此则与东派陆潜虚（陆西星）之学相近。李涵虚受孙、郑的影响，对陆潜虚极为敬佩，在《海山仙迹》自序中说，重订《吕祖年谱》成，有一老人携一扬州俊士莅临，见而悦之，旁批数十行，飘然而去，"老翁必系吕师也，扬州俊士其即陆潜虚乎？"书中托言冷生，谓信仰吕纯阳及张三丰，又云"纯阳有三大弟子，为群真冠：海蟾开南派，重阳开北派，陆潜虚开东派，吾愿人西方……身为西祖。"寓言自己为陆西星之后身，所以改名西月与之相对，月与星同辉而更明亮，改名涵虚与潜虚相对。李涵虚受张三丰丹法影响，与钟吕丹法汇合，所以与陆西星的东派又有不同。李氏著述颇丰，共有两类：一类是注释编订类，如《太上十三经注解》、《大洞老仙经发明》、《〈无根树道情词〉二注》，删订《海山奇遇》，改编《三丰全集》等；另一类是论著类，有《后天串述》、《九层炼心》、《道窍谈》、《三车秘旨》、《圆峤内篇》等。其中《道窍谈》一书最能表现涵虚西派特色，该书着重于成人修道，其论内丹修炼云：

中年学道者，只要凝神有法，调息有度，阴跻气萌，摄入鼎内，勿忘勿助，后天气生，再调再烹，真机自动。乘其动而引，不必着力开，而关自开；不必着力展，而窍自展。真气一升于泥丸，于是而河车之路可通，要皆自然而然。乘乍动而又静之际，微微起火，逼过尾间，逆流天谷，自然炼精化气，灌注三宫。以后复得外来妙药，擒制吾身之真气，令其交凝，使不散乱。然后相亲相恋，如龙养珠，如鸡抱卵，暖气不绝，同落于黄庭之间，结为朱橘，乃曰"内丹"。则初候之功成，延年之妙得，全形之道备矣。

此论之精要，在于论开关展窍应自然而然，论制药须取外药以合内药。该书多有创新，如将传统的筑基、炼己两步，分作开关、筑基、得药、炼己四步，"以开关辟筑基之路，以得药助筑基之需，以炼己了筑基之事，"又将旧说"炼精化气，炼气化神，炼神还虚"，改造成炼精、炼气、炼神了性、炼神了命、炼神还虚五关。又将传统所说的"河车"，析为三件："第一件运气，即小周天子午运火也；第二件运精，即玉液河车运水温养也；第三件精气兼运，即大周天运先天金汞，七返还丹，九还大丹也。"该书将道教极为绝密之诀——"两孔穴法"展示给世人，谓一穴有两孔，"空其中，而窍其两端，故称为两孔穴"，此即师徒密传之"口对口、窍对窍"者，为任督交合之地，阴阳交会之所，乌兔往来之乡。该书论"玄关"亦有独到之处，玄关是体内神气相交而形成的灵光，从虚无中生出，不是位于五脏六腑内；黄庭、炁穴、丹田为死窍，而三者之中有神凝炁聚、真机直露，即为活窍；玄关出现时，明灭不定，只有交抱纯熟，才能逐步固结。该书主仙佛同修，云：夫三教者，吾道之三柱，分而为三，合而为一者也"，"释道言性默言命，仙道传命默传性，儒道则以担荷世法为切，言性难闻，言命又罕，并性命而默修之"，总之皆不离性命之道，皆为道脉。《道窍谈》确十分精妙，近代道教学者陈撄宁给予很高评价。李涵虚之弟子，有江西周道昌、福建李道山。

刘名瑞（1839—1931）为同治、光绪时道士，为南无派第二十代宗师，号盼蟾子，隐居于北京郊外天寿山桃源观，著有《道源精微歌》、《敲跻词章》、《易考》等书，阐发丹功清修秘者，为该派宗师中自元明以来唯一有著作传世者。刘名瑞自称"演法于龙门，受法于南无"，可见他的师承是兼两派而受之，其学主忘情绝念，心不外游，处静室之中，以正念治萌生之情欲，炼神于两乳之间；妇女炼功必须先暂断赤龙（月经）而后清修。赵避尘自称是刘名瑞弟子，光绪宣统时道士，1927年卒。他的丹功师承北宗，名震一时，其学融道佛而成。他著有《性命法诀明指》，谓人手功夫先观两眉之间的祖窍，并看鼻难，这是佛家功法；坐式以"两手和合扣连环，四门紧闭守正中"为口诀，则是北派功法。他自认为北派支流，自称千峰老人，创千峰派。该派流传不绝，港台至今仍有存留。

黄元吉，名裳，清末光绪时道士，丰城人，著有《乐育堂语录》、《道德经注释》等书。他的内丹功法承中派绪统而有创新，不用后升前降，他在《道德经注释》第二十六章注中说，丹功"始用顺道"，以神入气中，适"火蒸水沸"（即以神引动元精），"水底金生"（即元精发现），这时便"玄窍"开而真信至，"是为真阳生而子药产"，称为"外药"，又称"小药"，因为它生在肾管外，其气小。接着"木载金升"（即神携精上升），切切催之，至"乾鼎"（即泥丸），以真意引之下入丹田，即入"坤腹"，"再候真阳火动，为内药生"，此药生于气根根内，故曰内药。然后"内外交炼，结为金丹，此即《悟真篇》所言'化成一片紫金霜'是也"。黄元吉的丹法，发挥南宗《悟真篇》的思想，其论内外药合用又近于西派李涵虚，而本质上是中黄直透，不讲开合，汇合各派而行中派之功，是其丹法特色。黄元吉受儒学影响，认为理气合一而生万物，是谓"仁"；元气又叫"真一之气"，人与物、仙与佛皆由之而生；性即是理，命即是身中之元气；性命双修就是以性立命，以命了性，性命合一，其秘诀是：动处炼性，静处炼命，他认为修丹不过守仁慈而已，故极重性功。

清末，湖北武昌长春观"着屋千间，道友万数"（《长春观志》），与西安八仙庵、成都二仙庵并称天下龙门派大丛林。龙门第十五代道士齐守本，字金辉，立龙门支派"金辉派"；山东福山县道士张宗璇，属龙门第二十三代，于光绪年间开"霍山派"；此外还有"金山派"、"华山派"、"先天派"、"紫阳派",以及龙门以外其他全真支派,至清末皆传续不绝。

三 道教文化继续向社会扩散

道教的真正力量不在政治,不在教团组织和信徒人数,而在思想文化;正式入教者极少,而受其熏染者极多;中国文化的各种领域,或多或少都涂有道教色彩,这种情形明代已十分显著,清代更甚,后期则是前期的发展。道教文化发挥社会作用,往往不是孤立进行,它是在儒、佛、道三教合流的总思潮中作为一个环节一个因素而发生影响的。三教的思想互相纠缠混和,显示了中国人信仰之杂而不纯和宽容大度,同时三家也以丧失各自的独立性为代价,换取了联合则强、调和则久的可观成就。

全真道在清初本以明亡后愤而遁入教门的儒士为骨干,多有反清意识。龙门十代以后,亦多以儒生为骨干,不过其入道动机常因科举不第而转念,如金静灵、许青阳、沈一炳、闵一得等人皆因应举不中,灰其念而入道,故将儒学思想直接带入道教丹学与功法之中。清末儒生陈铭珪,入道为广东罗浮山酥醪洞主,著《长春道教源流》,他在总论中说,全真道"其逊让似儒,其勤苦似墨,其慈爱似佛","以兼善济物为日用之方",故不仅不排斥儒学,而且能补其所不足。清代全真道士多主张三教合一,这可以看做是佛儒思想对道教的影响。

从教外来看,道教思想也影响到儒家学者。龚自珍是清代前后期转换时刻的大思想家,是开近代学术新风气的人物,他信仰儒佛而不信道教,但他那首有名的《己亥杂诗》:"九州生气恃风雷,万马齐喑究可哀;我劝天公重抖擞,不拘一格降人材。"却是一首道教斋醮用的祷词。其自注云:"过镇江,见赛玉皇及风神、雷神者,祷词万数,道士乞撰《青词》。"可见龚自珍的名诗是从迎神赛会上获得灵感而创作的,它是所有《青词》中最好的一首。

近代四川著名经学家廖平,生于咸丰二年(1852),卒于1932年。廖平兼通今古文经学,他的经学思想先后经历过六次变化,愈变愈奇。前三变皆讲今古之学,后三变皆讲天人之学。他认为孔子所作的六经,有"人学"和"天学"两部分,人学只明六合之内,天学则言六合之外,圣人之外，尚有进境，即神人、真人之境界，这是廖平的经学四变，佛道教由此引入其中。他说："若再加数千年，精进改良，各科学继以昌明，所谓长寿服气，不衣不食，其进步固可按程而计也。"（《四变记》摘本）他在《释典》条下云："将来世界进化，归于众生皆佛，人人辟谷飞身，无思无虑，近人伦之详矣。特未知佛即出于道，为化胡之先驱，所言即为将来实有之事，为天学之结果。一人为之则为怪，举世能之则为恒。"廖平所理想的人格，实为佛仙兼于一身者，因此"道释之学，亦为经学博士之大宗矣"。（《经学四变记》自叙）廖平的经学五变，渐舍佛典而愈重《内经》，以《内经》说《诗》，认为《诗》乃神游学，《易》为形游学。经学六变进一步讲述《诗》、《易》天学，阐发五运、六气、小大天地的天人合发之学。闻一多先生称其神游形游之学为神仙之学（《神话与诗》），这是不错的。廖平晚年，已经把仙学放在儒学之上，把神仙视为人类最高境地，足证他受道教影响之深。

康有为（1858—1927）是清末改良派政治家和思想家，戊戌维新运动的发起者和组织者，又是经学大家，复兴今文经学的代表。他的思想多受廖平启发，认为"大同之世，惟神仙与佛学二者大行"，他进而论述道："盖大同者，世间法之极，而仙学者，长生不死，尤世间法之极也；佛学者，不生不灭，不离乎世而出乎世间，尤出乎大同之外也。至是则去乎人境而入乎仙佛之境，于是仙佛之学方始矣。"（《大同书》）他的理想国演进的程序是：大同太平→仙学佛学→天游之学。所谓天游之学是仙佛的最高境地，人人皆为仙佛神圣，不必复有仙佛神圣，"则有乘光、骑电、御气，而出吾地而入他星者，此又为大同之极致而人智之一新也"（《大同书》），这不过是把仙佛的神通和逍遥，加上星际旅游而已，这时候的人不再是地球人，而是宇宙人了。由此可知，康有为理想的大同世界，是儒、佛、道三教结合的产物，道教理想是其不可缺少的组成部分。

道教在清朝晚期文学中的影响的典型代表是刘鹗所著《老残游记》。刘鹗字铁云，清末江苏丹徒人，生于咸丰七年（1857），卒于宣统元年（1909）。《老残游记》成于光绪三十二年，是晚清小说中一朵奇葩。书中着力推崇一位山间隐居的人物黄龙子，其人亦道亦佛亦儒，其诗有"曾拜瑶池九品莲，希夷授我《指元篇》"、"菩提叶老《法华》新，南北同传一点灯"等句，提出"势力尊者"决定宇宙万物的一生一杀，用《易》预测社会事变，颇像位大寓言家，而其气质属道家人物。泰山碧霞宫一位道士的女儿玙姑，转述黄龙子的话说："儒、释、道三教，譬如三个铺面挂了三个招牌，其实都是卖的杂货，柴米油盐都是有的。不过儒家的铺子大些，佛、道的铺子小些，皆是无所不包的"。又说："凡道总分两层：一个叫道面子，一个叫道里子。道里子都是同的，道面子就各有分别了。"作者用生动形象的话，表述了当时相当多的人士对三教的看法，即三教是名异实同、异枝同根、殊途同归，很有典型性。玙姑认为先儒公到极处，但其精神失传已久，汉儒拘守章句，韩愈颠倒是非，宋儒存理灭欲已自欺欺人，至时儒不过乡愿而已，对后儒进行了极为辛辣的讽刺。该书揭露当时吏治的黑暗，许多大官是杀民邀功、用人血染红顶子的刽子手，作者有感于社会家国的破败，民生之艰辛，寄哭泣于《老残游记》，对现实进行控诉和鞭笞，其思想成就未始不得力于佛道教的批判精神，其艺术成就亦未始不得力于道教的丰富想象力，当然全书结局之消沉亦是宗教消极性所使然。

在民俗方面，道教更加与民间宗教信仰渗合杂处。《太上感应篇》等劝善书继续广泛流行。民间宗教继续从道教中汲取营养。在道观道士与平民的关系上，一方面道观增设民间诸神，扩大向社会开放的程度；另一方面百姓之家常请道士去作法事，形成习俗。如北京白云观除三清阁、四御殿、吕祖殿等道教正宗殿宇外，还建有儒仙殿、火神殿、华佗殿、元君殿、甲子殿等，以满足民众祭拜各种神灵的需要，白云观在节日里更成为民间集会欢庆的重要场所。各地道房道院为社会大作法事道场，成为道教的日常活动和经常性经济来源。如上海正一派道观所作经忏坛醮有三部分：第一部分有醮事（祈雨晴、公醮、清醮、雷醮、火醮、瘟醮等）、清事（收告、镇宅、抱恙、预禳等）、延生（打金箓、受箓、祝圣、阅索、普堂、开光、完愿、庆诞、还受生等）、亡事（初丧、追七、周忌、安葬、除灵、禫服、荐祖、冥庆、冥配等）、放戒（传戒、受戒）。第二部分法事名目繁多，有清微发递、灵宝发递、祭天、五方镇宅、召魂发檄、解冤结、请三宝、行香放灯等。第三部分有小型法事（还受生、送鬼、净宅、预告等）、经忏法事（玉皇经忏、雷祖经忏、真武经忏、上表、供天、炼度等）。这些法事道场，有许多已远离道教传统宗教活动的范围，是为适应民间习俗而新立名目，这种宗教性的社会服务已达到无孔不入的程度。（参见李养正《道教概说》）此外，民间的岁时节令的庆祝活动中，既有自古传承下来的宗教习俗，又有佛教和道教的内容。春节以祭祖为中心，从腊月下旬到正月有一系列与道教有关的宗教习俗活动，如腊月二十三或二十四祭灶送灶；然后是贴门神、挂鬼判钟馗、置桃符板等；除夕子时接神，主要是喜神财神；初一除祭祖拜年外，北京三官庙有庙会；初八拜星君，北京人则去白云观拜祭；初九祭玉皇；正月十九北京为燕九节，庆祝丘处机诞辰，举行以白云观为中心的全市性盛会，是日几乎倾城空巷而趋。端午节民间祭祀诸神，中有张天师，据清末富察敦崇《燕京岁时记》载："每至端阳，市肆间用尺幅黄纸，盖以朱印，或绘画天师、钟馗之像，或绘五毒符咒之形"；"贴之中门，以避祟恶。"六月六，山东民间祭泰山神。七月十五为中元节，道教定为地官大帝诞辰，民间亦祭祀成习，认为是日地官降凡，定人间善恶。九月九重阳节，胶东农村祭财神，瓦木工祭鲁班，酒坊祭杜康，染房祭梅福或葛洪。十月十五为下元节，水官大帝诞辰。天官地官水官三官信仰源于古代自然崇拜，后来成为道教尊神，宋以后三官与三元结合，形成三元节（正月十五是上元节，祭天官）。三官职掌人间祸福和鬼神迁转，为道教和民间共同敬祭。另外，十月十五日冶工（各种金属制作工匠）还祭炉神老君，这显然是从道教借来的。腊月二十五民间还有迎玉皇的活动，云是日玉皇与三清一起下凡视察人间善恶疾苦。行业神中除老君、葛洪崇拜外，刺绣崇妃绿仙女，墨匠崇吕祖，乞丐、剃头匠崇罗祖大仙，文具商崇文昌帝君，按时祭祀，相沿成习。上述这些民间的行业的宗教风俗，与道教信仰密切相关，同时又非道教正式的宗教活动，它们不受道教教团衰落的影响，以民间习俗的强大的惯性力量发展流传。

第四节　伊斯兰教的厄运和搏进

1840 年以后，清廷继续乾嘉道三朝对穆斯林严厉控制，分化瓦解，遇有反抗便无情镇压的政策。伊斯兰教和广大穆斯林处境艰难，宗教既凝聚着民族反抗清廷的民族压迫政策，又维护着民族内部封建的社会结构，表现出复杂的社会功能。

一 穆斯林起义与清廷的高压政策

清代后期的穆斯林起义，同以汉族民众为主体的太平天国起义一样，首先是以清廷为代表的统治阶级残酷压迫和剥削所造成的。满汉封建统治集团腐败奢侈，把西方列强的掠夺、盘剥转嫁给广大人民，使人民群众陷入水深火热的空前苦难之中，所以金田义旗一举，各地纷纷响应，穆斯林自不例外，与太平军形成直接或间接的配合；其次，穆斯林起义更有其特殊的原因，即穆斯林群众更遭受到过重的民族压迫和宗教歧视，处在社会的极下层，比一般的民众苦难更为深重。清代后期较有影响的穆斯林社会政治运动与武装起义，计有：咸丰五年（1855），新疆塔城徐天尧、安玉贤领导的回、哈等族人民焚烧沙俄贸易圈的斗争；同治六年至同治十三年，云南杜文秀领导的各族人民大起义；咸丰七年（1857），库车买迈铁里、伊布拉欣领导的维吾尔族农民起义；咸丰八年，贵州张凌翔、马河图领导的普安厅回民大起义，坚持斗争14年；咸丰九年，阿布都领导的东乡族人民反清起义，马荣先领导的四川会理地区回民起义；咸丰十一年，山东朝城县张鲁集回民组织"西域回回大队"，加入宋景诗领导的黑旗军，山东费县回民李八率领队伍参加鲁南地区的幅军起义；同治元年至同治十二年，陕西、甘肃、宁夏、青海、新疆数省的回、东乡、撒拉、维吾尔各族人民举行声势浩大的反清武装起义，陕西有白彦虎、马生彦、赫明堂、邹玉龙、关阿訇，宁夏和陇东有马化龙，河州有马占鳌，西宁有马文义、马桂源、马本源，肃州有马文禄，新疆有妥明、索焕章、布格聂丁；光绪二十年（1894），甘肃再次爆发穆斯林起义；光绪二十一年，河湟地区爆发回、撒拉、东乡人民反清斗争，领导人有河州回族马永琳，循化撒拉族马古禄班、比西麦干，洮西东乡族闵福英、马有哥、马录录；光绪二十三年，哈密扎加甫兄弟率领农民包围王府，要求摆脱徭役制度。可见穆斯林的反抗直到清王朝的灭亡，从未停止过。

在这一系列起义中，伊斯兰教起了一定的组织和号召作用，教坊制度的联合构成了起义队伍的组织形式，阿訇成为起义军的首领，如陕西回民十八大营的领导人中，阿訇在半数左右。伊斯兰教的教义对斗争中的穆斯林有激励作用，许多人把保卫教门与保卫民族视为一体，在"圣战"观念的支配下，不怕牺牲，勇敢战斗，给予清军以沉重打击。但伊斯兰教也有消极作用，如排斥异教徒异民族，造成孤立；上层宗教领袖的离叛，当一部分宗教领袖如赫明堂、马化龙、马占鳌、马德新投降时，起义队伍便在很大程度上被瓦解了，而这些人的归降又是接受了《古兰经》里忍耐、顺从的教诲，宗教教义掩盖了上层集团的狭隘私利，所以容易上清廷分化政策的当；伊斯兰教内部教派和门宦之间的矛盾，也造成各支起义队伍不能高度团结，以致遭到被清廷各个击破的悲惨结局。

清廷明确地把打击的主要矛头指向伊斯兰教新教。左宗棠在同治十年（1781）发出布告称："新教本是回教异端"，凡信徒皆要自首悔教，"如敢仍行新教"，即立正刑诛（《左宗棠布告》），并上疏同治皇帝，要在全国范围内禁绝新教，清廷允在陕甘查禁，其他各省缓办。清廷对于反抗的穆斯林，除大力"痛剿"以外，也辅以拉拢收买、分化瓦解的手段，利用宗教上层领袖控制回族人民，并给回族和伊斯兰教造成内部的伤害，使之长期不和，教派的纠纷也始终不断。

在新疆，以伊斯兰教为旗帜的穆斯林反清起义，具有正义性。但有的演变成政教合一的封建割据势力，有的勾结阿古柏分裂中国，建立臣服于沙俄的"哲德沙尔汗国"。清廷派左宗棠平定了阿古柏的叛乱，维护了国家的统一和领土完整，这是值得肯定的。但清廷及其驻疆大臣对穆斯林继续实行压迫的政策仍应受到指责。如强迫穆斯林学生入学拜孔，企图用行政强制手段迫使穆斯林就范，其结果只是给穆斯林增加了痛苦，并不能解决民族与宗教矛盾，也没有扼杀穆斯林的反抗。光绪二十五年（1899），甘、新巡抚饶应祺奏称：有叫吴勒者子的修道者，自谓得妥德璘真传。"到处以邪说惑众"，"谋为不轨"，与回民马三"同谋造反"，于是加以镇压和取缔。饶应祺上奏折说："查吴逆乃回教之败类，其教背乎老教，并为新教之异端，臣通防各属将所设道堂一律拆毁，产业充公。嗣后止准在寺念经，不准再立道堂,并不准私设教堂,以免朦混而滋事端。"这样,遭到打击的不仅是新教,老教也受到种种限制。

二 伊斯兰教教派和门宦的流变

清后期的伊斯兰教内部又有新教派出现,原有的门宦亦多有变迁。

依黑瓦尼的创建和发展 依黑瓦尼(又译为"伊赫瓦尼")是阿拉伯语的汉译,意为"弟兄",一般称其为"新兴教"或"新教",创建于河州(今临夏),风行于西北,流行于全国。创始人马万福,祖籍甘肃省东乡旗果园村,故通称果园哈知,生于道光二十九年(1849),卒于1934年。早年是北庄门宦的阿訇,后去麦加朝觐留学,回国后倡导伊斯兰维新运动,认为门宦信仰与伊斯兰教义不符,退出北庄门宦,与河州大阿訇研究宣传依黑瓦尼的主张。他们认为中国伊斯兰教汉化太甚,离开了原有教旨,主张只"认圣、顺圣、尊经",严格力行"五功";倡导"凭经行教"、"尊经革俗",提出十大纲领,规定不探望拱北,《古兰经》自己念,别人代念不行等,并分头在各地传教。光绪二十一年(1895),河州花寺门宦的马永琳、马永瑞等发动反清起义,马万福动员教徒参加,与东乡马大汉订立"决不投降"盟约。但当清廷派董福祥领兵前来镇压时,马万福竟背弃盟约,暗中与清兵先锋马安良勾结,出卖马大汉,独自投降,并隐姓埋名以避灾祸。光绪二十三年河湟事变平息,马万福回到临夏,初为教徒所记恨,后来与马国良取得谅解,开展讲学活动,号召教徒"打倒门宦,推翻拱北",逐渐形成新的教派。光绪三十四年,马万福在河州西川聚众讲经,宣称"依黑瓦尼要统一各教派和各门宦",受到格底目和各门宦的强烈反对,上报兰州总督,要对他予以严惩,马万福遂隐身他乡,依黑瓦尼一度受挫。但民国之后,成了西北五马进行统治的工具。

西道堂的创建 西道堂创于甘肃临潭县旧城,创始人马启西,生于咸丰七年(1857),卒于1914年。其父马元是位阿訇,入赘于北庄门宦人家。马启西幼年攻读《四书》、《五经》,博览诸子百家,深受汉文化熏陶,又钻研伊斯兰教学者刘介廉(刘智)的论著,成为饱学多识的穆斯林学问家。光绪十七年,马启西在家乡设帐讲学,同时坐静修持。光绪二十四年,马启西在旧城北庄门宦的达子沟拱北开设经堂，讲解伊斯兰教学理，与敏永录发生矛盾。遂于光绪二十七年（1901）迁出达子沟拱北，与北庄脱离关系，回家中设帐讲学。马启西讲解的主要是刘智、王岱舆等人的著作，如《天方性理》、《天方至圣实录》、《天方典礼》、《五功释义》、《正教真诠》、《归真要道》、《清真大学》、《清真指南》等，被称为汉学派。马启西的论著后来被焚毁、散失，所遗若干对联很能体现他的思想，如："穷神之化至精学问在无我，复命归真第一人品要如他"；"把斋贵清心上地，拜主须养性中天"；"开之谓言微解妙解一本诚，是大人致知学问；斋之取意身齐心齐情欲正，为君子克己功夫"。他把儒、佛、伊三教思想融为一体，表现出很高的悟性。北庄与花寺门宦的阿訇指责他宣传邪教，甘肃回族军阀、花寺门宦马安良指使敏含章打击马启西，造成多次教派冲突。光绪三十年，马启西和他的学生在西凤山下修建清真寺，因受上寺与官府迫害，曾西去新疆三年之久，回到旧城，正式命所传之教为西道堂。辛亥革命后，西道堂主张移风易俗；在宗教教义上以"五件天命"课为全功，重品德、讲信义、不收钱财；在教育方面，主张男女上学念书；不强制儿童念经；在经济方面，重视营商务农，教徒以道堂为家，过集体生活。这些主张颇受回、撒拉、保安等族贫苦民众的欢迎，纷纷前来投靠，形成活跃、兴旺景象。1914年，马安良借口马启西"勾结土匪白朗"，派张顺元率兵包围西道堂，将马启西等杀害。西道堂后来在马明仁、敏志道领导下，几经曲折，又得复兴，成为拥有庞大财富的宗教社团兼商团。在教团组织上实行封建家长制，教主具有至上权威，行终身制，但不世袭，其下教坊互不隶属，兼有门宦与格底目的特点，教权为敏、马、丁三大家族所包任。20世纪40年代后期，西道堂逐渐衰落。

其余门宦，如花寺、穆夫提等，皆于清末衰落，哲赫林耶门宦出了一位知名领袖马元章，他不同于先辈的抗清立场，转而拥清。

三　伊斯兰经学与汉文译著的成就

汉译《古兰经》　从17世纪初到18世纪上半叶，中国穆斯林学者采取"抽译"的方式翻译《古兰经》，实际上是编译，根据《古兰经》的经文含义，加上自己的理解，有选择地边翻译边创作。王岱舆、马注与刘智等学者就是这样做的。从18世纪下半叶到20世纪初为选译阶段，根据需要有重点地翻译，有音译本，如《汉字赫听》、《赫听真经》，用汉文拼读阿拉伯文经文；有注解本，如《经汉注解赫听》，在汉阿对音的同时，附有译文和注释。马复初曾通译《古兰经》而未能完成。中国第一部《古兰经》的通译本是20世纪20年代出现的，先是教外人士翻译，后是教内学者翻译，逐步完善化。

汉阿文并重的译著活动 这是由了解汉文和儒释道学说的穆斯林学者推动的运动，目的是使教内不懂阿文的教徒更好地掌握伊斯兰教义，用以配合经堂教育，又让教外人士更多地了解伊斯兰教，做到"隔教不隔理"，其结果是促进了伊斯兰文化与中国传统文化（特别是儒学）的交融结合。汉文译著活动在清前期以南京、苏州为中心，前文已述；在清后期则转而以云南为中心，以马复初、马联元为代表，译著内容不限于典制、历史、教义、哲学和教法，还扩及阿拉伯语语法、修辞学及某些自然科学。

马德新，字复初，云南大理人，生于乾隆五十九年（1794），卒于同治十三年（1874），是造诣精深、著述宏富的一代经学大师，在同时代学者中是首屈一指的。马德新幼年跟父学习阿拉伯文、波斯文，成年后赴陕西从名师周大阿訇攻读伊斯兰教经典，周阿訇是陕西经堂创始人胡太师的四传弟子，故马德新得以窥见陕学真传。道光二十一年（1841）至二十八年，马德新赴阿拉伯朝觐、留学，在麦加、开罗、君士坦丁堡与当地学者切磋学问，涉及经典、哲学、法律、天文、历史、文学许多门类，勤搜典籍，抄录珍本，"以具所得于天方者，与东土所存之典故，合而参之，揭精拔萃，约为典章"，可以说无论是学理上还是所携经籍，都是满载而归。马德新曾在新加坡做过天文观察和研究，后来做过一次整理，用阿拉伯、汉两种文字写成《寰宇述要》和《天方历法》两书，成为以后穆斯林宗教教育的重要教材。马德新用阿拉伯文将在阿拉伯世界的见闻写成《朝觐途记》，咸丰十一年（1861）由弟子马安礼译为汉文，在昆明刻版问世。该书记载了沿途各国的陆海交通，当地古代建筑、文化遗址及传说中先知圣哲陵墓等，是弥足珍贵的史料，最为国外研究中国伊斯兰教学者所欣赏。马德新回云南后声名大振，在各回族聚居区设帐教学，四方从学之士星列云集，可谓盛极一时，形成当时中国伊斯兰经堂教育的重要中心，培养出一批人才。咸丰年间，马德新、马如龙领导了滇东回民的反清起义，后来接受招抚，马德新接受清廷"二品伯克、滇南回回总掌教"称号。马德新的后半生虽然也被卷入政治军事斗争的旋涡，但他所关注的仍在伊斯兰学术，一有机会便归隐民间，从事阿拉伯文著述和汉文译著，写下了大量学术价值很高的著作，计有30余部，如《宝命真经直解》、《四典要会》（包括《信源六箴》、《礼功精义》、《幽明释义》、《正异考述》）、《性命宗旨》、《会归要语》、《醒世箴》、《天理命运说》、《礼法启爱》、《道行究竟》、《寰宇述要》、《天方历源》、《据理质证》等，另外还有整理、删述王岱舆、马注、刘智著述而成的作品，内容上包括经典学、教义学、教法学、语言学、历史、文学、天文历法等，这些著作流通全国，为中国伊斯兰教学术的发展，开辟了一个新的时代。《大化总归》和《四典要会》是马德新汉文译著的代表，前者突出后世复生、复命归真，用以弥补王、刘之不足；后者引孔孟之章，发伊斯兰教之教理，以证伊斯兰教合于圣人之道。同治十三年（1874），马德新为清廷所杀害，时年80岁。

马联元，字致本，云南玉溪人，生于道光二十一年（1841），卒于光绪二十一年（1895）。他自幼秉承家学，又数次到麦加朝觐，在阿拉伯世界学习，精通阿拉伯文、波斯文。一生主要时间在玉溪县讲学，门徒先后以千计。马联元提倡"中阿并授"，他用汉文翻译了《古兰经选本》（即《亥听注解》）；又以很大精力，用阿拉伯文、波斯文编写了一套完整的教材，供寺院教育大学部初级班使用，计有《词法基础》、《语法基础》、《修辞学基础》、《逻辑学基础》、《古文仙法》等，后来普遍为清真寺教学所采用。他还主持完成了中国第一部《古兰经》木刻本的工程。光绪二十年（1894）左右，他再度去麦加朝觐，路经印度东北康波尔，应邀在当地讲学，一年后病逝于此，印度穆斯林立下墓碑，以志纪念。他的阿拉伯文著作《简明伊斯兰法典》也在印度出版。此外，还有蓝煦著《天方正学》、马安礼著《天方诗经》，都有一定影响。

整个清朝，从前期到后期，都是中国穆斯林的厄难时期，虽然境遇艰险，信仰者的数量却增加了许多倍，礼拜寺也大量增多。穆斯林在全国的政治地位大大不如元、明两代，但以宗教和民族的凝聚力维系了生存和发展，教团势力更加深入农村，伊斯兰教学术研究和教育事业也在不断推进。光绪宣统年间，受了时代新思潮的影响，穆斯林先觉之士开始致力于伊斯兰教改革事业。经师王宽在北京倡办新式学校，提倡经书两通，鼓吹普及教育。留日穆斯林学生在东京组织留东清真教育会，创办《醒回篇》，讨论种种改进方策，亦时时透露民族革命的信息，这是清末伊斯兰教的新气象。

第五节　近代社会矛盾旋涡中的基督教

鸦片战争是中国历史上一个重要转折点，也使基督教在华传播的状况及其作用发生了重要变化。传教问题经常成为中西冲突甚至战争的导火索，对中国近代历史产生了重要影响。

一　鸦片战争前后传教士的作用

清代前期，由于基督教与中国文化的碰撞，清廷采取了"禁教"政策。其后100余年，清朝统治者采用"闭关锁国"的政策。到鸦片战争后西方传教士再来中国时，情况和以前已大不一样了。他们有强大的国家实力作为后盾，又获得了在华传教的特权，于是一改利玛窦以来谦逊忍让的态度，盛气凌人。尽管当时不乏虔诚、正直，以传播上帝福音为宗旨的传教士。但是，狂热的教士发出了"用战争把中国开放给基督"的叫嚣，反映基督教的极端排他性，这就决定了他们当中的许多人成为西方殖民主义者侵略中国的急先锋。

早在鸦片战争以前，西洋传教士便开始为武装侵华制造舆论。美国新教牧师伯驾公开发出"只有战争能开放中国给基督"的叫嚣。美国传教士裨治文和卫三畏创办《中国时报》，也不断为侵华战争煽风点火，出谋划策。他们刊登文章说："根据中华帝国目前的态度，如不使用武力，就没有一个政府可与之保持体面的交往。"（1835年1月号）由于传教士长期在华工作，了解中国的历史和文化心理，掌握中国官场的内幕。战前战后，有许多传教士为本国政府刺探军情，出任顾问。

西方传教士在鸦片战争中充当了别动队的角色，基督教在中国社会中的作用便开始发生根本性转变，成为列强侵华的工具。

二 基督教各派在华传布

1842 年，英国与中国签订的第一个不平等条约——《南京条约》规定："耶稣、天主教原系为善之道，自后有传教者来到中国，一体保护。"1844 年中美《望厦条约》，第十七款写明："除了传教士能在五口传教外，还可以建立教堂。"法国亦不甘落后，1844 年派使臣与中国签订了《黄浦条约》，其中第二十三款除规定法国传教士可在五口传教外，还写上："倘有中国将佛兰西礼拜堂、坟地触犯毁坏，地方官照例严拘重罚。"在这些不平等条约的保护下，基督教各派在口岸城市迅速传布。

然而，外国传教士并不满足于仅在口岸城市传教，他们以各种形式向内地渗透。当时道光皇帝的上谕明文规定："外国人概不准赴内地传教。"咸丰六年（1856）法国天主教神甫马赖不守规约，私自潜入中国内地，为非作歹，被西林县逮捕处死。法国借维护传教自由权为名，联合英国，悍然发动了第二次鸦片战争。清政府战败后，与英法俄美四国签订了屈辱的《天津条约》和《北京条约》。《天津条约》规定："天主教原以劝人行善为本，凡奉教之人，皆全获保佑身家，其会同礼拜诵经等事，概听其便。凡按第八款备有盖印执照安然入内地传教之人，地方官务必厚待保护。"后来在签订《中法天津续约》的过程中，担任法国使团翻译的孟振生又在《续约》中加上"并任佛（法）国传教士在各省租买田地，建造自便"的文句。从此，外国传教士在中国不但获得了在任何地方传教的自由，而且获得了购置田产的权利。这样基督教各派势力在各地就迅速发展起来。

天主教在中国传播有较长的历史。鸦片战争前共有 5 个传教会在华活动，他们是：西班牙多明我会、巴黎外方传教会、方济各会、遣使会和耶稣会。其中耶稣会一度为罗马教廷解散，但 1814 年又得以恢复，并凭借昔日基础重建。鸦片战争后，不仅原有的教派继续发展，而且又有许多新的修会相继来华。其中有密良外方会（1869）、圣母圣心会（1865）、奥斯定会（1879）、圣伯多禄圣保禄修会（1885）、德国司带尔圣言会（1879）等。修女会也不甘落后，如仁爱修女会（1842）、沙德圣保罗女修会（1848）、加诺萨女修会（1860）、拯亡会（1867）、包底欧上智会（1875）、多明我女修会（1889）等，接踵来华。修士、修女的活动不仅分布在江南数省，而且深入山西、河南、陕西、内蒙古、四川、贵州等内地、边远省份。他们盖教堂，发展教徒，办医院、孤儿院、留养院以及各类学校，出版图书报刊，成为一个庞大的以宗教形态出现的殖民势力。至1918年，教徒人数已达187万人，外国传教士886人，中国传教士470人。

基督新教传入中国虽然较晚，但鸦片战争后的发展则比较快。据统计，到民国初年，先后来华的新教团体有170个左右，包括：（1）公理宗：有英国的伦敦布道会，美国的美部会、美普会、协同公会，以及瑞丹会、瑞华会、自理会、宣道会等。（2）加尔文宗：有北美长老会、归正会、苏格兰福音会、英国长老会、加拿大长老会、爱尔兰长老会、美国南长老会、复初会、约老会、基督同寅会、归正教会等。（3）路德宗：有荷兰礼贤会、巴色会、德国信义会、丹麦路德会、北美信义会、中美信义会、芬兰信义会、信义公理会、信义长老会、挪美遵道会、鄂豫遵道会、自立信义会、挪威路德会、挪威信义会、瑞美行道会、瑞典信义会等。（4）浸礼宗：有美国浸礼会、来复会、英国浸礼会、孟那福音会、新约教会、友爱会、瑞典浸信会、美国浸信会、安息侵礼会等。（5）卫斯理会：有美以美会、监理会、美福音会、循理会、美道会、循道会、美遵道会、圣道公会等。（6）安立甘宗：有美国圣公会、英国圣公会、加拿大圣公会等。（7）内地会：有自由会、德女公会、女执事会、德华盟会、瑞圣法会、挪威会、北美瑞挪会、立本会、瑞华会等。（8）其他一些不明宗派的新教团体：如基督复临安息会、公谊会、宜道会、美女公会、救世军、使徒信心会、上帝教会、五旬节会、弟兄会、美基督会、南直福音会等。随着教会各派传播活动的展开，华人牧师和教徒人数都不断增加，到1914年新教徒人数达到25万人，外国在华传教士5978人。基督新教与天主教一样，在宗教活动以外，也建学校，办医院，出版图书，从事慈善福利事业。

东正教在中国发展相对较慢，但至清末也有一定规模，咸丰十年（1860）以后，北京传教团改由俄罗斯正教最高会议派遣，不再履行外交职能，不过传教士仍然从事收集情报的工作。在中俄签订《瑷珲条约》和《北京条约》的过程中，传教士为沙俄政府起了参谋作用。以后他们又利用不平等条约赋予的特权，加速了传教活动。东正教先后在哈尔滨、沈阳、旅顺、上海、天津、青岛、新疆等地建立教堂。据统计，至1917年，属于俄罗斯东正教北京教团的教堂37所，神学院1所，男女学校20所，气象台1座，企事业机构46家，财产150万卢布。尽管东正教教士自1860年后开始注意出版汉文书籍，举办慈善事业，培养中国神职人员，但因修士大司祭、修士司祭、辅祭等多不通汉语，故对中国人影响一直不大。据1906年统计，中国籍信徒仅725人，俄罗斯籍信徒约3万人。所以东正教基本上还是为俄国侨民或入了中国籍的俄商所设。

三 基督教与太平天国

基督教在近代中华文明史上的重要影响之一，就是引发了扫荡半个中国、历时14年之久的太平天国农民战争。太平天国领袖洪秀全（1814—1864）于道光十六年（1836）赴广州参加乡试时，路遇一个传教士送他一本由第一位中国籍牧师梁发撰写的一本小册子《劝世良言》。几年之后，他连赴科场不第，才在懊丧之余信手翻看了《劝世良言》，从书中所讲的道理中受到启发，用平等思想号召民众。道光二十三年6月，洪秀全与洪仁玕、杨秀清、萧朝贵、冯云山等人创立了"拜上帝会"，进行起义的舆论与组织准备。他用基督教的一神信仰反对千百年来中国封建统治者依以存在的宗法宗教与儒学。拜上帝会实质上已不是一个蔑弃尘俗，向往彼岸的单纯宗教组织，而是号召农民"创建义旗，扫平妖孽"的政治组织了。

洪秀全于1851年1月11日发动了金田起义，并定都南京。起义发生后，许多传教士大为兴奋，他们看到了把中国变成基督教国家的希望。外国传教士米赫斯讲："如革命成功，吾人可预料之利益，乃是大开海禁以便传教经商。"（彭泽益《太平天国革命思潮》，第79页）于是传教士与西方各国代表纷纷前往南京进行活动。如英国传教士麦思都，1853年5月22

日，陪同英国驻华公使文翰一同访问天京。1854年，美国传教士裨治文陪同驻华公使麦莲访问南京。太平天国10余年间，外国传教士对天京有案可查的访问就有20多次。太平天国领袖也希望共同的宗教信仰可以使西方了解这个政权，支持这个政权，因而对"洋兄弟"给予了热情的欢迎。但是在西方传教士与太平天国这个东方兄弟接触增加之后便发现，太平天国领袖们并不是真正的基督徒，而是在随心所欲地使用基督教的观念。他们不是把中国基督化，而是在把基督教中国化，如洪秀全的"宗教教师"罗孝全数度访问天京，天王并没有按照"兄弟之辈"的身份与他相见，而是让他以"君臣之礼"参拜天王。太平天国口头上尊奉上帝为唯一真神，但又按中国式的理解称耶稣为天父长子，洪秀全是天父次子。洪秀全还自称在天国见过"天母"、"天嫂"，甚至把自己的儿子过继给耶稣，让他"兼祧两宗"。所以他的理论完全破坏了基督教三位一体的原理，成了一种宗法家族式的"君权神授论"，令外国传教士啼笑皆非。东王杨秀清在太平天国运动中具有"赎病主"的特殊身份，被称为天父小儿子，有"代天父言"的能力，具有浓厚的巫术宗教倾向，也是西方基督教强烈反对的。罗孝全曾劝洪秀全放弃许多中国化的宗教习惯，而洪秀全反而下诏命罗孝全"改宗"，转依于他这种中国式的基督教。

宗教理论的分歧使太平天国与"洋兄弟"之间相互疏远、反感，甚至反目成仇。美国传教士花兰藏从天京访问归来懊丧地说："我去南京本来满抱希望，但我离开南京后，我的看法完全变了，……现在我伤心地说，我所发现的，除了基督教名义以外，无基督教的实质。"（幕维廉《中国的太平天国起义者》，第256页）罗孝全讲得更坦白："至于天王所非常热心宣传的宗教主张，我相信在大体上由上帝看来都是可憎恶的。事实上，我认为他是一个神经错乱的人。""我认定天王是一个疯子或傻瓜而抛弃他。"（《罗孝全在天京的自述》，载《北华捷报》1862年2月6日）教义上的矛盾最终转化成政治上的冲突，当然，更根本的原因还在于太平天国政权在政治上并不允许外国侵略者为所欲为。通过第二次鸦片战争，侵略者已迫使清政府接受自由传教，他们感到与清政府交往更符合他们的在华利益。于是外国传教士便纷纷转到了清政府的一边，帮助清政府对太平天国进行镇压。

四 风起云涌的反洋教斗争和义和团运动

清末基督教是在西方列强侵华的社会背景下，倚仗一系列不平等条约在我国传播的。故而，教禁大开造成的则是一场席卷神州大地的、具有反侵略性质的反洋教斗争，酿成近代教案的主要原因是教会的劣行，表现在以下几个方面。

霸占田产，掠夺财富 鸦片战争后，道光皇帝根据与侵略者签订的不平等条约，于1846年2月20日在上谕中宣布清前期禁教时没收的教产统统发还教会和奉教之人。从此，传教士就刮起了"给还旧址"的风潮。不仅北京的北堂、南堂得以归还，就是广州、湖北等地，许多教产当年教士已作价卖给了中国平民，100多年间已多次转手，房主又花钱多次修葺的房产，教士也强行索要，中国平民敢怒而不敢言。同时各国传教士又根据中法《北京条约》中"任法国传教士在各省租买田地，建造自便"的条款，利用索得的赔款，掀起了一股强买房地产的恶潮。他们倚仗权势，压价强买，甚至强要恶索，盗买盗卖，强迫捐献的事也经常发生。另外一些传教士，利用手中特权，大量攫取黄金、白银、古玩、文物。这一时期，中国大量文物典籍流落海外，许多传教士靠倒卖文物发了横财。传教士的行为使在西方列强经济侵略重压下不堪其苦的中国人民更是雪上加霜。

网罗无赖，横行乡里 基督教扩大在华传播，一个重要任务就是扩大教徒队伍。当时入教的人不乏虔诚信仰者，但所谓"吃教"、"恃教"者也大有人在。一些衣食无着的人为吃顿免费馍馍入教倒也情有可原，而地方上一些恶绅、富贾、地痞、流氓为逃赋漏税，寻求庇护而麇集教门，倚仗教会势力，抢田霸产，奸淫妇女，走私贩毒，欺压平民。外国传教士对中国教民的种种劣行不仅视而不见，而且鼓励他们冲撞官府，寻衅滋事，以打击中国官员的威风，扩大教会的影响。凡此种种，无不增加广大人民群众对教会的敌视。

包揽讼词，干涉司法 由于有不平等条约和列强在华军政势力撑腰，外国传教士竟有干涉中国司法的权力。清政府总理衙门1896年初颁发了一个《地方官接待教士事宜》的文件，规定："总主教、主教品位与督抚同级。摄位司铎、大司铎与司道同级。司铎与府厅州县同级。教务纠纷发生时，应由教中品秩相当的教士与同级的中国官员，转请外国公使或领事会同解决。"这无疑是把中国的司法大权拱手让给了传教士，所以，近代以来传教士包揽讼词，包庇教徒的事件频频发生。不论是非曲直，只要教士"具片送州，包定输赢"。于是一些心术不正的人，为打官司而入教，使地方上一些人戏称天主教为"打官司教"。许多教案皆因教士包庇恶棍而发生。曾国藩在同治九年（1870）的一道奏折中讲："凡教中犯案，教士不问是非，曲庇教民；领事不问是非，曲庇教士。遇有民教争斗，平民恒曲，教民恒胜。教民势焰愈横，平民愤郁愈甚。郁极必发，则聚众而群思一逞。"曾国藩对教案起因的分析还是符合实际的。教士干涉中国司法权，不仅平民怨愤，各级官吏也极为不满。

善业不善，恶名远扬 基督教各团体在中国开医院，办育婴堂，办学校，本为扩大教会影响的善举，但有的教会医院把中国贫民当试验品致伤致残；有的教会学校虐待学童；有的育婴堂内虐待婴儿致死的事件屡屡发生。如1868年扬州育婴堂发现被虐待致死的婴儿40多个。1891年无锡天主堂发现婴儿尸体200余具。1891年丹阳天主堂发现腐烂婴儿尸体70余具。这些事例被传成育婴堂对童男童女"剖心剜眼用来配药"等耸人听闻的消息，在中国人民反教情绪上火上浇油。

文化冲突也是近代教案的原因之一 中国士民本来有自己的宗教和文化。基督教以其强烈的排他性，强迫信徒放弃原有的信仰和习俗，自然会伤害广大民众的情感。中国在长期半封闭文化环境中形成的"尊夏贱夷"的民族观念，也容易滋生一种盲目排外的社会心态。特别是在近代社会历史条件下，中国人民尚不认识帝国主义经济侵略、文化侵略的本质，于是他们自然地把战争赔款、农村破产等等苦难账算在一切外国人，特别是他们能够直接接触到的外国人——传教士的身上。反对帝国主义侵略的合理要求与盲目排外的冲动情绪搅和在一起，促使教案事件频繁发生。

中国近代教案事件发生次数之多，性质之复杂，冲突之激烈，世所罕见。近代教案基本上可以分成两个时期。1860年以前为早期，主要有1848

年福州黄竹岐民教斗殴案、1848年青浦教案、1851年定海教案以及引发第二次鸦片战争的1856年广西西林教案。早期教案一般规模小，影响也不大。1861—1900年则是一个教案多发期，其中规模及影响较大的有：1861—1862年的贵阳教案、1861—1862年的南昌教案、1869年的安庆教案、1870年的天津教案、1876年安徽宁国两次教案、1886年第二次重庆教案、1886年第一次大足教案、1890年第二次大足教案、1891年芜湖教案、1891年宜昌教案、1891年辽东热河教案、1895年成都教案、1897年山东巨野教案、1898年第三次四川大足教案、1898年山东冠县梨园屯教案。教案发生的导因不尽相同，但基本上都是由于教士的不法行为引起的。软弱的清政府不敢和西方列强交涉，迫使积愤已久的民众采用暴力手段进行仇杀。有时群众背后还有各级官吏的暗中纵容或支持。于是每每酿成殴伤、杀死外国传教士及教民，捣毁或焚烧教堂的涉外事件。每一次教案的结局，又都是清政府迫于列强的压力，惩处参与教案的官员和民众，向洋人赔礼道歉，支付巨额赔款而告终。如此处理教案的结果便是教民气焰愈张，群众反抗情绪愈长；教案风潮遂一浪高过一浪，并最终酿成了震惊世界的义和团运动。

义和团运动虽导致八国联军侵华战争，给中国人民带来了极大的苦难，但也使中国人民加深了对帝国主义的认识，提高了民族觉悟。在宗教方面，义和团运动唤醒了一部分有民族自尊心的中国教徒。1906年，俞国桢等基督教上层人士在上海发起组织了"中国耶稣教自立会"，宣布该会的宗旨为："凡事不假外人之力，俾教案消弥，教旨普传，及调和民教，维持公益，开通民智，保全教会名誉，国家体面为目的。"（《中外日报》1906）这一宣言带动了基督内部爱国自立运动的兴起，全国不少地区教徒群起响应，引起了帝国主义分子的恐慌。不过在中外反动势力的压力下，这一爱国运动不久便销声匿迹了。1919年，天津的一些天主教青年教徒成立了"公教救国团"，号召教内同胞"奋发风云，誓保国土，……为全国之一助。"（天津《益世报》1919年6月11日）这些事实说明，广大有良知的中国教徒已经站到了中国人民大众一边。另一方面，义和团运动也迫使外国传教士放弃狂妄、偏执的传教政策，重新考虑中国人民的宗教情感和文化结构。1919 年，罗马教廷的教皇本笃十五世批准天主教重新进行"天主教中国化运动"。这个运动力图使天主教教义儒学化，他们说："耶稣圣教与中国儒学虽各迥别，道本同源，皆存心养性之学，非诡假怪异之言。"（《教会新报》创刊号"总述"）这样从明清之际开始的"礼仪之争"总算有了一个总结，传教士终于认识到，一种外来文化必须与本土文化相结合才能生根开花。天主教还大力培养中国神职人员，以适应在中国传教活动的需要。正是由于教会发生了这样的变化，义和团运动以后，教案事件大幅度减少，传教事业相对顺利。

五　教会对西方文化的传播

基督教是在近代一种非常复杂的历史背景下传播的，因而其对中华文明进程的影响也是多方面的。在人民群众与封建主义的矛盾中，基督教在传教过程中所传播的一些西方科学文化知识，对中华文明的促进作用也是不可抹杀的。

开办大量新式学堂，介绍西方先进的科学文化知识　近代传教士继承了明清之际先驱的衣钵，仍用先进的科学知识作为吸引教徒的重要手段，而开办新式学堂则是他们超过前辈之处。如 1839 年开办的"马礼逊学堂"，1844 年开办的"宁波女子学塾"，成为中国早期现代教育的雏形。以后，天主教开办了山西大学、北京辅仁大学、上海震旦大学、天津商学院，基督新教开的燕京大学、山东齐鲁大学、上海圣约翰大学、南京金陵大学等，是中国最早的一批高等学府，传播了近代科学。

传播西方新思想，输入自由、平等、民主新观念　如裨治文撰《阿美利加合众国志》，对美国的民主和宪法精神有所阐述。丁韪良译《万国公法》，分送清廷府道官员。李提摩太主张变法，对康、梁有所启发，基督教中包含的原始平等观念，鼓动了太平天国农民起义。基督教在反对巫术迷信方面也有积极意义。基督教提倡一夫一妻，男女平等，婚姻自由，对中国千年的纳妾陋习和重男轻女观念也是一个重大冲击。

推动了新闻出版事业的发展　传教士译《圣经》，写介绍基督教原理的著作，编辞典，办报纸，在客观上推动了中国新闻出版事业的发展。

1832 年，裨治文创办的《中国时报》和郭实腊创办的《东西洋考每月统记传》是教会在华所办最早的报纸，从而带动了中国人办报出书的兴趣。

发展西式医疗事业　传教士把医疗视为"福音的婢女"，认为医生在治疗中国人肉体伤病时，最容易把宗教精神注入他们的心灵。自 1834 年伯驾开办第一所医院以后，教会相继开办了不少医院，协和医院就是其中最著名的。

促进慈善福利事业的发展　传教士一向把兴办慈善事业作为吸引教徒的重要手段，如办育婴堂、孤儿院、育童学校、聋哑学校，以戒烟禁赌、改造妓女为目的的改良会、济良会、拒毒会、道德会、养真社等。在大灾荒时，还曾由教会出面组织"中国赈灾委员会"。他们的这些活动虽然不能解决中国社会的根本矛盾，但还是具有积极作用的。

第六节　民间宗教与秘密会社

清代后期民间宗教继续成为民众反清起义的旗帜，但有新的特点：一是与清末席卷全国的大规模革命运动如太平天国、捻军、辛亥革命运动相配合，不再是地区性的孤立的运动；二是从反清发展到反洋，具有了反对外国侵略的新内容；三是发展到清末，与孙中山领导的民主革命运动相衔接，产生了全新的时代意义。

一　八卦教的后期演变及其与农民运动的关系

八卦教在经过嘉庆、道光两朝血腥镇压之后，从形式上说不再像前期那样轰轰烈烈，似乎在社会舞台上消失了，其实它并没有被消灭，仍有顽强的生命力，改头换面，作为其他名义的农民反清斗争的成员，发挥着它的积极作用。

19 世纪 50 年代起，爆发捻军起义，在直、鲁、豫三省纵横驰骋，重要原因是有八卦教的呼应和支持。捻军的鲁西北军队，即"邱莘教军"的军事组织以五旗为建制，五旗分别为白旗、黄旗、绿旗、红旗、黑旗，显然是受到了传统五行观念的影响。而其基本队伍是八卦教徒，故五旗又与八卦相配，乾、兑两卦配白旗，坤、艮两卦配黄旗，震、巽两卦配绿旗，离卦配红旗，坎卦配黑旗。据《山东军兴纪略》载，清军于咸丰十一年（1861）获细作，获知捻军首领习天龙八卦教，"习乾兑者，从世钦、程顺书、安兴儿、安喜儿、石天雨等，张白旗；习坤艮者，张善继、张玉怀、张殿甲、孙全仁等，张黄旗；习震巽者，杨太、杨福龄等，张大绿旗，雷凤鸣、王振南等张小绿旗；习离卦者，邰老文、苏洛坤、穆显荣、显贵、张桐、张宗孔等，张红旗；习坎卦者，先张兰旗之左临明，后与姚泰来、宋景诗、朱登峰、杜慎修等，张黑旗；花旗杨朋岑、杨朋山、杨朋海不知习何卦。"旗下以甲乙丙丁戊己庚辛壬癸方色为营名。各旗军以黄旗为贵，张善继为总头目。这些名目都与八卦教教义相合。后来在清兵打击下，黑旗军头目宋景诗投降、黄旗头目张善继被捕处死，邱莘教军遂遭瓦解，而离卦红旗头领邰洛文拒受招降，邰是离卦早期掌教邰云龙之后。与山东起事之同起，另一邰氏家族成员邰永清，作为河南商丘金楼寨离卦总头目，联络捻军，起兵造反，同治初，兵败死难。

义和团初称义和拳，有人认为是白莲教之一脉，是八卦教中离卦一门；有人认为两者互不相干，甚至互相对立。多数学者认为，两者虽渊源不同，但互有影响，这是符合历史实际的。早在清中叶，清水教中就流传八卦拳、义和拳。清水教失败，八卦拳的名目消匿，义和拳的名目广为流行。八卦教的多次武装斗争都有义和拳的成员参加。当然也有少数义和拳成员被清廷收买，出来反对八卦教造反。

光绪年间，八卦教教徒李向善在五台山南山寺落发为僧，法号普济，他交结四方，广罗门徒，建立九宫道，其教徒遍布华北及东三省，离卦邰姓子孙也隶属其门下。普济死后，全国教徒集资在龙泉寺修建弥勒塔和石雕牌楼，以资纪念。九宫道依托佛门而大为兴盛，实则是八卦教的变态。其他圣贤道、先天道、在礼教、秘密还乡道等，皆是八卦教的流行。（以上据马西沙《清代八卦教》）

二　天地会、哥老会与太平军、辛亥革命

天地会是带有民间宗教色彩的民间秘密结社。嘉庆以后传至江西、广

西、两湖、浙江、贵州等省，又传至南洋华侨地区，成为清代后期江南最大的反清秘密组织。天地会名目繁多，其最流行的称呼是"洪门"和"三合会"。

天地会拜天为父，拜地为母，日为兄，月为妹，复拜五祖及始祖万云龙等与洪家之全神灵。以甲寅七月二十五日丑刻为生时。凡昔二京十三省，当一心同体。入会者要宣誓，并遵守一系列戒禁，大致内容是：忠心义气，孝顺父母，和睦乡党，兄弟一家，患难相助，报仇灭清，信实为本，自己犯事，身当身抵，不得扳连、诈骗背盟、奸淫掳掠等。继承了传统天神崇拜的宗教观念，把它改造成为一种与官方宗教对立的异端宗教。该会具有创始人和教主，也是宗教团体的特点。总的说，天地会内部等级不如民间宗教森严，互称大哥，以兄弟相待，形成淡化了宗教观念的游民组织。

天地会于道光年间反抗活动增多。如道光十六年（1836），湖南新宁蓝正樽起兵，习教传徒，聚众数千，攻武冈州城。此后十余年，湖南天地会屡起义兵，如道光二十年，武冈曾如炷、耒阳杨大鹏起事，道光二十七年雷再浩、李沅发起于新宁，黄三起于道州，攻城杀官，皆蓝正樽之余流，而成为太平天国运动之先声。咸丰元年（1851），洪秀全于广西金田发动起义。湖南天地会成员焦亮，在广东与天地会首领张天佐（改名赤松子）、李丹相结，立老万山堂，自己改名洪大全，又名朱九涛，自称太平王，李丹称平地王，张天佐称徐先生，借天地会势力在广东发动反清斗争，以天德皇帝相号召，凡义军布告，皆署"天德某年"。粤省天地会拥有数十万众，在太平天国起义直接影响下，何六、陈开、李文茂、陈金红、陈显良等开展反清斗争，义军贯东北西三江，分布数十州县，攻城十余座，坚持十余年。两广总督叶名琛残酷加以镇压，杀戮天地会10余万人。洪秀全初与洪大全的天地会联合，但洪秀全与冯云山既在宗教信仰上与洪大全甚有差异，又在政治纲领上有重大不同。他们与洪大全貌合神离。1852年，洪大全被清军俘获处死，他手下的天地会会徒，一部分离散，一部分加入拜上帝会，成为太平军的重要力量，如罗大纲、林凤祥、李开芳辈，还有部分投降清廷，成为清军健将，如张国梁、刘永福、张钊、田芳。又有上海天地会分支小刀会首领刘丽川（粤人）、陈阿达（闽人），于咸丰三年

（1853）九月率众袭上海县署起义，哥老会亦天地会之分支，会首称大爷、二爷、五爷，互称"袍哥"，以兄弟义气为箴言，以反清复明为宗旨，会员旧军人居多，按仁义礼智信分为五门，各有门主统帅。孙中山领导的辛亥革命，初甚借帮会力量，尤倚重于天地会和哥老会。孙中山、郑士良皆洪门中人。孙中山的兴中会，黄兴、马福益之华兴会，陶成章、沈英、张恭之龙华会，皆以天地会、哥老会为起义的群体力量。传统的民间组织，构成了资产阶级民主革命的一支力量。

三　义和团运动与民间宗教信仰

明清的民间宗教，除宗教祭祀活动外，都有练功健身的传统，文练气功，武练打斗；义和拳的练拳实际上也是民间宗教组织进行的活动，不过是忌讳教名，有意突出拳术以防官府查禁而已。从现有资料看，义和拳直接源于八卦教，故以八卦分拳门。罗惇义《拳变余闻》说："河间府景州献县，乾字拳先发，坎字继之。坎字拳蔓延于沧州静海间，白沟河之张德成为之魁，设坛于静海属之独流镇，称天下第一坛，遂为天津之祸。乾字拳由景州蔓延于深州冀州而涞水，而定兴固安，以入京师。"又云：坎字拳为林清之余孽，乾字拳为离卦教郜生文之余孽，震字拳乃山东王中之后。义和拳是八卦教的余绪，故按卦门活动，组织分散，又能同声相和、同气相应。

但义和拳已经不是严格意义上的八卦教，它不再讲三阳劫变、真空家乡、无生父母，它的信仰庞杂多端，而多来自神话传说和明清小说，形成新的特点；它的宗教活动紧密配合拳术，以神咒成其金钟罩之神功。《拳变余闻》录其咒祷之词，有云："请请志心归命体，奉请龙王三太子、马朝师、马继朝师、天光老师、地光老师、日光老师、长棍老师、短棍老师。"又云："天灵灵，地灵灵，奉请祖师来显灵，一请唐僧猪八戒，二请沙僧孙悟空，三请二郎来显圣，四请马超黄汉升，五请济颠我佛祖，六请江湖柳树精，七请飞镖黄三太，八请前朝冷于冰，九请华佗来治病，十请托塔天王金吒木吒哪吒三太子，率领天上十万神兵。"（转引自《清代通史》）其神还有洪钧老祖、黎山老母、关帝、赵子龙、周仓等。民间的多神崇拜演变而为小说传说，小说传说反过来又推动了民间信仰的发展，文学在宗教史上有如此重要的作用，实为中国俗文化的一大特色。义和拳的神术有两种：浑功百日，可避枪炮；清功四百日，能飞升成仙。设神坛，建组织，练队伍，用宗教的形式来发展自己的势力。临阵佩小黄纸画像，书："云凉佛前心，玄火佛后心"，诵咒："左青龙，右白虎，云凉佛前心，玄火佛后心，先请天王将，后请黑煞神"，又诵："北方洞门开，洞中请出铁佛来，铁佛坐在铁莲台，铁盔铁甲铁壁塞，闭住炮火不能来"，认为如此做即可刀枪不入。从八卦教到义和拳，宗教信仰的变化是由历史使命的改变引起的；八卦教在清前期主要任务是抗清反清，义和拳在清后期主要任务是抗洋反洋，故其信仰虽杂，而渐向正统宗教的内容靠近。其最高神灵是玉皇大帝，谓扶清灭洋乃天意所使。北京义和拳有一告示，托玉帝口气号召徒众："我乃玉皇大帝下凡，知尔等之心甚诚"，"祸患之来，实自洋鬼"，"我将率领群圣群神，亲自下凡，凡义和拳所在之区，必有神明暗助"，"义和拳成熟之日，即洋鬼灭亡之时，天神之意，以为电线宜割断，铁路宜拆毁，洋鬼宜斩首"，"我此时命尔等正直之团民，宜万众一心，歼灭洋鬼，以平天怒"。天津义和团首领曹福田亦谓："吾奉玉帝敕，命率天兵天将，尽歼洋人，吾何敢悖敕命？"（以上转引自《清代通史》）可知义和拳是借重于传统信仰的，拳民的勇敢精神虽主要激发于反抗帝国主义的侵略压迫，亦和他们相信天意、虔信神力相助有关，故自称为"天神天将义和神团"。义和团纪律严明，入团立誓，绝不能破坏戒条，因为犯戒就会"符咒不灵，神不附体，不能避枪炮"。更有妇女组织，幼女团称"红灯照"，老妇团称"黑灯照"，成妇团称"蓝灯照"，孀妇团称"青灯照"，练轻功，谓能呼风助火，在神光的笼罩下，表现出中国妇女的政治热情。从消极方面说，宗教信仰与盲目排外仇外的情绪结合在一起，也使义和团看不清帝国主义与清廷暗中勾结，在本质上一致的道理；在一定程度上做了慈禧太后阴险政策的牺牲品；再者太相信神术的威力，只一味盲目地进攻，不能冷静地分析敌我力量对比，不懂得讲究策略和更好地保存自己、更有效地打击敌人，这是一种愚昧的勇敢，遂造成过大的人员伤亡，牺牲了不少宝贵的生命，这也是深刻的教训。

四 真空教、斋教、一贯道

清代后期，原有的民间宗教众多教派互相融合，有的消散，有的与会党合流，也有新教门出现。除八卦教外，再举3个教门作简要介绍。

真空教 又称空道教，创始人廖帝聘，江西寻邬人，生于道光七年（1827），卒于光绪十九年（1893），被教徒尊为真空祖师。廖氏幼年即攻读四书五经，又兼习佛、道二教典籍，文化层次较高。咸丰中拜刘必发为师，读罗教宝卷五部六册。在吸收罗教并容纳儒、佛、道三家的基础上，于1862年（同治元年）创真空教，并在江西各地传播。他著有4部经卷：《首本宝卷》、《无相经卷》、《三教经卷》、《报恩经卷》，阐述真空教教义。他把世界本原归为"无极"、"真空"，人们应当通过修行，复本还原，归一归空，便能得到解脱。其教义杂有儒、佛、道与罗教的思想内容，其信奉的诸神有无极圣祖、释迦牟尼、弥勒、达摩、观音、孔子、孟子、老君、盘古、阎王等，廖帝聘作为真空祖师亦受到教徒膜拜。其时鸦片传入中国，江西地近广东，深受其害。真空教依据普度众生的宗旨，为人戒烟治病，其方法是："只须真心跪拜，向空静坐，接清化浊，其瘾自脱，其病自廖。"采用宗教的形式，进行精神心理的治疗，故颇有效果。这是真空教的特点，也是它的主要贡献。后来官府以邪教罪名逮捕廖帝聘，他在狱中病死。其后真空教仍继续流行，又流传到广东、福建和东南亚华侨之中。（参考喻松青《明清白莲教研究》）

江南斋教 即青莲教，道光间最为活跃。同治、光绪年间，斋教武装反清运动时有发生。同治五年（1866）二月，福建崇安与江西封禁山一带，数百名斋教教徒杀入崇安县，头裹白巾、红巾、绿巾，手持刀戈及书有"天国普有"的旗帜，后又攻入建阳县，终为左宗棠部所破。光绪十七年（1891），广西上林、宾州斋教组织起义，由于事泄而失败。斋教的部分支派于咸丰、同治中与天地会合流，从原来设立经堂，诵读经书，习念咒语法术，吃斋拜佛，转而歃血盟誓，结拜兄弟，异姓相交，意气用事，减少了宗教性，具有了更多的会社性。咸丰元年（1851），给事中黄兆麟奏称："现闻衡、永、宝三府，郴、桂两州所属地方及长沙之安化、湘潭、浏阳等县，到处教匪充斥，有红薄教、黑薄教、结草教、捆柴教等名目"，"又有斋匪，名曰青教，名目虽分，其教实合，皆以四川峨眉山会首万云龙为总头目，所居之处有忠义堂名号。其传徒皆有度牒，以布为之，上书'关口渡牌牒'五字，盖印'保和宝堂'图记。"尊万云龙和设忠义堂皆是天地会、哥老会的特征，故此时湖南斋教实已并入会党。同治五年（1866），湖北钟祥县仇光耀、李锦等设立斋教，入会者均视作骨肉，以手足呼之，同治九年，闽赣交界处斋教"结拜兄弟"，其实质皆已转化为会党。

一贯道 同治年间，在鲁、豫、苏、皖、鄂数省，兴起一个新的民间宗教教门，叫末后一著教，即一贯道，创始人和教主是山东青州人王觉一。据一贯道经书记载，王觉一道号北海老人，前为东震堂之师祖，其师为西乾堂祖师，则王与八卦教乾、震两卦有关，可能是震卦王姓之后，故称东震堂以示继承震卦事业。一贯道把王觉一称为该道第十五代祖师，而把道统上溯到盘古、太昊、黄帝，遂以达摩为初祖，下接禅宗和罗教的祖师，这是许多宗教教派喜欢做的事，即杜撰道谱，以张大教门。我们只可以说一贯道来源于佛教和罗教，又与大乘教和青莲教有直接关系，但真正创教人还是王觉一。王觉一自称是古佛降生，手掌有古佛字纹，故人称王古佛。王觉一将该教门称为"末后一著教"，是缘于《古佛天真考证龙华宝卷》，该卷说："古佛出世，设立宗门，有凡有圣，有修有证"，"置立为起，收源为落，一字为宗，大乘为法，圆顿为教，古佛法门，末后一着，千门万户，尽皈佛门"，讲的是龙华三会，末劫将至之时，古佛最后一次普度众生。又称该教为一贯道（初为一贯教）是起于孔子之言："吾道一以贯之"，但据王著《一贯探源图说》，王觉一要一以贯之的并非仅限于孔子的忠恕之道，而是要贯通儒、佛、道三教，使其归于一。王觉一著《三易探源》、《学庸圣解》、《一贯探源》、《圆明范格》等书，阐述三教一贯之旨，以穷理尽性以至于命为修道要义；宣扬末劫来临，入教修持可以免劫；又修炼内丹气功，教弟子炼精化气；还喜谈易理、天象，讲论灾劫、异术、相数，多作宗教预言；又供奉无极、太极、皇极三图，授徒众诸佛诸祖咒语，总之，一贯道建立之初其教义就庞杂多色，而其基本格调不出民间宗教的藩篱。一贯道教门内存完整的教阶制度，等级森严，据曾国荃奏折称：

"王觉一说伊教有九品名目：一品众生，二品天恩，三品正恩，四品引恩，五品保恩，六品顶行，七品十果，八品十地，九品莲台。"这是吸收了青莲教的教阶而有所发展。王觉一称太老师，其子王继太称大老班，大徒弟刘至刚称老师，初入教者皆不得见此三人之面。王觉一父子有强烈反清意识，心怀取彼而代之的抱负，从光绪八年（1882）起即在江苏、湖广一带组织抗清暴动。据光绪九年一贯道徒徐金洪被捕后的供词，王觉一利用江南天灾甚大，与道徒约期起事，以徐金洪为江南总头目，吴玉山为先行，万老四为参军，有方印，有"重整三教，编选道统"八字，用钤印旗帜，后计划流产。后来王觉一父子等至汉口，招收徒弟，皆拜一贯图，不设神道偶像，确定武昌、汉口举事总指挥为熊定幅，王觉一回到扬州。起事被发觉而失败，王继太等被杀，王觉一避匿，于光绪十年死在天津杨柳青。一贯道在民国以后成员日趋复杂，社会作用有相当大的消极面，但在清末却是一个反抗清朝暴政的民间宗教教派。（参考马西沙《清代八卦教》）

第十一章　民国时期的宗教

第一节　概述

辛亥革命到1949年中华人民共和国成立以前，时间不长的40余年里，中国社会发生了自秦汉帝国以来最大的变局，漫长的君主专制制度被推翻，与帝制相联系的官僚体制、礼乐仪轨、明经科举皆被废止，社会政治、经济、文化发生剧烈变动，中国开始了由中世纪社会向现代社会的过渡。

在宗教领域，由于帝制的覆灭和宗法等级社会的解体，紧密依附于宗法等级制度的国家宗教祭祀制度也随之坍塌，象征皇权尊严的神权不复存在，天坛、地坛、太庙、社稷以及日、月、先农等国家宗教祭祀大典一概废止，只留下雄伟壮丽的神坛供后人凭吊。不过，传统的国家民族宗教既有政治性，也有民族性和习俗性，它的政治因素容易改变，信仰因素则会长久延续。尊天敬祖的观念依然根深蒂固，敬祖祭祖的风气盛行如昔，只在仪礼上稍有变通。地方性的庙宇，无论是前清祀典中所列入的，还是被看作淫祠的，依然遍布城乡各个角落，成为一般民众获取精神安慰的处所。

佛教和道教由于缺乏以前皇权那样有力的支持和保护而更加衰微，战争的破坏、民生的凋敝，使许多寺院道观萧条废毁。其中道教更由于与正统祭祀接近、与世俗鬼神崇拜交织而受到革命运动的冲击，部分道观改作他用，政治地位受到限制，道教神学受到进步人士的批判，其情景有如日薄西山，不复有大教气象。然而佛、道二教仍有其深厚的传统和新时期的转机，出现一些文化素质高又有现代眼光的宗教学问家，如佛教的太虚、圆瑛，道教的陈撄宁，着手宗教的整顿与改革，使之适应现代社会生活。

伊斯兰教由于与若干少数民族文化相结合而获得持续的稳定性。摆脱了清廷的高压政策，并受到革命思潮的鼓舞，穆斯林出现了一股蓬勃向上的力量，改革与参与意识普遍增强，一些有宗教学识和现代头脑的学者，掀起一场伊斯兰新文化运动，取得显著成效。

基督教（包括天主教与新教）随着西方国家势力在中国的扩张和西方文化在中国的发展而有较快的增长；来华教士和教派组织增多；中国教徒人数增加很快；基督教的文化事业包括教育、医疗、报刊、救济等活动空前活跃，既扩大了西方的影响，培养出一批具有亲西方意识的知识分子，又传播了世界的新思想新科学，培养出不少学有专长的高级人才，他们中许多人走上了爱国反帝的道路，为振兴中华做出了杰出贡献。

第二节　佛教的"复兴"与改良运动

一　开始向现代宗教形态过渡的佛教

清朝后期，由于僧教僧团窳败，佛教理论缺少发展，致使僧尼素质低下。再加上太平天国起义对江南名刹的严重破坏，"庙产兴学"运动的强烈冲击，佛教事业更趋衰落。幸赖教外杨文会等一批著名居士收集、刊刻经典，兴办学校，培养人才，使佛学在清末又出现了"生机"。1911年辛亥革命推翻了清王朝，结束帝制，建立民国，万象更新，佛教事业也开始"复兴"。民国初年的佛教复兴运动的重要特征是：佛教在思想理论上、组织结构上、社会活动形式上都开始向现代宗教转化。

（一）佛教组织的现代化努力

在漫长的封建社会中，中国佛教僧团逐渐形成了以寺院经济为基础，以宗谱法系为网络的丛林制度。在这种旧式宗教制度之下，佛门宗派林立，时常出现相互攻讦、争夺财产、彼此倾轧的现象，严重阻碍了佛教的进一步发展，也成为士民攻击佛教的重要口实。故民国诞生之初，即有一批著名的僧侣、居士试图建立现代方式的宗教组织。1912年初，欧阳渐、李证纲、邱晞等居士发起组织了中国近代史上第一个现代佛教组织"中国佛教会"，并拜谒临时大总统孙中山，得到政府的认可。该会在南京设立办事处，创立月刊，主张佛教徒不论在家、出家，应以能行为上。他们指责寺院僧尼争寺产、讲应赴、收金钱的腐败行为，引起了江浙各寺僧人的一致反对。欧阳渐的同学太虚一面反驳"中国佛教会"的主张，一面又与仁山等人在南京毗庐寺组织了"佛教协进会"与之抗衡。他们也面谒孙中山，得其赞许。该会以教理、教制、教产三大革命为号召。在教理上主张清除2000年来人们附会在佛教上的鬼神迷信内容，反对探讨死后世界，提倡人间佛教，解决现实问题。在教制上反对政教合一，反对佛教依附政权，主张建立独立的佛教协会管理全国教务。在教产上反对宗派将庙产视为私有，主张寺产属全体僧尼共有，应集中起来办教育和慈善事业。太虚的宗教改革思想也遭到守旧僧尼的反对，佛教协进会很快就解散了。另有扬州谢无量办"佛教大同会"，该会提倡佛、道合一，建立中国统一的宗教组织。上述三会虽然有很大分歧，但要求佛教改革的倾向却是一致的。有鉴于此，江浙诸山的长老请敬安和尚出面，组织统一的横向联合的"中国佛教总会"，并商请欧阳渐、谢无量取消他们的组织。中国佛教总会于1912年4月在上海留云寺成立，提出了"保护寺产，振兴佛教"的口号，并得到南京临时政府的同意，下设20个省支部和400余个县支部。一个现代宗教组织粗具雏形。

然而，在军阀混战的社会环境中，佛教组织的发展亦非一帆风顺。1915年，北洋政府邀请南北高僧到北京讲经，由杨度、孙毓筠、严复等人主持。由于当时袁世凯称帝野心已经暴露，月霞等高僧不愿做帝制的装饰品，愤然离京。袁世凯对此极为不满，于该年10月颁布《管理寺庙条令》，明令取消中国佛教总会。抗日战争爆发后，佛教组织受到了极大的破坏。1943年在四川召开监、理事会议，选举太虚为理事长，恢复佛教会的活动。同年，太虚代表佛教，与天主教的于斌、基督新教的冯玉祥、伊斯兰教的白崇禧共同组织了中国宗教徒联谊会，把宗教徒的社会联合扩及各教。1947年3月，在南京召开了中国佛教徒第一次全国代表大会，成立中国佛教总会，选举章嘉呼图克图为理事长。

民国期间建立的各种佛教会，完全不同于法系相承的宗派，也不同于政府组建的僧司，而是教徒自己推选产生的宗教管理组织。它在很大程度上剔除了传统宗教组织的封建性、宗法性和地方性，在政教分离的原则下推动佛教正常发展。然而需要指出的是，这种现代宗教组织作用是有限的，一方面是由于民国时期动乱的社会形势，另一方面，太虚等人推动的佛教改革运动遭到了教内保守派僧侣的激烈反对。所以，佛教复兴运动的成果也不像教内某些人士宣传的那样大。

（二）佛教活动的现代化努力

民国时期佛教保持了明、清以来逐渐形成的各种礼仪、活动，如瑜伽焰口（施饿鬼）、梁皇忏、慈悲水忏、金刚忏、大悲忏、佛祖诞辰日、成道日、盂兰盆节等。除此之外，佛教又搞了许多新式宗教活动。

其一，大力兴办佛教学校，用新式方法培养佛学人才。杨文会的弟子们继承了祇洹精舍的僧侣教育精神，将佛教教育事业进一步发扬光大。1914年，金山寺月霞在上海创办华严大学，为中国第一所佛教大学。1919年，谛闲在宁波观宗寺创办观宗讲舍。五四运动后，太虚相继创办了武昌佛学院、厦门闽南佛学院、北京柏林教理院、重庆汉藏教理院，培养了大批僧才。1921年，韩清净在北京创办"三时学会"，以阐扬法相唯识学为宗旨，培养了一批唯识学研究人才。1922年，欧阳渐在南京创办支那内学院，按新式教育方式分科授学，培养了大批佛学研究人才。1924年，大勇从日本学习密宗归国后，在北京创办佛教藏文学院，并组织学生赴藏学习，使东密、西密在汉地都有人研习。

其二，整理出版佛教典籍，发行佛学刊物，用现代传播媒介弘扬佛教。1909年，中国僧人出版了第一部铅印大藏经《频伽藏》。1923年，上海净业社影印发行了日本的《卍字续藏》。1930年，西安卧龙寺和开元寺发现了宋代碛砂版藏经，1931年，由商务印书馆影印发行，共500余部。单版少量印行的佛教经典更是不可计数。除此以外，僧侣还主办了多种佛学刊物宣传佛教思想。如1912年，濮一乘、狄楚卿在上海发行《佛学丛报》，1913年，佛教总会由太虚主办会刊《佛学月报》。以后佛教刊物日多，其中最著名的是太虚于1920年创办的《潮音》，不仅内容丰富，发行量大，而且持续时间最长（至今仍在台湾地区发行）。佛教文化运动的复兴，扩大了佛教的社会影响。

其三，举办各类公益慈善事业。中国佛教一向以慈悲为怀，在古代便有施食、悲田养病坊、客舍等社会慈善设施。不过当时的慈善事业以寺院为单位，规模较小，而且无长远计划。近代以来受基督教的影响，开始进行各种社会化的慈善公益事业。如圆瑛法师于1918年在宁波创办佛教孤儿院，以后又相继开办孤儿院、学校多所，收容、养育孤儿千余名。募捐赈灾也是佛教徒开展的重要慈善活动。如1928年豫、陕、甘三省大旱，华北慈善团体联合会会长朱庆澜联络华北、上海等地的慈善团体，发起"三元钱救一命"的募捐运动，共得款百余万元。

其四，积极参加抗日救亡运动。九一八事变后，广大爱国宗教徒同全国人民一道，积极投身于抗日救亡运动之中。佛教界的著名高僧、居士，纷纷发表声明、通电，揭露日本帝国主义的真面目，号召全国僧尼奋起抵抗。如欧阳渐大声疾呼："国将亡，族将灭，种将绝，痛之不胜，不得不大声疾呼，奔走呼号。"太虚于七七事变以后通电全国，呼吁全国教徒"奋勇护国"，"练习后防工作"。连平日宣称绝不与闻国事的弘一法师也广泛宣传："念佛不忘救国，救国不忘念佛。"圆瑛组织了佛教会全国救护团，自任团长，训练青年僧侣，开展战场救护。上海抗战中僧侣救护队出动100余次，救护伤员8273人。"佛教医院"，由女尼担任看护。在淞沪战役期间，上海著名居士王一亭、中华佛教会主任秘书赵朴初等人，组织多个难民收容所，救济难民50余万。1940年，日本飞机轰炸重庆，僧侣奋勇救护，当时报刊号召"向和尚看齐"。

二 敦煌藏经洞的发现与敦煌学的兴起

1900年敦煌石室藏经洞的发现是近代佛教史上一件意义重大的事件，对于民国佛学研究有促进作用。

敦煌曾是古代西北重镇，地处丝绸之路的咽喉要道，宋代以前相当繁盛，一向是中西文化交汇的前哨站。从北凉开始，佛教徒便在敦煌城外三危山下开凿石窟，几代不绝。公元11世纪，党项人势力强大，建立西夏王朝，战火波及敦煌。估计是在一次僧人外出避难前，将寺中大量的经卷、文书、佛像、法器等存放在一洞窟的附窟中，外面用砖封固，并在砖上覆泥，绘上彩画，看不出任何痕迹。西夏之乱后，出逃的僧人再也没有返回，敦煌石室便成了一个无人知晓的千古之谜。明代以后，中西交通主要转向海路，敦煌成了一个闭塞的内陆小城而为人遗忘。1900年5月26日，湖北籍道士王圆箓带人清理洞窟积沙时，无意间发现了这个高1.6米、宽2.7米的石室，其中堆放写本经典、织绣、绘画、法器足有四五万件。没有文化的王道士并不了解其价值，只是将一些写本、佛像送给了敦煌知县汪宗翰。汪宗翰对此很感兴趣，又将一些画像、写本送与上司，从此敦煌遗书开始辗转流传于兰州、北京等地。当时任甘肃学台的叶昌炽长于金石、版本、校勘之学，他从汪宗翰手中得到部分写本后，认识到敦煌石室遗书的价值，于1902年曾建议甘肃藩台将这批宝贵文物转移到兰州保护，但甘肃政府因需耗银五六千两而未予批准，只是命令王道士就地看守。与麻木、腐朽的清政府官员恰成反比，西方探险家的嗅觉特别灵敏，纷纷涌入敦煌。王道士监守自盗，将大批宝贵文物廉价卖给了他们。1907年，英国人斯坦因第一次"买"走写本24箱、佛像5箱；1914年再次"买"走写本5箱，共1万余件。1908年，法国人伯希和拣选文书精品，掠走5000余件。1911年，日本人吉川小一郎又从王道士处"买"走600余件。俄国人、美国人也接踵而来，1924年，美国人华尔纳用特制的化学胶液，粘揭盗走莫高窟壁画26块，造成了重大破坏。从此，中国宝贵的文物流散世界各地。1909年伯希和回国途中，将一小部分敦煌文物在北京展览，这才引起中国学界和政府的注意。清政府迫于国人压力，拨款将剩余的8600余件文物移入京师图书馆内保存。移运途中又有部分散失，落入私人手中。1909年后，国内开始了"敦煌学"研究。罗振玉、王国维、蒋伯斧、陈寅恪等人成为第一代敦煌学研究者。

就佛学方面而言，佛教经典占全部文书的95%左右，具有极高的研究价值。如关于禅宗早期的历史，由于禅宗"不立文字"的传统，后人所知一直不详。在敦煌藏经中，发现署名达摩的著作即有十余种。敦煌卷子《四行论》长卷，是后人根据二祖慧可创作的歌谣小品编纂而成。《法宝记》是四祖道信的传记。《导凡趣圣悟解脱宗修心要论》是五祖弘忍的著作。玄颐所作《楞伽人物志》是现行净觉所作《楞伽师资记》的前身。北宗神秀所作《大乘无生方便门》、《大乘五方便门》，七祖神会所作《菩提达摩南宗定是非论》等，是记载禅宗"南能北秀"分化的重要史料。这批宝贵文献的发掘整理，填补了禅宗史研究的许多空白。这些佛教文献的出土，为佛学研究开辟了广阔的新领域。

三 佛教大师的活动与思想

从清末开始，佛教诸宗内部出现了一些较有思想的人，至民国初年，相继活动在社会舞台上，形成佛教"复兴"之势。其中敬安、月霞、谛闲、省元、印光等人已经在上一章介绍，现分别介绍稍后的一些大师。

（一）太虚

太虚法师是民国佛教改良运动的主要倡导者，在佛教史上占有举足轻重的地位。

太虚（1889—1947），俗姓吕，本名淦森，学名沛林，浙江崇德人。自幼务农，家境贫寒。16岁时在苏州木渎小九华寺出家，在宁波天童寺敬安法师处受具戒。以后游学于江、浙、粤等地，或听讲，或阅藏，佛识日深。1909年在南京祇洹精舍受教于杨文会，获益匪浅。青年时代的太虚思想活跃，不仅读佛教经典，还研读康有为、梁启超、章太炎、邹容等人关于社会改良和革命的著作，甚至读托尔斯泰、巴枯宁、蒲鲁东、克鲁泡特金以及马克思的著作，思想倾向社会主义。太虚结交革命党人朱执信，从事反清秘密活动。1911年广州起义失败，他因作《吊黄花岗》诗，为清廷追捕，由粤逃沪。1912年与僧人仁山共创佛教协进会，不久该会并入敬安为会长的中华佛教总会，太虚被任命为会刊《佛教月报》总编辑。同年敬安圆寂，他在追悼大会上提出了教理革命、教制革命和教产革命，建立新式僧伽制度的改良主张。1915年，太虚撰写《整理僧伽制度论》，全面阐述改革思想。因为改革思想损害了许多人的既得利益，而受到守旧的"丛林派"的强烈抵制，改革无法进行。但太虚毕生没有放弃自己的理想，并为之奋斗。

1918年与章太炎、蒋作宾、陈元白、张季直等人在上海成立觉社，宣传佛教思想。在《觉社丛书出版宣言》中他写道："当此事变繁剧，思潮复杂之世……惟宏佛法，顺佛心"，希望用佛教思想救国。1920 年 2 月，改《觉社》季刊为《海潮音》（即人海思潮之觉音），有广泛的社会影响。1920 年以后太虚开始了南北讲经，足迹遍于湘、鄂、皖、赣、陕、沪、京等地。1922 年后，他相继创办了武昌佛学院、闽南佛学院、北京柏林教理院、重庆汉藏教理院等佛学教育机构，为革新僧制培养人才，近代不少著名佛学研究者出自他的门下。太虚不仅在国内活动，为了宣传他的改革思想，他出访过日本、英国、德国、法国、美国，力图把佛教推向世界。抗日战争爆发后，太虚作为一名爱国僧人，忧心如焚。他在湖南、贵州、云南、四川等地演讲，号召佛教徒奋起抵抗日本帝国主义侵略。他发起组织了青年救国团和僧侣救护队，抢救伤员，为国出力。抗战期间，他曾率代表团出访缅甸、印度、锡兰等国，广泛宣传中国抗日救国的正义立场，争取国际援助，为民族解放事业做出了巨大贡献。1946 年元旦，国民政府授予他"胜利勋章"。1946 年太虚从重庆返回上海，先住静安寺，后住玉佛寺。1947 年 3 月 17 日因脑溢血逝世。上海 3000 余人参加了悼念活动，蒋介石亲赠"潮音永亮"的挽联，国民政府颁发"褒扬令"，备极哀荣。

太虚一生有巨大的社会影响，不仅因为他是一名积极的宗教活动家，也因为他是一名宗教理论家。他能够在佛教传统理论的基础上，适应时代，推陈出新。太虚一生著作宏富，后人收集为《太虚大师全书》，共四藏，二十编，700 余万言，太虚思想主要有如下几个方面。

（1）在佛学内部融会贯通空、有、性、相各宗各派不同体系的学说，以弘扬全部佛教思想为旨趣。他自称："本人在佛法中的意趣，则不欲专承一宗之徒裔。"（《新与融贯》，《全书》第 2 册，第 446 页）这其中不仅包括汉文体系的"宗乘融贯"，也包括汉、藏、梵、巴利文语系的"文系融贯"，他试图以此创造一种"世界佛教"，佛化全世界。自宋明以来，佛教内部就充满了禅、教融合的呼声，至太虚可谓达到了极致。

（2）佛学不但要自身融会贯通，还要吸收东西方各种优秀的文化成分，适应时代发展需要。他讲："根据佛法的常住真理，去适应时代的思想文化，洗除不合时代性的色彩，随时代以发扬佛法之教化功能。"（同上书，第 450 页）这种积极适应时代变化，努力促进佛教理论更新的尝试，使太虚超出了敬安、谛闲、月霞等名僧，成为新时代佛教的领袖人物。

（3）创立唯识论新体系。受杨文会的影响，太虚对唯识宗的理论深有研究。当时欧阳渐提出法相宗与唯识宗是二而非一的观点，太虚著文与之论辩。他指出："法相必宗唯识，唯识即摄法相。""法相示唯识之所现，而唯识所现即一切法相。"太虚一生著唯识学著作40余种，主要有：《深密纲要》、《辨中边论颂释》、《新的唯识论》、《唯识三十论讲录》、《法相唯识学概论》、《百法明门论宇宙观》、《唯识观大纲》等。

（4）提倡人间佛教。太虚作《佛法救世主义》、《建设人间净土论》、《怎样来建设人间宗教》、《即人成佛的真实理论》、《人生佛教》、《佛法原理与做人》等文章，主张佛教应在现实生活中发挥更积极的作用。他说："人间佛教，是表明并非教人离开人类去做神做鬼，或皆出家到寺院山林里去做和尚的佛教，乃是以佛教的道理来改良社会，使人类进步，把世界改善的佛教。"（转引自真禅《玉佛丈室集》第2册，第287页）所以佛教理论不应主要讨论出家、死后的问题，而应当着眼于现实世界，建设人间净土。这种建设人间宗教的倾向，符合当今世界各大宗教适应现代潮流的改革趋势，也容易得到僧、俗各界人士的理解与支持，所以太虚当时才会有那样崇高的声望。其建设人间佛教的思想，在今日宗教界仍发挥着重要作用。

（二）圆瑛

圆瑛（1878—1953），俗姓吴，别号韬光，又号一吼堂主人，福建古田人。1896年在福建鼓山涌泉寺剃度出家，翌年依涌泉寺妙莲和尚受具戒。1898年发心远游，遍访名山大刹，师从冶开、敬安、通智、谛闲、祖印、慧明等名僧，参禅开悟，修习教观，在佛学上有很高造诣。1909年在宁波创办讲习所，培养佛教人才。1914年任中华佛教总会参议长，曾在北京、福建、浙江、天津、武汉、安徽、湖南、湖北、河北、台湾等地讲经，名声大振。他还曾出访日本、朝鲜、南洋诸国，弘扬中华佛法。1917年任宁波佛教会会长。1929年与太虚共同发起成立了中国佛教会。被推选为会长，连任七届。

1918年，圆瑛在福建泉州开元寺创办佛教幼儿园，自任园长，收容孤儿，免费提供衣、食、住、用，并在儿童成年后提供教育。1923年，他亲往南洋募得巨款，作为举办慈儿院基金。20年间，共培养1000余人。他还在各地设立佛教工厂、农场、林场，重兴工禅、农禅、林禅之风，鼓励僧侣用劳动养活自己，收入有余，还可兴办济世扶贫的公益事业。抗日战争爆发后，圆瑛积极投身于抗日救亡运动之中，他曾先后在上海、汉口、宁波等地组织僧侣救护队，在战场上抢救伤员。又办难民收容所，周济战争难民。他还开设佛教医院，收治伤员和难民，由各庵女尼充任看护。1939年圆瑛回国时被日本宪兵逮捕，以"抗日分子"罪名被押往南京宪兵司令部，受到酷刑折磨，但始终没有屈服，表现出崇高的民族气节。由于上海各界人士的抗议和营救，日军被迫释放了圆瑛。此后他在上海主办圆明讲堂，闭门谢客，拒不与日伪政权合作。1953年，中国佛教协会成立，圆瑛被推为第一任会长。同年九月在宁波圆寂。

圆瑛不仅是著名的佛教活动家，在宗教理论方面也颇多建树。他青年时代治学刻苦用功，加之天资聪慧，对佛教经典领悟甚深，但从不局限于一宗一派，而是对各家学说析异通观，舍短取长，成为"台、贤并治"，"禅、净兼修"的高僧，尤其对《楞严经》有精深的研究。他认为此经是"诸佛之心宗，群经之秘藏，众生之大本，万法之根源"，竭力提倡，一生多次讲述《楞严经》，每讲一次便有新的收获，最后编成《大佛顶首楞严经讲义》24卷。此外还著有《大乘起信论讲义》、《圆觉经讲义》、《金刚经讲义》、《佛说阿弥陀佛经要解讲义》及《一吼堂诗集》、《一吼堂文集》等著作，由后人编为《圆瑛法汇》传世。

（三）弘一

弘一（1880—1942），法号演音，俗姓李，原名文涛，从艺后改名李叔同，别号息霜，暮年自号晚晴老人。弘一祖籍浙江平湖，出生于天津一个亦官亦商的巨富家庭。文涛幼年时在其异母兄长文熙的指导下启蒙，攻读儒家经典，受过良好的传统文化教育。19岁时娶天津大茶商俞氏女为妻，后不安于封建大家庭内人际关系的繁杂及其母偏房的低下地位，携母、妻迁居上海，就读于南洋公学，在蔡元培门下受业。丰厚的家资使他得以遨游于艺术海洋，既工诗词、字画、金石，又善吹拉弹唱，成为上海文艺圈中一颗耀眼的新星。1905年遭丧母之痛，遂东渡日本留学，入东京上野美术专科学校，从黑田清辉学习西洋油画，旁及音乐、戏剧。1906年在日本戏剧家藤泽浅二郎指导下，与曾孝谷等人排演了《黑奴吁天录》、《茶花女》等世界名著。叔同反串戏中女主角，成为中国话剧艺术最早的开拓者之一。1901年携日籍夫人回国，次年辛亥革命，家中破产，叔同在江浙一带从事艺术教育事业。初任上海《太平洋画报》编辑，继而历任浙江两级师范学堂、浙江省立第一师范学校、第二师范学校、上海城东女子学校的音乐、美术教师。10余年间发表了《送别》、《悲秋》、《忆儿时》等著名歌曲，使李叔同之名蜚声国内乐坛。

在杭州时期，叔同在与灵隐、定慧诸寺高僧初步的接触中获得了空寂精神，历尽人世沧桑以及对艺术的高度投入使他看破红尘，终于在1918年7月于杭州虎跑定慧寺出家，依止于了悟上人受沙弥戒，同年9月在灵隐寺受比丘戒。从此世间少了个艺术家李叔同，佛门多了个弘一法师。

弘一对佛教的主要贡献在律学方面。出家后，他深感当时僧尼队伍素质低下，争权、夺利、贩忏、附法、趋炎等沙门丑行时有发生，在社会上造成了不良影响，因此他决心通过弘传南山律宗来振兴佛教。积数年之功，于1924年完成了《四分律比丘戒相表记》，对比戒律进行了通俗、完整的说明。该书完成后，由上海穆藕初居士独资影印1000部，分送全国丛林，在佛学界产生了很大影响。弘一大师不仅对律学深有研究，而且身体力行各种戒律。他从出家之日便遵行"过午不食"的戒律，并且不长住一寺，一身破旧袈裟，几件换洗衣物，一床破被，一块破席，露首跣跗，行云流水般穿行于江、浙、闽、赣、沪等省市诸寺之间，挂单、参学、宣讲律学。他以自己血肉之躯的苦行表率丛林，树立了一代宗师的良好形象。除了弘律，弘一特别提倡"念佛禅"。出家以后，他崇敬净土宗大师印光，不仅研究他的著作，而且亲往拜谒受教。弘一教导后学：要大声称念"阿弥陀佛"名号，直至神清气静、一心不乱的空寂境界，便是人生大解脱。他本人从遁入空门至病厄临终，念佛功课一日不缺。他甚至将弘扬佛教与抗日救亡运动结合起来，提出了"念佛不忘救国，救国不忘念佛"，反映了中国僧侣打通出世与入世，超俗而又爱国的精神。1942年10月13日，弘一大师圆寂于泉州温陵养老院，遗体火化后得舍利子 1800 余块。后人为了纪念他，在杭州虎跑定慧寺立碑，并设纪念堂，缅怀他的功德。

四　著名学者卓有成效的佛学研究

民国时期，佛教内部出现了一批品学兼优的高僧，教外则出现了一批才识广博的居士、学者，两相辉映，使佛学研究事业结出了累累硕果。

（一）欧阳渐

欧阳渐（1870—1943），字竟无，江西宜黄人，人称宜黄大师。幼习儒业及经史百家，致力于举业，曾以优贡赴廷试。中年遭丧母之痛，从此断肉食，绝色欲，拒仕进，归心佛法，成为居士。他先在杨文会门下学习，并受杨的派遣赴日本修习密宗。回国后协助杨文会刻经、办学。1912 年与李证刚、桂伯华创立佛教会，1918 年与章太炎、陈三立等人在南京金陵刻经处内创办"支那内学院"，自任院长。"内学院"是近代影响最大的佛学教育机构，将"祇洹精舍"的教学宗旨发扬光大。当时众多高僧、学者云集内学院讲课，近、现代一批佛学研究大师皆出其门下，如吕澂、姚伯年、汤用彤、梁漱溟、黄树因、陈铭枢、王恩洋等。梁启超亦曾抽暇来此听欧阳渐讲佛学。抗日战争爆发后，内学院迁往四川江津，直至抗战胜利后才因经费困难而停办。在办学讲经的同时，欧阳渐很注意经论的整理和勘定。从 1927 年起，组织人员，选择要典，校勘文字，编印《藏要》三辑，共 50 余种，300 余册。并为许多经、论作"叙"。

在思想方面，欧阳渐受杨文会影响很大，着重于唯识学的研究，且颇多独到见解，常作骇世之论，每每引起佛学界轩然大波。其重要观点有：

（1）《佛法非宗教非哲学》。他具体罗列了宗教的四大条件和哲学的三项内容，认为佛教都与之不相符合，并超越于二者之上。所以他要弘扬佛法，用佛教代替世界上其他宗教和哲学。应该承认，欧阳渐对西方传来的"宗教"、"哲学"概念局限性的批判是有合理性的，但他过分夸大佛教的意义，以偏概全、不当比附之处亦很明显，难于取得学界共识。

（2）在佛教内部，欧阳渐独重唯识，破斥《起信》，批判性宗系统的台、贤二宗。在中国佛教内部，唯识宗讲阿赖耶识缘起，属于相宗系统，而性宗系统诸宗则坚持真如缘起。欧阳渐认为：性宗的根本错误在于宗奉《大乘起信论》，性宗以真如为永恒之本原，又说真如因无明熏习而有染，故生万法，但是真如本体却又不因无明而丧失，这无疑在逻辑上存在矛盾。

（3）以唯识学包含性空学，强并龙树于无著。大乘佛教包括龙树的"空宗"与无著的"有宗"，竟无认为龙树的性空思想与无著的唯识学"殊途而同归"。

欧阳渐一生著作甚丰，晚年手订存稿为《竟无内外学》，共26种30余卷。他去世后，后人将共著作编为《欧阳大师遗集》4册。

（二）韩清净

韩清净（1884—1949），名克忠，字德清，又名镜清，河北河间人，近代著名居士。幼习儒业，18岁乡试中举，后转习佛教，尤对《唯识》、《瑜伽》兴趣浓厚。1921年在北京与朱莆煌、徐森玉、饶凤璜、韩哲武等人共同发起佛学研究组织"法相研究会"，韩清净主讲《成唯识论》。1927年，改学会为"三时学会"，取名于唯识宗判教体系中空教、有教、中道之"三时"。韩清净被推选为会长，定该会宗旨为阐扬印度佛学和佛教的真实教义，事业则专在讲习、研究、译述并刻印佛教经典。几十年里，韩清净对唯识宗所依据的六经十一论进行了深入研究，特别是在《瑜伽师地论》的研究方面独步群雄。

（三）梁启超

梁启超（1873—1929），字卓如，号任公，别号饮冰室主人，广东新会人。梁启超是近代中国资产阶级改良运动的著名思想家，其政治生涯跌宕曲折。同时他又是一位大学者，佛学是他卓有成就的研究领域。戊戌变法前，他曾同康有为、谭嗣同"语佛学之精英博大"，"相互治佛学"，当时政治方面的考虑比较多。1922年到南京讲学，入支那内学院听欧阳渐"讲唯识，方知有真佛学。"后投身于佛学研究与教育事业，曾任武昌佛学院第一任董事长。晚年闭门研究佛教思想和历史，著有《佛学研究十八篇》，对佛教思想和中国佛教史上许多疑难问题都提出了自己精辟、独到的见解。与前述诸位高僧、居士的佛学著作相比，梁启超的文章信仰色彩更少，学者客观研究的成分更多，因而也具有较高的学术价值。

（四）杨度

杨度（1875—1931），原名承瓒，字晳子，别号虎禅师，湖南湘潭人。其家"累世显贵"，杨度 18 岁捐监生，20 岁中举人。1902 年留学日本，结识了孙中山、黄兴等革命党人，但与梁启超等保皇党人关系更为密切，鼓吹立宪改良思想。辛亥革命后，杨度成为袁世凯的幕僚，与袁氏关系密切，1915 年与孙毓筠、严复、刘师培、李燮和、胡英组织"筹安会"，为袁世凯复辟帝制造舆论。"洪宪"垮台后杨度曾被通缉。1917 年"辫帅"张勋拥立溥仪复辟，杨度又表示赞同。杨度研究佛学是在他政治上频遭挫折后，精神苦闷的表现。在十余年的时间中。杨度的佛学研究颇多建树。杨度的佛学思想被编为《虎禅师论佛杂文》，收入《杨度集》中。杨度以居士的身份，参禅论道，除了对佛教史上性相、顿渐、佛法等问题发表评述外，还试图使佛教"随缘应机"，适应"今日科学之世界"，建立一种"新佛教"。

（五）熊十力

熊十力（1885—1968），原名升恒、继智，字子真，晚年自称漆国老人，湖北黄冈人。出身贫寒，自幼勤奋好学，涉猎诸子百家，博览自然科学著作。17 岁时赴武昌，就学于湖北陆军学校，肄业后参加湖北新军。辛亥革命前参加过"科学补习所"、"日知会"、"黄冈学军界讲习社"等革命组织，思想开始启蒙。因谋刺统制张彪事发，逃避于鄂西施南山中。后加入同盟会，参加辛亥革命及武昌起义，曾任辛亥革命时的武汉都督府参议。后追随孙中山先生，参加过护法运动。35 岁后脱离政界，潜心学术。起始于中国哲学，注重王夫之哲学思想。久之意犹未足，转而研习佛法，入欧阳渐办的支那内学院学习，对大乘佛教，特别是唯识学发生了浓厚的兴趣，逐渐形成了"新唯识论"的思想。1923 年应北大校长蔡元培之邀为教授，在北大讲授其《新唯识论》，以此闻名于哲学界和佛学界。《新唯识论》之新，是针对欧阳渐等人传统的唯识学研究而言。他不拘守于佛教的某些传统观念，广征博引于《易传》、《老子》、《庄子》、宋儒，乃至西方哲学家的某些思想，用中国的传统思想改造大乘有宗的唯识学。朋友诙谐地对他说：“宋明儒阳儒阴释，公乃阳释阴儒”，十力笑而默认。

五 藏传佛教在诸多矛盾中艰难发展

1912年初，藏军驱逐清兵后，从此民国政府再也无力在西藏驻军。1912年5月，十三世达赖返回西藏，重掌政教大权。1912年10月28日，袁世凯政府恢复了达赖名号，复封为"诚顺赞化西天大善自在佛"，同时加封班禅为"致忠阐化佛"号，表面维护了中央对西藏宗教领袖封敕的形式，但实际控制能力已大大降低。

此后，英帝国主义不断加强对西藏的渗透和控制，西藏分裂势力在其羽翼下不断膨胀。1913年10月，由英国人主持，中、藏政府派人参加，在印度西姆拉开会商讨所谓"西藏自治问题"。英国代表在会上提出划分"内藏"和"外藏"的方案，中国政府全权代表陈贻未经请示，擅自在草约上签字。消息传出，国内舆论哗然，北洋政府乃令陈贻拒绝在正约上签字。但是这个"西姆拉会议"的草约，日后成为西藏分裂主义者的一个口实。

民国年间，藏传佛教内部达赖与班禅交恶是一件大事。达赖、班禅本是黄教内部最大的两个转世系统，其创始人皆为宗喀巴的弟子。在藏、蒙古民族的信仰中，达赖、班禅都是至上的活佛，并无高下之别，亦不可互相替代。不过由于达赖日后逐渐控制了全藏政权，政治势力远非偏安后藏一隅的班禅可比。1923年11月，班禅派扎寺几名官员去拉萨谈判，商讨后藏税赋问题，达赖将他们扣留并投入监狱。从者逃回日喀则，班禅感到生命安全不保，决定逃往内地，从此开始了长达14年的流亡生活，西藏被达赖控制。班禅到达内地后，受到蒙古、汉人民、北洋政府及后来的南京政府的欢迎与厚待，多次得到中央政府册封的金册、金印。他除了到各地讲经外，还到处发表维护祖国统一、加强民族团结的讲话，受到各族人民的爱戴。达赖逝世后，国民政府积极安排班禅返藏事宜，但遭到了噶厦政府的百般阻挠。1937年12月1日，九世班禅回藏受阻，在青海玉树逝世。班禅行辕堪布厅在青海循化县找到了转世灵童确吉坚赞。

1933年10月30日，十三世达赖在拉萨突然逝世。西藏噶厦政府即电告南京国民政府，推举热振呼图克图为摄政，并开始寻找转世灵童。十四世达赖丹增嘉措 1935 年 5 月 5 日出生在青海涅中县一个农民家庭，1939 年被送入拉萨供养。当时还发现另外两名灵童，噶厦政府电请国民政府派员参加确认灵童的掣签仪式。1939 年蒙藏委员会委员长吴忠信取道印度前往拉萨，但吴氏到达拉萨时，藏方突然宣布灵童只剩下青海的一名，请求免予掣签。吴氏坚决反对，最后双方达成妥协，改由吴氏"察看"灵童真伪，当面认可，勉强维持了达赖转世须经中央政府批准的形式。十四世达赖幼年期间，热振活佛摄政。热振是一位爱国高僧，主动加强了与中央政府的联系。1934 年 4 月，国民党政府派参谋本部次长黄慕松入藏吊唁十三世达赖，同时与噶厦政府谈判，试图加强中央对西藏的控制。英国政府闻讯后，也派代表入藏致祭，实则操纵噶厦政府，破坏汉藏团结。经过 3 个月艰苦谈判，噶厦政府终于同意蒙藏委员会在拉萨设立办事处，尽管对办事处进行了多种限制，但总算恢复了中央向西藏派驻大臣的传统。国民政府授予热振"辅国弘化大师"的封号。在 1943 年的国民党第六次全国代表大会上，热振还被选为中央候补委员。鉴于热振活佛维护祖国的统一的行为，英帝国主义及其亲英势力于 1947 年 4 月 17 日派兵逮捕了热振活佛，严刑审讯其所谓的"谋叛"罪行，并于 5 月 7 日在狱中勒毙热振。

"热振事件"之后，民族分裂势力更加猖獗，1949 年国内政局大变，噶厦政府借机发动了"驱汉事件"。7 月 8 日，噶厦政府通知国民党政府驻藏办事处，声言为防"赤化"，限令办事处全体人员按时撤离。国民党此时无暇顾及西藏问题，办事处人员分三批经印度撤走。1949 年 10 月 1 日，中华人民共和国成立，十世班禅致电毛主席，代表西藏人民和僧侣热忱拥戴。此后，中央政府通过班禅及一切其他渠道与噶厦政府联系，力促西藏问题和平解决。但是摄政的达扎活佛却勾结英、美帝国主义势力，制造"西藏独立"、"中国侵略西藏"的国际舆论。1950 年 7 月，中央派西康省人民政府副主席格达活佛入藏劝说，藏军在英国特务指挥下，于 8 月 21 日将其毒死于昌都。西藏噶厦政府一面拒谏、拒和，一面在昌都一线部署兵力，试图阻止解放军入藏。鉴于这种形势，解放军于 1950 年 9、10 月间进行了昌都战役，全歼藏军主力 5000 余人。军事失败使西藏僧俗领袖一片恐慌，噶厦内部主张民族团结的高级僧侣和政界上层人士则劝达赖接受中央政府的条件，和平谈判。1950年藏历10月8日十四世达赖举行了亲政典礼，然后致电毛泽东主席，同意举行和平谈判。1951年4月27日，以阿沛·阿旺晋美为首席代表的西藏地方政府代表团到达北京，开始谈判。5月23日与中央人民政府达成协议，和平解放西藏。藏传佛教从此进入了一个新的历史时期。

第三节　道教的衰微与复苏

一　政治时运影响道教命运

道教自清末即已衰落，南方正一道不仅张天师的"正一嗣教真人"之封号早被取消，连各级道教管理机构亦被废止，政治地位大不如前；北方全真道稍优，领袖人物对国事尚有一定影响，但理论建树不多。全真道士多兼行斋醮祈禳，与正一道士的差别愈益缩小。1912年，江西都督府在破除迷信的活动中，取消张天师的封号及其封地，正一道的政治与经济根基发生动摇。道教借重北方全真道力量谋图复兴，于1912年成立了民国以来第一个全国性的道教组织——中华民国道教会，总部设在北京白云观，各重要地区设分部。正一道第六十二代天师张元旭至上海成立"中华民国道教会江西本部驻上海总机关部"，稍有活动。大总统袁世凯素有称帝野心，力主保持旧有宗教祭祀传统，对社会各方代表人物包括宗教领袖施以笼络政策，以便为其所用。在这种情势下，张元旭于1914年结好长江巡阅使张勋，上通于袁世凯，袁氏乃复其天师封号，发还田产，重颁正一真人之印，更赐以三等嘉禾章及"道契岭峒"的匾额，以示恢复传统的政教关系。袁氏称帝失败后，军阀吴佩孚、孙传芳都曾会见张元旭，使正一道在政治上日趋活跃。1919年成立"万国道德会"，张元旭被推为名誉会长。1920年，张又被推为"五教会道教会"会长。1924年，张氏卒于上海，第六十三代张恩溥嗣教，仍在京沪一带活动。

北方全真道比南方较为平稳。北京白云观为全真第一丛林，接受各地云游道士来此学道和受戒，民国时期继续活动。白云观于民国中最后一次传戒是1927年，受戒人数349名，为时数十天。但其余一般宫观和小庙亦趋衰败，不复有昔日壮观气象。抗日战争时期，北方许多地区民众借重道教"抗日救国，保财保家"。1938年春，山东出现"堂天道"、"罡风道"，皆道教支派，其中博山县"堂天道"有教徒数千人，平时务农，战时打击日寇、汉奸，成为一支抗日武装力量。在南方，句容茅山的道士便支持和帮助过抗日的新四军，南岳衡山道士参加"南岳佛道救难会"，为抗日救国做出了积极贡献。

总的说来，道教在民国时期是时运多舛，满目凄凉，呈末世光景。道教在中国社会急剧的革命性的大变动中发生了空前的生存危机，政治的变革固然是重要原因，道教理论的停滞落后和活动方式的陈旧杂沓也是不可忽视的内在因素，这就激发起一些热心于道教学问的人士从事改革和创新道教的工作。

二　道教学者重建道教理论的努力

（一）陈撄宁

生于清光绪六年（1880），卒于1969年。原名志禅、元善，字子修，后用《庄子·大宗师》中"撄宁也者，撄而后成者也"句，因改名撄宁，道号圆顿子。自幼受家教苦读古籍，少年即具坚实儒学功底。喜读《时报》、《盛世危言》等书报，接受革新思潮影响，不满清廷腐败辱国，厌恶仕途。陈氏幼年体质衰弱，加以学习用力太过，少年即患童子痨，为自救起见，遂停儒业而改学中医，从叔祖父学习医道，偶在医书上看到仙学修养法，初试无效，后来渐渐有起色，生命得以保全，从此走上研究仙学养生的道路。先后游迹于苏州穹窿山、句容茅山，均州武当山，即墨崂山，以及怀远涂山、湖州金盖山等处，皆无所获，于是决心直接阅读《道藏》。从32岁到35岁，连续三年终于将《道藏》从头至尾看过一遍，确知其中蕴藏养生学资料十分丰富。1915年，复留心佛学，在杭州海潮寺佛教华严大学住过一段时期，旋即离开去北京。1936年，其妻患乳癌，陈氏用仙学养生法为之治疗，大有效验，同时开始著述，与患病者通信，力图将自己从《道藏》中研究出来的高深修养法推向社会，为民众谋福。早在1933

年，陈氏即在上海创办《扬善半月刊》，倡导仙学，至 1937 年日本进攻上海停办，共发行 99 期，将自己研究心得向友人、学生及读者发表，打破仙道修养诀窍秘而不宣的落后传统。抗日战争期间，陈氏安居于上海外甥婿张嘉寿家，由亲友及学生奉养。1939—1941 年，陈氏又创办《仙学日报》，发行 30 期。1953 年受聘为浙江省文史馆馆员。1957 年，当选为中国道教协会第一届副会长兼秘书长，时年已七十有七。1960 年任全国政协委员，1961 年当选为第二届道协会长，呼吁开展道教学术研究。其后亲自指导道协研究室工作，编辑《历代道教史资料》，编写《中国道教史提纲》，兴办《道协会刊》、道教知识进修班，在全国范围内发挥其重大作用。

陈撄宁一生著述甚丰，主要著作有：《史记老子传问题考证》、《老子第五十章研究》、《南华内外篇分章标旨》、《解道生旨》、《论白虎真经》、《辩楞严经十种仙》、《论〈四库提要〉不识道家学术之全体》、《黄庭经讲义》、《道教起源》、《太平经的前因与后果》、《静功疗养法》、《读高鹤年居士名山游访记》、《仙与三教之异同》、《论性命》、《最上一乘性命双修廿四首丹诀串述》、《口诀钩玄录》、《与因是子讨论先后天神水》、《孙不二女内丹功次第诗注》、《灵源大道歌白话注解》、《外丹黄白术各家序跋》，主编《道教知识汇编》、《中国道教史提纲》。以上主要著作及若干书信、诗词、讲话，收入《道教与养生》一书（华文出版社 1989 年版）。台湾方面，他的学生徐伯英、袁介硅编辑《中华仙学》（台北真善美社出版），亦是陈氏著作一大汇集。

陈撄宁提倡的仙学，亦即自古流传下来的神仙家养生学，一向成为道教的核心信仰，其近期目标为延年益寿，其最高追求是长生不死。他的新仙学主要内容包括：

第一，提倡仙学是为了爱国强族。陈氏研究仙学，缘起于自身的疗疾与健康，但他一生致力于此一大事业，最高的目的和最大的动力则是振奋中华民族的精神和强化国民的体魄，使中国不再受外人欺侮。他大半生处在民国时期，看到国力羸弱，外患不止，故倡本位文化，以图救国，把道教看成"今日团结民族精神之工具"（《前中华全国道教会缘起》）。

第二，将仙术提升为仙学，使之成为一种独立的光明正大的哲学体系。

从道教的发展看，前期成仙之丹道，重术而轻学，故称为功法；后期之内丹道，援佛融儒而失却自家面目。陈氏之仙学，扬弃术数、科仪而凸显道学，有人生价值之付托，有理论体系之博精，虽融摄儒佛而不依傍他人门户，遂使仙学成为可以与儒家、道家、佛教并驾齐驱的安身立命之道。

第三，引入近代科学精神，将仙学与人体探秘及中医结合起来。陈氏青年时期喜看各种科学书籍，随其兄学习物理、化学、数学等，又研读中医理论，精于医术，所以具有近代科学的头脑和眼光，试图将成仙纳入科学轨道。首先是摆脱祀神、符箓，涤除盲目迷信成分。他认为仙道不过是用科学方法改变常人之生理，因此"他的学术是实验的，而非空谈的"（《读〈化声自叙〉的感想》）。

第四，出入儒、释、道三教，博采以往道教内丹学积极成果，创造性地建构唯生的仙学理论和方法。陈氏虽然反对把仙学混同于儒、释、道三教，但主张以仙学为主去贯通三教，不必有门户限隔。他说："儒道两家，同出一源，本无异议；佛教虽是外来的，但已经被中国人改造过了，""三教各有所长，谁也不能把谁打倒"（《读〈化声自叙〉的感想》）。

（二）易心莹

生于清光绪二十二年（1896），卒于1976年，享年80岁。幼时闻道教为强身保国之术，便蓄意向道，于1913年弃家只身来到青城山天师洞求为道徒，时年17岁。道士未做成而留庙为杂工。一年后又至青羊宫二仙庵蚕桑传习所做杂工。1917年，天师洞道士魏松遐在二仙庵见易心莹信仰虔诚，能耐苦劳，将其领回，收为弟子，精心培养，遂命其往本山朝阳庵投拜吴君可门下就学。吴氏本儒生而深于道教，指导心莹涉猎经史道籍，于是心莹学业大进，茅塞顿开，不久即回天师洞作导游。1926年成都名翰林颜楷来游青城，见心莹勤学好问而颇受感动，受观主彭椿仙之委托，遂携心莹至成都，入颜崇德书屋深造，三年之中学业猛进。回天师洞后，任知客，接待四方名流。后来专心从事道教学术研究，在十年中潜心著述，所得甚丰。著有《老子通义》、《老子道义学系统表》、《道教系统表》（即《老君应化图说》）、《青城风景导览》、《青城指南》、《道学课本》、《道教三字经》等书，又辑有《女子道教丛书》及炼丹、养生诸书，多在观中刊行，成为有学问有操行的高道。1955年重任天师洞住持，1957年任全国道教协会副会长兼副秘书长，编写《四川志·宗教志·道教编》。又选任四川省道教协会会长。易心莹道教思想属正统派，坚持性命双修、功戒同行，现代色彩较淡，但可延续全真道之血脉，不使中断。

（三）岳崇岱

岳崇岱（1888—1958），山东寿光县人，道号东樵子，俗名岳云发。幼时全家逃荒到辽宁建平县公营子，以务农为生。19岁以前随祖父边读书边种地。每感时世艰辛，屡遭磨难，渐生脱尘绝俗之心，于1912年赴辽宁医巫闾山圣清宫出家修道。曾访东北名山宫观，两年之后重返圣清宫，率道众植果树，事稼穑。1920年到沈阳太清宫，任知客，后任监院。岳崇岱出身农家，熟悉农事，力主道众自食其力，率太清宫道众在沈阳城东张官屯地庄子耕耘土地达14年之久。1939年，岳崇岱任伪满道教总会常任理事。1944年离开沈阳，回闾山圣清宫清修四年，后到北京白云观参访调养，不久即返回沈阳太清宫。1949年中华人民共和国成立，岳崇岱经道众推选任沈阳太清宫方丈，成为道教龙门派正宗第二十六代法嗣。由他发起，1957年春成立了中国道教协会，岳被选为第一任会长，兼辽宁省道教协会筹委会会长。不久被错划为右派，1958年5月含冤去世，享年70岁。他作为全真道龙门派的传人，偏重于清修和心性的炼养，有意凸显丘处机"敬天爱民、好生恶杀"的戒条及其作用，对于道教的教义教派未能有周全的论述，整体看来过于粗略，但他能打破神话，注重历史，也不容易。特别是指出道教根植于民间传统信仰，深入民心，民族性强烈，所以影响广泛而深远，这一点是非常重要的，有助于我们理解为什么道士不多而道教思想却能够大范围传布的问题。

三 近代教外道教学术研究的兴起

民国以来，随着时代的变革和中外文化的广泛交流，新的学术文化勃然兴起，中国思想史的研究打破传统的哲学方式，以新的现代眼光和比较科学的方法重新予以论述和评价。在道教方面，一反宗教活动的冷落，道教学术活动却空前活跃，出现一批很有价值的学术论著，为中国道教的研究开创出一个崭新的局面。这个新局面的特点是：研究者多是教外人士，没有信仰，持论公允，可以做到旁观者清；用近代宗教学的理论和方法，不再将道教与道家混为一谈，不再将神话当作历史，而是将道教作为社会历史现象去评述。

1934年商务印书馆出版了许地山《道教史》（上册），同年又出版了傅勤家《道教史概论》；1937年，傅勤家的《中国道教史》问世。这几部道教史著作虽然篇幅不长，然而是近代道教学术的开山之作，意义和影响都是很大的。傅勤家的《中国道教史》是我国第一部完整的道教史学术性著作，从探讨宗教共同点出发，论述道教的起源与演变，道教的信仰与道术、戒律，道教的经典与宫观，道教的派别与佛道关系，明确指出，道教源于道家而又不同于道家，"盖道家之言，足以清心寡欲，有益修养"，"道教独欲长生不老，变化飞升"，"道教实中国固有之宗教"。这本书收入上海书店《中国文化史丛书》，对于后世的道教学术研究保持着长久的影响。

另一部重要著作便是1940年出版的陈垣著《南宋初河北新道教考》。陈垣是我国当代著名学者，对中国宗教史有较深的研究。他在该书里运用文献资料与散见碑刻，精辟地论述了金元之际北方出现的道教新派别：全真教、大道教、太一教的产生、传承和发展，尤以全真教的论述更为系统严谨，有资料的考证，有思想的分析，有宗教活动的刻画，有社会世情的联结，弥补旧史之遗阙，寄托忧世之情怀，成为传世之佳作。

关于道教典籍之考订，当推陈国符的《道藏源流考》，该书是20世纪40年代的作品，初版于1949年。陈国符是化工专业教授而热心道教研究，他花极大力气广泛搜罗道教文献，用近十年时间写成此书，"于三洞四辅之渊源，历代道书目录，唐宋金元明道藏之纂修镂版，及各处道藏之异同，均能究源探本，括举无遗。其功力之勤，搜讨之富，实前此所未睹也"（罗常培序语）。这部书于1962年经作者增订，至今仍是研究《道藏》必备的参考书。

此外，还有一批学者致力于道教研究并成果颇多，如刘师培的《读道藏记》、刘鉴泉的《道藏征略》等。有些学者的成果虽然未成专著，其论文亦有很高学术价值。王明的《论〈太平经钞〉甲部之伪》、《〈周易参同契〉考证》、《〈老子河上公章句〉考》、《〈黄庭经〉考》等文功力极深。王维诚的《老子化胡说考证》推动了佛道关系史的研究。汤用彤的《读〈太平经〉书所见》以及陈寅恪的有关文章，都引起学界注目。

第四节　伊斯兰教的新气象

一　进入转折和动荡时期的中国穆斯林

中国伊斯兰教和穆斯林在清朝备受压制和摧残，所以对于旨在推翻帝制和追求社会进步的民主革命运动采取十分欢迎和积极参加的态度。孙中山先生看到这一点，指出："回族（泛指信仰伊斯兰教的各族）在中国历代所受压迫最甚，痛苦最多，而革命性亦最强。故今后宜从事于回民之唤起，使加入民族解放之革命运动。"事实上，以民族平等为号召的辛亥革命，以及后来的五四运动、北伐战争、抗日战争等，都有穆斯林先进分子带领广大教民参加。民国建立，原来的民族压迫体制改变为汉、满、蒙古、回、藏五族共和，《临时约法》规定："中华民国之主权，属于国民全体"，"中华民国人民，一律平等，无种族阶级宗教之区别"，"人民有信教之自由"。虽然在事实上主权未能回到人民，民族之间亦未能真正平等，宗教信仰自由也有许多限制，但中国穆斯林毕竟第一次从法律上取得了平等自由的国民地位，可以依法争取应当属于自己的权益，并且确也摆脱了以往的悲惨和屈辱，在一定程度上获得了新的生机。伊斯兰教一扫长期沉闷的空气，日渐活跃起来，出现种种新的气象。

中国穆斯林接受以往民族纷争的教训，在民族平等新思想的影响下，对于正确处理民族关系有新的认识，为维护民族团结做出了贡献。近代中国伊斯兰教文化复兴之倡导者王宽阿訇，在1914年的《中国回教俱进会本部通告序》中，对广大穆斯林发出号召，其言曰：

"我最亲爱之穆民，其听之！回汉相处，千载有余，而乃交哄时闻，感情恶劣，殊非五族一家之道。汉、满、蒙、藏，譬犹兄弟，操戈同室，贻笑外人。总宜相亲相近，且勿疑忌疑猜。余各处演说，皆以此语反复言之。实不愿酿兄弟阋墙之祸，而妨碍闾里之安宁也。"

这种真诚促进回汉团结和民族和睦的言论，出于穆斯林领袖人物之口，标志着中国穆斯林的一种新觉醒，以宽厚和睿智去拥抱民主共和的事业，有利于中国民族关系的改善。

二 穆斯林宗教社会团体的产生与发展

伊斯兰教在清代只有教派组织和清真寺教团，没有横向的组织联系，更无全国性团体。清末期始有留日穆斯林在东京组织清真教育会。辛亥革命后，为了促进穆民之间的团结，以便在重建中华、抵御外侮中发挥更大的作用，在先进分子带动下，陆续成立了全国性或地方性的伊斯兰教社会团体，它们与一般教团不同，并不直接组织教民的宗教生活，主要功能是加强穆斯林之间的联系，推动伊斯兰文化的复兴，进行各种保国保教的活动，有较强的社会参与性，这是自法律规定人民有集会结社自由以后出现的新气象。1912年，中国回教俱进会成立，设本部于北京，设支分部于各省县。1929年，中国回教公会成立，设总会于南京，拟设本支会于各省县。该会本是用以代替俱进会的组织，但偏远处之支分会并没有完全改组。1937年冬，中国回民救国协会发起于郑州，次年夏在武汉成立，后迁至重庆，改名中国回教救国协会，1943年又改名中国回教协会。这是规模最大的全国性伊斯兰教社团，为配合抗日战争而产生，在组织上取代了以前两会，已有的地方组织由协会改组，没有组织的则新设协会的分支会，全国联络系统由是而粗备。

一些以研究学术为主的中国伊斯兰教社团也陆续在各地建立。1914年，北京筹备"清真学会"，规定宗旨为"联络学界伊斯兰教人，讲求伊斯兰教学问，兼阐发之于社会之上"。1925年，上海成立"中国回教学会"，规模周备，作用宏大，其主要宗旨为：一、阐明教文（翻译经典、编辑书报、宣讲教义）；二、提倡教育（创设学校、设立藏书室、招待远方学子、设立天课部，收集款项，专门培植同门贫寒子弟）；三、联络中外同教情谊；四、扶助同教公益事业；五、不涉政治（见上海《中国回教学会月刊》第一期）。1928年，北京各大学回教同学曾联合组织"伊斯兰学友会"，男女会员近百名，来自数十省，分属30多个大学以及中学，1933

年改组为"回族青年会",从此超出学术团体范围。北京还有"追求学会",上海有"中国回教公会",南京有"中国回民教育促进委员会",甘肃有"回民教育促进会",青海有"回教青年学会",云南有"回教俱进会",其下成立"振学社"。此外,还有"伊斯兰妇女协会"。

三 伊斯兰学术文化事业的蓬勃发展

如果说明末清初是中国伊斯兰教学术的一个繁荣期,那么清末民初又是一个新的繁荣期,在经典翻译、学术著述、报刊创办和出版事业上都取得重大成就。

1932年,北平回教促进会出版了王文清(静斋)阿訇的《古兰经译解》,是中国穆斯林完成的第一部汉文通译本,措辞立言,妥当真切,深得穆斯林的好评。其后还有杨仲明、刘锦标的《古兰经大义》(1947)。1939年马坚回国,致力于《古兰经》翻译,抗战胜利前后译成,1949年出版了前八卷,后来几经修改,终于在1981年由中国社会科学出版社出版了全部译本。这个译本做到了"忠实、明白、流利",在学术界评价较高。除《古兰经》翻译外,还有学术著作的翻译,如马坚译《回教哲学》、纳子嘉译《伊斯兰教》、李虞宸译《圣谕详解》、王静斋译《回耶辨真》、《伟嘎业》、杨仲明译《教心经》等。马坚还用阿拉伯文译《论语》,王静斋编《中阿新字典》。这些工作对于促进中国与阿拉伯的文化交流有积极作用。

在学术著述上,民国时期的作品大量涌现,对于伊斯兰教的教义、教理、教历、教法、教史进行多方阐述。其中比较重要的有:杨仲明的《四教要括》(总论回、耶、儒、释四教之宗派得失)、《中阿初婚》(介绍阿拉伯文法),马邻翼的《伊斯兰教概论》(总述伊斯兰教的理论),成达师范第一班学生的《斋月演词》(涉及教理、教法、教史及回教常识),万县伊斯兰师范学校的《回语读本》(分初高两级,共十二册),金吉堂的《中国回教史研究》(上卷为中国回教史学,下卷为中国回教史略,是中国穆斯林第一部中国教史之作),马松亭的《回教与人生》(详论回教对人生的态度),马玉龙的《礼法问答》(解释各项功课的意义与则例),马君图的《清真要义》(解释伊斯兰教各种主张),马自成的《历源真本》(对以往回历加以精心测勘），赵振武的《至圣实录纪年校勘记》（对刘介廉《至圣实录年谱》中的中西历对照失误加以勘正）、《西行日记》（详述朝觐经过）等。

这一时期一些著名学者如陈垣、白寿彝、陈汉章、刘凤五、顾颉刚等撰写了大批研究伊斯兰文化的学术论文，包括史略概述、寺院古迹、人物掌故、教派门宦、文化教育、经典学说、各地概况，内容相当丰富。其中如陈垣的《回回教入中国史略》、白寿彝的《中国回教小史》、陈汉章的《中国回教史》、刘凤五的《回教徒与中国历代的关系》、顾颉刚的《河州视察记》、庞士谦的《中国回教寺院教育之沿革及课本》、赵振武的《三十年来之中国回教文化概况》、王静斋的《五十年求学自述》等，都已成为相当重要的历史文献。这些学者中有穆斯林亦有非穆斯林，但都熟悉伊斯兰文化和中国传统文化，又接受了近代思想的洗礼，故而在其论著中表现出一种科学精神和贯通能力，有些见解相当深刻，虽然在论述上还较为粗略，却已经为当代伊斯兰学术研究奠定了较好的基础。

在报刊创办上，成绩斐然。据统计，从 1905 年到 1936 年间，伊斯兰教刊物多达 70 种以上。当然，由于经费缺乏和稿源不足，以及种种不利的客观原因，许多刊物旋立旋停；由于初创，大部分刊物流通范围小，发行数量少，地区分布很不平衡，主要在长江中下游。不过这也算是前所未有的学术事业，其影响是深远的。最早的中国穆斯林刊物当属《醒回篇》。民国年间，北京曾出过《清真学理译著》、《清真周刊》、《穆声周报》、《穆友月刊》、《震宗报》、《穆光半月刊》、《北平伊斯兰》、《正道杂志》等，上海办过《清真月刊》、《中国回教学会月刊》及《季刊》、《回教青年月报》、《伊斯兰学生杂志》、《改造》、《人道月刊》等。

上海还有中国回教书局，由我国著名伊斯兰教音韵学家哈志麦士三创立，影印《教律经》、《喀最经注》、《门志德字典》等大部头书，方便了中国学子；同时还出版了《回教哲学》、《回教与基督教文化》等书。1929年，中国穆斯林商人达静轩在上海创立穆民经书社，翻印各种版本的《古兰经》和阿拉伯文字典。在北平有成达师范出版部，从事输入外典与影印原典的工作，从浅显的《阿拉伯文读本》、《阿文法》、《圣训解释》，到最高的《古兰经》，无不有影印本。

长期以来，中国穆斯林只有经堂教育，即在清真寺设教，主要讲授原文经典，讲授方式基本上是私塾式的。清末新学兴起，有识之士或兴办学堂，或东渡留学。王宽兴学，成为近代伊斯兰教育兴起的标志。他在北京兴办回文师范学堂与京师公立清真第一、二等学堂，是为新式教育之雏形。辛亥革命以后，在王宽等知名穆斯林学者提倡推动下，一批新式回民中小学建立，完全打破了以往经堂教育的一统天下，十余年间，全国各地初等中等穆民学校不下六七百所，出现了经堂教育与新式学校并存而后者不断发达的新面貌，成为近代伊斯兰教育的新特点。1925年以后，专为穆斯林开办的学校有三类：第一类是固有的经堂教育，只授中、阿拉伯文经典，至抗战前已经不多，一些清真寺为适应新形势不得不在寺内附设带有近代特色的小学或联合聘师讲授汉文；第二类是普通教育，其组织方式和讲课内容均遵照教育部的章程，与一般中学无异，唯增授一门宗教课，招收对象以回族子弟为主，也回汉兼收；第三类是以宗教教育为主的中等学校，多数为师范性质，造就既有宗教学识又能适应新时代的穆斯林人才，授课学时师范科目与宗教道德科目各占一半。

四　著名中国穆斯林学者的活动和贡献

清末民国时期，在中国伊斯兰新文化运动中涌现出一批有学识有才能的新型学者，他们在革新和复兴伊斯兰思想文化与教育事业中做出卓越成绩，并影响到非穆斯林社会，他们中有些人一直活动到1949年以后。

王宽，字浩然，宛平人，北京牛街清真寺教长，生于清道光二十八年（1848），卒于1919年。幼随叔祖著名经师王守谦学习，精通经术。长而出任各地教长，承学之士不远千里来其门下求学，培养出一批人才，如达浦生、洪宝珍、景长荣、马善亭等皆其弟子。他的一生，最主要的贡献就是提倡近代伊斯兰新式教育并产生了重大影响。清光绪三十二年（1908）由马善亭陪同，王宽出游埃及、希腊、罗马、土耳其等国，至麦加朝觐毕返土耳其。翌年，携带土耳其王哈米德所赠千余卷经书，偕同土宗教学者二人回国，传习古兰经法。痛感中国教育落后，受制于欧洲列强，遂锐意兴学，开发民智，开创新式学校教育。在京师创办回文师范学堂，由弟子达浦生主持教务，改良教法，增订课本，经学兼习汉文及科学，以造就师资。于光绪三十四年（1910）在牛街礼拜寺后院创办京师公立清真第一、二等小学堂，复于三里河、花市、教子胡同、海淀等处设立第二、三、四、五小学堂。后因经费短缺，回文师范与小学停办，然而兴新学之风已吹向全国。

辛亥革命中，清帝逊位，帝制余党陕甘总督升允负隅西北，反对共和，提督马安良举兵东向，威胁新生之民国。中央政府由民政部长赵智彦托人恳求王阿訇以宗教劝说之。王阿訇衷心拥护共和，于是急电回部八王、甘肃五马，解说共和真谛，劝其回心。其劝马电文说："共和成立，五族平等，信仰自由，无妨教典"，"明鉴如吾兄，必能洞烛其奸，不为一姓尽愚忠，而拂万兆之幸愿，"劝其"通电讴赞共和，福被群生，名垂永世，岂只国家之幸，是亦回教之福也"。马安良于是转而拥护共和。王宽于1912年会见孙中山，"一见投契"，当即表示坚决支持反封建的民主革命事业。孙中山二次革命失败后，为反对袁世凯的复辟帝制和北洋军阀的倒行逆施，在广东重新组织革命力量以图北伐，曾函王宽，请其举西北实力参加革命。王宽即派门生孙绳武赴广州为革命效力。王宽一生随顺时代潮流，既是一位忠诚的伊斯兰教教长，又是一位勇于创新的宗教教育改革家，他生前虽然因世事艰难而未能诸愿皆遂，却奠定了现代回民教育的基础，后来之穆斯林教育家半出王宽之门，又从教育发展为一场伊斯兰文化的复兴运动。顾颉刚在《回教的文化运动》一文中指出："这是近代中国回教徒第一次自觉发动的文化运动。"

王静斋（文清）（1880—1949），自幼受家教与经堂教育，青年时期负笈游学，先后投师于天津李春生、通县马保阳、宣化于勉翁、北京金五、津门刘绪魁等阿訇，颇广见识。后得锦幛，以阿訇身份传道授业。清末，受聘任京都花市教长、奉天开源教长，渐习汉文。民国以后，在京津一带任清真寺教职，并致力于翻译写作工作。1922年靠教友资助，遂出国游学，经新加坡，赴印度，转埃及，考入爱兹哈尔大学，这期间曾赴麦加朝觐，去土耳其考察，任职爱兹哈尔大学中国学生部长。1924年回国，带回经书不下 600 余种。1925 年在北京赵文府等资助下，于东四清真寺专心翻译《古兰经》，历 20 月而成，该书稿迟至 1932 年方正式刊行。1937 年王氏又重译《古兰天经》，并扩大解注。王静斋后半生致力于伊斯兰教学术研究事业直到去世。除《古兰经译解》闻名遐迩外，还编译了《中亚字典》、《中阿新字典》、《伟嘎业》、《回教遗产继承法》、《回耶辩真》、《真境花园》等书，深得穆斯林称赞。他撰写的《中国回教掌故》、《五十年求学自述》、《中国近代回教文化史料》等数十篇文章，包含了丰富翔实的资料，受到重视。又主办《伊光》月报，取得成功。

哈德成（1888—1943），上海人，青年时曾广游各地，从名师求学。又泛舟海外，历麦加、埃及、印度、锡兰，习英语与乌尔都语。1924 年返回上海被聘为浙江路礼拜寺教长。翌年，成立中国回教学会，发行《月刊》，创译《古兰》。1928 年在上海创办伊斯兰师范学校，其后选派学生赴埃及留学。1937 年，日寇侵扰上海，市民蒙难流离无居，哈德成联络教绅，倡议设所收容，接济生活，使数千回族难胞得以全活。上海沦陷以后，哈氏隐居租界，研经之外，不忘救国救民，日处惊涛骇浪之中而能维持正气，领导东南教胞从事抗战，凡爱国抗敌志士道出上海，哈氏均予护持擘画，使其平安出入。1941 年，太平洋战事起，上海租界沦于日寇之手，日伪逼迫利诱，均置不顾，后微服离沪，历经皖、豫、陕、蜀，到达重庆，回教协会迎人会中，聘为编译委员会主任。既而苦于应酬，又不适恶劣气候，遂去云南蒙自，从事译经，日与弟子马坚切磋讨论。后积劳成疾，病逝于个旧医院，其时 1943 年，享年 56 岁。

马坚（1906—1978），字子实，云南沙甸人，哈德成弟子。1931 年赴埃及爱兹哈尔大学留学，又曾就读于阿拉伯语文学院，曾以阿文著《中国回教概况》，并将《论语》译为阿拉伯文，都在埃及出版。在埃及留学 8 年，于 1939 年回国，在上海与伍特公、沙善徐两先生共洽译经事。抗战后期随哈德成至云南沙甸译经论学。1946 年起任北京大学东方语言文学系教授，直至 1978 年去世。译著有《回教哲学》、《回教真相》、《伊斯兰哲学史》、《伊斯兰教育史》、《认主学大纲》、《教典论释》、《回教与基督教》、《穆罕默德的宝剑》、《回历纲要》、《阿拉伯简史》、《阿拉伯通史》等，主持编写了《阿汉词典》，此外，还有《悬诗》、《阿拉伯文学概况》以及一系列论文。他长期从事《古兰经》的翻译工作，其汉译本《古兰经》1981年出版后产生很大影响，而其基础是1945年奠定的。白寿彝先生认为这个译本超过以前所有的译本，它的出版"是中国伊斯兰教史上、中国伊斯兰研究工作上、中国翻译工作上的一件大事"。

此外还有达浦生、马松亭、庞士谦、杨仲明、马邻翼、马自成、金吉堂、马以愚、纳忠、虎篙山、赵振武、薛文波等一大批学者，形成近代穆斯林学者群体。

五　新疆的伊斯兰教及杨增新的宗教政策

在近代新疆，伊斯兰教是主要宗教，信徒遍布全疆，约占全部人口的三分之二以上。民国以来有7个民族信仰伊斯兰教，即维吾尔、哈萨克、回、柯尔克孜、乌孜别克、塔吉克、塔塔尔，其中以维吾尔族人口最多，其次是回族，维吾尔、回族构成新疆穆斯林主体。

近代新疆的伊斯兰教经历了5种不同的社会政治环境。从1884年正式设省到1911年，是清代末年；从1912年到1928年是杨增新统治时期；从1928年到1933年是金树仁统治时期；从1933年到1944年是盛世才统治时期；从1944年到1949年是国民党直接控制时期。新疆与内地间隔较远，交通不便，内地乃至西北甘青的伊斯兰新文化运动及政治变革对它的影响不直接不强烈，形成宗教上的相对独立状态；新疆又处在祖国西北边陲，与中亚接壤，西方列强得以利用民族与宗教问题从境外向新疆扩张渗透，形成内外矛盾复杂交错的态势，使新疆的宗教问题成为边政的重要组成部分。

从教派上说，主要有逊尼派、苏菲派、什叶派、依黑瓦尼派。逊尼派是新疆信徒最多、分布最广的教派。什叶派为塔吉克族所信奉，是什叶派中伊斯玛仪派的支派霍加派，首领称"阿迎汗"，被尊为人间"活主"。苏菲派的依禅派在新疆的影响仅次于逊尼派，首领自称"圣裔"，受到狂热的崇拜，其支派主要有纳克什班第、哲赫林耶（黑山派）、虎非耶（白山派）、切西底耶、苏赫尔瓦地耶、毛莱威耶等，都主张苦行禁欲，宣扬对真主的神秘之爱,通过修炼,达到"神人合一"。在新疆回族中,逊尼派称为"格底木",亦称"老教"、"清真古教"、"遵古教";回族中的苏菲派则分为哲赫林耶、虎非耶、嘎德林耶、库不林耶四大门宦,与甘肃宁夏同;虎非耶也被视为老教,与"格底木"一起,被称为"大坊",哲赫林耶则是"小坊",称新教。依黑瓦尼派即新新教,亦传入新疆,其时较晚。其教派总的情况自清末到民国没有根本性变化。

民国年间,统治新疆时间最长、在宗教问题上举措最多的是民国前期的杨增新,他有政策,也有理论,直接控制和影响着新疆宗教的发展。杨增新(1864—1928),云南蒙自人,清末任甘肃知县、知州、道员等职。1907年调新疆,历任阿克苏道尹、镇迪道尹兼提法使、布政使。辛亥革命时他拥兵自重,继而被袁世凯任命为新疆军政府都督,在北洋政府时期一直是新疆的最高行政长官,统治新疆长达17年。1928年,他宣布易帜,被国民党南京政府任命为新疆省主席,同年被刺身亡。杨增新的家乡及他任职的甘肃、新疆,均为穆斯林聚居地区,故接触伊斯兰教较多,而他为了搞好政务又注意调查研究,积累宗教知识和处理宗教问题的经验,遂成为民国年间少数熟悉宗教、有系统思考、注意掌握宗教政策的高级官吏之一。他曾自豪地说:"本省长于回教内容研究已数十年,为维持地方起见,不得不加以慎重",又说:"本省长服官甘新两省已数十年,于甘肃回教门户之源流,深明大略"。他的有关政令、文书皆收入《补过斋文牍》,从中可以看出他处理新疆伊斯兰教已形成一套成熟的理论方针策略,计其大端有以下数项。第一,认定对新疆伊斯兰教只能实行"开放主义",不能实行"压制主义"。一者由于新疆西连中亚,信仰相同,关系密切,弄不好会引起国际性的联合反响,他说这种"地理、人种、宗教上之连带关系,从开放主义入手,其祸尚迟而缓;从压制主义着手,其祸更速而烈";二者由于"新疆汉人不过百分之一,若不取得九十九分蒙、哈、回缠之人心,而欲一分之汉人压制九十九分之民族,我知其必败也",而且"压力愈重,其反抗力亦愈大"。这是从政治统治和民族关系的角度论证不能压制宗教信仰。第二,强调政教分离,不赞成以行政手段干预纯宗教事务。这主要表现在教坊阿訇是否由官府指派的问题上。1918年3月,他下达《通令》,规定地方官吏不得派充阿訇,理由有四:"阿訇为地方传教头目","此宗教上关系,宜由百姓自择品望素孚者充当,不宜由官派充者一也";"流派不同,其传教之人亦不同","此人地关系,不宜由官派充者二也";"即经典通晓未历各级之经验,即未为众人所推许,勉强从事,易起冲突,此人心不服,不宜由官派充者三也";"大凡品行端方之人,不肯轻入衙署,其入署运动者,非圈利营私之徒,即暗传邪教之辈","此徇私作乱,不宜由官派充者四也"。第三,笼络和重用穆斯林上层人士,建立忠实于己的穆斯林依靠力量,实行"以回制回"的方针。他曾明白地宣称:"用新疆之人,以守新疆,此增新素来办事宗旨。"他十分注意结好哈密王沙木胡索特,与之拜为兄弟,帮助他镇压农民起义,给予优厚的物质资助,使哈密王信服于他,哈密地区的政事因而得以控制。1912年,他创建"回队",招募五营回兵,自任统带,以后又增至十五营,清一色的穆斯林士兵,直接负责人是马福兴。马氏是老教领袖,在他带领下,"回队"成为杨增新的嫡系部队,在维持新疆治安上起过重大作用。马福兴被杨增新提升为喀什提督,其子马继武为协台。当马福兴私欲膨胀,怀有异心时,杨增新又重用新教首领马绍武剪除马福兴,并任命马绍武为和田道尹,后为喀什道尹。杨增新正是通过马福兴、马绍武这样的穆斯林领袖人物控制了新疆的局势。第四,禁断伊斯兰教的门宦教派,避免教争起祸。清代甘青发生的所谓"回乱",都是先有教派门宦之争,后有官府的干预利用,演而为大规模的动乱和镇压。杨增新看到这一点,他说:"甘肃回族多门宦,故争教之案亦多,如光绪二十一、二年河湟之乱即因争教而起","分门别户,易起争端,前清甘肃地方回民往往因争教酿成大祸,皆由于此"。有鉴于此,杨增新采取措施,防止甘青地区门宦之争渗入新疆。新疆维吾尔族穆斯林尚无门宦,只在回族中有其影响。民国初年,依黑瓦尼派领袖马果园出关传教,杨增新以"宗旨不正"的名义将其拘留,后来又押解到甘肃监禁。兰州灵明堂门宦的播道者靠福堂到哈密等地传教,也被杨增新逮捕,监禁达数年之久。此外,不许本省回民分门别户,同时禁止因分教派而新建清真寺,"因关内回民出关,每添一寺,即含有分门别类之性质"。由此之故,在甘肃盛行的哲赫林耶等门宦,未能在新疆广泛发展。第五,制定各种法规政令,对宗教活动严格限制和管理。杨增新的政教分离是有限度的,他只是不干预阿訇的选择,对于宗教活动仍采取种种措施予以限制。不准私设道堂,不准在家聚徒念经,只准教民在公设的礼拜寺举行活动。不准教民念《古兰》、《圣训》以外的经典,以防止有人"擅传邪教"。既不准甘肃等地阿訇到新疆传教,又不准此地阿訇到彼地传经布道,以防借机串连,徒生是非。严格限制去麦加朝觐,申请者需交银600两,以"补助公益",这是经济性限制措施。第六,无情镇压本地区的下层穆斯林人民起义和革命运动。杨增新对于宗教信仰还算是宽容的,但事情一旦变成武力反抗斗争,便毫不留情地采取暴力剿杀,辅以招抚与分化。1912年哈密爆发农民起义,杨增新派李寿福劝降和收编了起义队伍,尔后又招抚和捕杀了起义领袖铁木耳和穆依登。1914年,杨增新镇压了吐鲁番的艾买提反抗封建压迫的斗争。又利用"回队"屠杀南疆哥老会成员,仅3年中就处决200人以上。第七,反对外来势力利用宗教渗入和控制新疆,同脱离祖国的分裂主义倾向作坚决斗争。他严令禁止地方学校聘请土耳其人充当教习,以免意外之虞。又下令查禁外人充当阿訇,认为事关新疆治安,不能不防。1918年库车买买铁力汗在英人支持下发动叛乱,即被扑灭,首要分子一律枪毙。马福兴勾通沙俄,阴谋在南疆建立"独立伊斯兰国",杨增新配合南疆民众,一举击破,维护了祖国领土的统一和完整。杨增新并不盲目排外,对于正当经商活动仍予以保护。

金树仁统治时期,在"改土归流"的措施上处置不当,激化了社会矛盾,引起哈密农民起义,并扩大到全疆,而起义领导权落到封建领主、上层宗教人物、泛土耳其、泛伊斯兰主义者手里,在喀什、和田建立了封建割据的伊斯兰政权。1932年和田建立"伊斯兰王国"。1933年又有"东土耳其斯坦伊斯兰共和国"出现。同年金树仁被推翻,盛世才上台,盛世才消灭各割据政权,镇压了农民起义,重新恢复了新疆的和平统一。他宣布"各民族一律平等"、"保障信教自由"、"保护王公、阿訇、喇嘛、活佛的地位及其权力"。事实上,他实行独裁统治,对宗教的"保障"是有限的,而干预和迫害却时常发生。

1943年,国民党势力进入新疆。1944年,盛世才被迫下台,同年爆发了三区革命。在外国势力煽动下,泛土耳其主义和泛伊斯兰主义在新疆流行，伊敏、艾沙等分裂主义分子到处活动，但在广大爱国穆斯林面前仍然是孤立的、不得人心的，他们失败后纷纷逃往国外。由于新疆各族穆斯林的团结奋斗，境内外的分裂主义阴谋始终不能得逞，新旧军阀的统治也未能持久，新疆终于迎来了它的新生——中华人民共和国成立。

第五节　民间宗教信仰概貌

一　宗法性传统宗教的余波与散化

清朝的覆灭和民国的建立，所有的宗教都受到不同程度的震动，而其中受打击最大的是宗法性传统宗教，因为它与帝制君权和宗法族权紧密联系在一起，皮之不存，毛将焉附，可以说这种国家民族宗教基本上瓦解了。这主要表现在两个方面：一方面国家宗教祀典特别是君王祭天祀典被废止；另一方面"君权天授"的基本信仰发生根本动摇，除极少数人外，大多数中国人不再相信这一宗教神话。但是它的余波流衍还在发生作用，表现为以下几种情况：

第一，袁世凯在篡权和企图复辟帝制的活动中提倡祭天祀孔，为他重新当皇帝做舆论准备，所以极力挽救传统的祀典礼仪，三番五次下令恢复国家祭祀，只是打着为国为民的旗号，改皇帝、大臣主持为大总统与行政长官主持而已。1914年2月，袁氏发布《祀天定为通祭令》，袁世凯之所以如此热心祭天祭孔，并不表示他真有什么尊天敬祖的信仰，他看重的是神权，他要当国家级祭祀的主祭者，以此来抬高他的掌权地位，成为事实上的君主。同年秋，发布《举行祀孔典礼令》，表示"尊崇至圣出于亿兆景仰之诚，绝非提倡宗教可比"，亲自统率百官举行祀孔典礼。袁氏又于冬至日亲率百官至天坛举行祀天大典。随着袁氏称帝野心的暴露和复辟帝制的失败，传统的国家郊社宗庙祀典终于彻底废除，国家宗教从此中绝。

第二，康有为提倡孔教救国论。康有为是中国近代历史上企图把儒学提升为宗教的代表人物。他在中年即著书立说，上奏皇帝，请尊孔子为教主，定孔教为国教，以孔子配天，人人祀谒孔子，祷祀上帝，以匡正人心。康有为封孔子为改制教主，借尊孔以推动变法维新，有其进步性。辛亥革命以后，他看到传统的国家宗教祭祀废毁，中国人的信仰失去重心，更加提倡建立孔教，用以辅佐政治，借以凝聚人心。他有一个根本观点，就是人非教不立，国无教不治。他说："人非天不生，非教不立，故敬上帝拜教主，文明国之公理"（《致北京电》），他在《拟中华民国宪法草案发凡》中又说："不明鬼神，则陋民不悟"，"明则有政治，幽则为鬼神"，"今世无论何国，苟骤废神道去迷信，则奸人益横肆而无所忌惮，复何所不至哉"。因此他主张尊孔教，按耶稣教"专一于上帝与教主"的模式，祀上帝，敬孔子。康有为的弟子陈焕章于民国初在上海成立孔教会，康有为成为该会会长。陈焕章按基督教的模式构造孔教体系，以"天"为上帝，将"儒"字定为孔教名号。把孔子所衣定为孔教衣冠，把《礼记》定为孔教礼仪，建立孔教魂学，创立因果报应说，将三千弟子视为教徒，纬书承继为统序，文庙作教堂，孔林为圣地。他的做法受到美、日、德、俄等国在华人士的鼓励。随着五四新文化运动的兴起，康有为提倡孔教为国教的学说受到猛烈批判，不再是一种有影响的社会思潮。这时的孔教运动拒斥民主共和，配合帝制的复辟，其作用是倒退的。换一个角度看，康有为觉察到中国传统信仰的崩溃使社会丧失精神支柱，必须加以重建，否则社会将不能稳定，而且在很长一段时间内宗教还有其存在的社会条件，这些见解包含着合理的成分。

第三，曲阜祭孔活动仍在继续。孔府祭孔分公祭（国祭、官祭）和家祭两种。民国成立，断了皇室的恩赏和年俸，加以社会动荡，地租收不上来，孔府的社会地位与经济实力可以说是一落千丈；但仍有祀田存在，家祭仍照常举行。1935年，蒋介石下令将孔德成的衍圣公爵号改为"大成至圣先师奉祀官"，并享受特任官待遇，继续保持较高的社会地位。公祭亦不时举行，蒋介石曾派中宣部长褚民谊来孔府祭孔，韩复榘任山东省主席时也多次来祭孔。孔府家祭是以孔子为始祖的家庙祭祀，具有祖先崇拜的性质，但是由于孔子人格伟大，文化贡献至巨，他的形象遮盖了其他孔府祖先，祭孔具有弘扬孔子文化生命的意义。至于公祭，民国人士主要把孔子作为中国传统文化的代表，通过祭孔，肯定中国文化的连续性和主体性，表示对儒学的尊崇，其文化的意义大于宗教的意义。

第四，民间敬祖祭祖风气依然很盛。中国社会进入民国，帝制虽然垮台，家族仍极有势力，家庭形态并未发生根本变化，加以慎终追远的观念在民众中根深蒂固，民间的祭祖活动未减少，只是更少政治性，化整为零，更分散地进行，轨制不像过去那么严格，而丧葬礼仪则新旧并用，呈过渡状态。民国年间，宗族或家庭祭祖一年数次不等，较大的有春节祭祖和清明祭祖。除夕与初一是新旧岁之交，一般人家在堂屋悬挂祖先容像，或神龛、供桌放置祖先牌位，摆设丰盛的供品，由家长率全家男性上香酹酒跪拜，以表示不忘先祖的功德，祈祷祖先神灵保佑全家平安幸福。

二 民间秘密宗教的流衍与公开化

民间秘密宗教在清代受到高压，它的活动常常同社会下层反抗运动联系在一起，其中一部分转化为秘密会社，进而催生出近代革命政党。辛亥革命以后，对民间宗教进行摧残镇压的君主专制政体不再存在，加以军阀混战，日寇入侵，国家事实上没有一个统一的政权，民间宗教存在和发展的上层压力减缓了。各种社会势力和外国侵略者不再镇压民间宗教，转而设法加以利用和控制，这更加改善了民间宗教发展的政治环境。社会的动荡、民生的凋敝，加深了民众的痛苦，民众依靠民间宗教自信自救的需要更加强烈，从而扩大了民间宗教的社会基础。因此，民间宗教进入民国以后有所膨胀和发展；秘密性有所减弱，公开性有所增强；旧教派的分化和新教派的出现加快了速度；在社会斗争激烈复杂的形势下，政治倾向上出现明显的分化，有的投靠社会反动势力，有的保持民间群众团体属性，有的成为社会进步力量。现将这一时期先后存在的主要教门介绍如下。

（一）黄天道

或称黄天教，创于明代，清乾隆时受到沉重打击，至光绪中又兴起，民国时期继续流传。它以华北万全县膳房堡为基地，尊普明佛。据李世瑜《现代华北秘密宗教》，至1947年，万全县西南部仍然流行黄天道。万全县城一座玄坛庙中供有普明佛之神位。西部旧羊屯村有普佛殿，内供有"普明爷爷"、"普明奶奶"神像，当地信徒认为二神时常显灵，解救人们的疾苦灾难。柳沟窑村一座佛殿的陪殿成为普明佛的"行宫"，殿内两壁绘有普明生前的行实画传共20幅。德胜堡村、阳门堡村、贾贤村、暖店堡村、深井堡、小屯堡、张杰庄、赵家梁皆有普明佛殿和画传。膳房堡仍保存有光绪年间兴建的普佛寺，其规模在数百座庙中属于第一，一共六进，杂有佛教菩萨与道教神仙塑像，一殿供普明一家五口，一殿供本寺创建人志明和尚肉身像。张贵屯的普明殿，所供普明佛是大肚弥勒的形象，信徒认为普明是弥勒的化身。根据普明殿画传里提到的地方，黄天道还流传在西河、马房、怀安、蔚州、宣阳、积儿岭、广昌等地。当时黄天道徒习用的宝卷，许多都是民国年间的刊行本，如《慈航宝训》、《挽劫俚言》、《四圣救世真言》、《三会收圆宝筏》、《新颁中外普度皇经》等。

（二）在理教

又称理门、理教、理善会、白衣道、八方道等。创于清初，创始人杨来如，教内称为杨祖（或羊祖），原为丘处机第十三代徒孙，可知脱胎于道教。初定下五字真言："反清复大明"（一说"复明灭大清"），康熙乾隆以后改为"观世音菩萨"，反清复明的思想逐渐消失。在理教所本之公理指"儒释道三教之理"，即所谓"奉佛教之法，修道教之行，习儒教之礼"。戒律有八：一不吸烟，二不饮酒，三不烧香草，四不焚纸帛，五不拜偶像，六不吹打念唱，七不书写符咒，八不养鸡猫犬。其中以戒烟戒酒为修身之先，最为严格。杨祖之后，有尹来凤中兴其教，以天津为大本营，向上海、北京、河北、江苏、山东、河南、安徽、江西及东北、内蒙古等地传布，逐渐形成全国性的规模。在理教在清末民国盛行不衰，主要原因是主张和实行戒烟戒酒，符合劳动人民的愿望。戒烟中尤重戒鸦片，可以禁除吸食鸦片的恶习，强健身体，节省开支，受到各界的欢迎。此外，在理教还举办一系列慈善救济事业，如光绪末天津在理教建立公善社，引导世人爱惜字纸，向寡妇发放救济款物，对贫民死亡施舍棺匣，掩埋无主尸体等，以及春季种痘，夏施暑药，冬舍棉衣等。1913年，李毓如与理门闻人苑文鉴联合北京理门公所徒众，组织中华全国理善劝戒烟酒总会，出刊物《理铎》。此后各省纷纷成立分会。1933年，全国性的领导机构"中华全国理教联合会"成立各地相继建立分会，使全国在理教公所达3000个以上。抗日战争时期，北京理门首领谢天民勾结日本，成立中国理教总会，是一件不光彩的事。据理门张国禄回忆录，1921年至1936年，北京理门徒众有10万人。

（三）先天道

先天道是清代东大乘教的分支，黄德辉创于清初，崇拜无生老母，信仰龙华三会，强调三期末劫，重视普度功效，因而创立了超生了死无上的修行法门，以接引世人摆脱红尘业障，返回真空家乡。其第十三代传人杨还虚于道光间创青莲教，遭清廷镇压，传入福建后，改名先天道，后传入台湾。至清末，傅道科在重庆设立"万全堂"，作为先天道的全国总佛堂，下设若干分堂。清末民初，先天道由西南地区传到两广、两湖、华北、西北及东北各省，其后又在各地设立"十地"，十分活跃。抗日战争时期，一部分先天道上层人物投靠日本，在北京、天津等处设"先天道院"，受日伪控制利用。先天道有一套组织系统，其道内职级有："家长"，道内首领；"十地"，由家长任命，负责发展各地组织；"顶航"，受十地指挥，领导一个地区的道务；"保恩"，协助顶航办道；"引恩"，管辖两个县的道务或若干佛堂，负责讲经传道；"证恩"，讲经传道，作新道教的开示师；"天恩"为基层道首，开辟道场，领导道徒吃斋念经；"众生"，一般道徒，入道要立"入道愿"，教念道规，点"玄关"，发"入道证明条"；"执事"，佛堂中办事人员。先天道的宗教活动主要是每年农历二、六、九月的十九各做一次"观音会"，三、五、九月的十五各做一次"龙华会"。

（四）皈一道

这是一个很有特色的民间宗教，在教义上主三教归一，崇拜多神，集三教神灵之大全；在修行上主清修苦行，其清苦的程度为诸民间宗教之最。该道由山东平原人赵万秩创立于同治光绪年间，道首尊称为初祖或复阳帝君。二祖李连苑，道号慈济。三祖陈希曾，道号悟真。1941年，陈希曾死，张书林主持道务，是为四祖。皈一道的道职由上而下为：掌道师、传法师、坛主、乩手、誊录、承办、道徒。其宗教活动是农历每月初一、十五开坛扶乩，平时道首亦在传道所讲经布道。皈一道的经文，除佛教咒文外，还念坛训，如《了凡训子书》、《三教正宗》、《三教普度》、《泰山娘娘新经》、《吕祖救劫文》、《皈一宝训》、《皈一化迷真言》、《苦海收元》、《指路西归》、《望家训本》、《救急文》、《登仙梯》、《圣众佛训》、《传家宝训》、《孽镜辨心录》、《观世音救劫仙方》等数十种。皈一道具有明清民间宗教的共同特点，即儒、释、道三教合一，并以无生老母为最高崇拜对象。

（五）一贯道

一贯道虽起于清末，而真正兴旺发达是在民国，不仅形成一整套组织系统和宗教仪式，而且教徒众多，势力遍及全国，在教义理论上也有重要发展。创始人王觉一死后，刘清虚接续道统。刘清虚死后由路中一接续，其时已进入民国，道徒尚少。1930年，张光璧（字天然）接手，一贯道转盛，至抗日战争时期达到极盛。张光璧是山东济宁人，封为十八代祖，道中人认为他是济公活佛转世，是救劫菩萨，称为"师尊"或"老师"。张在济南设立了中枢坛，又建金刚、敦仁、礼化、天一四大坛负责向四方发展，又在各省建总坛，下设分坛，管理各地区道务，形成全国性网络。张在道内立道阶制，其上下等级是：师尊（张光璧）、师母（张妻刘率贞、妾孙素珍）、道长（又称老前人）、点传师（亦称前人）、坛主、文牍、乩手、引保师、道亲。师尊奉天承运，具有无上权威，师母也是道主。道长地位仅次于师尊，直接与师尊师母联系，提拔点传师，但无神权。点传师开坛点道，吸收道徒，有训练、提拔坛主之权。这一时期的一贯道除尊奉无极老母即无生老母为最高神灵外，又供奉济公活佛、弥勒祖师、南阳古佛、观音菩萨、南极仙翁、吕祖、孔子、老子、关羽、岳飞，后来还崇拜耶稣、穆罕默德，以体现"万教归一"。一贯道把世界分成理、气、象三天。理天为无极老母住处，是永恒存在的；气天是仙佛居住之处，虽好但不永恒；象天即当今人间，充满灾难。凡加入一贯道者，得老母降道挽救，可以躲过三期末劫，生前做官享福，死后进入理天，与老母团聚。修持之法为"成己成人"，成己即修身，清心寡欲，以求其放心，使行为合于理，制心之法以静坐为要，此为内功；成人即度人，行济人利物之事，存拯灾救世之心，劝人为善，普度众生，是为外功。虽有烟酒荤之戒，但不禁男女之欲，以成就家庭伦理。属于一贯道自创的主要经卷，有王觉一或托名王觉一（北海老人）的《一贯圣经》、《一贯概言》、《一贯探源》、《一贯道统条规》、《三教重新》、《三教圆通》、《三易探源》、《子曰解》、《理性释疑》、《理数合解》、《谈真录》等书。

1937年七七事变以后，张光璧投靠日寇，成为汪伪政府的"外交顾问"，吸收大汉奸褚民谊、周佛海、常玉清、王揖堂等加入一贯道，积极配合日寇的侵华政策，因而在沦陷区取得合法地位，大批发展道徒，积极扩充势力。抗战胜利以后，国民党政府曾下令取缔一贯道，但不久改为控制利用，授意改名"中华道德慈善会"，变换形式，继续公开活动。张光璧于1947年死于成都以后，一贯道分为两派，一派由张妻刘率贞及其子张英为首，以杭州为基地，活动于上海、南京、济南、青岛及东南沿海和东北，称为"明线"或"师兄派"、"正义派"；一派以张妾孙素珍为首，以成都为基地，活动于北京、天津、河南及西南、西北，华东亦有，称为"暗线"或"师母派"。山西太原薛洪自称"关帝下凡"，自成一派，下分仁义礼智信五柜，而以礼柜势力最大，活动于山西、陕西、甘肃等地。

除以上诸种之外，民国年间活跃的民间宗教组织还有：先天道、真空道、普度道、圣贤道、九宫道、同善社、一心天道龙华圣教会、红枪会等。

第六节　基督教加速发展及其社会作用

一　基督教顺利发展的内外条件

1900年发生的义和团运动，是中国基督教发展史上一次空前的"教难"，传教事业受到严重摧残。然而，经历了这场具有"斩尽杀绝"性质的"武力批判"，基督教却奇迹般地得到了恢复，并且在民国年间顺利发展。统计数字表明，20世纪初的50年，比19世纪，教徒人数的增长还要快10倍。而且，教案大大减少，没有全国性大教案发生。基督教顺利发展的原因是多方面的，西方国家的继续支持、庚子赔款的使用、社会交通运输和新闻传播事业的发展……然而从社会文化史的角度着眼，笔者认为：教会传教策略的转变和社会文化氛围的改善是基督教得以顺利传播的主要条件。

（一）教会传教策略的改变

自康熙年间罗马教廷挑起"中国礼仪"之争以来，近世西方传教士都采取了一种强烈的排他主义立场，与中国传统文化激烈对抗，试图使中国基督化。义和团运动虽然失败了，但是它也使大多数西方教会人士清醒，在文化上彻底征服中国是不可能的，强硬对抗不是传教良策。于是在民国年间，基督教各派纷纷改弦易辙，采取基督教中国化的传播策略。

1919年，罗马天主教教皇本笃十五世批准中国教团重新进行"天主教中国化"运动。这个运动一方面是使天主教教义儒学化，如有的教徒写文章指出："耶稣圣教与中国儒教虽各迥别，道本同源，皆存心养性之学，非诡假怪异之言。"（《教会新报》创刊号"总述"）表明天主教义回到了明清之际的"利玛窦规矩"，重新采取与中国传统文化认同的立场。另一方面，天主教大力培养中国籍的神职人员，以适应在中国传教的需要。到民国年间，不仅有了中国籍的神父、主教，而且有了红衣主教，教会的组织结构也中国化了。1939年，罗马教廷正式下令取消中国教徒祭祖、祭孔的禁令。至此，历时200多年的"中国礼仪之争"以基督教中国化的形式最终解决了。

基督新教在中国化方面亦不甘落后。1922年，针对中国知识界发动的"非基督化运动"，美国差会负责人穆德在上海主持召开基督新教全国大会，开展所谓"本色教会"运动相对应。在《教会宣言》中宣布："吾中华信徒应用谨慎的研究，放胆的试验，自己删定教会的礼节和仪式，教会的组织和系统，以及教会布道及推广的方法。务求一切都能辅导现在的教会，成为中国本色的教会。"（穆德《基督教全国大会报告书》，1922年）"本色运动"的目的，"使教会与中国文化结婚，洗涮西洋的色彩"。

在民国时期特定的国际环境中，中国教会不可能从根本上改变受西方国家宗教组织控制的状态，但放弃公开敌视中国本土文化的政策，尊重中国人民的宗教情感和文化心理，无疑会大大减少传教工作的阻力。

（二）社会文化氛围的改善

从中国社会方面看，民国年间基督教传播的文化环境无疑也有重大改善。

首先，以儒学为核心的古代传统文化崩溃，减少了基督教传播的心理障碍。随着清政府的垮台，两千多年的帝制社会结束，数千年来维系中国人"敬天法祖"这个基本信仰的宗法性传统宗教在体制上坍塌。五四新文化运动提出了"打倒孔家店"的口号,猛烈冲击封建礼教,儒学的"官学"地位亦告终结。因此,明末以来士人反击基督教的主要思想武器丧失了。非但如此,传统文化的断层造成了社会上普遍的精神危机,中国人在找寻富国强兵良策的同时,也在为建立终极关怀而努力向西方探索。文化的空白为基督教传播提供了良机。

其次,辛亥革命虽然推翻了清王朝,但是反帝、反封建的任务并未彻底完成,国内陷入了军阀混战的局面。帝国主义势力往往借助军阀插手中国政治,日本帝国主义甚至直接出兵侵略中国,这一时期对于教会的利用反而减少了。因而,民国年间教会作为帝国主义侵华战争先锋的形象逐渐淡化,中国人民反帝斗争的矛头主要对准了西方帝国主义国家政府及其在中国的代理人,而不是传教士。

再次,通过对义和团运动后果的反思,社会各阶层对基督教的态度从盲目排斥转而为相对开放、宽容。义和团运动招致八国联军的侵华战争,中国人民在政治、经济等方面蒙受了重大损失。有识之士由此省悟,杀教士、烧教堂并不能阻挡帝国主义的经济文化侵略,中国近代的落后亦不仅仅由于宗教方面的原因。要想自立于世界民族之林,必须以开放的心胸直面世界各种文化,革新政治,富国强兵。

最后,1912年3月11日,南京政府颁布的《中华民国临时约法》规定:"人民有信教之自由。"尽管在当时的历史条件下法律的效力是大打折扣的,但是,人民信教的权利毕竟第一次得到了法律的保证,这是中国公民人权事业的一次大进步。基督教开始从受人鄙弃的"洋教"变成了合法的宗教,反教活动被限制在法律允许的范围内。如1922—1925年全国性的"非基督教运动",因得到许多新文化运动著名领袖的支持搞得声势浩大。但这次运动没有酿成教案事件,基本是以和平的文化方式开展,这也从某种角度反映了国民素质的提高。

二 基督教各派的流布

(一)基督新教的传教活动及发展状况

民国年间,基督新教在美、英、德等后起的资本主义国家支持下,获得了较快的发展。据1949年统计,大约有130个新教差会在华传教。除清代来华的各老牌宗派继续发展外,基督教青年会最活跃,影响扩大得最快。鉴于义和团运动的教训,新教牧师不断调整传教策略以适应中国国情。据1911年的资料,专职传教士不足半数,而多数传教士则从事教育、医疗和各种社会慈善事业,以此博得中国人民的好感。为了克服众多教派各自为政的状态,圣公会各派在1912年成立了"中华圣公会布道部"的联合组织,其他宗派纷起效法。

奋兴会。主要在教徒中进行,会间以虔诚的祈祷、忏悔、认罪,请求上帝赦免等宗教活动,增进教徒对上帝的信仰。山东籍牧师丁立美和加拿大籍牧师古约翰(Jonathan Goforth)是这项活动的主要倡导者。他们在全国各地多次大搞奋兴会,牧师带头登台忏悔,会场上充满了属灵气氛,祈祷之声此起彼伏。在这种庄严、隆重、神秘的氛围中,许多教徒在会上兴奋不已,甚至失声痛哭,纷纷上台忏悔自己犯过的崇拜偶像、诈骗、盗窃、奸淫、赌博、吸毒之类的罪行,吸引了不少人参与。

布道会。传教士自进入中国就不断进行布道活动,但以前多为个人布道,规模较小。随着交通工具和传播媒介的改进,民国时期的布道则是大规模的、群众性的。如穆德与艾迪二人,1913年一年中就在中国14个城市演讲布道,与会者总计达78230人次。同时考虑到与会者多为知识青年与官绅,他们的演讲常常以人们最关心的社会焦点为题。如"怎样救中国"、"中国的困境与出路"、"中国之转机"、"中国之希望"等。当然他们所设计的方案万变不离其宗,只有基督教才能救中国。在穆德与艾迪的带动下,许多中国籍牧师也投身于布道活动。1914年成立了"布道促进特委办"。1918年又成立了"中华国内布道会",在全国设有基层组织,搞过多次全国性的"星期天布道"活动,在一般群众中发展了不少教徒。

中华归主运动。1919年五四运动后,中国人民反帝爱国运动不断高涨,为了维护教会地位,中华续行委员会于1919年12月20日在上海发起了"中华归主运动"。其宗旨是联络全国教会组织,"使基督在个人与国家之上,得最明确之信用"。(全绍武《中华归主运动》第6期,第45页)中华归主运动得到了各地教徒的响应,进一步促进了布道工作的展开。

基督教本色化运动。这是新教在民国时期搞的一次影响较大的活动。运动的远因是对近代以来传教策略的反省，直接导因则是1922年全国知识界兴起的非基督教运动。1922年3月，上海学生得知"世界基督教学生同盟"将在清华大学举行第十一次年会，于是成立了"非基督教学生同盟会"，并于3月9日发表宣言指出："各国资本家在中国设立教会，无非要诱惑中国人民欢迎资本主义；在中国设立基督教青年会，无非要养成资本家底善良走狗。"（《先驱》第4期，1922年3月15日）3月21日，李大钊等著名学者77人联名发表宣言，在北京成立"非宗教大同盟"。1924年，"非基运动"进一步发展，中国社会主义青年团重建"上海非基督教大同盟"，发扬五四传统，"秉爱国之热情，具科学的精神，以积极的手段，反对基督教所办一切事业。"（《觉悟》1924年8月19日）运动参加者针对教会学校大量存在的状况，提出宗教与教育分离，收回教育主权的口号，并迫使国民政府采取了部分措施。"非基运动"持续了几年，这是民国年间教会与中国社会发生的一次大冲突。但不同于此前的教案，反教斗争主要限于文化领域里和平进行，基本没有冲砸教会之类的过激行为。

"非基运动"使教会发展势头受到了严重挫折。1920—1925的5年间，基督教三大派教徒人数仅增2万人。这种状况引起了教会人士的警惕，他们针对"非基运动"推出了"基督教本色运动"方案。1922年5月，穆德在上海主持召开了全国基督教大会，成立了"中华基督教（新）协进会"，作为协调各差会的机构。选举中国籍教士诚静怡为总干事，发表教会宣言，正式提出了"中国本色的教会"的主张。关于"本色化运动"的宗旨，诚静怡概括为："一方面求使中国信徒担负责任，一方面发扬东方固有的文明，使基督教消除洋教的丑号。"（《真光杂志》二十五周年纪念特刊《协进会对于教会之贡献》）本色化运动主要有两方面的内容。一方面是在经济上自筹、自养，减少对国外的依赖；组织上选举中国人担任教会领袖，实现自治；在活动上实行自传。另一方面则是在教义的内容方面"使教会与中国文化结婚，洗涮西洋的色彩"。全国的教会组织按宣言精神进行了大量基督教中国化的工作，出书办报，以群众喜闻乐见的形式宣传宗教原理，在某种程度上缓和了民众与教会的对立情绪。

基督教本色化运动使教徒素质有所提高，教徒人数的增长势头，在30年代中前期有所回升。此后抗日战争中教会受损。除了大规模的布道活动，新教各会还兴办学校、出版书刊、报纸，以期扩大教会影响，发展教徒。据目前掌握的统计资料，1914年新教徒人数为25万，1918年35万，1926年40万，1937年65万，1949年70万人左右。

（二）天主教的中国化努力及其发展状况

义和团运动后，清政府对天主教采取了保护性措施，教会利用庚子赔款又修复、新建了一批教堂，传教事业恢复、发展。大批西方传教士也陆续回到中国。1910年为1391人，1920年为1364人，1930年为2068人。这些传教士分属法、德、美、意、西、比、加等国122个传教会。鉴于近代一系列教案和义和团运动，天主教在民国初年就开始了中国化运动。1912年，著名的天主教爱国人士英敛之，针对当时控制中国的法国天主教教士素质低劣的问题，上书罗马教皇，主张培养中国籍传教士，并指出：教中掌大权者，"倘真有救拔中国，广扬圣教之诚心，非痛改旧辙不可"。（北京师范大学《风云录》，第13页）另有许多教徒参加五四运动，并且撰文揭露西方国家控制中国教会，侵略中国的事实。针对这一情况，1919年罗马教皇本笃十五世发布了"夫至大至圣之任务"的通谕，下令在华各修会尽量起用中国籍神职人员，从此拉开了天主教中国化运动的帷幕。

天主教中国化的一个方面是在理论上与儒学相融合。教士们放弃了当年排斥异端的蛮横立场，著书立说，千方百计地寻找儒学与天主教的共同点。在他们办的《教会新报》"总述"中讲："儒教法本其才，专与耶稣教异同"，"儒教言道不可离与耶稣教同"，"儒教中庸与耶稣教同"，"儒教不怨不尤与耶稣教同"，"儒教时习而说与耶稣教同"……又有一教徒撰文指出："中国最重五常，唯仁为首，与西教之爱人为己，同出一原。"（《皇朝经世文新编》中，第40页）1939年，罗马教廷正式为康熙年间中国礼仪之争翻案，取消了1742年禁止中国教徒祭祖、祭孔的禁令，指出祭孔仅是向中国文化伟人表示敬意，祭祖也不过是慎终追远的形式，都是对本国传统文化表示尊重，应予以宽容。

天主教中国化的另一项重要内容便是大量起用中国神职人员。根据教会的资料，18 世纪末，仅有中国籍神父 18 人，1840 年时增至 130 人，1900 年 470 人，远远低于外国传教士人数。而且，至 20 世纪初，没有一名中国人担任主教职务，这样在广大中国民众中，天主教总是摆脱不了由"洋人"控制的"洋教"色彩。为了消除民众的隔阂心理，教皇在 1919 年的谕令中指出："天主教对任何国家来说都不是外国的，因此，每一个国家应当培养它本国的神职人员。"（上海《圣教杂志》1920 年 4 月号）以后，教皇在 1926 年和 1932 年两次派钦差到中国活动，推动教会培养中国神父的工作。中国籍神职人员人数直线上升，1920 年达到 963 人，1933 年达到 1600 人，1949 年达到 2698 人。同时教廷还注意在中国神父中提拔高级神职人员。

九一八事变之后，中日矛盾加剧，第二次世界大战在即。由于欧洲各国的复杂关系，天主教内部各派对中国问题的立场并不统一。比利时籍主教雷鸣远（Vinlent Lehhe，1877—1941）公开号召教徒抵抗日本帝国主义侵略，并于 1938 年组织了"华北战地督导服务团"，自任主任，直接参加中国人民的抗日战争。而罗马教廷则与日本法西斯相勾结，在外交上承认伪满洲国，成为帝国主义侵华战争的帮凶。由于教会内部立场不统一，加之战争破坏，天主教传教事业处于停顿状态。

抗日战争后，为了复兴天主教，教皇庇护十二世提出"使天主教更加中国化"的主张。任命青岛教区主教田耕莘为红衣主教，主持全国教务。田遂成为远东第一位红衣主教。1946 年 4 月 11 日，教皇颁布"成立中国教会圣统体制诏书"，重新规划建制。置 20 个教省，设 20 个总主教；79 个教区，设 79 个主教；38 个监牧区，设 38 个监牧。在这些教区中，共有中国籍主教 29 名，并计划逐步实现全部由中国主教管理。同时任命田耕莘、于斌、周济昌为总主教。在这种形势下，外籍教士虽较战前有所减少，但中国教徒却不断增加，到 1949 年达 350 万人。

（三）东正教的兴衰

义和团运动后，东正教的传教事业得到一定恢复。但是随之而来的 1905 年"日俄战争"，又使东正教在东北的传教事业受到抑制。至清末，东正教徒不过 3 万，中国人 700 余名。民国年间东正教有一段大发展时期，原因是1917年俄国的十月革命使大批沙皇时代的贵族、军官纷纷流亡国外，其中相当一部分跑到了我国。东正教在北京、哈尔滨、上海、天津、新疆等地的传教团采取了敌视苏维埃政权的立场，大批收容流亡白俄，造成了东正教徒猛增的趋势。其中哈尔滨教区的情况最为明显，在1918—1924年的7年中，共新建教堂9座，1922年统计东正教徒达到30万人。大批从俄国逃出的教会高级人员开始在中国东正教会中任职。

1918年苏联政府在国内采取了"政教分离"、"教会与学校"分离的措施。中国的东正教会对此极为不满，他们号召流亡白俄"组织武装力量"，"拯救祖国"，并于1922年宣布断绝与莫斯科首牧区的隶属关系，转归设立在塞尔维亚的"俄罗斯正教国外临时主教公会议"管辖。1924年苏联政府宣布有权接收俄罗斯正教教堂的财产，为此，俄罗斯正教驻北京传道团正式改称为"中国东正教会"，下辖北京、上海、哈尔滨、天津、新疆等教区。英诺肯提乙·费古洛夫斯基担任大主教，后又提升为都主教。

第二次世界大战后，苏联国际地位提高，同时也注意宗教政策的宣传，使部分中国东正教徒转变了对苏联的看法。1946年，主持东正教北京总会的维克托尔主教宣布断绝与流亡慕尼黑的"俄罗斯正教临时圣教公会议"的关系，归属莫斯科首牧区管辖。哈尔滨教区的梅列基主教也采取同样的行动。他们得到了苏联政府的援助。上海、天津教区仍坚持反苏立场。鉴于苏联政府当时的"中国政策"，莫斯科首牧区指示中国教会全力发展中国籍教徒，但是成效甚微。以哈尔滨教区为例，虽然教会在中国人居住区修教堂、办孤儿院和学校，但1946—1949的4年中，仅发展中国教徒15人。东正教仍然保持着俄国侨民宗教的面貌。中华人民共和国成立前后，俄国侨民大批回国，东正教呈现萎缩状态。

三 基督教与民国政治

基督教是在近代帝国主义国家对外扩张的国际大气候下进入中国的，民国以来尽管他们采取了"中国化"、"本色化"等改良措施，但要完全摆脱西方国家的控制是不可能的，故仍对民国时期的中国政治产生了重要影响。不过，随着中国社会反帝、反封建两大主题的转换，帝国主义国家之间关系的张弛，国、共两党关系的松紧，教会的作用亦在不断变化之中。

在1912—1927年间的反帝、反封建革命运动中，中国人民逐渐认清了帝国主义的本质，反对帝国主义侵略者及其代理人——北洋军阀的斗争一浪高过一浪，许多教内人士也投身于其中。其中最突出的代表便是孙中山先生。1883年，孙中山用孙日新之名在香港受洗入教，他早年的战友陈少白、郑士良、宋耀如也都是教徒。孙中山是近代中国民主革命的旗手，他一生革命工作繁忙，极少参加宗教活动，但是在临终给孙科及其母卢氏的信中说："我本基督教徒，与魔鬼奋斗四十余年，尔等亦要如是奋斗。"（荣孟源、章伯锋《近代稗海》第一辑，第572页）表明他是以一种基督徒的精神投身革命斗争。冯玉祥将军1913年加入美以美会，"立志归主"。以后邀请刘馨廷、古约翰等人为军中牧师，在西北军部队中开布道会、奋兴会，发展教徒，冯玉祥自己也亲自证道，悔罪认错，人称"基督将军"。他的部队在反对北洋军阀的战争中建立功勋。1919年五四运动爆发，青年学生成为爱国救亡运动的先锋，许多教会学校的学生也参加了罢课和示威游行。

1921年中国共产党成立，公开举起了唯物主义和无神论的旗帜。尽管20年代共产党势力还很弱小，但基督教会就已经明确把共产主义当作他们的"大敌"。他们千方百计地歪曲共产党的宗教政策，说共产党要"共产共妻"，"消灭宗教"，在教徒中制造反共、仇共情绪。早在1922年开始的基督教本色运动中，有一项重要内容就是扩大农村阵地，建立基层组织，与共产党争夺农民。1927年国共合作解体，基督教各派积极开展反共扶蒋活动，配合国民党"剿共"。1927年南京国民党政府成立伊始，教皇即派刚恒毅作为特使前往祝贺。1928年8月1日，教皇庇护十一世发布了关于中国问题的"特别通谕"："天主教宣告、教训和劝导它的教徒尊敬和服从中国合法组成的政府。要求天主教的传教士和教徒们在法律保护下享受自由和安全。"这篇"通谕"正式表达了对国民党政权的支持。国内各教区、修会积极贯彻教皇的"通谕"，在农村与各种地主势力相结合，宣传"反共、防共"，并帮助国民党军队收集情报，刺探军机，"围剿"红军。1934年红军撤出江西后，蒋介石把黎川县划给教会做试验区。美国公理会传教士牧恩波被选为试验区总干事。蒋介石在接见牧恩波等人时讲："这是给你们一个表现基督教怎样能重建中国社会秩序的机会。请你们和我合作，筹划一个详细的复兴计划。"(《女铎》1936年2月号)

1937年抗日战争爆发，中日民族矛盾上升为社会主要矛盾，国共两党由对抗转为合作。国际上帝国主义国家的关系也发生了变化，一般而言，由美、英等国控制的基督新教对日本帝国主义侵略持反对态度。九一八事变后，著名的美籍传教士、燕京大学校长司徒雷登便在学校集会上痛斥日本帝国主义侵略，并指责美、英政府对日本的妥协立场。七七事变后，基督教青年会十分活跃，1937年冬在上海成立"全国青年会军人服务委员会"，并成立各地支会50余处，进行战场服务工作。中华基督教（新）协进会先后组织过"战时服务委员会"、"伤兵之友社"、"基督教负伤将士服务协会"等组织。其他差会也组织过类似团体，他们不顾个人安危，在敌人的枪炮下救护伤员、赈济难民，直接投身于抗日战争之中。有些教徒为了民族解放事业献出了宝贵的生命。如基督新教教徒、上海沪江大学校长刘湛恩（1895—1938），七七事变前就曾在欧美、南洋等国发表演讲，揭露日军侵华暴行，并号召教徒团结抗日。"八一三"战事中，他被推选为上海各界救亡协会主席，上海各大学抗日联合会负责人，积极援助中国军队抗日作战。上海沦陷后，他在租界中坚持抗日活动，并严词拒绝南京伪政权教育部部长之聘，1938年4月7日，日伪政权派人杀害了他。教会不但支持国民党正面战场的抗日战争，也积极向共产党控制的敌后根据地输送人才、物资。如司徒雷登和英千里曾冒着危险帮助青年学生逃离敌占区，到敌后根据地参加抗日武装。据不完全统计，仅燕京大学就有700多人参加了八路军。基督教青年会1939年7月派人赴延安，送钱兴建国际学生疗养院，受到毛泽东的接见。

天主教在抗日战争中的立场则比较复杂。罗马教廷受意大利、法国的影响，在1929年和1933年，分别与墨索里尼、希特勒签订条约，互相支持。伪满洲国成立后，教皇庇护十一世于1934年2月10日派使节表示祝贺，并正式承认"满洲国"，在"满洲国"建立天主教会，派驻宗座代表。教皇的宗座代表蔡宁发布命令，要求教徒"不偏左、不偏右"，实际上就是不要反抗日本侵略，甘做日本帝国的顺民。在关内，一些天主教上层人士散布基督教超国家、超民族、超阶级的论调，反对教徒参加抗日救亡运动，鼓吹中日两国基督徒要联合起来，影响和说服本国政府，"使友爱和亲善能主宰国家的一切"。这种和平主义的空谈，在当时只能起到麻痹人民斗志、掩盖侵略的作用。1937年日本发动全面侵华战争后，感到在占领区由西方传教士控制的天主教会辅助侵略战争不利，干脆从国内调来日本教士另起炉灶，直接控制沦陷区的广大中国教徒。如日本天主教神父、特务岩下庄一到华北后，立即散发宣传品，为日本侵华战争辩护。他说："我们主张当前的讨伐是符合正义的，其理由蕴藏在中国中央政府允许由于国际共产主义的阴谋而发生的事实里。"（天津市宗教界史料编委会编《史料选辑》）他们利用教徒恐共情绪，以反共为名使日本侵略战争合法化。

然而，广大的中国天主教徒还是爱国的，他们同全国人民一道投身于抗日救亡事业，涌现出像马相伯、英千里这样的抗日英雄。马相伯（1840—1939）出身江苏丹阳一个天主教家庭，从小受洗。1870年受祝成为神父。1898年创办"南洋公学"，学生不断增加。五年后在此基础上创办"震旦学院"，马相伯因此声名大振，成为社会上著名的教育家。九一八事变后，他公开发表抗日言论，批评国民党政府的不抵抗政策，他讲："日本只有八千万人，而中国有四万万人，日本只有中国的五分之一。五倍大的中国，碰到只有五分之一的日本侵略，竟不敢出来抵抗，这叫作'缩头乌龟'。可是做缩头乌龟的，是政府而不是人民。"（徐景贤编《马相伯先生国难言论集》，1933）他与沈钧儒、黄炎培等人，于1935年组织了上海文化界人士救国会，马相伯因德高望重被推为会长，不久又当选为全国各界救国联合会常务委员。他利用自己的特殊身份，全力掩护"七君子"的抗日活动。七七事变后，马相伯以90岁的高龄开始了向内地的颠沛流离生活。但他抗日斗志不减，沿途呼吁同胞奋起抗战。1938年在转移昆明途中，因病暂停越南谅山，1939年11月4日病逝于此。对于这位爱国老人的光辉业绩，中国人民不会忘记。中共中央毛泽东、朱德、彭德怀等人联名发出唁电，给予极高的评价。天主教徒、辅仁大学秘书长英千里，身处沦陷区北平，抗日斗志不减。他在校内组织"炎社"，（取顾炎武不与敌人妥协之意），宣传抗日思想。1942年底和1944年2月两次被捕，在日军严刑拷打下英武不屈，被判15年徒刑。

1945年抗日战争胜利后，国共两党的矛盾立即尖锐起来。基督教会明确地站在国民党一边。1947年7月，蒋介石下达了"戡乱动员令"，于斌大主教马上代表天主教公开拥护。1946年7月4日，梵蒂冈正式与国民党政权建交，互派公使。美国的新教差会派纽约教区总主教贝尔曼（Francis Joserh Spellman）到中国，他通过大批美国救济物资笼络各地教会人员，为他们的反共事业服务。基督新教制定的战后复兴计划重点在农村，目的在于与共产党争夺农民。他们在国民党军队占领区内建立教区，实施"平民教育"计划，以抵制"赤化"。国民党军事失败之后，许多以反共著名的中、外传教士纷纷撤往国外（约有5000余人），美国舰队曾拨专款组织他们撤离。1949年初，罗马教廷发布了《天主教友应如何对抗共产党》的"紧急谕旨"，禁止教徒接近共产党人或阅读共产党的理论文章，违者将受到处分或驱逐出教。

当然，也有相当的基督教徒对国民党的腐败不满，在共产党的宗教政策影响下，摆脱西方教会的控制，探索中国教会新的出路。

四 基督教文化、福利事业的发展及其贡献

民国年间，基督教在华所办各项文化、福利事业发展很快，不论其动机如何，这些文化、福利事业对中国社会的发展还是有积极意义的。

民国是基督教在华所办教育事业发展最快的时期。教会办学校的直接目的是为了扩大宗教影响，"用基督教征服中国"。同时，教会学校也肩负着向中国人民灌输西方意识形态的任务。美国伊里诺伊大学教授詹姆斯直言不讳地讲："哪一个国家能够成功地教育这一代中国青年，哪一个国家便将由于付出的努力而在道义上、知识上和商业上的影响力方面获得最大可能的报偿。"（明恩溥《今日之中国与美国》，第213页）亲身经历过义和团运动的美国传教士明恩溥曾觐见美国总统，建议美国部分退还庚子赔款给中国办学，用以培养中国人的宗教精神，防止暴乱再次发生。美国政府采纳了他的建议，于1911年带头发动了"退庚子赔款，帮助中国建立学

校"的活动，用退还的赔款建立了"清华大学堂"。山西浸礼会用赔款建成"山西大学"。以后，其他国家的教会纷纷效仿，于是各种大、中、小学如雨后春笋般地建立起来。

据 1914 年的统计，天主教会开办各类学校 8034 所，学生总数 132850 人。基督新教开办学校 4100 所，在校学生 113000 人。两者合计，共有学校 12000 余所，在校生 250000 余人。这个数字占当时中国学校总数的五分之一，在校学生总数的六分之一，教会学校在民国教育史上占有举足轻重的地位。由于教会学校背后有外国宗教组织及政府作为经济后盾，故教学设备好，教员工资高，吸引了国内外大批优秀人才，其中一批名牌大学，成为中国培养高级科技、文化人才的摇篮。如天主教办的北平辅仁大学、上海震旦大学、天津工商学院。基督新教办的北平燕京大学、山东齐鲁大学、南京金陵大学、金陵女子文理学院、苏州东吴大学、上海沪江大学、圣约翰大学、杭州之江文理学院、广东岭南大学、福建协和文理学院、福州华南女子文理学院、湖北华中大学、湖南湘雅医学院、四川华西协和大学等，这些大学培养的许多科技精英成为中国理、工、农、医各类事业的柱石。

教会在中国还办有一批新式医院。教会在华办医院的目的也很明确，即在医治中国人身体病痛的同时也将上帝信仰注入他们的心灵。据 1936 年《基督教年鉴》第 13 期统计：新教 34 个差会在华共办医院 268 处。另据德礼贤统计，在 1933 年时，天主教共办 266 所医院，开设药房 744 处。医院的经费主要来自中国，一部分取自医药费，另一部分来自募捐。由于教会医院拥有一批医疗水平很高的医生，较好的设备和药物，故受到富有阶层的欢迎，医院也对他们收取高额医疗费用。对于贫苦人民，则减收或免收医药费，以博取好感。另有部分资本家、政府官员以及外籍人士捐款。1835—1949 的百余年间，各国政府及教会捐助中国教会医院 5000 万美元左右，多用于开办费和购置设备。（参见《中国天主教传教史》，第 100 页）在当时社会生产力水平低下，战火连绵的情况下，教会医院的作用是值得称道的，医院中大多数医生、护士、修士、修女救死扶伤的精神也是真诚的。

教会的慈善事业包括兴办育婴堂、孤儿院、盲童学校和聋哑学校等。其中育婴堂孤儿院最多，据1930年统计，天主教在全国各地开办孤儿院360余所，收养孤儿20000余人，育婴堂数目不详，共收容婴儿50000余人。在旧中国官办福利事业很不充分的条件下，这本是一桩大功德。同时与其他宗教相比，基督教在社会慈善方面所做贡献亦很突出。不过，由于当时条件相当简陋，孤儿在育婴堂或孤儿院得不到充足的营养和医疗条件，死亡率相当高。以北京西什库美、德合办的"仁慈堂"为例，1949年前的80年中，共收养孤儿25000人，其中活着走出孤儿院的仅有2000人，死亡率高达91%。所以在教会各项文化、福利事业中，孤儿院受攻击最多。

赈灾也是教会慈善事业的重要内容。1921年，教会在上海成立了"中国华洋义赈救灾总会"，下设农业、水利、信贷等专门委员会，并在华北、华中设13个分会，救济黄河、淮河、长江流域灾民。1929年豫、陕、甘三省大旱，1935年长江大水，该会均参加救济。截至1936年，该会共收到捐款5000万元，其中相当部分是美国方面提供的。1931年华北水灾时，教皇庇护十一世亲自捐款10万里耳（约折大洋6万），教廷专使捐款4万元，南京教区教徒捐款5万元。此类情况难以全面统计。教会的赈灾活动对于灾区人民减少死亡、恢复生产有所帮助。

第十二章　中国宗教史的简要回顾

第一节　中国宗教史的发展阶段

一　原始时期

中国的原始宗教，时间跨度很大，从远古到约 4000 年以前，这一阶段的宗教具有自然宗教的特点，从崇拜对象来说，有自然崇拜、鬼魂崇拜、生殖崇拜、图腾崇拜、祖先崇拜五大崇拜；从崇拜主体来说，宗教崇拜是氏族全体成员自发的普遍的行为，宗教和氏族组织紧密联结在一起；从宗教的社会功能来说，中国原始宗教是中国原始文化的包罗万象的体系，它调节着社会的生产和生活，孕育着哲学、道德、文学和艺术。一方面，中国原始宗教与世界各地的原始宗教在形态上是大同小异，都具有自发性、氏族性和直观多神性等共性；另一方面，中国原始宗教也显露出自身某些独特的性质，例如，在发达的农业经济基础上有着兴盛的农业祭祀；在众多氏族和部落走向融合的基础上出现多种图腾组合变化的形态；由于男性祖先崇拜发达，形成敬祖尊宗的风尚，在远祖崇拜的基础上发展出圣贤崇拜，在近祖崇拜的基础上发展出后来的宗法礼仪和思想。

二　三代时期

夏商周三代宗教可一般称为古代宗教，时间从公元前 21 世纪到公元前 3 世纪，包括春秋战国时期。这个时期的中国从原始社会过渡到私有制社会，出现贵族阶层和贵族国家，其特点是保留了氏族社会父系血缘纽带，形成宗法等级制度。原始宗教的鬼神崇拜和巫术都相当完整地保存下来，而图腾崇拜相对衰落，向艺术化、民俗化的方向演化。在多神崇拜之中正式出现天神崇拜，即对至上神的敬奉。商代多称至上神为上帝，周代多称至上神为天，又叫昊天上帝或皇天上帝。从此天便成为百神之长，又是人间君王权力的授予者。原始的祖先崇拜也有了分化：王室祭祖乃国家大事，并与祭天相结合；贵族与平民祭祖各有等次，表现出社会地位的不平等。这样，国家民族宗教第一次在中国历史上出现，这个宗教成熟于周代，它以宗族家族为基础，以国家政权系统为依托，以祭天祭祖为内核，并重视祭社稷及山川日月诸神，形成一套严格有差等的郊社宗庙制度，处于社会上层建筑的统领地位。在出现等级化的国家民族宗教的同时，早期人文主义思潮也在出现和发展。周人的宗教讲"以德配天"、"敬德保民"，在天命中渗入民意的成分，注重宗教教化民俗的社会功能，此即"神道设教"，这样，周人的宗教便带有较多的道德理性的色彩。春秋战国时期，随着全国性礼乐制度的崩坏和诸子百家的兴起，古代国家民族宗教发生危机，面临着重建的问题。

三 秦汉时期

秦汉宗教的时间从公元前3世纪到公元3世纪。这一时期中国社会的巨大变化是由宗法制为基础的分封制转变为郡县制为基础的中央集权制，宗法制与政治体制相对脱离。在思想文化上由三代的统一的无所不包的宗教文化转变为哲学与宗教并重，共同维系社会精神生活的新格局。以尊天敬祖为核心信仰的国家民族宗教，经历了春秋战国的崩坏和演变，于汉代重新建立，形成新的礼制和规范，但向礼俗发展，不再直接过问哲学和教育，儒学上升为官方哲学，定于一尊，它以伦理型的人文哲学主导着社会政治、道德和教育。国家民族宗教有教而无学，儒家哲学有学而无教，两者并行不悖，又相互补充，携手共进，共同维系着中国人最正宗的信仰。

四 魏晋至宋元时期

宗教史的这一阶段经历魏晋南北朝隋唐宋元诸朝代，时间从公元3世纪到14世纪，约1000余年。从政治上说这段时间内，中国有时分裂，有时统一,有时汉族掌权,有时少数民族掌权,其间的因革变化也是很多的。但从宗教史的角度说,则有其基本的共性,即儒、佛、道三足鼎立与不断合流,当政者则实行三教并奖的政策。儒、佛、道是中国人的三大信仰和社会的三大精神支柱,这是中国人信仰的核心层次,此外还有中国伊斯兰教、中国基督教(唐代为景教、元代为也里可温教)等次要的宗教,使中国社会呈多元信仰的态势。在三大信仰中,以儒为主,以佛、道为辅,以其他信仰为补充。"儒、佛、道三教"是一个笼统的提法,若细分起来,应当是在每一教(教化之教)之中都有一教(宗教之教)一学(哲学之学)。儒为一方,其教为尊天敬祖的宗法性传统宗教,其学为儒家哲学;宗法性传统宗教有教而无学,儒家哲学有学而无教。佛为一方,其内部分为佛教和佛学,佛教即是念佛拜佛之宗教,佛学即是说空谈禅之哲学;前者适于一般信徒,后者适于有学养的高僧。道为一方,包括道教与道家,道教是讲究符箓炼丹、追求长生成仙的宗教,道家是崇尚自然、追求精神脱俗的哲学。这样,宗教与哲学相互扶持又相对独立,给中国人提供了可以多方选择的精神信仰。儒、佛、道三教合流的结果,在佛教方面产生了禅宗,在儒家方面产生了理学,在道教方面产生了内丹学,成就中国哲学三个理论高峰。

五 明清时期

明清宗教的时间是从公元 14 世纪到 20 世纪初,依然是儒、佛、道三教鼎立与合流,但出现新的特点,即民间宗教蓬勃兴起,同时西方基督教(包括天主教与新教)正式进入中国并且站稳了脚跟。民间宗教是儒、佛、道三教合流和向下层扩散的产物,有的脱胎于佛教,有的脱胎于道教,还有的脱胎于儒学,但都主张三教合一,多在社会下层秘密活动,被统治者目为"邪教",实际上它们是下层民众自信自救的社会组织。民间宗教以白莲教和罗祖教为两大主干,衍生出上百种教门,拥有广大数量的信众,成为中国社会一支不可忽视的精神和物质力量。基督教经过历史上两度传入和中断(一次在唐,一次在元)又一次在明末传入,从此延续未绝。初期是正常的文化交流;鸦片战争以后,基督教借助于西方列强的军事、政治和经济力量，在中国大规模传教，增加了文化侵略的色彩，与中国文化和中国民众形成不断的冲突，文化融合问题未能如印度佛教中国化那样得到很好的解决；但是基督教的进入带来了西方文明的许多先进成果，开创了中国文化与西方近代文化相互冲突又相互影响的新的历史时期。

六　民国时期

民国宗教的时间是从 1911 年辛亥革命到 1949 年中华人民共和国成立。这一时期虽然比起前五个阶段都要短得多，但在中国历史上却是一个划时代的崭新时期。最大的变革是 2000 多年的帝制被推翻，宗法等级社会解体，中国开始由中世纪社会向现代社会过渡。在宗教方面，一向紧密依附于宗法等级制度和皇权的宗教法性传统宗教随着帝制的结束而坍塌，国家宗教祭祀被废除。与此同时，长期作为官方哲学的儒学也从正宗的宝座上跌落下来，受到革命运动的猛烈抨击，既丧失了政治上的优势，也丧失了作为中国文化导向的主位性。这是中华民族主体性信仰的第一次失落，而短期内又无法形成新的共同信仰来填补真空，社会精神生活不能不承受着信仰大转换的困惑和痛苦。这一时期，来自欧美的自由主义思潮与来自俄国的共产主义思潮在中国形成强大的冲击波，震撼着中国人的精神世界。佛教道教进一步衰落，但也在进行转型的努力。中国人面临着推陈出新、消化外来文化、重建自己民族信仰的艰巨任务。

第二节　中国宗教的历史特点

中国宗教是在中国社会特殊的地理环境、国情民风、文化传统中形成和发展的，因此它必然形成不同于世界其他国家和地区宗教的特点。

一　原生型宗教的连续存在和发展

原始崇拜与氏族组织相结合，这是世界范围原始宗教的共性。因此，当氏族社会解体，以地域区划为基础的贵族等级社会建立后，许多国家和地区的原始宗教也随之消亡，为古代国家创生型宗教所取代。中国不然，私有制社会形成后，利用了原有的氏族血缘关系，建成以男性血缘为纽带的宗法等级社会，而宗法制经历了与政治体制整体结合（三代）、部分结合（至汉元）、重心下移（明、清）几个发展阶段，一直延续到民国前夕。与此相适应，早期的氏族宗教，除了龙、凤等重要图腾崇拜升华为中华民族文化的吉祥表征和转化为灵物崇拜外，自然崇拜、鬼魂崇拜、祖先崇拜都相当完整地保存下来，跨入民族国家，进入中世纪帝制社会，没有遇到希腊、埃及、波斯、印度等文明古国那样原有远古宗教在中世纪发生根本转向甚至断裂并被创生型宗教取而代之的情况。相反，中国后来的宗法等级制社会继续发展和强化了原生型宗教，使之更加系统和完备。原生型的天神崇拜、皇祖崇拜、社稷崇拜与皇权紧密结合，形成宗法性国家宗教。其郊社宗庙制度是国家礼制的重要内容，其尊天敬祖的信仰是中国全社会的普遍的基础性信仰，具有不可动摇的神圣地位，所以它又是民族宗教。这种宗教既表现出强烈的政治性，所谓祭政合一；又表现出广泛的全民性，所谓祭族合一。在上层，国家政权所依赖的神权就是来源于这种宗教，"君权天授"的天神，就是原生型宗教里的"昊天上帝"或"皇天上帝"。在中层和下层，普遍而隆重的宗教活动便是祭拜祖先神灵。国有太庙，族有宗祠，家有祖龛或牌位，以不同规格祭祖，形成浓厚敬祖重孝的风气。这种原生型宗教虽然礼仪不断完备，但缺少发达的神学，又没有独立的教团，加以祭天活动民众不得介入，造成上下脱节，而祭祖活动各自以家族为中心，造成左右脱节，所以不是宗教的高级形态，而且缺乏跨入近现代的后续力。但它在 2000 余年间曾是中国宗教的轴心，其他宗教和外来宗教只能与它调适，不能与它敌对，否则在中国就站不住脚。事实上，道教依傍于它，佛教与它相融摄，民间宗教和信仰更是与它交渗，基督教也不能不迁就于它。这样，不仅原生型宗教具有浓厚的宗法性，其他在中国生存的宗教都多少带有一定的宗法色彩。

二　皇权始终支配教权

中国历史上长期实行君主专制制度，国家为君王一家一姓所有。在权力的交接上实行嫡长子继承制，又经常以兄终弟及、先皇遗诏和皇室与大臣议立等作为辅助方法。君道至尊，皇权至上，"普天之下莫非王土，率土之滨莫非王臣"，"天无二日，国无二君"，尊君的观念至深至固。在这种政治文化传统下，一切宗教组织都必须依附于皇权，为皇权服务，绝不允许出现教权高于皇权的局面。宗法性传统宗教的教权直接由皇帝掌握自不待言，就是影响颇大的佛教和道教教团，也必须接受政府的管辖，不得违背政府的法规。宗教领袖可以封官晋爵，甚至在政治上起某种参谋作用，但不能独行其是，分庭抗礼，即使在最得势的时候亦未能进入最高决策的核心权力之中。这与欧洲中世纪教皇拥有巨大权势的情况是完全不同的。中国历史上没有教皇，只有教臣。东晋高僧道安明确地说："不依国主，则法事难立。"明清之际伊斯兰教学者王岱舆强调"忠于真主，更忠于君父，方为正道"。有时候佛教和道教备受朝廷推崇，如梁武帝敬佛，欲将佛教树为国教，北魏太武帝崇道，使北天师道盛极一时，即使在这样的时候，军国大事的决策权也不在宗教领袖的手中，治国方略依然由以皇帝为中心的朝廷依据儒家的纲常名教来确定，佛、道二教也只是起辅助作用。佛、道二教的教团组织在政治经济上也经常与朝廷发生矛盾，但处理矛盾的主动权操在朝廷手里。每当朝廷感到宗教过于膨胀或者庞杂时，便下令精简、限制，有时候使用暴力镇压（如三武一宗灭佛），而宗教人士只能据理力争，运用其广泛的社会影响保存实力，以图复起，却没有正面对抗的力量。南北朝以来，历朝都设有专门机构和官职来管理宗教事务，制定各种法令条款约束宗教活动，其管理有不断严格化的趋势。度牒的发放、寺观的建立、僧尼道士的数量，都要经过政府确定批准。

三　多样性和包容性

中华民族是多民族融合、共存的共同体，中国传统文化也是在多样性文化不断碰撞和交融中发展的，形成多源汇聚的过程和多元一体的结构。在先秦，有邹鲁文化、燕齐文化、三晋文化、荆楚文化、巴秦文化、吴越文化等地方性文化之间的对立与互渗；在秦汉则由百家争鸣演变为儒道两家的互绌相摄，汉末以后又儒、佛、道三家的鼎立和互补，其后又有四家五家（伊斯兰教、基督教等）以及更多的亚文化体系之间的融会与共存。

这就是中国文化的多样性品格。孔子说"君子和而不同",《周易大传》说"天下一致而百虑,同归而殊途",这种多元开放的理念极大地影响了中国文化,形成兼收并蓄的传统。中国社会对各种不同的宗教信仰,包括外来宗教,都相当宽容;各种宗教及其分支教派都能够在这片土地上正常存在和发展,相互和平共处,人们可以兼信两教或三教,这种事情在西方是不可想象的。许多外国宗教以和平方式,通过正常的文化交流途径传入中国,其中以印度佛教的传入与中国化最为成功。佛教之进入中国,在很大程度上是中国人主动请进来的,取经、译经活动绵延了数百年。中国人在理解、消化和改造佛学上,态度之认真,思索之缜密,耗时之持久,都是相当惊人的。唐宋元明清诸朝,陆续传入景教、伊斯兰教、摩尼教、祆教、犹太教和近代西方天主教、基督教(新教),除了鸦片战争以后天主教、基督教的传教与西方列强对中国的侵略有联系外,其他宗教,包括明末利玛窦传入天主教,都是以和平的正常的方式传入中国。当然,中国传统文化讲"夷夏之别",也有排斥外来文化的狭隘民族主义;各教之间也常发生摩擦、论辩;个别时期皇权实行过强力毁教政策。但是在多数情况下,皇权能够容忍和支持各教的合法存在,中国的开明派最终总能战胜保守派而成为主流。中国的各教之间未曾发生过大规模武力冲突,更没有西方宗教史上那样残酷的长期的宗教战争,只是在新疆边陲发生过伊斯兰教武力传教的事件,而这恰是未来得及接受中原儒和文化深厚熏陶的结果。儒、佛、道三教之间不仅可以和平共处,而且在理论上关系日趋密切,最后达到你中有我、我中有你的程度,三教合流、三教归一的观念深入人心,普及于大众,成为习俗和风气,这是中国人信仰上的一大历史特点,在世界上找不到同类的事情。

　　中国人对外来宗教的宽容还基于对以儒学为轴心的传统哲学和以敬天法祖为宗旨的正宗信仰充满自信,并用传统文化强大的同化力去影响和改造外来宗教,使之具有中国特色。儒家思想和道家思想成为中国人吸收外来宗教的重要心理文化背景,没有这样一个背景,中国人不仅不能消化吸收外来宗教,还有可能被外来宗教所同化,从而丧失了自己民族的文化特色。但是由于中国固有的传统文化根基深厚并富有包容精神,其结果是吸收外来文化和同化外来文化同时并存，外来文化的进入丰富了中国文化，却并不丧失中国文化特有的本色。一切外来宗教一旦进入中国，便开始了中国化的进程，中国化的程度越高，它在中国的影响便越大。中国社会强烈的宽容气氛，甚至使得犹太教这种独立性很强的外来宗教，在不知不觉中消弭于无形。在中国，基本上没有"宗教异端"，而只有政治异端。宗教上的多样性和宽容性，使中国社会思想文化在内部形成丰富多彩、生动活泼的局面，在外部向世界开放，不断接受异质文化的激发和营养，从而具有更强的生命力。目前中国社会的五大宗教，除道教为本土宗教外，其他四大宗教（佛教、天主教、基督教、伊斯兰教）都是从国外传入而后成为中国人的重要信仰。中国甚至把印度传入的佛教理论发展到一个新的高峰，不过是按照中国人的方式发展的，所以它是中国文化的一部分。

四 人文化和世俗化

中国原生型宗教向来就有强烈的现实性品格，先民们崇拜神灵，主要不是为了精神解脱，而是为了求请生灵帮助解决民生问题，消灾免祸，治病祛邪，人丁兴旺，五谷丰登，功利性极强。祭拜天地、社稷、山川、日月、风雨、雷电诸神，最重要的目的是求得风调雨顺，保证农业获得丰收，这是农业祭祀的特点。历代皇帝把祈谷、雩雨作为大祭，表示了对农业的高度重视。政治家和思想家之所以看重宗教，是由于宗教有推进道德教化和稳定社会秩序的功用，这就是所谓的"神道设教"，不特别重视彼岸世界的情状和个人心灵的解脱。于是宗法性传统宗教渐渐融于社会礼俗，融于政治制度和教育系统，而神学的发展受到抑制。荀子说："君子以为文，而百姓以为神"，儒、佛、道三教在政治统治者眼里首先都是教化的手段，其次才是个人的信仰。由孔子开创的儒学虽具有宗教性却并非宗教，它重视祭祀，强调祭思敬，"祭神如神在"，其目的不是求神保佑，而是"慎终追远，民德归厚矣"，即可以改善民风。《礼记》说："祭者，教之本也"，则把中国人的宗教观偏重社会功能的特色说得更加清楚。这种重现实人生，将神道服务于人道的传统，一直保持下来，使得中国人的多数虽有宗教信仰，却不特别虔诚、专注、狂热，既能宽容，也易于改变，较重外在礼仪，较轻灵魂净化。以宗法性传统宗教而言，它越到后来越流于形式，讲究坛制仪注的规模等级，关注祭祀者的身份地位，而漠视人们内心的感情世界。民间信仰更是充满世俗精神，有神就叩头，有庙便烧香，临时抱佛脚，有病请神仙，诸教杂以为用，成为普遍的现象。中国人还有一种习惯，就是把人神化，又把神人化，崇拜神性人性兼有的英雄，如黄帝、炎帝、尧、舜、禹、文、武、周公等，因敬重而祭祀，其中有宗教崇拜的意义，也有文化纪念的成分。孔子是中国最重要的圣贤，一身而为万世师，一言而为万世法，在许多人眼里是神圣无比的，尤其是历代统治者和文人学士奉之若神明；但是祭孔仅是一种准宗教行为，在很大程度上是一种文化认同和纪念活动，因此孔子的地位虽然曾经被抬高到"王"的程度，最后还是落实到"师"的位置上。

在传统的强大人文主义精神影响下，佛教和道教也凸显了世俗性的层面。印度佛教本来带有浓重的悲观厌世色彩，否定现实人生的真实和价值，要人们抛弃尘世生活，出家修道，在涅槃境界中获得解脱。但以禅宗为代表的中国佛教，用现实主义精神充实和改造佛学，使之面目一新。禅宗主张佛性自有，不假外求，就事修行，即俗证真，不离人伦日用而修行，在现实生活之中求解脱，遂形成人间佛教的传统。道教重个体养生，它的成仙目标正是要把现实人生的幸福延之永久，比其他任何宗教都更加重视眼前的自我生命保护。

五　三重结构的衔接与脱节

中国人的信仰形成三重结构：官方信仰、学者信仰、民间信仰，三大群体的信仰彼此贯通，又各自相对独立，甚至出现脱节，因此很难用一个简单的判断来概括全体中国人的信仰特征。

（一）官方信仰

历代的官方信仰有两个：一个是敬天法祖的国家宗教，相信君权天授，富贵祖荫；一个是政治化儒学，强调礼乐教化。同时给予佛教和道教以合法和尊崇的地位，用以辅助国教与国学。官方信仰的特点是把信仰政治化，把宗教和哲学纳入国家政权的严格管理之下，用政治力量加以施行，目的是服务于政权的巩固。官方信仰一方面强化了思想文化的力量，有利于稳定社会秩序，促进文化教育事业，并能在一定程度上约束贵族的不良行为；另一方面它也容易扭曲哲学与宗教，压制活泼自由的思想，并使哲学与宗教失去内在的创造活力，变得僵化教条、面目可憎。儒学作为私人学派是生动活泼、富于活力的，一旦变成官方儒学便逐渐走向凝固，成为政治统治的工具。佛教道教如果太靠近权力，也会受到腐蚀，如某些宗教领袖出入宫廷，结交权贵，生活优裕，遂发生腐败、欺诈行为，不仅有害于国家人民，亦玷污宗教的名声。当然也有不少宗教领袖利用其特殊政治地位批评弊政，抑制暴虐，利国安民，起了积极的政治作用。

（二）学者信仰

中国的学界，初创于老子和孔子，活跃于战国的百家争鸣，成长于汉魏，发展壮大于唐宋以后。它一方面与国家宗教、国家哲学相调适；另一方面又形成自己相对独立的学统，对政统保持一种批判的态度。儒、佛、道三家皆有自己的学术传统和传人，其主流有重道轻权、重人轻神的倾向。汉以后的中国学人阶层，其信仰的重心不在宗教而在哲学。所重之学以儒家为主，兼信道家，以儒道互补为安身立命之道。儒学不仅仅是一门知识体系，它更是一门做人的道德哲学，它提供了一种积极入世又能自我超越的人生智慧，知识分子依靠它的启示向内心世界开掘，不断提高精神境界，并且把个人生存价值同国家民族的兴衰乃至宇宙的发育流行联系起来，即所谓"成己成物"、"赞天地之化育"，这样中国知识分子就有了一种崇高的信仰。道家哲学贵柔守雌，主静重朴，洒脱深沉，富有弹性和韧性，正可以弥补儒学之不足，亦为中国学人所喜爱，用以回应险恶多变的社会环境，始终保持精神自我而不丧失。儒道交互使用，便可进退自如，顺逆皆通，不需要到宗教里去寻找安慰。也有少数知识分子皈依佛、道二教，成为参透了人生的高僧高道。他们亦轻略于宗教而偏爱哲学，以明心见性为宗旨，并不热衷于宗教祭祀，只把敬拜神灵当作方便法门，而趋向于泛神乃至无神，他们的学问可称为学者佛教、学者道教。禅宗大师把佛教变成佛学，全真大师使道教回归道家，都表现了中国知识分子中有深厚的人文主义传统。

（三）民间信仰

一般民众处在等级社会的最下层，从事艰苦的体力劳动，忍受各种压迫和剥削，没有受教育的机会，不能阅读四书五经及佛典道书，难以领略其中的玄机妙理；而他们又承受着社会最大的苦难，看不到现实的美好前景，不能不到宗教里寻找精神寄托和归宿，因此他们离不开宗教。中国的农民，大多数有宗教信仰，不过其信仰庞杂而易变。天神祖灵、佛祖菩萨、老君吕仙，各种自然神、人物神、器物神、职业神以及野鬼杂神，都在祭祀之列，举凡生产程序、年节庆典、人生礼仪中，皆有鬼神祭拜内容，形成浓厚的民间宗教风俗。孔夫子与老百姓的关系，远不如老天爷、土地爷、关帝爷、灶王爷等神灵亲近，儒学对于民众的影响主要不是靠儒学学术的力量而是靠祖先崇拜、各种宗教的道德信条（多是儒家道德内容）和各种带有宗教色彩的劝善书来实现的。民众对宗教的信仰虽不十分虔诚和专一，但也信之如醉如痴；无事不登三宝殿，有求诸神皆烧香。民间信仰之中，无组织者便是民间宗教风俗，有组织者便是各种民间教门，其信徒人口是广大的。佛教和道教的下层徒众，离不开念经、祈祷和祭祀，他们的宗教活动与在家信徒的宗教活动结合在一起，构成民间佛教和民间道教，其重心在宗教而不在哲学，其对教义的理解，往往与高僧高道有很大差异。至于伊斯兰教和基督教，不用多说。

可见，中国人的信仰是由宗教和哲学共同维持的，在不同群体中对宗教与哲学有不同的侧重。不可说中国人普遍有宗教信仰，亦不可说中国人缺乏宗教信仰，只能说士阶层偏重于哲学，下层民众偏重于宗教，这种情况在西方是看不到的，这是中国人信仰的特点。

六 汉族与少数民族的宗教信仰有明显差异

中国是一个多民族多宗教的国家。由于历史的原因，少数民族中的信教者在民族人口中所占比重，比汉族大得多，而且宗教观念和感情又比较专一和虔诚；汉族中正式宗教信徒较少，许多民众有宗教观念，也有烧香拜神的活动，但不专信一教，也不参加教会组织，民间信仰杂而多端，而且容易发生变化。少数民族宗教中伊斯兰教、藏传佛教、上座部佛教差不多都是全民族的信仰，其历史文化传统是极其深厚和稳定的，这些宗教不仅成为相关民族的精神支柱，而且普遍影响着他们的日常生活，各种社会活动无不深深打着宗教的烙印。而汉族社会长期以来由于非宗教的儒家伦理文化占主导地位，佛教、道教等宗教没有成为汉族文化的核心。汉族中的士大夫阶层道德理性比较发达，汉族中的民众也有悠久的宗教风格，但活动分散，各地区差异较大，不具有全民族一致性。因此，在中国历史上，少数民族的宗教总是与民族问题相联系，成为民族问题的重要组成部分；汉族的宗教信仰种类繁多，不直接牵扯到民族问题。

第三节　中国宗教的历史作用

中国宗教是中国传统社会的重要精神支柱和意识形态，同时也是中国传统文化的重要组成部分，具有历史性、群众性、社会性和文化性，其格局是多层面的动态式的。因此，我们分析和评价它的历史作用，要避免简单化与片面性，要多角度地用发展的眼光去考察。

一　宗教与中国政治

中国宗教与中国历代政治有密切联系。但不同时期，宗教与政治的远近不同；不同宗教与政治的亲疏亦不同。政治影响宗教和宗教参与政治的方式是多种多样的。从价值论的角度说，宗教对政治的作用有正面的，也有负面的。从政治与宗教的关系说，两者既协调又对立，呈现非常复杂的态势，需要作出具体的分析。

（1）从历史的纵向看，早期宗教（秦汉以前的宗教）与国家政治体制和政治生活连为一体，宗教既是全民信仰又是国家大事，宗教直接就是政治，这叫作政教一体。所以古人说过："国之大事，在祀与戎。"秦汉以后，除宗法性传统宗教仍然被直接纳入国家政治制度与政治生活以外，其他有独立教团的宗教，如佛教、道教等，都不再是政治形态的宗教，而是社会形态的宗教。具有相对的独立性和比政治更高的稳定性，但是接受政治的支配和控制，与政治保持基本方向上的一致，却有自己的运作程序。

这些宗教与政治的关系不再像早期那样"政教一体",但也没有达到"政教分离",因为国家政权不仅承认这些宗教的合法性,而且经常推崇它们,运用政权的力量支持它们,并经常干预宗教的内部事务。直到民国成立以后,国家才真正实行"政教分离"的政策,只承认宗教的合法性,却宣布不再利用政权去直接支持、支配宗教,把宗教信仰变成公民私人的事情。因此从宗教史发展的总趋势看,宗教与政治的关系是由密切走向疏离,这个过程也是政治体系与社会体系逐渐分离的过程,合乎历史的前进方向。

(2)宗法性传统宗教是"政教合一"、"族教合一"的宗教,它的基本宗旨是君权天授、祖宗之法不可违。它的宗教祭祀活动直接纳入国家礼仪典制,由政权机构和家族安排办理,为巩固君权、族权和夫权服务,具有强烈的政治性,这是不言而喻的。它的政治作用可分三层说。当统治集团处在上升时期或处在相对健康状态时,这种宗教增强政权的合法性,稳定社会的有序性,对社会发展起积极作用。当统治集团中有人肆无忌惮,置一般治国原则于不顾时,其他成员则运用神权的威力劝诫或惩处这种行为,包括皇帝的行为,并借助神灵提出改良政治的措施,这对社会仍然是有利的,例如历代贤臣利用"天人感应说"规劝君王远小人、薄赋敛、行仁政,这便是"屈君而伸天"(董仲舒语)的功用。当统治集团趋于腐朽反动,或者是君王昏庸,倒行逆施,这时候他们所掌握的神权变成了压迫的工具,其作用便是消极的。在帝制社会崩溃以后,袁世凯力图恢复祭天大典,把它作为复辟帝制的步骤,这时候的国家宗教只能是反动的了。

(3)佛教和道教是具有独立教团和合法地位诸教中为时最久影响最大的两个宗教。佛、道二教影响政治大致通过三个途径。一是宗教领袖或人士受到执政集团的信任,参与某些政事活动。如南朝宋孝武帝重用僧人慧琳,请他参与国事,时人称为"黑衣宰相";梁武帝常就国事咨询道士陶弘景,陶被称为"山中宰相";成吉思汗敬重丘处机和扶持全真道,是为了稳定对汉族地区的统治;元代以藏传佛教领袖为国师,明、清两代厚待藏僧,都是为了加强民族团结,巩固大一统的国家。二是佛、道二教的教义和戒律,如因果报应、天堂地狱、容忍恭顺、积德行善、忠君孝亲、清净无为等,这些理念和规范都鼓励合乎宗法社会道德的行为,消弭违规和犯上作乱的行为，有利于政权的巩固和社会的安定，这是历代政权支持佛、道二教的根本原因，他们称之为"阴翊王化"。南朝宋文帝谈到佛教的社会作用时说："若使率土之滨，皆纯此化，则吾坐致太平，夫复何事？"很能表现执政者提倡佛教的动机。三是佛、道二教可以给统治集团和贵族提供强大的精神支柱，给他们增强治理国家的信心。梁武帝欲以佛化治国，他的社会理想是："愿使未来世中，童男出家，广弘经教，化度含识，同其成佛"，他是热情的佛教信徒，想把佛教理想化为实际政治。唐朝皇帝姓李，与老子李耳联宗，故崇奉道教，用道教神化李氏家族，自以为其李姓天下乃有神助，可以传之长久。宋真宗特意尊奉道教赵姓天尊，用以神化赵姓政权，宋徽宗自视为长生大帝，以为自己是神人降世，理应统治天下。

但是佛、道二教也时常与皇权发生矛盾和冲突，这是宗教与政治之间关系的另一侧面。佛、道教的教团具有相对的独立性，有其自身的神圣性和实际利益，有时候它们的活动妨害了国家的政治经济利益，或者在政策方略上有不相符合的地方，执政集团往往采取法律的、行政的或文化的手段加以限制，甚至予以打击。东晋佛教领袖慧远坚持沙门不跪拜王者，引起儒官与佛僧的辩论，朝廷对佛教僧团加以精简整顿，这是佛教与政治的一次重要冲突。有时冲突超出辩论和整顿的范围，引发暴力镇压。如三武一宗灭佛、北魏孝明帝抑道、元代两次焚道经等。佛、道教与政治冲突的原因有多种：一种是统治者选择某种宗教信仰，同时排斥另外的宗教的信仰，梁武帝崇佛抑道和北魏太武帝崇道灭佛就是这样；一种是寺院经济膨胀影响国家的财政收入；一种是寺院在世俗法律之外，影响政令的统一，信徒不服兵役影响国家兵源的补充；一种是佛、道、儒三家争夺文化主导权而互相排斥，这里包含着中外文化的冲突，政府参与其事，使矛盾激化。另外，还有一种情况，便是宗教界不赞成政治集团的个人行为与政治设施，提出批评和建议，不论采纳与否，这都是宗教介入政治的一种积极方式，如佛图澄之规劝石勒，丘处机之规劝成吉思汗，近代太虚法师之抨击日本帝国主义侵略中国。

（4）伊斯兰教与中国政治的关系主要通过民族问题而体现。中国有10个少数民族信仰伊斯兰教，在历史上主要是回族和新疆维吾尔族两大穆斯林族群，其信仰的特点是民族内部的全民信仰和对外不实行传教。元、明两代统治集团为了团结和控制穆斯林民族和维护国家统一，对伊斯兰教采取承认和保护的政策。清代统治者的民族政策有改变，即笼络蒙藏，压制回汉，对伊斯兰教的政策日渐收紧，拉老教打新教，分化穆斯林，并对其反抗行为实行残酷镇压。可见政府对伊斯兰教的政策总是随着其民族政策的变化而变化。民国年间，政府对新疆的民族和宗教政策时而宽松而有弹性，时而收紧时而严厉，这与政府在新疆的主事者的素养，当时边境政治斗争的形势和民族关系的状态都有关系。民族矛盾往往通过宗教问题而表现出来，反之宗教问题处理的好坏也会影响民族关系。广大穆斯林是热爱祖国、维护统一的，他们许多人积极参加辛亥革命和抗日战争，做出了积极的贡献。也有极少数穆斯林勾结境外的敌对势力，进行民族分裂活动，造成伊斯兰教问题的政治复杂性。

（5）天主教与基督教同中国政治的关系，与中国同欧美列强之间的国家政治关系有密切联系。鸦片战争以后，西方列强侵略中国的过程中确实利用基督教和天主教作为一种侵略工具，包括利用少数教士搜集情报、提供咨询，更多的是利用传教的机会，扩大西方国家的影响，培养亲西方的中国人群，传布西方的价值观，欲使中国成为西方的政治、经济和文化殖民地。当然传教士中也有许多人来中国是出于传布福音的纯宗教目的，并且确实为中国人做过好事，特别是在抗日战争中帮助过中国。近代中国有一个重要的文化现象，一些政治领袖如孙中山、蒋介石、张学良等，最后都皈依了基督教，由此可见基督教与中国政治的不解之缘。

（6）许多宗教在历史上曾经成为社会改革和下层反抗运动的旗帜和组织活动方式。道教早期经典《太平经》提出社会改良理论，汉末太平道成为黄巾起义的组织形式，五斗米道在早期也是巴蜀汉中一带民众与地方势力对抗中央集权统治的社会组织方式。北魏有大乘教（佛教）起义，宋代有摩尼教起义。元末有民间宗教白莲教起义。明、清两代以民间宗教为形式的农民起义屡屡发生。清代又有以伊斯兰教为旗帜的回民起义或反抗运动。甚至基督教也以变化的形态成为一种异端宗教，为太平天国运动提供了一面旗帜。所有以上这些运动里，宗教提供了理想、热情、方式、外衣，起了巨大的作用。当然，宗教也以其消极性给运动带来许多弱点、弊病，成为运动最后失败的原因之一。总起来说，宗教基本上是一种社会思想文化体系，但任何宗教都有政治属性和政治作用。宗教的政治作用的进步性或保守性，决定于教会组织的政治倾向和扶助宗教的政治集团的社会属性。是人支配宗教，而不是宗教支配人。

二　宗教与中国经济

宗教的教义、活动和它对社会的影响主要在精神领域在文化事业，可是教团的维持、宗教事业的发展，都要消耗大量的钱财、物资和人力，或自谋，或他助，这就不能不与经济活动相联系。宗教与中国经济的关系可以分为以下几个方面。

（1）教团经济是中国传统社会经济的重要组成部分和缩影。历史上的佛寺道观往往拥有大量土地、山林和其他产业，僧尼道士中多数要从事不同程度的劳动，也收养一批农民为寺观耕作。一般地说，寺观自力谋生有余，还能提供一定的剩余劳动价值供给社会。其生产方式和体制往往仿效当时社会已有的形态。农民租种寺观的土地，主要以地租的方式向寺观提供劳动产品，确实存在着封建主义的剥削关系。

（2）寺院经济来源的考察。其经济来源是多种多样的：有皇帝和贵族的施舍，主要是土地和钱财，其数量巨大，用以建设寺观、造像印经；有当地大地主和皈依弟子的捐赠，其数量有大有小；有僧尼道士外出到各地化募；有祖传下来的产业，经营以维持日常生活。佛、道二教教团，其活动以宗教事业为主，正式出家教徒不可能用大量时间从事劳动，而寺观建设与宗教活动又需要巨资支持，所以寺院经济对于社会的依赖性较大，这就限制了正式出家者的人数，不可能数量很大。

（3）上层僧道在寺院经济中的地位与属性。早期的上层僧道脱离劳动者较多。自唐代佛教禅宗大师百丈怀海提倡"一日不作，一日不食"以来，上层僧尼也注意参加体力劳动。再者，从事于译经、著述和说法传道的佛道上层人士，他们也是脑力劳动者，其宗教事业也是当时社会精神生活的一种需要，因此不宜简单视为剥削者。当然在僧道之中，也不乏无所事事的"吃教"者,这要做具体分析。

(4)寺院对社会经济生活的影响。这种影响有正、负两个方面。一方面,寺院经济是社会生活的来源之一,寺院财富雄厚时,在宗教信仰支配下,常做赈灾济贫的慈善事业,施饭施衣,治病收孤,对人民生活有救补作用。历来寺观周围多种果树、茶林、花木,既有经济价值,又可观赏,美化环境。在宗教神光的保护下,林木畅茂经久,与寺观建筑相映生辉,构成宗教性人文景观,对于维持和改善生态环境起到了很好的作用。另一方面,宗教建筑、陈设、供品以及祭祀活动,要消耗大量钱财、物资和人力,相当一批出家修道者不事劳作,坐享供养,亦是社会一大经济负担。尤其在国家财力不足、人民生活贫困的时候,寺院的过多修建会直接影响社会经济生活水平的提高。皇帝祀天,尤其封禅,花费巨大,所以大臣多有谏言。南朝宋明帝造湘宫寺,虞愿说这都是百姓卖儿贴妇钱造的,确是实情。所以寺院的发展不能超出国力民力所能负担的水平,否则即有负面作用。

(5)伊斯兰教与穆斯林社会的经济生活更有密切关系。门宦教主兼豪门地主,其管辖范围形成大的庄园经济,实行封建生产方式,以宗教为纽带,从事经济活动。清末西道堂既是宗教教派,又是社会经济实体,实业办教,合伙分工,集体经营农、牧、商、副各业,实行统一分配,有如一个大的公司。中国穆斯林是在中外经济与文化交往中形成的,极善经商,参与海路或陆路的内外商贸活动,极有成绩。

(6)民间宗教与宗教风俗亦与社会经济生活有密切关系。明、清两代的民间宗教教门和带有宗教色彩的行帮,在一定意义上都是民间经济活动的组织形式和互助自救的方式。此外,行业与行业神崇拜,年节庙会与商业活动,时令节气的祭祀与农业耕作等,都有不可分割的关联,农业祭祀事实上是安排农事活动的一种神圣方式,这是人所共知的。

三 宗教与中国哲学

中国各种宗教的哲学是中国传统哲学的重要组成部分,它丰富了中国哲学的内容,同时又不同程度地给予中国哲学的发展以极大的推动。如果我们把儒家哲学和道家哲学视为非宗教的哲学，那么它们在汉代以后的发展都受到外来佛教和本土道教的深刻影响。我们可以说，两汉及其以前，中国哲学的发展与古代的传统宗教信仰密切相关，那么在魏晋以后，中国哲学就是在儒、佛、道（包括道学和道教）的冲突和交融中发展和演变的。魏晋南北朝时期，佛教哲学借助于玄学（新道家）而加快了中国化的进程，同时又使中国人的理论思维水平从玄学的高度上升了一大步。隋唐时期，儒家哲学处于低潮时期，而佛教哲学大放光彩，形成许多著名教派，大师辈出，智慧超卓，给予中国学者和学界以广泛而深刻的影响，从本体论到心性论，多发前人之未发，致广大而尽精微，士人学子为之神往。在佛教哲学的启发下，在儒、佛、道三教的合流中，出现了道教的新哲学——玄学，也出现了中国化的佛教哲学——禅宗，禅宗是中国哲学的一个高峰。宋明道学（或称理学）是儒家哲学吸收佛教哲学和道家道教哲学之后形成的理论新高峰。金元全真道兴起，其理论家融摄佛教禅宗、儒家道学，建立起道教内丹学，形成又一个新的哲学高峰。由此可见，没有儒家道家哲学固然不会有中国的传统哲学，若没有佛教和道教哲学，中国哲学也会有一半以上的欠缺，而且儒家哲学也不会有后来那样的规模和水平。只有把佛教哲学、道教哲学同儒家哲学、道家哲学之间的关系梳理清楚，中国哲学的发展主线才能显现出来。

伊斯兰教的汉文译著以其特有的方式吸收儒、佛、道，又给中国哲学增添了新的内容，它在广大穆斯林知识层中的影响不可低估。基督教带来西方全新的思维方式，西方各种哲学和科学理论亦附着而来，它们向中国传统哲学提出挑战。中国近现代哲学必须在继承传统哲学的基础上，回应这种挑战，才能获得新的发展。

对中国哲学影响最大的宗教哲学是佛教哲学和道教哲学。佛学影响中国哲学的主要表现是：第一，宇宙论的扩展。儒家以天地四方为界，六合之外存而不论。道家用"道"的概念标示了宇宙的无限性。而佛教用"大千世界"和"累劫"的理念进一步标示了宇宙在空间上的多元层次性和在时间上的多元阶段性，开阔了中国人的视野。第二，本体论的深化。儒家的形而上学不发达。道家和新道家（玄学）始建本体之学，但和宇宙发生论总有扯不断的关系。佛教带来比较纯净的形而上的本体之学，即色空理论和中观学说，集中分析本质世界与现象世界的相互关系，提出"三谛圆融"和"理事相摄"的理论，使中国的本体之学达到前所未有的高度。第三，心性论的开拓。隋唐以前，中国哲学侧重于天人关系的解释，隋唐以后，受佛教涅槃佛性说和般若无知说的影响，儒家哲学的重点也转移到心性之学上来，强调本心的清彻明觉和返本复性的功夫，兼综渐修与顿悟，形成一套系统的性理之学，这是接受佛学熏陶的结果。第四，人生论的提升。佛学无念、无相、无住的人生态度和做"自了汉"、持"平常心"及精进无畏的精神境界，都丰富了人生智慧，使人从现实中得到超脱，获得不为情移、不为境迁的保持自我的能力，这些都对中国的人生哲学发生相当深刻的影响。第五，认识论的推进。中国传统的儒、道两家哲学向来把本体论、认识论和道德修养论连为一体，而以提高人的精神境界为主体，所以缺乏独立的认识论。佛教的唯识法相宗，长于名相的分析，对人的心理活动和认知过程有极为细致深入的研究，从而弥补了中国哲学的不足，受到近现代学者的关注，成为发展中国哲学的思想营养。第六，辩证法的丰富。中国传统的辩证法，有以《周易》为代表的儒家辩证法，以《老子》为代表的道家辩证法，和以《孙子》为代表的兵家辩证法。佛教哲学传入并创造性地发展以来，又出现以华严宗为代表的佛家辩证法，其特点是以"圆融无碍"为核心理念，打破一切人为的界域，将差别、矛盾、对立沟通起来，恢复世界的整体性和普遍联系。

  道教哲学对中国哲学的主要影响是在宇宙发生论、生命哲学和实践功夫三个方面。唐末五代及宋初道士陈抟创无极图，以无极而太极，太极而阴阳，阴阳而五行，五行而万物为宇宙发生顺序，顺以生人，逆则成丹，宋明理学家取此说顺行为宇宙发生论典型理论框架。道教生命哲学以精、气、神为生命三要素，生命与天地相应，禀道而生，离道则死，故尊道而贵德。其炼养原理为"生道合一"，其炼养功夫为"性命双修"，一方面注重精神境界的提升，另一方面又注重生理健康的养护。道教的生命哲学和炼养方式在中国哲学史上独树一帜，并影响到佛、儒两家，使他们从单纯的心性之学过渡到兼重养生、炼形。宋明清的理学家和心学家多少都懂得静修和炼气，就是受了道教的影响。

四 宗教与中国道德

在原始社会，政治、道德与宗教是三位一体的，宗教道德也就是社会道德。秦汉以来，中国传统道德的主体是儒家所阐扬的道德，如仁智勇、孝悌忠信、礼义廉耻等，无论为官为民都以这些道德规范作为行动的准则，形成长盛不衰的社会风气和道德传统，国家和地方教育，以及家庭教育，也用这些儒家提倡的道德规范来培养青少年。由于儒家的道德体系颇适合中国的家族社会，所以2000多年来它一直在中国人道德生活中占有正宗的地位，其他任何的宗教和学说（包括外来的）只能与它相调适，不能与它相违背。

宗法性传统宗教的敬天法祖信仰及其祭祀活动正是直接用来加强儒家道德的。祭天以强化忠敬礼义，祭祖以显扬孝悌仁爱，宗教祭祀成为道德教育的重要手段。如曾子所说："慎终追远，民德归厚矣。"在道德教育上，宗法性传统宗教和儒学紧密结合在一起，相得益彰。

佛教道德的基本要求是"诸恶莫作"、"众善奉行"，其具体化的规范则以"五戒"和"六度"为基本要求。佛教道德包含着一般社会道德的普遍内容，以劝人为善为宗旨，故在根本方向上与中国的传统道德有相通之处。但印度佛教特别是小乘佛教强调禁欲和剃发出家、求得个人解脱，并且认为众生平等，不太看重君臣、父子之间的尊卑服从关系，所以它传入中国之初，就与以忠孝为核心的中国传统道德风俗发生冲突，受到"不忠不孝"的指责。佛教为了适应中国的家族社会，便把佛典中本有的家族伦理充分阐发出来，并且表明出家只是在形式上有悖于中国礼仪风俗，而在实质上则是尽大忠尽大孝，如慧远所说：佛教"能拯溺俗于沉流，拔幽根于重劫，远通三乘之津，广开人天之路……是故内乖天属之重而不违其孝，外阙奉主之恭而不失其敬"，"如令一夫全德，则道洽六亲，泽流天下，虽不处王侯之位，固已协契皇极，大庇生民矣。"（《答桓太尉书》）从此以后，中国化的佛教与儒家道德合流，视孝为众戒之先，以"五戒"类比"五常"，以礼乐、中庸为修行的必需科目，佛教成为宣扬儒家道德的重要同盟军，正如北魏文成帝所说：佛教可以"助王政之禁律，益仁智之善性"，以宗教支持道德。这是问题的一个方面。另一方面，佛教的传入又以其特有的道德补充了儒家道德的欠缺，逐渐影响到社会上下，成为尔后中国传统道德的一个重要组成部分。佛教道德的特色有如下几点：第一，慈悲泛爱，其慈爱的范围超出儒家的人道界域，而及于一切有情众生，故其不杀之戒指不杀任何有生命的事物，而儒家祭祀须用牺牲，虽讲恻隐而边缘模糊；另外，佛教不同于孔子说的唯仁人能好人能恶人，而宣扬对恶人亦慈悲为怀，以忍辱为修行的科目，赞扬佛陀"舍身饲虎"的行为。第二，不淫不饮酒，其道德具有禁欲主义的特色。梁武帝以后佛教徒实行素食，吃斋成为一条严格的戒律。儒家不讲禁欲，而讲节欲，主张人的行为"发乎情，而止乎礼义"，故有婚姻夫妇之礼，故有乡饮之礼。第三，布施、精进、禅定，这些是佛教徒特有的修行方式，也是特有的道德要求。儒家也讲救孤济贫，也讲学而不厌，也讲内省修身，但在程度和风格上与佛教不同。佛教的布施当然包含救济的内容，但主要是指在家信徒向寺院捐赠，称为做功德、种福田。其精进的内容是指修习佛教要勇猛无畏。其禅定不是一般的虚一而静，而是进入一种宗教特有的心理状态，具有神秘色彩。第四，因果报应和涅槃，这是佛教道德的神学基础。中国传统的奖善罚恶学说，儒家有"福善祸淫"说和"积善余庆、积祸余殃"说，道教有"承负"说，都不及佛教"三世因果报应"说来得圆融而有解释力和说服力，故在民间广为流传，几乎取代了传统的报应说。佛教道德的最终目标是涅槃成佛，彻底脱离人间苦海。儒家道德的最终目标是成圣成贤，是在人间立人极，因此与佛教是完全不同的。佛教道德除了通过寺院和僧人的活动及佛典、论集影响社会以外，又通过各种劝善书、文学作品和民间戏曲说唱文艺普及和深入社会下层，渗透到民间习俗之中。例如，民间放生、素食的习惯就与佛教有关，明清小说多以因果报应宣扬好人好事，批评坏人坏事。佛教道德对于净化人心、稳定社会起过重大作用。

道教道德向来以儒家道德为自身的主要内容，其积德行善的要求就是要做到忠君、孝亲、尊师、爱人、有信等事情，强调忠孝仁顺是成仙的基本条件，而道教炼养修道的全过程都要以修德相伴随，所以道教在道德上不仅不与儒学相冲突，而且一直是维系传统道德的一支重要力量。不过道教道德也有不同于儒家道德的地方，主要是：第一，它在儒家道德上增加道教神学色彩，例如，忠孝之行必须使君亲能得仙寿，行善的重要表现是引导亲友和他人读道文、修道法、归道门、持道戒。第二，它的道德戒律要求信徒不得毁谤道法，不得轻泄经义，要敬重和祭拜神灵。第三，它大量吸收道家的道德规范，如柔弱退让、先人后己、知足自得、清净无为等，也有明显的禁欲主义倾向。第四，它大量吸收佛教的道德信条，讲慈悲喜舍，认同五戒，相信因果报应，因此道教道德可以与儒家、佛教相沟通。中国帝制社会后期佛教道教合流，配合儒学，教化社会风气，起了很大的作用。由于佛、道二教有天堂地狱和神灵的说教，它们在民间推行道德教化比单纯的儒家教育更为有效，许多儒家道德正是通过佛道庙宇和宗教活动在民间流传并发挥巨大功用的。

伊斯兰教道德以崇拜真主为第一义，主张"导人于至善，并劝善戒恶"，提倡"秘密行善"，赞扬公正、宽恕的品德，反对吝啬、偏激，强调克己、虔诚、坚忍和身体力行，也倡导亲爱近邻、远邻和伴侣，以及廉洁自持、以德报怨等，这些道德与佛、儒、道三家道德并行而不悖，对于中国穆斯林社会的道德风尚起了主要的维系作用。

基督教道德的主要内涵是：爱主、顺从、忍恶勿抗、爱人如己等，其爱人如己同儒家的仁爱之德相通，容易为中国人所接受。中国基督教所宣传的道德戒条主要在中国基督教徒中流行，其爱主与忍恶勿抗的道德对于教外的中国人影响并不显著。中国基督教太重视神学对道德的支配，因此其道德的普世能力便相对软弱。

中国民间宗教的道德信条是儒、佛、道三教混合的，它们虽然没有系统的道德哲学理论，在社会上层影响也不大，但是它们对于广大民间信徒却有有效的制约作用，其功能不可低估。儒、佛、道三教的教义和道德规范向民间渗透，往往借助各种民间宗教组织，这是明清以来民俗文化的重要特点。

中国少数民族地区的道德受多种因素影响，除了佛、儒、道三教以及基督教、伊斯兰教（部分地区）的影响以外，还有本民族的传统宗教信仰和由此形成的道德风尚,例如南方纳西族的东巴教和北方许多民族的萨满教。

总起来说,宗教在中国历史上对社会道德的发展,主要起了推动和丰富的作用,有利于人们心灵的净化,显示了宗教的正面功能。同时,宗教道德也由于某些倡导者的表里不一而在某些时候某些场合变得伪善,或者被社会恶势力利用来掩盖不道德的行为,因而使宗教的声誉受到损害。

五 宗教与中国文学艺术

宗教与文艺从原始社会起就交织在一起,以后亦形影不离,互相推动,成为关系十分密切的两大文化领域,中国与世界都是如此。

宗教与文艺的亲缘关系,一是源于两者在初期阶段混为一体,原始文艺是原始宗教的表现方式,而原始宗教则是原始文化的主体;二是缘于两者的思维方式相类,都要依靠形象思维和丰富的想象力,所以可以互相激发、相辅相成;三是缘于两者都属于重情型而非重理型的文化,无论是宗教信仰者还是文艺创作者,都要有炽热的感情、虔诚的信念、全身心的投入,因此宗教和文艺都可以看作是人类情感的升华。在历史上,宗教和文艺并行发展,往往是文艺的形式,宗教的内容;宗教的形式,社会的内容。宗教给人们精神生活开辟超越的境界,给文艺的发展提供感情的动力;而文艺则给宗教提供表现的方式,从而美化人的精神世界。宗教有时也限制和窒息文艺的发展,但更多的时候是推动文艺的进步。

宗教对中国文学艺术的影响可分以下几点加以说明。第一,原始宗教是原始文艺的发育园地,原始神话、原始歌舞、原始绘画雕塑、原始音乐等大多数都与原始宗教的信仰、祭祀活动有关,有浓厚的宗教色彩,甚至是原始宗教的组成部分,它们共同构成中国文学艺术发展的源头。第二,宗教信仰为中国文艺的发展提供思想营养和精神动力。例如,受道教神仙崇拜的影响,我国文学史上出现大量的道教仙话和以神仙为题材的文学作品,三神山的故事、八仙过海的故事,就是其中的昭著者。佛教的佛祖菩萨、因果报应、富贵无常、出家修道等信仰内容,成为文学艺术创作的经久不衰的思想营养,如在明清小说中就充满了佛教的思想和智慧。中国的文学名著及艺术名品，少有不表现佛、道二教信仰内容的。佛、道二教为文学艺术提供了思想内涵，反过来，文学艺术义扩大了佛、道二教的社会影响，使宗教思想传布到全社会。第三，宗教为中国文艺的创作的方式方法提供了丰富的借鉴和启示，形成了浪漫主义的文艺创作传统。佛教的极乐世界和道教的神仙境界都成为作家进行艺术构思的智慧源泉。《封神演义》、《西游记》、《红楼梦》等名著，都借用佛仙神怪故事构造小说的艺术世界，神奇而美妙，引人入胜，以超人间的形式表现人间的苦难和理想，不仅有很高的思想性，也有极高的艺术成就。第四，宗教为中国语言的发展提供了丰富的语汇，其中佛教给中国带来大量富有生命力的崭新词汇，贡献最大，例如世界、实际、体会、觉悟、平等、解脱等，其数量巨大，而且成为人们日常生活的语言。宗教的语言多具有生动性、形象性，它们使中国语言更加多姿多彩。第五，宗教为中国文艺增添了新的门类或者加强了本来不发达的门类。例如，佛教经典的翻译和流传，开创了中国的翻译文学事业，推动了中国音韵学和诗歌的发展，其变文和说唱方式，导致中国弹词、鼓词、宝卷等说唱文学的发生，催生了章回小说的出现。中国的雕塑本不发达，佛教传入后，雕塑兴起，也推动了绘画事业，道教随之也发展了自己的造型艺术。佛、道二教的石窟艺术（包含雕塑与壁画）及建筑艺术，都达到很高的水平，现今留下的佛教三大石窟和道教永乐宫壁画，都是艺术的殿堂，具有永恒的魅力和价值。第六，宗教丰富了中国的园林艺术，特别是佛、道二教的寺观常建在名山之中，在自然景观中融入宗教人文景观，给人以美的陶冶和享受。第七，宗教为中国美学理论的发展提供了新鲜的理念和视角。在佛、道二教影响下，中国文学评论界出现了"妙悟"、"现量"、"意境"、"神韵"、"禅味"等概念，用以表现文艺创作的高层次状态，并被普遍采用。

在西藏地区，艺术的发展几乎全在佛教的形式下进行，宏伟壮丽的布达拉宫，美妙多彩的唐卡，各种金碧辉煌的佛像，都是藏族人民的智慧结晶，具有极高的艺术价值。

中国的穆斯林形成较晚，但在诗歌、音乐、舞蹈等领域都有杰出的表现，出现了许多颇有造诣的艺术家，为中国艺术的发展做出了贡献。

基督教对中国文学艺术的影响主要表现为介绍和引进西方的文学艺术，其中包括充满了基督教精神的小说、诗歌、绘画、雕塑、音乐，给中国近现代文学艺术的发展以深刻的影响。

六　宗教与中国科学技术

宗教与科学的关系是复杂的，两者既有互相对立的关系，又有并行不悖或者互相渗透乃至互相促进的关系。两者关系如此复杂，原因在于两者不属于同一层次的文化体系，宗教属于价值信仰，科学属于工具理性，各有自己的核心领域；但作为历史上具体存在的宗教和科学都是一种动态文化，内涵丰富而又变化不居，实际生活中的宗教文化和科学文化往往相互交叉，在交叉的地方便会发生冲突或者互动，两者之间的关系便要做具体分析。古代宗教与古代科技既互相对立又互相包含。神灵崇拜表示人们对于自然力量和社会力量的无知与无可奈何，而宗教祭祀与巫术又会妨碍人们认识与改造环境的活动；但正是在古代宗教神话与巫术中，孕育着科学理性的萌芽，催生着最古老的天文学、地理学、人体学、医药学等自然科学。自然崇拜是人们在自然力面前软弱无力的表现，但是自然崇拜所透露出的人们对大自然的尊重和热爱之情，却是难能可贵和值得继承的，有了这份对大自然的神圣感情，才可能去保护它改善它，而这正是当代人类所缺少的。

道教在我国古代科技史上占有重要的地位。道教的宗旨是追求长生不死、得道成仙，它蔑视有生必有死的自然之道，而提倡一种抗命逆修的精神，因此提出一个响亮的口号："我命在我，不在于天"，不信因果，不信命运，力抗自然，千方百计追求长生。人们很容易嘲笑道教的长生成仙是荒谬虚妄，但看不到这其中包含着人类对现实生命的挚爱和对生命奥秘的探求。正是在重生修命宗旨的推动下，道教发展出一整套健身长寿的养生之道，并大大推动了古代人体生理学和古代医药学的发展。为了长生，先要养生，所以道士们致力于祛病健身，多在医药学上有成就，如葛洪、陶弘景、孙思邈等人既是著名道士，又是古代大医药学家。《道藏》中有关养生、医药的著作至少在 250 种以上，给后人留下一份珍贵的遗产。道教内丹学在后期十分发达，其炼精化气阶段的功法，演化出许许多多民间称之为气功的疗病养生流派，并普及社会各阶层各地区，为中华民族的健康事业做出了不可磨灭的贡献。道教的外丹学，虽然没有炼成长生的金丹大药，却推动了古代化学和冶炼术的发展，四大发明之一的火药，便是道士炼丹实践的产物。道教宫观遍布全国，多在名山大岳之中，所谓洞天福地很多，有关著作如司马承祯《天地宫府图经》、刘大彬《茅山志》、杜光庭《洞天福地记》等，皆为山志名著，包含着地理学历史学的丰富知识。至于道教武术如张三丰的武当内家拳，便在中华武术中独树一帜，享誉内外。佛教文化与中国古代科学技术亦有一定联系。佛教的禅定是古代气功学之一，与医疗、养生、健身和开发智慧皆相关联。禅定使人断除烦恼，淡化欲念，纯净思虑，安适身心，自然能治病健身。其少林武功更是名闻天下。西藏密宗有一套高深的瑜伽修炼功夫，有益于养生，藏医藏药有独特疗效，其发展颇得力于僧人的推动。我国僧人来往于丝绸之路，见识广阔，其游记域志对于中国和亚洲地理学历史学做出过重大贡献，如法显的《佛国记》、玄奘的《大唐西域记》，都为中外学界所珍重。唐代僧人一行，精于历象阴阳五行之学，是著名的天文学家，他改撰《天元大衍历经》，续成《魏书·天文志》，在世界上第一次算出子午线一度的长度。佛教寺院的园圃种植业有很高的水平，不仅林木花果种类繁多，而且引进外国新品种，培植异花奇木、菜蔬药草，并向社会推广，如茶叶种植业的发展，僧人便有很大功劳。

中国历史上的穆斯林中出现了一批科技人才，他们有多方面的成就，其中在天文历法和航海技术上的成就是卓越的，早已为世公认。基督教传入中国后，带来了西方先进的科学技术，对中国晚近时期的科技发展，起了刺激和推动作用，这也是必须承认的。

中国历史上的宗教，由于受到中国传统文化仁爱主和精神的熏陶，有较多的宽容性，较少的排他性，不仅在各教之间，就是在各教与非教文化之间，也大致能够和平相处、平等往来，因此不仅没有发生大规模和长期的宗教战争，也没有发生教会迫害科学家的事件。此外，中国的儒、佛、道三教，其关注的中心在于社会人生，不过分干预科学技术所面对的具体知识领域，这也是中国历史上宗教与科学没有形成尖锐对立的一个重要原因。历史上发生矛盾比较多的领域，在于生产、医疗、教育同世俗迷信的关系上，政治家、思想家为了维护正常的生产和人们的健康，为了向人们灌输重现实重人道的思想，不断地发动破除占星、看相、堪舆、祭鬼、求巫、验梦、卜筮、谶纬、禁忌、扶乩等世俗迷信活动，认为这些活动是虚妄无知的表现，有害于社会生产和人的身心健康，他们运用当时已有的自然科学知识和无神论思想批判世俗迷信，具有开启智慧、推动社会进步的积极意义。这种批判在近现代中国，对于引进西方的科学技术和理性主义，起过重要作用。

七　宗教与中国民俗

宗教对社会的影响，不仅直接表现在信众思想信仰的皈依上，而且表现在对信众社会风俗和日常生活习惯的渗透上，也表现在对广大不信教的民众的思想和生活的广泛影响上，这就是宗教文化的扩散性和群众性。

中国宗教与民俗的关系，可以分下述两点予以说明。第一，伊斯兰教、佛教、基督教（包括天主教与新教）、道教对信众习俗的影响。在这几大教之中，以伊斯兰教和藏传佛教对信众习俗的影响最大，其原因是这两大教与民族结合在一起，成为特定民族的全民性信仰，所以在中国穆斯林聚居区和藏传佛教地区，人们的人生礼仪、岁时节令、日常生活都时时刻刻与宗教有关，而且严格按照宗教仪节和戒规行事，如婚丧嫁娶、人情往来、衣食住行、待人接物，无一不具有浓厚的宗教色彩。中国基督教、汉地佛教、道教的信众人数有限，即使加上在家信徒，在全国亦处在少数地位，他们在教徒聚居区能形成地区性民俗，在居住分散的地方只能自律以守教规，不能形成普遍性的风气。

第二，中国若干宗教对于广大教外的社会和民众的风俗习惯发生潜移默化的影响，形成宗教民俗。这些宗教主要是：一、宗法性传统宗教，二、佛教，三、道教，四、民间宗教和世俗迷信。这些宗教和民间信仰互相交融、混合、庞然杂处，浸润日久，遂成为民众的精神生活方式，以综合的状态发生作用。在中国民间，特别是广大汉族农村，各种庙宇林立，各种神灵俱存，祭拜活动各色各样，民众的宗教风俗具有多教多神的特点。在岁时节令上，民间有宗教性节日，如四月八日浴佛节，七月十五盂兰盆会，又称鬼节，正月初九玉皇节，四月十四吕仙诞辰等；还有生产性、季节性的节日，贯穿着宗教祭祀的内容，如春节、中秋节、腊八节等，祭祀天地诸神，祭佛祖、神仙，祭祖，祭灶，祭月神，祭农业诸神。

在人生礼仪上，生养习俗中从拜神求子，到做满月、百日、周岁、命名，都有带宗教色彩的活动，如祭神、制长命锁、"抓周"、起贱名等。婚礼有占卜、拜天地、求吉利等宗教性程序。丧葬之礼，择墓地、葬日、入殓，殡葬，守孝，时祭，都是宗法性传统宗教的礼仪。在佛教道教影响下，民间请和尚道士念经祈祷，超度亡灵，渐成风气。

在日常生活中，广大城镇农村的拜神活动随处可见。民众遇有困难便进庙烧香拜神，许愿求签，上供施钱，以求好运。关帝庙、东岳庙、山神庙、土地庙、龙王庙、城隍庙、吕祖庙、观音庙、老君庙等，可以满足各种不同的宗教需要，与民众的生活息息相关。民间禁忌中有大量内容是宗教性的，其中佛、道二教的五戒有广泛影响。佛教讲慈悲不杀，在民间形成放生习俗。唐代肃宗时，全国建放生池81处。佛教本不禁荤，梁武帝信佛禁止肉食，僧人遂以素食为常，风气所及，民间亦有素食习俗，并延续到近代。民间语言中避免"死"字，谓人死为"归天"、"圆寂"、"仙逝"，此皆用宗教性语言。在众多民间宗教性习俗中，以祖先崇拜的影响最为深刻最为持久最为普遍；追念和祭祀祖先的活动具有全民性，不论贫富贵贱皆以自己的方式祭祖，差别只在祭祀的等级规模；举家迁往异地或他国，也要带着祖先牌位一同前往，并在那里继续祭祀，用以凝聚亲族，教育子孙不忘根本。

八　宗教与内外文化交流

在历史的长河中，中国宗教是中华民族内部凝聚力的精神纽带之一，是内外文化交流的重要渠道。在中华民族形成的过程中，出现三皇五帝及尧舜崇拜，尤其是黄帝炎帝崇拜，使炎、黄二帝成为中华民族的人文始祖和中华文明的象征，中国人世世代代自称为炎黄子孙，不论是夏是夷，不论是何朝代，中国人都寻根认同炎黄，因而有了民族内部的亲近感。原始时代的龙图腾，后来成为中华民族文化的艺术象征，中国人也往往自称为龙的传人，表现了宗教的凝聚作用。

秦汉以后，中国有过几次政治分裂时期，如魏晋南北朝、五代十国、宋辽金夏，但中国人信仰的儒、佛、道三教却是共同的，三教从来不用民族或地域限定自己。同时各个割据政权，包括少数民族政权，都信奉共同的天神——昊天上帝（又称皇天上帝），不论哪个民族的统治者都自认为是这位天神在人间的代表，所以尽管各割据政权在政治和军事上是相互对立的，有时候还要进行激烈的战争，但是这是自家内部的事情，是竞争谁是天神在人间的真正代理人，与中外关系决然不同。在政治分裂时期，一般人不能随便出入割据疆界，唯有僧人道士和若干儒生可以自由地往来于长江两岸、黄河南北，在各敌对势力范围之间进行文化交流，保持着各地区间的精神联系，维护着中华民族在信仰上在文化上的统一性，而这种统一性恰好为尔后全国的政治统一积累着重要的思想条件。

在对外文化交流中，首先是佛教起了巨大的推动作用。古代陆上和海上的丝绸之路，既是商贸之路，也是文化之路和宗教之路，中外僧人为了取经和传法，奔波于东西之途，沟通了中国与印度、中原与西域的文化，其历史功绩不可磨灭。中外僧人首先把印度佛教文化传入中国，使佛教在中国结出了丰硕的理论成果，深刻影响了中国传统文化；同时佛教又从中国东传到朝鲜、日本、越南等国，同当地文化相结合，又深刻影响了东亚各国的文化，形成东亚佛教文化圈。南传上座部佛教加强了中国同东南亚各国的文化联系。时至今日，佛教仍然是亚洲东部各国文化交流的重要渠道。在中外文化交流中出现了许多功绩卓绝的僧人，如鸠摩罗什、法显、菩提达摩、玄奘、鉴真等，他们的事迹彪炳于青史，世代受到敬仰。

中国与阿拉伯世界的联系是靠中外穆斯林的往来建立的，文化的交流随着经贸交流而发展和扩大。阿拉伯的科学文化如天文、历法、建筑、医药、数学等，通过穆斯林传入中国。波斯天文学家曾应邀来华传授天文历法知识技能。阿拉伯数字由于穆斯林而在中国流行开来，给予数学以极大推动。从阿拉伯传入的医药学在中国享有很高声誉。通过丝绸之路，穆斯林也把中国的造纸术、印刷术、火药、中医药传到阿拉伯世界及欧洲，对西亚和欧洲的文明发展起了推动作用。

近代基督教的传入，首次使中国文化与欧美文化联系起来。除了宗教文化和科技文化的交流以外，基督教的传入也带来了西方的人文学术成果如哲学、史学、文学等，同时传教士们又把中国的传统文化特别是儒家和道家学说介绍到欧洲，给欧洲启蒙时代的思想家们以深刻的影响。当然，在鸦片战争以后，基督教在中国的活动带有西方文化侵略的性质，也不乏积极的文化交流活动。基督教把外界的新鲜事物和西方的价值观一起带给了中国人民，其影响是深远的。

*　*　*　*

中国宗教既然是整个中国传统文化的有机组成部分，并且对中国文化其他领域产生了广泛的影响，那么中华文明的辉煌成就和连续发展就有它的一份功劳，而中国社会的弊病与国民的弱点也同时有它的一份责任。所以我们对中国宗教文化既不能简单否定，又不宜全盘肯定，而应作辩证的具体的分析。历史上的宗教人物、宗教文化、宗教活动，不论在何时何地，不论属哪家哪派，只要虔诚地追求真善美并且创造出真善美来，就要加以褒扬；只要发生了假恶丑的现象，就要加以指责。中国人在信仰上和而不同的优良传统应当加以发扬。要宽容，但不应毫无选择；要评判，但不要异端排斥；我们是站在整个中华民族的立场上来回顾过去的。重温中华文明的创造历程，包括宗教文化的创造历程，从中吸取智慧、经验和教训，可以增强民族自信心和自豪感，以利于创造更加光辉灿烂的中华新文明。